Jens Bursell · Specimen Hunting

Jens Bursell

Specimen Hunting

Angeln auf kapitale Fried- und Raubfische

Müller Rüschlikon

Einbandgestaltung: Andreas Pflaum

ISBN 3-275-01292-4

1. Auflage 1999

Aus dem Dänischen übersetzt von Kim Kernbichler

Lektorat: Frank Weissert
Innengestaltung: Vaihinger Satz und Druck, D-71665 Vaihingen an der Enz
Reproduktionen: Fotolito Longo, I-39100 Bozen
Druck und Fertigung: Fotolito Longo, Bozen

Printed in Italy

Inhalt

Vorwort

Schon wenige Jahre nach Erscheinen meines ersten Buches im Jahre 1989 machte ich mir Gedanken über ein Werk für Spezialisten. Von Beginn an war klar, daß nur die Beiträge einer ganzen Reihe von Experten zu einem optimalen Ergebnis führen würden. Jeder einzelne sollte sich bei einer Fischart oder einem Gebiet besonders gut auskennen. Es nahm lange Zeit in Anspruch, die endgültige Aufstellung zu realisieren – aber sie übertraf schließlich alle Erwartungen.

Dabei war es ein Vergnügen, in den verschiedenen Phasen des Redigierens mit ihnen zusammenzuarbeiten. Und nicht zuletzt steuerte jeder einzelne von ihnen einen besonderen Leckerbissen für das Werk bei. So kamen Beiträge von nicht weniger als 20 Personen zusammen, mich mitgerechnet. Insgesamt bedeutet das fast 500 Jahre Erfahrung an den verschiedensten Gewässern. Mein Dank gilt in alphabetischer Reihenfolge *John Bailey* (England), *Mikael Blomkvist* (Schweden), *Tony Davies-Patrick* (England), *Kent Esbensen* (Dänemark), *Jesper Fohrman* (Dänemark), *Peter Jensen* (Dänemark), *Johnny Jensen* (Dänemark), *Niels G. Jörgensen* (Dänemark), *Peter Kirkeby* (Dänemark), *Jörgen Larsson* (Schweden), *Thomas Petersen* (Dänemark), *Dave Plummer* (England), *Olivier Portrat* (Deutschland), *Guy de Restrepo* (Frankreich), *Frederik Stjärnkvist* (Schweden), *Thomas Vedel* (Dänemark) und *Frank Weissert* (Deutschland). Sie lieferten etwa ein Viertel des Stoffes, der Rest stammt von mir. Schließlich gliederte ich die gesamten Beiträge, übersetzte und redigierte sie. Beim Korrekturlesen halfen *Thomas Vedel, Jakob Lyngby, Elmer Topp Jörgensen* und *Andreas Petersen. Therry Du Brail* übersetzte freundlicherweise das Kapitel über Graskarpfen, da die französische Sprache nicht gerade meine starke Seite ist. Herzlichen Dank! Ein großes Dankeschön auch an *Jesper Fohrman* für seine herrliche Karikatur des »Boilie-Alchimisten«, an *Thomas Weirgang* für die Grafik des Springenden Karpfens sowie an meine Schwester *Hanne Bursell* für die Umschlagzeichnung, – ein verwunschener Karpfensee auf Nordseeland, den mit der Zeit wohl einige Fischer kennenlernten...

Last, but not least möchte ich mich bei meinem Vater *Gösta Bursell* für seine Hilfe bei vielen Dingen bedanken, bei meiner Lebensgefährtin *Katrine Chang* für die technischen Zeichnungen und allgemeine Nachsichtigkeit sowie bei meinen Angelfreunden durch alle Jahre. Auf die eine oder andere Art trugen sie dazu bei, daß ich meine Angeltechnik ständig verbessern konnte. Darüber hinaus gilt mein Dank den übrigen Mitglieder des »Dänischen Karauschen Konsortiums« – *Claus Quist Jessen, Jesper Petersen, Ole B. Nielsen, Jan Bressendorf, Bo Jensen, Klaus Nordström, Jakob Währens, Stenn Lyngsöe* und *Jakob Bip Lyngby*. Weiter gilt mein Dank *Jesper Fohrman, Rasmus Hansen, Jan Wendt, Ove Sehestedt Juul, Bernie Hanes, Frerk Petersen, Thomas Söbirk, Jens Ploug Hansen, Morten Valeur, Phillip Hesselmann, Peter Ostermann und Michel Naudeau* sowie dem Angelverein Farum einschließlich dem blinden Bläßhuhn im Krebsmoor.

Das Buch

ist dem Karpfen

Willy

gewidmet

Specimen-Hunting

Unter Specimen-Hunting sind viele Dinge zu verstehen. Eine häufig gehörte Definition spricht vom Fang der größten Fische. Specimen bedeutet auf Englisch »Muster« – zu verstehen als das Größte, Schönste oder Einzigartige. Angeln bedeutet aber noch viel mehr.

Die Jagd auf den »unnahbaren« Specimenfisch ist einfach faszinierend. Großfänge nehmen oft Tage, Wochen, Monate oder Jahre der Planung, Entdeckung, Anfütterung, Fischerei und Erfahrung in Anspruch, bis alles endlich in einem Monsterbiß mündet. Der Augenblick, in dem man nach dunklen, nassen, kalten und harten Touren den Anhieb setzt und den lange ersehnten Zug eines Riesenfisches bemerkt, der scheinbar unaufhaltsam wie ein U-Boot durchs Wasser pflügt, kann selbst die scheußlichste Sturmnacht in ein unvergeßliches Erlebnis verwandeln. Liegt der Fisch nach einem nervenaufreibenden Kampf sicher an Land, bereut der Angler keine Sekunde der vielen anstrengenden Stunden.

Ehrlich gesagt kann diese Angelei schon einmal etwas zäh sein. Ich habe mir so manches Mal an den Kopf gefaßt, wenn ich daran zurückdenke, welche mehr oder weniger verrückten Dinge man angestellt hat – und alles nur für einen Großfisch. Situationen, in denen ich darüber nachdachte, warum man sich in aller Welt freiwillig in prasselndem Regen und bei Orkanwindstärke schwitzend unter 40 Kilo Ausrüstung in Brennesseln und Dornengestrüpp verstrickt den Weg zu einem See bahnt, der sich in der Folgezeit als fischlos erweist. Zerbrochenes Gerät und tropfnasse, eiskalte Übernachtungen im Schlamm, nur bedeckt von schwarzen Abfallsäcken, weil der Schirm sich im Schneesturm auf eine kilometerlange Flugreise begeben hat.

Die Liste der absolut wahnwitzigen Touren ist nahezu unendlich. Merkwürdigerweise scheine ich mich in guter Gesellschaft zu befinden. Es gibt unzählige Beispiele dafür, daß sich Menschen auf ihrer Jagd nach dem Großfisch den abartigsten Dingen aussetzen. Warum? Weil die Specimenangelei ein Lebensstil ist, der abhängig macht. Aber eisenharte Bedingungen können in richtigen Dosen wirklich Vergnügen bereiten, weil man sich selbst zum Äußersten zwingt und auf diese Weise fast »high« werden kann, je »wahnwitziger« die Fischerei ist. Die Specimenfischerei ist eine intensive, spannende und alles verschlingende Herausforderung, die bis zum Lebensende brennen kann, ist der Funke erst übergesprungen.

Es sei denn, man erstickt die Flamme unterwegs dadurch, daß man so ernst und zielgerichtet vorgeht und darüber die wichtigsten Dinge vergißt: die wichtigsten Elemente der Fischerei und das Naturerlebnis zu genießen, das Einfühlungsvermögen und die Kameradschaft. Der Traum vom Fisch des Lebens hält natürlich das Feuer am brennen, aber ohne all die anderen Dinge, die der eigentlichen Fischerei folgen, erweisen sich Großfische als sinnleeres und gleichgültiges Ziel. Selbst wenn alle von kapitalen Fischen träumen, ist es doch selten der eigentliche Fang und der Großfisch, an den man sich am längsten erinnert. Das Gesamterlebnis, die Stimmung am Wasser und die Erlebnisse mit den Angelfreunden sind es in der Regel, an die sich der Angler erinnert und nach denen er sich sehnt, während er an einem kalten Winterabend dasitzt und seine Angelruten vermißt.

Vergessen Sie in Ihrem Eifer also nicht, warum Sie einmal mit dem Angeln begonnen haben – nämlich weil es Spaß bringt, gemütlich und entspannend sein kann. Außerdem ist es die ideale Möglichkeit, dem Alltag zu entfliehen und die Natur in vollen Zügen zu genießen. Große Fische sind vielleicht das Ziel, aber nicht notwendigerweise der Zweck des Ganzen.

Viel Freude beim Lesen!

Allgemeine Gerätetips

Gerätefetischisten finden sich in allen Bereichen der Angelei und Specimenhunter bilden keine Ausnahme – ganz im Gegenteil! Als Anfänger werden sich viele in der mittlerweile gigantischen Geräteauswahl völlig verloren fühlen. Viele neue Angler machen sich ein Bild darüber, wie der ultimative Specimenfischer ausgerüstet sein und aussehen sollte. Dann versuchen sie, diesem Idealbild näherzukommen und kaufen eine Menge Gerät, das phantastisch aussieht.

Entsprechendes gilt auch für viele erfahrene Fischer. Einige meinen, daß sie sich nur mit der neuesten Mode von New-Age-Ruten, High-End-Rollen und intergalaktischen Bißmeldern am Wasser zeigen dürfen. Tatsächlich gibt es nichts Lächerlicheres. Die mit Abstand meisten Großfische hätten auch mit einer Ausrüstung überlistet werden können, die nur einen Bruchteil kostete. Die kleinen Details, die in vielen Fällen über den Erfolg entscheiden, sind kaum die teuren Dinge. Deshalb sollte man bei begrenztem Budget vor dem Gerätekauf genau nachdenken.

Jede Kette ist bekanntlich nur so stark wie ihr schwächstes Glied – doch das bedeutet nicht, daß man durch die Bank in Topqualitätsgerät investieren muß. Welche Teile besonders wichtig sind und wie schwach das schwächste Glied sein darf, hängt in hohem Maße von der Angelsituation ab. Fischt man beispielsweise auf kleinere oder mittelgroße Karpfen dicht am Ufer in einem relativ unverkrauteten Gewässer, genügt eine preiswerte Glasfaserrute für vielleicht 100 Mark. Sie sollte für einen ordentlichen Drill nur genügend Rückgrat sowie eine durchgehende Aktion besitzen. Geht es jedoch auf große Fische in verkrauteten und felsreichen Gewässern in 100 Meter Entfernung, dann stellt die Situation ganz andere Anforderungen an das Gerät. Hier sind gute Ruten und Rollen von höchster Bedeutung, wobei man kaum Kompromisse eingehen kann.

Vor dem Gerätekauf sollte deshalb klar sein, welche Dinge unter den gegebenen Umständen absolut notwendig sind. Die einzigen Aufgaben des Gerätes bestehen darin, den Köder zu werfen und zu präsentieren sowie den Fisch zu haken, zu drillen und zu landen. In nahezu allen Fällen ist es allerdings wichtiger, sich auf Köder, Montage, Hauptschnur und Bißanzeiger zu konzentrieren, als auf teure Ruten und Rollen. Den Fischen ist es völlig gleichgültig, wie Ihre Ruten und Rollen aussehen. Das gilt andersherum aber nicht für Köder, Montage und Schnur. Da letztendlich alles von Haken und Schnur abhängt, muß der Fischer diesem Teil der Ausrüstung besondere Aufmerksamkeit widmen. Viele Angler geben mit Freude 500 Mark für einen perfekten Liegestuhl aus. Auf der anderen Seite verlieren sie Fische, weil sie an der Schnur sparen und sie nicht regelmäßig für vergleichsweise wenig Geld erneuern.

Wer nur Fische fangen möchte, kann auf zusätzliches Extragerät verzichten. Dazu zählen besonders Liegestühle, Bivvies (Angelzelte), Rod-Pods (Rutenhalter), Hold-Alls (Rutentaschen) sowie verschiedenste mehr oder weniger unbrauchbare Kleinigkeiten, die man ohnehin selten benötigt. Dies soll aber keine Abwertung von Gerät in Topqualität bedeuten. Selbstverständlich ist es ideal, das Beste vom Besten in allen Bereichen zu besitzen, wenn man es sich leisten kann. Tatsache ist jedoch, daß jemand dadurch selten mehr Fische fängt. Wenigstens 90 Prozent meiner großen Fische hätte ich auch mit einer halb so teuren Ausrüstung fangen können. Und das gilt meiner Ansicht nach wohl für die meisten Angler, selbst wenn sie es nicht gerne wahrhaben wollen. **Viele könnten mehr fangen, wenn sie in Mittelklassegerät investieren und mit dem gesparten Geld wichtigere Dinge wie Köder, Futtermaterial, Angelkarten und Benzin für die Fahrt ans Wasser kaufen würden. Eines ist sicher – praktische Erfahrung, selbständiges Denken, die Fähigkeit Fische zu lokalisieren und ein grundlegendes Verständnis für die Fischerei überhaupt, sind wesentlich wichtiger als eine hochgezüchtete Liebhaberausrüstung.**

Welche Ruten, Rollen, Schnüre, Haken und Zubehörteile sich überhaupt am besten für die verschiedenen Fische und Methoden eignen, habe ich für meine Leser in den entsprechenden Abschnitten über die einzelnen Arten angeführt. Das empfohlene Gerät ist in erster Linie dasjenige, welches wir selbst benutzen.

TEIL 1

Karpfenfische

Die Karpfenfamilie, wissenschaftlich *Cyprinidae* genannt, stellt die zweitgrößte Familie der Wirbeltiere mit weltweit nicht weniger als 220 Gattungen und über 1700 Arten. Zu den wichtigsten Kennzeichen aller Fische dieser Familie zählen die fehlenden Kieferzähne und die andererseits vorhandenen Schlundzähne. Die unbezahnten Kiefer hindern jedoch die Karpfenfische nicht daran, andere Fische zu fressen. Es ist ein bekanntes Phänomen, daß viele Karpfenfische wie Rapfen, Karpfen, Barben und Döbel zu gewissen Zeiten Kleinfische und Fischbrut fressen. Es gibt aber nur zwei Gattungen, die sich ausschließlich von Fischen ernähren, und zwar *Elopichtys* und *Ptychochelius*, die dann allerdings auch zu ganz ansehnlicher Größe heranwachsen. Der Yellowcheeck *(Elopichtys bambusa)* aus dem Amur wird auf diese Weise über zwei Meter lang und der Nordamerikanische Colorado Squawfish *(Ptychochelius lucius)* wächst im Colorado River auf eine Länge von 1,8 Meter und etwa 45 Kilogramm Gewicht heran. Heutzutage sind allerdings Exemplare über 20 Kilogramm äußerst selten. Es ist wohl kein Zufall, daß dieser Raubkarpfen den gleichen Artnamen wie der Hecht trägt.

Andere Spezialisten in der Karpfenfamilie nutzen weitere Quellen auf allen Ebenen der Nahrungspyramide. So frißt unter anderem der Silberkarpfen Algen und der Graskarpfen große Wasserpflanzen. Nahezu alle Karpfenfische ernähren sich in dem einen oder anderen Stadium ihres Lebens von Zooplankton, aber nur ganz wenige Fische, wie der Marmorkarpfen (»Bighead«), nutzen es als Hauptnahrungsquelle. Der äußerst merkwürdig ausschauende Fisch kann übrigens bis zu 45 Kilogramm wiegen! Für die große Mehrzahl der Karpfenfische bilden Bodentiere, so die Roten Mückenlarven *(Chironomiden)*, Schnekken und Muscheln, den Hauptbestandteil ihrer Nahrung.

Das größte Mitglied der Karpfenfamilie ist der Siamesische Riesenkarpfen, *Catlocarpio siamensis* aus Kambodscha und Thailand, der hauptsächlich Plankton und totes organisches Material frißt. Der Fisch wird bis zu drei Meter lang und erreicht dabei ein Gewicht bis zu 115 Kilogramm! Es besteht damit wohl kein Zweifel, daß eine Menge spannendes Fischereineuland darauf wartet, erforscht zu werden – was das Angeln angeht, sind die meisten Arten völlig jungfräulich!

1. Der Karpfen

(Cyprinus carpio)

Das Zusammenspiel von Kraft, Stärke und Größe macht den Karpfen für die meisten Friedfischangler zum ultimativen Specimenfisch. Schon nach der ersten Bekanntschaft mit einem Großkarpfen strebt man wie ein Besessener immer wieder nach dem Zug des Monsterfisches, der in einer wilden Flucht die Rute in die Waagerechte zwingt und die Rolle in den höchsten Tönen aufkreischen läßt. Der Karpfen ist ein phantastischer Kämpfer, der bei einer entschlossenen Flucht kaum zu stoppen ist. Da kommt eine tiefe Befriedigung auf, wenn er nach hartem Drill tropfnaß, wunderschön und vor allem lebend im Netz liegt.

Karpfen können ungeheuer schwer zu fangen sein. Doch wenn man erst vom Fieber angesteckt wurde, dann schrecken selbst die längsten Wartezeiten und die denkbar schlechtesten Wetterverhältnisse nicht ab. Dies ist die letzte Warnung. Diese Fischerei ist so faszinierend, zeitraubend und wird somit leicht zur Gewohnheit. Vielleicht werden Sie bereuen, sich auf so etwas Törichtes eingelassen zu haben. Legen Sie das Buch zur Seite und vergessen Sie alles über Karpfen, wenn Sie sich nicht sicher sind, ob Sie damit zurechtkommen...

Biologie

Der Karpfen besitzt eine viele tausend Jahre alte Tradition als Zuchtfisch. Deshalb ist er nicht zufällig einer der wenigen Süßwasserfische, die man auf der ganzen Welt findet. Er ist der zweitgrößte Karpfenfisch in Europa, nur noch übertroffen vom Marmorkarpfen. Unser Carpio kann hier ein Gewicht von

über 20 Kilogramm erreichen. Unter südlicherem Himmel und damit besseren Wachstumsbedingungen bringt er es sogar auf 30-35 Kilogramm. Seine wesentlichen Erkennungsmerkmale bilden die lange, charakteristische Rückenflosse sowie die vier Barteln – je eine in den Maulwinkeln und auf jeder Seite der Oberkante des Mauls noch eine. In den vielen Jahrtausenden der Karpfenzucht als »Haustier« entstanden viele Rassen und Schuppenvarianten. Spiegelkarpfen kann man an den großen und unregelmäßigen Schuppen (»Spiegelschuppen«) erkennen, die wie zufällig über den Körper verteilt sind. Man kennt jedoch viele Varianten des Spiegelkarpfens wie den Zeilkarpfen (Spiegelschuppen in einer Reihe entlang der Seitenlinie), Lederkarpfen (keine oder nur wenige Spiegelschuppen) und vollbeschuppte Spiegelkarpfen (Spiegelschuppen am ganzen Körper). Der Schuppenkarpfen mit seinen normalen, gleichgroßen Schuppen am ganzen Körper kommt dem ursprünglichen Wildtyp am nächsten. Wegen der vielen ausgesetzten Zuchtkarpfen zählt der Wildkarpfen heute zu den bedrohten Arten!

Schon bei 16 Grad Wassertemperatur können die Karpfen laichen, optimal sind jedoch 18-24 Grad. Das Laichgeschäft erfolgt im Flachwasser in der Zeit von Mai bis Juli. Da in vielen dänischen Gewässern solche Temperaturen nur in wenigen Jahren erreicht werden, beobachtet man häufig große Lücken zwischen den Generationen. Die Tatsache der teils schwierigen Reproduktion bildet eines der wichtigsten Argumente für das Zurücksetzen gefangener Fische (»catch-and-release«). Als Fischbrut ernähren sich Karpfen von Zooplankton. Mit zunehmender Größe fressen sie dann mehr und mehr Bodentiere wie Würmer, Insektenlarven, Schnecken, Muscheln sowie gelegentlich Fischlaich, Fischbrut und Kleinfische. Auch wenn Karpfen stehendes oder langsam strömendes Wasser bevorzugen, kann man sie oft auch in starker Strömung antreffen – entweder beim Wandern, bei der Futtersuche oder weil sie in Wärmeperioden das besonders sauerstoffreiche Wasser genießen. In erster Linie finden sich Karpfen im Süßwasser, sie können jedoch ebenfalls im Brackwasser vorkommen.

◀
Jens Bursell mit seiner typischen Haarlocke hinter dem rechten Ohr und einem kapitalem Spiegelkarpfen.

Natürliche Nahrung

Grundsätzlich können Karpfen ihre Nahrung auf zwei verschiedene Arten aufnehmen: durch verschiedene Formen des Einsaugens oder Aufsammelns/Abreißens. Das Saugen können die Fische mehr oder weniger kräftig und in unterschiedlichen Frequenzen der Kiemendeckel dosieren. Kräftiges Saugen wird eingesetzt, um große Teilchen oder Nahrungsgegenstände aufzusammeln (in der Natur unter anderem Fische, Schnecken und Wasserinsekten – bei der Angelei große Partikelköder und Boilies). Langsames Saugen mit einer langsameren Frequenz, allgemein »Gründeln« genannt, wird typischerweise für die »Bulk-Nahrungssuche« auf große Konzentrationen kleinerer Futtergegenstände eingesetzt, die nicht »flüchten«, beispielsweise Rote Mückenlarven (bei der Angelei eher Maden oder Mikro-Partikelköder). Dabei steht der Fisch entweder ganz still oder bewegt sich sehr langsam und ruft mit einer moderaten Pumpfrequenz seiner Kiemendeckel einen langsamen, aber gleichmäßigen Strom hervor, der die leichten Nahrungsteilchen wie ein Staubsauger einsaugt. Die letzte zu nennende Saugform ist diejenige, die typischerweise eingesetzt wird, wenn die Fische Zooplankton fressen. Dabei saugen sie große Mengen Wasser mit langsamer Geschwindigkeit ein. Die Kiemendeckel arbeiten gegenüber dem Gründeln mit einer geringeren Frequenz, aber schnelleren Einzelbewegungen. Diese Freßform kann der Karpfen sowohl bei langsamer Schwimmgeschwindigkeit, als auch stillstehend ausführen. Last, not least, kann der Fisch Nahrungsgegenstände auch direkt mit den Lippen aufsammeln oder sie vom Boden abreißen. Diese Art der Nahrungsaufnahme sieht man unter natürlichen Verhältnissen typischerweise immer dann, wenn Karpfen große oder festsitzende Nahrungsgegenstände fressen, wie Krebse, Muscheln und Schnecken.

Optimale Nahrungsaufnahme

Fressen kostet Energie in Form von Bewegung, wenn die Beute oder der Nahrungsgegenstand gesucht, gefunden, gefangen, geschluckt, bearbeitet und verdaut werden muß. Der Aufwand bei verschiedenen Ernährungsweisen und Nahrungstypen im Verhältnis zum Ertrag von Nahrung und Energie bestimmt in hohem Maße mit, wann es sich für den Karpfen auszahlen kann, zwischen verschiedenen Futterquellen und Freßgebieten zu wechseln. Da den Fischen auf lange Sicht selbstverständlich ein ausgeglichenes Angebot zur Verfügung steht, ist es natürlich nicht nur der Energie-, sondern auch der Nährstoffgehalt, der über einen längeren Zeitraum gesehen die Wahl mit beeinflußt. Darüber später mehr.

Die Nahrung der Karpfen, und damit auch die Fische selbst, werden meist auf bestimmte Flecken verteilt sein. Die Standplätze fressender Fische sind das Ergebnis zweier gegensätzlicher – anziehender und gleichzeitig abstoßender – Faktoren. Dort wo die Nahrung ist, möchten sich die Fische sammeln. Auf der anderen Seite werden sie von dem gleichen Gebiet abgestoßen, wenn es dort zu viele Fische und damit Freßkonkurrenz gibt.

Wie der einzelne Fisch seine Futtersuche auf verschiedene Nahrungsquellen und Freßplätze verteilt, hängt von zwei Faktoren ab. Zum einen richtet er sich danach, wie wohlschmeckend und nährstoffreich die Nahrung ist. Andererseits macht er seine Entscheidung von der Nahrungsmenge am Freßplatz im Verhältnis zu der durchschnittlichen Futtermenge im Gewässer und dem Abstand zwischen verschiedenen Futterplätzen abhängig. Alle Fische trachten danach, ihre Nahrungs- und Energieaufnahme mit der geringsten Anstrengung zu optimieren – sofern ihr Entschluß feststeht, ernsthaft zu fressen. Verließe der Fisch die Futterquelle (unter anderem einen angefütterten Platz) zu schnell, würde dies dazu führen, daß er die meiste Zeit mit dem Schwimmen zwischen den Futterquellen verschwendet. Damit erreicht er nur, daß seine durchschnittliche Nahrungs- und Energieaufnahme im Verhältnis zu seinen »Unkosten« niedrig ausfällt. Bliebe er dagegen an einer Futterstelle und würde sie ganz leerfressen, verschwendete er eine Menge Zeit mit dem »Auspressen der Zitrone« bis zum Äußersten. Dadurch wäre die durchschnittliche Futter- bzw. Energieaufnahme im Verhältnis zum ernährungsmäßigen Gewinn wiederum niedrig. Deshalb wird eine mittlere Zeitspanne für den Aufenthalt und die Nahrungsaufnahme an der Futterquelle (Anfütterstelle) für den Fisch oft das Optimale darstellen. Diese Theorie über die Maximierung der Nahrungsaufnahme in einer Umwelt mit auf bestimmte Orte verteilten Nahrungsquellen, haben die Ökologen »Theorie der optimalen Nahrungsaufnahme« genannt. In vielen Situationen gibt sie eine Antwort auf die Fragen, wo, wieviel und wann Karpfen fressen. Es existieren allerdings noch einige andere äußere Faktoren, die eine große Bedeutung für die Wahl der Freßgebiete besitzen.

Eine Sache ist die nötige Futtermenge, eine andere, wie leicht man an sie herankommt. Je einfacher zugänglich die Nahrung ist, oder je weniger Energie es kostet, sie aufzunehmen, desto größer ist die Wahrscheinlichkeit, daß sich der Fisch dazu entschließt, seine Zeit zum Fressen zu verwenden. Dieses Phänomen ist im übrigen eine ausgezeichnete Erklärung für die Tatsache, daß man souveräne Resultate dadurch erzielen kann, daß man auf vollständig nacktem und hartem Boden anfüttert, auf dem es kaum natürliche Nahrung gibt. Erstens wird hier das Futter leichter gesehen, zweitens leichter gefressen, da der Fisch hier keine Energie darauf verwenden muß, den Schlamm auszusortieren.

Auch wenn nahezu alle Teile eines Karpfengewässers potentielle Nahrungsaufnahmegebiete darstellen, findet man in bezug auf Dauer und Intensität der Nutzung der verschiedenen Gebiete große Unterschiede. Die Karpfen kontrollieren viele Gebiete regelmäßig nach sporadischen Vorkommen von Bodentieren im Schlamm oder auf der Vegetation. Diese Gebiete liefern ein relativ weit gestreutes, aber regelmäßiges Angebot von Futter. Bei den Bereichen kann es sich um alles mögliche handeln, von Schilf- und Teichrosenkanten bis zu herausragenden Steilufern und scheinbar »zufälligen« Orten im See. Deshalb sind dies selten Plätze, an denen die Karpfen Amok laufen und zuhauf im großen Stil fressen. An solchen Stellen wird man die Fische nur in begrenzten Mengen finden. Oft wird es sich außerdem um Einzelexemplare oder Kleingruppen handeln, die umherstreifen und »auf Sparflamme« Nahrung suchen.

Hot-Spots, an denen die Fische alleine oder in größeren Gruppen konzentriert fressen, sind häufig nur für kürzere Perioden attraktiv. Das kann passieren, wenn sich in einem bestimmten Gebiet vielleicht plötzlich ungeheure Mengen von Roten Mückenlarven oder anderen Bodentieren finden. Entsprechendes gilt für Muschelbänke oder Krautgürtel bei saisonbedingten Vorkommen von Wasserinsekten oder Schnecken. Nach kurzer Zeit wird die Beute aufgefressen sein, und die Fische suchen sich neue Weidegründe. Die Specimen-Hunter bezeichnen diese Erscheinung als »Bulk-Feeding«-Situation, in der die Fische ungehemmt fressen. Zum Stimulieren der Fische kann man einen entsprechenden Futterplatz anlegen, wobei verschiedene »Preoccupation«-Anfütterungstechniken zum Einsatz kommen (Seite 73ff.).

Die Karpfen patrouillieren oft auf festgelegten Routen. Dabei suchen sie zum Teil die Gebiete mit stets reichlich vorhandenem Futter ab, teils prüfen sie jedoch auch mögliche Bulkfeeding-Gebiete auf ein neues »Aufblühen von Futter«. Einige Routen werden täglich abgeschwommen, andere werden in größeren Zeitabständen überprüft. In großen Flüssen und Seen können diese »periodischen Routen« als ausgesprochen nomadische Wanderungen mit einigen hundert Kilometern Länge gelten. In Verbindung mit den täglichen Patrouillen bemerkt der Fischer oft, daß er fast

seine Uhr nach bestimmten Beißzeiten stellen kann. Das führte bei vielen zu dem Trugschluß, daß die Karpfen nur zu diesen Zeitpunkten fressen. Oft rühren diese Beißzeiten daher, daß genau zu dem Zeitpunkt, an dem die Fische vorbeischwimmen, an diesem Platz auch gefischt/gefüttert wird. Wenn dies zutrifft, wird man ein paar Fische zusätzlich bekommen, wenn man mit den Fischen wandert – sofern sie nicht länger am Futterplatz zu halten sind. Beißphasen treten aber nicht nur auf, wenn Fische in bestimmten Abständen vorbeikommen. In vielen Gewässern gibt es tatsächlich markante Aktivitäts- und Freßperioden, die generell für den See gelten. Diese Zeitpunkte weichen von Gewässer zu Gewässer sehr stark ab und hängen oft mit weiteren Faktoren wie Temperatur und Lichtintensität zusammen.

▲
Der Karpfen ist ein harter Kämpfer, der noch kurz vor dem Kescher für brenzlige Situationen sorgen kann.

Faktoren für den Appetit der Karpfen

Die Freßlust der Karpfen hängt neben der Menge und Qualität des Futterangebots von einer Reihe physischer Faktoren ab. Dazu kommt der Befischungsdruck auf potentielle Futterstellen. Physische Faktoren wie Wind, Druck, Licht und Temperatur wirken auf das Freßverhalten der Karpfen, entweder direkt durch Änderungen im Stoffwechsel oder indirekt durch Einflüsse auf die Zusammensetzung und das Vorkommen der Nahrung.

Ein gut bekanntes Phänomen zeigt sich besonders dann, wenn Karpfen sich oft in windigen Gebieten aufhalten oder fressen und die Lufttemperatur höher als die Wassertemperatur ist. Die beste Erklärung für die gute Fischerei an dem Wind zugewandten Ufern bei relativ warmen Luftströmungen ist nach meiner Meinung, daß das wärmere Oberflächenwasser herangedrückt wird. Aufgrund von Turbulenzen im Wasser und der Rückströmung fließt wärmeres Wasser zum Grund. Da die Fische warmes Wasser mögen und bei hohen Wassertemperaturen auch eine starke Nahrungsaufnahme zeigen (bis zu einer gewissen Grenze), ist es ganz natürlich, daß warme Winde (vor allem westliche) diesen Effekt zeigen. Ist das Wasser jedoch zu warm und sauerstoffarm, dann kann ein kühler Wind (oft von Osten) selbstverständlich ebenfalls einen positiven Effekt erzielen. Allerdings muß die kältere Luft eine Änderung der Wassertemperatur zum optimalen Bereich hin bringen. Dort wo ein kräftiger Wind direkt auf Land steht, wird zusätzlich eine Unterströmung erzeugt. Sie wirbelt in aller Regel den Boden gut auf und legt verschiedene Nahrung frei oder schwemmt sie aus dem Grund. Eine alternative Erklärung könnte sein, daß Karpfen sich in trübem Wasser sicher fühlen und schlammiges Wasser rein instinktiv mit fressenden Fischen und einem Massenvorkommen an Nahrung verbinden. Wenn der Bodenschlamm durch einen kräftigen Wind aufgewirbelt wird, kann der Fisch möglicherweise auch die Montage am Köder schwerer erkennen kann und es kommt zu mehr Bissen.

Inwieweit der Wind tatsächlich auf die Wanderungs- und Freßmuster der Fische einwirkt, hängt in hohem Maße von der Gewässergröße, der Topographie und den Strömungsverhältnissen ab. In etwas größeren Seen mit einer zum Erzeugen von Wellen, Turbulenzen und Unterströmungen ausreichend großen Angriffsfläche, sind windexponierte Inseln, Landzungen und Plateaus die richtigen Angelplätze. In kleineren Seen hat nach meiner Erfahrung der Wind keine so große Bedeutung. In Flüssen kann der Wind ebenfalls von großer Bedeutung sein. Oft bemerkt man jedoch, daß die Änderungen der Wasserführung und der Strömung weit wichtiger sind.

Der Luftdruck übt ebenfalls einen ziemlich großen Einfluß auf die Freßlust der Karpfen aus. Hochdruck mit klarem und ruhigem Wetter ist im Sommer gleichbedeutend mit warmen Tagen und kalten Nächten – im Winter mit kalten Tagen und noch klirrenderen Nächten. Diese Verhältnisse sind selten besonders produktiv, besonders was die Grundfischerei betrifft. Warme, ruhige Tage, an denen die Fische an der Oberfläche dösen, können allerdings ideal für das »Dapping« sein, worunter das Fischen mit vor das Maul geworfenen, gesenkten oder geführten Ködern zu verstehen ist. Aber wenn es mit Wassertemperaturen über 25 bis 30 Grad zu warm wird, kann selbst das Dapping eine elende Fischerei sein. Tiefdruck bedeutet in der Regel bedeckten Him-

Götterdämmerung am Karpfensee ▶

Das Zurücksetzen der Fische ist für Specimen Hunters eine Selbstverständlichkeit. ▼

mel, Regenwetter und/oder relativ milde Winde und deshalb zeitweise eine gute Fischerei. Auch wenn es unzählige Varianten zwischen diesen beiden Extremen gibt, ist es unter Karpfenfischern eine allgemeine Regel, daß fallender oder ausgesprochener Tiefdruck und ungemütliches, aber mildes Wetter eine bessere Fischerei verspricht, als steigender Luftdruck oder Hochdruck.

Abgesehen von Tages- und Jahreszeitvariationen wird das Licht in hohem Maße von der Wolkendecke bestimmt und damit letztendlich von der Temperatur, dem Druck sowie dem Wind. Die Lichtintensität hat eine große Bedeutung für das Aktivitätsniveau der Fische. Generell sind Karpfen eher geneigt, am Boden ihre Nahrung zu suchen, wenn die Lichtintensität gering ist – also am Abend, in der Nacht, am Morgen sowie an bedeckten Tagen. Bei klarem Sonnenwetter wird der Angler dementsprechend eher beobachten, daß die Karpfen in geringeren Tiefen ihre Nahrung suchen. Dies sind natürlich nur grobe Regeln. Oft ist es überhaupt nicht vorherzusehen, inwieweit die Nahrungsaufnahme am Boden, im freien Wasser oder an der Oberfläche geschieht.

Der Salzgehalt besitzt in den unteren Flußabschnitten und Brackwassergebieten einen großen Einfluß auf das Wanderungs- und Freßverhalten der Fische. Karpfen meiden hohe Salzkonzentrationen und werden deshalb geringer »belastete« Gebiete aufsuchen, wenn relativ salziges Wasser durch Stürme oder Gezeiten in die Flußmündungen und/oder in die Brackwassergebiete gedrückt wird. In der Folge sammeln sie sich in den oberen Flußabschnitten. Ändert sich der Wind oder sorgen kräftige Regenfälle für einen schnelleren Abfluß des Salzes, dann ziehen typischerweise viele der Fische wieder ins Brackwasser zurück und verteilen sich über ein großes Gebiet.

Häufig sind typische »Tag-« oder »Nachtseen« anzutreffen. In manchen Gewässern verzeichnet der Fischer die Bisse fast nur in der Nacht, während sie in anderen Seen schwerpunktmäßig am Morgen oder tagsüber kommen. Meiner Meinung nach ist es am wahrscheinlichsten, daß solche Unterschiede in den Aktivitätsperioden an unterschiedlichen Gegebenheiten während eines Tages, wie dem Sauerstoffgehalt, liegen. Je nahrungsreicher und verschlammter ein See ist, desto geringer ist die Sauerstoffkonzentration in der Nacht. Bei extrem niedrigen Sauerstoffkonzentrationen zeigen Karpfen ihre geringste Aktivität. Dies stimmt gut mit meinen Erfahrungen bei der Nachtfischerei an extrem trüben und verschlammten Seen überein, wo Beiß- und Aktivitätsperioden in der Nacht nur selten besonders ausgeprägt sind. Man kann allerdings unmöglich eine allgemein gültige Regel aufstellen, zu welchen Zeitpunkten in welchen Gewässern die Fischerei am besten ist. Die einzige Methode, dies herauszufinden, besteht darin, viel Zeit mit der Erkundung und der praktischen Angelei zu verbringen. Nach einer guten Saison am Wasser taucht in der Regel ein Muster auf, auf das man bauen kann.

Jahreszeiten

Da Karpfen, wie alle Fische, wechselwarme Tiere sind, besitzt die Wassertemperatur eine große Bedeutung für ihre Aktivität. Alle Tiere weisen einen Temperaturbereich auf, bei dem Enzyme, die für die Verarbeitung der Nahrung im Bau- und Energiestoffwechsel benötigt werden, optimal arbeiten. Steigt oder fällt die Wassertemperatur aus diesem Bereich, fällt gleichzeitig das Aktivitätsniveau und die Freßlust der Tiere wird herabgesetzt. Was den Karpfen betrifft, so liegt dieser Bereich bei 20 Grad. Der Jahreszeitenwechsel bringt deshalb einleuchtenderweise einen bedeutenden Einfluß auf die Freßlust der Karpfen mit sich. Als Faustregel gilt, daß die Nahrungsaufnahme der Fische jeweils halbiert wird, wenn die Temperatur um zehn Grad fällt. Bis zu einer gewissen Grenze. Denn wie sich zeigte, ist der Karpfen eine der Fischarten, die über größte Fähigkeiten zu einer teilweisen Kompensation der geringeren Enzymaktivität in kaltem Wasser besitzen. Je länger sich der Fisch akklimatisieren konnte, desto weniger bremst eine niedere Temperatur den Stoffwechselprozeß. Dies erklärt gut, daß die Fische bei drastisch fallenden Temperaturen das Fressen oft ganz einstellen. Danach steigt die Freßlust mit sich stabilisierender Temperatur wieder langsam an und der Stoffwechsel »beschleunigt« sich mit Hilfe dieses Ausgleichsmechanismus wieder.

Was die Zusammensetzung und Menge der Nahrung angeht, so verändert sie sich im Wechsel der Jahreszeiten. In dem Maße, in dem der Lichteinfall im Frühjahr und Frühsommer steigt, entwickeln sich mehr und mehr Algen, die wiederum die Grundlage für das Entstehen großer Zooplankton-Populationen darstellen. Hiervon wird am meisten oder zumindest reichlich vorhanden sein, wenn die kleinen Karpfen im Juni und Juli die Eihüllen verlassen und eine Menge Zooplankton als Futter benötigen. Zum gleichen Zeitpunkt gibt es auch massenweise Insektenlarven im Boden, unter anderem die Roten Mückenlarven. Da viele Kleintier- und Insektenpopulationen im Laufe des Sommers mehrere Generationen aufweisen, wird ein konstantes Futterangebot herrschen, mit den höchsten Konzentrationen der verschiedenen Arten zu verschiedenen Zeitpunkten. Viele Insektenlarven benötigen für ihre Entwicklung ein ganzes Jahr und überwintern deshalb im Bodenschlamm. Auch die meisten Krebstiere, Schnecken und Muscheln sind mehrjährig. Dadurch steht auch im Winter ausreichend Futter zur Verfügung. Insgesamt findet sich jedoch die meiste Nahrung während der Sommermonate, was ein kräftiges Wachstum in dieser Periode ermöglicht.

Angeln im Frühjahr, Sommer und Herbst

In dem Maße, wie sich das Wasser erwärmt, steigt auch die Aktivität der Karpfen und wenn die Wassertemperatur 10 bis 12 Grad übersteigt (meist im April), verbessert sich das Aktivitätsniveau entscheidend. Wird das Wasser langsam wärmer, kann der Angler stärker anfüttern, ohne die Fische zu übersättigen. In dieser Zeit sind die Fische sehr mobil und deshalb auch leicht zu lokalisieren. Je näher die Laichzeit rückt, desto mehr schwimmen die Fische umher. Dabei stellt sich die Periode von Anfang Mai bis zum Laichende in vielen Seen als die beste Angelzeit heraus, besonders was das Dapping betrifft. Auch wenn die Fische viel fressen und man sie den ganzen Sommer über fangen kann, ist es nicht ungewöhnlich, daß die Angelei im Juli und August einen Totpunkt erlebt. Dann wird es zu warm. Geschieht dies, muß das Anfüttern genau wie bei Kälte sparsam ausfallen. In Zeiten mit strahlendem Sonnenschein, Hitzewelle und stillem Wetter findet sich die beste Fischerei eindeutig in großen Tiefen, bei Nacht oder im strömenden Wasser. Die Zeitspanne von Ende August bis ein gutes Stück in den September ist »Prime-Time« in den meisten Gewässern – besonders, wenn sie eine tote Sommerperiode zu verzeichnen hatten. Die Fische müssen sich jetzt mit Hochdruck ein Fettpolster anfressen, bevor die Kälte einsetzt.

Winterangeln

Die Angelei wird in der Regel schwankender, wenn man den Oktober erreicht. Unter den richtigen Bedingungen lassen sich jedoch Spitzenfänge erzielen. Erst wenn die Nachtfröste einsetzen, wird die Fischerei wirklich träge. Für die meisten Karpfenfreaks zählt ein Fisch jedoch erst dann als echter »Winterkarpfen«, wenn er nach dem ersten Frost in der Zeit zwischen November und März gefangen wurde. Dabei besteht kein Zweifel über die beiden wichtigsten Faktoren, die den großen Unterschied zwischen Sommer- und Winterfischerei ausmachen: 1. der gedrosselte Stoffwechsel der Fische und die damit verbundene geringere Aktivität und Nahrungsaufnahme; 2. die heruntergesetzte Mobilität der Karpfen zum Sparen von Energie. Deshalb werden die allermeisten speziellen Kaltwassertechniken auf die eine oder andere Weise mit diesen beiden Dingen verbunden sein.

Die wichtigste Grundregel in kaltem Wasser ist ohne Zweifel das sehr sparsame Anfüttern. Je kälter es wird, desto weniger sollte man füttern. Oft reichen nur ein paar Boilies zu viel zum Sättigen der Fische aus. Mitten im Winter ist es häufig am klügsten, überhaupt nicht anzufüttern. Überfüttert man, sinken die Chancen für mehrere Tage auf Null.

Eine mindestens genauso wichtige Grundregel besteht darin, seine Taktik so zu optimieren, daß man sich dem stationären Winterverhalten des Fisches anpaßt. Dies geschieht am besten durch reichliches Laufen am Wasser und alles andere menschenmögliche zum Lokalisieren der Fische – und das mit größter Präzision. Das ist einfacher gesagt als getan. Denn die geringe Aktivität der Fische erschwert es wesentlich, die gewohnten Zeichen zu erspähen. Wenn man einen Fisch erst gesehen oder mit einem Hot Spot gute Erfahrungen gehabt hat, sollte man die Rute auswerfen. Die beste Technik zum Aufspüren und Kontrollieren dieser Plätze ist es, diese Stellen den ganzen Herbst und zu Beginn des Winters zu befischen. Damit hält man den Finger am Puls der Zeit. Selbst wenn man eine Woche lang keine Fische gesehen hat, können die Aktivitäten der früheren Wochen einen guten Aufschluß darüber geben, wo die Fische stehen. War man selbst noch nicht am Gewässer, lassen sich mit etwas Glück vielleicht einige gute Tips von mit dem Gewässer vertrauten Anglern erfragen. Lassen sich keine Fische blicken und bleibt der Rat anderer Angler aus, muß man eben die Mütze ins Gesicht ziehen, den Kragen hochschlagen und es auf gut Glück versuchen.

Versuchen Sie es jetzt an den Stellen, wo das Wasser aus dem einen oder anderen Grund eine höhere Temperatur aufweist als die durchschnittliche Wassertemperatur der Umgebung. Ein schon klassisches Beispiel dafür sind Warmwasserabflüsse aus Fabriken oder Kraftwerken. Manchmal kann das Wasser aus solchen Leitungen so warm sein, daß man unter der Oberfläche eigentlich nicht von richtigen Wintertemperaturen sprechen kann.

Manchmal gilt auch die alte Hausregel, daß die Fische im Winter tief stehen, weil die Temperatur am Grund höher liegt. Denn die Dichte des Wassers ist bei vier Grad am höchsten, wodurch es zum Grund sinkt und hier eine wärmere Schicht bildet –

vorausgesetzt, das Gewässer ist nicht zu seicht oder wird von einem Wintersturm durchmischt. Dann gibt es auch keinen nennenswerten Austausch von Oberflächen- und Bodenwasser, wodurch der Temperaturunterschied erhalten bleibt. Auf keinen Fall trifft es jedoch zu, daß die Fische im Winter immer am tiefsten stehen. Ich konnte eine ganze Anzahl meiner Fische in sehr flachem Wasser fangen, was andere Angler ebenfalls feststellten. Wenn die Tiere das flachere Wasser aufsuchen, liegt das in der Regel an seiner schnelleren Erwärmung. Dadurch steigen die Temperaturen in milden Perioden rascher als im tieferen Wasser. Eine andere Erklärung für die Tatsache, daß Fische selbst in Perioden mit gegenüber dem tiefen Wasser kälterem Flachwasser nicht notwendigerweise im tiefen Wasser zu finden sind, ist der zu gewissen Zeiten katastrophal niedrige Sauerstoffgehalt am Grund. Und je kälter das Wasser ist, desto mehr Sauerstoff kann es aufnehmen. Sollten Sie in einem Gewässer ohne große Temperaturunterschiede fischen, liegen die sichersten Plätze oft an Seerosengürteln oder bei Baumwurzeln.

Hat man die Fische erst gefunden oder einen begründeten Verdacht auf einen idealen Hot Spot, kommt es auf äußerst präzise Würfe an. Fehlt jede Vorstellung über die Standplätze, hilft nur das fächerförmige Auslegen der Ruten und das Absuchen verschiedener Stellen. Auf diese Weise kann der Fischer die sich nur wenig bewegenden Karpfen aufspüren. Dabei sollte er die befischten Plätze so oft wechseln, bis er einen Biß bekommt. Anschließend sollte man sich auf dieses Gebiet konzentrieren. Mit schweren Grundmontagen sollte bei jedem Platzwechsel ein neuer Wurf erfolgen. Sonst arbeitet sie sich beim langsamen Heranziehen zu einem näher am Ufer gelegenen Platz vielleicht in den Bodenschlamm ein. Das Problem läßt sich mit einer »On the Drop« gefischten Posenmontage umgehen. Wenn der Grund vollkommen eben ist, kann man sie so einstellen, daß der Köder direkt über dem Boden fischt. Somit kann sich die Montage beim Einkurbeln nicht festsetzen. Variiert die Tiefe, kommt am besten ein fast schon schwebender Köder zum Einsatz. Da er sich beim langsamen Einziehen im Wasser verlockend hebt und senkt, kann genau dieser Reiz die winterträgen Fische zum Biß verleiten. Dieses »Posenspinnen« kann im Winter ausgesprochen effektiv sein, was meine vielen im Laufe der Jahre gefangenen Winterfische beweisen.

Aufgrund des trägen Verhaltens der Fische empfiehlt sich das Arbeiten mit einem intensiv duftenden Köder, der sie zum Angebot lockt. Am einfachsten geht das, wenn der Köder einen wasserlöslichen Geschmacksstoff auf Alkoholbasis enthält. Eine weitere Möglichkeit besteht in separatem Lockfutter, das unter anderem aus Pellets bestehen kann. Sie stellen die ideale Winteranfütterung, weil sie beispielsweise gegenüber Boilies nicht so schnell sättigen. Ein guter, aber nicht sättigender Duftverbreitungseffekt kann selbstverständlich auch mit kleinen Grundfutterkugeln erreicht werden. Kohlehydratreiches Futter kann ebenfalls Sinn machen, da die Fische im kalten Wasser die Proteine schwerer verdauen.

Generell sind die Fische im Winter wählerischer, was mit verschiedenen Dingen zusammenhängen kann. Ihre verminderte Freßlust spielt natürlich eine Rolle, aber auch Dinge wie das klarere Wasser und die geringere Konkurrenz zwischen den Individuen in der Gruppe können eine besonders feine Fischerei mit kleineren Ködern und Haken, dünnen Schnüren sowie einer sachten Präsentation und einer sensiblen Bißanzeige erfordern. Kleinere Köder vermeiden nebenbei das Sättigen der Fische. Da sich die Tiere im Winter normalerweise langsam bewegen und den Köder vorsichtig einschlürfen, sollte der Anhieb gegenüber dem Sommer schon bei kleineren Signalen des Bißanzeigers erfolgen. Schon ein einzelnes Piepen rechtfertigt einen beherzten Anschlag.

Bei der Wahl des Gewässers sollte man sich für ein nicht zu schwer zu befischendes entscheiden. Generell erweist sich die Winterfischerei viel schwieriger als das Angeln im Sommer. Selbst ein »leichtes« Gewässer erfordert eine gute Portion Geduld, wenn man Fische fangen will. Wenn man also auf Aktivität aus ist, sollte die Wahl auf ein »hungriges« Gewässer mit vielen kleinen und mittelgroßen Fischen fallen. Sitzt der Angler jedoch an einem Gewässer mit wenigen, aber großen Fischen, kann die Fischerei unheimlich schwer werden.

Das Winterangeln hat aber auch seinen ganz eigenen Charme. Die Fische sind in bester Kondition und das Gefühl, einen wirklich hart erkämpften Karpfen zu fangen, ist unvergleichlich.

Genau so erging es mir an einem klammen Märztag im Jahr 1997: Gerade dieser See hatte uns bereits unzählige Male an den Rand der Verzweiflung getrieben. Eigentlich waren es nur ein paar milde Tage und ein mikroskopischer Frühjahrshauch, der uns in das dänische Winterland hinauslockte. Der Bißanzeiger hatte sich in den letzten Tagen nach alter Tradition nicht um einen Millimeter bewegt. Verschlafen steckte ich die Nase unter der Bivvykante heraus und war nicht von der Begrüßung durch eiskalten Nieselregen und dem Duft klammer Stiefel, die in den Schlamm neben dem Liegestuhl gerutscht waren, überrascht. Die Bäume

▲
Die eisige Kälte weicht schlagartig aus den Gliedern, sobald sich etwas am Köder bewegt.

standen wie tote Basaltsäulen im fahlen Licht des Märzmorgens. Als erstes bemerkte ich Tonys blaugefrorene Nase, die aus dem Schlafsack hervorschaute. Nur ein paar diskrete Grunzlaute ließen darauf schließen, daß er langsam wach wurde. Griesgrämig schaute er zu mir herüber und nahezu gleichzeitig zeigten wir beide die klassische »wieder eine Nacht ohne Biß und was in aller Welt machen wir hier eigentlich«-Grimasse. Geschlagen von einer apathischen Kälteparanoia mußte ich mich schon schwer zusammenreißen, um die behagliche Wärme des Schlafsackes zu verlassen.

»I would like my eggs medium done, plenty of bacon, sausages, beans, a bit of strong expresso and a glass of fresh pressed orange juice, please. And don`t forget the newspaper«, erklang es von der anderen Seite des Modderlochs. »Ein sicheres Zeichen von Unterkühlung«, dachte ich und kämpfte mich aus dem Schlafsack heraus, um mich etwas frisch zu machen. Die Wassertemperatur betrug nur 5 Grad, es war also nicht erstaunlich, daß wenig los war. Wenn wir an diesem Platz keine Wurzeln schlagen wollten, mußte etwas geschehen. Also beschlossen wir, die Schnüre einzuholen und einen wiederbelebenden Spaziergang zu machen. Gesagt, getan. Auf halbem Wege um den See herum, kletterte ich auf einen guten Aussichtsbaum. Tony ging inzwischen auf eine Landzunge, um eine kleinere Bucht nach Hinweisen auf Karpfen abzusuchen. Abgesehen von einem einzelnen Mäusebussard, der über dem östlichen Ende des Sees kreiste, konnte ich nur etwa zehn Hektar eiskaltes Wasser ohne jedes Lebenszeichen sehen.

Eine halbe Stunde und einen guten Teil abgesuchter Wasserfläche später kamen wir an eine windgeschützte Bucht. Die Oberfläche lag windstill vor uns und durch das winterbleiche Schilf konnten wir in ungefähr 100 Meter Entfernung einige kleinere Luftblasen an der Oberfläche ausmachen. Schwindel oder Wahrheit – Sumpfgas oder waschechte Karpfenblasen? Vorsichtig schlichen wir näher in eine bessere Position. Durchs Fernglas betrachtet und ohne störende Gegenstände im Vordergrund bestand kein Zweifel mehr.

Die Blasen bewegten sich ganz langsam in einem dünnen Streifen und wiesen damit klar auf einen winterträgen Karpfen hin, der sein Maul langsam durch den Schlamm pflügte. Einmal stoppte der Blasenstreifen und verwandelte sich in einige untertassengroße Flecken. Der Fisch bewegte sich in einem etwa 20 Quadratmeter großen Gebiet. Es war keine Zeit zu verlieren. Denn die Freßperioden der Karpfen fallen in kaltem Wasser bedeutend kürzer aus als im Sommer.

Schwitzend eilten wir zu unserem Bivvy-Lager zurück und packten das Gerät zusammen. Nur 20 Minuten später lag am neuen Platz alles bereit. Tony montierte einen im Wasser schwebenden Doppelboilie auf einen semi-fixierten Bolt-Rig mit kurzem Vorfach, band einen »Stringer« an die Montage und warf sie in den linken Teil des Freßplatzes des Fisches. Da ich von früheren Angeltagen wußte, daß gerade diese Stelle ziemlich schlammig war, montierte ich ein »Squid Pop-Up« von Nash auf eine Schlamm-Montage mit 20 Zentimeter Bleikernvorfach. Da ich befürchtete, daß ein schwerer Stringer den schwebenden Boilie in den Schlamm ziehen würde, tauchte ich den Köder zur Geruchsverstärkung einmal in »Carpino/Strawberry Oil Platant«. Gerade als ich werfen wollte, kam eine große Luftblase etwa 80 Meter vom Ufer entfernt an die Oberfläche. Es glückte mir, den Köder mit einem kraftvollen Wurf direkt vor dem Fisch zu plazieren. Nach dem Auslegen aller Ruten lehnten wir uns mit neuer Hoffnung in unsere Stühlen zurück und warteten.

Schon nach zehn Minuten wippte die Rutenspitze kurz, gefolgt von einem kurzen Piep des Bißanzeigers. Noch geschockt von der schnellen Aktion warf ich mich auf die Rute und schlug hart an. Der Fisch zog schwer an dem Armalite-Blank und unternahm eine kurze Flucht. Da ich wußte, daß ein versunkener Baum dicht bei meinem Fisch lag, drillte ich das Tier mit hohem Druck. Allerdings erwies sich der Karpfen im kalten Wasser als ziemlich schlapp. Nach einem sehr kurzen Kampf folgte der Fisch willig in Richtung Land. Als er nur noch 20 Meter entfernt war, sah ich zu meinem großen Schreck, daß der Haken nur im äußersten Lippenrand saß. Sofort löste ich die Bremse und zog den Fisch mit viel Gefühl näher zum Kescher. Das Herz schlug mir bis zum Hals, als der Fisch endlich über die Netzkante

Auch dieser Fisch konnte einem Boilie nicht widerstehen.
▼

glitt. Erst als Tony ihn aus dem Wasser hob, erkannte ich die Größe des Fischs. Die Waage blieb bei guten 14,8 Kilogramm stehen, den Wiegesack bereits abgezogen.

Waren meine Winterträume doch noch wahr geworden? Ich mußte meinen Kopf ins Seewasser tauchen, um mich von der Wirklichkeit der Situation zu überzeugen. Nach acht Jahren ergebnisloser Fischerei in diesem ultraschweren Gewässer, hatte ich endlich die Nuß geknackt. Ich konnte nichts anderes tun, als einen kleinen Freudentanz aufzuführen, um wieder zur Ruhe zu kommen. Nachdem sich die Gemüter wieder beruhigt hatten, berechneten wir spaßeshalber die Wahrscheinlichkeit eines weiteren Bisses in der näheren Zukunft. Zusammengerechnet hatten wir rund 1500 Stunden Winterangelei an den Ufern des Sees verbracht – ohne einen einzigen Biß...

Mit der Aussicht auf einen sehr langen und grauen Bart bis zum nächsten Piep des Bißanzeigers wechselte das Thema der Unterhaltung schnell zu Rinderbraten, gutgezapftem Faßbier und Feuer im Kamin. Wenige Stunden später sauste Dr. Bursells Karpomobil durch den Spätwinter mit seiner abdankenden Farbpalette von Grau und Braun – auf dem Weg zur nächsten Gaststätte.

Die Auswahl des Gewässers

Ungeachtet der Jahre des Angelns auf Karpfen, muß man wissen, was die Fischerei eigentlich bringen soll. Erst dann sollte sich der Angler für ein bestimmtes Gewässer entscheiden und dort sein Glück versuchen. Es kann absolut frustrierend sein, am Anfang zu schwierige Gewässer zu wählen. Anfänger setzen häufig zu wenig Vertrauen in die gewählte Taktik. Aber ohne die Zuversicht in Platz, Köder und Technik fängt man selten etwas. Sie sollten Ihr Wissen, die Technik, die Erfahrungen und damit das Selbstvertrauen schrittweise aufbauen und dort fischen, wo eine reelle Chance auf den Fang von Fischen innerhalb eines akzeptablen Zeitraumes besteht. Für den Anfänger empfiehlt es sich, mit relativ einfachen Gewässern zu beginnen. Dazu zählen Kleingewässer mit einem guten Besatz von kleinen oder mittelgroßen Fischen. Auf diese Art und Weise kann man eine Menge praktische Erfahrungen über Geräte, Methoden und Taktik sowie Drill und Landung sammeln. Damit verschwendet der Einsteiger keine Wochen mit bitteren Erfahrungen, die ihm zeigen, wie er den verlorenen Großfisch bestimmt nicht hätte drillen dürfen. Nachdem man sich einen guten Vorrat an Erfahrungen in einfachen Gewässern erarbeitete, kann es zu den etwas schwierigeren Gewässern übergehen. Lassen Sie sich nicht von einigen ergebnislosen »Schneider-Touren« entmutigen. Leute, die anscheinend einen kapitalen Fisch nach dem anderen fangen, erleben trotz ihrer großen Erfahrung so manchen Tag ohne Fang.

Gewässer mit einem großen Bestand kleinerer Fische lassen sich meist leicht aufspüren. Schwerer wird es mit Gewässern, in denen viele große Fische schwimmen. Setzt völlige Ratlosigkeit ein, hilft nur das Durchforsten von Büchern und Zeitschriften nach Fängen von Großfischen über die Jahre weiter – aber Vorsicht! Es kann schwer fallen, »Räuberpistolen« von authentischen Fängen und Fangplätzen zu unterscheiden. Viele Fischer geben falsche Seenamen an und legen alle nur denkbaren Nebelschleier, um den »Feind«, sprich andere Angler, zu täuschen. Findet man mehrere voneinander unabhängige Meldungen von Großkarpfenfängen aus dem gleichen Gewässer, wird es schon glaubwürdiger. Die Antennen sollten stets ausgefahren sein, spricht man mit den örtlichen Anglern im Verein, beim Gerätehändler oder am Wasser. In der Regel kann man dort die Tips erhalten, die wirklich Gold wert sind. Die beste und zufriedenstellendste Methode, an neue Gewässer zu kommen, ist sie selbst zu entdecken: Besorgen Sie sich eine detaillierte Karte im Massstab 1:25.000 oder 1:100.000 und wählen Sie mit Ihrer karponoiden Intuition einige Gewässer, die vielversprechend aussehen. Suchen Sie sie auf und halten nach Zeichen von Fischen Ausschau.

Schnell kommt der Einsteiger auf den Trichter, daß die gemeinsame Großkarpfenjagd mit anderen Anglern einige Vorteile bringt. Oft bilden sie Gemeinschaften, die allgemein als »Specimengruppen« bezeichnet werden. Durch den Austausch von Erfahrungen, Techniken und Tips zu Karpfengewässern erzielen sie innerhalb kürzester Frist eine weitaus größere Erfahrungsgrundlage, als es alleine möglich gewesen wäre. Bevor man es richtig mitbekommt, kennt man so viele Gewässer, daß eine Wahl getroffen werden muß. Setzen Sie auf die Gewässer, an denen Sie am ehesten Ihre Ziele erreichen können – egal, ob es nun darum geht, am schönsten und unberührtesten See zu sitzen, einen Kapitalen zu fangen oder eine Kombination dieser Dinge. Wenn die verschiedenen praktischen Abwägungen, wie die Entfernung zum See, Transportmöglichkeiten, Befischungsdruck und Angelerlaubnis, die Zahl der Möglichkeiten heruntergeschraubt haben, kann es ans Wasser gehen. Wenn man wirklich etwas von seiner Fischerei haben möchte, muß die Zeit zum *ordentlichen* Kennenlernen des Gewässers ausreichen.

▲
Beschauliche Abendstimmung am See. Doch bald kann einer der Bißanzeiger für Hochspannung sorgen.

Tiefenmessungen, Ortsbestimmung und Erfahrungen durch die praktische Fischerei benötigen einfach ihre Zeit. Schon deshalb ist es wichtig, seinen Einsatz auf wenige Gewässer zu beschränken. Irrt man dagegen ziellos zwischen vielen Gewässern umher, führt das selten zu guten Ergebnissen. Draußen am Wasser trifft man sicher andere Angler und mit etwas Geduld erhalten Sie bestimmt ein paar brauchbare Tips über den See. Denken Sie aber stets daran, daß man selten mehr bekommt als man gibt!

Aufspüren der Fische

Das Glück ist allerdings noch nicht damit gemacht, daß ein Supergewässer mit vielen großen Fischen zur Verfügung steht. Zwar müssen sie an irgendeiner Stelle schwimmen, jedoch sind sie damit noch längst nicht gefangen. Zunächst muß der Fischer die Gebiete des Gewässers finden, in denen die Fische sich aufhalten oder fressen. Eine Stunde Angelei an so einer Stelle bringt immer mehr Karpfen ins Netz, als eine Sieben-Tage-Sitzung im fischleeren Gebiet. Eine einleuchtende Binsenweisheit, werden die meisten denken. Aber dennoch wenden nur wenige Angler ausreichend Zeit und Energie zum Orten der Fische auf, bevor sie den Rucksack abnehmen und das Gerät auspacken. Nur allzu oft gehen die Leute direkt zu ihrem Lieblingsplatz und beginnen mit der Fischerei – ohne darüber nachzudenken, daß die Fische sich genausogut um die nächste Ecke herum oder am entgegengesetzten Ende des Sees aufhalten können.

Oft sieht man Fischer, die wochenlang anfüttern und danach als Konsequenz sklavisch nur an der einen Stelle fischen, selbst wenn sie auf dem Weg zum Futterplatz noch so viele Fische ausgemacht haben. Ungeschickter kann eine Taktik nicht sein, sofern man etwas fangen möchte. Es sind nicht von ungefähr immer die flexiblen Angler, die laufend Fische fangen. Denn sie nehmen sich die Zeit, die Fische zu finden. Außerdem verändern sie ihre Taktik und den Angelplatz, wenn die Situation es erfordert. Deshalb ist es unbedingt notwendig, jede Tour ohne Gerät mit einer Runde um den See zu beginnen – notfalls läßt sich die Ausrüstung solange in einem Busch verstecken. Lokalisieren der Fische heißt das Schlüsselwort bei der Suche nach dem optimalen Platz unter den gegebenen Verhältnissen.

Auch während der Fischerei selbst ist es notwendig, die Augen nach Zeichen fressender Fische offenzuhalten. Sieht man vielleicht Fische an der Oberfläche außerhalb des Futterplatzes rollen, lohnt sich ein Wurf in der Regel kaum. Es sei denn, an der Anfütterungsstelle selbst ist ebenfalls etwas los. Besonders am späten Abend und am frühen Morgen heißt es wachsam zu sein, denn oft gehen die Fische mehr als am übrigen Tag zur Sache.

Wie schon angedeutet, lassen sich die Fische am einfachsten und besten durch direkte Beobachtung entdecken. Für den Blick über und ins Wasser bieten sich ein Baum oder eine andere hohe Stelle als Ausgangspunkt an. Eine Polarisationsbrille zum Dämpfen der Reflexe von der Wasseroberfläche kombiniert mit einer Schirmmütze oder einem Hut mit breiter Krempe, erlaubt teilweise einen unglaublich klaren Einblick – selbst an bewölkten Tagen. Brillen mit seitlichem Blendschutz (unter anderem von Orvis) ergeben unter schwierigen Lichtverhältnissen eindeutig das beste Bild von den Vorgängen unter der Oberfläche. Genauso kann ein Fernglas für das Beobachten auf größeren Abstand von beachtlichem Nutzen sein. Selbst wenn Blasen, Schatten unter der Oberfläche oder anderes Hinweise auf Fische geben, kann das bloße Auge ab einer gewissen Distanz kaum noch etwas ausmachen.

Fressende Fische

Eines der sichersten Anzeichen für fressende Karpfen ist das »Tailing«. Wenn man in flachem Wasser an der Oberfläche schwankende Schwanzflossen sieht, fressen die Fische fast mit Sicherheit am Grund. Ein anderes gutes Zeichen sind Fische, die nahezu lautlos an der Oberfläche rollen oder halb aus dem Wasser herausgleiten. Sieht man diese Zeichen außerhalb des Angelplatzes, sollten Sie schnell die Stelle wechseln – selbst wenn der gerade befischte Platz über Wochen angefüttert ist.

Naturgemäß lassen sich springende Karpfen am einfachsten entdecken. Entweder sieht oder hört man sie, und zwar deutlich. Es ist schon ein atemberaubendes Erlebnis, wenn ein Großkarpfen die Oberfläche durchbricht und sie mit einem kräftigen Schlag der Schwanzflosse verläßt, um anschließend wie ein im Wasser landendes Flugzeug zurückzuklatschen. Auch wenn springende Karpfen ein gutes Zeichen sind, bedeuten sie jedoch längst nicht immer fressende Fische. Oft springen sie nur zum Abschütteln von Parasiten.

Das Lokalisieren der fressenden Fische bedeutet jedoch nicht unbedingt einen direkten Blick auf die Tiere. Bei relativ ruhigem Wetter und weichem Boden sind Schlammwolken oder -streifen in der Regel ein gutes Zeichen für Fische, die unbekümmert in Roten Mückenlarven, Schnecken und Bodentieren schwelgen. Wenn die Karpfen im Boden wühlen, setzen sie zudem oft kleine Gasbläschen frei, die dann an der Oberfläche erscheinen. Inwieweit Blasen oder Schlammwolken von fressenden Fischen stammen, läßt sich möglicherweise jedoch nur schwer bestimmen. Denn kleine Blasenflecken können auch durch das spontane Freisetzen von Sumpfgas aus dem Sediment entstehen. Das beste Zeichen sind Bläschenwolken, die sich in einem dünnen Streifen bewegen oder Flecken, die fortgesetzt in eine bestimmte Richtung wandern. Sie stammen meist von fressenden Fischen. Entsprechendes gilt für große Blasenflecken, die von Fischen ausgelöst werden, die sich auf dem Grund wälzen.

Nicht fressende Fische

Häufig entdeckt man Karpfen, die offensichtlich nicht fressen. Vielleicht dösen sie an Oberfläche, wandern oder sie »hängen« in Kleingruppen herum und schwimmen nur in einem kleineren Gebiet umher. Diese Fische sind unter idealen Verhältnissen in klarem oder seichtem Wasser leicht zu erkennen.

An der Oberfläche ruhende Fische entdeckt der Angler manchmal nur als schmalen Rücken- oder Nackenstreifen über der Oberfläche, was leicht übersehen sowie mit treibenden Blättern oder Zweigen verwechselt werden kann. Oft zeigt sich ein Rücken nur als eine aufblitzende Reflexion der nassen und blanken Schuppen, was bei trockenem und ruhigem Wetter ein sicheres Zeichen ist. Denn länger an der Oberfläche treibende Gegenstände sind an der Oberseite meist trocken. Schnell tauchen jedoch Zweifel auf, ob es sich wirklich um Fische handelt. Die Situation läßt sich am besten durch etwas längeres Beobachten der »Fische«. Egal wie still Karpfen liegen, früher oder später verraten sie sich durch leichtes Absinken oder Aufsteigen. Wandernde Fische lassen sich meist durch ihre »Bugwelle« oder einen kleinen Teil der Rückenflosse erkennen, der sich langsam über die Oberfläche bewegt. Auch wenn diese Fische oft nur schwer zum Biß zu verleiten sind, kann sich ein Versuch lohnen. Es sei denn, daß sich gleichzeitig fressende Fische zeigen. Das Dapping bringt auf nicht fressende Fische normalerweise die besten Erfolge.

Achten Sie auf Zeichen von Fischen

Wirbel und Platschen von springenden Karpfen kann man oft nur hören oder allerhöchstens kurz im Augenwinkel sehen. Wenn man einen Fisch nur hört, sollte man so schnell wie möglich die Wasseroberfläche nach eventuellen Zeichen absuchen. Bei ruhigem Wetter ist es im allgemeinen kein Problem, Wirbel und kleine Wellen auf dem Wasser zu entlarven. Wenn jedoch Wellen das Bild bestimmen, ist es schon schwerer, einen Fisch zu lokalisieren. Die Stelle, an der er sich an der Oberfläche drehte oder sprang, ist dann häufig nur als glatte Stelle mitten im Wellenmuster zu erkennen.

Mangels Licht ist es nachts besonders wichtig, die Ohren offen zu halten. Denn in manchen Seen sind die Fische nur nachts aktiv. Demzufolge überlassen Sie viele Fische den restlichen Anglern, wenn der Schlafsack allzu fest um die eigenen Ohren liegt. Abgesehen von der Dunkelheit bringt die Nacht für Angler aber auch etwas Positives. Ich meine die Ruhe. Aufgrund des begrenzten Lautpegels kann der Angler Geräusche wie »head and shouldering« (das sachte, walartige Durchbrechen der Oberfläche von Kopf und Nacken) oder Saugen und Schlürfen an der Wasseroberfläche wahrnehmen, was man am Tag überhören würde. In einer ruhigen Nacht kann ein kräftiger Sprung eines Karpfens so brutal klingen, daß er den Angler aus dem schönsten Traum reißt. Springende Karpfen platschen in der Regel mit vollem Elan ins Wasser zurück. Der Laut ist schwer zu beschreiben. Aber wenn man dieses Geräusch einmal gehört hat, bestehen keine Zweifel über den Verursacher.

Hot Spots

Das Lokalisieren eines Karpfens kann sehr schwer sein fallen. Oft verbringt man viele Stunden, ohne auch nur das Anzeichen einer Aktivität wahrzunehmen. Dann hilft es nur noch, an der am vielversprechendsten aussehenden Stelle zu fischen. Als Anfänger auf dem Gebiet der Karpfenfischerei kann das aber genau so viele Probleme bereiten, wie das Aufspüren der Tiere. Denn es läßt sich theoretisch nur schwer erklären, wie jemand den Spürsinn für gute Stellen in verschiedenen Situationen entwickeln kann. Häufig entsteht diese besondere Eigenschaft erst nach vielen Jahren der Fischerei.

Hot Spots können nahezu alles sein: Natürliche Freß- und Aufenthaltsplätze oder auch Verstecke und Knotenpunkte zwischen verschiedenen Wegen der Fische. Auf den folgenden Seiten beschreibe ich die typischen Hot Spots und erläutere, wo man sie findet.

▶

Superfang von Jens Bursell: Ein Spiegel- und ein Schuppenkarpfen.

»Offensichtliche« Hot Spots

Viele Hot Spots kann man sofort mit dem bloßen Auge erkennen. Kraut- und Seerosenfelder enthalten ein großes Nahrungsangebot, sowohl auf den Pflanzen als auch im Schlamm. Diese Stellen dienen in den meisten Seen gewissermaßen als Speisekammer und bieten somit große Chancen auf einen Fisch. Zusätzlich suchen die Schuppenträger bei warmem Wetter oder starker Sonneneinstrahlung Schutz in oder unter der Vegetation. Kanten entlang von Kraut- oder Schwimmblättergürteln sowie die Rinnen innerhalb davon sind typische Zugrouten der Fische, was diese Plätze noch weiter zu guten Angelplätzen macht.

Schilfwälder bergen ebenfalls reichlich Futter. Allerdings erweisen sie sich gegenüber den oben genannten Stellen meist als weniger zuverlässige Standplätze. Meiner Erfahrung nach bedeuten Schilfwälder alles oder gar nichts. Besonders in der Laichzeit wird man hier an warmen Tagen viele laichende Fische finden, worauf bereits wenige Stunden oder Tage später kein einziger Fisch mehr da sein kann. Die Fischgründe in sehr dichten Schilfwäldern mit nur wenige Zentimeter weit auseinanderstehenden Halmen, lassen sich fast ausschließlich per Dapping oder vom Boot aus befischen. Die Kanten an den Schilfwäldern sowie die freien Passagen darin sind außerdem typische Zugrouten der Fische.

Verschiedene Formen von Hindernissen, wie versunkene Bäume, dienen Fischen häufig als Verstecke oder Aufenthaltsplätze. Häufig findet sich ein bestimmter Fisch Jahr für Jahr an dem gleichen halb versunkenen Baum. Besonders in stark befischten Gewässern werden solche »Snags« die Stellen im Wassers sein, die am wenigsten befischt werden und an denen sich die Fische am sichersten fühlen. Ein genau vor dem Versteck oder in einer Passage plazierter Köder besitzt deshalb sehr gute Chancen, von einem Fisch ohne großes Mißtrauen genommen zu werden.

Über das Wasser reichende Zweige, Uferkanten und Schilfgürtel dienen den Fischen besonders an warmen Tagen häufig als schattenreiche Aufenthaltsorte und Verstecke. Außerdem schwimmen die Tiere diese Stellen auf der Suche nach Futter häufig an der Oberfläche oder tiefer unterhalb der Wasserober-

fläche ab. Darüber hinaus bilden Kanten entlang von Inseln die Knotenpunkte verschiedener Zugrouten. Weiter können Landspitzen, enge Passagen zwischen Teilen des Sees oder Grenzen zu größeren Futtergebieten leicht einen Hot Spot bilden.

»Verborgene« Hot Spots

Viele Zugrouten, Futter- und Aufenthaltsplätze sind durch die topographischen Gegebenheiten des Bodens, den Aufbau des Sediments, samt der Menge versunkener Bäume und Pflanzen bedingt. Diese Stellen lassen sich nicht durch einen einfachen kurzen Blick über den See entlarven. Ihre Entdeckung bedarf vielmehr einer gründlichen Vorarbeit.

Das Vorkommen von Futter ist in hohem Grad von der Tiefe, der Topographie und den Bodenverhältnissen abhängig. Die Tiefe besitzt eine große Bedeutung für das Eindringen des Lichts ins Wasser. Da Algen und Pflanzen Licht zur Sauerstoffproduktion benötigen und die Bodentiere wiederum den Sauerstoff zum Leben brauchen, setzt die Tiefe des Wassers für die futtersuchenden Karpfen eine natürliche Grenze. Wenn das Wasser sehr nährstoffreich ist, finden sich an der Oberfläche Algen. Sie mindern wiederum die Lichtintensität in tieferen Wasserlagen und begrenzen somit auch die Tiefe, in der noch Futter zu finden ist. In den nährstoffreichen Gewässern, von denen wir in Dänemark sehr viele haben, werden die Karpfen sich deshalb sowohl in den flachen Schichten des Wassers (ein bis drei Meter) bis zu Tiefen zwischen fünf und zehn Metern aufhalten. In klaren Flüssen und Seen hingegen werden die Karpfen sich häufig in bis zu 15 und 20 Metern aufhalten. Außerhalb der Laichperiode suchen die Fische bei Temperaturen über 20 Grad Celsius häufig das tiefere, kältere und somit sauerstoffreichere Wasser auf.

Die Kenntnisse über die Tiefenverhältnisse in einem Gewässer garantieren aber noch lange keinen Fisch. Die Topographie und die Unterschiede des Bodens insgesamt kombiniert mit Strömung, Wind und anderen Faktoren, die die Freßlust des Karpfens beeinflussen, sind für den Aufenthalt der Karpfen verantwortlich. Außerdem legen die gegebenen Umstände ihre Futterplätze fest.

Oft stimmt ein Ort hundertprozentig, wenn günstige Tiefen-, Boden- und Futterverhältnisse nahe an Passagen und Wanderwegen liegen. Ein typisches Beispiel für diese These ist, wenn Scharkanten in nährstoffreiches Flachwasser schneiden. Abbrüche in tieferem Wasser werden häufig als Zugrouten verwendet. Und genau dort, wo sie auf Freßgebiete treffen, werden häufig relativ große Konzentrationen von sowohl ziehenden als auch fressenden Fischen vorhanden sein. Sofern die Zugrouten der Karpfen nahe an Schilfkanten heranführen, bestehen wirklich gute Chancen zum Anlocken der Fische aus ihrem Weg oder umgekehrt in ihre Routen hinein. Die Kanten selber können jedoch auch gute Futtergebiete darstellen. Ein gutes Beispiel dafür sind Steinkanten, an denen sich große Mengen an Muscheln und Schnecken finden.

Untiefen (Plateaus) und Sandbänke liefern oft die Voraussetzung für eine fantastische Fischerei, die – abhängig von den Bedingungen, sowohl oben auf und an der Kante als auch auf dem Grund daneben – sehr ergiebig sein kann. Wann und wo es sich zu fischen lohnt, kann unglaublich verschieden sein. Eine gute Möglichkeit, die fischreichste Stelle zu beurteilen, funktioniert mit dem Beangeln verschiedener Stellen der Plateaus und Sandbänke. Dabei verbindet der Fischer seine Köder wiederum mit einer Futterspur. Wenn Sie erst einmal ein paar Fische fangen konnten, ist die Lage der besten Stelle erkannt.

Seichte Buchten mit einer Tiefe von weniger als einem Meter fungieren als Laich-, Ruhe- und Futterplatz. Leider erweisen sie sich häufig als total fischleer. Wenn gerade keine Laichzeit ist, in der Bucht kein umfangreiches Futterangebot herrscht oder nichts dazu verleitet, ein wenig im warmen Oberflächenwasser zu dösen, kann sie auch nur einige wenige Standfische beherbergen. In flachen Buchten erkennt man die Karpfen relativ einfach. Generell meide ich bei meiner Fischerei diese Buchten, wenn ich nicht todsicher einen Fisch gesichtet habe.

Die potentiellen Futtergebiete der Schwärme sind schwer zu finden und zu erkennen, sofern man die Fische nicht direkt sieht. Häufig zeichnet diese Gebiete ein großes Vorkommen von Roten Mückenlarven aus, ohne sonstige besondere Kennzeichen. Ist der Bodenschlamm schwarz, stinkend und ohne Leben, kann man ihn getrost als Futterplatz vergessen. Andererseits können über dem Grund schwebende Pop-Up-Boilies oder Oberflächenköder selbst an diesen Stellen manchmal noch Fische fangen. In Seen mit hartem Boden sind die »Schlammtaschen« der Mückenlarven relativ leicht zu finden. Schließlich lagert sich das feinkörnige Material immer dort ab, wo am wenigsten Strömung vorhanden ist. Dazu zählen unter anderem vor Wind, Strömung und Turbulenzen geschützte Gebiete hinter kleinen Inseln, Sandbänken und Untiefen sowie Löcher und Rinnen. Hier finden sich wunderbare Futterplätze. Daß es an diesen Plätzen immer wieder einen Bestand von Entengrütze (Wasserlinsen, Froschbiß) gibt, macht diese Gebiete für futtersuchende Fische nicht unbedingt uninteressanter.

Die Gebiete mit weichem Boden sind aber nicht notwendigerweise die Plätze, die Sie unbedingt befischen müssen. Ein kleiner harter Bodenfleck in einem See, der ansonsten nur über weichen Schlammgrund verfügt, kann sich als beliebter Futterplatz herausstellen, selbst wenn es hier nicht übermäßig viel zu fressen gibt. In vielen Gewässern wird jedoch gerade ein harter, steiniger Grund die Fische anziehen, da sich hier viele Schnecken, Krebse und Muscheln aufhalten können.

Wahl des Angelplatzes

Nach dem Lokalisieren der Karpfen gibt es viele Dinge zu beachten, bevor man sich auf Methode, Angel- und Futterplatz festlegt. Eine wichtige Rolle spielen unter anderem die Angelstellen anderer Fischer und ihre Futterplätze. Plaziert man seine Köder und das Futter zu dicht an anderen Fischern, fangen meist beide Parteien weniger und niemandem ist damit geholfen. Zudem ist so ein Verhalten reichlich unhöflich, schließlich war der andere zuerst am Platz.

Selbst mit einem gewissen Abstand, sollte man vor dem Anlegen einer Futterstelle genau nachdenken. Liegt die geplante Stelle vielleicht auf einem »Fischwechsel«, sollte man vorher überprüfen, ob die Fische auf ihrem Weg bereits auf eine andere Anfütterungsstelle stoßen. Das hält die Fische auf, weshalb sie sich besser einen anderen, konkurrenzfreien Angelplatz suchen sollten. Ein andere bedenkenswerte Sache ist, ob man auf dem gewählten Platz bei jeder Wetterlage fischen kann. Füttert der Angler zum Beispiel eine Stelle in der maximalen Wurfweite bei Rückenwind an, kann sie sich bei einer Änderung der Windrichtung oder zunehmender Windgeschwindigkeit als unerreichbar herausstellen. Zudem stellt sich die Frage nach Hindernissen, die bei Drill und Landung möglicherweise im Weg liegen. Nicht zuletzt sollte sich der Angler einen Schlachtplan zurechtlegen, wie er einem flüchtenden Fisch notfalls zu Fuß oder mit dem Boot folgen kann.

Wenn Sie die Boden-, Vegetations- und Tiefenverhältnisse überprüfen können, ist dies ein klarer Vorteil. Denn es erweist sich als überaus frustrierend, wenn man nach vierzehn Tagen intensivsten Anfütterns feststellt, daß die Stelle in zehn Zentimeter tiefem Wasser oder genau auf einem versunkenen Baum liegt! Fundiertes Wissen über die Beschaffung des Bodens erlangt man nur durch harte Arbeit. In manchen Gewässern ist diese nervenaufreibende Arbeit überflüssig, da es im Handel bereits Tiefenkarten zu kaufen gibt. Ist dies nicht der Fall, kommen Echolot, Tiefenmessungs-Montagen oder ähnliches zum Einsatz.

Eine einfache Art, die Bodenverhältnisse, Hindernisse und Krautfelder zu entlarven, funktioniert mit einer HPPE- (High Performance Polyethylen oder Dyneema) Schnur und einem 60 bis 90 Gramm schweren Blei. Werfen Sie mit der Rute das Lot mehrmals fächerförmig über das angestrebte Gebiet und holen es langsam wieder ein. Wenn der Boden hart ist, leitet die elastische Schnur deutlich die konstanten Stöße von Sand und Steinen zur Hand weiter. Ist der Grund schlammig, wird man dies bereits beim Auftreffen des Lots auf den Grund spüren. Der Aufprall fühlt sich weich an und man muß das Blei förmlich aus dem Boden herausziehen. Mit ein wenig Übung ermittelt die Methode ein ziemlich genaues Bild des Grunds. Wenn man etwas über die unter der Wasseroberfläche versteckten Pflanzen wissen möchte, kommt ein Haken zehn Zentimeter über das Blei. Er holt beim Einholen des Gewichts einige Proben der Bodenvegetation an Land.

Tiefenmessung

Will man die Tiefe in kurzen Entfernungen messen, helfen ein »Plummet« und eine Pose weiter. Ein Plummet ist ein spezielles Lot, das über einen Klemmmechanismus oder einen Korken am Boden am Haken hängt. Das Gewicht des Plummets muß die Tragkraft des Schwimmers überschreiten. Ist der Abstand von Haken und Lot zum Floß kleiner als die Tiefe, sinkt der Bißanzeiger. Die Tiefe wird schrittweise nachgestellt, bis sich die Posenspitze an der Oberfläche zeigt. Die Länge der Montage entspricht nun der Tiefe. Möchte man den Köder am Schwimmer schleppen oder ähnliches unternehmen, muß die dafür nötige zusätzliche Länge beim Einstellen der Gesamtlänge hinzugerechnet werden. Beim Angeln über weichem Grund sollte die Bebleiung beim Loten knapp an der Tragkraft-Grenze des Schwimmers liegen. Anschließend ersetzt ein AAA-Schrot das Plummet. Jetzt dient das leichte Blei als Lot, da das schwere Plummet im Schlamm einsinken und so zu falschen Messungen führen würde. Außerdem erschreckt das kleine Schrotblei die Fische kaum.

Beim Angeln auf größere Distanzen empfiehlt sich eine Tiefenmessungs-Montage. Dieses Rig funktioniert, indem man die Hauptschnur durch das Öhr eines 60-90 Gramm-Lotes führt und es dann an einer auffällig gefärbten Hechtpose, einem Markierungsschwimmer oder einer Wasserkugel montiert. Das Floß muß leicht zu sehen und gleichzeitig so

▲
Die gut sichtbare Pose und das Grundblei ermöglichen das genaue Ausloten der Tiefe.

klein sein, daß man es – ohne das Lot über den Boden zu ziehen – unter das Wasser drücken kann. Werfen Sie die Montage aus und warten, bis das Lot auf den Boden trifft. Die Rolle zieht nun Meter für Meter die Schnur ein. Sobald das Floß an der Wasseroberfläche erscheint, steht die genaue Tiefe des Wassers fest. Wachsen auf dem Boden viele Pflanzen, funktioniert die Methode besser mit dem Bei an ein »Low Resistance Rig« montiert. Eine Kork- oder eine Polyesterkugel an einem Lotvorfach, das in etwa von der Länge her der Höhe der Bodenvegetation entspricht, verleiht der Montage etwas Auftrieb. Stehen viele Pflanzen bis kurz unter die Oberfläche, bereitet sie jedoch einige Probleme. Jetzt ist der Angler mit einer Tiefenmessungs-Montage besser bedient. Das Lot hängt am Ende der Schnur, die wiederum durch eine Gleitpose läuft. Das Prinzip ist in einer etwas überdimensionierten Art etwa das gleiche wie bei der Plummet-Methode. Entscheiden Sie sich für umfassende Tiefenmessungen in einem größerem Gebiet, besorgen Sie sich am besten ein Boot mit Echolot, auf dem sich sowohl die Tiefe als auch der Härtegrad des Bodens direkt ablesen lassen.

Futter auf den Punkt gebracht

Beim Anfüttern ist es zunächst absolut wichtig, den genauen Platz dafür zu bestimmen und zu merken. Das funktioniert mit der Richtung sehr gut durch Anpeilen von markanten Punkten, wie Bäume oder Telefonmasten, in der Umgebung. Vergessen Sie nicht, daß diese Hilfen auch im Dunkeln erkennbar bleiben. Wenn das Gewässer zu groß ist für einen Blick aufs gegenüberliegende Ufer, können Sie einen sehr präzisen Kompaß zum Bestimmen der Wurfrichtung einsetzen.

Schwieriger als die Richtung läßt sich die einmal gewählte Distanz einhalten. Auf kurze Entfernungen genügt dafür das Spiegelbild von Bäumen, Hügeln oder ähnlichem. Allerdings muß das Bild entweder sehr groß sein oder dicht am Angelplatz liegen, so daß Sie bei allen Würfen den Platz genau treffen. Schlecht sieht es aus, wenn unruhiges Wetter aufkommt.

Viele Angler werfen auch mit maximaler Kraft, um immer an die gleiche Stelle zu kommen. Das Problem bei dieser Methode liegt in wechselnden Windrichtungen und -stärken, wie ich bereits erwähnte.

Vor allem bei Nacht empfiehlt sich ein Stopperknoten auf der Schnur, der die richtige Entfernung signalisiert. Die beste Möglichkeit besteht in einer Markierung auf dem Futterplatz, sofern die Umstände es erlauben.

Köder

Nach dem Aufspüren der Fische und der Wahl des Angelplatzes stellt sich die nächste große Frage. Welcher Köder und welche Anfütterungstaktik fängt unter den herrschenden Umständen am besten? Obwohl die Auswahl an Karpfenködern unglaublich groß scheint, lassen sie sich jedoch rasch grob aussieben.

Natürliche Köder wie Würmer, Maden, Larven und Krabben sowie weitere Standardködern wie Brot oder Dosenmais, eignen sich für die Dapping- und Kurzdistanzfischerei mit leichten Montagen. Selbst wenn viele kleine Fische verschiedener Arten im Wasser schwimmen und öfter zum für unsere Karpfen gedachten Angebot greifen, stört das kaum. Denn schnell ist die Montage samt dem »Beifang« eingeholt, der Köder ersetzt und neu eingeworfen. Genauso problemlos gestaltet sich das häufigere Auswerfen einer leichten Posen- oder Grundmontage. Sollten die Probleme mit den kleinen »Quälgeistern« am Tag überhand nehmen, probieren Sie das Fischen mit den Standardködern bei Nacht. Dann sind kleinere Fischarten oft weniger aktiv. Auch im Winter erweisen sie sich als weniger aufdringlich. Die Wahl eines von allen Arten angegangenen und

◀ *Dieser Karpfen fiel auf zwei große Würmer an einem Haken der Größe 2 herein*

zerrupften Köders hängt jedoch nicht alleine von der Vielzahl der im Gewässer lebenden Fischarten ab. Denn beim Angeln weit draußen und bei schweren Montagen fallen die Köder beim heftigen Aufprall häufig vom Haken. Trotzdem können Standardköder in der passenden Situation genauso gut oder in vielen Fällen sogar besser als Boilies fangen. Fällt die Wahl zugunsten eines Standardköders, steckt er häufig direkt auf dem Haken. Dabei muß das Eisen ausreichend groß sein, damit er im Maul des Fischs fassen kann.

Größere Partikelköder und Boilies sind in der Regel widerstandsfähiger gegenüber kleineren Fischen und halten auch bei einem weiten Wurf normalerweise auf dem Haken. Sie eignen sich deshalb besonders für das Anfüttern über einen längeren Zeitraum sowie generell für die Fischerei in Gewässern mit vielen kleinen Fischen. Sie können die größeren Brocken nicht bewältigen, weshalb die Köder in aller Ruhe auf den Karpfen warten.

Natürliche Köder

Der große Vorteil der meisten natürlichen Köder ist, daß sie unglaublich »instant« wirken. Selbst wenn der Fisch noch nie einen Regenwurm oder eine Krabbe gesehen hat, wird er diesen Köder sofort als leckeren, leicht zu beschaffenden Imbiß betrachten.

Würmer sind ohne Zweifel ein Superköder für die Karpfenfischerei. Große, gutgewachsene Würmer von 7 bis 10 Zentimetern Länge sind perfekt. Fische ich nun vielleicht einen großen dicken Zehn-Zentimeter-Wurm auf einer Hakengröße von 4 bis 1, hake ich den Schlängler am liebsten auf einem ein Zentimeter langen Stück des unteren Körperdrittels. Damit der Haken beim Fisch optimal greift, ziehe ich den Wurm über den Hakenschenkel und halb über das Öhr hoch. Beim Angeln mit Nylonvorfach lassen Sie am Knoten ein ungefähr zwei bis drei Millimeter langes Ende überstehen, das als Widerhaken wirkt und so den Wurm auf seinem Platz hält.

Als gute Alternative zu dieser Montage bietet sich Jack Hiltons »Worm-Rig« an, an dem der Wurm an einem kleinen Haken und dieser wiederum an einem »Haar« hängt. Dabei wird der Wurm nicht so schlimm wie auf einem starkdrähtigen Haken verletzt und – noch wichtiger – der stabile, eigentliche Haken am Vorfach liegt völlig frei und hakt den Fisch sehr zuverlässig. Persönlich bilde ich das Haar aus dem überstehenden Abschnitt des Knotens am Haupthaken. Ich führe das Stück zurück durch das Öhr über die Rückenseite des Schenkels. Verwende ich einen Haupthaken Größe 1, knüpfe ich an das Haar einen 6er oder 8er. Eigentlich wären diese Größen rein zum Befestigen des Wurms nicht nötig. Allerdings kann eine etwas größere Ausführung den Karpfen noch fangen, wenn das große Eisen nicht im Maul hängenbleibt. Varianten von Jack Hiltons Montage funktionieren übrigens ebenfalls hervorragend, wenn Sie mit kleinen Lebendködern oder lebenden Köderfischen auf Hecht oder Waller angeln. Durch den kleineren Haken bleibt der Köder länger aktiv.

Schwimmen im Gewässer wiederum viele kleine Fische, empfiehlt sich ein ganzes Bündel von größeren Würmern auf dem Haken. Dabei sollte einen bis zwei Zentimeter vom Haken entfernt ein Stopperknoten mit Perle sitzen, dadurch können die aufgezogenen Würmer nicht am Vorfach hochrutschen.

Fressen die Fische am Köder und geht jeder Anhieb ins Leere, zupfen sie nur am unteren Ende und berühren nicht einmal den Haken. Verwenden Sie jetzt einfach kürzere Würmer oder warten auf einen Moment, in dem der Fisch den Köder doch noch richtig ins Maul nimmt.

In vielen Gewässern fressen Karpfen große Mengen von Roten Mückenlarven (engl. bloodworms), die im schlammigen Grund vorkommen. Will man sie auf dickeren Schnüren und größeren Haken präsentieren, kann man eine Variation des sogenannten »Medusa Rigs« einsetzen (Abb. 16a). Hierzu wird eine auf einem Haar montierte Kork- oder Polyesterkugel mit Sekundenkleber bestrichen und in eine Handvoll Bloodworms getaucht. Die Methode funktioniert ebenfalls mit Maden.

Da viele Karpfen zu einem großen Teil von Muscheln leben, eignen sich die Schalentiere ebenfalls sehr gut für unsere Fischerei. Karpfen sind in bezug auf Muscheln nicht besonders wählerisch und fressen alle Arten. Es ist jedoch ein großer Vorteil, wenn Sie die Muscheln aus dem gerade befischten See an den Haken hängen können. Leider lassen sie sich nur schwer am Haken fischen. Am einfachsten geht das noch, wenn Sie sie im Muskel haken. Damit sie nicht im Wurf vom Haken fliegt, sollten Sie sie in ein feines Nylonnetz packen und so montieren. Als Alternative können Sie Muscheln aus der Dose verwenden. Sie sind meiner Erfahrung nach zwar nicht so effektiv, dafür halten die bereits gekochten und dadurch »lederartigen« Tiere gut am Haken (Anm. d. Red.: Viele einheimische Großmuscheln stehen unter Naturschutz).

Viele verschiedene Arten von Krebstieren können in vielen Situationen den perfekten Köder darstellen. Speziell in den Gewässern mit vielen Krebsen ist dieser Köder zum Beispiel für Karpfen ein überlegener Köder. Ein lebender oder toter Krebs, der einem Karpfen genau vor der Nase auf einem großen Haken präsentiert wird, provoziert in den meisten Fällen einen Biß. Die beste Art zum Anködern eines lebenden Krebses ist meiner Meinung nach, den Schwanz zu durchstechen. Die Hakengrößen 1 bis 1/0 sind für große Karpfen passend. Als Alternative können Sie auch einen kleineren Haken verwenden, der mit ein paar stramm sitzenden Gummibändern unter der Schwanzwurzel hängt. Krebse sind allerdings in der Lage, die Montage in kürzester Zeit komplett zu verknoten – komplizierte Montagen sind nichts dagegen. Aus diesem Grund eignen sich diese Köder auch am besten für das Dapping oder andere Methoden, bei denen man den Köder häufig kontrollieren kann. Alternativ bieten sich tiefgefrorene Krebse oder Krabben an. Damit stehen weit mehr Montagemöglichkeiten zur Verfügung.

Fischt man zum Beispiel mit einer ganzen Krabbe, darf der Haken eine Größe kleiner sein – das Haar macht's möglich. Die nach meiner Meinung beste Methode zum Haken einer Krabbe, besteht darin, das Haar durch die Rückseite der Krabbe zu ziehen und dann den »Hairstop« auf der Bauchseite zu plazieren. Damit der Köder nicht sofort beim Wurf wieder abfällt, kann es sich auszahlen, einen großflächigen Haarstopper zu verwenden. Oder Sie nehmen eine Ausführung in normaler Größe und montieren zur Unterstützung eine Scheibe »Pop-Up«-Auftriebsschaum. Alternativ zu diesen Techniken läßt sich das Haar auch um ein Gummiband wickeln, das fest um die Krabbe gelegt wird. Wenn der Köder zu groß erscheint, genügt auch eine halbe oder eventuell eine gepulte Krabbe auf einem 4er- bis 2er-Haken mit weitem Bogen.

Fleisch, Teig und andere Spezialitäten

Die vielen verschiedenen Formen von **Fleischködern** gehören ganz klar zu den unter Karpfenanglern am häufigsten übersehenen Möglichkeiten. Am häufigsten kommen noch kleine und große **Würstchen** vor. Man kann ohne Übertreibung sagen, daß die Auswahl bei diesem Köder enorm ist. Besonders beim Karpfenangeln konnte ich mit gekochter Bratwurst, Knoblauchwürstchen und verschiedenen Formen von Salami sehr gute Fänge erzielen. Ich fische diese Köder auf einem Schlaufenhaar, wobei ich über weichem Grund besonders gerne die Würstchen mit einem hohen Fettanteil verwende. Sie sinken sehr langsam oder schweben fast.

Frühstücksfleisch und **Dosenbeef** galten durch Generationen als sehr guter Köder für das Karpfenangeln und das nicht ohne Grund. Die Vorbereitung besteht lediglich darin, die Dose zu öffnen, den Inhalt in die gewünschten Stücke zu schneiden und sie auf einem Haar zu montieren. Andere sehr fängige, bereits bearbeitete Fleischprodukte sind kleine Frikadellen oder Fleisch- und Fischkugeln. Auch rohes Fleisch und Innereien können, wenn man gerne experimentiert, schöne Fänge erzielen. Unter anderem landete ein Angler einen 25 Kilogramm schweren Karpfen, der auf ein Stück rohe Leber biß.

Früchte und Beeren sollten eigentlich unter der Rubrik der Partikelköder laufen. Da sie jedoch weder über die gleiche Konsistenz verfügen, noch in den gleichen Mengen angefüttert werden, führe ich sie hier auf. Obwohl ich selbst nur wenige Fische auf Beeren, zum Beispiel Erdbeeren, Himbeeren und so weiter gefangen habe, lohnt sich ein Versuch mit diesen Ködern ganz bestimmt. Die einzige Frucht, mit der ich bislang sehr gute praktische Erfahrungen gemacht habe, ist die **Banane**. In den letzten Jahren konnte ich auf diesen Superköder viele Karpfen und Schleien fangen. In kleineren Größen kann ein Bananenwürfel, ohne daß das sichere Haken darunter leidet, direkt auf dem Haken gefischt werden. Über den lockenden Duft und den perfekten Geschmack hinaus ist die Banane ein Köder, der nicht sehr schwer ist und daher langsam und lockend taucht, ohne im Schlamm zu versinken. Wenn Sie allerdings Scheiben auf einem Haar einsetzen, muß es über eine große Stopoberfläche verfügen, damit sich der Köder im Wurf nicht löst.

Unter normalen Umständen montiere ich zusätzlich ein Stücken Pop-Up-Schaum an das Haar, damit der Köder wirklich auf der Oberfläche des Grundes liegt. Soll der Köder »Pop-Up« über dem Grund schweben, montiert man hierzu auf jeder Seite der Banane ein Stückchen des Auftriebsschaums. Das untere Stückchen fixieren Sie nun noch zusätzlich mit einem Gummi-Posenstopper.

Hunde- und Katzensnacks, deren Zusammensetzung im allgemeinen aus gemischtem und getrocknetem Fleisch oder Fleisch/Knochenmehl und ähnlichem besteht, können unglaublich effektiv für die Fischerei auf Karpfen sein. Obwohl manche Marken wie ein Stein im Wasser untergehen, sind die meisten doch sehr gut als »Floaters« und somit für die Oberflächenanfütterung geeignet. Die wohl bekanntesten »Snack-Floaters« sind die englischen »Chum Mixers«. Im großen und ganzen gesehen können aber alle Sorten ordentlich Fische fangen. Einer der Snacks mit dem ich persönlich am meisten Erfolg hatte, ist in Dänemark »Mundgodt« von »Champ og Chrisco«. Da die meisten dieser Köder, beim Versuch sie aufzuspießen, zerbröckeln, eignen sie sich besser für das Haar, eine Befestigung durch Gummibänder oder Sie kleben sie einfach mit Sekundenkleber an den Haken. Als Alternative können Sie den Snack auch einfach ein paar Minuten aufweichen, so daß er nicht auseinanderfällt, sobald man den Haken durch ihn sticht (Anm. d. Red: Für die Haarmontage mit simplem Einschlaufen eignen sich besonders die fängigen »Frolic«-Ringe).

Brot ist ohne Zweifel einer der klassischsten Karpfenköder. Es gibt wohl kaum einen Fisch, der einem perfekt präsentierten Stückchen Brot keine Aufmerksamkeit schenkt. Das am häufigsten verwendete Brot ist mit gutem Grund das Weißbrot. Der Vorteil des luftig leichten Gebäcks ist über den Geschmack hinaus, daß es visuell sehr attraktiv ist. Dies liegt auf der einen Seite an der hellen Farbe und auf der anderen Seite auch an der lockeren Struktur. Da das Brot nun auch noch schwimmt oder durch einen schweren Haken langsam sinkt, bieten sich viele spannende Präsentationsmöglichkeiten.

Es gibt unzählige Sorten von Weißbrot, die sich bestens als Köder eignen. Was die Effektivität der einzelnen Sorten voneinander unterscheidet, ist ihre Fähigkeit, auf dem Haken zu bleiben. Der Nachteil von Brot liegt schließlich darin, daß es in feuchtem Zustand leicht vom Eisen fällt. Inwieweit es sich auszahlen kann, die etwas steiferen Brotsorten zu wählen, hängt ganz von der Angelsituation ab. Etwas festere Sorten wie »Flute« oder andere Formen von italienischem Brot sind von großem Vorteil, insbesondere wenn man den Köder sehr viel bewegt oder damit rechnet, daß er vor dem Biß eine ganze Zeit im Wasser liegen muß. Das gleiche gilt, wenn im Gewässer sehr viele Kleinfische leben. Je steifer die Kruste und das Innenleben des Brotes, desto länger bleibt der Köder am Haken. Wenn Sie nach einer Brotsorte suchen, die diese Bedingungen perfekt erfüllt, ist das Brot »Chaillou« von La Sirene X-21 wohl das optimale. Diese Sorte kann man auch bereits getrocknet kaufen, wodurch man sich kaum um die Haltbarkeit kümmern muß und das Brot lange in der Gerätebox liegen haben kann. Es läßt sich zudem in kürzester Zeit auch wieder aufweichen.

Brot kann nun aber auch so fest sein, daß es ein ordentliches Haken verhindert. Wenn ich vom Ufer aus beim Dapping gesichtete Fische direkt anwerfe und der Köder sowieso die meiste Zeit aus dem Wasser bleibt, lohnt sich ein festes Brot kaum. Wenn man nach einiger Zeit ein wenig Erfahrung gesammelt hat, stimmt auch das Timing. Dann fliegt der Köder nur noch genau zum richtigen Zeitpunkt zum Fisch und die weiche Backware kann ihn sicher haken. Man kann selbstverständlich auch beim Dapping eine Haarmontage verwenden, aber da die richtige Lage mit dem Karpfen in passender Wurfposition im allgemeinen blitzschnell auftritt und ein genauso rasches Montieren des Köders erfordert, eignet sich das direkt auf dem Haken angebrachte Brot besser. Damit die Hakenspitze weit genug aus dem Köder ragt, verwende ich Haken mit weitem Bogen der Größen 1 bis 4.

Schwimmendes Brot oder nur die Kruste ist in Verbindung mit dem Dapping einer der besten Köder. Krume oder Flocke erweisen sich als mindestens genauso effektiv und werden im allgemeinen so gefischt, daß man das Innenleben des Brotes nimmt, es auf den Haken schiebt und leicht um den Hakenschenkel oder das Haar klemmt. Jetzt sollte es sehr langsam sinken. Aufgeweichte Brotstücke und »Mashed Bread« sind ebenfalls gute Köder, wenn im Gewässer nicht zu viele Kleinfische leben.

Eine andere sehr gute Methode mit Brot ist die sogenannte **»Balanced Crust«**, die schwebende Kruste. Sie besteht schlicht aus einem Stückchen der Brotkruste, das mit etwas Teig am Hakenschenkel hält und durch das Zusatzgewicht langsam sinkt. Statt einem eigens zusammengemischten Teig, genügt genauso zusammengedrückte Brotkrume. Damit der Haken beim Anhieb sicher greift, darf der Teig weich genug und der Haken ausreichend groß ausfallen. Weiter muß die Hakenspitze verdeckt sein. Alternativ können Sie auch mit einem Haar fischen. Allerdings sollten Sie dann einen »Hairstop« verwenden, dessen Breite den Köder im Wurf auf dem Haken hält. Die schwebende Kruste ist ein klassischer Karpfenköder, der von den ach so modernen Karpfenfischern unserer Zeit zum größten Teil schon längst vergessen wurde. Ich hatte besonders im Winter mit dieser Methode gute Erfolge. Hier benutzte ich einen sehr weichen Teig mit wasserlöslichen Aromastoffen, die im kalten Wasser eine kräftige Duftspur ziehen:

Auf einer Angeltour Mitte März war ich schon bis in die Haarspitzen motiviert. Schließlich konnte ich bereits eine Woche zuvor trotz fünf Grad kaltem, frostigem Wasser einen hübschen »Zwanziger« auf die »Balanced Crust« fangen. Und jetzt fuhr ich erneut in Richtung des dunklen Jütlands. Wie es so meine Art ist, vergaß ich nachzusehen, wann der letzte Bus fährt. Schon irgendwie schade, wenn man abends um 22 Uhr 30 Kilometer vom Gewässer seiner Träume entfernt an einer Bushaltestelle steht und feststellt, daß der letzte Bus um 14 Uhr nachmittags fährt. Der Gedanke daran, daß ich bereits einmal aus dem gleichen Grund eine Nacht auf diesem verlassenen Provinzbahnhof verbracht hatte, schmälerte doch ein wenig meine Laune und ließ mich meinen Geiz völlig vergessen. Schon 20 Minuten nach diesem Gedankengang saß ich in einem warmen Taxi, das mich in die Richtung des Sees chauffierte. Der Fahrer faßte sich nur noch an den Kopf, als ich schließlich schwer beladen mit Rucksack und Ruten in die Dunkelheit davonstapfte.

Der Wind hatte mittlerweile nachgelassen, was man vom Regen, der noch immer in Kübeln vom Himmel fiel, nicht gerade behaupten konnte. Und wieder eine von diesen Situationen, zu denen man wohl »Schade« sagen würde: Jens hatte seinen Angelschirm zu Hause gelassen, um an Gewicht zu sparen. Statt dessen hatte ich eine praktische Plastikplane mitgebracht, die sich an der Angelstelle aufgrund der vielen Äste nicht aufschlagen ließ. Als ich dann meine erste Rute montiert hatte, hörte es auf zu regnen. Dafür hagelte es. Die Umstände waren alles andere als vielversprechend und wenn der Hagel das Wasser noch weiter abkühlte, würde sich hieran wohl so schnell auch nichts ändern. Ich beschloß, der Leuchtpose eine Chance zu geben. Ein Miniknicklicht fand seinen Platz an der Antenne eines 2 SSG-Schwimmers. Mit einem kräftigen Pendelwurf plazierte ich das Ganze unter ein paar über das Wasser hängende Äste am gegenüberliegenden Ufer. Es wurde eine lange kalte Nacht. Nach drei Stunden intensivsten Starrens auf den leuchtenden Bißanzeiger passierte schließlich etwas. Auf ein schnelles und deutliches Anheben des Schwimmers setzte ich den Anhieb. Nach einem kurzen Drill landete ich eine kraftstrotzende Zwei-Kilo-Schleie. Und das auf ein Stückchen Weißbrot auf einem »Wide gape specialist«-Haken der Größe 4 mit einem AAA Schrot vier Zentimeter vom Haken entfernt – eigentlich viel zu grobes Zeug. Obwohl ich eigentlich für größere Fische hierhergekommen war freute ich mich über den Fang. Die erste Schleie des Jahres ist immer etwas Besonderes. Die rubinroten Augen und die messinggrünen Flanken des Fisches ließen meine Gedanken unweigerlich zu schwülen Sommerabenden in Gesellschaft von Mücken und Schnaken schweifen. Ich setzte den Fisch vorsichtig wieder zurück.

Nach ein paar weiteren Stunden ergebnisloser Fischerei waren meine Augen so klein und rot, daß das leichte Wippen der Pose in der Dunkelheit einem unkontrollierten Inferno von Neonlichtern in chaotischen Mustern von trigonometrischen Figuren glich. Mittlerweile begann es zu dämmern und ich montierte das Knicklicht ab. In dem Moment, in dem ich ein neues Stückchen Weißbrot auf den Haken schob, erkannte ich im schwachen Licht auf der Wasseroberfläche einen Wirbel samt einem langsamen Schwanzschwung unter der Oberfläche. Schnell warf ich die Montage 3-4 Meter über die Stelle und zog den Köder dann zurück unter die Äste, wo ich den Wirbel gesehen hatte. Außer ein paar leichten »Zupfern« tat sich am Floß überhaupt nichts. Doch nach ein paar Minuten des Wartens tauchte der Schwimmer schlagartig unter. Meine alte 1-lbs-Patek-Morton-Rute bog sich so weit, daß ich schon an einen Rutenbruch dachte. Währenddessen pflügte der Karpfen einer Dampflok gleich der Uferkante entlang. Gibt es ein schöneres Geräusch, als eine Bremse, deren Rätschen einfach nicht aufhört? Dann versuchte der Fisch jedoch allen Ernstes, mit voller Kraft eine kleine Insel zu umrunden. Ich konnte nichts anderes tun, als mit voller Kraft dagegen zu halten. Doch der Fisch schaffte es gerade noch um die eine Spitze der Insel, bevor ich ihn halten konnte. Mit einer letzten Kraftanstrengung gelang es mir trotzdem, den Fisch zum Wenden zu bewegen und kurze Zeit später glitt er sicher über die Netzkante. Der erste Zehn-Kilogramm-Karpfen der Saison war erkämpft. Den Rest des Tages verbrachte ich mit Schlafen und etwas Ortserkundung.

Ich wachte unter dem wilden Geschnatter von zwei Entenerpeln auf, die sich um die fescheste Ente des ganzen Sees prügelten. Da gerade die Dämmerung einsetzte, beeilte ich mich, aus den Federn zu kommen. Aufgrund der letzten Nacht, in der ich ununterbrochen mit der Pose gefischt hatte, wollte ich es jetzt mit der »Balanced Crust« und einer Grundmontage versuchen. Ich wählte diesen Köder eigentlich nur, um lästige Schleienbisse zu vermeiden. Zudem wollte ich mit dem mit wasserlöslichem Ethylalkoholaroma angereicherten Teig eine attraktive Duftspur im Wasser legen. Da ich über weichem Grund fischte, war dieser Köder aufgrund des langsamen Sinkens nahezu perfekt. Das Wetter klarte auf und alles deutete auf eine eiskalte klare Nacht hin. Da ich aufgrund des wenigen Schlafes doch noch ein wenig »fertig« war, fiel ich kurz nach dem Auswerfen zurück ins Reich der Träume.

Ein paar Stunden später wachte ich, vom Frost fast gelähmt, wieder auf. Die Sterne glänzten hoch und klar am dunklen Nachthimmel und eine dünne Lage Frost bedeckte alles um mich herum mit einem feinen weißen Film. Leicht steifgefroren beschloß ich, den Köder zu wechseln. Mit einem Spritzer Kondensmilch angereichert, mußte einfach jeder Karpfen diesem Köder verfallen. Ich warf ihn aus und wollte durch Liegestütze wieder etwas Wärme in meinen Körper pumpen. Ich war gerade bei der Nummer Sieben angelangt, als sich mein Delkim-Bißanzeiger lauthals meldete – Fisch. Ich merkte schnell, daß es

◀ *Der Lohn einer kalten Nacht: Die schwebende Brotkruste verführte den 13,6 Kilo schweren Spiegler.*

▶

1 und 2: Hundesnacks
3: Gelb und pink gefärbte Pop up-Boilies
4: Nash Micromass (Big Strawberry)
5: Schwarze Bohnen
6: Kidney-Bohnen
7: Hanf
8: 16 mm-Boilies (Nash Strawberry Birdfood)
9: Rote Bohnen
10: 20 mm-Boilies (Nash Scopex Squid Livers)
11: Blackeye-Bohnen
12: Riesenmais
13: Tigernüsse
14: Butterbohnen
15: Mais
16: Kichererbsen
17: Mung-Bohnen

ein schwerer Fisch war, aber die Goldmedaille im 100-Meter-Sprint würde dieses Exemplar mit Sicherheit nicht gewinnen. Nach einem kurzen Kampf konnte ich einen großen Spiegelkarpfen von 13,6 Kilogramm landen. Ich legte den Fisch in meinen Karpfensack, um ihn bei Tageslicht besser fotografieren zu können. Nach ein paar weiteren Stunden zeigte sich dann endlich die Sonne am Horizont. Auf den Feldern sangen die Kiebitze um die Wette. Langsam aber sicher taute das Gras auf, und das Licht gab den schönsten Frühlingsmorgen preis, den ich seit langem gesehen hatte.

Partikelköder

Die Angelei mit verschiedenen Formen der Partikelköder ist eine alte Erfindung. Darunter versteht man im allgemeinen kleine Köder, die typischerweise lose und in großen Mengen gefüttert werden. Sie sollen eine natürliche, reiche Futterstelle vortäuschen, wie sie durch Massenvorkommen von Roten Zuckmückenlarven entstehen. Durch das reichliche Anfüttern lassen sich die Fische förmlich auf die eingeworfenen Partikel programmieren – die Engländer bezeichnen das als »Preoccupation«.

Wie bereits angedeutet, umfassen die Partikelköder ein großes Gebiet, das nahezu alles von Maden und Puppen (»casters«) bis hin zu Hanf, Mais, Kichererbsen und Nüssen abdeckt. Obwohl zum Begriff Partikelköder sowohl pflanzliche, als auch tierische Köder zählen, bezeichnet er doch in den meisten Fällen ein Angebot aus der Pflanzenwelt wie Getreide, Erbsen, Nüsse sowie rohe Früchte und Knollen.

Das Wissen um Partikelköder und die Angeltechnik entwickelte sich im Laufe der Jahre deutlich weiter. Eigentlich baute dieses Fischen um die Idee der Massenanfütterung und der Preoccupation herum auf. Aber es zeigte sich schnell, daß diese Köder in Verbindung mit einer großen Anzahl von Anfütterungsmethoden und Angeltechniken benutzt werden können. Obwohl die meisten pflanzlichen Partikelköder am besten in Verbindung mit Anfüttern wirken, ist dies jedoch längst nicht immer der Fall. Vie-

le Partikelköder wie Mais fangen auch dann gut, wenn dem Angeln nur eine begrenzte oder gar keine Anfütterung vorausging. Traditionellerweise gibt das Angeln mit Fluchtmontagen (Bolt-Rigs) und kurzen Vorfächern als eine der besten Methoden für Partikelköder. Aber auch andere Methoden, wie das Fischen mit freier Leine, die Posenfischerei und das Angeln mit der Gleitmontage, können sich in vielen Situationen als mindestens genauso erfolgreich herausstellen.

Partikelköder können sehr viele Vorteile besitzen, ob man nun den Köder mit Hinsicht auf die Preoccupation wählt oder nicht. Sie können hierbei den klaren Vorteil verbuchen, daß man sie leicht vorbereiten kann. Die meisten Partikelköder erhält man in getrockneter Form. Zunächst weicht der Angler die Körner ein und setzt Süßstoffe zu. Danach läßt er die Köder je nach Größe und Härtegrad einige Zeit kochen. Man kann sich diese Mühen und Zeit sparen, indem man fertig zubereitete Boilies kauft. Allerdings kosten sie mehr als die Partikelköder. Ein Kilopreis von 20 bis 30 Mark ist für Boilies guter Qualität nichts Außergewöhnliches. Wenn Sie Partikelköder in größeren Mengen kaufen, bezahlen Sie pro Kilogramm dagegen nur zwei bis vier Mark. Man spart also eine Menge Geld beim Anfüttern.

Weiter sind sie deutlich länger haltbar als die traditionellen Boiliezutaten. Partikelköder halten bei vorschriftsmäßiger Lagerung über Jahre. Und auf Reisen lassen sie sich in jeder verlassenen Gegend in jedem verlassenen Winkel dieser Welt beschaffen.

Allerdings haben Partikel wie jeder andere Köder auch ihre Nachteile. Zunächst fischen sie wie alle kleinen Köder nicht selektiv. So können viele kleine Fische im Gewässer die Futterstelle »terrorisieren« und ständig auf den Köder beißen. Eine effektive Lösung für das Kleinfischproblem sind unter anderem größere Hakenköder. Fischen Sie einfach einen größeren Boilie über einem Teppich von Partikelködern. Dies ist eine traditionelle Methode, die in sehr vielen Situationen von Erfolg gekrönt sein wird. Wenn Sie allerdings mit einem bestimmten Köder wie Hanf so kräftig angefüttert haben, daß die Fische eine ernsthafte Gehirnwäsche erlitten, riskieren Sie einiges. Denn möglicherweise saugen die Tiere den gesamten Futterbestand in sich hinein und lassen nur den Hakenköder unberührt.

Fische ich mit einer Sorte von Partikelködern, die ich zur kräftigen Anfütterung auf einem kleinen Gebiet verwende, ziehe ich diese Körner deshalb wiederum als Hakenköder vor, um für eine mögliche Preoccupation der Fische gerüstet zu sein. Leider sind die traditionellen Montagen von Mikropartikelködern entweder zu leicht zu durchschauen oder nicht selektiv genug. So sortiert ein mit Hanfsamen angereicherter »Bogey«-Klumpen (Abb. 16b) zwar die Kleinfische aus, sieht jedoch in einem Teppich kleinerer, in vielleicht zwei Zentimeter Abstand liegenden Körnern nicht besonders natürlich aus. Bogey ist ein durchsichtiges und klebriges kaugummiartiges Material.

Hanfsamen, die auf mehreren Haaren gefischt werden, sehen etwas natürlicher aus, halten dafür allerdings nicht die Kleinfische ab. Eine mögliche Lösung, an der ich bis jetzt nur in Gedanken gebastelt habe, wäre es, die Hanfsamen oder andere Partikelköder auf ein Stückchen durchsichtiges Plastik zu kleben: Schneiden Sie beispielsweise einen kleinen Abschnitt von klarer Folie, wie man sie an Overheadprojektoren verwendet, in der Größe eines Ein-Mark-Stücks rund heraus und kleben die getrockneten Hanfsamen auf beide Seiten mit einem Abstand von jeweils einem halben Zentimeter. Das Plastikstück kleben Sie wiederum an ein dünnes Nylon- oder Floro-Carbon-Haar. Wenn die Hakenmontage dann auf dem Boden liegt, wird sie für die Fische nicht von den anderen Hanfsamen auf dem Grund zu unterscheiden sein. Hat man für das Plastikstück den richtigen Durchmesser gewählt, können die kleinen Fische es unmöglich einsaugen. Damit lassen sich Mikropartikelköder sowohl natürlich aussehend als auch kleinfischsicher einsetzen. Wie gesagt, ich habe diese Methode noch nicht ausprobiert, aber ich bin sicher, daß sie einen Versuch wert ist.

Eine weitere Lösung des »Preoccupation-Problems« kann darin liegen, mit verschiedenen Partikelködern unterschiedlicher Größen zu fischen, Boilies unter die Partikel zu mischen oder breiter gefächert anzufüttern. Auf diese Weise verhindert man, daß die Fische von einem Köder allein zu sehr eingenommen werden. Bei dieser Methode dienen die Partikelköder nicht dazu, eine Preoccupation zu verursachen. Vielmehr sollen sie die Fische aktiv futtersuchend am Platz halten, ohne sie zu sättigen.

Ergeben sich durch Kleinfische wirklich große Probleme, angelt man entweder ohne Anfütterung oder verwendet Partikelköder, die äußerlich nicht sehr anziehend wirken. Alternativ können Sie auch bei Nacht angeln, wenn die Kleinfische normalerweise eine geringe Aktivität zeigen.

Ein weiterer Nachteil von Partikelködern ist, daß sie in gewissen Situationen schwerer anzufüttern sind als zum Beispiel traditionelle Boilies. Das liegt zum einen am niedrigen Gewicht und der geringen Größe und zum anderen an der oft ungleichmäßigen Form, die ein präzises Anfüttern auf größere Distanzen erschwert. Wollen Sie relativ nah am Ufer anfüttern, können Sie in der Regel ohne Probleme die Köder mit der Hand oder einer Schleuder an ihren Platz befördern. Der Vorteil einer Schleuder gegenüber einem Wurfrohr liegt in der leichter zu erzielenden runden Form der Futterstelle.

Wenn Sie auf weitere Distanzen mit Partikelködern anfüttern wollen, sollten Sie nicht mehrere verschiedene Köder in einem Ködereimer mischen. Werfen Sie zum Beispiel eine Handvoll Mais gemischt mit Hanfsamen aus, wird der Mais aufgrund des größeren Gewichts weiter fliegen als die Hanfsamen. Benutzt man ein Wurfrohr, liegen die Partikel in einer langen Spur. Das ist besonders dann von Vorteil, wenn der Fischer eine dünne Lockspur legen will. Möchten Sie etwas weiter draußen anfüttern, können Sie dem Köder ein wenig Grundfutter beimischen. Die jetzt schwerere Menge erreicht eine größere Entfernung, bleibt zusammen und verbreitet einen noch verführerischeren Duft.

Wenn Sie in einer Entfernung von 15 bis 20 Metern anfüttern wollen, sollten Sie einen »Feeder« (Futterkörbchen) oder einen »Baitdropper« verwenden. Wahlweise können Sie das Futter auch mit einem Boot zur Futterstelle fahren.

Wenn man gezwungen wäre, Partikelköder grob in Gruppen aufzuteilen, könnte man sie in *Mikro-Partikelköder* und in *größere Partikel* einteilen. Die gebräuchlichsten **Mikropartikelköder** sind Hanf, Reis, Gerste, Hafer, Hafergrütze, Weizen, Buchweizen, Rapssamen, Hirse und Lupine. Diese Köder haben alle gemein, daß man sie durch ihre geringe Größe nahezu unmöglich ohne Hilfsmittel auf den Haken ziehen kann. Ich empfehle, sie auf eine Kork- oder Polystyrenkugel (schwimmend) zu kleben oder man modelliert sie in die Oberfläche eines Klumpen »Bogey« hinein und fischt sie auf einem sinkenden Haar. Die Köder müssen trocken sein, damit sie in der Masse halten. Wenn die Partikelköder dann richtig sitzen, lassen Sie die Kugel einfach so lange trocknen, bis sich die Partikel nicht mehr lösen können. Man kann dem Bogey auch Auftrieb verleihen, indem man die Masse um eine Polystyrenkugel oder um Kork herum am Ende eines Haares montiert.

Eine weitere gute Alternative ist es, drei bis vier Haare am Haken zu montieren und die Partikel dann mit Sekundenkleber einzeln an die Haare zu kleben. Hierfür müssen die Köder trocken sein und in der Regel funktioniert diese Methode am besten, wenn man relativ dicke und locker gesponnene Haare verwendet, beispielsweise Wollfäden.

Bei den traditionellen Befestigungstechniken von Mikro- und Kleinpartikeln sowie Miniboilies stellen sich stets zwei Probleme. Entweder werden sie von erfahrenen Fischen schnell als Köder entlarvt oder sie fangen viele Kleinfische. Eine mit Hanf bedeckte Bogey-Kugel nimmt dem »Kleinvieh« zwar jede Chance auf die Mahlzeit, allerdings wirkt der Klumpen nicht sehr attraktiv auf einem Futterteppich mit frei verstreuten Körnern. Hanf an mehreren Haaren wirkt wieder etwas natürlicher, bietet den Kleinfischen jedoch wieder eine Angriffsmöglichkeit. Eine der natürlichsten Präsentationen erreichen Sie, wenn die Hakenköder verteilt um das Haar herum liegen. Eine »Kette« von Ködern hintereinander wirkt schon wesentlich verdächtiger.

Inzwischen konnte ich jedoch erfolgreich mit einer guten Lösung experimentieren – ich klebe unter anderem Hanf einfach auf ein durchsichtiges Plastikstückchen. Auf diese Weise wirken die Körner wie zufällig verstreut. Aus der Sicht des Karpfens lassen sich die Körner mehr oder weniger kaum von den freien Körnern unterscheiden. Und besitzt der Kunststoff eine gewisse Steife, können kleine Fische den gesamten Köder unmöglich ins Maul nehmen. Damit kombiniert die Präsentation natürliches Aussehen mit einem wirksamen Schutz vor Kleinfischen.

Ein »Hanfplättchen« wie auf Abb. 1a zu sehen wird so hergestellt: 1) Schneiden Sie das Plättchen aus einem Stück klarer Folie heraus, wie es sie für Overhead-Projektoren im Bürobedarf zu kaufen gibt. Das Material läßt sich problemlos schneiden und kann durch seine Biegsamkeit nicht brechen. Trotzdem ist es fest genug, um kleinen Störenfrieden zu widerstehen. Der Durchmesser des mit einer Schere kreisrund ausgeschnittenen Stücks liegt je nach gewünschter Ködermenge und der Größe der ungewollten Fischen zwischen 15 und 25 Millimeter. 2) Das Haar besteht aus 0,06er-Nylon oder dünnem Fluro-carbon und wird durch das Öhr einer Nähnadel gefädelt. Binden Sie einen Knoten in das Ende des Haars. Die Nadel sticht nahe der Kante des Plättchens durch den Kunststoff und zieht den Faden bis zum Knoten durch. Ein Tropfen Sekundenkleber hält beides fest zusammen. 3) Weitere Sekundenkleber-Tropfen kommen im Abstand von drei bis vier Millimeter auf das Plättchen, worauf Sie einzelne *trockene* Hanfsamen auf die Tropfen legen. Nach dem Trocknen des Klebers wird das Plättchen umgedreht und die Prozedur auf der anderen Seite wiederholt. Befestigen Sie das Haar schließlich wie bei einer normalen Haarmontage am Haken. Sollten die Körner nicht wirklich fest sitzen, können Kleinfische einzelne Körner vom Plastik »abbrechen«.

Allerdings können Sie die Köder auch in Löcher im Plättchen klemmen, wo die Partikel mit einem durchsichtigen Haarabschnitt befestigt werden (Abb. 1b-c). Die Methode eignet sich sehr gut für größere Partikel wie Mais, Kichererbsen, Erdnüsse, Bohnen und Miniboilies: 1) Bei ziemlich runden Ködern, wie Miniboilies, kann eine unter anderem für die Löcher in Ledergürteln verwendete Lochzange die Öffnungen herausknipsen. Da so eine Zange meist über viele verschie-

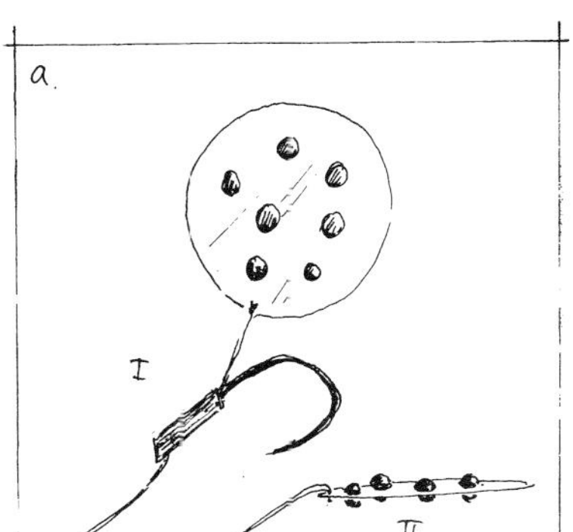

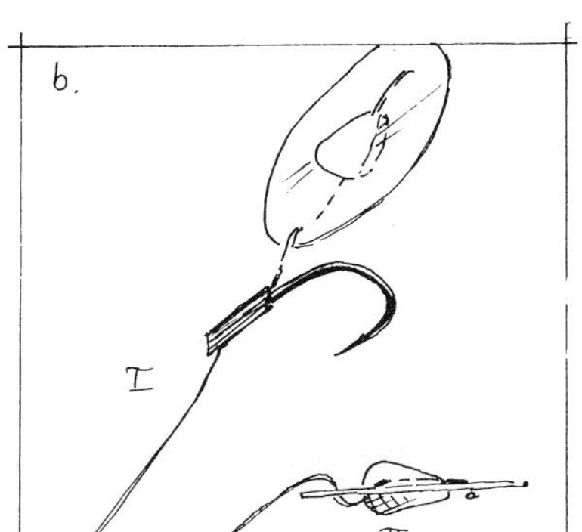

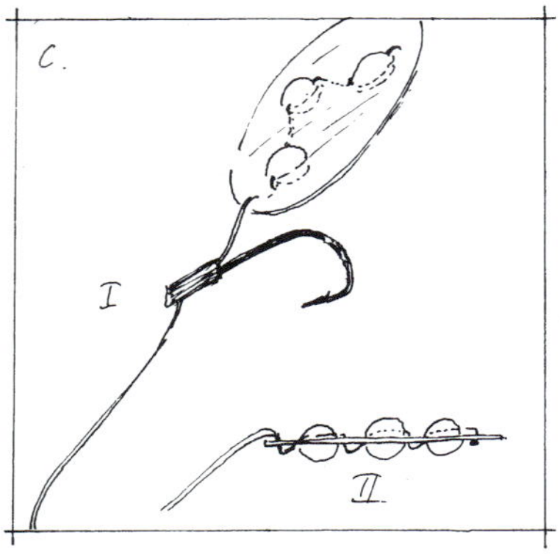

dene Durchmesser verfügt, kommt sie mit einer ganzen Reihe von Ködern klar. Geht es um asymmetrische Körner wie Mais oder Kidneybohnen, wird das Loch mit einem scharfen Hobby-messer oder einem Skalpell ausgeschnitten. Das Loch darf immer nur so groß sein, daß der Köder gerade noch hineinpaßt. Deshalb muß die Öffnung für jeden einzelnen Köder separat ausgeschnitten werden. 2) Binden Sie wiederum einen Knoten in das Ende des Haars und 3) ziehen das Haar mit der Nähnadel bis zum Anschlag des Knotens durch das Plättchen. Ein Tropfen Sekundenkleber sorgt für die feste Verbindung. 4) Das erste Korn wird auf das Haar gezogen und die Nadel geht durch das erste Köderloch. 5) Stechen Sie die Nadel an der Kante der nächsten Öffnung in die entgegengesetzte Richtung durch das Plastik. Das Verfahren wird wiederholt, bis alle Köder aufgefädelt sind. Jetzt wird die Nadel durch die gegenüberliegende Seite des Plättchens gestochen. 6) Drücken Sie alle Köder optimal in die jeweilige Öffnung und straffen das Haar, so daß es direkt auf seiner Oberfläche liegt. 7) Zwischen den Ködern fixiert je ein kleiner Sekundenkleber-Tropfen das Haar, wonach sich die Köder nicht mehr bewegen können. 8) Das Plättchen wird mit dem Haar (das hinter dem zuletzt aufgefädelten Köder aus dem Kunststoff ragt) am Haken befestigt.

Weiter funktionieren Overhead-Rigs bestens mit einzelnen Ködern. Unter anderem können Sie ein einzelnes, hartes Maiskorn »in« einem 25-Millimeter-Plättchen befestigen. Die Kombination ergibt eine absolut natürliche Präsentation eines Einzelpartikels mit der Kleinfisch-Resistenz eines 25er Boilies – undenkbar mit einer Standard-Haarmontage.

◀ *Die UFO-Montage verschaffte dem 14,2 Kilogramm schweren Schuppenkarpfen einen unfreiwilligen Ausflug an Land.*

Genauso wirkt die Methode, wenn Sie über einer »Micromass«-Fütterung fischen, die aus künstlich hergestellten ›Partikeln« besteht. Angeln Sie jetzt mit einem Miniboilie, der in Form, Farbe und Geruch dem Futtermaterial entspricht, wird er sich in keiner Weise vom umliegenden Futter unterscheiden. Damit können Sie bei einer möglicherweise entstehenden »Preoccupation«-Situation voll zuschlagen.

Das geringe Gewicht und die ziemlich große Oberfläche eines Overhead-Rigs ermöglichen es, daß der Karpfen den Köder leicht einsaugen kann. Liegt er erst im Maul, wird der Karpfen den Schwindel jedoch schnell durchschauen und ihn schnell wieder ausspucken. Deshalb darf die Montage nur in Verbindung mit einem geeigneten Bolt-Rig gefischt werden, das den Fisch rechtzeitig hakt...

Mikropartikel

Hanfsamen: Diese Samen sind ohne Zweifel mein absoluter Favorit unter den Partikeln. Hanfsamen haben mit ihrem speziellen ölhaltigen Geschmack und ihrem süßlich pikanten Duft die unübertroffene Fähigkeit, jeden Friedfisch in kürzester Zeit zum Amoklauf zu treiben. Normalerweise lasse ich den Hanf einfach über Nacht weich werden (zehn bis zwölf Stunden). Danach fülle ich alles in einen Topf und koche die Samen in der Flüssigkeit, in der sie auch aufgeweicht sind. Der Hanf wird bei schwacher Hitze etwa eine halbe Stunde gekocht, bis sie aufbrechen und man die weißen Kerne sehen kann. Danach gießen Sie alles inklusive Koch/Aufweichwasser in ein Behältnis und lassen das Ganze noch einmal sechs bis 24 Stunden ziehen, bevor Sie den Köder benutzen. Je länger Sie den Köder ziehen lassen, desto mehr Duftstoffe werden in die Flüssigkeit entweichen. Wenn Sie die Samen dann wenige Tage später als Köder verwenden, sollten Sie deshalb auch die Flüssigkeit zusammen mit den Samen zum Anfüttern verwenden. Dies läßt sich natürlich nur dann machen, wenn Sie auf Kurzdistanz oder vom Boot aus fischen. Das Aroma des Hanfs ist so intensiv und lockend, daß weitere Aromastoffe überflüssig sind. Darüber hinaus läßt Hanf sich sehr gut mit anderen Ködern kombinieren.

Reis: Reis ist ein weiterer Partikelköder, der sich für viele Gewässer eignet. Abhängig von der Sorte und der bevorzugten Konsistenz bereitet man den Mais bei der Fischerei genauso zu, wie für ein Essen. Da der Reis selbst keinen besonderen Geschmack besitzt, setze ich dem Kochwasser Aroma- und Süßstoffe zu. Achten Sie darauf, daß Sie nicht zu große Mengen anfüttern, da der Reis sehr schnell sättigt.

Es finden sich unglaublich viele verschiedene Sorten von kleinen *Linsen.* Sie müssen nicht aufquellen, da sie je nach Größe bereits nach 25-40 Kochminuten eine gute Konsistenz besitzen.

Die übrigen Partikelköder haben alle gemein, daß man sie nicht zu lange kochen darf, da sie sonst zu einer einzigen unkenntlichen Masse zusammenkleben. Konnten diese Köder ein paar Tage lang gut einweichen, reicht es häufig schon, sie nur 25-30 Sekunden zu kochen. Nehmen sie am einfachsten einen Karpfensack, packen die Partikel hinein und senken ihn dann in das kochende Wasser. Durch die Perforation des Sacks kann man sich das lästige Abgießen des Wassers durch ein Sieb sparen.

Die am häufigsten verwendeten **größeren Partikelköder** sind Getreide, Samen, Wurzelknollen, Bohnen, Erbsen oder Nüsse. Die hiervon normalerweise eingesetzten Sorten sind Mais, diverses geschnittenes und gekochtes Tiefkühlgemüse, Sonnenblumensamen, Tigernüsse, Soja, Kidney-, Blackeye-, Adzuki-, Mung- und Pferdebohnen, Kichererbsen, Maplepeas, diverse Linsen samt Mandeln, Hasel-, Pistazien-, Cashew- und Erdnüsse. Von diesen Ködern sind der Mais und die Kichererbsen wohl die einzigen, die sofort wirken. Die meisten anderen Köder sind selektiver und erfordern vor dem Angeln eine größere Anfütterung.

Mais erhält man in vielen verschiedenen Sorten, wobei Dosenmais und Futtermais für die Fischerei die gebräuchlichsten sind. Dosenmais läßt sich am einfachsten verwenden. Man öffnet einfach die Dose und schon ist der Köder gebrauchsfertig – leichter geht's nicht! Der bei uns erhältliche Dosenmais ist bereits gekocht, gesüßt und ist in einer dicken, wohlschmeckenden Lauge eingelegt, die mindestens genauso lockend auf die Fische wirkt, wie der Mais selber. Hat man durch ein Boot, mittels dem Einfrieren der Flüssigkeit oder durch das Einmischen der Lauge in das Grundfutter die Möglichkeit, sie an den Platz des Anfütterns zu bringen, kann dies die Lockwirkung nur erhöhen. Es gibt unter den verschiedenen Sorten von Dosenmais einen großen qualitativen Unterschied. Sowohl Form, Größe und Festigkeit, als auch der Geschmack der Körner können sehr variieren. Wenn ich auf größere Fische angle und zum Beispiel Bisse von Plötzen vermeiden will, bevorzuge ich möglichst großen und festen Mais. Das gleiche gilt für die Fischerei mit dem Haar. Je weicher der Mais ist, desto leichter wird er sich zu einem ungünstigem Zeitpunkt vom Haar lösen. Fischt man auf kleinere Fische oder mit kleinen Hakengrößen, wobei der Maisköder direkt auf den Haken montiert werden soll, kann es sich empfehlen, kleinere, weichere Maiskörner zu verwenden. Denn es ist leichter, den Fisch mit einem weichen, kleinen Köder zu haken.

Unabhängig von der Angelmethode achte ich auf Köder, die süß und kräftig im Geschmack sind. Fangen die Fische nun an, den Dosenmais zu durchschauen, kann gefärbter oder mit Aromastoffen angereicherter Mais weiterhelfen. Das beste Angebot aus dem Angelladen ist hier wohl »Pescaviva's« Dosenmais, den es in verschiedenen Farben und Geschmacksvarianten gibt. Normaler Mais läßt sich durch Süßmittel oder Aroma noch attraktiver machen. Legen Sie den Mais hierzu am Tag vor dem Angeln in die gewählte Substanz, so daß das Mittel gut in den Köder eindringen kann. Übrigens besitzt gefrorener Mais eine relativ harte Oberfläche, wodurch er sich besonders für Haarmontagen eignet.

Futtermais ist ohne Zweifel die billigste Lösung, vor allem wenn man mit größeren Mengen anfüttern möchte. Man kann an jedem Futtersilo 20- oder 25-Kilogramm-Säcke getrocknete Maiskörner bekommen. Sie sollten dann mindestens 48 Stunden quellen, bevor Sie sie 15-25 Minuten kochen. Futtermais, der mehrere Wochen eingeweicht ist, gehört meiner Meinung nach zu den besten Ködern überhaupt. Kümmern Sie sich nicht darum, daß der Köder nach einiger Zeit des Einweichens etwas ungewöhnlich zu riechen beginnt. Die Fische lieben Mais, der zu gären angefangen hat. Ich hatte schon sehr oft mit Mais, der mehrere Wochen draußen in der Sommerwärme stand, fantastische Angelerlebnisse. Da dieser Mais in sich selbst nicht sehr viel Geschmack führt, bevorzuge ich den Zusatz kräftiger Aromastoffe. Futtermais ist der härteste Maistyp, den man kaufen kann – sogar noch nach dem Aufquellen und Kochen. Er ist also die perfekte Wahl, wenn Sie den Köder auf einem Haar fischen und im Gewässer sehr viele kleine Fische leben.

Inwieweit das Kochen von Futtermais überhaupt etwas bringt, ist im übrigen eine weit diskutierte Frage. Wie sehr viele andere Fischer machte auch ich die Erfahrung, daß nicht gekochter Mais den Fischen in keiner Weise schadet, sofern er vorher sehr lange Zeit aufgequollen und somit zur vollen Größe angeschwollen ist. Der Verdauung des Fisches zuliebe sollte man den Mais aber nach Möglichkeit kochen.

Die verschiedenen Sorten von *Tiefkühlgemüse*, wie gekochte grüne Erbsen oder Karotten und Kartoffeln, die in Würfel geschnitten wurden, werden in vielen Situationen eine Menge schöner Fische fangen. Hierbei ist noch zusätzlich zu beachten, daß besonders Kartoffeln zusätzlich in mit diversen Süßstoffen angereicherter Lake liegen sollten. Ein Klassiker unter den Süßstoffen für diesen Zweck ist der Vanillezucker. Ganze, kleine *Kartoffeln* sind ein fantastischer Hakenköder, wenn sich keine kleinen Fische über den Köder hermachen sollen.

Besonders für Karpfen sind *Sonnenblumenkerne* ein sehr guter Köder. Aufgrund eines kleinen luftgefüllten Hohlraumes im Inneren des Kerns, wird er auch ungekocht nicht untergehen. Diese Samen sind daher die optimalen »Partikel-Floaters«. Sie tragen schwarze und weiße Längsstreifen, was perfekt die Zebramuschel imitiert, die in vielen kontinentalen Gewässern die Hauptnahrung des Karpfens darstellt.

Tigernüsse sind aufgrund ihrer Härte wohl einer der selektivsten Köder für die Karpfenfischerei. Karpfen lieben »Tigernuts«, die 24 bis 48 Stunden weichen und dann eine halbe Stunde kochen. Auch wenn man sie länger kocht, werden sie nicht viel weicher. Meiner Meinung nach ist es nicht nötig, weitere Lock- oder Aromastoffe zuzusetzen. Denn der Köder an sich trägt schon einen sehr lockenden Geschmack. Außerdem ist er so hart, daß er kaum noch weitere Geschmacks- oder Aromastoffe aufnimmt. Achten Sie darauf, daß Sie nicht zu viele Nüsse anfüttern, da sie sehr schnell sättigen und schwer im Magen liegen. Da sie sehr schwer verdaulich sind, kommen sie häufig halb verdaut aus dem Darm des Fisches und werden dann sofort von demselben oder einem vorbeischwimmenden Fisch gefressen. Aus diesem Grund kann die Fischerei mit den Nüssen auch ohne Anfüttern sehr effektiv sein. Denn in Seen, in denen manchmal mit diesem Köder angefüttert wird, liegen die Partikel eventuell über den ganzen Grund verteilt herum. Aus diesem Grund werden die Fische eine einzelne Nuß häufig nicht mit Gefahr verbinden.

Die meisten *Bohnen* sind feine Karpfenköder, da sie unter anderem bei den übrigen Fischarten nicht oben auf der Wunschliste der Nahrungsmittel stehen. Die am häufigsten verwendeten Sorten sind Blackeye-, Soja-, Mung-, Kidney- und Pferdebohnen. Insbesondere Mungbohnen sind im rohen Zustand giftig. Es ist daher wichtig, daß Sie das Wasser in dem die Bohnen als erstes gekocht wurden, wegschütten: Denn besonders beim ersten Kochen werden den Bohnen Giftstoffe entzogen. In jedem Fall müssen Sie die Bohnen kochen! Aus demselben Grund bevorzuge ich es, die Bohnen nach dem ersten Aufweichen und Kochen vor Gebrauch noch einmal in mit Süß- und Aromastoffen angereichertem, reinem Wasser ziehen zu lassen. In der Regel werden Bohnen vor dem Gebrauch 24 Stunden eingeweicht, wonach sie abhängig von Größe und Härte 5 bis 30 Minuten kochen müssen. Je größer die Bohnen, desto länger die Kochzeit. Für Bohnen mittlerer Größe, wie zum Beispiel Blackeye-, Soja- und Kidneybohnen sind 15-20 Minuten eine gute Wahl. Zudem lassen sich Bohnen in verschiedenen Suppen kochen und damit geschmacklich verfeinern. Die populärste Sorte für diesen Zweck ist wohl die Tomatensuppe, aber auch verschiedene Sorten von Fleischsuppen können diese Köder verbessern. Will man die Fische zudem durch visuelle Reize anziehen, sollte die Wahl über dunklem Boden auf helle Bohnen fallen und umgekehrt. Wenn im Gewässer sehr viele kleine Fische leben oder im flachen Wasser einige Enten paddeln, sollten Sie mit flachen und asymmetrischen Bohnen wie Kidney- oder Pferdebohnen fischen, da sie zum einen nicht in den weichen Schlamm einsinken und zum anderen für kleinere Fische nur schwer zu fressen sind. Der Nachteil ist, daß man mit ihnen auf Entfernungen über fünf bis zehn Meter nicht präzise anfüttern kann.

Kichererbsen zählen zu meinen besonderen Favoriten unter den Partikeln. Das liegt unter anderem an ihrer besonders beim Karpfenangeln sofortigen Wirkung ohne Anfüttern. Normalerweise lasse ich meine Kichererbsen 10 bis 15 Stunden quellen, bevor ich sie zwischen 20 und 25 Minuten koche. Kichererbsen sind bereits in ihrer unverfeinerten Form sehr attraktiv für die Fische. Aus diesem Grund setze ich äußerst selten Aromastoffe zu, obwohl Kichererbsen sehr gut entsprechende Essenzen aufnehmen. Kichererbsen gibt es auch fertig gekocht aus der Dose.

Maplepeas sind genau wie Kichererbsen ein Partikelköder, der mittlerweile seine Wirkung unter Beweis stellte und jede Menge Fische an den Haken lockte. Man läßt diesen Köder etwa 10 bis 15 Stunden quellen, bevor er im gleichen Wasser etwa eine halbe Stunde kocht. Dieser Köder ist übrigens bekannt dafür, daß er in trübem Wasser sehr fängig ist, da er den Geruch des Bodenschlamms nur schwer annimmt. Leider gilt das auch für die verschiedenen Aromastoffe.

Die meisten *Nüsse* sind leider sehr teuer, was dem Anfüttern finanzielle Grenzen setzt. Erdnüsse lassen sich allerdings relativ billig in großen Mengen beschaffen. Die Nüsse quellen 24 Stunden und kochen anschließend 25 bis 30 Minuten. Die Kochzeit kann je nach gewünschter Härte variieren.

Allgemeine Partikel-Tips

Für größere Partikelköder paßt normalerweise eine Hakengröße zwischen 8 und 2. So paßt ein einzelnes Maiskorn oder eine Kichererbse am Haar ideal zu einem 8er-Haken. Für zwei der Köder paßt ein 6er besser. Sollen viele Partikel und Auftriebsschaum am Haar hängen, empfehlen sich größere und breitere Köder wie Kidney- oder Pferdebohnen. Dafür eignet sich ein 4er-Eisen. Müssen Sie den Fisch voraussichtlich hart drillen, mit größeren Ködern auf einem Haar fischen oder mit mehreren Haaren am Haken, ist ein 2er passend. Jedenfalls fische ich die härteren, größeren Partikelköder auf einem Haar, wodurch der Anhieb sicher sitzt. Die Art von Haar und Montage hängt ganz von der Situation ab.

Die Grundprinzipien von Haar und der gesamten Montage stimmen bei der Fischerei mit Boilies und den größeren völlig überein. Über die Methoden der Montagen lesen Sie mehr im Abschnitt über das Grundangeln.

Wenn Sie einen Partikelköder mit Geschmacks- oder Aromastoffe verfeinern wollen, müssen Sie ein paar Punkte beachten. Möchten Sie dem Köder zum Beispiel ein Alkoholaroma hinzufügen, sollte das aufgrund des schnellen Verdampfens des Alkohols erst nach dem Kochen des Köders geschehen. Süßstoffe können dagegen ruhig schon das Aufweichwasser ergänzen und aufkochen, ohne daß sie an Intensität verlieren – im Gegenteil. Über das Dosieren von Zusätzen können Sie im Abschnitt über Boilies mehr lesen.

Zum Aufquellen muß den Ködern im Behälter genügend Platz zur Verfügung stehen, wenn sie richtig aufgehen sollen. Füllen Sie den Topf deshalb immer nur halb mit getrockneten Ködern. Füllen Sie danach soviel Wasser in den Behälter, daß es ein gutes Stück über den Ködern steht. Die Flüssigkeit zum Aufquellen muß nicht zwangsläufig Wasser sein, auch nicht beim Kochen. Man kann vielen Partikeln ein natürliches Aroma durch den Gebrauch von traditionellen Stoffen wie Milch oder ähnlichem verleihen. Wenn man die noch nicht aufgeweichten Köder für eine unbestimmte Zeit aufbewahren will, müssen sie kühl und trocken lagern. Dafür eignen sich unter anderem gut verschlossene Plastikeimer. Bewahrt man die Köder in Säcken auf,

Ein Maiskorn an der UFO-Montage.
▼

besteht ein erhöhtes Risiko, daß der Köder feucht wird oder daß man einer Invasion von Mäusen und Ratten ins Auge blicken muß. Die fertig gekochten Köder bewahrt man am besten ebenfalls in Plastikeimern auf. Besonders wenn im »Quellwasser« leicht verderbliche Zusätze enthalten sind, muß der Behälter kühl aufbewahrt werden. Wollen Sie den Köder einfärben, kommt die Farbe in das Aufweichwasser.

Teig und Boilies

Boilies, Pasten- oder Teigköder werden nicht ohne Grund häufig »Spezialköder« genannt. Man kann mit der Hilfe von verschiedenen Bindemitteln, wie zum Beispiel Mehl und Ei, in der Praxis jeden Zusatz in den Köder einmischen und somit ganz besondere Eigenschaften bei Geschmack, Form, Farbe, Struktur und Konsistenz erreichen. Mit anderen Worten: es gibt unglaublich viele Variationsmöglichkeiten. Die Auftriebsfähigkeit und der Härtegrad des Köders lassen sich zudem durch Aufwärmen, Abkühlen, Kochen oder Backen beeinflussen. Normalerweise teilt man die »Spezialköder« in Teig, Boilies und Pop-Ups, wie auch diverse Gel-Köder und »Floater-Cakes« ein.

Teig

Da jeder Teig (Paste) gekocht und somit zu Boilies umgewandelt werden kann, wäre dieses Buch wohl nicht dick genug, um jeden Teigtyp zu beschreiben. Ich werde mich daher hier auf die einfachsten Pasten die eigentlich nur als Teigköder verwendet werden, konzentrieren.

Teig besitzt sehr viele Vorteile. Obwohl er nicht so »kleinfischsicher« ist wie die Boilies, sind sie in bezug auf große Fische doch selektiver als zum Beispiel Mais, Maden und Würmer. Der Vorteil von Paste gegenüber Boilies ist, daß sie die Duftstoffe schneller im Wasser auslegt, was in der Regel mit einem »instant« wirkenden Köder gleichbedeutend ist.

Einer der am häufigsten angewandte Teigköder setzt als Nässestoff auf »Attractors«, welche die Fische anlocken sollen. Ein gutes Beispiel hierfür sind diverse **Fleischpasten**. Sie sind eine alte Erfindung. Bereits in den 1650ern wurde vom legendären Izaak Walton Fleischpaste nach dem folgenden Rezept als Köder für die Karpfenfischerei verwendet: *Nehmen Sie das Fleisch eines toten Kaninchens oder einer Katze und schneiden Sie es in kleine Stücke. Hinzu nehmen Sie Bohnenmehl oder ersatzweise, wenn dies zu schwer zu beschaffen ist, eine andere Sorte Mehl. Mischen Sie diese Zutaten und fügen noch etwas Zucker oder, was meiner Meinung nach am besten ist, ein wenig Honig hinzu. Stoßen Sie alles in einem Mörser zu Brei und formen Sie aus diesem 2-3 Kugeln, so wie Sie meinen, sie gebrauchen zu können* (ich hoffe, daß er keine ganzen Katzen benutzt hat, denn dann will ich nicht die Mäuler der Karpfen von damals sehen).

Heutzutage wird Fleischpaste aus weicher Wurst, Leberpastete sowie Hunde- oder Katzenfutter aus der Dose hergestellt. Ist der Inhalt der Dose bereits sehr kleingehackt, kann man ihn sofort als Köder verwenden. In der Regel macht es sich aber bezahlt, die Fleischstücke gründlich zu mischen, da man sie dann leichter zum Angeln benutzen kann. Wenn die Flüssigkeit dann die gewünschte Konsistenz besitzt, versteift man sie mit verschiedenen Formen von Mehl. Im allgemeinen eignen sich Zusätze, welche die fertige Paste nicht zu sehr aufplatzen lassen. Ich persönlich bevorzuge dabei Soja-, Reis- oder Maismehl. Bindet die Mixtur nicht perfekt und wünscht man eine weichere Konsistenz, hilft ein wenig vor dem Mischen zugegebenes Ei oder eventuell Öl.

Insgesamt ist Fleischpaste ein über Jahrhunderte bewährter, ausgezeichneter Köder. Aber die »alten« Köder werden heutzutage häufig ignoriert und übersehen. Fakt ist, daß sie auch heute noch fangen, wie sie immer fingen und das wird sich auch nicht ändern.

Brotteig kann in vielen Gewässern, in denen im großen Stil mit Brot angefüttert wird, der perfekte Köder sein – vor allem bei Problemen mit Kleinfischen. Im Prinzip ist Brotteig nur »Mashed Bread« (Weißbrot, das in Wasser aufgeweicht wurde). Hierbei wird das Wasser nur noch aus dem Teig getrieben, indem man es durch ein sauberes Tuch preßt. Wenn es dann nicht mehr möglich ist, Wasser aus dem Teig herauszuquetschen, wird er solange geknetet, bis er eine gute Konsistenz hat. Ist der Teig trotzdem noch zu matschig oder hält nur schwer zusammen, kann man ihn mit verschiedenen Trockenzutaten, wie Weizenmehl oder Gluten binden. Honig ist im übrigen ein sehr guter Zusatz für diese Köder.

Käsepaste kann ein wahrer Superköder sein. Es eignen sich alle Arten von Käse, wobei die weichen und schimmeligen Arten am besten fangen. Das Problem an den extrem weichen Käsesorten ist, daß sie direkt auf dem Haken gefischt leicht abfallen. Man sollte dem Käse also eine festere Konsistenz verleihen. Die bekannteste Methode ist dabei wohl, die Flüssigkeit aus dem Käse zu quetschen, um anschließend Ei und diverse Trockenbinder zuzusetzen. Denselben Effekt erhalten Sie, wenn Sie dem Schimmelkäse etwas Parmesankäse hinzumischen. Wenn

Sie im Winter angeln, gilt es zu bedenken, daß die meisten Arten von Käse im Wasser härter werden, was den Anhieb erschwert.

Ein letzter einfacher aber fängiger Teig ist die **Breipaste**. Das erste Mal warf ich auf diesen Köder einen ernsthaften Blick, als ich in Uganda auf Tigerfische und Nilbarben fischte. Hier verwendeten die einheimischen Fischer die Kassavabreipaste für alle Arten der Fischerei. Beim Zubereiten kochen sie ein wenig Wasser auf und fügen langsam Kassavamehl hinzu, bis alles eine haferbreiähnliche Konsistenz besitzt. Unter leichter Hitze und ständigem Umrühren köchelt die Masse so lange, bis sie sich nicht weiter umrühren läßt. Die Menge ist jetzt sehr klebrig. Fügen Sie alles zu einem Klumpen zusammen und lassen die Masse abkühlen, bis sie sich etwas legen konnte und eine weniger klebrige Konsistenz hat. Sie können natürlich auch andere Formen von fertigem Trockenmix/Mehl verwenden und das Material eventuell mit Haferbrei oder diversen Mikropartikelködern kombinieren. Wenn Ihnen etwas am Familienleben und Ihrem Ehebett liegt, sollten Sie sich allerdings einen eigenen Topf oder zumindest jede Menge Stahlwollepads und Reinigungsmilch besorgen. Denn ist man in der Fabrikation der Breipaste noch etwas unerfahren, passiert es leicht, daß Sie Ihre Zeit statt mit dem Angeln mit längeren Abwaschorgien verbringen.

Egal welche Form von Paste Sie einsetzen, müssen Sie die Hakengröße so wählen, daß die Spitze zum sicheren Haken ausreichend weit aus dem Teig steht. Zusätzlich sollte die Paste so weich sein, daß der Haken beim Anschlagen locker durchrutscht und ungehindert in das Maul des Fisches eindringen kann. Das beste ist aber meiner Meinung nach, die Paste auf einem Haar zu fischen. Damit lassen sich neben dem sicheren Haken nebenbei auch alle anderen Vorteile dieser Art der Präsentation auszunutzen. Vergessen Sie nicht, Haarstops mit einer großen Tragfläche zu verwenden.

Während dem Angeln ruht der Teig am besten in einer Plastiktüte, damit er nicht austrocknet. Die Teigkugeln können im Wasser übrigens sehr gut eine Duftspur legen. Besonders wenn man mit sich langsam auflösenden Boilies fischt, kann es von Vorteil sein, zusätzlich mit Teigkugeln anzufüttern. Dadurch kann sich der Duft am Futterplatz schneller ausbreiten. Recht weicher Teig erschwert jedoch das Anfüttern, da sich die Kugeln beim Abschuß von der Schleuder verformen oder am Wurfrohr festkleben. Die Lösung lautet einfach: Frieren Sie die Teigkugeln ein und füttern sie vor dem Auftauen an.

Eine weitere Alternative zum schnellen Verbreiten des Dufts bei hartem, aber dennoch leicht auf das Haar zu ziehendem Köder bilden die »auflösbaren Boilies«. Das sind im Grunde genommen nur an der Luft getrocknete Teigkugeln, die so ihre Form behalten. Die meisten der traditionellen Boiliepasten lassen sich auf diese Weise trocknen und fischen. Manche Mixturen platzen allerdings während dem Trocknen oder Montieren auseinander. Die Lösung dafür ist einfach ein wenig zugesetztes Öl oder Zusätze, die gut binden und eine steife Oberfläche ergeben, unter anderem Eipulver. Verwenden Sie »normal« auflösende Boilies, sollten Sie den Köder alle drei bis fünf Stunden wechseln. So geht der Angler auf Nummer Sicher, daß der Köder noch immer existiert, wenn die Karpfen den Futterplatz erreichen.

Soll der Duft sich besonders schnell verbreiten, kann man der Mischung große Mengen an groben »Strukturzutaten«, beispielsweise Vogelfutter hinzufügen. Je mehr grobe Zutaten mit guten Brucheigenschaften Sie verwenden, desto poröser wird der Köder. Ein paar weitere Beispiele für solche Zutaten sind Polenta, Kleie, Kartoffelflakes und verschiedene Formen von Paniermehl. In der Praxis ergibt das ein getrocknetes und extrem leicht lösliches Teigpellet (über »Pellets« lesen Sie später mehr).

Man muß den Vorteil der schnellen Duftverbreitung gegenüber der nun fehlenden Selektivität abwägen. Probleme treten in Gewässern mit sehr vielen Kleinfischen auf. Und wenn sich scheue Fische von eingekurbelten Ködern erschrecken lassen, sollte die Wahl vielleicht besser auf traditionelle Boilies fallen.

Boilies

Eigentlich sind Boilies nur gekochte Teigkugeln. Aber erst als in den 1980ern die Hair-Rigs öffentlich bekannt wurden, erlebten die Boilies ihren Durchbruch. Denn erst jetzt war es möglich, diesen Köder optimal anzubieten und die Fische gleichzeitig zuverlässig zu haken. Und als dann die Pop-Ups aufkamen, gesellten sich zur Gruppe der Boilies die gebackenen und auftreibenden Teigkugeln.

Durch das Kochen erhält der Teig zunächst eine harte Oberfläche. Das verhindert wiederum das Zerrupfen durch Kleinfische. Ein großer Köder mit einer harten Oberfläche kann außerdem lange Zeit im Wasser liegen, ohne sich aufzulösen. Das vergrößert die Chance, daß der angepeilte Fisch den Köder findet und viele störende Würfe unterbleiben können. Am besten landet der Köder schon lange vor der Beißzeit und damit den Fischen am Futterplatz. Das vermeidet Unruhe beim Fressen. Darüber hinaus vermeidet der feste Köder häufige Würfe zu schwierig erreichbaren Stellen. Ein Wurf genügt bis zum Biß des Fisches.

Besonders beim Anfüttern über längere Zeiträume muß der Köder so selektiv sein, daß er die gewünschten Fische zum Futterplatz lockt. Zu kleine oder zu weiche Sorten ziehen möglicherweise nur Tausende von Kleinfischen an. Im schlimmsten Fall fressen sie sämtliche Köder, bevor auch nur ein einziger großer Fisch den Futterplatz erreichte. Dann war die ganze Arbeit umsonst. Gerade aufgrund der Selektivität und der unendlichen Möglichkeiten neuer Versuche und Rezepte mit allen Aromastoffen sind die Boilies so effektiv und populär. Wenn der Boilie im Laufe der Zeit an Wirkung verliert, verbinden die Fische langsam das Aussehen und den Geschmack der Köder mit Gefahr. Jetzt können Sie durch das Ändern weniger Zutaten, wie Farbe, Aroma oder Form einen völlig neuen Köder kreieren, der den Fischen nicht vertraut ist. Diese Vorteile bedeuten nun aber nicht, daß die Boilies attraktiver und lockender als alle anderen Köder sind. Obwohl sie sich in vielen Situation als überlegen erweisen, gibt es wohl mindestens genau so viele Situationen, in denen andere Köder bessere Fänge erzielen. Daß die meisten Karpfen mit Boilies gefangen werden, liegt vor allem an zwei Dingen. Erstens fischen die Karpfen»jäger« im großen und ganzen gesehen mit keinem anderen Köder und zum anderen ist die Fischerei der Leute auf diesen Köder aus- und eingerichtet. Allerdings beschränken sie sich meist nur auf das Grundangeln, obwohl sich die Kugeln ebenfalls zum Posenfischen und Dapping eignen. Zudem sind Boilies beim Angeln auf viele weitere Fischarten deutlich unterbewertet. Sie eignen sich bestens auf Karauschen, Schleien, Graskarpfen und Brachsen.

Generell bleibt deshalb zu sagen, daß sich die meisten beschriebenen Boilie-Techniken als »Miniatur-Ausgabe« genauso für die meisten anderen Arten umformen lassen. Aus diesem Grund beschreibe ich die Hartköder nur in diesem Abschnitt gründlich.

Alles in allem besteht kein Zweifel daran, daß Boilies zu den wichtigsten und unverzichtbarsten Ködern zählen, geht es gezielt auf große Fische. Wie und nach welchen Ideen Sie Ihre Boilies herstellen können, lesen Sie ausführlich in den nächsten Kapiteln.

Bedeutung des Nährwerts

Als Anfänger bei der Karpfen- und Specimenfischerei kann man leicht den Eindruck gewinnen, daß der erfolgreiche Angler unglaublich viel über die Biochemie der Boilie-Inhaltsstoffe wissen muß. Das ist absolut falsch! Damit will ich jedoch keinesfalls sagen, daß die Zutaten egal sind. Es ist nur wichtig, nicht zu verzweifeln und den wissenschaftlich erscheinenden Aspekten der Boilieherstellung etwas mehr Bedeutung einzuräumen. Tatsächlich lassen sich ohne die geringste Ahnung über die Ernährungsbiologie der Fische fängige Boilies herstellen, die ohne Probleme mit den ausgefeiltesten Wunderkreationen sämtlicher Boilie-Alchimisten konkurrieren können. Die Hauptsache hierfür ist, daß man ein wenig mit den Zutaten experimentiert, bis die Zusammensetzung wirklich gut Fische fängt. Glauben Sie an Ihre Mixtur, auch wenn sie möglicherweise nicht mit den neuesten Trends der Ködertechnologie übereinstimmen. Manche Leute behaupten auch, daß eine Hummel nicht fliegen kann.

Der Nährwert der Boilies und ihre Bedeutung sind in der Herstellung die wohl am häufigsten diskutierten Punkte. Seitdem in der Mitte der siebziger Jahre Fred Wilton seine Idee der HP- (High Protein = Hoher Proteingehalt) und HNV-Köder (High Nutrient Value = Hoher Nährwert) entwickelte, wird über Sinn oder Unsinn diskutiert. Die grundlegende Idee dieser Theorie basiert auf der Annahme, daß jedes Lebewesen nach einer ausgewogenen Ernährung sucht. Sie besteht aus den notwendigen Proteinen, Kohlenhydraten, Fett, Vitaminen und Mineralien, eine Grundlage für gesundes Leben und Wachstum. Die Fische sollen in der Folge die optimal auf ihren Bedarf abgestimmten Köder und Futtermaterialien ihrem normalen Futter vorziehen. Wenn sich die Fische an diesen Köder gewöhnt haben, benötigen sie nichts anderes mehr und fixieren sich völlig auf das zudem bequem erreichbare Angebot. Damit spart der Fisch eine Menge Energie, da er keine Zeit und Kraft mit der Suche nach verschiedenen und eventuell auch noch schwer zugänglichen Futterquellen »verschwendet«. Als Fred Wilton das erste Mal diese Theorie formulierte, ging er davon aus, daß der Proteinbedarf der Karpfen bei 50 bis 70 Prozent ihres Futterbedarfs liegt, wobei sich die restlichen Prozente auf Kohlenhydrate, Fett und andere Nährstoffe verteilten. Heute ist man der Ansicht, daß eine ausgewogene Karpfendiät zu 35% aus Proteinen, zu 10% aus Fett und zu 20 bis 30% aus Kohlenhydraten besteht. Der Wassergehalt stellt die restlichen 15 bis 25 Prozent. Damit es die Ernährungsanforderungen aller Fische erfüllt, muß das Futter außerdem eine angemessene Menge an essentiellen (lebenswichtigen) Nährstoffen enthalten. Sie müssen dem Organismus zugeführt werden, damit er funktioniert. Und der Fisch kann diese Stoffe nicht selbst produzieren. Zu ihnen zählen eine begrenzte Anzahl an Aminosäuren, ein paar ungesättigte Fettsäuren, diverse Vitamine, Mineralien und Spurenelemente.

Man kann sich lange mit der Theorie über die Nahrungsaufnahme der Fische beschäftigen. Die in-

▲
Boilies entwickelten sich längst zum Standardköder auf große Karpfen.

teressanteste Frage wird für die meisten wohl sein, wie man in der Praxis einen Köder mit einem möglichst hohen Nährwert herstellt. Das gilt natürlich nur für die Leute, die der ganzen Sache eine große Bedeutung beimessen.

Ich persönlich halte in diesem Fall nichts von zu wissenschaftlichem Vorgehen und davon, in die kleinsten Details der präzisen Nährstoffzusammensetzung vorzudringen. Denn solange der Köder die oben genannte Zusammensetzung von Nährstoffen besitzt und der »Koch« mehrere verschiedene Protein-, Kohlenhydrate- und Fettquellen einsetzt, deckt der Köder schließlich voll und ganz den Nährstoffbedarf des Fischs. Indem man verschiedene Protein-, Kohlenhydrate- und Fettquellen verwendet, wird man automatisch eine vollkommen ausreichende Zusammensetzung von essentiellen Nährstoffen erhalten. Da die meisten Vitamine bei einer Temperatur von 50 bis 80 Grad Celsius zerstört werden, macht es keinen Sinn, sich mit dem Inhalt von Vitaminen zu beschäftigen. Das gilt auch für die verschiedenen Enzyme, die bei noch geringeren Temperaturen draufgehen. Über diese praktischen Argumente hinaus, werde ich im folgenden mit weiteren Argumenten beweisen, daß ein ausgewogener Nährstoff- und Vitamininhalt nicht unbedingt eine praktische Bedeutung für die Fängigkeit des Köders besitzt.

Zunächst können HNV-Köder in manchen Situationen die Anfütterung und somit die Wirksamkeit des Angebots verbessern. Andererseits stellt sich die Frage, ob das alles überhaupt eine Bedeutung hat und ob es in einen unmittelbar für den Fisch attraktiveren Köder mündet. Inwieweit der HNV-Köder in der Praxis seine Prüfung als ein »Allround-Köder« und Anfütterungskonzept besteht, hängt meiner Meinung nach vollständig von der Angelsituation ab. Jeder Angler fischt auf eine andere Weise. Manche Petrijünger unternehmen nur Tagesausflüge oder höchstens Angeltouren, die ein paar Tage dauern. Dabei wird nicht angefüttert. Andere Fischer füttern Tage oder sogar Wochen vor dem Ansitz. Die meisten angeln in einer Saison an vielen verschiedenen Gewässern und die wenigsten haben Lust, Zeit oder das nötige Geld, um über mehrere Monate oder die ganze Saison am gleichen Gewässer anzufüttern.

Da das unmittelbare Wiedererkennen von hohem Nährwert im natürlichen Futter von lebenslangen Erfahrungen herrührt und zusätzlich noch durch instinktive Präferenzen aus vielen Generationen ergänzt wird, glaube ich an die Notwendigkeit des langen Anfütterns vor einem wirklichen Erfolg des HNV-Konzepts an einem Gewässer. Das Anfüttern kann meiner Meinung nach Monate dauern oder sogar über die ganze Saison reichen. Nur auf diese Weise werden die Fische ernsthaft in Erwägung ziehen, den künstlichen Köder den natürlichen Futterquellen vorzuziehen.

Wenn in einem Gewässer viele Fischer angeln, müssen Sie Ihrem HNV-Köder eine ganz bestimmte Form oder einen ganz bestimmten Geschmack verleihen. Dadurch erkennen die Fische Ihren Köder unter allen anderen. Fällt er nicht durch den Geschmack auf, wird man in diesem Fall nicht unbedingt besondere Erfolge bei der Fischerei mit HNV-Ködern erzielen. Vielleicht erkennen die Fische nicht einmal dann Ihren Köder wieder, wenn er als einziger am Gewässer ein spezielles Aromas verströmt. Ein weiteres Problem stellt sich, wenn die gleichen Fische in einem kurzen Zeitraum die Boilies von verschiedenen Anfütterungen fressen und nur Ihre Boilies einen HNV aufweisen. Dann sind die Tiere meiner Ansicht nach nicht in der Lage, zu unterscheiden, welche Boilies ihnen so viele Nährstoffe lieferten.

Es gibt noch einen weiteren Nachteil. Wenn man in großen Gewässern mit wandernden Fischen angelt, lohnt sich kaum der Versuch, die Tiere an einen bestimmten Köder zu gewöhnen. Denn Sie können sowieso nicht damit rechnen, daß die Fische Ihren Köder häufig zu Gesicht bekommen.

Dies bedeutet allerdings nicht, daß HNV-Köder nur in Verbindung mit sehr langen Anfütterungsphasen ihre volle Wirkung entfalten können. Ich meine nur, daß man auf kurzen Trips und mittellangen Anfütterungen mindestens genau so viele Fische mit LNV-Boilies (Low Nutrition Value = Köder mit niedrigem Nährwert) fängt. Auch andere richtig hergestellte Köder wirken mindestens genauso attraktiv, schmecken ebenfalls gut und lassen sich auch leicht verdauen. Daß die HNV-Köder auf kurzen Trips oder Anfütterungen in manchen Fällen besser wirken als »normale« Boilies, liegt wohl daran, daß sie aufgrund der vielen verschiedenen Zutaten zufällig besser schmecken. Oder sie erhalten eine Struktur, die den Duft besser verbreitet. Da die Karpfen in den meisten wenig bis mittelstark befischten Gewässern ohne Probleme ihren Nahrungsanspruch auf natürliche Weise decken können, braucht man sich keine Sorgen um den Nährstoff-Nachschub der Fische zu machen. Sie führten auch vor dem HNV-Zeitalter ein gutes Leben.

In den meisten Angelsituationen ist es meinen Erfahrungen nach am wichtigsten, die Prioritäten auf Aussehen und Geschmack zu setzen. Zu guter Letzt werden es immer diese Dinge sein, die den Fisch zum Biß verführen.

Verdaulichkeit

Das Streben nach einem leicht verdaulichem Köder ist in der Praxis ein Ausbau der originalen HNV-Theorie, da der Fisch bei einem leicht verdaulichen Köder mehr aus seinem Inhalt verwerten kann. Das führt rein theoretisch zu einer Manipulation des Fisches und gewöhnt ihn eher an den Köder. Dieses Thema wird unter den Boiliefischern heftig diskutiert und mittlerweile gibt es viele Interpretationen dazu. Dazu zählen Köder, denen Enzyme zugesetzt wurden sowie sogenannte »isotonische Köder«. Ohne auf diese Dinge näher einzugehen, bin ich der Meinung, daß sie keine praktische Bedeutung besitzen.

Diese Angelstelle wirkt fast schon etwas gespenstisch. Und die großen Bäume deuten auf so manches Hindernis in form von abgebrochenen Ästen im Wasser hin, die den Fischen einen Unterschlupf bieten.
▼

Meiner Ansicht nach bringt das Zersetzen durch Kochen sowie eine möglichst große Oberfläche der Verdauungsmasse, samt zusätzlichen leicht verdaulichen Zutaten, wesentlich mehr.

1) Tatsächlich können die Enzyme im Magen des Fisches die Moleküle des Boilies leichter umwandeln, wenn das bereits vorher teilweise geschehen ist. Dies gilt sowohl für Proteine, als auch für Fett und Kohlenhydrate. Genau aus diesem Grund backen, braten oder kochen wir einen großen Teil unserer Lebensmittel. Die Zutaten und die Nährstoffe in den Ködern tragen also keinen Schaden davon, wenn man sie kocht – im Gegenteil.

2) Je leichter sich der Köder so zerteilen läßt, daß er eine möglichst große Oberfläche im Darm des Fisches bildet, desto leichter können die Verdauungsenzyme das Futter vollständig zersetzen. Die einleuchtendste Art dieses Effekts liegt im Einsatz von weichen Boilies oder Ködern, die sich leicht im Magen des Fisches zu Kleinstpartikeln zersetzen. Dies ist bei der praktischen Fischerei aber nicht so einfach, da einer der größten Vorteile von Boilies gerade in ihrer Härte liegt. Je härter ein Boilie ist, desto länger dauert es, ihn im Magen zu kleineren Teilen zu zersetzen. Daraus resultiert wiederum eine langsamere Verdauung. Dieses gegensätzliche Problem ist schwer zu lösen.

Schließlich stellt sich jetzt die Frage, wie man auf der Theorie dieses schwer verdaulichen Kapitels basierend einen Köder entwickelt, der zum einen sehr leicht verdaulich ist und zum anderen auch in der praktischen Fischerei funktioniert.

Ich habe schon längere Zeit viel mit zwei alternativen Methoden zum Herstellen von sehr leicht verdaulichen Boilies experimentiert. Zunächst bin ich davon ausgegangen, daß Kochen zusammen mit einer weichen Konsistenz oder einer porösen Struktur, die sich beim Aufweichen in kleine Partikel zersetzt, die maximale Verdauungsgeschwindigkeit mit sich bringt. Demnach müßte es möglich sein, diese Eigenschaften in einem Köder zu kombinieren und optimieren. Das bedeutet auch, daß kleine Fische ihn nicht fressen können.

Am besten zieht man eine Teigschicht über die »Ball-Pellets« und kocht das ganze. Das ergibt einen Köder, der alle Wünsche erfüllt. Die **»Pellet-Core Boilies«** stellt man am einfachsten wie folgt her: 1) Rollen Sie eine normale Paste mit einem Nudelholz zu einer nur wenige Millimeter dicken Platte. 2) Schneiden Sie sie zu mehreren passenden Vierecken, die Sie wiederum um die Ball-Pellets wickeln und dann anschließend 30-60 Sekunden kochen lassen. 3) Trocknen Sie die Pellet-Boilies längere Zeit an der Luft, bis die Schale die ursprüngliche Form des Boilies behält – auch wenn das Innere des Köders bereits aufgelöst ist. Achten Sie darauf, daß Sie einen Teigmix mit wasserlöslichen Inhaltsstoffen verwenden. Denn es soll nicht zu lange dauern, bis das Wasser in das Innere des Pellets eingedrungen ist. Die Schale dieses Boilies ist selbstverständlich genauso schwer verdaulich, wie normale Boilies. Mit dem Innenleben geht es dafür um so leichter. Gerne versehe ich die Schale noch durch einen Spiralbohrer mit einem Loch, so daß sich das Innenleben noch schneller auflöst, denn frißt der Fisch den noch trockenen Köder, wirkt sich das hemmend auf seine Verdauung aus. Sie können auch überlegen, ob Sie die Boilies vor dem Auswerfen nicht schon etwas aufweichen lassen sollen.

Eine andere Möglichkeit auf dem Gebiet der sehr leicht verdaulichen Köder ist es, das Kochen bis an seine Grenzen zu steigern. Beim Kochen der normalen Boilies erreicht die volle Hitze unter normalen Umständen nur die äußersten paar Millimeter. Das Innenleben der Boilies überschreitet in den seltensten Fällen Temperaturen von über 50 bis 70 Grad Celsius. Soll sich das Garen nicht auf den Duft beim Angeln auswirken, wäre das Überschreiten der normalen Kochzeit nur töricht. Denn die Prozedur führt nur zu einem steinharten und unattraktiven Köder.

Die einzige Methode, mit der man einen durchgekochten und gleichzeitig weichen, duftenden Köder herstellen kann, ist nach meiner Ansicht die Breimethode. Dazu kochen Sie die Trockenzutaten für die Boilies wie eine Breipaste. Damit der Duft nicht »verkocht«, setze ich Aromastoffe mit einem Siedepunkt von über 100 Grad Celsius ein. Noch besser ist es, bereits duftende Zutaten zu verwenden. Nach dem Kochen geben Sie den Teig in eine Schale und bedecken sie mit einem Geschirrtuch. Nach einer gewissen Zeitspanne prüfen Sie, ob der Teig eine rollbare Konsistenz besitzt. Wenn ja, rollt man sie mit der Hand und kocht sie erneut. Auf diese Weise kann man also einen 100prozentig durchgekochten »Breipasteboilie« herstellen, der gleichzeitig durch seine weiche Konsistenz einen verlockenden Duft verströmt. Zudem läßt sich der Köder kurz vor der Fischerei noch »Boosten«, also der Geruch wird mit einem Flavour verstärkt.

Besonders in Zusammenhang mit stark fetthaltigen Zutaten sollte hier noch etwas erwähnt werden. Sie zersetzen sich leichter, wenn der Köder Stoffe mit emulgierenden (Fettzellen trennenden) Eigenschaften enthält. Ein paar gute Beispiele für Zutaten mit dieser Wirkung sind Soja-Isolat, Sojamehl, Lac Prodan 80, Natrium Kasinat und Kalium Kasinat. Konzentrierte Emulgatoren, wie zum Beispiel Nutrabait's »Emulsulfier«, sind auch erhältlich.

Bis vor kurzem dachte ich, daß sehr leicht verdauliche Köder einen Vorteil ergeben – aber ist es wirklich so einfach? Je besser der Nährwert und die Verdaulichkeit gegeben sind, desto weniger Kilogramm sind zum Sättigen des Ernährungsbedarfs der Fische nötig. Und eine maximale Verdaulichkeit des Köders heißt nicht notwendigerweise, daß die Fische in kürzerer Zeit mehr fressen, als von einem weniger einfach zu verdauenden Futter. Ob die Reaktion auf leicht verdauliche Köder nun so ausfällt, daß in einem bestimmten Zeitraum mehr Boilies gefressen werden, oder daß zwischen den verschiedenen Freßperioden mehr Zeit vergeht, hängt im hohen Grade vom Ernährungs-und Futterzustand des Fisches ab. In manchen Fällen, besonders bei ernstgemeinten, über den Winter angelegte Anfütterungen mit guten HNV-Ködern, bin ich der Meinung, daß ein leicht verdaulicher Köder von Vorteil sein kann (er ist zumindest kein Nachteil).

Theoretisch müßte der ideale Köder eine Reihe spezieller Eigenschaften mitbringen, wenn die Fische so viel wie möglich fressen sollen. Das bedeutet einen leichtverdaulichen Boilie mit geringem Nährwert, der gut zu sehen ist, gut schmeckt und Appetit weckt. Demnach sollte er die instinktiven und angelernten Vorlieben der Fische für ein vom Nährwert her bevorzugtes Futter berücksichtigen. Besonders in Verbindung mit dem Geschmack von LNV-Ködern sind Aroma, Süßmittel, »Palatants« und »Sense Appeals« die Ursache für einen verhältnismäßig großen Teil der gesammelten Geschmackseindrücke. Im Gegensatz dazu hängt in den HNV-Ködern die Anziehungskraft in einem hohen Grad vom Geschmack der einzelnen Zutaten, der Struktur und/oder der Löslichkeit im Wasser ab. Meiner Meinung nach machen diese Eigenschaften die Wirksamkeit dieses Köders aus, nicht jedoch der Nährwert.

Soll ein LNV-Köder über lange Zeit ordentlich fangen, muß er verdammt gut schmecken. Tut er das nicht, besteht die Gefahr, daß die Fische zu einer vom Nährwert her lohnenswerteren Futterquelle wechseln. Haben Sie ein solches Rezept entwickelt, sollten Sie nicht zögern, es zum Patent anzumelden!

Ich möchte diese doch etwas arg theoretischen Seiten nun abschließen, indem ich mich selbst wiederhole und feststelle, daß in den meisten Angelsituationen eine unmittelbare Wirkung von einem guten Ausbreiten des Dufts und einem attraktiven Äußeren des Köders abhängt. Dazu kommt eine genaue Kenntnis des Gewässers und der Angeltechnik. Beide sind viel wichtiger als die Verdaulichkeit und der Nährwert des Köders.

Ich hoffe nicht, daß Sie über diesen Zeilen eingeschlafen oder total von Langeweile übermannt wurden. Selbst wenn man in der Theorie noch so viele gut begründete Argumente für die besondere Fängigkeit bestimmter Köder in manchen Situationen anführen kann, läßt sich in der Praxis unmöglich beweisen, warum der Karpfen wirklich Ihren perfekt ausgeklügelten Köder einsaugte. Wer weiß schon, ob man den selben Fisch nicht auch mit einem anderen Köder oder einer anderen Anfüttertechnik gefangen hätte?

Boilie-Mischungen

Ein Boilieteig läßt sich aus einer Flut verschiedenster Inhaltsstoffe zusammenstellen. Die drei üblichsten Boiliesorten basieren dabei entweder auf Milcheiweißen, Vogelfutter- oder Fischmehlzusätzen. Das ist selbstverständlich eine sehr grobe Einteilung, zumal man für alle drei dieselben grundlegenden Geschmacks-, Füll- und Bindemittel verwendet. Häufig werden Grundmix-Sorten oder Zutaten davon gemischt, um eine bestimmte Konsistenz, ein bestimmtes Gewicht oder eine bestimmte Struktur zu erreichen. Sie sollen dann optimal auf verschiedene Angelsituationen abgestimmt sein.

Bevor Sie Ihren Boiliemix zusammenmischen, sollten Sie einige Dinge bedenken. Auf den nächsten Seiten erzählt der Boilie-Alchimist **Mads Grosell** von den wichtigsten Prinzipien beim Zusammenstellen einer Boiliemischung und berichtet über eine Reihe der populärsten Zutaten für den traditionellen Boiliemix:

Damit der fertige Boilie über eine maximale Lockfähigkeit verfügt, müssen Sie folgendes beachten: 1) Die Bodenverhältnisse der Angelstelle; 2) Die Menge des natürlichen Futters im See, die Anzahl der Karpfen und in welchem Umfang sie angefüttert und befischt wurden; 3) Physische Verhältnisse wie Temperatur und Strömung oder Wasserbewegung; 4) Wie hoch ist das Risiko, daß die Futterstelle und der Hakenköder von Kleinfischen terrorisiert werden?

Viele Seen und Moore besitzen einen sehr schlammigen und weichen Grund. Jetzt darf der Boilie nicht zu schwer sein, da er sonst im Schlamm

▲
Das Boilie-Versuchslabor.

versinkt – und ein vom sauerstoffarmen Schlamm verschlungener Boilie erregt kaum noch viel Aufmerksamkeit. Zum einen überdeckt der Geruch des Schlamms den Duft des Köders oder der Modder verhindert ein effektives Verbreiten der Duftstoffe. Wenn der Karpfen nicht bereits am Futterplatz steht und seinen »Rüssel« in den Schlamm bohrt, findet er den Köder möglicherweise überhaupt nicht. In Kies- und Tongruben sowie in großen Seen gibt es häufig einen harten und sauerstoffreichen Bodenbereich. Hier interessiert das Gewicht des Köders kaum. Im Gegenteil: relativ schwere Mischungen können jetzt sogar Vorteile bringen. Zum einen lassen sie sich mit dem Wurfrohr oder einer Schleuder weiter und präziser werfen oder schießen, und bei der Wahl der Zutaten besteht eine größere Freiheit.

Ist der Karpfen in einem Gewässer nicht in der Überzahl und existiert genügend natürliches Futter, wird es als »gesättigtes« Gewässer bezeichnet. Sie liegen sozusagen in der Balance. Ein Karpfen sieht einen Boilie nicht unbedingt als wichtige und leichte Mahlzeit, die er einem Artgenossen wegschnappen muß. Um dies zu ändern, zahlt sich meiner Meinung nach ein perfekter HNV-Boiliemix aus, der einen guten Geschmack sowie das richtige Gewicht besitzt und sich leicht im Wasser auflöst. In stark gesättigten Gewässern kann die Boiliemischung über Erfolg und Mißerfolg entscheiden!

In »ungesättigten« Gewässern (mit vielen Karpfen und einem geringen Futterangebot), in denen vom Nährwert her verschiedene angefütterte Boilies einen großen Teil der Nahrung der Fische ausmachen, kommt dem Nährwert und der Zusammensetzung des Boilies keine große Bedeutung zu. Schließlich fressen die Fische alles, was ihnen vor die Schnauze kommt. In diesen Gewässern entscheiden wohl eher ein sehr guter oder einfach anderer Geschmack samt einem wirksamen Attraktor über Biß oder Ruhe am Baitrunner.

Diese zwei Gewässertypen sind natürlich Extreme und die meisten liegen wohl irgendwo dazwischen. Unabhängig von der Situation lohnen sich immer Qualitätszutaten und Aromastoffe – denn ein gut durchdachter Boiliemix wird immer besser fangen, als ein einfach ohne Nachdenken zusammengepanschter. Je sorgfältiger Sie die Mischung herstellen, desto eher können Sie mit diesem Köder über einen längeren Zeitraum fangen.

Mit sinkender Wassertemperatur wächst gleichzeitig die Bedeutung eines guten »Kaltwassermix«. Er muß sicherstellen, daß sich der Duft des Köders schnell und effektiv verbreitet. Im kalten Wasser werden Öle und Fettstoffe steif und hart und können neben weiteren Ursachen das Verbreiten des Geruchs verhindern. Deshalb sollten Sie in diesen Situationen auf Inhaltsstoffe setzen, die sich leicht im Wasser lösen und einen geringen Fettanteil besitzen. Negativ wirkt sich ebenfalls ein zu langes Kochen auf das Verteilen der Duftstoffe aus. Denn eine beim Kochen entstandene dicke, gummiartige »Schale« hindert die Düfte am Ausströmen. Die Materialmischung sollte also gewährleisten, daß sie bereits nach kurzem Kochen die richtige Konsistenz erreicht. Zu einem in diesem Sinne perfekten Köder tragen unter anderem Zusammensetzungen verschiedener feinkörniger Inhaltsstoffe mit einer großen Wasserlöslichkeit bei. Dazu zählen beispielsweise Milchersatz für Kälber, Kasein *(Kasein)* und Milchpulver, die Sie mit langsam löslichen, grobkörnigen Zutaten wie Reismehl, Maisgrieß, Säurekasein *(Acid Kasein)* oder Kleie als »Skelett« kombinieren. Basiert der Boilie auf einer guten Kaltwassermischung, hinterläßt er in einem Glas Wasser eine deutliche Spur von Geschmacksstoffen.

Entsprechende Mixturen funktionieren zudem in warmem Wasser. Allerdings können sie sich jetzt schnell auflösen. Da die Fische bei warmem Wetter in ihrer Futtersuche und in ihrem Futterverhalten aktiver sind, genügen jetzt Boilies, die ihre Duftstoffe etwas langsamer abgeben. Dabei wirkt eine Zusammensetzung mit großem Öl- und Fettgehalt auf Warmwasser-Karpfen sehr attraktiv. Deshalb sollten jetzt Inhaltsstoffe wie Soja-, Fleisch- und Fischmehl, samt Vogelfuttermischungen (Birdfood) das Rezept ergänzen. Zwar benötigt ein entsprechender Teig längere Zeit zum Kochen, allerdings ergibt der Köder eine konstante Lockfähigkeit und widersteht besser den Angriffen kleiner Fische.

Da die Sommer bei uns in Dänemark üblicherweise sehr kalt ausfallen, begrenzt das die Wahl der Zutaten über den größten Teil des Jahres. Alles in allem ergeben Kaltwassermixturen meiner Meinung nach die besten Ergebnisse. In den Sommermonaten können Boilies mit den oben genannten Warmwasser-Zutaten jedoch durchaus erstklassige Erfolge erzielen. Hier besteht einmal mehr die Kunst darin, den richtigen Weg auf dem schmalen Grat zu finden. Möchten Sie Ihre Rezepte auf wenige Zutaten begrenzen, kann eine gute Kaltwassermixtur mit guter Lockfähigkeit generell als Basis dienen. In den Sommermonaten mischen Sie dann je nach Temperatur und der Beschaffenheit des Wassers zusätzliche Substanzen für warmes Wasser bei – eine einfache und äußerst effektive Lösung.

Jetzt müssen Sie die Konsistenz des Boilies und die Härte seiner Oberfläche noch so abstimmen, daß er den Angriffen von Kleinfischen oder Krebsen widersteht.

Die Rolleigenschaften bei der Herstellung, das Pop-Up-Verhalten im Wasser sowie der Preis der Mixtur sind weitere wichtige Punkte. Allerdings fällt es nicht immer leicht, einen Boiliemix mit allen gewünschten Eigenheiten *unter Beachtung Ihrer Prioritäten* herzustellen. Normalerweise läuft es auf einen Kompromiß hinaus. Dabei erkaufen Sie bestimmte, Ihnen wichtige Eigenschaften mit dem Verzicht auf eine oder mehrere Zutaten. Auf dem heutigen Markt findet man davon so viele verschiedene, daß nach ein wenig Experimentieren daraus ein richtig schöner Allroundmix entsteht. Auf den folgenden Seiten führe ich kurz die wichtigsten Grundzutaten der traditionellen Boiliemischungen auf. Zusätzlich erkläre ich, wieviel Prozent sie in der Gesamtmixtur ausmachen müssen, damit sie ihre Wirkung optimal entfalten.

Zusammensetzung

Wenn Sie an der Zusammensetzung der perfekten Boiliemischung basteln, bringt eine Standardmethode durchaus Vorteile. Möchten Sie dabei aus Ihren Erfahrungen lernen, schreiben Sie am besten alle neuen Erkenntnisse auf. Aber wie entscheiden Sie, wieviele der einzelnen Zutaten Sie benötigen? Tatsächlich kann ich Ihnen keine detaillierteren Richtlinien an die Hand geben, als ich es bereits getan habe. Eine gute Boiliemischung läßt sich nicht nach Proteintabellen oder sonstigen Theorien berechnen. Daher bleibt Ihnen nichts anderes übrig, als mit den Rolleigenschaften, der Haltbarkeit, der Fähigkeit zum Verbreiten der Duftstoffe und vor allem beim praktischen Fischen zu experimentieren – bis sich die einzelnen Inhaltsstoffe perfekt ergänzen und die Mischung damit stimmt. Konnten Sie dann eine gute Basismixtur finden, können Sie mit »Profil-Zutaten« wie Fischmehl oder Vogelfutter weiter experimentieren. Bei neuen Zutaten ist es immer gut, die Grundmischung als Ausgangsstoff nehmen. Sie dient als solide Basis, selbst wenn sich Gewicht, Konsistenz, Geschmack oder Struktur ändern. Experimentiert ein Fischer mit neuen Mischungen, sollte er sich zunächst nicht mehr als 100 Gramm der Paste zurechtmixen. Auf diese Weise verhindert man, daß plötzlich ein Kilogramm unbrauchbarer Masse in der Köderküche steht. Verwenden Sie zum Wiegen der einzelnen Zutaten am besten eine Briefwaage. Danach testen Sie jede neue Entwicklung, auf verschiedene Arten gekocht und gebacken auf dem »Rolltisch«, in einem Glas Wasser oder einem mit Karpfen besetzten Aquarium.

Sobald Sie eine anscheinend hervorragende Karpfenmischung gefunden haben und sich im siebten Boiliehimmel befinden, können Sie sich damit ans Wasser wagen. Hier zeigt sich, ob der Köder auch in der Praxis etwas taugt. Verzweifeln Sie nicht – auf Seite 67. sehen Sie mehrere Beispiele verschiedener Rezepte, die alle ihre Fische fangen konnten.

Boilie Zutaten

Milchprodukte

Säure-Kasein *(Acid-Kasein)*: Kasein ist ein Milchprotein, das sehr leicht verdaulich und für Karpfen sehr attraktiv ist. Es schmeckt etwas sauer. Säurekasein wird in verschiedenen Mesh-Größen (Korngrößen) hergestellt: 30, 90 und 110 Mesh. Die zuletzt genannte Größe ist die feinste und am meisten angewandte in der Nahrungsmittelindustrie. Durch das Säurekasein wird der Boilie hart und leicht rollbar. Und je niedriger der Mesh und je grober die Körner, desto härter wird der Boilie. Das Gewicht ist ziemlich hoch. Allerdings ist Säurekasein nicht wasserlöslich. Streben Sie eine schnelle Duftverbreitung an, darf der Teig nicht zu große Mengen dieses Stoffes enthalten. Verwenden Sie maximal einen Gesamtanteil von 35%, wobei 15% ein guter Ausgangspunkt für einen Allroundmix sind. Proteingehalt: etwa 88-90%, 1% Fett, 1,6% Rohasche. Der Preis liegt bei 15-23 Mark pro Kilogramm.

Lab-Kasein: Es ist in der Regel in 80 und 110 Mesh erhältlich und nicht wasserlöslich. Allerdings verbreitet es sich im Wasser aber doch ein wenig besser als Säurekasein. Labkasein schmeckt nicht sauer und ist sehr leicht verdaulich und verhältnismäßig schwer. Es macht den Boilie hart und leicht rollbar. Kasein ist einer der wichtigsten Bestandteile in einem HNV-Köder. Verwenden Sie maximal 50% in der Mixtur, 20%

sind ein guter Ausgangspunkt für einen Allroundmix. Proteingehalt: 93%. Preis: 15-25 Mark pro Kilogramm.

Natrium-Kaseinat *(Sodium Kasinate)*: Es ist sehr leicht, wasserlöslich, besitzt einen neutralen Geschmack und ist in feinem Pulver von 130-160 Mesh erhältlich. Natrium Kasinat ist aufgrund seines geringen Gewichts sowie der Konsistenz sehr gut für Pop-Ups geeignet. Durch seine hervorragenden Bindeeigenschaften kann dieser Stoff die Zutaten binden, die sich ansonsten leicht teilen (zum Beispiel Vogelfutter oder Fischmehl-Mischungen). Verwenden Sie maximal 15% in Ihrer Mixtur, 10% als Ausgangspunkt für einen Allroundteig. Proteingehalt: 90%, 0,8% Fett, 0,2% Laktose (Kohlenhydrate), 4% Rohasche, 5% Wasser. Preis: 15-25 Mark pro Kilogramm.

Calcium-Kaseinat: Es ist sehr wasserlöslich, leicht verdaulich, neutral im Geschmack, sehr leicht, einfach zu rollen und besitzt eine gute Bindefähigkeit. Insgesamt lassen sich damit sehr gut leichte HNV-Köder und Pop-Ups herstellen. Überhaupt ist Calcium-Kasinat ein sehr wichtiger Bestandteil eines guten HNV-Mixes. Verwenden Sie maximal 40%, wobei 20% einen guten Ausgangspunkt in einem Allroundmix darstellen. Proteingehalt: 90,5%, 0,8% Fett, 1,2% Lactose (Kohlenhydrate), 3,5% Rohasche, 4% Wasser. Preis: 15-25 Mark pro Kilo.

Milchpulver *(Fettarme Milch)*: Dehydrierte Milch von etwa 80 Mesh enthält, wie der Name schon sagt, außer Wasser alle Inhaltsstoffe der fettarmen Milch. Einen guten Geschmack, reichlich Gewicht, es ist komplett wasserlöslich und besitzt gute Binde- und Pop-Up-Eigenschaften. Es verbreitet sich beim Auflösen sehr schnell, was für die Lockfähigkeit des Boilies im Wassers sehr gut ist. Jedoch verringert Milchpulver die Haltbarkeit einer Mischung, sofern Sie kein Konservierungsmittel einsetzen. In zu großen Mengen zerstört Milchpulver die Roll- und Kocheigenschaften – also vorsichtig einsetzen. Verwenden Sie maximal 25% am Gesamtanteil, 15% passen gut als Ausgangswert für einen Allroundmix. Proteingehalt: 36%, Kohlenhydrate: 50%. Preis: 3-5 Mark pro Kilogramm.

Süßmilchpulver: Höherer Fettgehalt und besserer Geschmack als fettarmes Milchpulver, keine so großen Rollprobleme. Man sollte auch diesen Stoff vorsichtig verwenden, da er einen hohen Fettgehalt besitzt. Verwenden Sie zuviel davon, erhalten Sie weiße Boilies, da das Fett nach einigen Tagen des Trocknens aus dem Boilie herauszieht. Süßmilchpulver vermindert die Haltbarkeit des Boilies. Verwenden Sie maximal 30%, 20% als Basis für eine Universalmischung. Proteingehalt: 36-38%, Kohlenhydrate: 55%, Preis 4-8 Mark pro Kilo.

Lactalbumin: Das ist ein leichtes und luftiges Mehl, das ein sehr leichtes Rollen ermöglicht. Der Boilie erhält so nach dem Backen oder Kochen eine sehr glatte, schöne Oberfläche. Lactalbumin enthält wichtige lösliche Proteine und Vitamine. Streben Sie einen hohen Nährwert an, sollten Sie es zusammen mit Kasein oder *Calcium-Kaseinat* verwenden. Man erhält Lactalbumin bei uns unter den Bezeichnungen *Lacprodan* oder *Molkeprotein*. Verwenden Sie maximal 20%, wobei sich 10% als Ausgangspunkt für eine Allroundmischung anbieten. Proteingehalt: 84-88%, Fett: 2%, Kohlenhydrate: 4%, Rohasche: 2%, Wasser: 2%, Preis: 5-10 Mark pro Kilo.

Lacprodan: Proteinmischung, die hauptsächlich aus Lactalbulmin und anderen Molkeproteinen besteht. Protein: 78%, Kohlenhydrate: 4%, Fett: 7%, Rohasche: 3,5 %, Wasser: 5,5%. 15% eignen sich gut für eine universelle Mixtur, verwenden Sie maximal 25%. Lacprodan ist auch in Mischungen mit 35% und 25% Protein erhältlich. Dabei besteht der Rest hauptsächlich aus Lactose, einem leicht verdaulichen Kohlenhydrat. Kann in größeren Dosen verwendet werden, als oben aufgeführt.

Dellac: Bakteriell hydrolysiertes Milchprotein, in dem das Milchprotein in Aminosäuren aufgespalten ist. Sehr leichtes, wasserlösliches Pulver mit säuerlichem Geschmack und aromaverstärkenden Eigenschaften. Dellac eignet sich besonders, wenn man ein theoretisch perfektes Aminosäureprofil erhalten will. Eine gute Zutat für HNV-Köder. Man sollte diesen Stoff allerdings nicht mit anderen sauren Inhaltsstoffen verwenden. Er besitzt keinen Einfluß auf die Rollfähigkeit und den Pop-Up-Effekt. Damit er sich besser verteilt, sollten Naßstoffe hinzugesetzt werden. Verwenden Sie maximal 8%, 5% sind ein guter Ausgangspunkt für einen HNV-Mix. Dellac wird primär als Aminosäurezuschuß verwendet. Preis: 40-50 Mark pro Kilogramm.

Milchersatz: Enthält Proteine, Aminosäuren, Kohlenhydrate, Fett und Vitamine in einer Zusammensetzung, die für einen HNV-Köder ideal ist. Billige Ausgaben setzen häufig auf vegetarische Stoffe, wie Proteine und Sojamehl. Die teuersten Ausgaben enthalten viele Milchprodukte und besitzen einen sehr guten cremigen Geschmack. Sehr wasserlöslich. Sehr leichtes Gewicht und somit hervorragende Pop-Up-Eigenschaften. Macht die Mixtur leicht rollbar. Verwenden Sie maximal 60%, 35% als guten Ausgangspunkt für eine Allroundmixtur. Proteingehalt: 24%, Kohlenhydrate: 40%, Fett: 19%, Roh asche: 6%, Preis: 3-4 Mark pro Kilo. Ein weiterer guter Milchersatz mit einem normalerweise etwas niedrigeren Proteingehalt (15%), ist **Muttermilchersatz.**

◀ *Mads Grosell mit einem wunderbaren Schuppenkarpfen aus Italien.*

Pflanzliche Produkte:

Sojamehl: Vollfett-Sojamehl ist sehr nahrhaft, hat einen guten Lockeffekt und läßt sich leicht verwenden. Dieser Stoff kann jede Mixtur retten, die sich als schwer zu rollen erweist. Sojamehl ist sehr fein, fettig und ergibt gute Pop-Ups. Der einzige Nachteil ist der sehr strenge Geruch und Geschmack, der den Köder bei zu großzügig zugesetzten Mengen dominiert. Obwohl so ein Köder durchaus Fische anlockt, können sie ihn sehr leicht wiedererkennen. Wurde ein Fisch damit erst ein paarmal gefangen, schlägt die Attraktion dann leicht ins Gegenteil um. Verwenden Sie maximal 15%, 8% eignen sich als Basis für ein brauchbares Universalrezept. Proteingehalt: 36-45%, Kohlenhydrate: 30-35%, Fett: 20%, Preis: 3-5 Mark pro Kilogramm. Sojamehl ist auch in weniger fettigen Sorten mit einem Proteingehalt von 60-70 % erhältlich.

Soja-Isolat: Sehr leichtes und luftiges Mehl, das sehr gute Rolleigenschaften ergibt und sich gut für Pop-Ups eignet. Es besitzt einen sehr hohen Nährwert und ist daher sehr gut für HNV-Köder geeignet. Dieser Stoff enthält kein Sojamehl, weshalb es nicht so streng riecht und schmeckt wie Sojamehl. Verwenden Sie maximal 25%, 10% als guten Ausgangspunkt für eine ordentliche Allroundmischung. Proteingehalt: 90%, Preis: 10-15 Mark pro Kilo.

Pflanzliches Eiweiß: Ist eine sehr interessante Zutat mit einem sehr guten, speziellen Geschmack und einem pikanten Duft. Es hat einen geschmacksverstärkenden Effekt, ist sehr leicht, besitzt eine gute Bindefähigkeit und wirkt besonders in Kombination mit Fischmehl sehr gut. Aufgrund des kräftigen Geschmacks sollte es mit Vorsicht verwendet werden. Verwenden Sie maximal 10%, 5% als Basis für einen Allroundmix. Proteingehalt 80%, Preis 4-5 Mark für ein Kilogramm.

Maismehl: Oberbegriff für einige Sorten Mehl. Hierzu zählen zum Beispiel Maizena, Maisbreimehl und so weiter. Das beste Maismehl ist meiner Meinung nach süßes Maismehl, das unter anderem in Schweinefutter verwendet wird. Das Mehl hat etwa 80-90 Mesh, ist vollkommen gelb und schmeckt süßlich. Zudem verfügt es über ein relativ hohes Gewicht und gute Bindeeigenschaften. Setzt man der Mischung zuviel von diesem Stoff zu, kann das Fertigen von Pop-Ups schwer fallen. Es ist ein guter, nicht wasserlöslicher Füllstoff. Gutes Maismehl gibt es in jedem Supermarkt. Verwenden Sie maximal 20%, 10% sind ein guter Ausgangspunkt für eine Allroundmixtur. Proteingehalt: 10%, Kohlenhydrate: 75%, Fett: 3%. Preis: 3-4 Mark pro Kilogramm.

Maisgrieß: Das gleiche wie oben, jedoch gröber (Polenta). Achten Sie beim Kauf auf eine gute, maisgelbe Farbe sowie eine »frische« Konsistenz und einen entsprechenden Geschmack. Maisgrieß besitzt eine Korngröße von etwa 10 Mesh und ein hohes Gewicht. Dieser Stoff verleiht leichten Milchproteinen ein Skelett, so daß der Boilie zusammenhält und der Teig leicht zu rollen ist. Außerdem hilft Maisgrieß bei der Verdauung, da die groben unauflöslichen Körner sich im Magen des Karpfens vom Boilieteig trennen, was die Aufnahme der häufig gummiartigen Köder erleichtert. Verwenden Sie maximal 15% und 8% als gute Basis für eine Allroundmischung. Proteingehalt: 10%, Kohlenhydrate: 75%, Fett: 3%, Preis 3-4 Mark pro Kilo.

Reismehl: Pulverisierter Reis, der in vielen verschiedenen Meshs und Qualitäten erhältlich ist. Die beste Sorte liegt bei 80 Mesh, die es in Dänemark zum Beispiel von »Nutana« gibt. Reismehl ist sehr schwer und nicht wasserlöslich. Dadurch werden die Boilies sehr hart. Es ist in Geschmack und Geruch neutral. Auch dieses Material eignet sich gut für die Verbindung mit den sehr leichten und sehr wasserlöslichen Milchproteinen. Es fördert die Verdauung des Boilies beim Karpfen in hohem Maß. Reismehl ist unersetzlich, soll der Boilie ein Skelett erhalten. Verwenden Sie maximal 25% im Gesamtrezept, 12% bilden eine ordentliche Basis für ein Grundrezept. Proteingehalt: 10%, Kohlenhydrate: 75%, Fett: 3%. Preis: 3-4 Mark pro Kilo.

Pastamehl: »Durum«-Weizenmehl, auch »Semoilina« genannt. Hat sehr gute Koch- und Rolleigenschaften. Es ergibt einen leichten Teig, der sich einfach verarbeiten läßt. Verwenden Sie nicht zuviel von diesem Stoff, da der Boilie ansonsten gummiartig wird und dann schwer zu verdauen ist. Schlechter Zusatz für Pop-Ups. Hohes Gewicht und nicht wasserlöslich. Verwenden Sie maximal 20% und 10 % als guten Ausgangspunkt für einen Allroundmix. Proteingehalt: 10%, Kohlenhydrate: 75%, Fett: 2%. Preis: 4-5 Mark pro Kilogramm.

Weizengluten: Sehr starkes Bindemittel (Kleber), das in Verbindung mit trennenden und fettigen und groben Zutaten gut wirkt. Ergibt steinharte und steife Boilies, was sich an Gewässern mit vielen Kleinfischen auszahlt. Verwenden Sie es mit Vorsicht und maximal 10% in der Gesamtmischung, 5% sind eine brauchbare Basis für einen Universalteig. Proteingehalt: 90%. Preis: 5-8 Mark pro Kilogramm.

Weizenkeime: Fällt als Restprodukt beim Mahlen des Weizens an. Hoher Gehalt an Protein (55%) und B-Vitaminen. Sie besitzen viele Fasern und ergeben einen leichten, speziellen Geruch. Leider sind sie nicht sehr lange haltbar. Gute Sorten kosten pro Kilogramm etwa 8 Mark. Verwenden Sie in einer Trockenmixtur maximal 20-30%.

Andere gute kohlenhydrathaltige Zutaten sind: **Reis- und Maismilchsuppe** in Pulverform: (Protein 15%, Kohlenhydrate 55%, Fett 20%), verwenden Sie maximal 50-60%, **Buchweizenmehl:** maximal 5-10%, **Weizenmehl:** maximal 5%, **Erdnußmehl:** verwendet man nur frisch, da es aufgrund des Ölgehalts schnell ranzig wird, maximal 15%, frisch gemahlenes **Hanf- und Walnußmehl:** werden wie die vorigen verwendet, **Kichererbsenmehl:** proteinhaltiges Mehl, maximal 20-30%, **Kartoffelmehl:** verwenden Sie maximal 5%, **Normaler Zucker** sorgt schließlich für einen süßen Geschmack.

Tierische Produkte:

Leberpulver ist ein sehr interessantes Produkt, das die Karpfen anzieht. Es besitzt einen sehr feinen Nährwert und Geschmack. Durch sparsamen Einsatz werden die Rolleigenschaften der Mixtur nicht so stark beeinflußt. Färben Sie die Mischung braun und verwenden maximal 10% und 5% als guten Ausgangspunkt für ein Allroundrezept. Preis: 15-25 Mark pro Kilo.

Trockenhefe gibt es in vielen verschiedenen Varianten. Ein gutes Beispiel für eine gute Karpfensorte ist Bierhefe (Brewers Yeast). Ein Kilogramm kostet etwa 36 Mark. Ein weiteres, gut geeignetes Trockenhefepulver ist »Bovril«, das sich gut für Mischungen mit Pastamehl eignet. Verwenden Sie maximal 10-30%.

Weitere gute tierische Produkte für das Herstellen von Boilies sind: **Blutmehl** (85% Protein), verwenden Sie maximal 10-20%, **Fleisch- und Knochenmehl** (54% Protein), sollte fein gemahlen und nicht über 30-40% verwendet werden. **Hydrolysiertes Federmehl** ist sehr leicht und daher sehr gut für Pop-Ups oder schwebend austarierte Köder geeignet. Vor dem Gebrauch sieben. 90% Protein, verwenden Sie bis zu 40-50% des Materials in der Gesamtmasse. Schließlich kommt noch das gute, alte Eipulver, über das Sie auf Seite 61 mehr lesen können. *Mads Grosell*

Fischmehl

Wie der Name schon andeutet, besteht Fischmehl aus getrocknetem und gemahlenem Fisch, der primär als Futter für Tiere und Fische verwendet wird. Als »Rohware« verwendet man hier »Industriefisch«. Im folgenden Abschnitt erzählt **Thomas Vedel** über die verschiedenen Sorten von Fischmehl:

In manchen Ländern, so auch in Dänemark, zählt es nicht, welche Fische im Fischmehl enthalten sind. Wichtiger ist seine Produktion und die Qualität. Die englischen Karpfenangler setzten als erste Fischmehl ein, wobei sie auf eine Vielzahl unterschiedlicher Sorten zurückgreifen konnten. Für die Produktion wurden Industriefische, Beifang und Fischabfälle verwendet. Hier wird unter Dorsch, Leng-, Schellfisch-, Herings-, Anchovis-, Sprotten-, und Tobiasfischmehl sowie vielen weiteren Sorten unterschieden.

Tintenfisch-, Garnelen- und Krabbenmehl kommen ebenfalls unter dem Begriff Fischmehl auf den Markt. Es kann sowohl aus ganzen Tieren, aus den Panzern oder eben auch aus einfachem Abfall gewonnen werden. Diese Formen von Fischmehl werden unter anderem wegen ihrer roten Farbe häufig als Futterzusatz verwendet. Die wichtigste Eigenschaft des Garnelenmehls ist, daß es appetitstimulierend auf viele Fische wirkt. In der Fabrik wird das Fischmehl bei Temperaturen von 130 oder 70 Grad Celsius hergestellt. Der zuletzt genannte Typ ist klar der bessere, da die deutlich geringere Wärme keine Inhaltsstoffe, wie die Vitamine, schädigt.

Fischmehl enthält im Normalfall zwischen 60 und 80% Protein, 2 bis 12% Fett, ein wenig Kohlenhydrate samt Aminosäuren, Mineralien und Vitamine. Einige Fischmehlprodukte riechen bei Gegenwind von Hamburg bis in die Lüneburger Heide, während andere ein milderes Bouquet besitzen. Allerdings bedeutet das nicht, daß der Fisch dies genauso empfindet. Denn Fischmehl gibt auf natürliche Weise seine Duftstoffe so ab, wie es ansonsten nur Flavours schaffen. Weiter besitzt Fischmehl den Vorteil, daß es nicht so schnell »verkocht«. Die Farbe ist im Normalfalle dunkelgrau, was den fertigen Boilie sehr prägt. Es gibt allerdings auch ziemlich helle Fischmehlsorten, wie den Fischmehlbinder »Sea Pro Aqua«. Das Mehl bindet sehr gut und bringt eine absolut brauchbare Zusammensetzung von Nährstoffen sowie ein ordentliches Aroma mit. Es ist ein gutes Beispiel für ein modernes Fischmehl, das selbst in geringen Dosen noch sehr attraktive Stimuli aussendet.

Möchten Sie beurteilen, ob sich eine Sorte zum Fischen eignet, müssen Sie neben dem Geruch auf eine hohe Wasserlöslichkeit und gute Bindeeigenschaften achten. Etwas besonderes sind die Produkte, die sowohl appetitweckend wirken als auch den Nährstoffbedarf des Fisches decken. Abhängig davon, ob sie nun für Karpfen oder Raubfische berechnet sind, enthalten sie im allgemeinen 35 bis 55 Prozent Eiweiß.

Wenn Sie einen zumindest theoretisch perfekten HNV-Köder erhalten wollen, sollte sein Aminosäureprofil dicht am Bedarf des Fisches liegen. Und das erreichen Sie wiederum mit Fischmehl – im Grunde wäre Karpfenmehl dafür das beste. Der Fettgehalt liegt dabei typischerweise bei fünf bis zehn Prozent. Zudem reichern die Hersteller das Fischmehl häufig mit Vitaminen und Mineralien an, um die Gesundheit und das Wachstum des Fisches zu optimieren. Der Fettgehalt sollte im übrigen primär aus Fischölen mit so vielen gesättigten Fettsäuren wie möglich bestehen. Innerhalb der Fischmehlindustrie beschreibt übrigens der Begriff »Futterquotient« die Verdaulichkeit des Futters. Die besten Produkte haben einen Quotienten unter eins. *Thomas Vedel*

Fischmehl in Boilies

Jetzt möchte ich von der Theorie zur Praxis überleiten. Schließlich muß auch das beste Fischmehl so eingesetzt werden, daß der damit angereicherte Teig leicht zu rollen ist und schließlich seine Fische an den Haken lockt. Im folgenden Text erzählt **Mads Grosell** über das Zusammensetzen einer fängigen Fischmehlmischung:

Genau wie alle anderen Zutaten besitzt auch Fischmehl in bezug auf Rollfähigkeit, Koch- und Backeigenschaften seinen ganz eigenen Charakter. Sie können für die fertige Mixtur gleichermaßen Vor- und Nachteile ergeben. Das Fischmehl ist normalerweise eine verhältnismäßig schwere Zutat, die aufgrund ihres großen Ölgehalts unter Umständen problematisch zu rollen und zu binden ist. Entsprechend schwer lassen sich damit Pop-Ups herstellen.

Insgesamt sollten gute Binder und leichte Inhaltsstoffe die etwas störenden Eigenheiten des Fischmehls ausgleichen. Gute Zutaten können dabei unter anderem Calcium-Kasinat oder gerfriergetrocknetes Fischöl sein, wobei letzteres zu guten Pop-Up- und Rolleigenschaften beiträgt. Verwenden Sie maximal 20 Prozent. Da Fischmehl etwas zu schwer ist, empfehlen sich »Strukturzutaten« wie Reismehl oder Maisgrieß. Sie helfen bei der Zersetzung und tragen somit zu einer besseren Verdauung bei.

Da sich die meisten Fischmehle wie beschrieben verhalten, sollten sie nie einen Gesamtanteil der Mischung von 35 Prozent überschreiten. Eine Mischung mit 20% reinem Fischmehl, 5 bis 10% gefriergetrocknetem Fischöl, 10 bis 15% Calcium- oder Natrium-Kasinat, 10% Maisgrieß und 10% Reismehl sind ein guter Ausgangspunkt für einen fängigen Angelmix. Abhängig von den Verhältnissen kann man innerhalb der übrigen 35 bis 45% mit Kombizutaten experimentieren. Dazu zählen unter anderem Kälber(trocken)milch, Sojamehl oder Semolina. Möchten Sie Ihren Boilies eine bestimmte Farbe verleihen, müssen Sie beachten, daß alle Fischmehlmixes die Köder dunkler färben. Eine große Anzahl der Fischmehlsorten setzt zusätzlich die Haltbarkeit des Köders herunter. *Mads Grosell*

Vogelfutter

In den letzten Jahren wuchs der Bekanntheitsgrad von Vogelfutter (Birdfood) unter den Karpfenanglern zusehends – und das mit gutem Grund. Auf den folgenden Seiten erzählt **Kenth Esbensen** von den verschiedenen Birdfood-Zutaten und wie man die besten Mischungen herstellt:

Vogelfutter ist nicht nur als Grundnahrung, sondern oft genauso als Nahrungsergänzung sowie häufig als Kraft- oder Aufzuchtfutter gedacht. Damit erhalten Jungvögel sämtliche benötigten Nährstoffe sowie einen Schub an schnell verfügbarer Energie. Aus diesen Gründen erwiesen sich viele Sorten gleichzeitig als sehr effektive Zutaten in Boiliemischungen. Die Produkte verleihen aufgrund ihrer in der Regel etwas groben und porösen Struktur den Ködern zudem eine andere Struktur, als wenn man feinere Zusätze verwenden würde. Ein poröserer Boilie besitzt eine größere Oberfläche, welche Attraktoren leichter ins Wasser abgibt und somit die Fische anlockt. Das Resultat ist ein sehr schnell wirkender Köder. Bei einer normalen Dosierung von 20 bis 30 Prozent Vogelfutter in einer Mixtur, läßt sich die Mischung außerdem sehr leicht verarbeiten. Allerdings trocknen viele Vogelfutter-Sorten wie Fischmehl schnell aus oder »legen« sich während der Arbeit, so daß Sie den Teig unmöglich ausrollen können. Das läßt sich am leichtesten dadurch vermeiden, indem Sie den noch klebrigen und sehr weichen Teig etwas »gehen« lassen, bevor Sie ihn bis zur richtigen Konsistenz kneten.

Allgemein ist Vogelfutter ziemlich schwer. Das macht es im Prinzip unmöglich, die Boilies in der Mikrowelle oder im Backofen zu Pop-Ups aufzubacken. Nehmen Sie in diesem Fall besser Korkkugeln oder Schaumstoff zu Hilfe. Alternativ können Sie einfach eine leichtere Mixtur verwenden, die das Vogelfutter ein wenig auflockert.

In der Praxis ist es je nach Zielsetzung von Nutzen, die Produkte in **süße**, auf Eibrot basierende sowie in **gewürzte** Sorten, die häufig einen durchdringenden Geruch besitzen und dunkelfarbig sind, einzuteilen. Diese Gruppen besitzen bedeutende, gemeinsame Züge sowie ihre besonderen Merkmale.

Zur ersten Gruppe zählen alle Arten von gelbem Vogelfutter, die für samenfressende Vögel gedacht sind. Sie basieren normalerweise auf einer oder mehreren Sorten Eibrot, die zusätzlich diverse vegetarische und animalische Produkte enthalten. Tatsächlich sind diese Zusätze häufig die Inhaltsstoffe, die sich genauso in den klassischen Boiliemixturen finden. In der Regel werden verschiedene nährstoffreiche und ölhaltige Pflanzensamen sowie unter anderem Honig zugesetzt. Duft und der Geschmack sind häufig voll, süßlich und in einer gewissen Art und Weise sehr aromatisch – nicht selten erinnert das Futter an einen wohlriechenden Kuchen.

Vogelfutter-Zutaten

Eine **Nektarmischung** wird in vielen der im Handel erhältlichen Fertigmixturen verwendet. Mit seinem süßen Kuchenduft und der einzigartigen Korngröße ist das ein fantastischer Inhaltsstoff, den man in der Regel bis zu 15 Prozent in einer Mixtur verwendet. Er verleiht dem Boilie eine gute, offene Struktur. Am liebsten mische ich ihn mit dem etwas feiner vorgemahlenen **Orlux Aufzuchtfutter.** Diese Sorte ist in der Konsistenz etwas fettiger und basiert auf geriebenem Kuchen. Gemischt ergänzen sich die zwei Sorten perfekt und eignen sich hervorragend für eine gelbe Mischung. Im großen und ganzen gesehen erweist sich das Orlux-Aufzuchtfutter in jeder Birdfoodmixtur als optimale Ergänzung, da es das Aroma sehr fein abrundet. Aufgrund seiner feinen Konsistenz läßt sich die Mixtur zusätzlich auch noch leichter verarbeiten.

Sluis Expert Kompleet Eivoer ist aufgrund der feinen Konsistenz ebenfalls eine sehr gute Basiszutat. Es ist zwar nicht annähernd so aromatisch, wie die zuvor genannte Sorte, enthält dafür aber Aminosäuren, Methionin und Lysin, die bewiesenermaßen auch sehr anziehend auf Karpfen wirken.

Orlux Kleurvoer ist ein gefärbtes Futter, das im wesentlichen auf Ei basiert. Etwa die Hälfte der groben, porösen Körner sind kräftig rot gefärbt. Weiter beinhaltet es einen großen Teil an nährstoffreichen Samen. Dies verleiht dem fertigen Boilie ein etwas gesprenkeltes Aussehen. Ich konnte mit diesem Produkt viele gute Erfahrungen sammeln und verwende es jetzt regelmäßig.

Red Factor entspricht dem vorhergehenden ein wenig. Es ist ein Klassiker der englischen Fischerei und im Angelfachhandel erhältlich. Ich persönlich habe es noch nicht sehr häufig verwendet.

Witte Molen Eiover Colorante ist ein kräftiges, rotes Eiprodukt. Die Körner sind ziemlich groß und verleihen dem Boilie eine fantastisch poröse Struktur. Es beinhaltet auch eine große Anzahl an ölhaltigen Samen, die bestimmt auch zum Erfolg dieser Mixtur beitragen. Insgesamt ist das Futter ein tolles Produkt für Boiliemixturen.

Imex Kraft- und Aufzuchtfutter ist das grobkörnigste auf Ei basierende Futter, das ich bis heute finden konnte. Es enthält eine Reihe ölhaltiger Samen in einer Basis aus zwei verschiedenen Typen Eifutter. Es hat einen sehr interessanten, kuchenartigen Geschmack und riecht gleichzeitig nach Kräutern. Ich mische es normalerweise mit ein wenig Orlux-Aufzuchtfutter, man kann es aber auch ganz alleine hervorragend rollen. Die groben Körner ergeben eine fantastisch offene und daher sehr schnell wirkende Struktur des Boilies.

Vitakraft Kanariengold S ist gegenüber den oben genannten Futtersorten deutlich brauner. Dies liegt wohl daran, daß der Hersteller zugunsten von Inhaltsstoffen wie Trockenhefe, Algenmehl, Fleischmehl und einer langen Reihe von anderen Zutaten zum größten Teil auf Eibrot verzichtete. Ich habe diesen Zusatz über ein Jahr mit sehr guten Erfolgen getestet. Das Aroma ist leicht würzig. Man erhält mit diesem Stoff einen widerstandsfähigen aber trotzdem offenen und schnell wirkenden Boilie.

Zu der Gruppe der gewürzten Zutaten zählt auch das legendäre Robin Red, das in sämtlichen roten Fertigmischungen enthalten ist. Die Gruppe beinhaltet auch die verschiedenen Arten von Universalfutter und bestimmte Mischungen für Vögel, die Insekten fressen. **Robin Red** ist für seine außergewöhnlich kräftige Farbe bekannt. Es enthält verschiedene Sorten von rotem Pfeffer, Paprika, Chili, spanischer Pfeffer, Cayennepfeffer u.ä. Das Aroma ist sehr aufdringlich. Obwohl dieser Stoff ein Klassiker ist muß ich zugeben, daß ich ihn in den letzten Jahren nicht sehr häufig benutzt habe, da ich andere Sorten ausprobierte. Verwenden Sie ihn primär mit würzigem Aroma – oder ganz ohne.

Bogena Universalfutter ist die einzige der vielen würzigen Mixturen auf dem Markt, die ich noch immer verwende. Denn sie ist bedeutend feiner als alle anderen erhältlichen, die man vor Gebrauch häufig erst mischen muß. Sie enthält verschiedenste Rohstoffe wie ölhaltige Nüsse, eine Menge getrockneter Insekten und eine Reihe von vielen anderen tierischen und pflanzlichen Produkten. Ich bevorzuge es, aufgrund des relativ würzigen Aromas diesen Stoff nur schwach zu dosieren (10 Prozent). In der Regel kombiniere ich ihn mit Orlux-Aufzuchtfutter.

Als ich in einer bestimmten Periode eine große Anzahl verschiedene Vogelfutter ausprobieren wollte, mußte ich vor dem Test eine Grundsubstanz finden, der ich die Stoffe zum Testen zusetzen konnte. Das Ergebnis war eine einfache Mixtur, denen ich die verschiedenen Sorten Birdfood zu gleichen Mengen zugab. Es zeigte sich, daß eine Mischung aus Kälbermilchpulver, Pastamehl und Vogelfutter in allen Fällen einen Teig ergab, der mit allen Produkten sehr fängig und leicht zu rollen war und gleichzeitig schöne runde Boilies mit optimaler Konsistenz ergab. Schwieriger muß es also nicht sein. Seitdem mische ich die verschiedenen Birdfoods ein wenig – sowohl mit dem gleichen Basisrezept als auch in anderen Kombinationen wie mit Kasein, Kaseinat, Molke- und Sojaprotein, Mais- und Fischmehl. *Kenth Esbensen*

Flüssigkeitsmixturen

Unabhängig von der Methode der Boilieherstellung darf ein flüssiger Stoff keinesfalls fehlen, wobei Ei wohl am häufigsten verwendet wird. Zum einen gibt es dem Teig eine gute Konsistenz, die ihn leicht rollbar macht. Und zum anderen enthält es eine lange Reihe an Nährstoffen. Zusätzlich besitzt es einen fettspaltenden Effekt, der den Köder leicht verdaulich macht.

Gehen Sie auf längere Angeltrips oder fahren ins Ausland, führen Eier jedoch zu Problemen. Denn der Köder wird damit recht schwer und verdirbt recht schnell. Unter normalen Gegebenheiten bevorzuge ich Ei trotzdem mit weitem Abstand. Als Ersatzstoff können Sie jedoch Eipulver oder Ei-Albumin verwenden. Diese Trockensubstanzen besitzen extrem gute Bindeeigenschaften und verleihen den Ködern eine harte und steife Oberfläche. Beide können entweder in Wasser aufgelöst oder direkt einer Trockenmixtur zugesetzt werden, so daß man für den Teig nur noch Wasser zugeben muß. Abhängig von der Zusammensetzung der Trockenmischung mische ich die beiden Ei-Ersatzstoffe in folgendem Verhältnis 1:2-4 (Eipulver:Wasser) und 1:7-10 (Albumin:Wasser). Der Vorteil der Trockensubstanzen liegt darin, daß man seine Basismixtur nicht verändern muß – auch wenn in manchen Fällen die Möglichkeit besteht, Eier als Flüssigkeit zu verwenden. Enthält die Trockenmischung moderate Mengen an Molkeproteinen, wie »Lac Prodanoder SBS Gel-Pro«, genügt eine dünnere Mischung, da sie bis zu einem gewissen Grad den selben Effekt ergeben. Die zuletzt genannte Substanz kann auch direkt im Wasser als Flüssigkeitsmixtur (zum Beispiel im Verhältnis 1:4-5) aufgelöst werden. Sind in der Trockenmischung bereits große Mengen an Molkeprotein enthalten (20 bis 30 Prozent oder darüber), kann es bei manchen Mixturen ausreichen, zum Rollen nur Wasser als Flüssigkeit zu verwenden. Setzen Sie Albumin oder Eipulver direkt in der Trockenmixtur ein, liegt die richtige Menge bei 5 und 10 Prozent.

Ob Sie nun frische Eier, Wasser kombiniert mit Eipulver oder reines Wasser als Basis für die Flüssigmixtur verwenden, sollten Sie ihr am besten direkt Geschmacksstoffe, Sweeteners und auftreibende Farbstoffe zusetzen, da sich auf diese Art alles besser im Teig verteilt. Vorzugsweise setze ich den Farbstoff der fertigen Flüssigmischung zu, da ich so am besten die fertige Farbe beurteilen kann. Enthält die Mischung dann alle gewünschten Substanzen, verrühren Sie alles gründlich mit einer Gabel oder einem Schneebesen, bis sich die Zutaten gleichmäßig in der Mixtur verteilt haben. Ein wenig Speiseöl ist von großem Nutzen, wenn Sie das Rollen der späteren Mischung erleichtern wollen.

Konservierungsmittel
Können Sie auf etwas längeren Touren die Köder nicht in einer Tiefkühltruhe aufbewahren, sollten Sie ihnen Konservierungsmittel beimischen. Auf diese Weise verhindern Sie, daß die Mixturen zu schnell verderben. Dabei werden für Boilies meist Atamon und Kalium-Sorbat eingesetzt. Atamon verhindert Schimmelbildung und ist in jedem Supermarkt in auftreibender Form erhältlich. Eine passende Dosierung ist 2 bis 5 Milliliter pro Kilogramm. Kalium-Sorbat hindert die Bakterien am Zersetzen des Köders und wird normalerweise mit einem halben Teelöffel auf ein Kilogramm dosiert. Kalium-Sorbat entfaltet seine Wirkung am besten bei einem PH-Wert unter 5, weshalb man pro Kilogramm 0,5 Gramm Ascorbinsäure zusetzen sollte. Das selbe gilt für das Konservierungsmittel Natrium-Benzoat, das man in jeder Apotheke erhält. In dieser Dosierung verlängern diese Konservierungsmittel die Haltbarkeit des Köders allerdings nur um 2-3 Wochen. Eine größere Haltbarkeit können Sie durch größere Mengen erreichen, wobei Sie den Geschmack negativ beeinträchtigen können. Deshalb lasse ich mich darauf lieber nicht ein. Die Konservierungsmittel sind im übrigen auch von verschiedenen Köderherstellern erhältlich wie »Preservabait« von Nutrabaits. Alternativ können Sie die Boilies an der Luft trocknen, was ihnen ebenfalls eine längere Haltbarkeit verleiht (siehe Seite 68).

Aroma, Geschmacksverstärker und andere Zusatzstoffe

Die Auswahl an Geschmacksstoffen für die Herstellung von Teig und Boilies ist enorm. Eine maximale Attraktion erreichen Sie unter normalen Umständen durch das Beimischen eines »Flavours«. Das ist ein aufgelöster Geschmacksstoff samt Geschmacksverstärker und Appetitstimulatoren. Auf den folgenden Seiten beschreibt **Niels G. Jörgensen** seine besten Tips für den Einsatz von Flavours:

Die meisten Flavours bestehen aus einer Basislösung, welche die aromatischen Stoffe auflöst. Die chemische Zusammensetzung der Grundlage besitzt eine große Bedeutung für die Verbreitung des Flavours im Wasser. Am häufigsten verwendet werden Ethanol (Ethylalkohol, EA), Isopropylalkohol, Propylenglycol und die Essigsäureverbindungen Diazetin und Triazetin samt Glycerol. Die optimale Auflösung von Flavours wird von der Angelsituation und Fak-

Aus dem Traum eines Karpfenanglers...

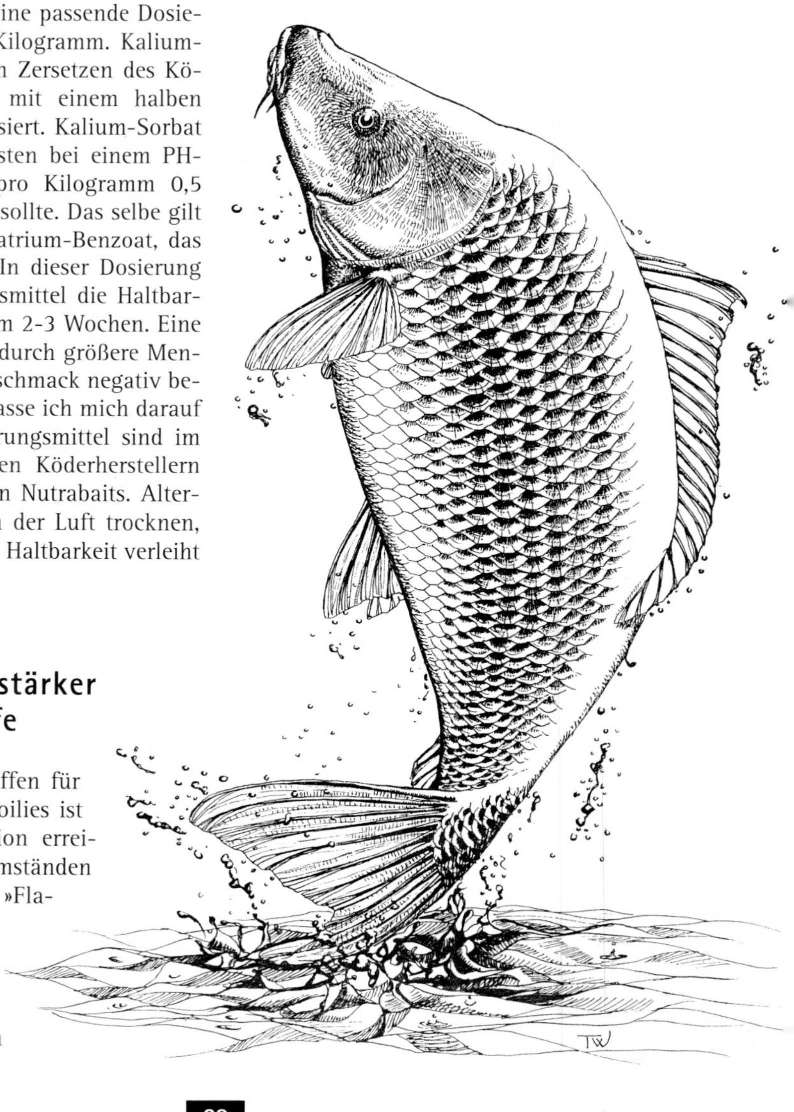

toren wie Temperatur und Strömung bestimmt.

Auf einer kurzen Tour sollten Sie immer auf eine schnelle und effektive Duftverbreitung setzen. Das gleiche gilt in kaltem Wasser, in dem die Fische sehr träge sind, sowie in Gewässern, in denen über dem Boden sehr wenig Wasserbewegung herrscht. In diesen Fällen haben die wasserlöslichsten Basen, wie EA und Isopropyl-Alkohol, die effektivste Wirkung, wenn es um das Verbreiten der Geschmacksstoffe geht. Die auf Alkohol basierenden Auflösungssubstanzen haben in kalten Wasser den besten Effekt, da sie im Gegensatz zu vielen anderen Basen selten »zusammenschmelzen« und damit eine schnelle Verbreitung der Stoffe verhindern.

Die relativ schwer löslichen Basen eignen sich am besten für das Angeln in relativ warmem Wasser oder an Plätzen mit starker Wasserbewegung. In warmem Wasser sind die Fische typischerweise mobiler, weshalb die Duftverbreitungs-Eigenschaften des Köders nicht ganz so wichtig sind. Erfolgt ein großer Wasserwechsel in Form von Turbulenzen, Unterströmungen oder regulären Strömungen, trägt er zum Verteilen der Düfte bei. Die Wasserlöslichkeit und somit das Verbreiten der Inhaltsstoffe besitzt auch für den Lockeffekt des Boilies über einen längeren Zeitraum eine große Bedeutung. Füttert man vielleicht über einen längeren Zeitraum solche Gewässer an, in denen die Karpfen möglicherweise erst nach Tagen eine Futterstelle passieren, ist ein Boilie mit langsamer Duftabgabe von großem Vorteil. Verwendet Sie statt dessen zu schnell »leckende« Boilies, »brennen« die Köder sozusagen vorzeitig aus.

Häufig ist es das beste, die verschiedenen Vorteile der unterschiedlichen Auflösungsmittel in einem Köder zu kombinieren. Er neigt zwar zu einer schnellen Duftverbreitung, enthält jedoch gleichzeitig einige schwer und langsam lösliche Aroma- und Geschmacksstoffe. Dadurch liegt über einen längeren Zeitraum im und um den Boilie noch ein gewisser Duft. Mischt man unter anderem Ethanol und Propylen-Glycol, wird das Ethanol schnell aus dem Köder herausgesiebt, während das Propylen-Glycol den Köder noch lange umgibt. Dadurch entsteht die perfekte Duft- und Geschmacksspur.

Wissen Sie nicht sicher, wie verschiedene Aroma- und Zusatzstoffe bezüglich der Verbreitung wirken, geben Sie einfach einen Teelöffel der Substanz in ein mit Wasser gefülltes Glas und beobachten, wie es sich auflöst. Leicht lösliche Flavours, wie Alkoholbasen, werden sich blitzartig im Wasser verbreiten. Diazetin, Triazetin, Propylen-Glycol und in manchen Fällen auch Glycerol verteilen sich sehr langsam und sinken im gleichen Tempo ab. Öl legt sich perlengleich auf die Oberfläche und Pulverstoffe, die sich schnell auflösen, werden blitzartig flimmernd im Wasser verschwinden. Im Gegensatz dazu werden schwer lösliche Stoffe lange Zeit liegen, ohne daß man auch nur das kleinste Anzeichen eines Auflösens bemerkt.

Einem Anfänger kann es sehr schwer fallen, sich zwischen den unglaublich vielen Flavours auf dem Markt zu entscheiden. Allerdings bestanden ein paar Sorten bereits über längere Zeit ihre Reifeprüfung und wirken so gut wie immer. Zu den fängigen Flavours zählen folgende Sorte, wobei sich die Dosierungsangaben jeweils auf ein Ei der Größe 2 beziehen: Chocolate Malt 1,5 ml (Nash oder Hutchinson), Scopex 1 ml (Nash oder Hutchinson), Maplecream 1,5 ml (Hutchinson) sowie Flodebanan (»Schaumbanane«) 2 ml (Danish Delight). Die genannten Dosierungsvorschläge sind für Standardmixturen mit einer relativ dichten Struktur und somit einer langsamen Geschmacksverbreitung ausgelegt. Die Dosierung sollte höher ausfallen, wenn grobe oder wasserlösliche Mischungen sehr schnell den Duft abgeben. Dies können zum Beispiel Vogelfutter-Mixturen oder Mischungen mit einem großen Anteil an leicht löslichen Milchproteinen sein. Das gleiche gilt, wenn man in Gewässern fischt, die eine starke Strömung oder turbulentes Wasser besitzen, in dem der Flavour schnell ausgewaschen wird.

Probieren Sie immer den fertigen Teig. Sind die Flavours, die Geschmacksverstärker oder andere Zusatzstoffe überdosiert, führen sie üblicherweise zu einem bitteren, faden oder auf irgendeine Weise unnatürlichen und ungewöhnlichen Geschmack. In diesen Fällen können Sie nichts anderes tun, als die Dosierung so lange herabzusetzen, bis der Geschmack stimmt.

Geschmacksverstärker und andere Zusatzstoffe

Geschmacksverstärker (»enhancers«), werden dem Köder beigemischt, um den Geschmack zu verstärken oder zu unterstreichen. Der wohl bekannteste Pulvergeschmacksverstärker ist ohne Zweifel Mononatrium-Glutamat (Englisch: Monosodium Glutaminat, abgekürzt MSG), das in Fachkreisen einfach das dritte Gewürz genannt wird. Die Substanz hebt die verschiedenen Geschmacksnuancen in der Mixtur hervor und stimuliert gleichzeitig den Appetit. Das dritte Gewürz wird in großen Mengen als Zusatzstoff unter anderem für Erdnüsse verwendet. Man kann das Produkt in seiner reinen Form bei einer Dosierung von 0,5 Teelöffeln auf vier Eier der Größe 2 verwenden. In der Praxis überlappen die Geschmacksverstärker und die sogenannten »Appetite

Stimulators« stark. Das liegt unter anderem daran, daß die meisten Appetite Stimulators MSG enthalten. Weitere, häufig verwendete Enhancers sind Nucleotide und verwandte Stoffe. Da sie konzentrierter sind als MSG, werden ihnen häufig noch andere Stoffe zugesetzt. Das erleichtert die Dosierung. Die Wirkungen von Geschmacksverstärkern hängen in hohem Grad von der kompletten Mischung ab (einschließlich Flüssigkeit, Flavours, Sense Appeals und anderem). Deshalb läßt sich schwer voraussagen, welchen geschmacklichen Effekt man durch einen Enhancer/ Stimulator erzielt. Ein ganz bestimmter Stimulator wird möglicherweise ganz verschiedene Effekte erzielen, abhängig von Grundmischung und Flavour. Dementsprechend können die eigenen Geschmackssinne den Effekt dieser Zusatzstoffe sehr leicht verschleiern.

Welcher Teil eines gesammelten Geschmackseindrucks ist für was verantwortlich? In ganz bestimmten Zutatenkombinationen werden bestimmte Stoffe dominieren, während sie sich in anderen Mixturen neutral verhalten. In der Praxis ist es das beste, wenn man einfach ausprobiert, bis Dosierungen und Geschmackskombinationen feststehen, die Fische fangen. Ob es nun am einen oder am anderen liegt ist egal und im übrigen sehr schwer zu beweisen! Pulverstimulatoren, bei deren Wahl man garantiert keinen Fehler macht, sind zum Beispiel Hutchinson's »Appetite Stimulator« und Nash's »Powdered Palatants«. Man erhält diese Substanzen in Versionen, die optimal in Verbindung mit verschiedenen Geschmacksnuancen, wie »Sweet«, »Fruit«, »Spice«, »Meat«, »Fish« und so weiter wirken. Man kann sie mit allen Flavours und eventuell auch Ölen kombinieren, indem man einfach zirka einen Teelöffel auf vier Eier der Größe 2 beimischt.

»Sense Appeals« wirken primär als Stimulatoren, bergen jedoch im übrigen auch einen gewissen Geschmack in sich. In der Regel sind sie in flüssiger Form erhältlich wobei 0,25 bis 5 ml auf ein Ei der Größe 2 kommen. Die meisten Sense Appeals haben einen großen Anteil an Aminosäuren, was auf die meisten Fische sehr verführerisch wirkt (siehe Seite 71). Gute Beispiele sind Nash's »Carpmino« und Hutchinson's »Regular Sense Appeal«. Man kann sie für alle Flavours verwenden, da sie in Duft und Geschmack sehr neutral sind. »Regular« wird mit 1,5 bis 2 ml und »Carpmino« mit 3 bis 5 ml dosiert, jeweils auf ein Ei der Größe 2.

Die letzte Gruppe von Zusatzstoffen bilden die verschiedenen wohlschmeckenden Ölkonzentrate, die durch eine Kombination von Geschmack; Flavour und Sense Appeals wirken Ein gutes Beispiel hierfür sind Nash's »Supasense Oil Palantants«. Eine gute Wirkung ergibt sich in Kombination mit Flavours und Stimulatoren, die vom Geschmack her dicht an dem des Öls liegen. Verwenden Sie leicht lösliche Flavours, ergeben Geschmacksstoffe auf Ölbasis einen gut abgerundeten Geschmack. Er bleibt lange im Boilie, wenn der Köder bereits seinen Duft abgibt. Ölpalatants dosiert man typischerweise mit fünf bis zehn Milliliter pro vier Eier der Größe 2.

Essentielle Öle können sehr gute Inhaltsstoffe sein, wenn Sie dem Köder einen extra pikanten Pfiff verleihen wollen. Achten Sie auf die Dosierung, da diese Form des Öls sehr konzentriert ist. Nur ein paar Tropfen zuviel können den Köder total ruinieren. Verwenden Sie eine Pipette oder ähnliches, um die Menge abzumessen. Man muß genau wissen, wie viele Tropfen der Flüssigkeitsmixtur zugesetzt werden. Unabhängig von den der Mischung zugesetzten Geschmacks- und Duftstoffen, müssen sie genau abgemessen sein. Dies kann mit einem Löffelmaß, einer Injektionsspritze oder anderem geschehen. Schreiben Sie Ihre getesteten Dosierungen auf, damit Sie aus Ihren teuer erkauften Erfahrungen lernen können. *Niels G. Jörgensen*

Farben

Inwieweit die Farbe des Boilies eine Bedeutung besitzt, ist eine weit diskutierte Frage. Ich persönlich glaube, daß sie in manchen Situationen ausschlaggebend dafür sein kann, ob man einen Fisch fängt oder nicht. Tatsächlich verfügen Cypriniden über einen gut entwickelten Farbsinn, weshalb die visuelle Attraktion in vielen Fällen genau so wichtig und ausschlaggebend sein kann, wie die Wahl des richtigen Flavours. Damit meine ich nicht, daß kleine Nuancen große Auswirkungen haben. Vielmehr kann die Farbe insbesondere im Verhältnis zum Grund eine große Bedeutung besitzen. Oft werden Köder, die farblich im Kontrast zum Boden stehen, die Fische dazu verleiten, mit dem Fressen zu beginnen. Gute Kontrastfarben sind gelb, orange und weiß über dunklem Schlammgrund oder rot, blau, braun und schwarz auf hellem Sandgrund. Obwohl das Kontrastprinzip mit und ohne Anfüttern wirkt, bringt es häufig gerade ohne Anfüttern gute Fänge. Dabei ist es häufig der besondere visuelle Effekt, der zufällig passierende Fische zum Biß auf den Köder verleitet. Dieselbe Wirkung erreichen Sie mit unterschiedlich gefärbten Haken- und Futterködern. Inwieweit das Kontrastprinzip wirkt, hängt teils von örtlichen Faktoren und teils vom Befischungsdruck ab.

Bringen die Karpfen kontrastreiche Haken- und Futterköder mit Gefahr in Verbindung, ist es besser, genau auf das Gegenteil zu setzen. Das heißt, Haken- und Anfütterungsköder sollen sich weder vom Boden noch voneinander unterscheiden. Damit will ich nicht sagen, daß diese Taktik nur in stark befischten Gewässern wirkt, denn die Fische können sich selbst in vollkommen jungfräulichen Gewässern gegenüber Kontrastködern als scheu erweisen.

Abgesehen von ihrem direkten Einfluß auf die unmittelbare Attraktion, kann die Farbe auch eine Bedeutung haben, wenn sich Ihr Köder von dem der übrigen Angler unterscheiden und der Fisch ihn wiedererkennen soll.

Farbstoffe gibt es als Pulver und als Flüssigkeit. Ob man nun das eine oder das andere bevorzugt, ist meiner Meinung nach nicht so wichtig – nur das Ergebnis zählt. Wie bereits erwähnt, eignet sich Pulverfarbe gleichermaßen für Trocken- und Flüssigmixturen. Dabei sollte flüssige Farbe selbstverständlich nur Flüssigmixturen beigemischt werden. Tasten Sie sich mit den Dosierungen langsam vor. Ein guter Ausgangspunkt sind im Normalfall zwei Teelöffel trockener oder etwa zehn Milliliter flüssiger Farbe auf ein Kilogramm.

Herstellen von Boilies

Der Teig

Wenn sowohl Trocken- als auch Flüssigmixturen fertig bereitstehen, kann der Teig gemischt werden. Die leichteste und beste Methode ist es, die Trockenmischung der Flüssigmixtur nach und nach unter Rühren mit einer Gabel oder einer Rührmaschine hinzuzufügen. Wenn der Teig dann von der Konsistenz her so klebrig und fest wird, daß man ihn kaum noch rühren kann, kneten Sie ihn per Hand weiter, während Sie weiteres Trockenmaterial zuführen. Ist der Teig geschmeidig und geht gleichzeitig noch ein wenig, ist er klar zum Ausrollen. Danach setzen Sie ihm solange die restliche Menge Trockensubstanz zu, bis der Teig die perfekte Konsistenz besitzt. Auf diese Weise vermeidet man am besten, daß der Teig zu hart und steif zum Rollen wird.

Wenn der Teig dann fertig ist, legen Sie ihn in eine Plastiktüte oder ähnliches. Dadurch kann er während dem Ausrollen nicht zu steif werden. Wenn Sie die Kugeln von Hand rollen möchten, nehmen Sie kleine Portionen des Teigs und formen sie auf dem Tisch zu kleinen gleich großen Würstchen. Ihre Stärke sollte in etwa dem Durchmesser der gewünschten Boilies entsprechen. Legen Sie dann drei bis fünf Stränge parallel zueinander und schneiden Sie mit einem großen Metzgermesser in gleich große Stücke. Und wenn die Teigstücke quadratisch sind, lassen sie sich am leichtesten zu Boilies formen. Zum Schluß rollen Sie die späteren Boilies in Ihrer Handfläche zu kleinen Kugeln. Möchten Sie Zeit sparen, können Sie mit etwas Übung auch zwei Boilies auf einmal in Ihren Händen formen. Plazieren Sie dazu einen der Boilies zwischen Ihren Fingern, während Sie den anderen zwischen Ihren Handflächen formen.

Wenn Sie viele Boilies rollen müssen oder vollkommen runde Köder wünschen, verwenden Sie am besten einen der verschiedenen Rolltisch-Modelle (»Boilie makers« oder »Boilie rollers«) sowie »Sausage Guns« oder Köderpistolen, die wie die Fugenspritzen aus dem Baumarkt funktionieren. Streichen sie einfach eine passende Menge Teig in den Zylinder der Pistole, worauf der Druck auf den Handgriff das gewünschte Würstchen aus der »Mündung« preßt. Verschieden starke Spitzen ermöglichen dabei unterschiedliche Durchmesser. Beim Herstellen größerer Mengen können Sie allerdings dadurch einen lahmen Boilie-Arm bekommen! Ein Rolltisch besteht schlicht aus zwei Platten mit U-förmigen Längsmulden. Die Höhe der Mulden entspricht der halben Höhe der Würstchen beziehungsweise gewünschten Boilies. Köderpistolen und Rolltische sorgen dafür, daß die Würstchen auf ihrer gesamten Länge die gleiche Stärke besitzen und sämtliche damit produzierten Boilies den gleichen Durchmesser haben. Das erleichtert das zielgenaue Anfüttern. Das ist besonders beim Einsatz eines Wurfrohrs wichtig. Denn asymmetrische Boilies fliegen in unkontrollierbare Richtungen. Beim Wurfrohr wird dies schon beim Verlassen des Rohrs der Fall sein (wenn der Boilie denn wirklich so weit kommen sollte). Mit der Schleuder geschieht es erst ein Stückchen über dem Wasser.

Die Köder entstehen schließlich auf folgende Weise: 1) Pressen sie mit der Köderspritze zwei Würstchen quer über das Unterteil des Rolltischs, sodaß Sie es gewissermaßen in drei Flächen teilen. 2) Die überstehenden Kanten des Oberteils schneiden die Enden der Ködermasse präzise ab. 3) Die Boilies werden durch das Pressen des Oberteils auf den Bodenteil gerollt. Bewegen Sie die Abdeckung vor und zurück – in kürzester Zeit entstehen aus den Teigsträngen perfekte Kugeln.

Den Fischen ist es jedoch vollkommen egal, ob die Boilies nun perfekt rund sind oder nicht. Fischt man dicht unter Land oder fährt die Köder hinaus, erweisen sich alternativ geformte Boilies für die Fische häufig als weniger verdächtig. Das liegt zum einen daran, daß die Köder anders aussehen, als die sonst üblichen, außerdem fühlen sie sich im Maul anders an. Fischt man über weichem Grund oder an einer steilen Kante, kann es unter anderem von Vorteil sein, mit einem flachem Boilie zu fischen, der nicht in den Schlamm versinkt oder die Kante hinunterrollt, was besonders die losen Köder beim Anfüttern betrifft.

Sinkende Boilies

Damit die Boilies eine ausreichend harte und damit »kleinfischresistente« Oberfläche erhalten, schütten Sie die fertigen Boilies einfach in kochendes Wasser und kochen sie kurze Zeit. Wie bereits erwähnt, müssen Sie sie nicht länger kochen. Schließlich soll nur ein selektiver Köder entstehen. Ein guter Ausgangspunkt sind 60 Sekunden bei 16 bis 20 Millimeter großen Boilies. Abhängig von Rezept, Größe und Form sind 45 bis 90 Sekunden in der Regel reichlich bemessen.

Dabei können verschiedene Kochzeiten unterschiedlich dicke »Schalen« und damit variierende »Leckraten« ergeben. Die Kochzeit steuert also den Zeitraum, über den der Köder seine Duftstoffe freigibt – sowohl »instant« als auch verspätet. Das erreicht man, indem man einige Boilies aus dem Topf nimmt, bevor die normale Kochzeit erreicht ist. Jetzt geben Köder aus dem gleichen Futtermix über eine längere Zeit ihren Geruch ins Wasser ab. Ähnlich wie beim Kochen von frischen Spätzle schöpfen Sie die fertigen Köder am besten mit einem Schaumlöffel ab.

Legen Sie die gekochten Boilies zum Trocknen auf einen sauberen Wischlappen oder ähnliches. Nach ein paar Minuten rollen Sie die Köder, so daß sie von allen Seiten trocknen können. Für den späteren Gebrauch oder zum Aufbewahren liegen sie am besten an einem trockenen Platz.

Alle Boiliegrößen können Karpfen fangen. Zur Abwehr von Kleinfischen sollten Sie jedoch nicht unter einen Durchmesser von 14 Millimeter gehen. Leben im Gewässer viele große Schleien und Brassen oder kleinere Karpfen, bin ich allerdings auch nicht abgeneigt, mit bis zu 25 oder 35 Millimeter großen Boilies zu fischen. Das ist wirklich kein Problem – schließlich besitzen größere Fische in der Klasse von 18 bis 25 Kilogramm einen Mauldurchmesser von häufig acht bis zehn Zentimeter. Und wenn ich angesichts vieler »störender« Karpfen zwischen sieben und neun Kilo keinen Schlaf finden konnte, habe ich sogar schon Durchmesser bis zu 50 Millimeter eingesetzt. Auf diese Weise habe ich fast nur Fische von 11 bis 13 Kilogramm gefangen.

Große und damit häufig auch schwere Köder besitzen außerdem den Vorteil, daß sie auf weitere Distanzen leichter auszuwerfen oder zu schießen sind. Geht man mit dieser Taktik allerdings zu sehr ins Extreme, wird sie sich ganz eindeutig negativ auf Ihre Fangstatistik auswirken. Deshalb sollten Sie den goldenen Mittelweg zwischen Attraktion und Selektivität finden.

Große Fische fühlen sich von Monsterködern nicht übermäßig angezogen und sind genauso glücklich, wenn Sie ein einzelnes Maiskorn oder einen Mikroboilie aufsaugen können. Lassen die Verhältnisse es zu, fische ich deshalb lieber mit 14 bis 20 Millimeter großen Boilies. Und je kleiner die Futterköder sind, desto länger dauert es, bis der Fisch satt ist. Dementsprechend läßt sich mit kleineren Ködern häufig die Furchtschwelle des Fisches schneller überwinden, bevor der Fisch satt ist. Denn je mehr Köder ohne »negative Folgen« aufgesammelt werden, desto sorgloser nimmt der Karpfen wahrscheinlich den Hakenköder. Aus demselben Grund kann man ein fantastisches Fischen mit Miniboilies erleben, die einen Durchmesser von vielleicht drei bis acht Millimetern besitzen. Außerdem können Miniboilies gewissermaßen »natürliche Freßsituationen« simulieren, wie sie unter anderem beim Amoklauf der Karpfen zur Zeit des Massenaufkommens von Zuckmückenlarven auftreten.

Einen in etwa gleichen, vielleicht sogar besseren Effekt erzielen Produkte, wie »Micro Mass« von Nash. Diese extrem lockenden Miniköder sind weder Boilies noch Pellets. Sie gleichen eher einer Art langsam löslichen porösen Miniboilies. Egal wie man sie nennt – sie fangen ohne Zweifel. Schon beim ersten Mal erzielte ich mit diesem Köder berauschende Erfolge und ich fing vier Schuppenkarpfen von 10 bis 11,6 Kilogramm.

Beim Angeln mit kleineren Boilies von 10 bis 14 Millimeter ergibt eine Hakengröße von 8 bis 6 in der Regel die beste Präsentation und das zuverlässigste Haken. Für 14 bis 18 Millimeter passen 6er- bis 4er Eisen, während die Größen 4 und 2 am besten mit 18 bis 25 Millimeter großen Boilies harmonieren. Da gekochte Köder langsamer ihre Duftstoffe abgeben als rohe, können Sie um den gekochten Boilie eine Schicht Teig modellieren. Dann verbreitet sich der Duft schneller. Sobald sich die Teigschale aufgelöst hat, liegt der harte Kern frei und kann den Angriffen der Kleinfische widerstehen. Wenn Sie auch die Schale noch etwas »kleinfischsicherer« gestalten

Fängige Boiliemixturen

wollen, können Sie den Köder an der Luft trocknen.

Die folgenden Rezepte von DK-Fertigmixturen (DK = Dänische Karpfenfischer) fingen bereits eine Menge Fische. Sie basieren auf einer Mischung alter Rezepte, die unter anderem von Thomas Vedel, Sune Gellert und mir selbst stammen:

- **»Milch-Mix«:** Lac Prodan 80: 15%, 100 Mesh Säure-Kasein: 20%, Calcium-Kasinat: 5%, Sojamehl: 20%, Milchersatz für Kälber: 15%, Maismehl: 10%, Pastamehl: 10%, Reismehl: 5%.
- **»Birdfood-Mix«:** Gelbes Orlux: 30%, Reismehl: 10%, Milchersatz für Kälber: 15%, Sojamehl: 5%, Lac Prodan 80: 10%, Pastamehl: 30%.
- **»Boilie Mix«:** Milchersatz für Kälber: 25%, Sojamehl: 20%, Lac Prodan 15%, Maismehl: 15%, Pastamehl: 15%, Reismehl: 10%.
- **»Sojamix«:** Soja-Isolat: 35%, Sojamehl: 25%, Milchersatz für Kälber: 20%, Pastamehl: 20%.
- **»Fischmehl-Mix«:** 100 Mesh Säure-Kasein: 10%, LT-Fischmehl: 10%, SPA-Fischmehlbinder: 25%, Pastamehl: 35%, Milchersatz für Kälber: 20%.

Pop-Up-Boilies

Die einfachste Methode zum Herstellen von schwimmenden Boilies (»Pop-Ups«) ist das Backen in einer Mikrowelle oder einem Backofen. Allerdings ist es sehr schwierig, genaue Zeitangaben für die Backdauer zu erstellen, da sie in einem hohen Maß von den Zutaten und dem Durchmesser des Boilies abhängt. In der Regel bevorzuge ich Temperaturen von 200 bis 300 Grad Celsius bei einer Backzeit von sechs bis zehn Minuten. Backen Sie die Boilies zu heiß, können sie anbrennen. Je länger die Backzeit

Dieser herrliche Schuppenkarpfen wiegt satte 21 Kilogramm.
▼

ist, desto härter werden die Boilies und desto besser treiben sie auf. Das Backen des Köders kann auf viele Arten erfolgen. Backen Sie die Boilies auf einem Backblech, müssen Sie Backpapier unterlegen. Sonst kleben die Kugeln auf dem Blech fest. Damit sie ihre Form behalten und nicht anbrennen, sollten Sie die Boilies zwischendurch wenden oder ein wenig am Blech rütteln. Dann liegen sie mit einer anderen Seite auf dem Blech. Alternativ können Sie die Köder auf einen Draht fädeln und daran in den Ofen hängen. Nach dem Backen ziehen Sie den Draht einfach aus dem Boilie heraus und erhalten somit gleichzeitig ein Loch zum Durchfädeln des Haars. Da das Loch auch auf den Innenseiten gebacken ist, kann das Wasser nicht so leicht eindringen, was bei schwebend austarierten Ködern von Vorteil ist. Denn dadurch behalten sie im Wasser weitgehend ihr Gewicht. In der Mikrowelle reichen vier bis sechs Minuten in der Regel vollkommen aus.

Wird der Boilie ausschließlich als Pop-Up verwendet, kann man ihm allerdings anders das Schwimmen beibringen. Da gekochte Boilies im Verhältnis zu gebackenen Boilies leichter ihre lockenden Düfte freisetzen, wäre ein gekochter »Schwimmboilie« die richtige Wahl. Das funktioniert, wenn Sie in den normal sinkenden/gekochten Boilies während dem Rollen etwas Auftrieb verleihendes Material einarbeiten. Dafür eignen sich Kork, Polystyren, Pop-Up-Foam oder ähnliches. Wenn das Auftriebsmaterial an der richtigen Stelle in der Mitte des Boilies liegt, kochen Sie ihn ganz normal.

Möchten Sie zu lange Backzeiten vermeiden, empfehlen sich leichte Zutaten. Sie können dazu unter anderem Natrium-Kasinat einsetzen, das sich in einer Konzentration von etwa 70 bis 90 Prozent zum Herstellen eines schwimmenden Teigs eignet *(ein alter »Maddock-Klassiker«)*.

Ein gut fangender Floater-Mix ist auch der DK-Pop-Up-Mix: *100 Mesh Säure-Kasein: 20%, 30 Mesh Säure-Kasein: 20%, Lac Prodan 80: 20%, Calcium-Kasinat: 20%, Soja-Isolat: 20%. Reismehl kann gegebenenfalls das 100 Mesh-Kasein ersetzen.*

Da Pop-Ups in der Regel schwerer ihre Duftstoffe im Wasser verbreiten, kann der Flavourgehalt so hoch ausfallen, daß er schon fast überdosiert ist. Da der Fisch an Fluchtmontagen den Köder nicht noch lange probieren kann, bevor der Haken greift, müssen Sie nicht so sehr auf einen bitteren Geschmack der Köder achten – ganz im Unterschied zu den Futterködern. Eine kleine Überdosierung im Hakenköder kann zudem nebenbei bewirken, daß sich der Hakenköder von den übrigen Boilies unterscheidet. Der Fisch wird den Köder dann schneller nehmen, sofern er den Trick nicht durchschaut. Das gleiche gilt selbstverständlich generell für den Zusatz von Flavours und Boosts in oder auf sinkenden Boilies und Hakenködern. Verwenden Sie jedoch nie überdosierte Köder zum Anfüttern. Diese Sorte sollte ausschließlich als Hakenköder dienen, da der kräftige und schlechte Geschmack den Fisch möglicherweise anwidert und er ihn schließlich meidet.

Aufbewahren

Wenn die gekochten Boilies nach ein bis drei Stunden an der Luft eine trockene Oberfläche besitzen, können Sie die Köder wahlweise einfrieren oder bis zum Gebrauch weiter trocknen. Für den normalen Gebrauch und kurze Ausflüge, bei denen die Boilies nicht länger als drei Tage halten müssen, frieren Sie die Boilies am besten ein. Beschriften Sie die Gefriertüte mit den enthaltenen Flavours, dem Basismix, dem Abfülldatum oder ähnlichem. Ein Vorteil beim Einfrieren der Boilies ist schließlich, daß sie nach dem Auftauen nahezu gleich stark ihre Duftstoffe ausströmen lassen wie die frischen Köder.

Wie lange sich Boilies im Gefrierschrank halten, ohne an Effektivität zu verlieren, ist schwer zu sagen und zu beweisen. Einige Angler meinen, daß sie höchstens ein Jahr halten, während andere drei bis vier Jahre als völlig problemlos betrachten. Ich persönlich werfe gefrorene Boilies jedenfalls nach ein bis zwei Jahren in den Mülleimer. Die gleiche Zeit gilt meiner Meinung nach auch für Flavours und Trockenmischungen, die stets kühl und ohne die Einwirkung von Sonnenlicht aufbewahrt werden sollten.

Aufgetaute Boilies halten sich schließlich ohne den Zusatz von Konservierungsmitteln im Sommer höchstens drei oder vier Tage. Je mehr Proteine enthalten sind, desto schneller werden sie schlecht. Mit Konservierungsmitteln in der Mischung bleiben sie je nach Aufbewahrungsart am Gewässer ein bis zwei Wochen einsatzfähig. Bewahren Sie die Boilies am besten so kühl wie möglich auf.

Müssen Ihre Köder besonders lange haltbar sein, ist das Trocknen an der Luft über eine oder zwei Wochen ohne Zweifel die beste Methode. Legen Sie sie am besten an einem trockenen, geschützten Platz auf ein Gitter oder in ein Netz, so daß von allen Seiten Luft heranströmen kann. Die getrockneten Boilies finden schließlich den besten Platz an einem kühlen Ort in einer Tüte aus Papier oder einem anderen Material, das atmen kann. Abhängig von der Trocknungszeit, der Temperatur und der Zusammensetzung werden die Köder jetzt mehrere Monate halten. Ich nutze diese Zeit nicht ganz aus, damit beim Fischen nicht sämtliche Inhaltsstoffe inzwischen vollkommen versteinert sind. Es ist meiner Meinung nach von großem Nutzen, besonders die luftgetrockneten Köder vor dem Fischen zu »boosten«, da die Köder ansonsten nur sehr begrenzt einen Duft verbreiten.

Fertigmischungen und Fertigboilies

Hat man keine Lust oder Zeit, seine Boilies bis zum kleinsten Detail selbst herzustellen, gibt es andere gute Möglichkeiten, die trotzdem zu guten Fängen führen können. Denn der Markt platzt fast vor fertigen Boilies und Trockenmischungen. Inwiefern fertige Mixturen genauso effektiv sind wie »hausgemachte«, ist eine lange und oft diskutierte Frage. Denn es kann immer passieren, daß bestimmte Fertigmixturen genauso gut oder besser als die eigenen Rezepte fangen. Wenn ich Fertigprodukte verwende, stammen sie in der Regel von Nashbait. Denn sie sind von so hoher Qualität daß sie fast immer ihre Fische an den Haken locken. Das heißt natürlich nicht, daß andere Firmen schlechtere Produkte herstellen. Und da ich sie selten verwende, kann ich kaum ihre Wirkung richtig beurteilen. Zählen Sie zu den Anfängern und möchten zunächst die Grundlagen der Angeltechnik lernen, liegen Sie jedenfalls mit Fertigmixturen und -boilies vorerst bestimmt richtig.

Vor allem sparen Sie mit Fertigködern sehr viel Zeit, die sich dann am Wasser verbringen läßt. Außerdem halten sie sich normalerweise deutlich länger als die Eigenproduktionen – ein großer Vorteil auf längeren Touren Außerdem kann man bei einem getesteten Köder sicher sein, daß keine Überdosis eines Flavours oder ähnliches den Köder verdorben hat.

Allerdings muß sich der Angler bei Fertigboilies im Gegensatz zu den selbst gefertigten weitgehend auf bestimmte Inhaltsstoffe beschränken. Er kann sie nicht so beliebig kombinieren, daß sie zu den gerade herrschenden Verhältnissen passen. Außerdem verströmen die Fertigköder aufgrund der Konservierungsstoffe ihren Duft nur langsam. Deshalb booste ich Fertigboilies vor dem Fischen und ergänze das Anfüttermaterial durch Pellets, Micro Mass, zerbröselte Boilies oder etwas anderes, das schnell einen Duft verbreitet. Möchte man Zeit sparen und gleichzeitig mehr Wahlmöglichkeiten bei Flavours und der Schlußkonsistenz erhalten, sind Fertigmixturen eine gute Wahl. Obwohl die Mischung bereits für einen bestimmten Flavour bestimmt ist, ermöglicht sie trotzdem Experimente mit weiteren Duftstoffen. Wie schon vorher erwähnt, können Fertigboilies und -mixturen insgesamt mindestens genauso effektiv sein, wie »hausgemachte« Köder. Vorausgesetzt, Sie verwenden sie in der richtigen Zusammensetzung und wägen die Vor- und Nachteile entsprechend der Situation richtig ab.

Pellets

Der Einsatz von Pellets ist nichts Neues. Aber erst im Laufe der letzten Jahre gewannen sie ernsthaft an Popularität. Dies liegt wohl besonders daran, daß Pellets jetzt leichter erhältlich sind und Hersteller wie Kevin Nash auch perfekt geformte, runde Ausführungen herstellen, die sich sehr leicht über weitere Distanzen präzise auswerfen oder -schießen lassen. Der große Vorteil an Pellets als Futter ist das schnelle Zersetzen, was eine sicheres und schnelles Verbreiten von Duftstoffen garantiert.

Aufgrund ihres geringen Gewichtes sinken Pellets sehr langsam und sind damit geradezu prädestiniert für das Füttern über weichem Grund. Zudem können sich die Fische nicht so schnell an den Ködern sattfressen. Schließlich bedecken sie als Mikropartikel fein den Boden, wobei sie Duft- und Aromastoffe aussenden. Das veranlaßt die Fische wiederum dazu, am Platz zu bleiben und nach größeren Futterteilen zu suchen. Aus diesem Grund eignen sich Pellets gut für das Winterfischen auf Karpfen, da die Fische in dieser Zeit sehr schnell satt werden. Pellets sind sehr trocken und porös und damit der perfekte Träger für Futter-Boosts, da sie leicht und schnell große Mengen eines Lockmittels aufnehmen und wieder abgeben.

Pellets in fast zylindrischer Form lassen sich nicht präzise auswerfen und eignen sich daher am ehesten für das Füttern auf kurze Entfernungen, vom Boot aus oder als Futterköder im Grundfutter. In Pulverform eignen sie sich als Grundfutter oder als Zusatz für einen Teig. Da sich Pellets sehr schnell zersetzen, lassen sie sich kaum als Hakenköder verwenden. Es sei denn, Sie bringen sie in einem feinmaschigen Netz oder einem Stückchen dünnem Nylonstrumpf unter. Billige Pellets gibt es in jedem Futterhandel als Hühner-, Karpfen- oder Forellenfutter bezeichnet schon für ein bis zwei Mark pro Kilo. Geboostet und richtig eingesetzt, wirken sie mindestens genausogut wie die viel teureren, speziell für das Angeln hergestellten Pellets.

Leider wirken die kleinen Köder nicht besonders

selektiv, wenn sie erst einmal aufgelöst sind. Das kann zu lästigen Problemen mit Kleinfischen führen. Da Pellets jedoch in fester Form im Wasser herabsinken, werden die kleinen Plagegeister wenigstens nicht so schnell zum Futterplatz gelockt. Bevölkern sie trotzdem nach einiger Zeit den Angelplatz, kann gemischtes Futtermaterial aus Pellets und selektiveren Ködern, wie Boilies, weiterhelfen. Während die einen ihren Duft verbreiten, bleiben die anderen durch ihre Größe unbehelligt und warten auf die großen Fische. Als Alternative kann man auch »Pellet-Boilies« verwenden.

Boosting

Unabhängig von der Art des Köders können Sie seine Wirkung häufig steigern wenn Sie ihn vor dem Auswerfen einmal in einen Aromastoff eintauchen oder ihn damit besprühen. Das wird als »Boosting« bezeichnet. Es gibt viele verschiedene Arten einen Köder zu boosten. Sie alle garantieren jedoch eine besonders schnelle Verbreitung der Duftstoffe. Eine der gebräuchlichsten Methoden ist das direkte Einsprühen des Köders mit einem Flavour. Will man diesen Effekt bei einer größeren Menge von Ködern erzielen, kommt eine kleine Menge der Boostmischung oder reines Flavour zusammen mit den Futter- oder Hakenködern in eine Plastiktüte. Blasen Sie den Behälter auf, halten ihn zu und schütteln ihn so lange, bis sich der Zusatzstoff gleichmäßig auf die herumwirbelnden Köder verteilen konnte.

Für das Boosten mit reinem Flavour bevorzuge ich niedrige Dosierungen und Fabrikate mit einem natürlichen Geschmack, da es bei diesen Geschmacksrichtungen kaum zu einer Überdosis kommt. Geben Sie allerdings zuviel oder zu starkes Flavour dazu, erhält der Köder wie beim Herstellen von Boilies möglicherweise einen bitteren Geschmack, der die Fische eher vom Köder abhält. Aus demselben Grund ist es von Vorteil, wenn man den Zusatzstoff nicht zu lange in den Köder einziehen läßt. Und je schneller der Köder im Wasser landet und der Aromastoff zu einer vom Geschmack her akzeptablen Konzentration verdünnt wird, desto besser.

Normalerweise bevorzuge ich das Boosting mit einer mild schmeckenden Mischung aus 50-70% »Sense-Appeals«, 2-5% »Sweeteners« sowie 30-40% Öl und »Palatants«. Unter Umständen setze ich noch ein wenig reinen Flavour (etwa 2-5%) zu. Von den genannten Zutaten sind meiner Meinung nach Sense-Appeals mit am wichtigsten. Dazu zählt »Carpmino«, das aufgrund seines großen Anteils an Aminosäuren sehr lockend wirkt. Denn der Geschmackssinn der Karpfen ist besonders auf das Erkennen bestimmter Kombinationen von Aminosäuren ausgerichtet. Und genau diese Kombinationen sind in Carpmino enthalten. Weitere gute »Basiszutaten«, die in etwa den gleichen Effekt im Boost erzielen, sind verschiedene Formen von »Plasma«, wie »Lipped-« und »Bioplasma«.

Übrigens: Es wurde jahrelang darüber diskutiert, inwieweit die Köder einen bestimmten pH-Wert besitzen sollten. In der Praxis kommt dieser Frage meiner Meinung nach keine große Bedeutung zu. Sich hiermit zu beschäftigen, wäre reine Zeitverschwendung. Es ist bewiesen, daß in einem »richtigen« See der pH-Wert so drastisch hin und her pendelt, daß die pH-Werte in einem Köder meiner Meinung nach auf keinen Fall eine zusätzliche Anziehungskraft bewirken können.

Der Vorteil an einer Mischung mit einem großen Prozentsatz von »Sense-Appeals« ist zum einen die geringe Gefahr einer Überdosierung. Dabei können Sie die Boostmischung auch etwas länger in den Köder eindringen lassen, ohne einen schlechten Geschmack befürchten zu müssen. Eine besonders schnelle Duftverbreitung sowohl schrittweise als auch »instant« erhalten Sie, wenn der Köder mehrmals geboostet wird. Das erste Boosten findet bereits ein paar Tage oder eine Woche vor dem Fischen mit der oben genannten »Tütenmethode« statt, so daß die Aroma- und Geschmacksstoffe über diesen Zeitraum ordentlich einziehen können. Kurz vor dem Auswerfen erhält der Köder dann die zweite Dosis. Jetzt gibt der Köder bereits direkt nach dem Auftreffen auf die Wasseroberfläche einen Duft ab, der durch die erste Behandlung jedoch auch in der Tiefe über längere Zeit anhält. Eine ähnliche, gradweise Abgabe von Boost erziele ich mit dem Überziehen des Köders mit mehreren Lagen Boost oder Pulver-Attraktoren. Sie werden mit einem Bindemittel verdünnt, das schnell steif wird. Dazu zählt »Sticko Pellet Bond« von Fishtec. Der Binder löst sich nach etwa 20 bis 30 Minuten auf und gibt dann die nächste »Duftlage« frei. Das schrittweise Auflösen der Schichten gewährleistet also eine Duftabgabe in Intervallen.

Möchten Sie einen extrem gut geboosteten Köder erhalten, können Sie Ihren Hakenköder unter Umständen sogar mehrere Wochen oder Monate im

◄
Dieser Boilie wird direkt in einen »Boost-Mix« getaucht und damit vor dem Auswerfen geboostet, sprich der Geruch verstärkt.

Boost liegen lassen. Denken Sie aber daran, daß Sie die Lauge im Kühlschrank und nicht etwa an einem schönen, warmen Platz stehen haben. Testen Sie die Lauge regelmäßig! Wenn sie anfängt, bedenklich zu riechen, sollte sie schnellstens entsorgt werden.

Die optimale Verbreitung im Wasser erzielen Sie mit einem Boost, der auf verschiedenen Bindemitteln mit verschiedenen Gewichten, Auflösungsgraden und Viskositäten (große Viskosität = sehr dickflüssig) basiert. Verwenden Sie zum Beispiel eine Mischung, die aus »Oil Palatants«, «Carpmino« und Flavours besteht, die wiederum eine niedrige Viskosität besitzen oder im Wasser leicht löslich sind, ergibt sich eine »3-D-Verbreitung« sowohl in Zeit und Raum. Das Öl wird immer auftreiben und damit in der Wassersäule eine lockende Duftspur legen. Da auf den Öltropfen immer wasserlösliche Duftstoffe hängen, wird ein Teil davon ins Wasser hinaus getragen und somit verbreitet. Auf dem Grund verbreiten sich die schweren und wasserlöslichen Stoffe. Je dickflüssiger eine Substanz ist, desto langsamer wird die Verbreitung ablaufen. Verwenden Sie zwei verschiedene wasserlösliche Boostingzutaten mit unterschiedlichen Viskositäten, stellen Sie zum einen eine schnelle Verbreitung sicher (zum Beispiel mit Flavours auf Alkoholbasis) und erreichen zum anderen eine auf längere Zeit garantierte Abgabe von Duftstoffen in der Nähe des Köders (Carpmino und Aminosäuren). Das gleiche Prinzip läßt sich selbstverständlich auch dann anwenden, wenn dem Köder Duft- und Geschmacksstoffe beigemischt werden sollen. Wie ich allerdings bereits im Abschnitt über Flavours erwähnte, muß man die Wasserlöslichkeit und die Struktur des Köders testen, bevor man sich für die endgültige Mischung und Dosierung entscheidet.

Es gibt nun aber nicht nur diese Möglichkeit, die eine extra schnelle Duftabgabe gewährleistet. Sie können unter anderem auch einen Zylinder aus Pop-Up-Foam in den Boilie einlegen. Durchbohren Sie dazu den Boilie mit einem Bohrer der passenden Größe. Dann taucht der Schaumstoffzylinder einige Sekunden in die Boostmischung und wird dann in die Bohrung geschoben. Alternativ können Sie eine Schaumkugel oder einen Miniballon in den Boilie einarbeiten und den Lockstoff mit einer Kanüle injizieren.

Weiter kann man Fischöl-Gelatinekapseln in den Boilie einarbeiten. Allerdings geht die Duftabgabe damit gewöhnlich etwas langsamer vor sich, da die Kapsel etwas Zeit zum Auflösen benötigt oder das Öl nur langsam durch den Kanüleneinstich ins Wasser gelangt. Das gleiche gilt für Ballons und Schaumstoff, die komplett vom Boilie umschlossen sind.

Darüber hinaus können Sie ihre Gelatinekapseln auf »Attracta-Leads« montieren. Die Bleie besitzen in ihren Seiten zwei Vertiefungen, in welche die Kapseln hineinpassen. Ein Gummiband hält sie schließlich fest, worauf eine Kanüle den gewünschten Flavour oder die Boost-Mixtur einspritzt. Trifft das Blei auf den Grund, löst sich die Kapsel auf und die Inhaltsstoffe werden freigesetzt.

Boosting läuft in der Regel nach zwei Prinzipien ab. Boosten Sie ausschließlich den Hakenköder, soll der Fisch genau auf ihn aufmerksam werden und rasch beißen. Das kann insbesondere unter schlechten Sichtverhältnissen sehr effektiv sein, wie in der Nacht, in tiefem oder trübem Wasser oder beim Angeln auf schlammigem Grund. Außerdem ist es unter anderem beim Pirsch- und Winterangeln ein großer Vorteil. Geboostete Hakenköder können den gleichen Effekt zeigen wie solche, die sich durch visuelle Effekte unterscheiden. Anfangs wirken sie positiv und stoßen nach dem Durchschauen des Tricks nur noch auf Ablehnung.

Auswahl des Hakenköders

Manchmal ist es von Vorteil, wenn sich Futter- und Hakenköder unterscheiden. Seine Wahl basiert im Verhältnis zum Futtermaterial im wesentlichen auf zwei Prinzipien: 1) Das »Super Stimuli«-Prinzip, bei sich der Hakenköder wesentlich von den übrigen Ködern unterscheidet und somit als erstes am Futterplatz genommen werden soll. 2) Das Neutralitätsprinzip, bei dem Haken- und Futterköder in Geschmack, Duft, Farbe und Form sich möglichst eng gleichen. Dadurch soll der Fisch den Hakenköder zufällig einsaugen, wenn er gerade das freie Futter frißt.

Das erste Prinzip greift meiner Meinung nach, wenn Sie unter anderem in jungfräulichen oder mittelstark befischten Gewässern schnelle Erfolge erzielen wollen. Denn hier haben es die Fische noch nicht gelernt, sich vor etwas Ungewohntem zu fürchten. Dabei greifen viele Angler zu anderen Farben, Pop-Ups, geboosteten oder gleich vom Normalen abweichenden Ködern. Der feine Unterschied bringt auch dann etwas, wenn sich die zur Anzahl der wahrscheinlich vorhandenen Fische richtige Futtermenge nur schwer berechnen läßt. Denn bei zu viel Futter sind die Fische satt oder verlieren das Interesse, bevor sie den Hakenköder entdecken. Deshalb sollte er sich jetzt vom übrigen Angebot deutlich abheben.

Das gilt auch für die Fische, die über dem Köder oder der Futterstelle schwimmen und nicht das geringste Interesse zeigen – auch nach längerem Anfüttern. Unterscheidet sich der Hakenköder jetzt stark vom Futter, könnte es sich aus Sicht des Karpfens um einen besonderen Leckerbissen handeln, den er sich einfach nicht entgehen lassen sollte. In diesen Fällen haben besonders Köder in starken Kontrastfarben zum Boden die besten Chancen auf einen Biß. Das Extremste auf dem Gebiet der Kontraste sind wohl die Lichtrigs, über die Sie auf Seite 119 mehr lesen können. Das Super-Stimuli-Prinzip ist im übrigen die perfekte Taktik für das Pirschangeln, bei dem wenig oder überhaupt nicht angefüttert wurde.

Wie schon angesprochen können die Fische jedoch vor einem bereits einmal gefährlich gewordenen Köder erschrecken. Dieses Prinzip ist im übrigen sehr allgemein aufzufassen. Zwar wird ein Angebot um so schneller angenommen, je mehr sich Hakenköder, Anfütterungen, Präsentationen oder Montagen entweder visuell, duft- oder berührungsmäßig vom Rest unterscheiden. Dafür wird der Betrug aber relativ schnell entlarvt und das Angeln mit diesen Ködern ist deshalb eigentlich nie über einen längeren Zeitraum sehr erfolgreich. Außerdem können besonders hell gefärbte Köder in einem hohen Maß Brassen und Plötzen anlocken. Erweisen sich die Probleme mit den Kleinfischen als zu groß, bevorzuge ich deshalb unter allen Bedingungen und zu jedem Zeitpunkt die Haken- und Futterköder in neutraleren, dunkleren Farben.

Fürchten sich die Fische langsam vor Super-Stimuli-Ködern, müssen Sie die entgegengesetzte Taktik wählen. Während man mit Super-Stimulis gute Chancen hat, aktiv futtersuchende und zufällig vorbeischwimmende, »neugierige« Fische zu überlisten, fangen neutrale Hakenköder die Fische, die den Futterplatz akzeptierten und anfangen zu fressen. Damit will ich nicht sagen, daß vorbeischwimmende Fische nicht auch einen neutralen Köder nehmen. Die Chancen stehen dafür allerdings weniger gut.

Beim Einsatz beider Prinzipien können sich schwebend austarierte Köder lohnen, da sie sich schon nach einem kurzen, falschen Blick leichter einsaugen lassen. Wenn die Fische während des Anfütterns fressen, passen sie die Saugkraft der Größe, der Form und dem Gewicht des Köders an. Dadurch verbrauchen sie beim Fressen nur soviel Energie wie unbedingt nötig. Flutscht dann ein Hakenköder ins Maul, der »gewichtslos« oder zumindest deutlich leichter als alle anderen Futterköder ist, schnappt die Falle zu. Und ganz nebenbei legt sich ein entsprechend austarierter Köder selbst dann noch fast wie eine Feder auf den weichsten Schlamm, wenn andere Köder bereits einsinken. Aber sie besitzen auch ihre Nachteile, was sich besonders an Plätzen mit vielen Kleinfischen zeigt. Sie stupsen den Köder wild herum, wenn sie den Köder ins Maul nehmen wollen. Dabei sorgt ein leichter, schwebender Köder im Unterschied zu einem sinkenden sehr schnell für Knoten im Vorfach. Das ist besonders dann der Fall, wenn man mit langen Vorfächern oder Super-Sofisticated-Haaren fischt. Das gleiche gilt für Pop-Ups.

In diesen Situationen ist das Fischen mit Pop-Ups und austarierten Montagen ein schwieriger Balanceakt. So verringert ein sehr kurzes Vorfach zwar die Gefahr für einen Knoten, allerdings können sich unter anderem Rotaugen dadurch von außen haken. Umgekehrt hindern lange Vorfächer die Chancen für ein Fehlhaken und das Blei kann den Köder nicht so leicht in den Schlamm ziehen. Im übrigen kann ein Flossenschlag einen schwebend austarierten Köder als einzigen Gegenstand in der Umgebung aufwirbeln, was die Tiere möglicherweise einmal mehr erschreckt. Neugierige Fische saugen den Köder andererseits vielleicht als erstes ein.

Anfüttern

Fische nehmen eine Anfütterung wahr, weil sie zu sehen oder zu riechen ist. Das reicht normalerweise zum Stoppen vorbeischwimmender Fische aus. Aber es ist kein Garant dafür, daß die Fische auch wirklich an der Stelle bleiben. Denn dazu muß der Köder mindestens so gut schmecken und duften, wie der erste Eindruck andeutete. Stimmen Aussehen, Duft und Geschmack des Köders, ergibt sich daraus in der Regel ein »Instant«-Effekt – die Fische werden zum Fressen stimuliert und bleiben für einige Zeit in diesem Gebiet. Eine anerkannte ökologische Theorie erklärt, daß die Fische unter bestimmten Umständen an einem Futterplatz bleiben. Dazu muß eine mit Nährstoffen in großen Mengen reich gesegnete Futterquelle zur Verfügung stehen, die eine weitere Suche unsinnig erscheinen läßt. Schließlich könnte das Futter an anderer Stelle von schlechterer Qualität sein oder weiter verstreut liegen.

Und genau diese ideale Futtersituation gilt es durch längeres Anfüttern mit nährstoffreichen Ködern vorzutäuschen. Dadurch soll auf einem eng begrenzten Gebiet eine künstliche »Bulk-Feeding«-Situation (»Preoccupation«) entstehen, in der die Fische sich an einen bestimmten Ort gewöhnen und Amok laufen, sobald sie Ihren Köder sichten. Je reicher das Wasser an Nährstoffen ist, desto schwerer fällt es, die Fische am Platz zu halten und ausschließlich auf Ihre Köder zu fixieren. Oft muß man unrealistisch große Mengen und extrem lange Futteraktionen in Kauf nehmen, um diesen Effekt zu erreichen. Dabei kann es sehr leicht passieren, daß man die Fische überfüttert und nicht einmal erreicht, was man wollte. In extrem nährstoffreichen Gewässern ziehe ich daher häufig die Konsequenzen aus diesem Risiko und wähle das bewegliche Fischen mit Super-Stimuli-Ködern und einer extrem begrenzten Anfütterung.

Liegen die natürlichen Futterquellen in einem Gewässer gleichmäßig verteilt und nicht besonders eng aufeinander, ist in der Regel nicht sehr viel Futter nötig, um die »Selektivitätsgrenze« zu überschreiten. Das sollte sich in sorgsam durchdachten Futtermengen widerspiegeln. In diesen Gewässern ist es im übrigen häufig einfacher, einen guten Futterplatz außerhalb der natürlichen Freßgebiete zu schaffen.

Auch wenn nährstoffreiche Köder in manchen Situationen leichter einen Bulk-Feeding-Effekt erzielen, ist dies auf keinen Fall notwendig. Denn die gleiche Wirkung läßt sich vielen Fällen unter anderem mit relativ nährstoffarmen Partikelködern, wie Mais und Kichererbsen, erzielen. Und selbst wenn man Glück hat und nach einer einzigen Mega-Anfütterung einen Bulk-Feeding-Effekt erzielt, gelingt das eher mit größeren Mengen eines Köders über einen längeren Zeitraum.

Selbstverständlich lassen sich auch die Fische überlisten, die sich nicht auf ein bestimmtes Futter konzentrieren. Zwar sind sie in der Regel etwas vorsichtiger, als die Fische, die an einem bestimmten Platz einen speziellen Köder in einer »Massenfresserei« vertilgen. Allerdings sind es häufig gerade die nicht so fest fixierten Karpfen, die aufgrund ihrer Neugier spontanen Kleinstanfütterungen oder »neuen« Ködern verfallen und sich von den verschiedenen Formen des beweglichen Angelns mit stark eingeschränkten oder erst überhaupt nicht stattfindenden Anfütterungen täuschen lassen. Dies bedeutet selbstverständlich nicht, daß sich auf einen Köder voll Amok laufende Fische nicht mit so einer Technik überlisten lassen – alles, nur das nicht. In solchen Situationen beißen die Fische jedoch nicht aus Neugier oder weil sie genau diesen Köder suchen. Vielmehr wird er gewissermaßen irrtümlich im Vorbeischwimmen eingesaugt.

Obwohl das Anfüttern mit losem Futter eine der effektivsten häufigsten Methoden beim Karpfenangeln darstellt, kann Grundfutter zu bestimmten Zeiten die Wirkung beträchtlich steigern. Das liegt unter anderem daran, daß es sehr gut einen Duft verbreitet und damit die Karpfen anlockt. Dabei bleibt in/um einen »Frame-« oder »In-Line-Swimfeeder« geknetetes Futter beim Absinken von Kleinfischen verschont. Dabei kann der Hakenköder eventuell am Rand des Futterklumpens liegen. Diese Technik wird populär als »The Method« bezeichnet. Das liegt an ihrer hervorragenden Wirkung und der schnellen Reaktion, besonders von Karpfen.

Wie Sie am besten Ihr Grundfutter mischen, können Sie weiter im Abschnitt über die Fütterungstechniken auf Kurz-, Mittel- und Langdistanzen ab Seite 130 lesen.

Fütterzeiten und Mengen

Normalerweise beginne ich ein paar Stunden vor der natürliche Freßperiode mit dem Anfüttern. Auf diese Weise bleiben die Fische ungestört.

Gelegentlich fällt es unglaublich schwer, die Futtermengen zu bestimmen. Schließlich weiß der Angler nur selten, wie viele Fische bereits am Platz stehen oder noch zu ihm schwimmen. Sind es Schwärme von umherziehenden Fischen, mittelgroße und halbstationäre Gruppen oder einfach nur einzelne Fische, die herumschwimmen? Das läßt sich nur feststellen, wenn man das Gewässer genau kennt und sein Wissen mit den Erkenntnissen des Tages und dem Beobachten der Fische kombiniert. Außerdem sollten Sie vor dem Anfüttern die Wettervorhersage beachten, was einiges über die Freßlaune der Karpfen in den nächsten Tagen aussagen kann.

Generell bin ich der Meinung, besser zu wenig als zuviel anzufüttern. Hat man erst zuviel Futter eingeworfen, können Sie es nicht mehr ändern. Bei zu wenig Futter können Sie jedoch noch immer nachlegen, wenn mehr Fische zu Ihrem Angel- und Anfütterungsplatz ziehen. Je weniger Futter im Wasser ist, desto größere Chancen bestehen, daß der Fisch den Hakenköder findet. Auf der anderen Seite muß die Futtermenge ausreichen, die Fische am Platz zu halten und groß genug ausfallen, damit die Fische dem Hakenköder gegenüber nicht mißtrauisch werden. Je mehr freie Köder der Fisch fressen kann, bevor die Falle zuschnappt, desto mehr vertraut der Fisch dem Unternehmen. Gleichzeitig wächst die Chance, daß der Fisch in einem Moment der Unaufmerksamkeit den Hakenköder zufällig einsaugt. Liegen auf dem Grund vielleicht drei Boilies, durchschaut der Fisch die List viel eher, als wenn zehn herumliegen. Fischen Sie entlang dieser Taktik, können viele kleine Köder von Vorteil sein. Denn sie sättigen die Fische nicht, bevor sie die Vertrauensgrenze überschreiten. Ein schwieriger Balanceakt!

In manchen Situationen zahlt sich jedoch eine große, auf einmal eingeworfene Futtermenge aus. Das ist zum Beispiel dann der Fall, wenn man sein Futter herausfahren muß oder die Fische über einen längeren Zeitraum einer »Gehirnwäsche« unterziehen will.

Unter normalen Umständen geht man davon aus, daß Karpfen bei einer Wassertemperatur von 20 Grad Celsius Futter in der Menge von zwei bis fünf Prozent ihres Körpergewichtes fressen. Das bedeutet, daß ein 10 Kilogramm schwerer Fisch in 24 Stunden 200 bis 400 Gramm benötigt. Allerdings muß der Fisch nicht die gesamte Menge auf einmal verputzen. Da die Fische das Futter konstant verdauen und man eigentlich nie mehr als zwei bis drei Freßperioden während eines Tages wahrnimmt, ist die Annahme wohl nicht ganz verkehrt, daß ein Zwanzigpfünder nie mehr als 75 bis 200 Gramm pro Mahlzeit zu sich nimmt. Ist das Wasser kälter, nimmt die benötigte Menge ab.

Da Karpfen abhängig von örtlichen Gegebenheiten wie Futtervorkommen, Wind und Wetter sehr unregelmäßig fressen, lassen sich diese Zahlen kaum direkt auf die Menge des Anfüttermaterials übertragen. So weiß der Angler nie, wieviel der Fisch vor Erreichen des Angelplatzes gefressen hat. Die angegebenen, groben Zahlen können deshalb nur als eine Art Richtlinie dafür verstanden werden, wieviel man maximal in bezug auf die Größe und Anzahl der vermuteten Fische anfüttern kann. Ein qualifiziertes Raten ist aber immer besser, als ein vollkommen zufälliger Schuß ins Blaue. Ich möchte noch einmal betonen, daß die genannten Zahlen nur für die maximalen Futtermengen des Fischs stehen. Deshalb füttere ich vorzugsweise nur mit der Hälfte der aufgeführten Mengen an, was das Risiko einer Überdosis mindert.

Wie oft man anfüttert, hängt im hohen Maße von der zur Verfügung stehenden Zeit ab. Insgesamt bringen jedoch kleine und häufig wiederholte Mengen größeren Erfolg, als umfangreiche, auf einmal ausgeworfene Mengen. In der Regel ist es sehr gut, wenn man einmal am Tag anfüttern kann. Können Sie das Gewässer allerdings nur mit dem Auto oder noch schlimmer mit dem Fahrrad erreichen, ist eine alle zwei Tage stattfindende Fütterung mit der doppelten Menge sinnvoller. Können Sie nur einmal pro Woche oder alle vier bis fünf Tage anfüttern, fällt die Effektivität des Anfütterns selbstverständlich ein wenig. Möchten Sie jedoch einen neuen Köder einführen, ist das jedoch besser als gar nichts. Liegt das Gewässer vielleicht mehrere hundert Kilometer entfernt und erlaubt damit keine normale Anfütteraktion, können Sie auch nach jedem Fischen eine große Schaufel des Köders ins Gewässer werfen.

Zwischen den Anfütterungsdosierungen gibt es große Unterschiede. Das hängt davon ab, ob Sie regulär anfüttern oder während beziehungsweise unmittelbar vor dem Angeln füttern. Sollen sich die Fische an einen bestimmten Futterplatz gewöhnen, können Sie in der Regel ohne Probleme die Ködermenge auf das hochschrauben, was die Fische maximal an einem Tag fressen mal der Anzahl der Fische am Angelplatz. Sollten die Fische satt werden und den Platz verlassen, kommen sie vermutlich wieder und fressen erneut. Füttere ich über einen längeren Zeitraum an, pflege ich die Dosen bis zum Beginn des Angelns schrittweise herunterzusetzen.

Können Sie bei klarem Wasser sehen, wie viele der angefütterten Köder gefressen wurden, kann sich die Futtermenge daran orientieren. Kurz vor oder während dem Angeln bleibe ich dann in der Regel auf der sicheren Seite. Jetzt ist es selten, daß ich alles in allem mehr als 100 bis 200 Gramm pro Montage und Tag füttere, wenn ich mit vielleicht fünf bis zehn großen Fischen im Angelgebiet rechne. Verteile ich die Montagen über ein größeres Areal, setze ich ein wenig mehr ein. Genaugenommen verwende ich jede Art von Pellets, Boilies und Partikelködern. Besteht ein großer Teil des Futters aus Pellets, besteht dabei kaum die Gefahr des Überfütterns. Normalerweise steigere ich die Futterration erst, nachdem ich einen Fisch gefangen habe oder nachdem ich deutliche Aktivitäten am Futterplatz wahrgenommen habe. Liegen die Montagen sehr weit gefächert und beschränken sich die Aktivitäten jedoch nur auf einen bestimmten Platz, ist das Anfüttern der übrigen Stellen logischerweise unnütz.

Wie weit man die Futterrationen hochsetzt, hängt nicht nur von der Anzahl der Karpfen am Futterplatz ab. Fischen Sie zum Beispiel mit nicht selektiven Ködern wie Mais, werden sicherlich Kleinfische einen Teil des Futters fressen. Und wenn Schleien oder andere Fische über weichem Boden versuchen, die viel zu großen Boilies zu fressen, drücken sie die Köder möglicherweise in den Grund. Dort bleiben sie vor den Karpfen verborgen.

Sollte ich während dem Fischen anfüttern, beobachte ich immer, ob es die Fische erschreckt. Denn bricht in vielleicht einen Meter tiefem Wasser ein donnernder Hagelschauer von 25-Millimeter-Boilies herein, suchen die bis dahin friedlich fressenden Fische mit Sicherheit das Weite. Je tiefer das Wasser jedoch ist, desto weniger muß man auf diesen Punkt achten. So können Sie bei vielleicht vier bis fünf Meter tiefem Wasser die Oberfläche noch so heftig mit den größten Boilies bepflastern, ohne die Tiere irgendwie zu stören.

Bereits an mehreren Stellen dieses Buches habe ich erläutert, wie man am besten die Probleme mit Kleinfischen umgeht. Daher möchte ich an dieser Stelle nicht noch einmal darauf eingehen. Eine ganz andere Sache ist jedoch, daß Kleinfische sich am Futterplatz durchaus als Vorteil erweisen können. denn ihre Präsenz kann große Karpfen anlocken. Schließlich signalisieren fressende Fische unabhängig von der Art, daß es an einem bestimmten Punkt etwas zu holen gibt. Beschließen die Karpfen dann zu fressen, wird das Kleinfischproblem in der Regel relativ schnell gelöst. Denn die dicken Carpios verdrängen die kleinen Monster schnell, wenn sie Lust dazu haben. Das gleiche gilt im übrigen für einen Schwarm von Kleinkarpfen, wenn ein paar große, dominante Fische an der neu erschlossenen Futterquelle vorbeiziehen.

Neben einer konzentrierten Anfütterung zum Erreichen einer »Preoccupation« kann allerdings auch das etwas weitere Fächern der Köder seine Vorteile haben. Dazu zählen Einführungs-(Intro-), Lockspur- und Vielpunkt-Anfütterungen.

Plant man eine längere Futteraktion in einem bislang »boilie-« oder »bohnenfreien« Gewässer, sollte sie mit einer Intro-Fütterung beginnen. Sie läuft vor oder zu Beginn des Fütterns an der späteren Angelstelle selbst. Das Futter wird gleichmäßig dünn entlang der typischen Zugrouten, Freß- und Aufenthaltsgebiete samt anderen strategischen Plätzen in der Nähe des Futterplatzes oder an anderen Stellen im See verteilt. Damit können Sie einigermaßen sicher sein, daß die Fische an irgendeiner Stelle des Sees dem Köder begegnen, sich an ihn gewöhnen und lernen, ihn ohne Mißtrauen zu fressen. Je näher der Zeitpunkt des Angeltermins rückt, desto mehr beschränken sich die Anfütterungen auf den oder die Angelplätze. Zuletzt konzentriert sich das Futter ausschließlich auf die Angelstelle. Setzen Sie während den letzten Tagen vor dem Fischen die Menge der Köder noch ein wenig herab, so daß sich die Fische nicht allzu satt fressen. Während dem Angeln gibt es für die Tiere nur so viel Futter, daß sie am Platz bleiben.

Möchten Sie die Fische aus einem größeren Gebiet an eine bestimmte Stelle führen, empfehlen sich außerdem dünne Lockspuren in unterschiedlichen Längen. Sie sollen den Fischen den Weg zur Hauptfutterstelle weisen. Angelt ein Fischer beispielsweise ein Stück vom Land entfernt, kann er die an den Ufern und ähnlichem entlangschwimmenden Fische durch eine vom Land zur Angelstelle gelegte Lockspur »aufsammeln«. Wollen Sie sich nahe den Ruten nicht unbedingt sehr leise verhalten, sollten die Lockspuren ein Stück von den Rutenhaltern entfernt beginnen, so daß heranschwimmende Fische nicht erschrecken. Umgekehrt empfiehlt sich eine Futterspur beim Fischen dicht am Ufer. Jetzt führt die dünne Lockspur jedoch vom tieferen Wasser an den Gewässerrand. Diese Methode hat mir unter anderem in Kanada eine Menge Fische beschert, bei der ich innerhalb einer Woche zwischen 20 und 40 Karpfen mit Gewichten über sieben bis acht Kilogramm fangen konnte. In größeren Gewässern leben die Fische häufig nomadisch und eine Futterspur steigert die Chancen, einen Schwarm vorbeiziehender Fische zum Futterplatz zu locken daher erheblich. Aber auch in recht kleinen Gewässern ist das Legen einer Futterspur eine gute Wahl.

Fischen Sie mit mehreren Ruten, ist eine breitere Anfütterung eine gute Wahl, um ein allzu großes Chaos beim Haken eines Fischs zu vermeiden. Dabei verwende ich häufig die Dreipunkt-Fütterung, die diagonal zu den Tiefenlinien angelegt wird. Ich füttere drei Stellen konzentriert an und verbinde sie mit einer dünnen Lockspur. Diese Methode ist besonders in unbekannten Gewässern oder unter sich ändernden Wetterverhältnissen ein echtes Plus. Denn jetzt fällt das genaue Abschätzen schwer, in welchen Tiefen und Abständen die Fische schwimmen. Beginnen sie dann in einer bestimmten Tiefe oder bei einem gewissen Abstand wie wild zu beißen, können Sie Ihre Ruten und das Anfüttern auf eine Stelle konzentrieren oder nur mit einer Rute fischen.

So etwas erlebten ein Angelkamerad und ich 1994. Wir hatten eine Vierpunkt-Anfütterung diagonal angelegt, die von 10 Metern Entfernung auf der linken Seite bis zu 50 Meter auf der rechten Seite reichte. Eigentlich hatten wir die Fische weiter draußen gesehen, aber es zeigte sich schnell, daß die Karpfen nur auf Kurzdistanz bissen. Mit der Pose und einer einzigen Rute und »on the drop« gefischtem Köder fing ich schließlich unter einem über das Wasser hängenden Baum mit den ersten vier Würfen vier Karpfen über zehn Kilogramm. Hätten wir nicht auf diese Weise angefüttert, wäre das Fischen bestimmt nicht so kurzweilig gelaufen. Denn bestimmt wäre eine ganze Zeit vergangen, bis wir die aufgrund des trüben Wassers, der Tiefe und dem harten Boden selbst auf Kurzdistanz kaum sichtbaren Fische entdeckt hätten.

Die weit gefächerte Anfütterung bringt noch einen weiteren Vorteil. Denn aufgrund schlechter Erfahrungen wissen die Fische in vielen Seen, daß von einem konzentrierten Köderhaufen eine Gefahr ausgeht. Liegen die Köder jedoch weit und dünn gefächert auseinander, kann der Karpfen den Betrug viel schwerer durchschauen. Wie immer ist Variation das Schlüsselwort!

Aber auch bei der Fächerung der Köder gibt es in bezug auf die Distanz zwischen den einzelnen Futterteilen gewisse Grenzen. Es muß sich für den Fisch immer noch lohnen, nach dem Köder zu suchen. Liegt das Futter zu weit auseinander, stimmt das nicht mit der »Theorie des optimalen Fressens« überein. Sie basiert darauf, daß die Fische so lange fressen, bis die Konzentration des Futters schließlich so dünn wird, das sich die Mühe nicht mehr lohnt. Am liebsten kombiniere ich die beiden Prinzipien miteinander, indem ich um die Hakenmontage herum das meiste Futter lege und es mit wachsender Entfernung immer spärlicher verteile. Ob das in Form einer Futterspur oder in einem anderen Anfütterungsmuster geschieht, ist egal.

Inwieweit es sich auszahlen kann, lange Zeit im voraus anzufüttern, hängt in großem Maße vom eigenen Angelstil ab. Hat man keine Zeit, Geld oder die Lust, lang ausgedehnte Futteraktionen auszuführen, ergibt ein ganz anderer Einstieg in Form des beweglichen Angelns einen mindestens genauso großen Erfolg – gute Gewässerkenntnisse vorausgesetzt. Über diese spannende Fischerei lesen Sie mehr in den Abschnitten über das bewegliche Angeln und das Pirschfischen.

Beim Angeln über einer Scharkante oder einem anderen Abbruch sollten Sie beachten, daß runde Boilies gerne Abhänge hinunterrollen. Unregelmäßig geformte Köder wie Partikel bleiben dagegen normalerweise dort liegen, wo sie landen. Das gleiche gilt für strömendes Wasser. Stichwort lose Anfütterung und strömendes Wasser: Sie sollten daran denken, daß verschiedene Köder unterschiedlich schnell sinken. Das liegt am abweichenden Gewicht und der anderen Form. So sinkt ein Boilie fast doppelt so schnell wie ein Maiskorn. Werden Boilies und Partikelköder an der gleichen Stelle ausgeworfen, können Sie sich leicht vorstellen, wie weit sich die unterschiedlichen Köder in tiefem oder schnell strömendem Wasser während dem Absinken voneinander trennen. Messen Sie deshalb am besten die Strömungsstärke und die Sinkgeschwindigkeit des Köders, so daß man präzise berechnen kann, wo der Köder schließlich auf dem Grund landet.

In sehr starker Strömung müssen Sie zusätzlich beachten, daß die Köder nach dem Auftreffen auf den Boden noch ein ganzes Stück in der Strömung weiterrollen können.

PVA

PVA (Poly Vinyl Alcohol), ist ein wasserlösliches Material, das sich für eine Menge verschiedener Dinge einsetzen läßt, wie das Präzisionsanfüttern. Ursprünglich kam das Material als Schnur auf den Markt. Mittlerweile ist es allerdings auch als Band, Tüte und in Netzform erhältlich. In seiner Kindheit wurde PVA primär für den »Stringer« verwendet. Er besteht einfach aus zwei bis zehn Futterködern, zum Beispiel Boilies, die mit Hilfe einer Stringer-Nadel (Häkelnadel) auf ein Stück PVA-Schnur gezogen werden. Die so entstandene Kette binde ich dann an die Montage. Nach dem Auswerfen löst sich das PVA im Wasser auf und das Futter liegt jetzt frei in unmittelbarer Nähe des Hakenköders. Alles in allem sorgt diese Methode für eine maximale Attraktion rund um den Hakenköder – das gilt insbesondere für das bewegliche Fischen ohne jede Vorfütterung. Eine extra schnelle Duftverbreitung erreiche ich, indem ich ein paar Boilies vor dem Auffädeln auseinanderbreche. Eventuell ergänze ich das Ganze noch mit ein paar Teigkugeln oder vorgebohrten Pellets. Leider verkürzen große, schwere Stringer die Wurfweite bedenklich. Andererseits bewirken sie auch einen gewissen Anti-Tangle-Effekt, wenn man sie an den Haken bindet. Der Stringer sollte allerdings nur dann am Haken sitzen, wenn er ganz sicher nicht die Präsentation beeinflußt. Fischen Sie vielleicht über weichem Grund, zieht ein Stringer mit fünf sinkend Boilies einen schwebend austarierten Pop-Up ganz sicher in den Schlamm. In so einer Situation montiere ich ein paar sehr große Pop-Ups, die Stringer und Hakenköder heben und ausbalancieren.

Damit sich ein Stringer so schnell wie möglich auflöst, muß das Wasser direkten Kontakt mit dem PVA erhalten. Dazu lassen Sie am besten zwischen den einzelnen Ködern vielleicht einen

◀ *Haken, Köder und Futter-Boilies liegen wurfbereit zusammen in einem PVA-Beutel.*

Zentimeter Abstand. Allerdings rutschen sie auf einer normalen Schnur beim Wurf leicht zusammen. Damit sie getrennt bleiben, knüpfen Sie am einfachsten zwischen jeden Köder einen Knoten oder setzen PVA-Band als Abstandhalter ein, was noch besser ist – schließlich ist es dafür konstruiert. Jetzt sehen die verteilten Köder natürlicher aus als eine »Perlenkette« zusammengeklebter Köder, die nicht im entferntesten dem Hakenköder gleichen. Möchten Sie eine besonders natürliche Anordnung der Köder erreichen, können Sie auf

Pellets und zerkleinerte Boilies geben sehr schnell ihren Duft frei. ▼

einer Montage zwei bis drei Stringer fischen, so daß die Köder nicht in einer Linie liegen.

Übrigens besitzt die Temperatur einen großen Einfluß auf das Auflösen von PVA. Dauert es an einem heißen Sommertag nur eine Minute, kann sich die Zeit an einem kalten Wintertag auf bis zu fünf Minuten verlängern.

Soll das Futter nicht nur rund um, sondern genau auf dem Hakenköder liegen, ist eine PVA-Tüte oder ein PVA-Netz die beste Lösung. Das gilt auch dann, wenn Pellets oder zerbröselte Boilies ein optimales Verbreiten des Dufts erzielen sollen. Jetzt erweisen sich Tüten als gute und bei größeren Wurfentfernungen als einzige Möglichkeit.

Abhängig von der Konstruktion der Montage und der Angelsituation kann man gleichzeitig versuchen, Blei und Hakenköder oder nur den Köder zusätzlich in die Tüte zu stopfen. Fischen Sie an einer schlammigen Stelle, ist das zuletzt genannte zu bevorzugen, da das Blei sonst den Haken in den Schlamm zieht. Die Tüte läßt sich am leichtesten montieren, indem man Haken, Köder und Futter zurechtlegt. Dann wird die Tüte mit einem Stück PVA-Schnur um das Vorfach gebunden. Soll die Montage nach dem Wurf schnell absinken, läßt ein PVA-Netz das Wasser durchströmen und ergibt somit einen geringeren Widerstand. Sehr kleine Futterköder könnten allerdings durch die Maschen rutschen und gehören deshalb in eine Tüte, aus der man nach dem Befüllen so viel Luft wie nur irgend möglich herauspreßt. Die kleinen übrigen Luftpolster lassen sich durch das Punktieren der Tüte entfernen. Jedoch kann die Luft in den Tüten auch Vorteile haben. Fischen Sie beispielsweise über sehr weichem Grund, sinkt die Tüte durch die verbleibenden Luftpolster sehr langsam ab. Dadurch versinkt das Ganze nicht im Morast. Bei kurzen Würfen können Sie Netze und Tüten auch einfach auf den Haken spießen. PVA eignet sich allerdings nicht ausschließlich für das Anfüttern. Vielmehr kann es auch eine Rolle beim Sichern von Anti-Tangle-Montagen übernehmen. Darüber lesen Sie mehr ab Seite 119.

Eine Anfütterungstechnik, die ich besonders beim beweglichen Nahdistanzangeln oder beim Auslegen des Köders mit dem Boot verwendet habe, ist etwas ungewöhnlich – ich schütte rund um den Köder Kakao ins Wasser. Inwieweit diese Taktik die Bezeichnung »Anfüttern« verdient, ist eine gute Frage. Der Begriff Attraktionsmittel paßt wohl eher. Auf die Kakao-Idee kam ich, nachdem ich mehrere Male Karpfen-Aktivitäten an Stellen beobachten konnte, an denen entweder ich beim Entfernen von Hindernissen Schlamm aufgewirbelt hatte oder unter anderem Kühe dasselbe machten. Und aufgewirbelter Schlamm wirkt auf Karpfen sehr anziehend. Vermutlich denken sie, daß der Schlamm von anderen fressenden Fischen aufgewirbelt wurde und daß auch für sie noch etwas abfallen könnte. Indem man ein paar Deziliter Kakao in das Wasser um den Köder schüttet, erhält man eine täuschend echte und zudem noch gut schmeckende »Schlamm«wolke, die sogar eine gewisse Zeit im Wasser hängen bleibt. Über den visuellen Effekt hinaus wirkt der Kakaoduft zusätzlich unglaublich anziehend auf die Fische. Den in etwa gleichen Effekt kann man mit Milch erzielen, wobei Milch nicht unbedingt Schlamm ähnelt.

Die Methode ist im übrigen sehr hilfreich, wenn man bei kräftigem Wind mit dem Boot hinausfährt, seinen Köder nicht markiert hat und doch exakt über der Montage anfüttern will. Normalerweise treibt das Boot nach dem Auslegen der Montage so schnell ab, daß Sie kaum noch die genaue Stelle wiederfinden. Geben Sie mit dem Köder jedoch einen Schuß Milch ins Wasser, markiert dieser Schleier präzise die Stelle mit dem Köder. Die Markierung bleibt so lange sichtbar, daß die Zeit zum zurückfahren und dem anschließenden Füttern ausreicht.

Sollte ich eine schnelle Auflistung der richtigen Anfütterungstaktiken für die jeweiligen Situationen erstellen, würde sie etwa so aussehen:

Sparsame Anfütterung: Niedrige Temperaturen oder plötzlicher Temperatursturz, kurze Ausflüge und bewegliches Angeln, wenige Fische und einzelnes Fressen oder in kleinen Gruppen, große Köder.

Starke Anfütterung: Das gleiche, nur umgekehrt.

Hoffentlich konnte ich auf den letzten paar Seiten in etwa aufzeigen, was für ein weites Feld das Anfüttern ist. Viele verschiedene Anfütterungs-Techniken können effektiv sein, so lange man seine Methoden den Reaktionen der erwarteten Fische anpaßt. Sie können die Fische langsam an den Köder gewöhnen, mehr Fische an den Angelplatz locken, eine gezielte »Preoccupation« oder eine schnelle »Instant«-Wirkung ohne vorgegangene Anfütterung erzielen.

Grob gesehen wirken nach dem »Neutralitätsprinzip« gefischte Hakenköder am besten, wenn man mit seiner Anfütterungstechnik sehr konzentriert und häufig ein »preoccupation-artiges« Freßverhalten anstrebt. Hakenköder und Präsentationen, die auf dem Super-Stimuli-Prinzip basieren, eignen sich perfekt für die etwas gefächerteren Anfütterungen und die Füttertechniken beim beweglichen Fischen. Aber auch hier gibt es keine Regel ohne Ausnahme. Insbesondere dann nicht, wenn es um das Anfüttern geht. Denn es ist unmöglich, genau zu sagen, was in welcher Situation am besten wirkt. Die einzige Möglichkeit heißt einfach vortasten....

Statisch oder beweglich Angeln?

Die Begriffe statisches, bewegliches und Dapping-Fischen sind selbstverständlich keine festen Einteilungen. Beim »stationären« oder »statischen« Angeln setzt sich der Fischer an seinen gewählten Platz und wartet, daß die Fische beißen. Ob das nun Tage oder Wochen dauert, ist egal! Selbst wenn man nicht unbedingt die ganze Zeit über Fische sieht, konnte der Angler an seiner Stelle zuvor Fische beobachten oder ist sich zumindest sicher, daß der Platz unter den gegebenen Umständen eine optimale Stelle sein muß.

In manchen Situationen ist jedoch es am besten, der Uferkante entlang zu spähen und einzelne entdeckte Fische direkt oder indirekt anzuwerfen. Das nennt man im allgemein »bewegliches« Angeln. Beide Methoden können sowohl mit schweren Grundals auch mit Posenmontagen bis hin zum regulären Fischen auf Sicht mit loser Schnur ausgeübt werden. Ich habe das Grundangeln deshalb im Kapitel über das statische Fischen beschrieben, da beides in den meisten Fällen fest zueinander gehört. Der Begriff »statisch« deutet ausschließlich auf die eigene Mobilität des Anglers hin.

Der Balanceakt zwischen dem genauen Zeitpunkt, an dem man das eine oder das andere verwenden sollte, ist sehr wackelig. Und kommt es nicht sofort zu einem Biß, muß nicht automatisch irgend etwas nicht stimmen. Packt der Fischer jetzt sein Angelgerät zusammen und zieht zu häufig um, bleibt er trotz vielleicht vorhandener Fische möglicherweise Schneider – nur durch die eigene Ungeduld. Hält er jedoch die Stellung, bekommt er vielleicht zehn Tage lang keinen einzigen Fisch zu sehen, weil sie ein paar Meter weiter in einem Gumpen hungrig herumlungern. An einem für ihn neuen Gewässer fällt es dem Fischer noch um einiges schwerer, die richtige Taktik zu wählen. Jetzt hilft eine solide Vorarbeit in Form von Tiefen- und Bodenmessungen samt Fischbeobachtungen, zusammen mit einer ausgeprägten Karpfenintuition bereits um einiges weiter.

Zwar sollte die Wahl der Methode von der Stelle abhängen, wo die Fische stehen. Aber das ist nicht so einfach. Eine Sache sind die gesichteten Fische, eine andere allerdings, ob sie wirklich fressen oder zumindest am gegebenen Platz normalerweise ihre Nahrung suchen. Weiter sollte die Stelle über einen geeigneten Platz zum Landen des Fischs verfügen.

Jetzt möchte ich versuchen, eine lange und komplizierte Sache etwas überschaubar darzustellen: Das bewegliche Fischen kann sich besonders in Gewässern lohnen, in denen sich die Fische leicht aufspüren lassen oder sich sogar häufig zeigen. Jetzt erzielt ein gut trainierter Fischer gute Erfolge, sofern er den See kennt und außerdem weiß, wann, wo und wie er die Fische findet. Das gilt auch für Gewässer mit verhältnismäßig wenigen Fischen.

Das stationäre Angeln ist insbesondere in den Seen eine gute Wahl, wo Sie die Fische nicht zu Gesicht bekommen. Vermisse ich an der Angelstelle über längere Zeit jegliche Aktivität und konnte auch keine Fische beobachten, kann das entweder am falschen Köder, an der falschen Präsentation oder Anfütterung liegen. In diesen Fällen sollte man einfach einmal etwas Neues probieren. Bringt das auch nichts, dürften an der befischten Stelle mit ziemlicher Sicherheit keine Fische schwimmen... »The Waiting Game« ist ein psychologisch sehr anstrengender Tanz auf der Rasierklinge.

Das beste wird immer sein, auf eine Art an der gewählten Stelle zu fischen, sich aber stets zu einem sinnvollen Wechsel in Platz oder Taktik bereit zu halten. Fischen Sie vielleicht auf einer statischen Anfütterung, können Sie Ihre Augen offenhalten, ab und zu ein wenig umhergehen und nach Fischen schauen. Passiert auf dem ausgewählten Angelplatz trotz allem Ausprobieren nichts und zeigten sich an anderen Plätzen fressende Fische oder andere Aktivitäten, kann man eigentlich nur noch seine Sachen zusammenzupacken und umziehen.

Vertrauen Sie jedoch Ihrer Stelle zu 100 Prozent und halten Geduld für den Schlüssel zum Großfisch genau an dieser Stelle, ist der nächste Schritt die Wahl der richtigen Methode. Schwimmen die Fische ziemlich dicht unter Land in nicht allzu tiefem Wasser, zählen das Posenangeln, das Oberflächenfischen oder die freie Leine zu den fängigsten Methoden (siehe Seite 156).

In vielen Gewässern darf man sich jedoch glücklich schätzen, wenn man in einer Woche überhaupt einen Biß erhält. Damit erklärt es sich von selbst, daß in solchen Situationen das Grundangeln mit einem Doppelindikator-System die effektivste Methode darstellt. Außerdem eröffnet das Grundfischen dem Angler noch zusätzliche Möglichkeiten, die ihm das traditionelle Posenangeln nicht bieten kann. Dabei wären unter anderem die größere Wurfweite und die Möglichkeiten für Boot-Taktiken zu nennen.

Grundfischen

Das Grundangeln ist ohne Zweifel die populärste Art zum Fischen auf Karpfen. Kein Wunder also, daß die meisten heute bekannten Montagen von Grundfischern stammen. Das bedeutet allerdings nicht, daß sich nicht viele der im folgenden Text beschriebenen Montagen und Techniken unter anderem auch für die Pose oder das Dapping eignen – im Gegenteil.

Doppelindikator-Systeme

Obwohl das Angeln mit dem Schwimmer hervorragende Erfolge bringen kann, erreicht es irgendwann seine natürlichen Grenzen. Denn nach stundenlangem Starren auf den roten Punkt über der Oberfläche schwindet die Konzentration und das Auge sieht »Gespenster«. Das einzig Vernünftige in dieser Situation ist jetzt der Wechsel zu einer Grundmontage mit elektronischem Bißanzeiger, der bei der geringsten Bewegung der Schnur einen Laut von sich gibt. Gleichzeitig zeigt ein manuelles Instrument, ob der Fisch Schnur nimmt oder auf den Angler zuschwimmt. Diese Kombination von zwei verschiedenen Bißmeldern nennt man in der Praxis »Doppelindikator-System«. Es besteht aus dem elektronischen

Der linke Bißanzeiger leuchtet auf. Doch statt einem Biß hat wohl nur der Schwan die Schnur berührt. ▼

Bißanzeiger (»Buzzer«), der als vordere Rutengabel fungiert, und der einen oder anderen Form eines optischen Bißmelders (Back-Indikator), der zwischen dem Buzzer und der Rolle liegt. Schläft der Angler dann ein, wird er bei der geringsten Aktivität vom Biepen des elektronischen Anzeigers geweckt und kann die weitere Entwicklung des Bisses am visuellen Melder beobachten.

Elektronische Bißanzeiger

Über die Jahre konnte ich eine große Anzahl von Bißanzeigern ausprobieren. Das waren unter anderen Optonics, FBI, Delkim und Fox Microns. Die einzigen Modelle, mit denen ich keine negativen Erfahrungen machte, sind die Modelle von Delkim und Fox. Der Delkim ist unter allen Bedingungen 100prozentig sicher. Die Bißmelder haben eine stufenlose Einstellung von Empfindlichkeit, Lautstärke und Frequenz samt »Light-Delay«, so daß schon ein einzelner Blick sofort verrät, von welcher Rute die Aktivität ausgeht. Darüber hinaus besitzen diese Melder zwei übergeordnete Empfindlichkeitseinstellungen.

Als Extra kann man außerdem eine »Sounderbox« kaufen, die über Kabel oder per Funk mit den Bißanzeigern verbunden ist. Damit hören Sie vor dem heulenden Sturm geschützt auch noch direkt im Bivvy und in den kuscheligen Schlafsack eingemummelt das ersehnte Biepen. Sounderboxen sind eine gute Investition, wenn man tief schläft oder sein Bivvy aus praktischen Gründen weit von den Ruten entfernt aufschlagen muß.

Eine der neuesten Entwicklungen auf dem Markt der E-Bißanzeiger ist eine Funktion, die Vibrationen im Bißmelder selbst registriert – selbst wenn die Schnur absolut regungslos bleibt. Es genügt ein sachtes Zupfen, das die Rute und damit auch den Bißanzeiger sanft zittern läßt. Diese Funktion wird die Bißanzeige sehr vereinfachen, wenn scheue oder ruhige Fische den Köder nur vorsichtig probieren und ihn ausspucken, ohne sich während des ganzen Vorgangs auch nur im geringsten zu bewegen. Die Funktion wird als »Vibrator-Sensing« bezeichnet und von dem Hersteller Fox entwickelt, der es in die Modelle DX und DXR einbaute. In den letzten beiden Jahren habe ich mit Fox's Micron DXR gefischt, der zu diesem Zeitpunkt (1998) wohl als der beste und verläßlichste Bißmelder auf dem Markt gelten muß. Darüber hinaus ist im Bißmelder selbst eine drahtlose Sounderbox eingebaut. Zudem besitzt er stufenlose Lautstärken- und Frequenzregler sowie zusätzliche Schnurbewegungs- und Vibrationsindikation mit separaten Empfindlichkeitsreglern. Die neuesten Modelle verfügen außerdem über ein spezielles Lichtsignal für Drop-Back-Bisse – ein großer Vorteil für das richtige Timing des Anhiebs. Regnet es in Strömen, sind Microns meiner Erfahrung nach verläßlicher als beispielsweise die Delkims, die nicht sehr wasserfest konstruiert sind.

Während dem Angeln gibt es immer eine Grenze, wie empfindlich man den Bißmelder einstellen sollte. Herrscht nur ein wenig Wind, eine sachte Oberflächenbewegung oder existieren Unterströmungen, kann der Melder zu viele falsche Bisse anzeigt. Das kann dazu führen, daß der Angler bald gar nicht mehr auf einen einzelnen Pieps achtet. Und kommt dann tatsächlich ein Biß, wird er einfach überhört. Deshalb sollten Sie die Sensibilität des Melders so empfindlich wie möglich einstellen, ohne daß er falsche »Bisse« anzeigt.

Beißt der Fisch, muß man vom ersten Augenblick an aufmerksam sein und die Entwicklung beobachten. So können Sie den Anhieb im richtigen Augenblick setzen. Wann er gekommen ist, hängt von verschiedenen Faktoren ab, wie der Konstruktion der Montage, der Hakengröße, von der Haarlänge und wie aktiv oder mißtrauisch die fressenden Fische sind. Da der Buzzer von außerordentlicher Bedeutung für das rechtzeitige Wahrnehmen der geringsten Aktivität an der Montage ist, lohnt sich wirklich die Investition in einen zu 100 Prozent zuverlässigen Bißanzeiger. Geben Sie lieber ein paar Mark mehr aus, als aufgrund eines nicht rechtzeitig oder korrekt angezeigten Bisses einen Fisch zu verlieren.

Optische Bißmelder

Der Bißanzeiger hinter dem Buzzer fungiert nur zum Teil als visueller Indikator. Denn gleichzeitig soll er die Schnur unabhängig von einem Straffen oder Erschlaffen der Schnur auf Spannung halten – eine unverzichtbare Sache für die korrekte Funktion des E-Bißmelders.

Als optische Bißanzeiger kommen normalerweise Tips, Swingers, Bobbins oder Monkeys in Frage. Über die einzelnen Konstruktionen erfahren Sie mehr auf den nächsten Seiten:

Eine **Butt-Mounted Swingtip** ist schlicht eine Schwingspitze, die über ein Gewinde am unteren Ende des Blanks an der Rute hängt. Sie ist ein fantastisch empfindlicher Backindikator zum Beispiel beim Fischen auf Brachsen, Schleien und Karauschen. Leider erschwert sie den Wurf sehr und reagiert selbst auf den kleinsten Windhauch sehr instabil. Deshalb eignet sich die Spitze nicht für das Fischen auf größere Entfernungen oder an windigen Stellen.

Bobbins werden direkt in die Schnur gehängt. Ursprünglich bestand dieser Anzeiger aus einem

Stückchen Silberpapier, Kork oder Plastik, das mit Hilfe eines »Clips« oder eines Ringes an die Schnur montiert wurde. Glauben Sie es oder meinetwegen auch nicht: beim beweglichen Angeln oder dem Dapping ist ein sehr leichter Bobbin bei gutem Wetter und auf kurze Distanz ein perfekter Indikator! Er ist leicht zu montieren und läßt sich gleichzeitig ohne Rodpods und Banksticks verwenden. Für diese Form des Angelns bevorzuge ich einen Ultraleicht-Bobbin, der zwischen die beiden untersten Rutenringe gehängt wird. Damit das System überhaupt funktioniert, muß der Bobbin so groß sein, daß er sich während des Drills nicht im Ring festklemmt. Ein guter zu Hause angefertigter UL-Bobbin kann zum Beispiel aus einem kleinen Stück aus dem Plastikrücken eines Kunststoffaktenordners bestehen. Bei kräftigem Wind kann der leichte Bobbin leicht stabilisiert werden, indem er wie ein »Affenkletterer« (siehe unten) auf einer Nadel gleitet. Die Grenze bei den Leichtgewichts-Bobbins markiert trotzdem ihre Windempfindlichkeit sowie die ungenügende Drop-Back-Anzeige, was ebenfalls am geringen Gewicht liegt.

Verwenden Sie einen Rutenhalter, können Sie mit einem Clip am Bobbin arbeiten. Er ist über eine Schnur mit dem vorderen Rutenhalter verbunden und schnappt beim Anheben der Rute von der Angelleine herunter. Diese Bobbin-Typen werden in der Regel häufig als »Danglers« oder »Hangers« bezeichnet. Sie besitzen eine Mikrometerschraube, die den Widerstand des Clips reguliert. Damit stellt der Angler sicher, daß der Bobbin zum richtigen Zeitpunkt von der Schnur fällt. Die meisten Sorten besitzen außerdem auswechselbare Gewichte, die zu allen Situationen inklusive Drop-Back-Anzeige passen. Die Firmen Nash, Fox und Solar stellen Danglers in Topqualität her, wobei ihre Modelle zusätzlich ein Betalight aufnehmen können.

Affenkletterer oder **Monkey-Climbers** wurden ursprünglich für den Einsatz bei Wind konstruiert. Der »Monkey« gleitet auf einer Nadel, die das Schwingen im Wind verhindert und so eine falsche Anzeige verhindert. Hebt der Fischer die Rute für den Anhieb vom Halter, wird die Schnur freigegeben und der Affe fällt von der Schnur. In den letzten Jahren waren sehr viele Monkeys auf dem Markt. Ich selbst sammelte gute Erfahrungen mit Gardeners Supermonkey und Trick- oder Grease-Monkeys. Die zuerst genannten verfügen sogar über eine Bohrung für Betalights beim Nachtfischen, während die anderen Basisgewichte mit unterschiedlichen Gewichten aufnehmen. Sie gleichen eine zu starke Drift aus und gewährleisten eine bessere Drop-Back-Anzeige. Über viele Jahre waren Affenkletterer äußerst populäre optische Bißanzeiger. Allerdings büßten sie besonders beim Fischen mit Bolt-Rigs einiges an Beliebtheit ein, als die Swingers, Springswingers und Tension-Arms auf den Markt kamen.

Swingers sind im Prinzip einstellbare Schwingspitzen, die an den Buzzerbar unterhalb des E-Bißanzeigers montiert werden. Ein Swinger kann sich nur senkrecht bewegen, was zu einer 100prozentigen Windstabilität führt. Der Zug an der Leine läßt sich angenehmerweise stufenlos mit Hilfe verschiedener Gewichte einstellen. Auf diese Weise erreicht man eine optimale Anzeige, egal ob Sie mit »Confidence-Rigs« auf Kurzdistanz fischen oder einfach nur eine gute Drop-Back-Anzeige beim Angeln mit halbfixierten Bolt-Rigs auf die Langdistanz wünschen. Die Schnur wird normalerweise an einem Clip eingehängt, der sich wie ein Hanger über eine Mikrometerschraube genau justieren läßt. Dieser Bißmelder funktioniert in den häufigsten Situationen ohne Probleme. Zu den meisten Swingern gehören Gewichte von ein bis zwei Unzen (28-56 Gramm), was unter normalen Umständen von Land aus für Entfernungen bis zu 90 oder 100 Meter reicht. Auf weitere Distanzen reichen die meisten Swinger meiner Meinung nach jedoch nicht aus, eine perfekte Drop-Back-Anzeige sicherzustellen. Jetzt bevorzuge ich entweder »Tension Arms« oder »Wasp-Indikatoren«, die normalerweise einen besseren und schwereren Zug auf die Leine geben.

Ein **Tension-Arm** ist im Prinzip eine Quiver-Tip (Zitterspitze), die in einem bestimmten Winkel unter dem Buzzer liegt und beim Einhängen der Schnur kräftig gespannt wird. Der Kopf des Anzeigers wird mittels eines Clips an der Schnur befestigt, wobei eine Schraube das Einstellen des Auslösewiderstands beim Aufnehmen der Rute erlaubt – also die gleiche Technik wie bei den meisten anderen optischen Bißanzeigern. Insgesamt empfiehlt sich der Einsatz von Betalights, die Bewegungen der Indikatoren selbst bei stockfinsterer Nacht sichtbar machen. Tension-Arms wurden für Fluchtmontagen und die Anzeige von Fallbissen konstruiert, weshalb sie sich durch die ständige, hohe Spannung nicht für Confidence-Rigs mit freilaufender Schnur eignen.

Daraus zog unter anderem die Firma Fox ihre Schlüsse und entwickelte ein Universal-Bißanzeiger-Set, das »Swing-Springers« heißt und sich sowohl als Swinger als auch als Tension-Arm verwenden läßt. Es erscheint eventuell etwas seltsam, unmittelbar von Swingers zu Quivers zu wechseln, aber in der Praxis ist dieser Vorgang einfach und schnell überstanden. Das System funktioniert gut und kann für

◀
Der Angler stellt die optischen Bißanzeiger (Quivers) ein.

den Allroundgebrauch wärmstens empfohlen werden. Müßte man bei diesen Kombi-Bißmeldern einen Nachteil nennen, wäre es der selbst auf der empfindlichsten Stufe reell nicht vorhandene »Null Widerstand«-Punkt, über den traditionelle Swinger oder Wasps verfügen. Dies liegt daran, daß sich das Gewicht nicht hinter den Drehpunkt schieben läßt, wodurch der Angler das Gewicht des Arms und des Kopfs ausgleichen könnte.

Der Wasp-Bißanzeiger von Kevin Nash ist wohl so ziemlich das Ultimativste – zumindest wenn man über Universalbißmelder redet, die alle Indikationsextreme ohne Auswechseln von losen Teilen meistern. Auf das Maximum im »Drop-Back-Mode« gespannt, kann ein Zug bis zu 10 oz (280 Gramm) entstehen, weshalb sich dieser Anzeiger sehr gut für das Langdistanz-Fischen eignet. Er funktioniert mit Hilfe einer Feder, die zum Erreichen des gewünschten Widerstands entweder gelöst oder gespannt wird. Der Wasp hat drei Grundeinstellungen: »Drop-Back«, »Margin« und »Neutral«. In der Drop-Back-Einstellung wird die Feder gespannt, bis der gewünschte Zug auf der Schnur liegt. Der Bißmelder klickt bei jeder veränderten Stufe. Merken Sie sich wie viele »Klicks« für die optimale Einstellung nötig sind, denn gibt man zu viel Zug auf die Schnur, muß der Bißanzeiger erst wieder auf Neutral gestellt werden, bevor der nächste Versuch beginnen kann. Das gleiche gilt für die Margin-Einstellung. In der Neutral-Position liegt auf der Feder nicht der geringste Zug und die Einstellung ist, wie der Name so schön pädagogisch andeutet, neutral – was nun aber nicht »Null Widerstand« heißt. Die Margin-Einstellung verwendet man für einen minimalen Widerstand. Das ist zum Beispiel beim Angeln auf Nahdistanz, mit der losen Leine oder Confidence-Rigs der Fall. In dieser Grundeinstellung wird die Feder in die entgegengesetzte Richtung gespannt, wodurch das Gewicht des Wasp-Arms und des Indikatorkopfes kompensiert wird, was wiederum in einem »Null Widerstand« und maximaler Empfindlichkeit resultiert.

Nach dem Auswerfen der Montage kann das Einstellen des Doppel-Indikatorsystems auf verschiedene Arten erfolgen. Beim Fischen über weichem Boden, dicht an oder sogar in Wasserpflanzen, dürfen Sie nicht zu sehr an der Schnur ziehen, da die Montage ansonsten in den Schlamm rutscht oder sich kleine Äste und Blätter darin verfangen. Das läßt sich am einfachsten in drei Schritten bewerkstelligen: Schnur leicht spannen, Baitrunner einkuppeln und die Rute in den Halter legen. Ziehen Sie jetzt ein wenig Schnur von der Spule und hängen den Drop-Back-Anzeiger ein. Verlangt eine Situation gleichermaßen eine Run- und Drop-Back-Anzeige, sollte man darauf achten, daß sich der optische Bißanzeiger sowohl nach oben als auch nach unten bewegen kann. Normalerweise achte ich darauf, daß das Schnurführungsröllchen der Rolle möglichst weit oben nahe der Rute steht, wodurch der optische Bißanzeiger bei flach abgelegter Rute mehr Spielraum nach oben erhält. Rücklaufsperre und Baitrunner sollten immer eingeschaltet bleiben. Denn bei offener Rücklaufsperre kann die Spule bei einem kräftigen Biß überdrehen und für einen kräftigen Schnursalat sorgen. Muß ich die Schnur für die richtige Position des Bißanzeigers spannen, drehe ich einfach die Spule in die entsprechende Richtung. Sinn und Zweck der ganzen Vorgehensweise liegen darin, daß kein Zug auf die Hauptschnur kommt. Und beim Einstellen des Buzzers ziehe ich einfach die Schnur vom E-Bißanzeiger aus gesehen nach vorn und nie zurück.

Aufstellen der Ruten

Lassen Sie einmal das Dapping und andere Formen des beweglichen Fischens außen vor, lohnt sich der Einsatz irgendeines Rutenhalters in jedem Fall. Denn selbst beim Posenangeln macht das stundenlange, immer verkrampftere Halten der Rute keinen Spaß – vor allem, wenn gerade keine Aktivitäten zu beobachten sind. Für das Fischen mit dem Schwimmer und das Grundangeln mit einer Rute benötigen Sie lediglich ein bis zwei Erdspieße (Banksticks) sowie zwei Rutenauflagen.

Banksticks gibt es aus unterschiedlichsten Materialien und in verschiedenen Konstruktionen, wobei die Qualität stark abweicht. Die billigsten Banksticks bestehen normalerweise aus Aluminium. Leider verbiegen sie sich leicht, wenn der Angler sie zwischen Steine oder in harte Erde zu zwingen versucht. Immerhin reichen die Alu-Sticks für Plätze mit mittelhartem Boden vollkommen aus und entlasten durch ihr geringes Gewicht das Gepäck. Stahl- oder Titansticks sind teurer, dafür jedoch stabiler. Sie eignen sich für harten Grund und halten den Strapazen auch mehrere Jahre lang stand. Unabhängig vom Material sollte die Wahl auf teleskopische Modelle fallen, da sie sich optimal an die Uferstruktur und den gewünschten Rutenwinkel anpassen lassen.

Für besonders harten Untergrund eignet sich ein »Tridapta«. Er besteht aus einem Metallkörper mit drei um 120 Grad zueinander versetzten Bankstickgewinden sowie einem Buzzerbar-Gewinde auf der Oberseite. Aufgebaut wirkt das Ganze wie ein kleines Fotostativ und bildet in der Praxis ein kleines, leichtes Rod-Pod.

Fischen Sie mit mehreren Ruten, kaufen Sie sich am besten zwei **»Buzzer-Bars«**. Sie lassen sich auf Erdspieße schrauben und nehmen über Gewinde wahlweise zwei bis vier E-Bißanzeiger oder Rutengabeln auf. Buzzer-Bars gibt es als feste und teleskopische Modelle. Sollen die Halter unter anderem beim Fischen mit Bolt-Rigs oder während dem Hindernis- oder Langdistanzangeln sehr stabil stehen, empfiehlt sich ein Paar »Dual-Buzzer-Bars« mit zwei Erdspießgewinden.

Häufig fische ich an Stellen, an denen weder Pods noch Banksticks das Optimale sind. Ist es zum Beispiel an der einzigen für die Ruten geeigneten Stelle extrem sumpfig, schneide ich meist einen langen Stock zurecht, bohre ihn fest in den Boden und binde Bankstick und Buzzer-Bar daran fest. Am liebsten verwende ich dafür zwei Fahrrad-Spannseile mit Haken an beiden Enden.

Schon lange Zeit spielte ich mit dem Gedanken an einen Adapter, der auf der einen Seite ein Bankstick- und auf der anderen ein Fotogewinde besitzt. Eines Tages erzählte ich davon meinem Angelkamerad Claus Qvist, der in der Metallbranche arbeitet. Als ich ihn das nächste Mal traf, hatte er für uns ein paar wunderschöne Adapter aus Aluminium drehen lassen. Jetzt bin ich in der Lage, meine Buzzerbars auf ein Fotostativ zu schrauben, was selbst an den apartesten Plätzen die Möglichkeit zu einer perfekten soliden »Raketenaufstellung« gibt. Das Adaptergewinde läßt sich im übrigen genauso auf »Fotoklemmen« einsetzen, die sich wie eine Schraubzwinge an Ästen, Geländern, Bootswänden und ähnlichem montieren lassen. Das eröffnet wiederum die Möglichkeit, selbst an den »wildesten« und unmöglichsten Plätzen zu fischen.

Angelt man auf extrem harter Erde oder Steinboden, ist die beste Lösung ohne Zweifel ein Rutenstativ, das in Anglerkreisen **»Rod-Pod«** genannt wird. Die meisten Karpfenfischer benutzen für ihre Rutenaufstellung Rodpods – die meisten allerdings nur, weil die Aufstellung mit diesen grazilen Teilen am schönsten aussieht. Und häufig höre ich von diversen Anglern, daß sie manche Rodpods unter allen denkbaren Verhältnissen aufstellen können. Doch die Realität sieht anders aus. Wenn man seinen Angelplatz nicht nach der besten Stelle für Rod-Pod und Bivvy sondern nach dem Standort der Fische auswählt, sind in vielen Situationen die Banksticks oder andere Möglichkeiten die bessere Wahl. Versperren vielleicht hohe Gräser, viele Äste oder steile Kanten den freien Weg zum Wasser, sind Banksticks in den meisten Fällen um einiges leichter und besser zu plazieren. Das gilt unter anderem für den richtigen Winkel zur Montage und eine strategisch richtige Plazierung, von der aus Sie am besten den ersten Druck auf den Fisch ausüben können.

An Stellen mit extrem hartem Boden wähle ich jedoch gerne ein Rod-Pod. Dabei bevorzuge ich ein sehr solides Modell, das hart im Nehmen ist und wirklich stabil steht. Ich habe viele Jahre lang Fox's »Euro-Pod« mit »Extension-Kit« benutzt, die beide ohne Probleme glänzend funktionieren. Ihre Merkmale sind unter anderem große Stabilität, geringes Gewicht sowie eine praktische Schließmechanik, die sich selbst mit kalten Fingern noch leicht bedienen läßt. Wie die meisten anderen traditionellen Pods besitzt allerdings auch das Fox-Modell so kurze Beine, daß es nur schwer in hügeligem Gelände oder anderen extremen Plätzen aufzustellen ist. Dafür wäre das »SAS-Transformer-Pod« oder ähnliches die richtige Wahl.

Die Rutengabeln selbst werden entweder direkt in die Standardgewinde der Erdspieße oder in die der Buzzerbars gedreht. Fische ich ohne E-Bißanzeiger, verwende ich einen vorderen Halter des »V-Typs«, bei dem die Schnur frei unter der Rute läuft und sich nicht verheddert, wenn die Rute beim Anhieb angehoben wird. Als hintere Auflage bevorzuge ich den »U-Typ« beim Angeln mit der Pose. Müssen Sie beim Fischen mit Fluchtmontagen jedoch mit recht starken Bissen rechnen, empfehle ich Ausführungen, bei denen sich das Handteil der Rute beispielsweise mit einem »Rod Lok« von Fox festklemmen läßt – ein heißer Tip, sollen Ihre Ruten nicht im See landen.

Es gibt kein Rezept für das universell perfekte Plazieren der Ruten. Abhängig von den Gegebenheiten gibt es viele Dinge, wie optimale Präsentation, Bißanzeige, Anhieb, Schnur-Kontrolle und die Anti-Snag-Taktiken, die eine große Rolle spielen. Für einen schnellen Überblick, kann ich folgende Schlüsselworte nennen: 1) Bei starker Strömung oder kräftiger Drift, auf Langdistanzen, an Hindernissen, Felsen oder Kraut zwischen Ruten und Futterplatz, sollte die Rutenspitze nach oben weisen, so daß ein großer Teil der Schnur frei in der Luft hängt. 2) Bei starkem Wind, ohne Strömung, schnurscheuen Fischen und hindernisfreiem Wasser sollte die Rutenspitze so niedrig wie nur möglich liegen. 3) Beim

Angeln mit Confidence Rigs die auf den freien Weg im optischen Bißanzeiger bauen, ist ein kleiner Winkel zwischen Schnur und Rute zu bevorzugen. Das verringert die Reibung. 4) Geht es mit Bolt-Rigs auf weit entfernte Fische, oder zeigen die Karpfen nur »Twitch-Bisse«, ist ein großer Winkel zwischen Schnur und Rutenspitze optimal, da sich so kleine Zupfer an der Rutenspitze leichter zeigen.

Idealerweise sollte der Rutenhalter da stehen, wo Sie sitzen oder liegen. Denn jetzt sind Sie bei einem Biß sofort an der Rute und können rasch den Anhieb setzen. Dabei sollten die Ruten niedrig liegen, damit der Anschlag ohne aufzustehen erfolgen kann. Ist es nicht möglich die Rutenhalter direkt neben Stuhl oder Liege zu plazieren, müssen Sie sich jedoch zwangsläufig erheben. Jetzt können Sie die Ruten gleich etwas höher plazieren. Sorgen Sie immer dafür, daß Gras, Äste oder ähnliche Schnurfänger gründlich aus dem Bereich der Leine entfernt sind. Allerdings sollen Sie die Stelle nicht so umpflügen, daß sie einem neu planierten Golfplatz ähnelt.

Präsentation

Die perfekte Präsentation hängt nicht nur von der richtigen Köderwahl, der Montage und vom richtigen Vorfachmaterial ab. Vielmehr spielen weitere Faktoren, wie die grundsätzliche Konstruktion der Montage, der Wurf, die Technik beim Absinken des Köders sowie die Schnurführung im Wasser eine Rolle.

Die gewählte Köderpräsentation sollte so weit wie möglich auf einem Wissen über die Freßgewohnheiten des Karpfens an der befischten Stelle und Details wie der Bodenbeschaffenheit (Härte) und der Bodenstruktur basieren. Konnten Sie vielleicht »Bubblers« beobachten, die im Schlamm wühlen, sollte der Köder jetzt ruhig ein Stückchen im Schlamm liegen. Jetzt locken Berührung, Duft und Geschmack den Fisch an. Allerdings bedeuten Blasen nicht zwangsläufig, daß ein Fisch im Schlamm nach Nahrung sucht. Denn sie steigen häufig ebenfalls auf, wenn der Fisch von der Oberfläche des Bodens frißt. In diesen Fällen sollte der Köder frei sichtbar auf dem Boden liegen. Ist der Grund nicht allzu weich, wird ein normal sinkender Köder diesen Job perfekt erledigen. Allerdings sinkt er sehr leicht in sehr weichen Boden ein. Jetzt wäre ein sehr langsam sinkender Köder oder ein schwebend austarierter Köder angebracht. Zudem können ein kleines Stück über dem Grund schwebend gefischte Pop-Ups sowohl über hartem als auch weichem Grund unglaublich effektiv sein. Dabei spielt die Freßtechnik der Fische fast keine Rolle.

Egal ob Sie den Köder auf oder im Boden fischen, ist eine tiefgehende Kenntnis der Struktur des Grundes in vielen Gewässern eine absolute Voraussetzung für das korrekte Plazieren des Köders. Liegt an der angeworfenen Stelle beispielsweise 80 Zentimeter tiefer Schlamm, bohrt sich ein 60 Gramm schwerer Bolt-Rig nach einem rasenden 90-Meter-Flug regelrecht in den Grund. Trotzdem testen die wenigsten Fischer den Grund genauer auf seine Beschaffenheit und geben sich in der Regel mit der Einteilung »schlammig« und »nicht schlammig« zufrieden. Und selbst nach dem Messen der Schlammtiefe mit einem Stock vom Boot aus, muß man immer noch das Gewicht des Bleis, seine Form sowie die Geschwindigkeit beim Aufschlag berücksichtigen.

Übrigens führt die Tiefenmessung des Schlamms mit einem Stock in vielen Fällen zu einem falschen Bild, denn es passiert häufig, daß man den Stock in den Schlamm steckt und es sich anfühlt, als wenn der Boden relativ hart ist. Allerdings bemerkt der Angler dabei nicht den Schlamm in schwebender Form, der nach dem Auswerfen herabsinkt und den Köder vollständig bedeckt. Auch wenn der Stock langsam in den Schlamm gleitet und man dadurch die einzelnen Strukturmerkmale genauer wahrnimmt, wird man häufig betrogen. Denn viele Seen mit Torfschichten am Grund besitzen eine relativ harte, wenige Zentimeter dicke »Matte«, die beim Kontakt mit dem Stock häufig fälschlicherweise als harter Boden interpretiert wird. Stoßen Sie den Stock jedoch etwa mit der Gewalt eines einschlagenden Bleis in den Boden, versinkt das Holz vielleicht bis zu einem Meter im Schlamm. Werfen Sie eine schwere Fluchtmontage an so eine Stelle, bohren sich Blei und Köder durch die Matte in den Modder. Jetzt liegt ein Bolt-Rig nur dann perfekt auf dem Grund, wenn man sie herausfährt.

Möchten Sie das Problem mit einer Schlamm-Montage (Seite 115) oder ähnlichem lösen, bei dem das Hakenvorfach auf der Hauptschnur montiert wird, müssen Sie darüber hinaus noch den Winkel der Schnur zur Montage ausgleichen. Je niedriger die Rutenspitzen liegen, desto mehr werden Hauptschnur und Vorfach in den Schlamm gezogen.

Die einfachste Art auszuprobieren, wie weit auf der Hauptschnur das Hakenvorfach fixiert oder gestoppt werden muß, funktioniert mit einem Stückchen weißem Wollfaden, das parallel zum Blei der Hauptschnur entlang liegt. Das Ende des Wollfadens wird mit einem Stopperknoten aus Power-Gum fixiert. Danach werfe ich die Montage aus, lasse sie wie beim normalen Angeln 10 bis 15 Minuten im Schlamm. Bei sehr feinem Schlamm nimmt der Wollfaden dessen Farbe bis zum Eintauchpunkt an. Jetzt kann ich das Vorfach ganz genau montieren.

Fast unabhängig vom Typ der Montage ist das **Absinken** der Montage sehr wichtig, soll sie wie berechnet fischen. Beim Fischen über weichem Boden sieht man häufig Angler, die ihre Montage vor dem Ablegen der Rute durch Heben aus dem Schlamm befreien. Das soll meiner Meinung nach nicht unbedingt geschehen. Denn dieses Verfahren zeigt eigentlich nur, daß die Montage nicht zur Situation paßt. Und beim Anheben oder dem Schleifen der Montage über den Boden riskiert man außerdem, daß der Köder einfach abfällt oder sich in Ästen oder Kraut verfängt. Zudem kann sich der Haken vielleicht verbiegen oder das Haar verheddert sich, was zu einem recht zweifelhaften Haken des Fischs führen kann. Fischt man mit einem relativ langen Hakenvorfach und einem sehr langsam sinkenden Köder oder einem Pop-Up »straight off the lead«, läßt sich das Rig normalerweise leicht vom Grund freiheben. Allerdings sollte das in der Zeit geschehen, so lange der Köder nach dem Wurf den Grund noch nicht erreicht hat. Andere Möglichkeiten zum Verhindern der »Freiheberei« sind lange Hakenvorfächer, das Montieren des Bleis auf einem Bleivorfach sowie verschiedene Schlamm-Rigs (Seite 115).

Egal wie das Hakenvorfach liegt und in welche Richtung der Fisch nach dem Biß schwimmt, wird man keinen Ausschlag des Bißanzeigers wahrnehmen, bevor der Hakenköder aus dem »Null-Indikationsfeld« herauskommt. In der Abb. 2 habe ich diese Zone mit gestrichelten Linien markiert. Je länger das Hakenvorfach ist, desto weiter kann der Fisch mit dem Köder im Maul herumschwimmen, ohne daß der Angler irgend etwas mitbekommt. Der Fisch bemerkt erst dann den Widerstand von Blei oder Bißanzeiger, wenn er sich aus dem »Null-Indikationsfeld« herausbewegt.

Beim Angeln mit Flucht- oder Gleitmontagen und einem großen Widerstand im optischen Bißanzeiger, ist der **»freie Weg«** zwischen Blei und Haken ein wichtiger Punkt, der ein widerstandsloses Einsaugen des Köders sicherstellen soll. Dabei entspricht der Radius des »Null-Indikationsfeldes« der Länge des gestreckten Vorfachs. Wie schon erwähnt, saugen Karpfen ihr Futter aus einer Entfernung von fünf bis zehn Zentimeter ein oder sammeln es mit ihren Lippen auf. Saugen die Fische den Köder von der Position »x« an, die außerhalb des auf der Abb. 2 gestrichelt gezeichneten Kreises liegt, bleibt der Köder innerhalb des Null-Indikationsfeldes, egal ob das Hakenvorfach nun gestreckt ist (1) oder in einem Bogen liegt (2). Im ersten Fall wird sich der Köder kaum bewegen, während er im zweiten an den Rand des Feldes gerät. Aber auch hier wird der Köder nicht im Maul des Fisches enden. Da das erste Saugen in Richtung des Köders immer eine Art Test ist, wird der Karpfen bei einem gestreckten Vorfach das widernatürliche Verhalten des Köders bemerken. Dadurch kann in der Praxis vielleicht ein großer Teil der Bisse verloren gehen. Saugt der Fisch dagegen von einem Punkt innerhalb des Null-Indikationsfeldes aus (wie dem Punkt »y«), wird sich der Köder naturnah verhalten. Möchte ich ganz sicher jeden Widerstand vermeiden, egal von welcher Richtung aus der Fisch den Köder ansaugt, muß der Köder 10 bis 15 Zentimeter von der inneren Kante des Null-Indikationsfeldes entfernt liegen. Das ist beim Punkt »b« in der Abb. 2 zu sehen. Das kann man am leichtesten gewährleisten, indem das Hakenvorfach in einem Bogen liegt. Das können Sie erreichen, indem Sie das Blei im Wurf einen Augenblick vor dem Aufschlag

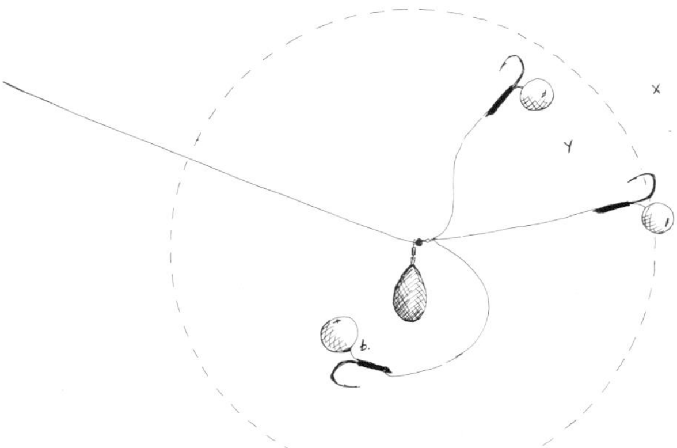

◄ *Innerhalb des gestrichelten Kreises und in dem »3D-Kegel« darüber fühlt der Fisch beim Einsaugen des Köders keine Widerstand.*

► *Die Quivers in einsatzbereit gespannter Position.*

und einen Moment danach abbremsen. Jetzt streckt sich das Vorfach in der Verlängerung der Hauptschnur und das Blei sinkt senkrecht. Beim Herabsinken *vermindert* man den Zug auf die Hauptschnur, so daß das Vorfach auf *keinen Fall* ganz gestreckt liegt *(je stärker die Hauptschnur während des Absinkens gespannt ist, desto mehr schwingt das Blei zurück zum Fischer und streckt somit das Vorfach)*. Über andere Möglichkeiten im Vorfach selbst mehr freien Weg zu schaffen, lesen Sie auf den Seiten 116 bis 118.

Fischen Sie dagegen mit Low-Resistance-Rigs, *kombiniert* mit einem Null-Widerstand-Bißanzeiger, ist das Problem mit dem Freigang nicht so groß – oder doch? Selbst wenn der Reibungswiderstand im Ledger-Bead und am Bißanzeiger noch so klein ist, so verursacht er beim Einsaugen des Köders doch ein unnatürliches Verhalten. Je länger dabei das Vorfach ist, desto besser stehen die Chancen, daß es nicht ganz gestreckt wird. Damit spürt der Fisch nur einen minimalen Widerstand.

Beim Einsatz von Gleitmontagen und »Chock-Rigs«, können Sie – über den Freigang im Hakenvorfach selbst hinaus – mehr freien Weg ermöglichen, indem Sie die Schnur zwischen Montage und Rute etwas durchhängen lassen.

Aber nicht in allen Situationen ist der freie Weg unbedingt richtig. In manchen Fällen kann sogar das Gegenteil die Lösung sein, sprich *kein* Freigang und ein sehr großer Widerstand. Dies ist der Fall, wenn die Fische die Köder mit den Lippen einsammeln und dann versuchen, die Köder wieder auszuspucken. Über diese Fluchtmontagen können Sie ab Seite 112 mehr lesen.

Die Konstruktion der Montage ist aber nicht das einzige, an das Sie bei einer perfekten Präsentation denken müssen. Denn in vielen Gewässern erschrecken die Karpfen, wenn sie Schnur oder Montage bemerken. Inwieweit sich die Fische von diesen Dingen beeinflussen lassen, weicht von Gewässer zu Gewässer stark ab. Und es hat nicht unbedingt etwas damit zu tun, ob die Fische schon einmal gefangen wurden. Je härter das Gewässer befischt ist, desto größer ist das Risiko für eine Bedeutung dieser Punkte. Ich denke jedenfalls, daß man die Montage im Zweifelsfall so ordentlich wie möglich tarnen sollte. Ein Beispiel dafür sind Vorfächer und Bleie, die in keinem zu starken Kontrast zum Boden stehen. Aus demselben Grund vermeide ich häufig das Fischen mit Tubes, wenn es nicht unbedingt nötig erscheint. Selbst wenn es den Fischen absolut egal sein könnte, kann eine weitgehend unsichtbare Montage kein Fehler sein. Viele Gerätefabrikanten stellen perfekt angemalte und lackierte Camouflage-Bleie her, die von der Farbe her alles von dunklem Schlammgrund bis zu hellem Sandboden abdecken. Allerdings kommt es nicht unbedingt auf solche Feinheiten an. Insbesondere beim Angeln über weichem Grund, der das Blei sowieso ein Stückchen verschluckt, sind diese Produkte nicht notwendig. Vermeiden Sie jedenfalls, Stopper-Perlen oder ähnliches in kräftigen Farben zu verwenden: Denn vielleicht halten Kleinfische oder sogar Karpfen diese Teile für Futter und stupsen die Montage an. Obwohl der Fachhandel viele Vorfachmaterialien in verschiedenen Farben liefert, ist manchmal nicht genau die richtige darunter. Jetzt hilft das Bemalen mit gut haftender Farbe weiter.

Viele Vorfachschnüre werden aus reinem HPPE (Dyneema) hergestellt. Dadurch schwimmen sie häufig in einem Bogen *hoch* im Wasser. Der Fisch kann ihn bemerken und als mißtrauisches Exemplar sehr wahrscheinlich eine Falle erkennen und den Köder ignorieren. Fiel er sogar schon einmal auf eine Montage mit »Bogen-Vorfach« herein, verbindet er es vielleicht direkt mit Gefahr und flüchtet. Als Problemlösung bieten sich Bleischrote oder Putty auf dem Vorfach an. Putty oder »Heavy Metal« ist eine Art Knetmasse, die zur Feinabstimmung verschiedener Montagen dient. Alternativ kann man sinkende Vorfachmaterialien verwenden.

In vielen Gewässern ist es ein bekanntes Phänomen, daß Fische durch Schnüre im Wasser erschreckt werden. Insbesondere in Verbindung mit Bolt-Taktiken, bei denen die Schnüre vollständig gespannt durch das Wasser schneiden, erschrecken die Fische, wenn sie über ihrem Futterplatz gegen die Leine schwimmen. Jetzt empfehlen sich nur halb gespannte Schnüre in Verbindung mit festen oder halbfixierten Fluchtmontagen, die zum Auslösen des Fluchtreflexes nicht auf den Widerstand von Schnur-Clips oder eines Baitrunners angewiesen sind. Allerdings kommt die Bißanzeige um so später, je mehr lose Schnur zwischen Montage und Indikator liegt. Insgesamt kann der Fisch den Köder schon eine gewisse Zeit mit sich herumtragen, bevor der Bißanzeiger das Geschehen registriert. Deshalb kann jetzt ein etwas früher als sonst üblich gesetzter Anhieb nicht schaden.

Wenn die Tiefenverhältnisse und die Aufstellmöglichkeiten der Rute es zulassen, kann die Hauptschnur auch durch die möglichst weit unter die Oberfläche gesenkte Rutenspitze auf dem Boden zu liegen kommen. Allerdings liegt die Schnur über nicht ganz ebenem Grund dann trotzdem nicht ganz auf dem Boden. Verminen jetzt nicht zu viele Hindernisse den Grund, sind **Back-Leads** (frei übersetzt »Hinterblei«) oder **Fly-Back-Tungsten-Tubes** eine gute Methode, die Schnur auf den Boden zu legen.

▲
An der Öse rechts unten am Backlead ist die Leine zum Zurückholen angeknotet. Die Hauptschnur liegt oben im Klip.

Besonders wenn sich die Fische als sehr schnurscheu erweisen, oder Sie sehr viele Fehlbisse erhalten, wenn die Fische auf dem Futterplatz herumschwimmen, ist ein Back-Lead (Abb. 3) die richtige Lösung. Weiter empfiehlt sich ein Back-Lead bei Boots- oder Schiffsverkehr. Auch wenn ein Ruderboot oder ein Windsurfer einen fantastisch harten Drill liefert, übersteht man diese Kämpfe nur in den seltensten Fällen als Sieger. Die traditionellen Hinterbleie werden nach dem Auswerfen der Montage von Hand in die Schnur gehängt und ausgeworfen. Dabei lassen sich die mit einem Öhr ausgerüsteten Modelle gleichermaßen für Flucht- und Gleitmontagen einsetzen. Damit sich der Zug eines Fischs effektiv auf den Bißanzeiger überträgt, muß das Blei so schwer sein, daß es sich dabei nicht von der Stelle bewegt. Deshalb muß das Back-Lead schwerer sein, als der Auslösewiderstand von Schnurclip oder Rollenfreilauf.

Das Zusatzblei besitzt wie vieles einen Nachteil: In den Sekunden bis zur Kontaktaufnahme zum Fisch und damit dem Anheben der Schnur, hat der Karpfen die Leine vielleicht bereits über Hindernisse gezogen und sie damit beschädigt. Vielleicht hat sie sich auch verfangen oder festgesetzt. Wie auch immer – in so einem Fall können Sie sich vom Traumfisch verabschieden.

Die Lösung ist ein »Clip-Back-Lead«, das fast wie ein Downrigger-Clip vom Schleppfischen funktioniert. Sie können es mit Hilfe der Schraube (I) so einstellen, daß der Clip genau im Moment des Bisses auslöst. Gibt es viele Bodenhindernisse, ist diese Form des Backbleis so ziemlich das einzige, was ein effektives Angeln ermöglicht. Schließlich kann sich die Schnur jetzt nicht mehr festsetzen. Da die Schnur nach dem Auslösen locker durchhängt, erzielen Sie die beste Bißmeldung mit einem effektiven Drop-Back-Indikator. Aufgrund der großen Reibung im Clip ist diese Art von Hinterblei am besten für das Fischen mit verschiedenen Fluchtmontagen geeignet. Übrigens: Knoten Sie am besten eine Schnur an die Öse auf der Rückseite des Backleads. Mit der Leine können Sie das nach dem Auslösen der Hauptschnur lose am Grund liegende Blei wieder einholen und erneut verwenden.

Fische ich an einer Stelle mit groben Hindernissen ein gutes Stück vom Ufer entfernt und möchte jetzt nur die vordersten ein bis sechs Meter der Schnur versenken, erweisen sich die Fly-Back-Tungsten-Tubes (FBT) als beste Lösung. Damit diese Methode wirkt, muß das Blei um einiges schwerer ausfallen als das FBT, das auf der Hauptschnur hinter der Montage angebracht wird. Beim Wurf gleitet es von der Montage an der Hauptschnur hoch und kommt an der Stopper-Perle zum Stehen. Die lange Form und die Weichheit des FBTs bewirkt außerdem, daß es sich leicht von Ästchen oder Kraut befreit. Sie dürfen die Schnur jedoch nur sehr schwach spannen, da das FBT sonst angehoben wird und zur Montage zurückrutscht. Zu guter Letzt muß die Montage dort fischen, wo man angefüttert hat. Fliegt das Rig an die gleiche Stelle an der Oberfläche, an der auch das Futter landete, muß man bedenken, daß die Montage beim Herabsinken in Richtung Land schwingt. Dies ist besonders beim Angeln in etwas tieferem Wasser wichtig, da die Montage mit zunehmender Tiefe immer weiter vom Futterplatz abweicht. Deshalb bremse ich die Montage eine Sekunde vor dem Aufschlag auf die Wasseroberfläche ab und lasse sie dann mit lockerer Leine sinken. Alternativ kann man die Montage auch ein Stück zu weit werfen und sie dann an der gestreckten Schnur sinken lassen, so daß sie die richtige Stelle trifft. Noch schwieriger wird das Vorhaben im Fluß, wenn die Strömung das an der straffen Schnur geführte Rig gleichzeitig stromab drückt.

Die Gerätekiste

Über die unzähligen Montagenteile hinaus findet sich in der Gerätekiste eine große Anzahl seltsamer Dinge und unverzichtbarer Hilfsmittel, die sich nur schwer kategorisieren lassen. Auf den folgenden Zeilen werde ich verschiedene Dinge nennen, die in der Box nicht fehlen sollten.

Eine geräumige Gerätekiste hilft beim Erhalt der Ordnung des vielen Kleinkrams. Mein persönlicher Favorit ist die »System Box« von Fox. Sie besteht aus einer geräumigen Schachtel mit auswechselbaren Modulen, so daß man die Größe der Fächer selbst bestimmen kann. Außerdem beinhaltet sie eine große Anzahl speziell konstruierter Kleinboxen für das Aufbewahren von Wirbeln, Vorfachschnüren (»Dispensers«), Haken, Perlen, Haarstoppern (Seite 99) und so weiter. Weitere gute Boxen gibt es unter anderem von Plano und Stewart.

Eine gut sortierte Gerätekiste muß schon einiges aufnehmen.
▼

Diverser Kleinkram, der in jede Gerätebox gehört:

1) Pop-Up-Foam in verschiedenen Farben, Polystyren und Korkkugeln in unterschiedlichen Größen, um die Köder und Montagen auszutarieren;
2) PVA-Schnur, Band, Tüten oder Netze (Seite 77);
3) Stringer-Nadeln für das Montieren von PVA-Schnur und -Band;
4) Hair-Needles für das Aufziehen von Ködern auf Haare;
5) Hair-Braid und Dental-Floss (wird für Hair-Rigs verwendet, Seite 96) und Hair-Stop;
6) »Nut-Drills« zum Durchbohren harter Partikelköder oder Korkkugeln, bevor man sie auf ein Haar montiert
7) »Rig Boards« zum Aufbewahren fertiger Vorfächer – ein sehr nützliches Zubehör, da man nicht mit kalten Fingern im Dunkeln mit dünnen Haaren und verfangenen, komplizierten Rigs herumfummeln muß;
8) Eine kleine »Maglite« für den Fall, daß Ihre Stirnlampe durchbrennt, sowie ein paar Ersatzglühbirnen;
9) Isolierband für diverse Reparaturen, das Auffüttern von Posenantennen, so daß sie zu den Knicklicht-Tuben passen und so weiter;
10) Plummets für die Tiefenmessung;
11) Gummibänder für Reparaturen und das Montieren größerer, natürlicher Köder;
12) Nadeln für das Reparieren und Montieren von Line-Aligners sowie zum Aufbohren von mit Sekundenkleber verstopften Röhrchen;
13) Sekundenkleber zum Sichern von Knoten, für kleine Reparaturen und anderes;
14) Ersatzteile und Batterien für Bißanzeiger und ähnliches;
15) Kanüle und Spritze zum Injizieren von Flavour in Gelatinekapseln oder Schaumstoff;
16) Wirbel, zum Beispiel Nash's Bearswivel, für das Montieren von Haken- und Bleivorfächern;
17) Qualitätsbleischrot wie »Dinesmore's« oder »Anchor« für das Posen- und Dappingfischen. Der »Double Cut«-Typ ist klar zu bevorzugen, da sich das Klemmblei leichter andrücken und abmontieren läßt;
18) Diverse Stopper-Perlen;
19) Eine gute Schere zum sauberen Durchschneiden von Flechtschnüre;
20) »DAM Floatstops«, die mit Hilfe eines »Nadeleinfädlers« leicht auf die Schnur gefädelt werden. Sie eignen sich nicht nur als Posenstopper sondern unter anderem auch zum Fixieren eines Köders in einer bestimmten Position auf dem Hair-Rig.

Montagen

Als Anfänger auf dem Gebiet des Karpfenangelns kann es etwas schwer sein, unter Hunderten unübersichtlicher Montagekonstruktionen für die jeweilige Situation die richtige zu finden. Obwohl kleinste Details in den Montagen über Erfolg und Mißerfolg entscheiden können, ist es am Anfang am wichtigsten, die Grundprinzipien einiger weniger, längst bewährter Montagen zu erlernen. Wenn man sich damit vertraut gemacht hat, wann und wie sie am besten einzusetzen sind, kann man weitere Varianten hinzufügen. In absehbarer Zeit erhält der Einsteiger schließlich einen guten Überblick über die Montagen und ist in der Lage, sie für spezielle Situationen einzustellen und sie eventuell sogar mit eigenen Erfindungen zu kombinieren.

Viele Karpfenfischer haben den krankhaften Drang, Montagen zu komplizieren. In der Praxis fangen jedoch häufig die ganz einfachen Montagen die meisten Fische. Die Karpfen wissen nicht, was »ausgefeilt« bedeutet und es ist ihnen im Grunde genommen auch völlig egal. Die Hauptsache ist doch, daß die Montage funktioniert und viele Fische fängt!

Bevor Sie sich für eine bestimmte Montage entschließen, sollten Sie folgende Kriterien im Hinterkopf haben: 1) Die Montage sollte den Fischen zugeworfen werden können, ohne sich zu verheddern oder daß der Köder beim Aufschlag abfällt. 2) Die grundsätzliche Konstruktion der Montage soll sicherstellen, daß Hakenköder und -montage *(Köder, Haar, Haken einschließlich eventuellem Tubing, Tariermaterial und so weiter)* in der richtigen Tiefe fischen und perfekt präsentiert werden. 3) Zur Gesamtmontage zählt das Design der Hakenmontage, das eine korrekte Bißanzeige und ein sauberes Haken gewährleisten soll. Das erreicht man dadurch, daß zwischen der Wahl der Gesamtmontage und der Hakenmontage Logik und Korrespondenz herrscht. Als Beispiel für einen falschen Aufbau könnte man ein sehr langes Haar auf einem kurzen Vorfach oder schweren Bolt-Rig nennen – der Fisch würde hier Widerstand spüren, bevor der Haken im Maul ist. 4) Die Montage sollte stark genug sein, um den Fisch unter den gegebenen Umständen landen zu können.

Jetzt sollte der Angler noch abwägen, warum er eigentlich zum Fischen ging. Jeder Fischer hat seine Lieblingsmethode, die aber nicht unbedingt die effektivste für die gegebenen Umstände sein muß. Möchte man allerdings jetzt so viele große Fische wie nur irgend möglich fangen, muß man seine Taktik der Situation anpassen. Man kann natürlich auch bei einer bestimmten Taktik bleiben, weil sie am meisten Spaß macht. Möchten Sie also lieber einen großen Karpfen mit der Pose fangen, als hinter drei parallel aufgestellten Ruten zu sitzen, sollten Sie das machen. Schließlich geht es beim Specimenfischen nicht um den Fang des größten Fischs um jeden Preis – sondern darum, das Leben zu genießen...

Knoten

Ein perfekter Knoten ist unabhängig von der angepeilten Fischart und der Angeltechnik absolut entscheidend. Es ist sehr frustrierend, wenn man möglicherweise sogar im letzten Moment einen riesigen Fisch verliert, weil man beim Binden des Knotens schlampig war.

Als die HPPE-Schnüre auf den Markt kamen, verloren Knoten, wie der Bloodknoten und seine Varianten, mehr und mehr an Popularität, denn sie besitzen die Tendenz, sich selbst durchzuschneiden. Die Grinner- und Domhoffknoten (Abb. 4 b-c) sind für die neuen Schnüre weitaus besser geeignet. Und da man sie genau so gut an Nylonschnüren einsetzen kann, sehe ich nicht ein, warum ich überhaupt noch andere Knoten verwenden sollte. Insbesondere beim Gebrauch monofiler Schnüre ist es wichtig, die Schnur anzufeuchten, bevor man den Knoten zuzieht. Zum einen erhält der Knoten so leichter den richtigen Aufbau und zum anderen mindert die Feuchtigkeit die Reibung. Dadurch hält das verschlungene Gebilde länger. Lassen Sie sich deshalb immer genügend Zeit für den gleichmäßigen Zug beim Straffen der Leine. Wenn der Knoten dann fertig ist, prüfe ich ihn mit einem kräftigen Probezug. Dabei werden sich die fatalsten Fehlkonstruktionen schon bei der ersten Probe selbst entlarven. Für **Haken- und Wirbelknoten** verwende ich im großen und ganzen gesehen nichts anderes als einen fünffachen Grinnerknoten (Uni-Knoten) (Abb. 4 a). Verwenden Sie eine HPPE-Schnur, ist es in der Regel eine gute Idee, die Schnur zweimal durch das Hakenöhr zu führen oder die Schnur doppelt zu legen und damit den Knoten zu binden.

Abb. 4 a

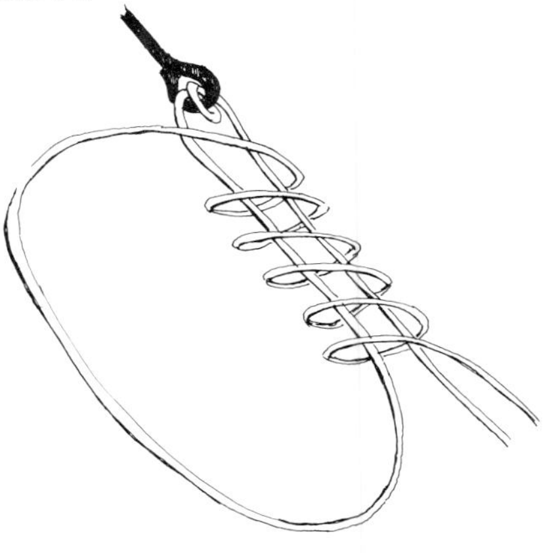

Abb. 4 b

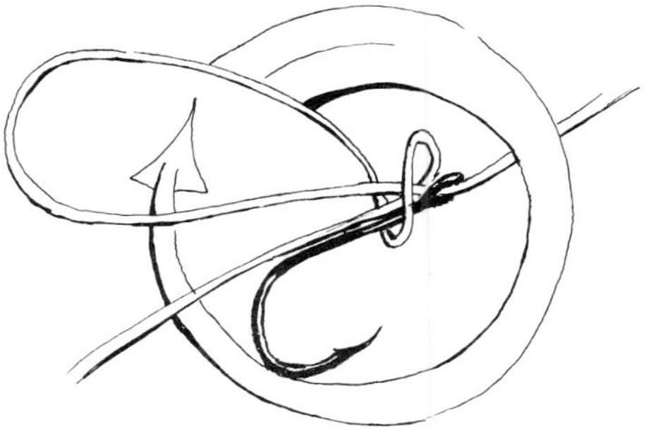

Abb. 4 c

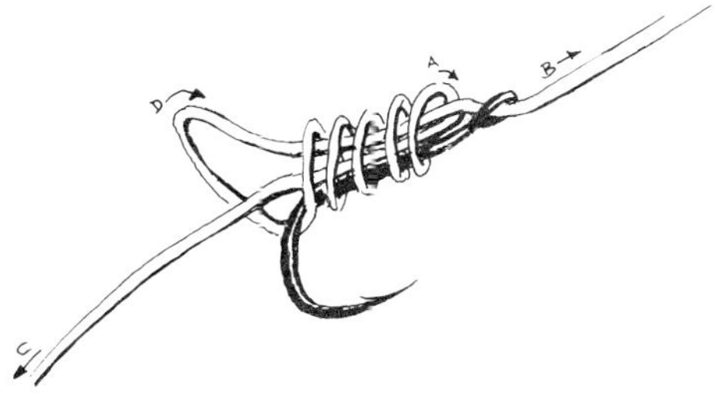

Zum **Verbinden von zwei Schnüren** gibt es viele verschiedene Knoten. Für das Zusammenfügen von monofilen Nylonschnüren ist ein doppelter Bloodknoten (Abb. 5) oder ein doppelter Grinnerknoten (Abb. 6) die richtige Wahl. Geht es jedoch um das Verbinden von Nylon mit HPPE oder zwei HPPE-Leinen, ist ein Schlagschnurknoten (Abb. 7) die bessere Wahl. Sein Nachteil ist, daß er sich sehr schwer binden läßt, wenn nicht beide Schnurenden auf einer Spule liegen. Eine gute Alternative ist wiederum der doppelte Grinner (Abb. 6), den man leicht binden kann, wenn die Spule auf der Rolle ist und die Schnur durch die Ringe gezogen wurde. Ein Tropfen Sekundenkleber auf dem Knoten sichert und glättet die Verbindung, die jetzt ohne großen Widerstand durch die Ringe läuft.

Abb. 5

Abb. 6

Abb. 7

Abb. 8

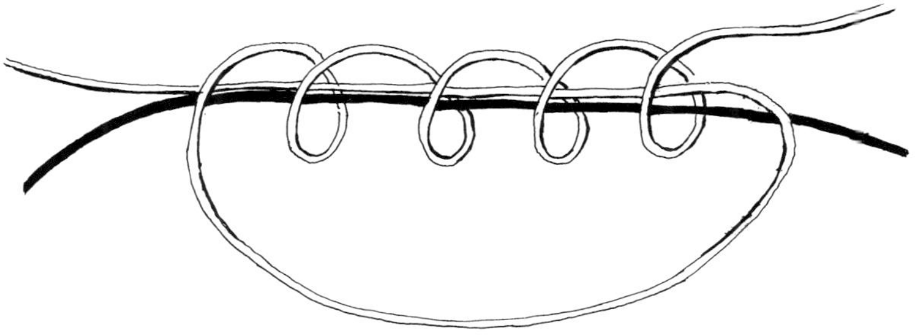

Stopperknoten stoppen selbst oder fungieren als Barriere für eine größere Stopper-Perle, die auf der Schnur hin- und hergleitet. Normalerweise verwende ich den in Abb. 8 vorgestellten Stopperknoten. Er besteht entweder aus einem Stück Hauptschnur oder Powergum im passenden Durchmesser. In den meisten Fällen bevorzuge ich Powergum, da es der Leine nur sehr wenig schadet und gleichzeitig perfekt sitzt. Ein Stopperknoten dient bei einem nicht zu schweren Blei ebenfalls zum Herstellen einer justierbaren Paternostermontage. Nach dem Binden des Knotens lasse ich das eine Schnurende überstehen und binde das Blei daran. Jetzt läßt sich das so entstandene Bleivorfach leicht die Schnur hoch und runter schieben, wenn man die Hakenvorfachlänge ändern möchte.

Haken

Ein Kapitel über Karpfenhaken zu schreiben, ist nicht gerade einfach. Es gibt unzählige Spezialhaken, die alle für eine bestimmte Angelmethode entwickelt wurden. Ein anderer, erschwerender Punkt ist, daß die Effektivität des Hakens in einem hohen Maße von der Köderwahl, der Montage, der Plazierung des Haars, dem Vorfachmaterial sowie der gesamten Zusammenstellung der Montage abhängt. Außerdem muß ich noch sagen, daß völlig verschiedene Haken selbst ohne spezielle Haarmontagen oder ähnlichem nur mit verschiedenen Mitteln nach dem gleichen Prinzip funktionieren. Welche Hakentypen optimal zu den verschiedenen Methoden und Rigs passen, können Sie im Abschnitt über die unterschiedlichen Montagen und Techniken nachlesen. Generell verwende ich Haken mit Widerhaken und Öhr, wobei ich unter anderem Modelle von Owner, Drennan, Fox, Nash und Partridge einsetze. Ihre chemisch bearbeiteten Spitzen sind äußerst scharf.

Haarmontagen

Obwohl verschiedene Köder sich vorteilhaft direkt auf dem Haken fischen lassen, gibt es eigentlich nur sehr wenige Situationen, die nicht den Einsatz des nahezu genialen Prinzips der Haarmontage (Hair-Rig) rechtfertigen.

Das Hair-Rig wurde offiziell im Winter 1978 von Len Middleton und Kevin Maddocks erfunden und ist ohne Zweifel eine der bedeutendsten Neuentwicklungen auf dem Gebiet des Karpfenangelns. Wie bereits erwähnt, war die Urform der Haarmontage dazu gedacht, das Mißtrauen des Fischs gegenüber dem Köder zu schwächen. Deshalb verwendeten die Angler zunächst fünf bis zehn Zentimeter lange Haare. Das Rig basierte auf dem »Confidence-Prinzip« und wurde daher am Anfang primär in Verbindung mit langen Vorfächern und »Null-Widerstands-Montagen« gefischt. Es erklärt sich praktisch von selbst, daß der Fisch solange keinen Widerstand spüren darf, bis er Köder und Haken vollständig im Maul hat.

Heute wird anerkannt, daß die hervorragende Effektivität der Montage primär darauf beruht, daß der Haken vollständig verdeckt ist und bestimmte Haarsorten einen Anti-Eject-Effekt besitzen (Seite 98). Hängt der Haken frei direkt an der Seite des Köders, wird sowohl ein weitgehend problemloses Einsaugen als auch ein perfektes Haken gesichert. Seit dieser Erkenntnis benutzt ein Großteil der Karpfenfischer heute weitaus kürzere Haare, als am Anfang. Außerdem ermöglichten sie gleichzeitig, die Fluchtmontagen effektiver zu gestalten (Seite 112). Und mittlerweile sind Haare häufig so kurz, daß man sie eher als »Anhängsel« bezeichnen möchte. Zudem gibt es tatsächlich einige Situationen, in denen der Köder eng an den Haken gepreßt ohne jedes Haar gefischt werden sollte. Die gebräuchlichsten Techniken für diese Montage funktionieren entweder mit Ringgummis oder mittels Ankleben des Köders an den Haken mit Sekundenkleber. Da niemand diese Methoden noch als Hair-Rigs bezeichnen kann, möchte ich sie der Übersichtlichkeit halber erst im nächsten Kapitel behandeln.

Als **Haarmaterial** kann man entweder ein dünnes Stück Nylon, Nähfaden, Zahnseide oder geflochtene Schnur verwenden. Wenn man bestimmte spitzfindige Spezialmontagen außer acht läßt (auf die ich später genauer eingehe), wird das Haar heute meist in das Hakenöhr gebunden. Insbesondere beim Fischen auf große Entfernungen und mit schweren Rigs muß das Haar so fest sitzen, daß es beim Aufschlag nicht abfällt. Verwenden Sie daher eine ordentliche Verbindung, wie Blood- oder Grinnerknoten. Da das Hauptziel beim Verwenden eines Hair-Rigs, wie bereits erwähnt, ein nicht bedeckter Haken und/oder der Anti-Eject-Effekt ist, besteht kein Grund für den Einsatz eines sehr feinen Haars – schließlich kann es leicht reißen. Eine Bruchstärke von 4 bis 6 lbs (1,8 bis 2,8 Kilogramm) paßt für die meisten Situationen. Eine andere und dazu noch haltbarere Methode, ist es, das Endstück vom Hakenknoten als Haar zu verwenden. Das Ende der Schnur wird dabei durch das Hakenöhr gefädelt, so daß das Haar über dem Schenkelrücken liegt.

Es gibt viele Möglichkeiten, den Köder zu montieren. Die gebräuchlichste ist wohl, eine Schlaufe an das Ende des Haars zu binden und es dann mit einer Boilie-Nadel durch den Köder zu ziehen. Die Schlaufe binde ich, indem ich das Haar doppelt lege und damit einen einfachen Überhandknoten schlage. Nachdem das Haar dann durch den Köder läuft, wird ein Hair-Stop durch das obere Ende der Schlaufe geschoben und das Haar zurückgezogen. Jetzt sorgt der Stopper dafür, daß der Köder nicht verloren geht. Ein drei bis fünf Millimeter langer Hairstop reicht in der Regel aus, den Boilie an seinem Platz zu halten. Je weicher der Köder ist, desto größer muß der Stopper sein, damit der Köder vor allem während des Wurfs nicht abfällt. Ich persönlich bevorzuge Stops mit einem dünnen Mittelteil und einer Verdickung auf jeder Seite, wodurch der Stopper nicht so leicht abfällt. Die Stopper gibt es in kurzen Strängen, von denen man den Stopper einfach abschneidet. Lose Stops eignen sich im übrigen hervorragend für festelastische Montagen: Ein kleines Gummiband wird am Haken mit Hilfe eines »Schlingenknotens« angebracht, worauf es mit einer »Stringernadel« oder einer Häkelnadel durch den Köder gezogen wird. Wenn die Gummilasche dann durch den Köder reicht, wird der Boiliestopper wie beschrieben angebracht. Das Montieren mit dem Gummiband ist wohl die einfachste Form, den Köder fest und ohne größeren Aufwand zu montieren. Sorgen Sie immer dafür, daß das Gummiband sehr stramm sitzt. Ist das Gummiband für den Köder zu groß, kann der Haken umkippen. Jetzt kann er kaum noch richtig im Maul des Fischs fassen.

Jetzt noch einige generelle Dinge zum Montieren des Köders: Bei einem extrem weichen Köder sollte eine breite Stützunterlage, wie zum Beispiel eine Scheibe Pop-Up Foam oder ähnliches, zwischen Hairstop und Köder liegen. So kann der Stopper nicht durch den Köder schneiden. Dementsprechend kann es sich zum Beispiel bei der Fischerei mit Weißbrot oder Paste häufig auszahlen, den Köder um das Haar oder den Hairstop zu modellieren. Dabei können Sie im übrigen den untersten Teil des Haares mit einem Stückchen Schlauch versteifen, damit es bei einem kräftigen Wurf nicht durch den Köder schneidet.

Bei allen genannten Arten von Montagen geht das Haar durch den Köder, oder der Köder reicht rund um das Haar. Es gibt aber auch andere Möglichkeiten. Besonders in Verbindung mit schwebend austarierten Ködern ist es von Vorteil, die harte Oberfläche des Köders nicht mit einem Loch für das Haar zu beschädigen. Denn der Köder nimmt durch die Öffnung schneller Wasser auf und verändert somit sein Gewicht. Eine der populärsten Methoden, Pop-Up Boilies ohne Loch zu montieren, funktioniert mit einem Stückchen Zahnseide. Dabei legt man sie um den Boilie herum und bindet dann einen einfachen, gleitenden Knoten. Nach dem Zuziehen sitzt er perfekt. Allerdings benötigt er gerade aufgrund seiner Gleitfähigkeit noch eine zusätzliche Sicherung. Diese erreicht man entweder mit einem Tropfen Sekundenkleber oder ein paar Extraknoten. Wenn der Knoten um den Köder liegt, lassen sich die losen Enden entweder als normal fest montiertes Haar am Hakenschenkel befestigen, oder der Angler bindet an sie einen Stahlring, der auf dem Vorfach gleitet.

Alternativ zur Zahnseide geht auch ein spezielles Gummiband, wie es von John Roberts produziert wird. Es erinnert an ein »Low Resistance Bead«, allerdings besteht Roberts' Modell aus weichem Gummi. Ganz unten auf dem Gummiring befindet sich eine Verdickung mit einem Loch, das man dazu verwendet, das Gummiband an den Haken zu montieren. Hiernach preßt man den Köder in den Gummiring. Damit er nicht herausgleitet, kann man in den Köder entweder eine kleine Rinne schneiden, in die sich das Gummiband legt, oder ein Tropfen Sekundenkleber hält beides zusammen.

Eine letzte Alternative für das Montieren von porösen, leicht zerbröselnden oder extrem weichen Ködern, wie Pellets, sind Netztüten – sie lassen sich unter anderem aus sehr feinen Nylonstrümpfen fertigen. Legen Sie den Köder an einer passenden Stelle auf das Material und falten es um den Köder. Darauf sichert ein doppelter Schlag die Öffnung des so entstandenen Säckchens. Der Knoten wird dann noch mit einem Tropfen Sekundenkleber und ein paar einfachen Knoten gesichert. Denken Sie daran, daß Sie eines der Enden vom Knoten als Haar übrig lassen. Schneiden Sie jetzt das Säckchen vom übrigen Strumpf ab. Übrigens eignet sich die Feinstrumpf-Technik auch bestens für Muschelfleisch.

Der Anti-Eject-Effekt und das sichere Haken

Schon ein paar Jahre nach der Entwicklung des Hair-Rig versuchte sich eine große Anzahl von Petrijüngern mit unzähligen Haarvariationen. Von Anfang an stand fest, daß neben dem freiliegenden Haken bestimmte Montagen das Ausspucken des Köders weiter erschwerten. Der »Anti-Eject« oder **»AE-Effekt«** wurde seit den Anfängen in verschiedenen Montagen immer weiter perfektioniert. Wenn man an einem unberührten Gewässer fischt, stellt sich rasch die Frage nach dem Sinn der vielen Rigs. In der Praxis erweisen sich die Fische in vollkommen jungfräulichen Gewässern als sehr scheu und spucken somit den Köder schnell wieder aus, wenn sie auch nur die geringste Form von Mißtrauen hegen. In diesen Fällen vergrößert der Fischer seine Chancen auf einen Karpfen, wenn er mit einer AE-Montage fischt. Selbst bei weniger scheuen Fischen können solche Montagen generell nichts schaden, da sie nur das sichere Haken unterstützen.

Historisch gesehen waren es ohne Zweifel die Haarmontagen, die den Anglern die Augen gegenüber dem AE-Effekt öffneten. Sie experimentierten schließlich mit einigen weiteren Techniken, die den gleichen Effekt erzielen. In den letzten 15 Jahren entstand eine lange Reihe von AE-Rigs, die auf stark unterschiedlichen Prinzipien basieren. Bei sämtlichen Ausführungen soll der Haken im Maul oder in den Lippen des Karpfens hängenbleiben, wenn er den Köder wieder auszuspucken will. Wie der Name »Anti-Eject« schon andeutet, muß der Fisch dazu den Köder ganz im Maul haben. Deshalb muß die Montage etwas Spiel besitzen. Sie erreichen es zum einen, wie auf Seite 89 beschrieben. Oder man greift zu einem Concertina-Rig (Seite 116), einem Chock-Rig (Seite 116) oder einem der diversen Confidence-Rigs, die man mit einem UL-Bißmelder oder einer Taktik mit lockerer Schnur kombiniert verwendet.

Die Anti-Eject-Montagen lassen sich grob in zwei Typen einteilen. A) Rigs mit einem beim Ausspucken vorn liegenden Köder. Dahinter steht die

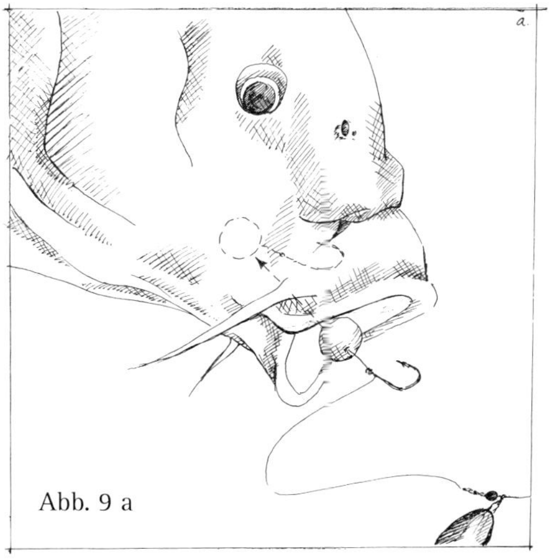

Abb. 9 a

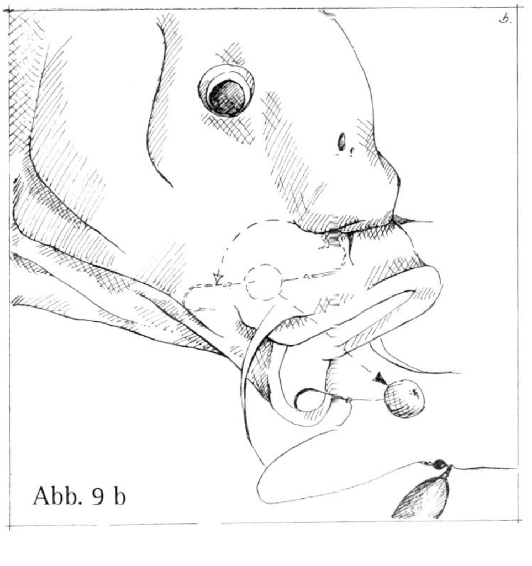

Abb. 9 b

Idee, daß der Haken dem Rest der Montage mit der Spitze nach vorn folgt, wodurch er an der Innenseite des Mauls leichter Halt findet (Abb. 9 a-b). **B)** Montagen, die beim Ausspucken wackeln oder zittern, so daß der Haken leichter Halt findet.

Von der ersten Sorte stellt die Haarmontage mit Schlaufe die einfachste Variante. Das Haar mit Schlinge für den Boilie-Stopper, wie in Abb. 10a eignet sich bestens für eine große Anzahl verschiedener

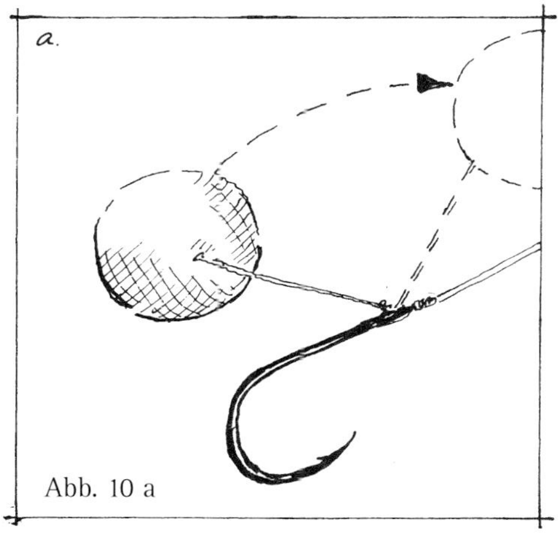

Abb. 10 a

Montagen und Köder. Sie bewährte sich inzwischen über viele Jahre. Dürfte ich für den Rest meiner Angeltage nur eine einzige Montage wählen, würde ich wirklich keine Sekunde zögern und diese Ausführung wählen.

Je weicher das Haar ist, desto besser funktioniert das AE-Prinzip. Allerdings muß nicht unbedingt das ganze Haar weich sein. Versteift etwas »Hawser« das Haar und bleibt nur die Schlaufe weich, ergeben sich weitere AE-Effekte. Das festere Haar trennt Haken und Köder deutlicher. Dadurch erhält das Eisen größere Chancen, einen Halt zu finden. Oft reicht diese Technik bereits vollkommen aus. Soll das Rig jedoch gleichzeitig nach dem Drehprinzip funktionieren (siehe unten) liegt die effektivste Plazierung *(abhängig vom Hakenmuster)* etwa gegenüber der Hakenspitze (Abb. 10 b). Dabei hält normalerweise ein Stückchen Silikonschlauch das Haar in der gewünschten Position auf dem Schenkel. Setzt man einen Schrumpfschlauch *(ein Schlauch, der nach dem Montieren in Dampf erwärmt wird, so daß er schrumpft)* ein, hält das Haar wirklich fest und das Ganze sieht schlanker aus. Unter einem verschiebbaren Abschnitt Silikonschlauch läßt sich das Haar jedoch wahlweise weiter vorn oder hinten auf dem

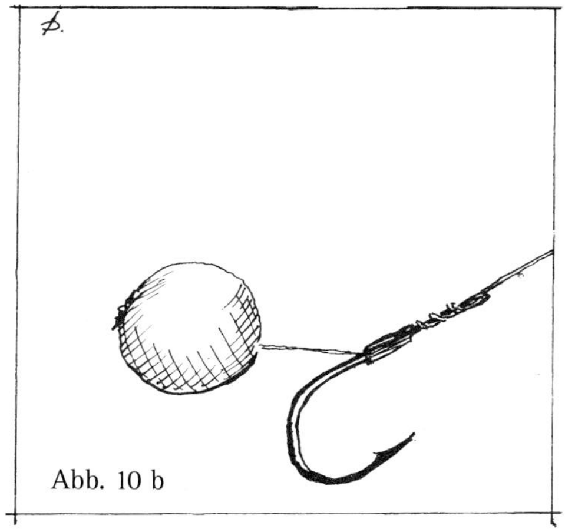

Abb. 10 b

Schenkel festlegen oder seine Länge variieren. Alternativ kann man das Haar mit der Hilfe eines kurzen Line-Aligner (Seite 101) befestigen. Einige meiner Lieblingshaken für das Haar an Schenkel und Öhr sind die Haken Owner 50188, Fox Series 2 oder der legendäre Haken »Drennan Boiliehook«.

Übrigens: Falls Sie einen »Schenkelknoten« an einem Öhrhaken einsetzen, sollte ein Tropfen Sekundenkleber vor dem Binden des Knotens die scharfe Kante am Ende des Hakendrahts am Öhr abdecken. Das vermeidet das Durchscheuern der Leine an dieser Stelle im Drill.

Gleitende Hair-Rigs funktionieren durchgehend nach dem gleichen Prinzip **(A)**, nur mit dem zusätzlichen Effekt, daß der Köder beim Ausspucken mit Hilfe eines Stahlrings auf dem Haken, dem Vorfach, Amnesia oder Nylon-Loop (Abb. 10c-e, 12b und 13b), gleitet. Dies bewirkt, daß sich das Ausspucken des Köders ein wenig verzögert und die Chance

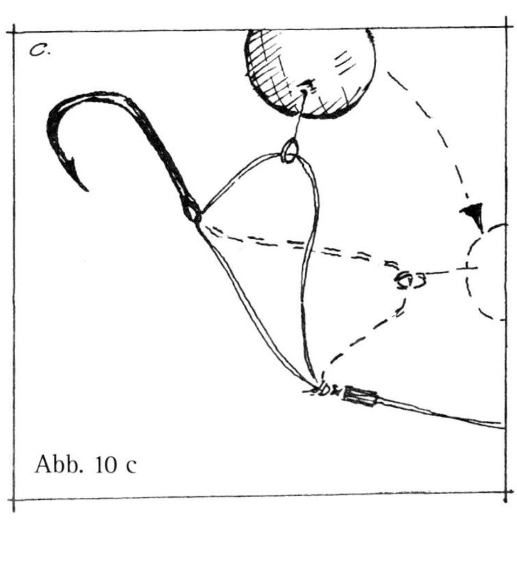

Abb. 10 c

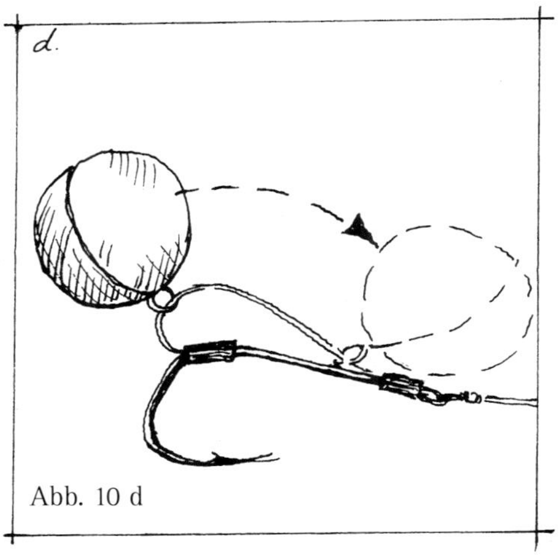

Abb. 10 d

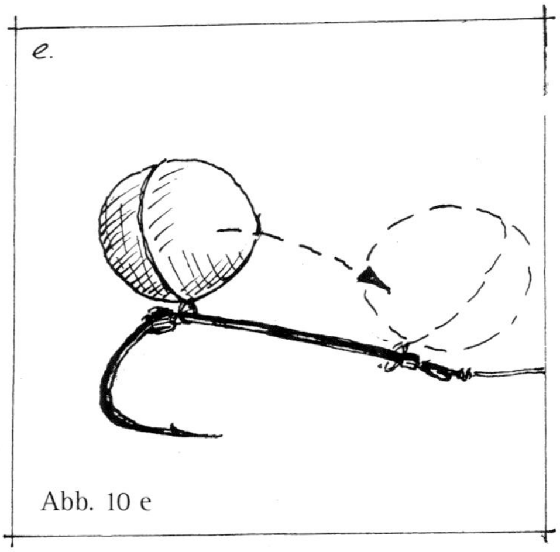

Abb. 10 e

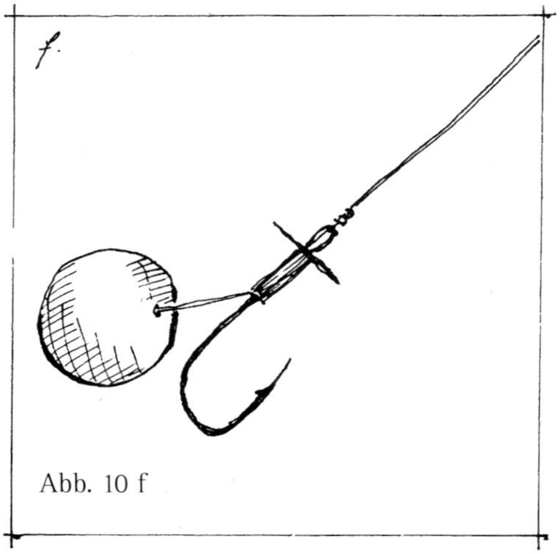

Abb. 10 f

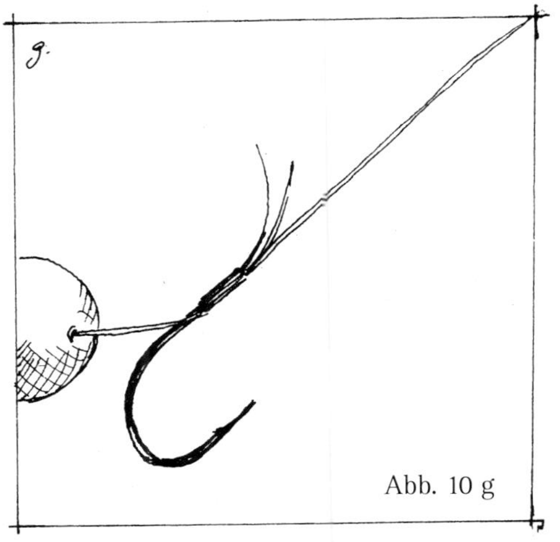

Abb. 10 g

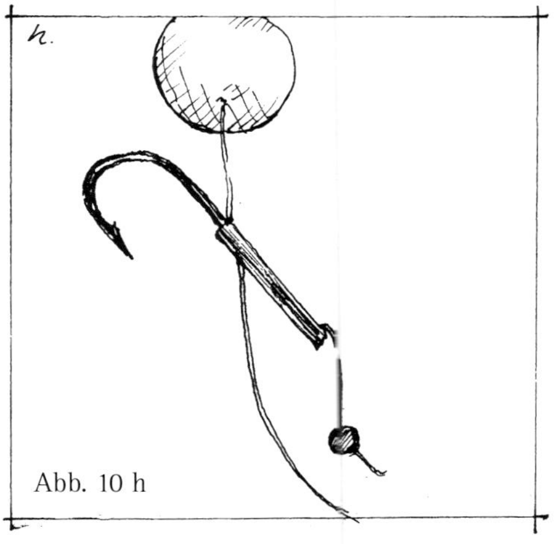

Abb. 10 h

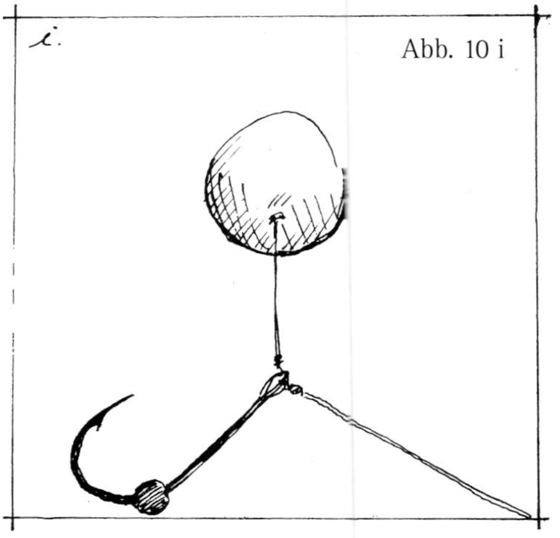

Abb. 10 i

wächst, daß der Haken irgendwo im Maul einen Halt findet. Inwiefern dieser Effekt in der Praxis wirkt, bietet reichlich Stoff für Diskussionen.

Das Prinzip B findet sich in einer großen Zahl verschiedener Rigs. Viele Haar- und Hakenmontagen führen dazu, daß die Montage wackelt oder zittert, wenn der Karpfen den Köder auszuspucken versucht. Gute Beispiele dafür sind Montagen mit mehreren Haaren und Pop-Ups, die »kräftig überbelastet« sind. Die »Anchoras« (Abb. 10f), das »Bristle Rig« (Abb. 10g) und durchgehend steife Haarmontagen erzeugen einen ähnlichen Wackeleffekt. Weitere Beispiele für Rigs, die nach dem Wackelprinzip haken, sind die Hakenmontagen in den Abb. 10h-i. Der Wackeleffekt in Abb. 10h wird mit Hilfe eines Stückchens »Extensionsschlauch« hervorgerufen, der mit einem Schrot auf einem Schnurstück den Pop-Up belastet/abbalanciert. Auf dem »Claw-Rig« (Abb. 10i) ist der Haken mit Putty belastet, damit er besser im Unterkiefer Halt findet.

Änderungen in der Hakenmontage selbst bilden jedoch nicht die einzige Möglichkeit, einen Wackeleffekt zu erzielen. Wenn man ein relativ steifes Vorfach, wie zum Beispiel Amnesia, Nylon oder Ledkor mit schwerem Kern wählt, fällt es dem Fisch aus einem ähnlichen Grund ebenfalls schwer, den Köder wieder auszuspucken. Mit einem geflochtenen Vorfach läßt sich der gleiche Effekt erzielen, indem »Hawser«, Sekundenkleber oder ähnliches den vorderen Teil der Montage versteift.

Die Einteilung der AE-Prinzipien in »A« und »B« ist selbstverständlich etwas grob. Allerdings dient sie primär dazu, die Funktion zu erklären und gibt Anregungen zur Eigenkonstruktion ähnlicher Rigs. Die Prinzipien A und B werden sich in der Praxis häufig überschneiden, wofür das auf irgendeine Weise versteifte Haar ein gutes Beispiel ist.

Eine andere weit verbreitete Methode zum sicheren Haken ist eine Hakenmontage nach dem **»Drehprinzip«**. Obwohl der Karpfen sein Futter nur mit den Lippen aufsammelt, sorgt die Hakenform oder seine Montage dafür, daß sich das Eisen in jedem Fall um seine eigene Achse dreht. Dadurch erfaßt die Hakenspitze leichter die Lippen des Fisches. Grundlegend kann man diese Methode also eher als eine wirksame Technik zum Haken und nicht als Anti-Eject-Montage im eigentlichen Sinn bezeichnen. Eine Teil dieser Methoden besitzt trotzdem einen gewissen Anti-Eject-Effekt. Schließlich sind sie so schräg konstruiert, daß sie im Maul des Fisches hin und her zittern, wenn er den Köder ausspucken möchte. Sie sehen: Dies ist ein weiteres Beispiel dafür, wie schwer sich die Methoden trennen lassen.

Die Drehtechnik eignet sich übrigens gleichermaßen für Confidence- und Bolt-Rigs.

Eine der bekanntesten Montagen nach diesem Prinzip ist Jim Gibbinsons »Line Aligner« (Abb. 12 a). Durch das oberhalb des Öhrs zur Hakenspitze hin aus dem Schlauchstück ragende Vorfach kippt der Haken, wenn sich das Vorfach spannt. Jetzt dreht sich das Eisen und findet irgendwo im Maul des Karpfens seinen Halt. Dieser Effekt verstärkt sich weiter, wenn Sie den Schlauch in einem Winkel von 45 Grad schräg abschneiden (Abb. 12a).

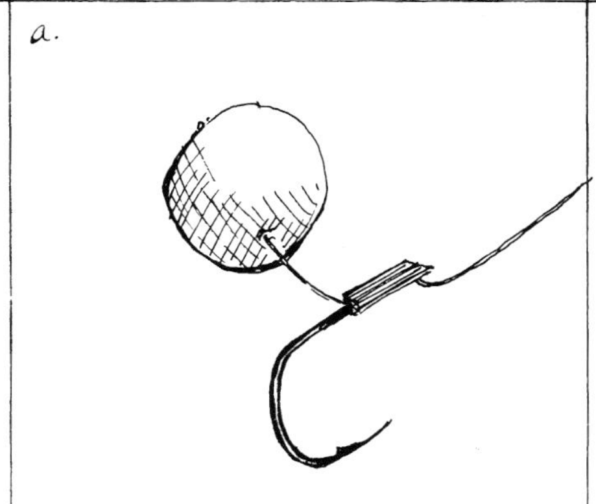

Abb. 12 a

Ob das Rig dann auch wirklich funktioniert, kann man durch den Fingertest herausfinden. Dazu legen Sie das Vorfach über einen Finger, so daß die Montage senkrecht nach unten hängt. Jetzt zieht die andere Hand langsam waagerecht an der Schnur, so daß die Montage über die Finger rutscht. Wenn die Montage korrekt justiert ist, wird sie sich drehen und die Hakenspitze in den Finger pieksen. Wiederholen Sie diesen Versuch ein paar Mal und justieren Sie die einzelnen Teile so fein, daß das System bei jedem Versuch einwandfrei funktioniert. Das Einstellen kann unter anderem durch das Verändern des Winkels am Schlauch mit Hilfe einer Schere geschehen oder indem man unter anderem die Plazierung des Haares korrigiert. Jim Gibbinsons Line Aligner wirkt ohne unzählige, komplizierte technische Spielereien und ist daher aus einer langen Reihe von Montagen klar als erstes zu empfehlen, egal ob Confidence- oder Bolt-Rig.

Eine andere Methode mit Drehwirkung ist das »Cranked Hook Rig« (Abb. 12 b). Aufgrund des besonderen Schenkels dreht er sich automatisch und sucht dann im Maul des Karpfens nach Halt, wenn er

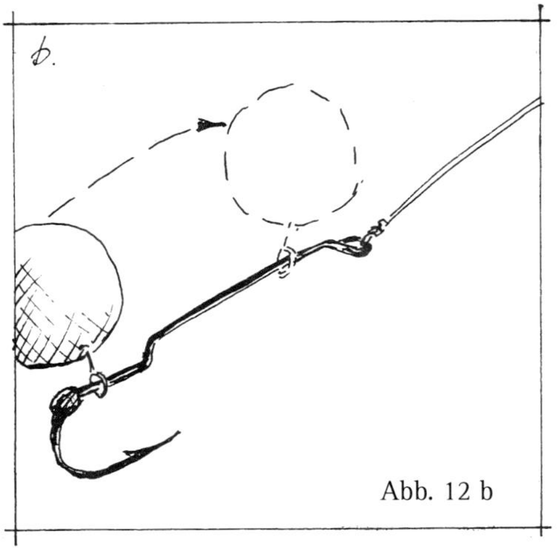

Abb. 12 b

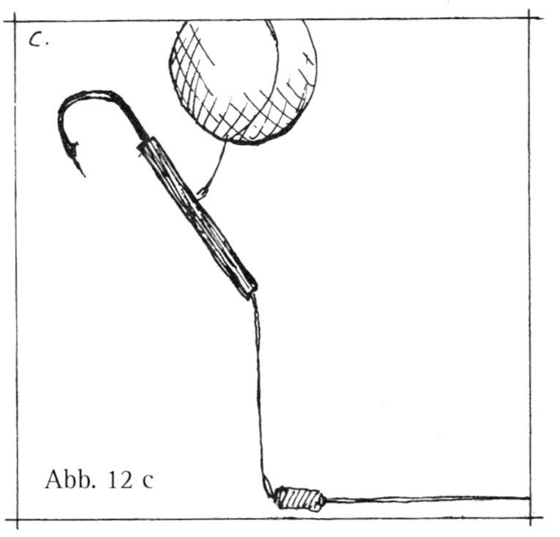

Abb. 12 c

sich über die Lippen des Karpfens bewegt. Den Boilie montiert man mit Hilfe eines Stahlringes, der auf dem Hakenschenkel gleitet – wieder ein gutes Beispiel dafür, daß es bei den Rigs keine klare Zwei-Klassen-Gesellschaft gibt. Das gleitende Haar und die dazugehörige Anwinkelung ergibt eine Kombination von sowohl Dreh- als auch AE-Prinzip (A).

Vor einigen Jahren galten die »Bent-Hook-Rigs« als die beste und heißeste Methode. Eigentlich wurde der Bent-Hook zum Haken sehr scheuer Fische entwickelt, die Pop-Up-Köder aufsammeln und rückwärts schwimmen, bis sie einen Widerstand spüren. Genau in diesem Augenblick spucken sie den Köder sofort wieder aus. Der Vorteil an den Bent-Hooks (und vielen Extension-Rigs) ist, daß die Hakenspitze im Verhältnis zum Boilie hoch plaziert ist und weit absteht. Zudem arbeiten die Haken häufig nach dem Drehprinzip, das sie weiter zu einer »tödlichen« Angelegenheit für Karpfen macht. Alles in allem ergibt sich beim Angeln mit Pop-Ups ein recht sicheres Setzen des Hakens.

Leider hinterließen die Bent-Hooks gelegentlich häßliche Wunden, weshalb er heute nur noch selten anzutreffen ist. Aber das grundlegende Prinzip hatte es ganz klar verdient, daß man auf ihm weiter aufbaute. Daraus entwickelten sich dann die verschiedenen »Extension-Rigs« (Abb. 12 c-d), bei denen der Hakenschenkel mit einem Stückchen Schlauch verlängert wird. Mit vielen dieser Rigs erreicht man genau den gleichen Effekt wie mit den original Bent-Hooks. Allerdings reißt der Schlauch im Drill keine der so bedenklichen Wunden. Damit ich zudem einen optimalen Dreheffekt erziele, verwende ich für die meisten Extension-Rigs verschiedene Haken mit entweder nach innen gedrehten Schenkel (zum Beispiel Drennan River Carp und Nash Pattern 1) oder

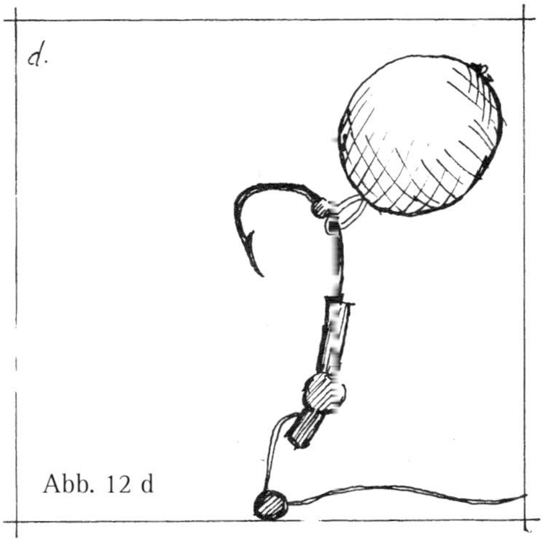

Abb. 12 d

einen »In-Turned-Eye« (zum Beispiel Nash Pattern 2). Die etwa gleiche Wirkung kann man aber auch mit Haken mit einem geraden Schaft und Öhr durch ein gebogenes Stückchen Schlauch erzielen. Dabei macht jedoch etwas steiferes Material einigen Sinn, da es die Form etwas besser hält. Die gebogene Ausführung ergibt sich nach dem Wickeln um eine Spule und dem anschließenden Eintauchen in kochendes Wasser, wonach man alles blitzschnell in eiskaltem Wasser abkühlt. Wie viele andere Fischer verwende ich den Schlauch häufig als verlängerten Line-Aligner, bei dem die Schnur ein paar Millimeter vom Ende des Schlauches entfernt auf der Unterseite (also auf Seite des Hakenbogens) herauskommt. Als Schlauch kann man entweder einen steifen Rig-Schlauch oder Silikon verwenden. Wenn man genügend Zeit damit verbringt, den Dreheffekt fein zu tunen, zum Beispiel mit Hilfe des Fingertests, kann man diese Montage fast bis zur Perfektion optimieren. Je schräger sie konstruiert wird, desto besser funktioniert sie nach dem »Wackelprinzip«.

Allerdings sollten Sie die Schräglage nicht übertreiben. Je komplizierter ein Rig wird, desto größer ist das Risiko, daß sich die ganze Herrlichkeit verwickelt und in der Praxis nicht mehr richtig funktioniert. Natürlich kann sich der Angler ein Rig perfekt ausdenken und sie im Aquarium bei den verschiedenen Tests perfekt nacharbeiten – jedoch sieht es in der Praxis ganz anders aus. Denn hier trifft die Montage vielleicht nach einem kräftigen, weiten Wurf auf weichen Boden mit vielen Pflanzenresten, Schlamm und unzähligen Kleinfischen, was alles zusammen einen gründlichen Strich durch die Rechnung macht. Man kann sich noch so viele gut begründete Ideen ausdenken, inwiefern diverse Montagen effektiv wirken. Solange noch kein findiger Kopf einen durchsichtigen Karpfenmaulsimulator mit eingebautem Gehirn entwickelt hat, fällt der Beweis dieser Theorien sehr schwer. Aber machen Sie es sich doch einfach: entweder funktioniert eine Montage oder nicht.

Am Grund gefischte Köder

Soll ein normal schnell sinkender Köder am oder auf dem Gewässergrund fischen, stellt sich wie bei jeder Methode die Frage, welche Montage die beste Präsentation und das beste Haken bei Flucht und Anhieb ermöglicht. Wenn man den Haken direkt auf oder fast im Schlamm fischt, eignen sich am besten nicht zu komplizierte Rigs. Denn je aufwendiger eine Montage ausfällt, desto leichter verfängt sie sich. Oder sie wirkt nicht wie gewünscht, da sich die beweglichen Teile, wie die Gleitringe, nicht rutschen, sondern an irgendeiner Stelle stoppen. Beim Angeln mit Boilies wähle ich ein Haar an Öhr- oder Schenkel und kombiniere es mit einem Line-Aligner. Das ist einfach, effektiv und besitzt ein minimales Risiko in puncto Verheddern. Entsprechende Montagen funktionieren auch mit verschiedenen größeren Partikelköder einwandfrei.

Feste Montagen, wie zum Beispiel die »Barehook-Rigs« (Abb. 12e) mit Gummiband, eignen sich ausgezeichnet für diese Form der Fischerei, da es bei diesem Rig keine beweglichen Teile gibt. Eine sehr souveräne Präsentation mit freiem Haken ist das »Sit up & Beg«-Rig oder Variationen zum gleichen Thema (Abb. 12f). Der Vorteil daran ist, daß der Haken immer nach oben zeigt, was oft das Verfangen des Hakens in Pflanzenteilen am Grund verhindert. Den gleichen einleuchtenden Vorteil besitzen Rigs, die Pop-Ups oder schwebend ausbalancierte Haken verwenden. Für diese Methode kann man den Köder entweder direkt an der Schnur (Abb. 12g) oder auf einem normalen Schlaufenhaar montieren. Ein Stückchen Pop-Up-Foam wird mit Sekundenkleber direkt am Haken befestigt. Danach wird der Haken austariert, indem man nach und nach kleine Stücke des Schaumstoffs abschneidet, bis alles gerade noch schwimmt. Der Haken schwebt jetzt gewichtslos ein paar Zentimeter über dem Köder und wird ohne Probleme mit eingesaugt, wenn der Fisch den Köder nimmt. Wenn am Platz sehr viele Kleinfische schwimmen, sollten Sie einen Foam mit so unauffälligen Farben wie nur möglich verwenden. So lockt gelber Schaumstoff unzählige Schleien und ähnliches an.

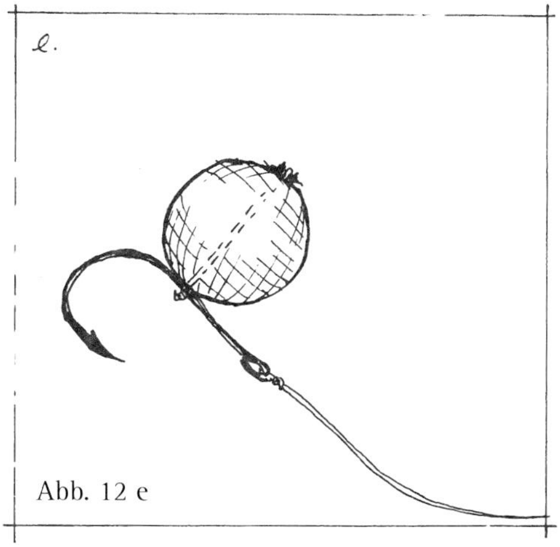

Abb. 12 e

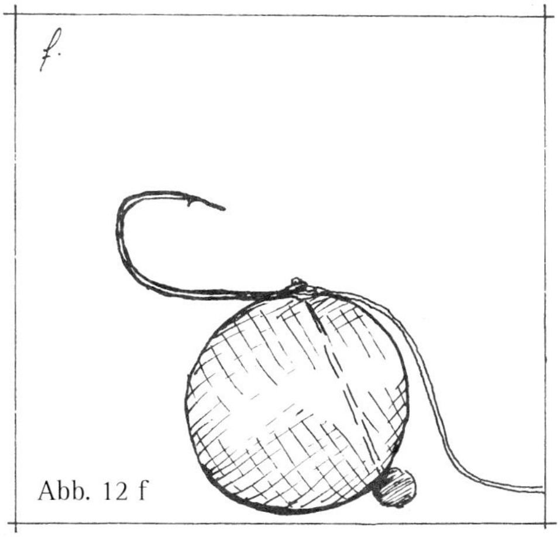

Abb. 12 f

Montiere ich den Haken wie in Abb. 12g, decke ich Hakenspitze und -bogen mit PVA-Band ab. Es

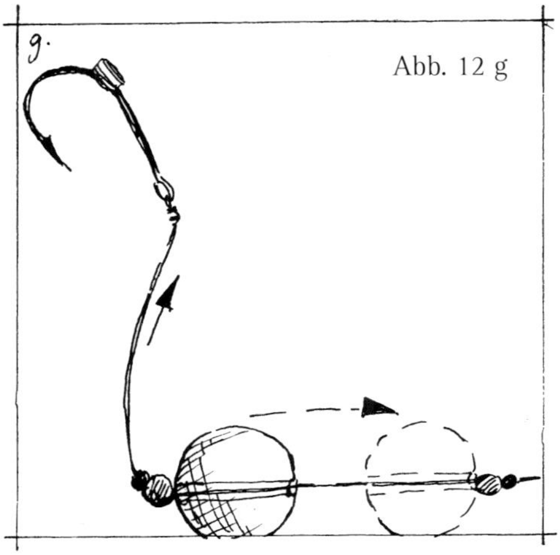

Abb. 12 g

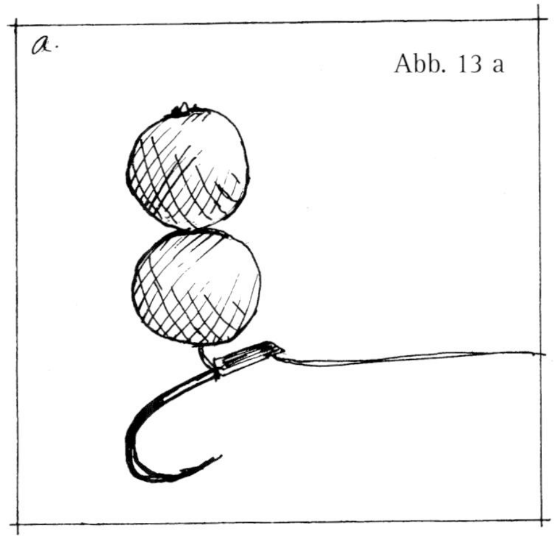

Abb. 13 a

verhindert, daß sich der Haken während des Wurfes um das Vorfach wickelt.

Beim Angeln auf einem relativ harten oder ganz festen Grund ist es nicht so wichtig, ob die Montage einfach ist oder inwiefern der Haken über oder unter dem Köder plaziert ist. Jetzt können Sie frei zwischen den unterschiedlichsten Rigs wählen.

Schwebend austarierte Haken-Montagen

Sie sind häufig die beste Wahl, wenn man über sehr weichem Boden fischt. Mit der richtigen Montage sinkt der Köder langsam auf den Boden und legt sich oben leicht sichtbar auf den Schlamm.

Es existieren viele Möglichkeiten, einen Köder schwebend auszutarieren. Am einfachsten ist der Einsatz eines Köders, der im Wasser gerade so schwimmt. Nach dem Montieren reicht das Gewicht des Hakens gerade aus, die Montage zum Sinken zu bringen.

Der »Schneemann« (Abb. 13a), der aus einem schwimmendem und einem sinkendem Boilie auf demselben Haar besteht, ist wohl eine der verbreitetsten Methoden für schwebende Köder. Damit der Haken nicht an den Seiten des Boilies heraussticht, befestige ich den Pop-Up-Boilie lieber außen am Haar. Selbst Boilies aus der gleichen Mixtur können in ihrer Dichte und damit in ihrem Verhalten im Wasser unterschiedlich ausfallen. Man muß also ein wenig mit der Größe experimentieren, bis sich zwei Boilies finden, die auf dem Haar das gewünschte schwebende Verhalten zeigen. Eine gute, aber längst nicht so vor Verheddern geschützte Alternative zum Schneemann ist es, den Pop-Up-Boilie mit einem sinkenden Boilie zu verankern (Abb. 13b).

Insgesamt eine der besten Techniken zum Austarieren der Hakenmontage arbeitet mit Pop-Up-Foam,

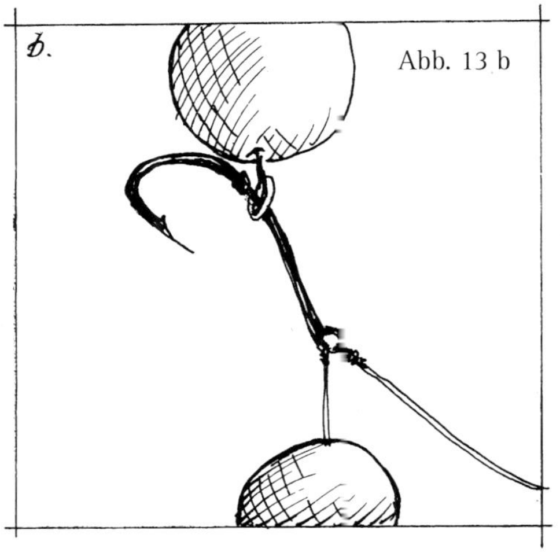

Abb. 13 b

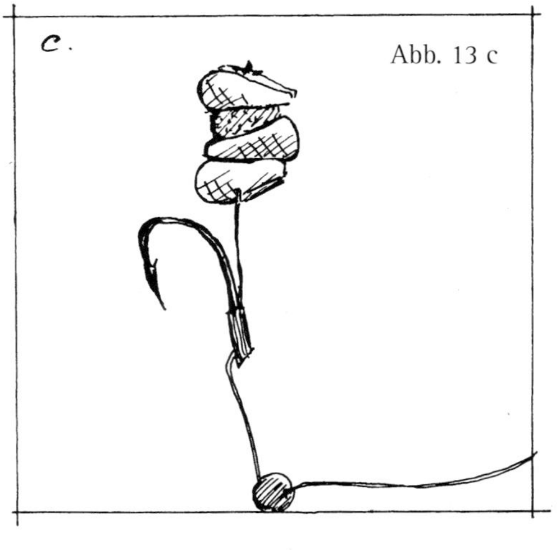

Abb. 13 c

Polystyren oder Kork auf einem Haar – entweder über, über/unter oder zwischen den einzelnen Ködern auf dem Haar (Abb. 13c). Der Vorteil beim Einsatz auf schwimmenden Materialien, die kein Wasser in nennenswertem Grad aufsaugen, ist einleuchtend. Man kann ohne Probleme die Schwimmfähigkeit justieren und den Köder dann längere Zeit fischen lassen, ohne zu befürchten, daß der Köder seine Dichte verändert. Pop-Up-Foam gibt es in vielen verschiedenen Farben, so daß er sich auf die Umgebung oder den Köder unauffällig abstimmen läßt. Für Mais eignet sich zum Beispiel gelbes Material. Dementsprechend sind kleine Korkkugeln die perfekte Imitation von Kichererbsen. Es muß aber nicht unbedingt sein, daß sich Köder und Schaumstoff oder Auftriebsmittel in der Farbe gleichen. Eine gute Kontrastfarbe wird die Effektivität in manchen Fällen sogar steigern. Dies ist allerdings nur dann zu empfehlen, wenn nicht zu viele Kleinfische den Futterplatz unsicher machen.

Stimmt die Sinkgeschwindigkeit nicht hundertprozentig, kann man die Montage immer noch feinjustieren. Das funktioniert wiederum durch das Abschneiden von kleinen Foam-Stückchen, bis die Hakenmontage ganz langsam sinkt. Alternativ kann man das Haar oder den Haken mit einem kleinen Stückchen Putty belasten.

Damit schwebend austarierte Köder perfekt wirken, muß die Sinkgeschwindigkeit genau stimmen. Eine sorgfältig abgestimmte Hakenmontage sinkt so langsam, daß man es gerade noch sehen kann.

Die meisten Köder nehmen nach einer gewissen Zeit Wasser auf. Und wenn der Köder nicht von Anfang an genau austariert ist, wird er nach ein paar Stunden im Wasser zu schwer. Das ist besonders dann der Fall, wenn man die Oberfläche des Köders beschädigt hat – ein Problem, das man leicht, wie ich es schon im vorangehenden Text beschrieben habe, mit einem Stückchen Zahnseide lösen kann.

Und noch etwas zum Stichwort schwebend austarierte Köder: Haben Sie schon etwas vom Boylschen Gesetz gehört, V = k/P? Ich jedenfalls nicht, bis mich einer meiner Karpfenangler-Freunde, Klaus Pedersen, darauf und auf seine Bedeutung für Pop-Ups sowie schwebende Köder aufmerksam machte. Um es kurz zu machen: Das Volumen eines Gases ist umgekehrt proportional zum Druck der Umgebung. Das bedeutet, daß Druck ein gegebenes Gasvolumen komprimiert. Das bedeutet für schwimmende und schwebende Köder, daß sie mit steigender Tiefe und damit anwachsendem Druck nach und nach an Auftrieb verlieren, bis sie wie ein Stein sinken. Wenn Sie die Tiefe feststellen möchten, ab Ihr Pop-Up sinkt, empfehle ich Klaus' Methode:

◀ *Der visierte Karpfenfischer testet seine Montagen am liebsten hautnah...*

Eine 100 bis 500 ml fassende Injektionsspritze, wie sie zum Doping von Pferden verwendet wird (!), füllen Sie zur Hälfte mit Wasser. Halten Sie dabei das Ende zu, damit kein Wasser entweicht. Geben Sie den Pop-Up dazu und drücken den Kolben in den Zylinder. Preßt der Kolben die Luft auf ihr halbes, ursprüngliches Volumen zusammen, verdoppelt sich der Druck auf 2 bar. Sollte der Köder jetzt untergehen, passiert das genauso beim Anbieten in zehn Meter Wassertiefe. Geht er noch nicht unter, erhöhen Sie den Druck bis der Pop-Up taucht. Jetzt können Sie ablesen, bei welchem Druck beziehungsweise welcher Tiefe er den Auftrieb verliert. Angeln Sie lediglich in ein bis drei Meter Tiefe, können Sie zum Glück alles über den guten, alten Robert Boyle (1627-1691) vergessen. Geht es jedoch über fünf bis zehn Meter tief, sollten Sie das Phänomen und den Köder überprüfen...

Pop-Up-Rigs

In den vorangegangenen Kapiteln habe ich den Gebrauch von Pop-Ups in Verbindung mit schwebend austarierten Ködern schon behandelt. Die Begriffe »Pop-Up« und »Pop-Up-Boilies« können oftmals ein wenig verwirrend wirken. Das liegt daran, daß schwimmende Boilies gerne »Pop-Ups« genannt werden, egal ob sie auf einem Pop-Up-Rig gefischt werden oder nicht. Was nicht nur Karpfenangler normalerweise unter einem Pop-Up-Rig verstehen, sind die Montagen, bei denen der Köder über den Boden gehoben wird (»popped up«). Dabei kann ein Bleischrot, etwas Putty, ein sinkender Köder oder eventuell sogar das Grundblei (»straight off the lead«) den Pop-Up-Köder auf der Stelle halten.

Grundsätzlich besitzen Pop-Up-Rigs viele Vorteile. Zum einen werden sie häufig als erstes genommen, weil sie so ins Auge fallen und zum anderen vermeiden sie, daß Haken und Haar sich in Pflanzenresten oder ähnlichem verfangen.

Zunächst fische ich Pop-Ups am liebsten drei bis sieben Zentimeter über dem Grund. Die genaue Höhe hängt von der Härte des Bodens und vom Gewicht der Hakenmontage ab. Je weicher der Grund ist, desto wichtiger wird es, den Pop-Up *entweder* langsamer sinkend/schwebend austariert zu fischen *oder* dafür zu sorgen, daß zwischen dem Pop-Up und der Belastung eine ordentliche Entfernung liegt. Diese Technik garantiert, daß der Köder nicht in den Schlamm gezogen wird.

Fischen Sie an Stellen mit vielen Wasserpflanzen und Hindernissen, sollte der Pop-Up direkt mit dem Blei verankert werden. Dadurch können sich Vorfach und Haken nicht so leicht festsetzen. Wer auf schnelles und effektives Haken aus ist, sollte »straight off the lead« fischen. Ich konnte im Laufe der Jahre sehr viele Fische auf ein extra kurzes Vorfach von fünf bis zehn Zentimetern Länge fangen, das ich direkt auf dem Blei fischte. Pop-Ups müssen jedoch nicht unbedingt direkt über dem Grund schwimmen. Wenn ich Fische sehen kann und keinen Biß erhalte, biete ich den Pop-Up durchaus auch einen halben bis ganzen Meter über dem Grund an. Ich konnte den Erfolg dieser Technik schon häufig erleben, wenn die Fische am Futterplatz herumkreuzten, ohne auch nur das geringste Interesse für das Futter zu zeigen. In diesen Fällen kann sich ein in der durchschnittlichen Schwimmtiefe treibender Pop-Up als absoluter Killer herausstellen.

Im Grunde eignen sich die meisten Haken für die Pop-Up Fischerei. Allerdings greife ich normalerwei-

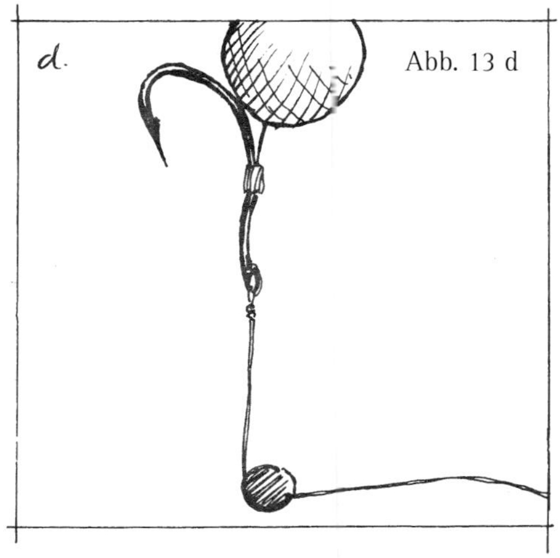

Abb. 13 d

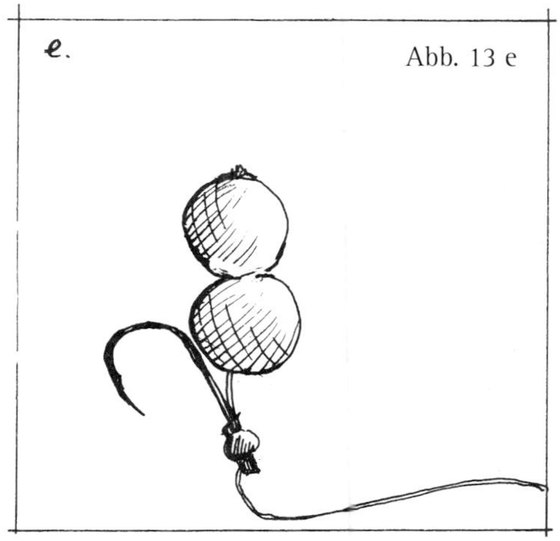

Abb. 13 e

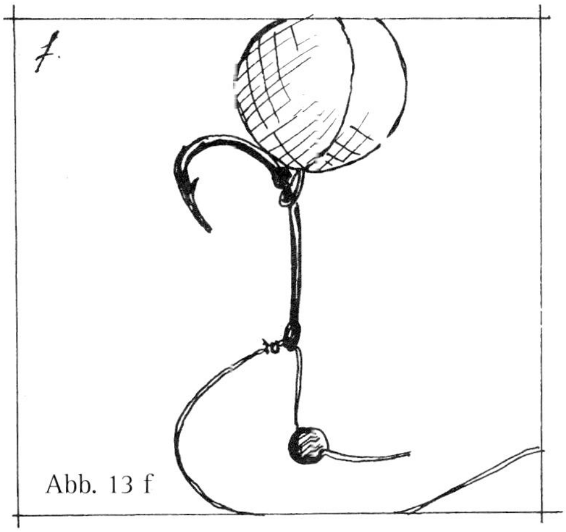

Abb. 13 f

se zu Modellen wie Owners Flyliner Livebait, Partridge's WS Specimenhunter oder Drennans Continental Starpoint. Wenn Sie die Hakenspitze wie in Abb. 13d montieren, liegt sie für ein schnelles und sicheres Haken optimal frei Das gilt insbesondere beim Angeln mit Fluchtmontagen. Im Prinzip funktionieren diese Haken, wenn man sie mit einem kurzen Haar verbindet. Das funktioniert etwa so wie viele Extension-Rigs. Darüber hinaus erzielen sie häufig einen guten Dreheffekt. In den Abb. 13e-f sind sehen Sie weitere Beispiele für verschiedene populäre Pop-Up-Montagen mit verschiedenen Haken. Weitere Montagen, die nach dem Absinken das Fischen der Köder als Pop-up erlauben, sind 10c-i, 12c-e und 18a-b.

Genereller Aufbau der Montage

Vorfächer

Die Wahl des Vorfachs hängt von einer langen Reihe von Faktoren ab. Unter normalen Bedingungen verwende ich meist ein geflochtenes HPPE- (Dyneema-) Vorfach, wie zum Beispiel Merlin, Tricklink, Silkworm oder The Edge. Der Vorteil an den beiden zuerst genannten ist, daß sie in die Schnur eingeflochtene Polyesterfasern besitzen und dadurch leichter sinken. HPPE-Vorfächer sind weich und verfügen über eine extrem hohe Tragkraft und Abriebfestigkeit.

Gerade die Flexibilität spielt eine große Rolle, da die Karpfen in vielen Gewässern gegenüber weichen Vorfächern weniger scheu reagieren. Damit bemerken sie die Hakenmontage nicht so schnell, wenn sie am Futterplatz herumschwimmen und die einzelnen präsentierten Leckereien kurz probieren. Und es liegt auch daran, daß sich der Köder natürlicher verhält, wenn er durch »Testsaugen«, »Pusten« oder »Flossenschläge« geprüft wird. Der Nachteil an diesem Material ist, daß es schnell verheddert und sich vom Fisch leichter wieder ausspucken läßt.

Ein **Multistrand-Vorfach** ist ohne Frage die optimale Wahl, wenn maximale Weichheit die höchste Priorität besitzt. Das Material besteht aus Hunderten von getrennten und parallel laufenden Mikrofasern. Unter Wasser erweist sich die Vielzahl als so weich, daß der Fisch wirklich nichts von der Hakenmontage bemerkt. Leider verfangen sich diese Vorfächer leicht beim Werfen oder selbst an Ästchen oder anderen kleinen Hindernissen am Grund. Das Wurfproblem läßt sich mit »Kryston No Tangle Gel« in den Griff bekommen. Es hält die Fibern während des Wurfes zusammen, löst sich jedoch beim Kontakt mit Wasser. Damit es dann am Boden möglichst keine Schwierigkeiten gibt, darf der Angler die Montage nach dem Wurf auf keinen Fall bewegen. Die einfachste Art und Weise, Multistrands zu verwenden, sind jedoch die sogenannten »Combi-Links«.

Sie wurden erfunden, um die Vorteile des Multistrandprinzips nahe am Haken mit einer größeren Verschleißresistenz und weniger Risiko zum Verheddern zu kombinieren. Bei diesem Vorfachtyp laufen die Multistrand-Fibern als ein Kern in einer sinkenden Polyesterhülle. Auf dem äußersten Stück in der Nähe des Hakens wird die Hülle entfernt, indem man das Vorfach zwischen den Fingern ein wenig zwirbelt. Liegt der Multistrand-Kern dann frei, wird die Hülle in der gewünschten Länge abgeschoben. Ein Tropfen Sekundenkleber sichert und glättet den Übergang. Übrigens läßt sich so gut wie jede Flechtschnur mit etwas Fingerfertigkeit zu einer Multistrand-Variante aufdröseln.

Ein anderes gutes sinkendes Vorfachmaterial ist geflochtene **HPPE-Schnur mit einem weichen Metallkern**, wie zum Beispiel »Ledkor«. Das Material eröffnet die Möglichkeit, ein abriebfestes und schnell sinkendes Vorfach mit den Vorteilen eines gegen Verfangen sicheren Übergangs zum äußerst weichen Vorfachteil am Haken zu verbinden.

Beim Anknüpfen des Eisens schiebt man die flexible Hülle einfach in der Länge vom Metallkern, damit sich der Knoten binden läßt und sich zusätzlich der gewünschte weiche/schwimmende Teil ergibt. Soll das Vorfach nur eine minimale Steife besitzen, können Sie den Kern auf einer Länge von drei bis fünf Zentimetern in der Mitte oder an verschiedenen Stellen des Vorfachs in jeweils ein bis zwei Zentimeter langen Abschnitten entfernen. Das reicht noch immer zum Versenken des Vorfachs.

Wenn man einen Wirbel anknotet, ohne den Metallkern zu entfernen und dann noch fünf bis zehn Zentimeter Kern am Wirbel übrig läßt, bewirkt dies außerdem noch einen guten Anti-Tangle-Effekt. Bleibt der Kern komplett im Lead Core-Vorfach, funktioniert es im Prinzip wie ein steifes Vorfach mit einem AE-Effekt.

Obwohl der Gebrauch von weichen geflochtenen Vorfachschnüren im Laufe der Neunziger für viele Formen der Specimenfischerei fast schon Standard geworden ist, sollte man nicht vergessen, daß man in vielen Fällen genau so gute, in manchen Fällen sogar bessere Ergebnisse mit einer steifen Vorfachschnur erzielt – also mit genau dem entgegengesetzten Prinzip.

Wenn das Gewässer unter starkem Angeldruck steht und ausschließlich mit weichen Flecht-Vorfächern gefischt wird, können Sie etwas im ersten Augenblick vielleicht Unerwartetes erleben. Denn mit relativ steifen Vorfächern, wie zum Beispiel aus **Nylon**, erhalten Sie mehr Bisse. Das liegt zum einen daran, daß sie durch ihre Steifheit schwerer auszuspucken sind und zum anderen kann der Fisch sie häufig weniger leicht entdecken. Insbesondere beim Angeln über dunklem Boden sind die hellen Flechtschnüre leicht zu durchschauen. Und obwohl manche Leinen grün oder dunkel gefärbt sind, habe ich noch keine gesehen, die nicht nach ein paar Angeltagen ihre Farbe verliert. Bei den Nylonvorfächern bevorzuge ich normalerweise das Drennan Double Strength, das zum einen recht weich ist und zum anderen unglaublichen Belastungen standhält. Aber auch die meisten anderen Qualitätsnylonvorfächer eignen sich sehr gut.

Wenn das Vorfach nahezu unsichtbar sein soll, sind die neuen »Fluro-Carbon«-Vorfachschnüre ganz klar die richtige Wahl. Aufgrund eines speziellen Herstellungsprozesses, der den Schnüren einen speziellen Bruchindex verleiht, ist diese Schnur bedeutend schwerer zu sehen als alle anderen Leinen. Bis jetzt wird diese Schnur im großen und ganzen eigentlich nur von Fliegenfischern verwendet. Aber ohne Zweifel gewinnt sie bald auch bei den Karpfenanglern an Popularität. Ich setzte das Fluro-Carbon-Vorfach 1997/98 häufig ein und konnte damit eine Menge schöne Fische fangen.

Wer extrem steifes Vorfachmaterial einsetzen möchte, kann unter anderem zu **»Amnesia«** oder **Stahldraht** greifen. Ich persönlich mag diese Vorfächer aber nicht besonders, da sie die Präsentation verschlechtern und damit auf lange Sicht weniger Bisse ergeben. Außerdem bewirkt die übertriebene Steifheit meiner Meinung nach, daß die Fische die Hakenmontage schwerer einsaugen können. Ich verwende deshalb eigentlich immer recht weiche Vorfächer.

Für kleine und mittelgroße Fische bis zu zehn oder zwölf Kilogramm kommt man in offenen Gewässern leicht mit einem 4,5 bis 5,5 Kilo-Vorfach aus. Wenn mit Fischen über 15 Kilogramm gerechnet werden muß, erhöhe ich auf 6,8 bis 9 Kilo tragendes Material. Und beim Angeln in Gewässern, in denen es vor Hindernissen nur so wimmelt, wähle ich in der Regel ein Vorfach von 11,5 Kilogramm, um auf der sicheren Seite zu sein. Wenn sehr scharfe »Schnurkiller« wie Metallgegenstände oder Felsen im Wasser liegen, sind Vorfächer aus Quick-Silver oder Spiderwire die richtige Wahl. Sie sind die Ultima ratio, wenn absolute Verschleißresistenz oberste Priorität besitzt. Obwohl 11,5 bis 22,5 Kilogramm oftmals für mittelgroße Hindernisse eine ausreichende Verschleißstärke aufweisen, hält jedoch häufig erst eine ziemlich überdimensionierte Schnurstärke sicher den Fisch. Sitzt der Karpfen in einem Hindernis fest, schabt die Schnur im Normalfall über den Kopf und die Kiemendeckel. Dünne dichtgeflochtene HPPE-Vorfächer können in diesem Falle wie ein Hobel wirken und die Haut des Fisches empfindlich verletzen oder sogar vollständig abschaben. Ich habe schon häufig Vorfächer aus 36 Kilogramm starkem Spiderwire verwendet, um dies zu vermeiden. Erschrecken Sie nicht! Dieses Vorfachmaterial ist in dieser Stärke noch relativ weich und auch nicht viel dicker als ein Vorfach mit 11,5 Kilogramm.

In manchen Situationen, wie über mit Zebramuscheln besetztem Grund, kann selbst 36-Kilogramm-Spiderwire ein Risiko bedeuten. Jetzt setze ich lieber auf Stahldraht als Vorfachmaterial. Verwenden Sie in diesem Fall so weit wie möglich nylonummantelten Draht, damit der Fisch nicht verwundet wird. Einer der besten Drähte für dieses Vorhaben ist Drennans Green Wire. Ein anderes, unglaublich weiches Stahlmaterial besteht aus 49 miteinander verflochtenen Einzeldrähten und wird in Deutschland unter anderem von DAM angeboten. Allerdings besitzt der Draht keinen Nylonmantel.

Nach der Wahl des Materials stellt sich die Frage nach der Vorfachlänge. Soll man nun lange oder kurze Ausführungen verwenden und was bewirken sie jeweils? Lesen Sie über dieses Thema auf den folgenden Seiten mehr.

▶

Das ist der erste skandinavische 40 lbs-Karpfen. Jens Bursell fing ihn mit einem Confidence-Rig.

SPORT

Montagetypen

Grundmontagen für die Karpfenfischerei lassen sich grob in zwei Sorten Rigs einteilen, die auf vollständig gegensätzlichen Prinzipien basieren – das »Confidence«- und das »Bolt-Prinzip«.

Historisch gesehen, waren die Confidence-(Vertrauens-) Rigs bis in die 60er Jahre hinein der Grundstein für jegliche Form der Karpfenfischerei. Dabei nimmt der Karpfen den Köder, ohne den geringsten Widerstand zu spüren – bis der Anhieb erfolgt. Dies bedeutete in den alten Tagen normalerweise das Angeln mit freier Leine (Freelining), einer Gleitmontage, einem langen Vorfach und einem UL-Bißanzeiger. Im Laufe der 60er fanden dann plötzlich viele Fischer heraus, daß genau das entgegengesetzte Prinzip – kurze Vorfächer und ein großer Widerstand – zu ganz anderen Ergebnissen führte. Sie erhielten viele »Vollblutbisse« und konnten Karpfen in Situationen perfekt haken, in denen man den Biß mit den traditionellen Methoden gerade einmal registriert hätte.

Heute existieren beide Grundprinzipien in extrem verfeinerten Formen. Gleichzeitig entstanden Montagen, die das Beste beider Techniken verbinden sollten. Welches Prinzip nun am besten funktioniert, wird man wohl nie eindeutig beantworten können. Obwohl beide Methoden in vielen Situationen gleich viele Fische fangen, gibt es auch Tage, an denen ein Typ klar überlegen ist. Nach dem vielleicht nicht ganz einfachen Entschluß für eine der Methoden, muß der Fischer jetzt eine sinnvoll aufgebaute Gesamtmontage aus den Elementen Köder, Vorfach, Blei sowie den entsprechenden Verbindungen zusammenstellen.

Confidence Rigs

Möchte man das Null-Widerstand-Prinzip optimal ausarbeiten, geht kein Weg an der freien Leine vorbei. Die Bißanzeige besteht lediglich im Beobachten der Schnur. Auf diese Weise merkt der Fisch keinerlei Widerstand durch irgendwelche Reibung. Und selbst ein Bißanzeiger erzeugt kaum einen nennenswerten Gegenzug. Obwohl sich das Freelining bei der Pirsch- und Nahdistanzfischerei als sehr fängig herausstellen kann, besitzt es doch klare Grenzen. Die Wurfweite ist begrenzt und schon bei etwas größeren Entfernungen bereiten Schnurkontrolle und Bißanzeige unter Umständen ziemliche Probleme. Zwar erkennt der Angler den Biß ganz klar, wenn der Karpfen von ihm wegschwimmt. Führt sein Weg jedoch auf das Ufer zu, kann es allerdings eng werden. Denn höchstens mit einem relativ schweren Köder und leidlich gespannter Schnur kann es zu einer Drop-Back-Anzeige kommen. Normalerweise erhalten Sie unter solchen Umständen jedoch kaum ein verläßliches Signal.

Darüber hinaus genügt nur ein bißchen Wind oder ein wenig Strömung und schon entsteht ein großer Schnurbogen zwischen Köder und Rute. Jetzt kann sich der Fisch ein gutes Stück in alle Richtungen bewegen, ohne daß der Angler den Biß entdeckt.

Man kann dieses Problem gut mit der einen oder anderen Form einer **Gleitmontage** mit leichtem Blei lösen, kombiniert mit einem relativ empfindlichen Bißanzeiger. Unabhängig von der Schwimmrichtung des Fischs muß die Schnur durch das Öhr oder eine andere Befestigung des festliegenden Laufbleis laufen, wodurch der Angler den Zug an der Leine in jedem Fall deutlich registriert. Allerdings muß das Blei schwerer als der Zug sein, der zum Bewegen des Bißanzeigers nötig ist. Leistet der Anzeiger zu viel Widerstand, schleift der Karpfen das Blei mit – sofern er nicht genau in der Verlängerung der Hauptschnur wegschwimmt. Und damit ist Schluß mit dem Null-Widerstands-Prinzip.

Jedoch verwenden viele Petrijünger deutlich zu schwere Bißmelder, wenn sie mit einer Gleitmontage fischen. Den Widerstand Ihrer Technik können Sie einfach in einem Trockenversuch auf der nächste Wiese testen, indem Sie die Rute wie am Wasser aufbauen und an der Schnur ziehen. Sie werden staunen, wieviel Widerstand selbst empfindliche Bißmelder ausüben. Das »Rasenangeln« kann im übrigen ein realistisches Bild davon vermitteln, wie die verschiedenen Montagen in der Praxis funktionieren. Stellen Sie sich einfach vor, Sie wären ein Karpfen und sammeln Sie die Hakenköder mit der Hand von verschiedenen Positionen und Bewegungsrichtungen aus ein. Denken Sie weiter darüber nach, wie sich der Köder beim Ansaugen von den verschiedenen Positionen aus verhalten wird. Das klingt vielleicht ziemlich verrückt. Aber in einem Tag Karpfenangeln im heimischen Garten kann man eine Menge lernen.

Aber Vorsicht: Es verhält sich damit wie mit dem nächtlichen Würmersuchen mit der Rotlicht-Taschenlampe. Ziehen Sie sich beim »Testangeln« grasfarbene Klamotten an und sorgen Sie dafür, daß Sie von den Nachbarn nicht gesehen werden, wenn Sie nicht in einer geschlossenen Anstalt landen wollen.

Damit ein Confidence-Rig richtig funktioniert, muß die Reibung der Schnur in der Bleibefestigung auf ein Minimum reduziert werden. Je kleiner das Loch oder das Öhr im Blei oder seiner Montage ist, desto schneller können sich Pflanzenreste oder ähnliches darin festsetzen und für Widerstand sorgen. Normalerweise bevorzuge ich für Gleitmontagen

Abb. 14

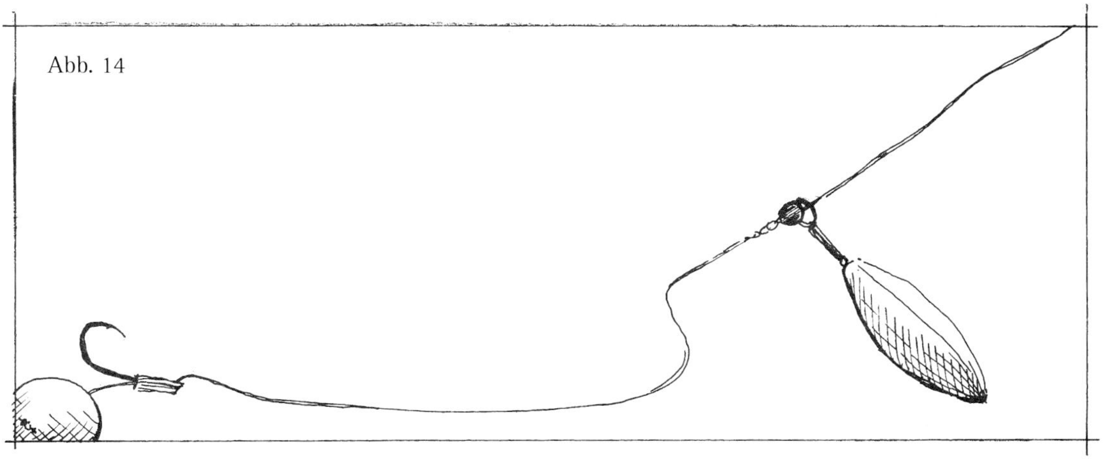

(Abb. 14) John Roberts »Low-Resistance Beads«. In diesen Perlen gleitet die Hauptschnur durch eine besonders große Bohrung, die das Verstopfen vermeidet. Eine große Perle verhindert, daß das Bead über den Wirbel auf das Vorfach rutscht.

Bei extremem Schlamm sollte das Blei an einem separaten Vorfach sitzen. Es sorgt dafür, daß die Hauptschnur selbst bei einem versunkenen Blei vom Schlick unbehindert laufen kann. Je tiefer der Schlamm ist, desto länger muß das Bleivorfach ausfallen. Besteht die oberste Schicht des Schlamms aus Schwebeteilchen oder fischt man über einem Teppich von Wasserpflanzen am Grund, sollte das Bead durch eine kleine Korkkugel oder ein Stückchen Pop-Up-Foam am Bleivorfach über dem Grund schweben. Die Schwimmhilfe steckt halb auf dem Wirbel oder dem unteren Teil des Beads. Je länger das Bleivorfach ist, desto stärker wächst das Risiko für das Verfangen im Wurf. Deshalb empfiehlt es sich, auf dem Bleivorfach und eventuell auf dem hintersten Stück der Vorfachs ein Anti-Tangle-Tube zu montieren.

Auf relativ hartem Grund gibt es selten besonders große Probleme, wenn man einen ganz gewöhnlich großen Wirbel als gleitende Bleimontage direkt auf der Hauptschnur verwendet. Mit einer Gleitmontage erhalten Sie fast immer eine Bißanzeige, wobei sich der Indikator nach oben oder unten bewegt. Die Einstellung der Empfindlichkeit erfolgt so, daß unter anderem die Strömung gerade noch keinen falschen Alarm auslöst.

Bei der Wahl der Vorfachlänge müssen Sie stets im Auge behalten, daß sich die Bißanzeige mit wachsender Länge immer weiter verzögert. Schließlich kann der Fisch viel weiter mit einem langen Vorfach herumschwimmen, ohne ein Signal am Bißanzeiger auszulösen. Deshalb bevorzuge ich normalerweise relativ kurze Vorfächer mit einer Länge von 25 bis 30 Zentimeter. Ab und zu können Sie jedoch auch mit etwas längeren Vorfächern experimentieren. Dazu ein Beispiel: Wenn die Bedingungen hart eingestellte Bißanzeiger und gewichtige Bleie erfordern, wird ein langes Vorfach den Nullwiderstand viel besser sichern als eine kürzere Ausführung – schließlich liegt es nur selten ganz gestreckt am Grund.

Generell ist schwer zu sagen, wann Confidence-Rigs eingesetzt werden sollen. Unter anderem nehmen die Karpfen in einem relativ unberührten Gewässer den Köder ohne Zögern, weshalb Standard-Gleitmontagen ganz ausgezeichnet funktionieren. Und wenn so gut wie alle Bisse eine deutliche Bewegung hervorrufen (vielleicht rast die Schnur nur so von der Rolle) und man dadurch alle Fische problemlos hakt, sehe ich keinen Grund für eine andere Methode. Die Wahl der Confidence-Rigs muß nun aber nicht unbedingt etwas damit zu tun haben, daß die Fische alles fressen, was ihnen an den Kopf geworfen wird. Wenn sie zum Beispiel nie etwas anderes als schwere Bolt-Rigs mit kurzen Hakenmontagen gesehen haben, werden die Confidence-Rigs eine andere und natürlichere Präsentation darstellen. Damit fangen Sie die Karpfen, denen eine Gleitmontage noch unbekannt ist. Kommt es zu sehr vorsichtigen Bissen, die sich in einer sehr langsamen und eventuell sogar unterbrochenen Bewegung im Bißanzeiger äußern, sollte man seine Montage feiner justieren, AE-Montagen verwenden oder eventuell sogar zu Rigs wechseln, die auf Variationen des Bolt-Prinzips aufgebaut sind. Das gleiche gilt, wenn man merkwürdige »Twitch-Bites« erhält, die sich nur durch einen Zupfer dem Bißanzeiger mitteilen. Normalerweise ist das ein Zeichen dafür, daß der Fisch auf der Stelle steht und den Köder prüft und wieder ausspuckt. Auch hierbei wird er sich nicht bewegen. Die Lösung wird im Normalfall eine Fluchtmontage sein, die man eventuell mit irgendeiner Form von AE- oder Dreheffekt kombiniert. Beim Angeln weit draußen, oder wenn Strömung, Wind oder Drift den Einsatz von Bißanzeigern mit starkem Widerstand erfordern, geht das Null-Widerstandsprinzip verloren. Dann ist meiner Meinung ebenfalls der Wechsel zu einem Bolt-Rig angesagt. Basiert die Montage jedoch auf gewissermaßen »teleskopischen« Vorfächern (Variationen von »Concertina-Rigs«), ist das Problem weniger bedeutend. Mehr dazu erzähle ich im nächsten Abschnitt.

Normale Birnenbleie (Arlesey-Bomben) decken den größten Teil des Angelns mit Confidence Rigs ab. Fischen Sie jedoch auf steil abfallendem Grund oder in kräftiger Strömung, bildet ein flaches Blei eine gute Alternative. Zeitweise sind sie jedoch kaum im Fachhandel erhältlich. Allerdings klopft ein Hammer jedes Blei flach. Die platten Ausführungen lassen sich in der Regel leider schlechter werfen als Birnenbleie.

Bolt-Rigs

Selbst ein geübter Köderfischer kann manchmal nur schwer abschätzen, wann ein Bolt-Rig (Fluchtmontage) mit fest montiertem Blei tatsächlich Sinn macht.

Als die Hair-Rigs zu Beginn der 80er Jahre aufkamen, wurde das Fischen mit Festblei noch um einiges effektiver. Schließlich lag der Haken nun vollständig frei und erzielte damit gleichzeitig einen gewissen AE-Effekt. Wie schon erwähnt, basiert das Grundprinzip darauf, daß sich der Haken durch den Widerstand eines Festbleis, einer gespannten Schnur, eines Lineclips oder einer Kombination davon im Maul des Karpfens festsetzt, sobald er davonschwimmt. Durch den vom Hakenstich ausgelösten Schreck flüchtet der Fisch und sorgt damit für eine einwandfreie Bißanzeige. Damit die Sache funktioniert, verwende ich normalerweise relativ kurze Vorfächer mit einer Länge von 5 bis 20 Zentimeter. Je kürzer das Vorfach und je schwerer das Blei, desto schneller und fester faßt der Haken im Maul.

Oftmals testen scheue Fische den Hakenköder vorsichtig, auch in absolut jungfräulichen Gewässern. Wird der Fisch dann mißtrauisch und merkt nur den geringsten Widerstand oder irgend etwas anderes, das ihm unnatürlich erscheint und er mit Gefahr verbindet, wird er den Köder sofort wieder ausspucken. Genau in dieser Situation ist eine Fluchtmontage ganz in ihrem Element und hakt den Fisch, bevor er reagieren kann (Anm. d. Red.: Allerdings ersetzt das nicht den Anhieb).

Die äußerst kurzen Vorfächer mit einer Länge von fünf bis zehn Zentimeter eignen sich am besten für Situationen, wenn der Fisch den Köder mit den Lippen aufsammelt. Saugen die Karpfen jedoch den Köder auf, sind etwas längere Vorfächer von Vorteil. Fischt man in diesen Situationen nicht mit längeren Vorfächern, sollte die Montage auf irgendeine andere Art und Weise genügend freien Weg besitzen. Natürlich läßt sich das Freßverhalten der Fische nicht so einfach feststellen. Deshalb müssen Sie das Rig solange neu montieren und andere Dinge versuchen, bis das System funktioniert.

Ausgesprochen scheue Fische oder ein vorsichtiges Fressen sind aber nicht immer die einzigen Motive für Fluchtmontagen. So kann es beim Angeln auf weite Entfernungen aufgrund von Strömung und Drift unmöglich sein, wirkungsvoll mit Gleitmontagen und leichten Bleien zu fischen. Außerdem benötigt der Angler das schwere Blei schon alleine für den Weitwurf.

Wenn viele Kleinfische am Platz sind, wird man häufig mit einem schweren Bolt-Rig und einem sehr kurzen Vorfach effektiver fischen können. Bei einem zu langen Vorfach, unter anderem in Kombination mit einem schwebend austarierten Boilie oder Pop-Up, werden die Kleinfische jetzt beim Spiel mit dem Köder leicht für ein totales Verknoten sorgen. Das kann das Haken des endlich beißenden Karpfen erschweren oder im Drill sogar zum Schnurbruch führen. Leider können sich unter anderem Schleien an Bolt-Rigs mit kurzen Vorfächern durch das schwere Blei selbst haken. Dafür gibt es keine Knoten und man erwacht bei Nacht nicht zum 56sten Mal entnervt vom Piepen des Bißanzeigers. Sollte sich die Hakenmontage entgegen jeglicher Erwartung trotzdem ein paar Mal um Blei und Hauptschnur wickeln, wird sie im Gegensatz zu leichten Gleitmontagen trotzdem ihre Funktion beibehalten und den Fisch noch einigermaßen effektiv haken. Nicht zuletzt bieten feste oder halbfixierte Bolt-Rigs beim Fischen an oder in Hindernissen auf dem Grund einen weiteren Vorteil, denn mit einem festen Rig muß der Fisch das Blei anheben und das Gewicht kann sich nicht so leicht festsetzen.

Bolt-Rigs lassen sich grob in feste, halbfixierte und gleitende Ausführungen einteilen. Die Bezeichnung deutet dabei auf die Montage des Bleis hin. Der Nachteil an festen Rigs ist, daß ein abgerissener

Fisch das Blei und die gesamte Montage hinterherziehen muß. Als einzige feste Bolt-Rigs verwende ich deshalb Ausführungen, an denen das Blei mit Hilfe einer dünnen Reißleine montiert ist. Und in der Praxis verwenden Karpfenangler so oder so halb-fixierte oder gleitende Rigs.

Halb-fixierte Bolt-Rigs

Bei halb-(semi-) fixierten Fluchtmontagen, sitzt das Vorfach beim Biß fest am Blei, so daß der Fisch sofort einen Widerstand spürt. Sollte er sich jedoch in einem Hindernis festsetzen und die Hauptschnur brechen, löst eine größere Anstrengung des Karpfens das Blei. Es rutscht auf die Hauptschnur und fällt schließlich ganz ab. Die populärste Methode der Bleimontage funktioniert mit Hilfe von »Bolts« oder »Safety Beads«. Normalerweise verwende ich Birnen- oder Kugelbleie, die ich auf ein »Safety Bolt Bead« von Nash montiere. Wie in Abb. 15a zu sehen, wird das Vorderende des Beads auf den Wirbel heruntergepreßt. Das Blei läßt sich schnell und leicht montieren oder wechseln, indem man den »Clip« am Hinterende öffnet. Jetzt zieht man das Blei auf und verschließt alles mit einem kleinen Stückchen Schlauch, das über den Clip gepreßt wird. Setzt sich die Montage fest, rutscht das Blei entweder auf die Hauptschnur oder fällt aus dem Clip heraus. Erfolgt der Zug so schräg, daß sich der Clip nicht öffnet, bricht er unter dem harten Druck einfach ab. Soll das Blei beim Angeln in wirklich groben Hindernissen beim geringsten Zug abfallen, kann ein Messer die Plastikerhöhung auf der inneren Seite des Clips abschneiden. Nash's Safety Bolt Beads funktionieren im übrigen auch sehr gut als Safety-Beads für gleitende Bolt-Rigs und Gleitmontagen ganz generell. Hierzu muß man nur eine große Perle zwischen Bead und Wirbel legen.

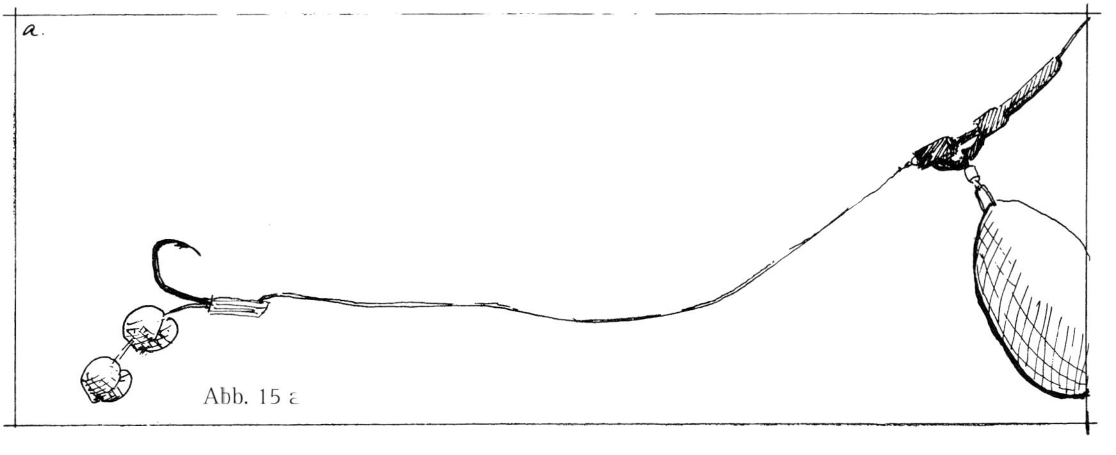

Abb. 15 a

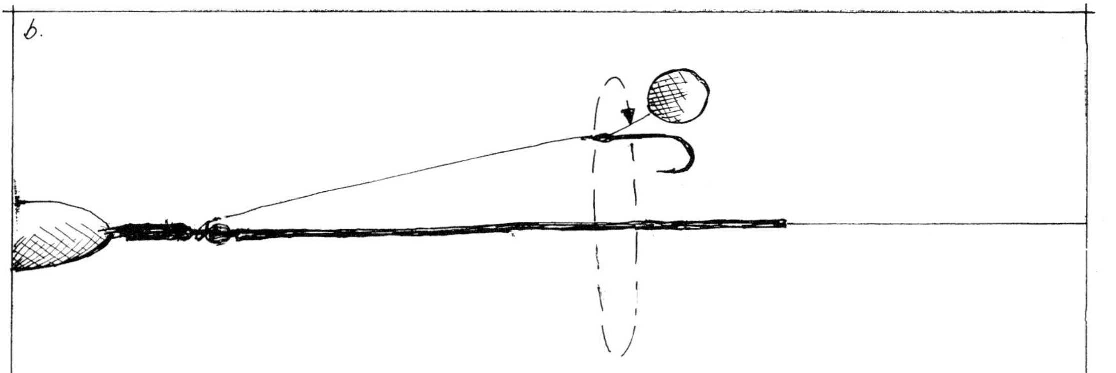

Abb. 15 b

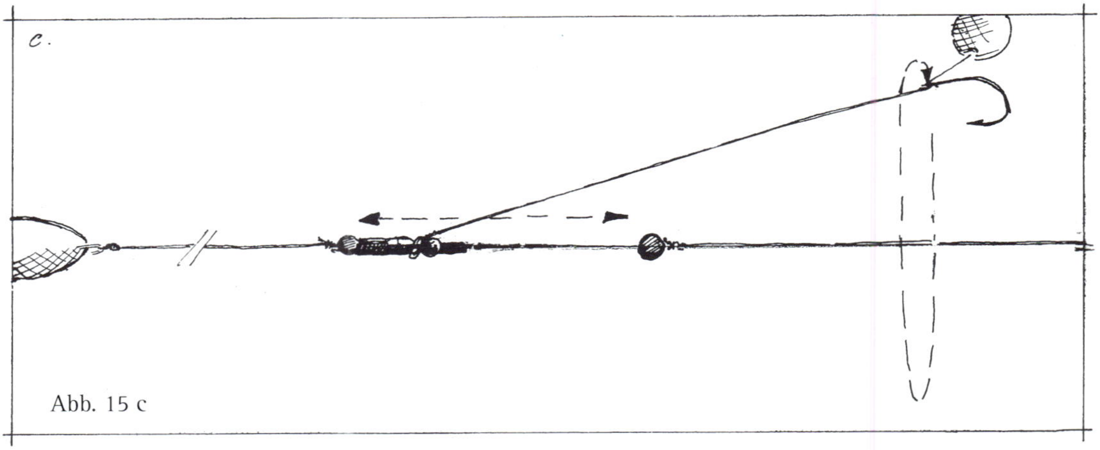

Abb. 15 c

Eine alternative Methode, um das Blei halb zu fixieren, besteht in einem Perle/Stoppknoten – im Prinzip eigentlich ein »Chock-Rig« ohne freien Weg. Den gleichen Effekt erreicht man, indem man ein gleitendes/rotierendes Vorfach als **Helicopter-Rig** auf der Schnur fixiert (Abb. 15b). Wenn sich die Hauptschnur dann festsetzt und bricht, gleitet der Stopper an der Schnur hoch, bis er abfällt und das Vorfach freigibt. Diese Montagen oder Variationen davon, sind nebenbei selbst ohne Schlauch (Anti-Tangle-Tube) auf der Hauptschnur nahezu verhedderungssicher. Das liegt daran, daß das Vorfach während des Wurfs um die Hauptschnur rotiert. Es läßt sich entweder mit einem Stahlring oder einem großen Wirbel direkt auf der Schnur oder mittels eines »Helicopter Bead« anbringen. Der Vorteil an einem Bead ist, daß es den Verschleiß der Schnur mindert, da sich der Druck während des Drills auf eine größere Fläche verteilt. Ein auf einem Helicopter-bead montiertes Vorfach wird halb-fixiert gefischt, indem man das Bead über den Wirbel am Ende der Schnur preßt. Als Alternative kann man »Tadpole-Bleie« verwenden, bei denen das Vorfach auf einem Metallbogen/Drahtöhr montiert wird. Am Öhr findet wiederum die Hauptschnur ihren Halt.

Das **Schlamm-Rig** von Abb. 15c ist ganz eindeutig mein Lieblings-Bolt-Rig für das Angeln über tiefem Schlamm. In der Praxis funktioniert es wie ein geleitendes Helicopter-Rig. Während des Wurfes rutscht das Vorfach die Schnur entlang zurück und stoppt an der Perle. Wenn der Abstand vom Blei zur Perle stimmt und man zudem noch einen Pop-Up oder einen schwebend austarierten Köder verwendet, kann die Montage kaum noch im Schlamm versinken. Um eine konstant gute Führung des Fisches auch dann zu sichern, wenn er nach dem Biß in die Richtung des Bleis schwimmt, montiere ich in der Regel einen Stopper mit Perle unten vor dem Helicopterbead. Einen freien Weg erreiche ich beim Schlamm-Rig am besten mit einem relativ langen Vorfach mit einer Länge von vielleicht 30 bis 40 Zentimeter. An Schlamm-Rigs setze ich hauptsächlich normale Kugelbleie ein.

»In-Line«-Bleie sind sehr gut geeignet, wenn es um besonders weite Würfe geht. Man montiert sie semi-fixiert, indem man das Röhrchen über den Vorfachwirbel drückt (Abb. 16c und d). Allgemein verwende ich Inliner und Variationen von Helicopter-Rigs in Situationen, in denen eine Chance für das Festsetzen des Fischs besteht. Wenn viele Hindernisse am Platz vorhanden sind, ist der Abriß des Bleis immer von Vorteil, möchte man den Fisch nicht verlieren.

Gleitende Bolt-Rigs

Gleitmontagen kann man grob in zwei Typen einteilen, 1) Gleitende Bolt-Rigs, bei denen der Fisch mit Hilfe eines schweren Bleis kombiniert mit dem Widerstand von eines Baitrunners oder Line-Clips gehakt wird (Abb. 16a). Dabei muß die Hauptschnur wirklich unter Spannung stehen. Schnurscheue Fische lassen sich allerdings besser mit semi-fixierten oder Chock-Rigs überlisten, die besonders in Verbindung mit der freien Leine gut funktionieren. Gleiten-

▶

Eine Fluchtmontage ermöglichte den Fang dieses schönen Spiegelkarpfens.

NASH BAIT

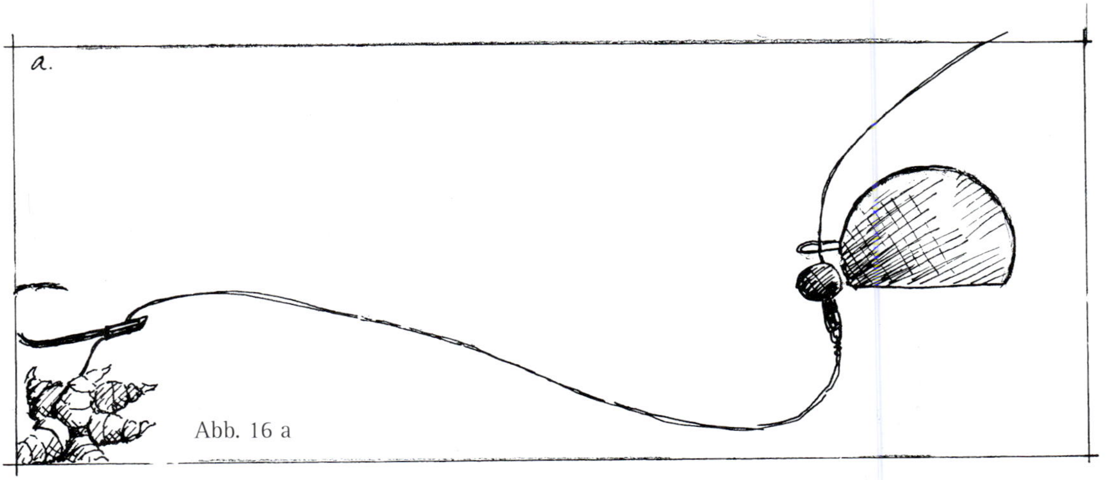

Abb. 16 a

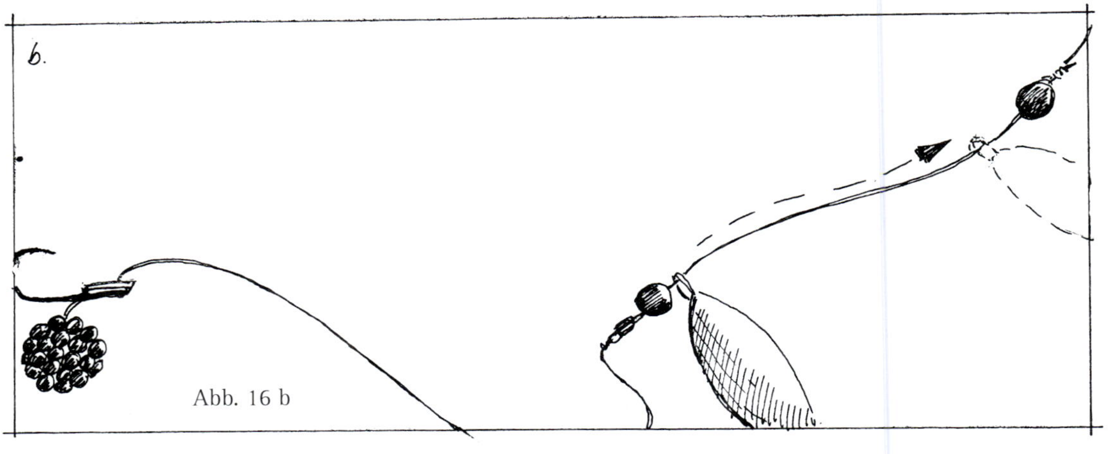

Abb. 16 b

de Bolt-Rigs ergeben insgesamt keinen so festen Widerstand beim Biß wie feste oder halb-fixierte Bolt-Rigs. 2) Chock-Rigs, die auf dem »Confidence-Prinzip« basieren, wobei ein schweres Blei das Haken unterstützt. Allerdings kann der Karpfen erst völlig frei ein kurzes Stück Schnur nehmen, bevor das Blei auf den weiter hinten auf die Hauptschnur geknüpften Stopper (Back Stop) trifft (Abb. 16b). Chock-Rigs sichern reichlich Freilauf in der Montage, wenn man nicht vergißt, daß ein kleiner Teil der Hauptschnur ein wenig durchhängt oder ein dementsprechender freier Weg bis zum Back Stop zur Verfügung steht. Für die gleitende Montage Chock-Rigs verwende ich wiederum normale »Low Resistance Beads«.

Da sich weder das Freelining noch die empfindlichen Bißanzeiger des Angelns mit leichten Bleien für große Entfernungen eignen, ermögliche ich den Karpfen einen Freiraum bis zum Widerstand durch ein etwas längeres Vorfach oder Variationen des »Concertina-Prinzips«. Möchten Sie einen minimalen Widerstand in Verbindung mit einer Anti-Tangle-Tube (ATT, siehe unten) auf der Hauptschnur erreichen, sind die Concertina-Rigs eine gute Lösung. Meiner Ansicht nach ergeben Gleitmontagen, bei denen die Hauptschnur durch ein langes Röhrchen läuft, allerdings eine zu große Reibung für ein widerstandarmes Einsaugen des Köders.

Wie in den Abb. 16c zu sehen, liegt das Vorfach bei so einem Rig entweder in kleinen Schlingen, die in einem kurzen Schlauch aus PVA-Folie liegen, oder zwei mit PVA an den Punkten I und II zusammengeknotete Drennan-Ringe (vorn und hinten am Vorfach) halten es bis nach dem Auftreffen auf den Grund auf eine kurze Länge zusammen (Extending Hook Link). Das Vorfach wird am besten vor dem Entfalten im Wurf bewahrt, wenn Sie es in »Kryston's

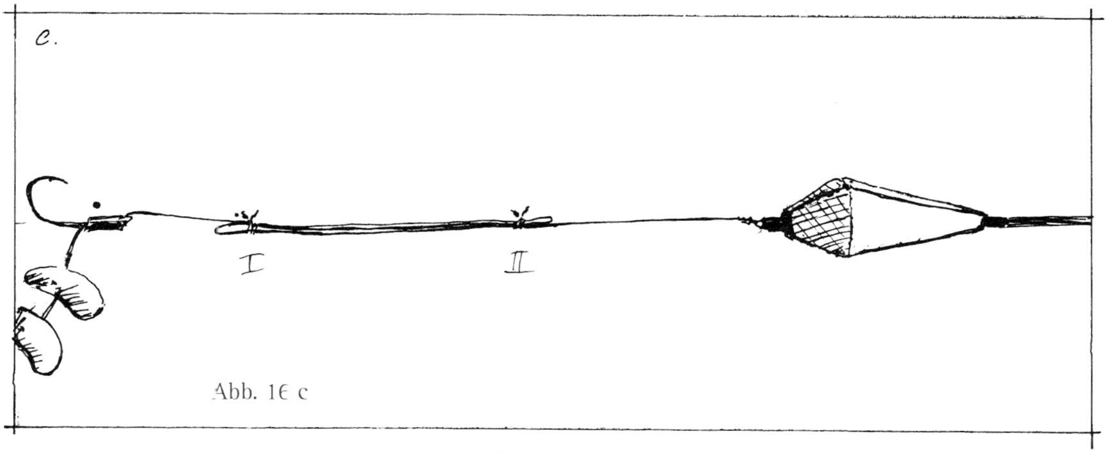

Abb. 16 c

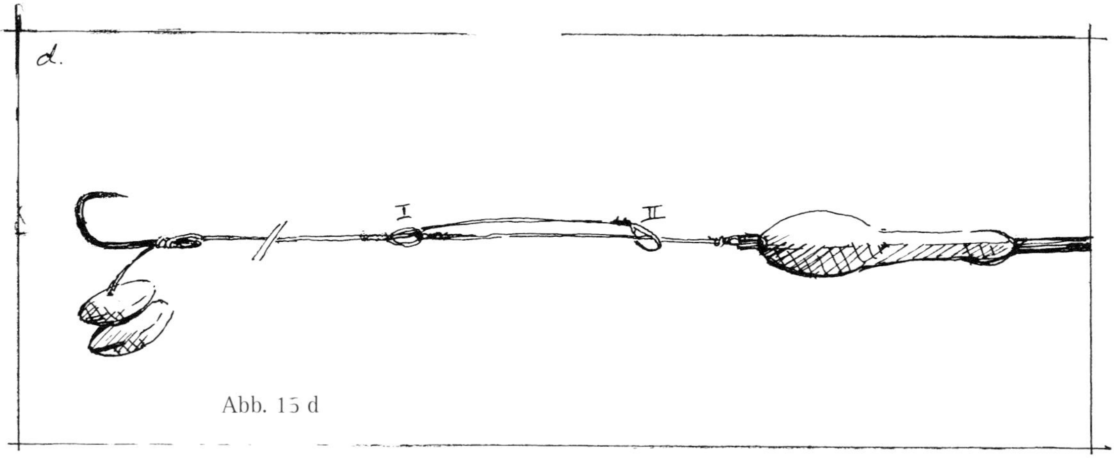

Abb. 16 d

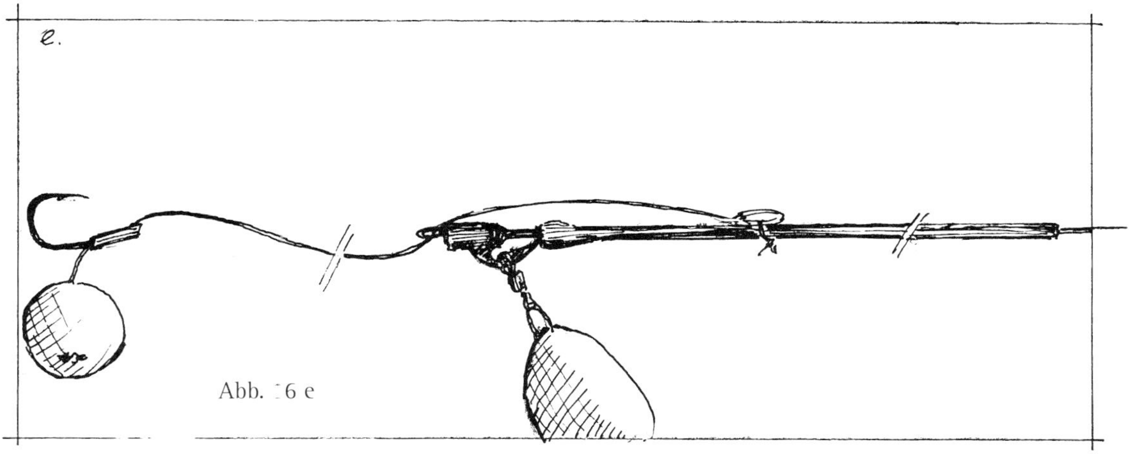

Abb. 16 e

Superstiff Gel« baden. Erst wenn das Gel trocken ist, wird das PVA angebunden. Leider muß das Vorfach vor jedem neuen Wurf noch einmal behandelt und getrocknet werden. Bei wenigen Bissen während eines Angeltags ist das jedoch kein Problem. Besonders dann nicht, wenn man von zu Hause bereits fertige Rigs mitnimmt.

Wenn viele Kleinfische die Angelstelle unsicher machen und die Hakenmontage anrempeln, wird sie mit der Zeit gestreckt, womit sich der Vorteil des Rigs in Luft auflöst. Jetzt bevorzuge ich ganz klar die Version mit PVA-Schlauch, da sich die kleinen Ringe des Extended Hook Rig (Abb. 16d) leicht am Grund verhängen können und damit einen hohen Widerstand schaffen.

Eine gute Variante dieses Prinzips mit den »teleskopischen« Vorfächern ist ein Rig, das ich das erste Mal beim Angeln mit Niels Jörgensen sah. Dabei gleitet das Vorfach in einem Wirbel am Ende der Hauptschnur. Als »Stopper« am Vorfachende verwende ich dabei einen Rig-Ring. Während des Wurfs wird das hintere Ende des Vorfachs durch PVA entweder an die Anti-Tangle-Tube oder an die Hauptschnur gebunden (Abb. 16e).

Bleie für Bolt-Rigs

Eigentlich sollen Fluchtmontagen mit kurzen Vorfächern den Fisch sofort haken. Probleme bereiten dabei längliche, schlanke Bleie, die beim Biß erst in die eine oder andere Richtung kippen und nicht sofort den nötigen Widerstand bieten. Eine weitere Tatsache ist es, daß der Fisch um so schneller und deutlicher das Gewicht des Bleis fühlt, je näher es am Wirbel liegt. Insgesamt erreicht der Angler diesen Effekt am besten mit so kurzen und kompakten Bleien wie nur irgend möglich. Dazu zählen die auf einer Seite abgeflachten Kugelbleie mit eingegossenem Wirbel, die durch die ebene Fläche nicht über den Grund rollen. Allerdings ergeben durchbohrte Bleie dank ihrem noch näher an der Schnur liegenden Schwerpunkt in der Regel ein noch besseres Haken als wirbelmontierte Ausführungen. Die besten Ergebnisse erzielen dabei wiederum kompakte Modelle wie »Pendant« (kantig) und »Terrapin« (Handseifenform). Optimale Ergebnisse erzielen sie mit Variationen von Zenon Bojko's »Trigger-Rig-Set-Up«, wie die Montage in Abb. 17. Allerdings gilt das oben gesagte nur für das Angeln auf festem Boden. Steckt das Blei dagegen vielleicht versunken im Schlamm, spielt die Plazierung des Schwerpunktes kaum noch eine Rolle.

Wie schwer das Blei sein muß, um einen guten »Selbsthak-Effekt« zu erzielen, hängt in einem hohen Grad von der Hakengröße, der Form und der Drahtstärke ab. Für kleinere Hakengrößen und dünndrähtige Haken in den Größen 8 bis 4 sind Bleie von 1 1/2 bis 2 oz (42-56 Gramm) gut geeignet. Bei etwas kräftigeren Karpfenhaken in den Größen 1 bis 4 dürfen es dagegen durchaus 2 1/2 bis 4 oz (70-113 Gramm) sein. Wenn ich weiter als 150 Meter werfe, bevorzuge ich in der Regel 4 1/2 bis 5 oz (127-140 Gramm). Dabei sorgen die superschweren Gewichte für einen besonders guten Selbsthakeffekt, der die von der großen Entfernung verursachte schlechte Bißanzeige ausgleicht. Das ist von ausschlaggebender Bedeutung, da der Anhieb auf solche Distanzen häufig etwas zu spät kommt. Außerdem ergeben die etwas schwereren Bleie eine bessere Drop-Back-Anzeige.

Es macht sich aber nie bezahlt, schwereres Blei zu verwenden, als unter den gegebenen Bedingungen nötig ist. Fischen Sie weit draußen, kann ein zu schweres Blei es erschweren, den Druck der Rute

Abb. 17

beim Anhieb direkt auf den Haken zu übertragen. Ein schweres, während dem Drill hin und her schwingendes Gewicht kann außerdem sehr häßliche Hakenwunden verursachen. Sie können so groß werden, daß der Haken einfach wieder herausfällt – ärgerlich für Fisch und Angler.

Die Angelpraxis

Schwimmt der Fisch nach dem Biß auf das Ufer zu, sollten beim Fischen mit festen und halb-fixierten Bolt-Rigs gute Drop Back-Indikatoren den Biß signalisieren. Das können zum Beispiel schwere Monkeys, Hangers oder Swingers sein. Für die Drop-Back-Anzeige bevorzuge ich normalerweise Nash's »Wasp Indikatoren« oder Fox's »Swing-Spring Quivers«, die beide auch auf eine längere Distanz eine perfekte Anzeige liefern. Da das Angeln mit Bolt-Rigs häufig zu mächtigen Bissen führt, ist eine Rolle mit Bait-Runner unverzichtbar. Sie vermeidet einen gewaltigen Schnursalat. Wenn Sie in einem großen Winkel zwischen Rutenspitze und Montage fischen, sind elektrische Bißanzeiger mit hohen Rutenauflagen, wie Delkims oder Microns, und ein solider Rutenaufbau gleichermaßen wichtig. Schließlich soll der lang ersehnte Monsterfisch nicht alles ins Wasser reißen. Wenn man mit schweren, auf der Hauptschnur gleitenden Bleien fischt, muß eine Kunststoff- oder Gummiperle den Vorfachknoten vollständig bedecken und damit schützen. Für sehr schwere Montagen und weite Würfe verwende ich immer Gummiperlen.

Anti-Tangle-Montagen

Wie schon erwähnt, kann besonders in Verbindung mit weichen geflochtenen oder langen Vorfächern ein Tubing nötig sein. So ein Röhrchen verhindert, daß sich der Haken während des Wurfs in der Hauptschnur verfängt.

Vor allem beim Angeln über hartem Grund und in klarem, flachem Wasser bin ich jedoch der Meinung, daß zuviel Schlauch die Montage für den Fisch sichtbarer macht. Unter diesen Bedingungen werde ich deshalb in der Regel eine sehr unauffälliges Tube montieren. Oder ich greife zu Montagen, die in sich selbst schon einen Anti-Tangle-Effekt besitzen, wie die Helicopter-Rigs. Obwohl ein Tubing über Vorfachlänge gut vor dem Verfangen der Hakenmontage in der Hauptschnur schützt, muß es längst nicht unbedingt nötig sein. Denn häufig genügen fünf bis zehn Zentimeter am Wirbel befestigter Schlauch auf dem Vorfach. Beim Wurf steht er rechtwinklig von der Hauptschnur ab, verhindert somit das Überschlagen des Vorfachs. Einen ähnlichen Effekt erzielt ein Stückchen steifer Plastikschlauch zwischen dem Wirbel und dem Bead, an dem das Blei montiert ist. Als weitere Alternative kann man einen Teil des Vorfachs in der Nähe des Wirbels unter anderem mit »Hawser« oder »Kryston Superstiff Gel« versteifen. Eine andere gute Methode, um einen gewissen ATT-Effekt ohne Schlauch zu erzielen, ist ein kleiner Stringer auf dem Haken. Man kann die Hakenmontage auch vollständig vor dem Verheddern schützen, indem man sie komplett in eine PVA-Tüte einpackt oder das Haar und den Hakenbogen mit ein wenig PVA-Tape umwickelt. Der Aufwand nervt jedoch und ist teuer, wenn man den Köder häufig kontrollieren muß.

Bei trübem Wasser oder in großer Tiefe mit wenig Licht fische ich bedenkenlos mit einem Anti-Tangle-Tube auf der Hauptschnur. Das gilt auch beim Angeln auf schlammigem Grund, der die Montage sowieso gut tarnt. Ich bevorzuge einen weichen Tube, wie Nash's »No Spook«. Denken Sie daran, daß das Röhrchen mindestens drei bis fünf Zentimeter länger als das Vorfach sein sollte. Wenn ich Safety- oder Helicopter-Rigs verwende, montiere ich den Schlauch direkt am Bead. Falls der Durchmesser von Tube und Bead nicht ganz paßt, kann man sie mit Hilfe eines kleinen Stücks Neopren- oder Silikonschlauch mit einem anderen Diameter verbinden. Auf Montagen mit Durchlaufbleien zieht man den Schlauch durch die Bohrung des Bleis (Anm. d. Red.: Entsprechend ausgestattete Bleie gibt es mittlerweile auch fertig zu kaufen). Eine weiche ATT auf der Hauptschnur kann im übrigen den Vorteil besitzen, daß sie gegen den mechanischen Verschleiß schützt und verhindert, daß sich die Schnur in verrottete Äste schneidet, sollte sich die Montage an einem versunkenen Baum festsetzen. Darüber hinaus schützt ein weicher Schlauch den Fisch im Drill vor Verletzungen durch die Hauptschnur. Besondere Langdistanzbleie, wie das »Zip Lead«, gibt es im übrigen mit bereits anmontierter steifer ATT. Denken Sie jedoch daran, daß diese Bleie sich häufig beim Absinken wie ein Pfeil in schlammigen Grund bohren und das Röhrchen dann steil heraussteht. Das führt möglicherweise bald dazu, daß die Karpfen dieses auffällige Signal mit Gefahr in Verbindung bringen. Insbesondere bei der Langdistanzfischerei kommen Sie selten um eine ATT auf der Hauptschnur herum.

Licht-Rigs

Haben Karpfen nachts Angst vor ungewohntem Licht? Diese Frage habe ich mir schon häufig selbst gestellt. Die meisten Karpfenfischer würden diese Frage ohne eine Sekunde zu zögern mit einem eindeutigen Ja beantworten – ich gehöre eigentlich auch dazu. Schließlich zweifelt wohl kaum jemand daran, daß Karpfen erschrecken, wenn jemand in der Dunkelheit und vor allem beim Angeln im Nahbereich am Ufer mit der Taschenlampe herumfunzelt. Die Karpfen haben tatsächlich Angst vor Licht – aber nur, weil sie es mit Gefahr verbinden.

Das erste Mal stellte ich mir diese Frage im Sommer 1994 am St. Lorenz-Strom in Nordamerika. Zusammen mit meinem Freund Bernie Hanes erzielte ich nachts große Erfolge beim Dapping, wobei wir die Fische mit einer großen Halogenlampe suchten. Schon bei einem der ersten Versuche fing ich einen schönen Schuppenkarpfen von 11,4 Kilogramm. Bernie setzte diese Technik seitdem häufiger ein und fing schon eine ganze Reihe hübscher Fische. Er fischt sowohl vom Boot aus, als auch beim Waten. Und in beiden Fällen sucht er die Fische mit der Taschenlampe.

Karpfen in jungfräulichen Gewässern besitzen also nicht unbedingt instinktiv eine Scheu vor Licht. Der Angler muß es nur auf die richtige Art und Weise verwenden. Demnach könnte man die Fische auch mit Licht anlocken? Unter anderem funktioniert das bei den Sardinenfischern im Meer schließlich auch.

Zunächst müssen Sie bedenken, daß die Karpfen den Köder am Tag zum großen Teil mit den Augen lokalisieren. Und der häufige Erfolg von Pop-Ups in sehr kontrastreichen Farben liegt eben zu einem großen Teil an der visuellen Stimulation. An vielen der von mir beangelten Karpfengewässern gehen in der Nacht nur sehr schwer Fische an den Haken. Inspiriert von der Idee, Licht als einen visuellen Attraktor zu verwenden, habe ich im Laufe des Sommers 96' viel mit dem Montieren von Knicklichtern und Betalights auf oder genau unter dem Haken und auch direkt am Köder experimentiert. Da ich ein schnelles Ergebnis meines Experimentes erhalten wollte, fischte ich zunächst auf kleinere Karpfen und Schleien – eine Rute mit Lichtmontage und eine mit normaler Montage.

Wiederholt fing ich bedeutend mehr Fische auf meine Licht-Rigs, obwohl ich einen vollkommen identischen Köder nur wenige Meter daneben fischte, allerdings ohne Beleuchtung. Die Methode übertraf also alle Erwartungen. Fest entschlossen, das Rig in schwereren Gewässern auf größere Fische zu testen, fischte ich den ganzen Sommer hindurch auf mindestens einer meiner Ruten ein Licht-Rig, was mir Riesenfische von ganz verschiedenen Gewässern brachte. Die zwei größten Brocken fing ich in zwei dänischen Seen – bei Nacht und auf ein Licht-Rig. Sie wogen 15,4 und 18,2 Kilogramm. Diese Nacht mit dem größten Karpfen werde ich wohl nie vergessen: Der Nebel lag wie ein dichter Schleier über dem See. Es war feucht und stickig bis in die letzte Faser meines Schlafsackes. Die Luft war dick wie Sirup und man konnte fast spüren, wie hart die Mücken kämpfen mußten, um die hohe Schlagfrequenz ihrer Flügel aufrecht zu erhalten. Durch das Anfüttern an anderen Gewässern und den damit verbundenen 150 Kilometern war ich todmüde. Ich mußte mich deshalb wirklich zusammenreißen, als ich ins Schlauchboot kletterte und meine Montagen hinausruderte.

Zwei Wochen zuvor verbrachte ich drei Tage damit, die Tiefe und den Schlamm zu messen und Hindernisse von strategisch wichtigen Stellen zu entfernen. Mit großer Mühe gelang es, einen 2x1 Meter großen Platz zu finden, dessen Grund hart genug für effektives Anfüttern war. Zudem konnte ich in diesem Bereich die meisten fressenden Fische beobachten. Nicht zuletzt durchschnitt ein Wechsel aus einem flacheren Gebiet, in dem sich die Fische tagsüber aufhielten, den kleinen Fleck. Die folgenden zwei Wochen verstrichen mit Anfüttern in diesem Gewässer und mit parallelem Füttern und Fischen in zwei weiteren Seen.

Nach einer angenehmen Tasse dampfenden Kaffees fuhr ich meine Montagen die 150 Meter zum Futterplatz hinaus. Sie bestanden aus einem semi-fixierten 5 oz- (140 Gramm-) Bolt-Rig mit kurzem Vorfach und langsam sinkendem Einzelboilie, den ich auf einem Schlaufenhaar sowie mit einem Standard-Line Aligner fischte. Auf der einen Montage befestigte ich ein Starlight drei Zentimeter vom Haken entfernt. Rings um die Montagen versenkte ich drei sparsame 50 auf 50 Zentimeter große Anfütterungen, die aus einer Mischung von geboosteten Nash Squid Boilies, Pelletboilies und Ball-Pellets bestanden. Damit ich eine optimale »Drop Back«-Bißanzeige erhielt, mußte ich den kräftigsten Quiver meiner Spring-Swinger von Fox verwenden. Zurück am Ufer lehnte ich mich zurück und öffnete zum 21. Mal in dieser Woche eine Dose Makrelen. Es ist wirklich unglaublich, was man seinem Magen für ein bißchen Angeln alles zumutet.

Die Dunkelheit legte rasch ihren Mantel um die Landschaft und kurze Zeit später war alles um mich herum so schwarz, daß ich die Hand nicht mehr vor meinen Augen sah. Obwohl ich sie kaum offen halten konnte, konnte ich unmöglich einschlafen. Es war kein Windhauch zu spüren und die absolute Stille verstärkte jedes Geräusch auf ein fast unerträgliches Maß. Das Geräusch der von den Blättern der Bäume herabfallenden und auf den Boden prallenden Wassertropfen hallte durch mein Bivvy, das in der schummrigen Beleuchtung meiner Stirnlampe eher an eine Tropfsteinhöhle erinnerte. Die Stille war fast unerträglich. Irgendwie erinnerte alles an die Ruhe vor einem Sturm. Ein einzelner kleiner Piepser meines Microns brachte mich fast zum Herzinfarkt und innerhalb einer Nano-Sekunde war ich von meinem Stuhl aufgesprungen und blitzschnell an meinen Ruten angelangt. Drei Meter vor den Ruten erahnte ich die Silhouette einer Ente, die lustig in der Dunkelheit umherschnatterte.

Die Nässe glitt schleichend in meine Jacke herunter und der hämmernde Puls in meinem Hals und meinem Kopf verflog langsam wieder. Fast hypnotisiert starrte ich in die alles verschlingende Dunkelheit und auf das sich im blaugrauen Wasser spiegelnde Betalight. Ich merkte rein intuitiv, daß sich am Futterplatz Großfische aufhielten. Im selben Moment wurde die Stille der Nacht von einem gigantischen Platschen durchschnitten, das nur von einem riesigen Fisch stammen konnte. Er durchbrach kraftvoll die Oberfläche und drosch seine muskulöse Flanke klatschend in das dunkle Naß. Betrunken von der Faszination dieses Erlebnisses, bildete ich mir noch Minuten lang ein, daß ich an der Schilfkante den Rückhall des Platschens hören konnte. Ohne, daß ich es irgendwie vernünftig begründen und erklären konnte, wußte ich, daß ich diesen Fisch kannte. Wenige Sekunden später erhielt meine Rutenspitze einen kurzen Schlag und ein überdeutlicher Drop Back in meinem Quiver ließ keinen Platz mehr für Zweifel. Mit einem soliden Anhieb setzte ich den Haken und wußte ganz sicher, daß ich einen der irdischen Nachkommen unseres Karpfens Willy an der Rute hatte. Ich setzte den Karpfen unter vollen Druck, da er sich unaufhaltsam in einem fast ehrwürdigen Tempo auf die vernichtendsten Hindernisse im ganzen See zubewegte. Trotz des äußerst harten Drucks war nichts zu machen. Nur wenige Sekunden später spürte ich, wie der Fisch es sich in den weiten Verästelungen eines versunkenen Baums bequem machte. Wollte ich ihn landen, mußte ich ins Wasser, damit die Schnur wieder freikam.

Cool, aber nicht besonders überlegt, ließ ich jeglichen Sinn für Realität hinter mir und stapfte ins Wasser. Schon nach fünf Metern war ich bis zu den Knien im Schlamm versunken und das Wasser stand mir unangenehmerweise bis zum Schritt. Ich erkannte zwar meine schlechte Lage, kämpfte mich aber trotzdem mutig weiter vor. Jetzt spürte ich, wie die Schnur an den Ästen hin und her scheuerte. Der Fisch würde bald festsitzen. Damit ich einen Schnurbruch verhindern konnte, löste ich die Bremse und quälte mich in die Richtung des Fischs, der jetzt nur noch lächerliche 70 Meter von mir entfernt war. Nach einiger Zeit schaffte ich den Weg. Jetzt entschloß sich der Karpfen zu einer Flucht in die Mitte des Sees. Mir blieb nichts anderes übrig, als den Baitrunner einzukuppeln und mit dem Finger einen leichten Druck auf die Spule auszuüben. Das Wasser erreichte nun meinen Oberkörper. Da die Schnur noch um ein paar Äste herum lief, mußte ich tauchen und konnte sie glücklich lösen. Endlich war der Fisch frei – zumindest glaubte ich das. Im gleichen Moment, in dem ich auf den Fisch erneut Druck ausübte, unternahm er eine weitere Flucht. Und schon nach wenigen Sekunden fühlte ich, wie die Schnur gefährlich wiederum über ein paar versunkene Äste glitt ...

Langsam und allmählich ermüdend watete ich zum Fisch hinaus, der offensichtlich im Hindernis saß. Nach 20 Metern blieb ich stehen, da der Karpfen eindeutig fest saß. Vergeblich versuchte ich, ihn durch lose Schnur freizubekommen. Der Gedanke, diesen Karpfen zu verlieren, war fast nicht zu ertragen. Die Zeit stand still, während ich mir meinen nächsten Zug überlegte. Tropfnaß und zitternd vor Kälte stand ich da wie ein absoluter Trottel und wußte wirklich keinen Rat mehr. Und ohne daß ich es bemerkt hatte, war ich dem Fisch dahin gefolgt, wo der Boden am trügerischsten war.

Die Dunkelheit und der Nebel waren nun so dicht, daß ich das Land fast nicht mehr sehen konnte. Es konnte nicht mehr schlimmer kommen – eigentlich. Aber plötzlich klatschte ein schwerer Tropfen mitten auf meine Stirn und noch einer und noch einer. Innerhalb weniger Minuten stürzten wahre Fluten vom Himmel. Auf einmal nahm der Fisch die lose Schnur von der Rolle. Ich klappte den Bügel um und übte so großen Druck wie nur möglich auf den jetzt offensichtlich wieder freien Karpfen aus. Er schwamm vor dem Hindernis ruhig hin und her, als ob es ihn amüsieren würde, daß ich bis zum Oberkörper im Wasser stand. Ein paar kräftezehrende Minuten später unternahm mein Fisch eine gewaltige Flucht und ich verlor das Gleichgewicht auf dem labilen Boden. Mit aller Anstrengung versuchte ich, wieder festen Grund unter die Füße zu bekommen. Aber je härter ich sie in den Grund zu stemmen versuchte, desto tiefer versanken meine Beine im Schlamm. In Bruchteilen von Sekunden zog mein Leben an meinem geistigen Auge vorbei.

Den Karpfen hatte ich total vergessen. Während ich weiter unterging, öffnete ich instinktiv den Rollenbügel und warf die Rute hinter mich. Zu meinem großen Glück fiel ich seitlich ins Wasser und konnte mich mit der Hilfe von einigen schwimmartigen Bewegungen aus meiner mißlichen Lage befreien. Er-

◀
Den inoffiziellen dänischen Rekordfisch von 18,2 Kilo landete Jens Bursell in einer wahren Schlammschlacht.

leichtert schwamm ich in Richtung Land. Gleichzeitig versuchte ich, mit den Füßen wieder Halt zu finden. Und tatsächlich reichte mir der Schlamm schon nach zehn Metern nur noch bis zu den Knien und ich konnte endlich wieder aufrecht stehen.

Ein Gefühl der Ohnmacht erfüllte mich, als ich sah, daß meine schöne Karpfenrute mit einem guten Fisch an irgendeiner Stelle dort draußen in der Dunkelheit trieb. Vorsichtig schwamm ich über den gefährlichen Schlamm hinweg und tastete mich in der Dunkelheit mit viel Glück zu meiner Rute vor und bekam sie überraschenderweise zu fassen. Es schossen tausend Gedanken durch meinen Kopf, als ich zurück auf einigermaßen festem Grund den Bügel wieder schloß und die Schnur spannte. Einige etwas matte Bewegungen in der Rutenspitze zeigten, daß der Fisch noch hing. Ich stellte die Bremse auf mittleren Widerstand und ging bis an die Stelle mit dem versunkenen Baum vom Anfang des Drills zurück. Vorsichtig dirigierte ich den Karpfen in Richtung Ufer und nach einigen Minuten entdeckte ich das schwache Schimmern des Starlights. Und ein paar Minuten später glitt der Fisch in den Kescher. Eiskalte Schauer der Glückseligkeit durchflossen jeden einzelnen Quadratmillimeter meines mindestens genauso kalten Körpers. Fest entschlossen, daß ab jetzt nichts Unvorhergesehenes mehr passieren dürfte, watete ich langsam in die Richtung meines Bivvys. Es dauerte fast zehn Minuten, mich, das schwere Netz und die Rute durch den tiefen Schlamm zu schleppen. Auf dem sicheren Land angekommen, öffnete ich das Netz und bewunderte die unglaubliche Breitseite des Fisches. Der Fisch war exakt der gleiche, den ich vor drei Jahren an dieser Stelle im flachen Wasser ausgemacht hatte. Ich war mir ganz sicher. Das Wiedersehen mit diesem alten Bekannten nach über 500 Stunden erfolglosen Angelns war ganz sicher alle Anstrengungen wert – 18,2 Kilogramm Fisch und 30 Kilogramm Schlamm in den Taschen und sämtlichen Körperöffnungen. Das war inoffizieller dänischer Rekord. Eine Nacht, die ich niemals vergessen werde. Ob Sie es glauben oder nicht – es war das erste Mal, daß ich in diesem Gewässer ein Licht-Rig eingesetzt hatte.

Während tagsüber normalerweise optische, geschmackliche und duftende Reize die Karpfen zum Biß verführen sollen, beschränken sich die mit Abstand meisten Fischer bei Nacht auf das Ansprechen von Geruchs- und Geschmackssinn. Die Licht-Attraktor-Rigs bringen bei Dunkelheit oder in tiefem, schlammigem Wasser jedoch wieder den visuellen Reiz ins Spiel. Die starke visuelle Stimulation wirkt häufig »instant«, eben weil sie sich von den anderen Methoden abgrenzt. Allerdings gibt es keinen Zweifel, daß die Methode schnell an Wirkung verliert, wenn man in einem Gewässer erst einmal ein paar Fische damit gefangen hat. Nichts bringen die Fische leichter mit Gefahr in Verbindung als Licht. Andererseits bin ich mir heute sicher, daß etwas Licht am Köder einige Fische zusätzlich einbringen kann. Ich habe auch keinen Zweifel daran, daß viele auf Licht-Rigs beißende Fische »Cruisers« sind. Sie befinden sich nicht gerade in Freßlaune und hätten den Köder daher unter normalen Umständen ohne das Licht nicht genommen. Ein große Zahl der Karpfen nimmt den Köder aus reiner Neugier, was ich unter anderem durch etwas auf den ersten Blick Kurioses bestätigt bekam: Ich habe es bereits mehrmals erlebt, daß die Fische nur auf ein Starlight ohne Köder bissen. Vielleicht steuert der Karpfen im Dunkeln auch unbewußt in Richtung des Lichts und frißt die Quelle schließlich. Entweder aufgrund der Kombination von visueller und Duft/Geschmackswirkung oder manchmal sogar ausschließlich aufgrund des Lichtes.

Im September 1996 erzählte ich meinem Angelkameraden Niels Jörgensen von meinen Experimenten mit den Licht-Rigs. Als er sie einen Monat später im »Grosell-Syndikat«-Baggersee ausprobierte, fing er in einer Nacht nicht weniger als 18 Fische bis über zehn Kilogramm – das war der größte Gesamtfang, den es je an diesem See gab. Obwohl nur die Hälfte aller Ruten mit Licht-Rigs bestückt waren, wurden doch alle Fische auf sie gefangen. Alle Ruten waren übrigens mit Nash's Squid Strawberry bestückt.

Meine vier erfolgreichsten Montagen sind in Abb. 18a-d gezeigt. Natürlich muß das Licht dicht an oder sogar auf dem Haken liegen, damit er bei einem Biß direkt auf das Leuchtelement wirklich im Maul des Fisches landet.

Ich behaupte auf keinen Fall, daß die Lichtmontagen absolute Top-Allround-Rigs sind, die in jedem Gewässer tolle Erfolge erzielen. Aber ich denke, daß darin ein großes, ungenutztes Potential liegt. Nicht nur für Karpfenfischen oder auf andere Friedfische, sondern auch für das Nachtangeln auf Hecht und andere Räuber. Versuchen Sie es doch einmal, ein Knicklicht an einen lebenden Köderfisch (Anm. d. Red.: Wo nötig und erlaubt) zu montieren – ein absoluter Killer!

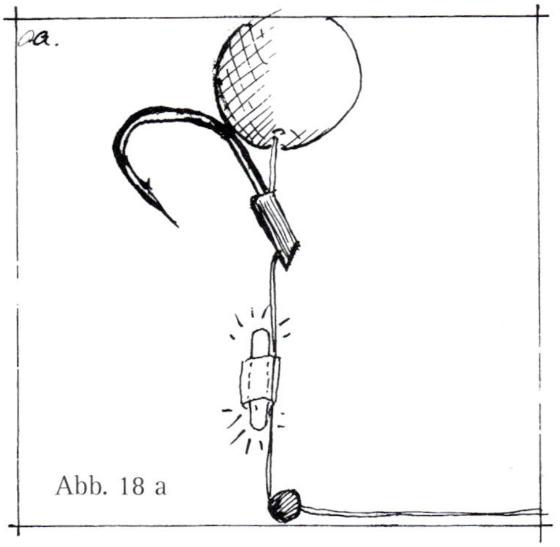

Abb. 18 a

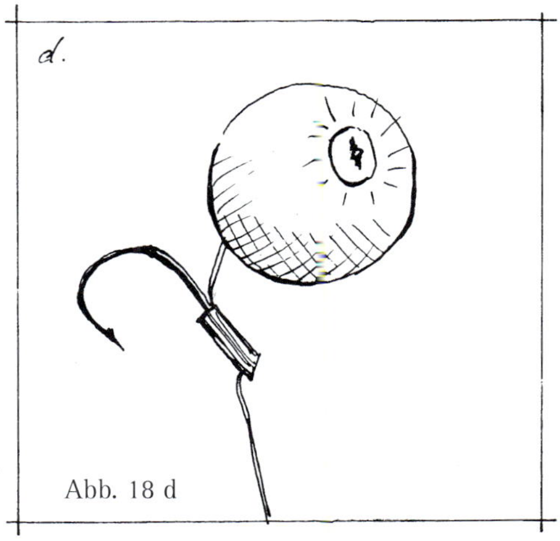

Abb. 18 d

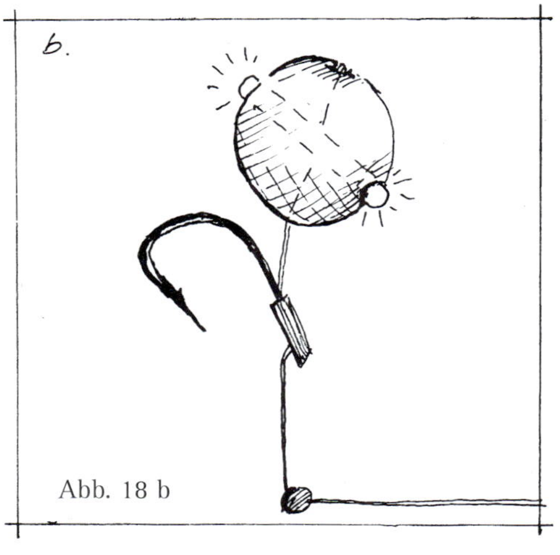

Abb. 18 b

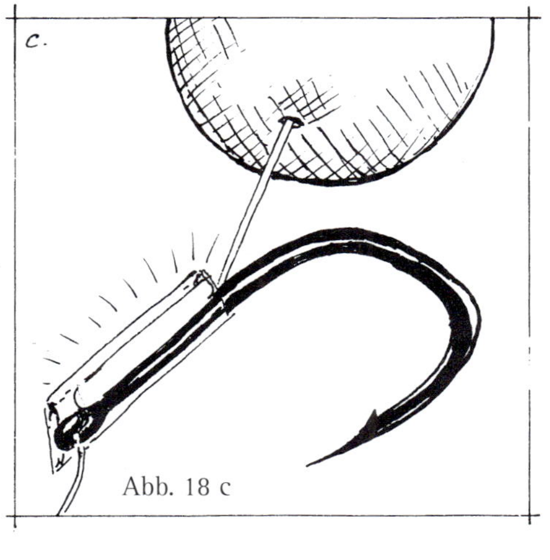

Abb. 18 c

Wenn Sie ein Rig suchen, das die Fische garantiert noch nicht gesehen haben, liegen sie damit genau richtig. An einigen Stellen wirkt diese Montage erstklassig und wird selbst die scheuesten Fische zum Biß verleiten. Jedoch kann es an anderen Stellen weniger überzeugen und an nochmals anderen Plätzen wird man damit überhaupt nichts fangen! Oftmals muß man die Montage wohl als »Alles oder Nichts«-Rig bezeichnen. Wenn es ganz und gar nicht funktioniert, liegt das an absolut gleichgültigen oder von Licht abgeschreckten Fischen. Nicht zuletzt können Sie das Licht falsch einsetzen. So kann die im einen Gewässer optimale Lichtstärke, in anderen Seen die Fische in die Flucht schlagen – genau wie die perfekte Farbe oder das perfekte Flavour von Wasser zu Wasser variieren kann. Die Lösung bringt in vielen Fällen ein kleineres Licht oder der Wechsel zu einer anderen Farbe. Wenn man ein kleineres/ schwächeres Licht haben will, kann man entweder über einen Teil des Knicklichts/Betalights ein Stückchen schwarzen Schlauch ziehen, kleinere Knicklichter, kleine Stückchen Phosphor Tape oder »Lichtperlen« unter dem Hairstop benutzen. Phosphortape ist unter anderem in Form von kleinen Sternen und Monden im Handel erhältlich, die man sich über das Bett kleben kann. Bevor Sie den Köder auswerfen, beleuchtet eine Taschenlampe den Stern. Das bringt den Stern für mehrere Stunden schwach zum Leuchten.

Wie auch immer: Die Möglichkeiten von Licht als zusätzlicher Köder sind noch längst nicht ausgelotet. Vielmehr können Sie und ich in den nächsten Jahren noch reichlich experimentieren. Genau wie bei allen anderen Montagen, wird es auch damit sicher nur wenige Varianten geben, die sich in einem breiten Spektrum von Gewässern als fängig erweisen. Dementsprechend werden sich viele Montagen von der Effektivität her als relativ kurzlebig erweisen. Auf die richtige Art und Weise verwendet, bringen Licht-Rigs jedoch zukünftig bestimmt eine Menge großer Fische an den Haken, bevor alle Wasserbewohner den Trick durchschauen.

Das Einstellen der Montage am Wasser

Immer wieder gerate ich beim Fischen in die Situation, meine Montagen am Gewässer auf besondere Situationen zu optimieren. Das kann das gesamte Rig, die Haar- und Vorfachlänge oder weitere Details der Hakenmontage betreffen. Zwar verliert man gelegentlich Fische einfach unglücklich, andererseits läßt sich ein schlechter Halt des Hakens oft durch kleine Änderungen in der Montage verhindern. Zunächst müssen Sie darauf achten, wo der Haken bei einem gelandeten Karpfen sitzt. Daraus läßt sich erahnen, wie die Tiere den Köder nehmen.

Sitzt der Haken verhältnismäßig tief im Maul eines Fischs, bedeutet das oft *(aber nicht immer)*, daß er nichts am Köder und der Präsentation auszusetzen hatte. Dementsprechend ist es in der Regel ein gutes Zeichen, wenn der Haken solide im Maulwinkel steckt. Normalerweise zeigt es, daß der Fisch den Köder genommen hat und danach ohne großes Mißtrauen weitergeschwommen ist. Hängt der Haken allerdings im äußersten Teil des Unterkiefers, nahm der Fisch den Köder möglicherweise langsam und zögernd mit den Lippen vom Grund auf. Wenn man mit Bolt Rigs ohne Leerweg fischt, wie mit Pop-Ups, wird dies ein durchaus übliches Haken sein.

Aber was war zuerst da: Die Henne oder das Ei? Ist der Fisch in der Unterlippe gehakt, weil er generell sein Futter mit den Lippen aufsammelt oder ist das Haken eine Konsequenz der Konstruktion der Montage? Die gleiche Frage ergibt sich bei vielen anderen Präsentationsformen, was die Ursache für den wildesten Montagefrust sein kann.

Wenn der Fisch in der Oberlippe gehakt wurde, versuchte er den Köder auszuspucken. Möglicherweise reagierte er scheu auf die Montage. Ist der Haken von außen durch die Lippe gedrungen und zeigt die Hakenspitze in Richtung der Maulhöhle, versuchte der Karpfen vielleicht, die Montage auszuspucken. Darauf stießen Haar und Köder von der Innenseite an die Lippe und der Haken drehte sich über die Lippe. Schließlich fand er auf der äußeren Seite seinen Halt. Eine andere Erklärung wäre, daß der Haken bereits auf dem Weg ins Maul faßte. Generell kommt es bei der Position des Hakens darauf an, aus welchem Winkel das Vorfach im Moment des Anhiebs gestrafft wurde.

Die oben aufgeführten Betrachtungen könnten stimmen, wenn der Zug von unten kommt. Das ist in der Regel beim Angeln mit Bolt Rigs oder schweren Gleitmontagen der Fall. Aber was passiert bei Techniken mit freier Leine oder leichten Gleitmontagen, wenn die Schnur erst im Anhieb gestrafft wird? Abhängig von Abstand und Angeltiefe wird der Zug im Augenblick des Hakens normalerweise von oben oder aus der Waagerechten kommen. Greift der Haken jetzt an der Oberseite des Mauls, kann das ein Zeichen für ohne Scheu fressende Fische sein. Andererseits ging dem Halt in der Unterlippe wahrscheinlich ein versuchtes Ausspucken voraus.

Übrigens sollten Sie in Ihre Überlegungen auch Faktoren wie die Konstruktion der Hakenmontage und die Verteilung der Masse mit einbeziehen. Fischen Sie vielleicht mit einen schwebend austarierten Haken und einem sinkenden Köder auf einem Haar, faßt der Haken höchstwahrscheinlich im oberen Teil des Mauls. Das Umgekehrte gilt, wenn der Köder schwimmt oder schwebt und mit einem relativ schweren Haken kombiniert wurde. Hängt das Eisen jetzt an der Außenseite des Mauls oder im Kiemenbogen, fressen die Karpfen vermutlich sehr vorsichtig und testen den Köder auf alle möglichen Arten. Und schließlich haken sie sich dabei am freien Haken von außen. Aber vielleicht schwamm der Fisch auf der Futtersuche auch nur rein zufällig über den Haken.

Etwas Licht in das Geschehen bringt unter Umständen die Bißanzeige. Gab es zunächst einige vorsichtige Nipper auf die ein »Screaming Run« folgte, kommt wohl die erste Möglichkeit in Betracht. Ein »Vollblutbiß« deutet dagegen auf die zweite Möglichkeit hin.

Verliert der Haken während des Anhiebs oder im Drill seinen Halt und kommt die Montage unbeschädigt zurück, hat man irgend etwas falsch gemacht. Dafür gibt es viele Ursachen, von denen ich folgende nennen möchte: 1) Kein Leerweg in der Montage. Dadurch strafft sich das Vorfach, bevor der Fisch den Haken ordentlich im Maul hat. Der Fisch wird aus diesem Grund nur extrem schwach gehakt. 2) Ein schlechter AE-Effekt, der mit einem zu langen Vorfach kombiniert wurde. Der Fisch spuckt den Haken beinahe aus und seine Spitze faßt nur mit viel Glück sehr leicht in der Haut. 3) Die einzige Bißanzeige bestand aus einigen kleinen Nippern in der Rutenspitze. Die Lösung könnte aus einer Hakenmontage bestehen, die nach dem Drehprinzip funktioniert und mit einem kurzen Vorfach ohne Leerweg kombiniert wird. 4) Fehler in der Konstruktion der Hakenmontage bewirken, daß die Hakenspitze nicht ordentlich frei steht. Das passiert unter anderem, wenn die Ha-

kenspitze versehentlich den Köder gefaßt hat. 5) Die Montage ist verwickelt, so daß der Hakeffekt gemindert wird. 6) Die Hakenspitze ist defekt – wechseln Sie schnell das Eisen. 7) Man hat den Fisch im Drill zu hart unter Druck gesetzt, wodurch der Haken ausschlitzte. Der Fehler tritt typischerweise mit dünndrähtigen Haken oder mit geflochtener, dehnungsfreier/-armer Schnur auf – wenn man vergißt, diese eventuellen Nachteile zu kompensieren. Unternimmt der Karpfen eine Flucht in Richtung eines groben Hindernisses, zwingt die Situation möglicherweise zu hartem Druck. Die einzig sinnvolle Vorbereitung auf so eine Situation besteht in starkdrähtigen Haken, die sich nicht durch das Gewebe schneiden. In ganz extremen Situationen ist es vielleicht am besten, wenn man das Gewässer wechselt und woanders sein Glück versucht.

Kommt die Montage gerissen oder mit gebrochenem Haken zurück, gibt es für die Ursache wiederum eine ganze Menge von Möglichkeiten: 1) Das Vorfach besaß nicht die nötige Verschleiß- oder Reißfestigkeit. 2) Kleinfische schwammen solange gegen die Montage, bis sich Knoten im Vorfach bildeten. Jetzt könnte ein kürzeres Vorfach und der Verzicht auf zum Verheddern neigende, schwebend austarierte Köder die Situation in den Griff bekommen. 3) Wenn das Vorfach bereits reißt, bevor man den Fisch überhaupt richtig unter Druck setzen konnte, nahm ein Hecht den Köder und durchtrennte das Vorfach innerhalb weniger Augenblicke. In vielen Fällen hat der Hecht auch eine Schleie genommen, die sich selbst gehakt hat. Insbesondere beim Gebrauch von Pop-Ups wird man es erleben können, daß sich Schleien und andere Fische an dem schweren Bolt-Blei selbst haken – ohne die geringste Bißanzeige. Damit riskieren Sie, mehrere Stunden mit einem lebenden Köder zu fischen! Sie können dieses Risiko nur vermindern, indem Sie auf Pop-Ups in Kontrastfarben verzichten.

Die Ursachen für verlorene Fische oder Bisse sind aber längst nicht immer so einfach, daß man nur einfach den Leerweg oder die Vorfachlänge ändern muß – generelle »Formeln« für Problemlösungen gibt es nicht. Oftmals verliert man im übrigen Fische, weil man den Anhieb zu langsam oder zu schwach gesetzt hat!

◀
Die Sonne geht, die Karpfen kommen...

Das Timing des Anhiebs

Bis zu dieser Zeile nannte ich eine Menge auf Montagen bezogene Faktoren, die das Einstechen und den Hakenhalt beeinflussen. Einer der wichtigsten Punkte ist jedoch der richtige Zeitpunkt für den Anhieb.

Bei den reinen Confidence-Rigs läßt alleine der Anhieb den Haken ins Gewebe des Mauls eindringen. Damit fällt dem Angler das Timing in der Regel am schwersten. Normalerweise verwende ich die Vorfachlänge als grobe Richtschnur dafür, wie früh der Anhieb fallen muß. Je länger das Vorfach ist, desto größer ist die Chance, daß sich der Fisch bereits ein gutes Stück innerhalb des Null-Anzeigefeldes bewegte, ohne daß man auch nur die geringste Form der Anzeige erhielt. Damit ist jetzt ein schnellerer Anhieb als bei kürzeren Vorfächern gefragt. Mit einem Durchschnittsvorfach mit einer Länge von 40 bis 50 Zentimetern setze ich den Anhieb normalerweise, wenn der Fisch den Backindikator in einer fließenden Bewegung zehn bis zwanzig Zentimeter bewegt hat. Die Probleme entstehen, wenn der Biß als Serie von abgebrochenen Bewegungen oder als eine extrem langsam nippende Bewegung angezeigt wird. Das wird häufig ein Zeichen dafür sein, daß der Fisch den Köder auszuspucken versucht oder mißtrauisch geworden ist. Setzen Sie jedenfalls sofort den Anhieb! Die Lösung ist eventuell der Wechsel zu Bolt Rigs. Allerdings kann so eine Art der Anzeige auch erfolgen, wenn der Karpfen einfach langsam umherschwimmt und auf einer eng begrenzten Fläche frißt. In solchen Fällen sollte man sich für den Anhieb eventuell etwas mehr Zeit lassen.

Fischen Sie mit verschiedenen Formen von Fluchtmontagen, fällt das Timing des Anhiebs wesentlich leichter. Schließlich hakte sich der Fisch beim Biß bereits teilweise oder sogar vollständig. Schloß er nicht schon vorher mit diesen Rigs Bekanntschaft, wird der Biß häufig so gewaltig ausfallen, daß die einzelnen Pieper des Buzzers zu einem einzigen wohlklingenden heulenden Ton verschmelzen. Unter diesen Umständen sollte man keine Sekunde zögern und den Anhieb setzen. Der Fisch ist bereits gehakt und es geht nun nur noch darum, den Haken so schnell wie möglich vollständig zu setzen. Man wird es oft erleben, daß der Karpfen nach dem Einstechen am Bolt Rig absolut still steht, um den Haken sofort durch heftiges Schütteln loszuwerden. Das zeigt sich in einem einzelnen oder zwei Piepern und einigen Nippern in der Rutenspitze. Setzen Sie schon bei der kleinsten Anzeige den Anhieb. Wenn man viele Bisse dieser Sorte hat, lassen sie sich bei an den Spitzen schräg nach oben gerichteter Ruten besser erkennen. Bei festen oder halb-fixierten Rigs bedeutet selbst die geringste Drop-Back-Anzeige, daß der Fisch gehakt ist und das Blei sich bewegt hat. Setzen Sie sofort den Anhieb.

Insgesamt bestehen viele Möglichkeiten für eine Vermutung, warum man den Fisch verloren hat oder warum der Haken sitzt, wie er sitzt und wie man eventuell die Konstruktion der Montage und das Timing des Anhiebs ändern kann. Wir alle können über die einzelnen Situationen nur nachdenken bis der Kopf raucht und uns vortasten, bis die Fische an Land liegen.

Angelentfernung

Jeder halbwegs erfahrene Angler fischt immer an den Stellen, an denen er die Fische beobachtet hat oder wo er ihren Aufenthalt vermutet. Auf den Platz abgestimmt wählt er schließlich Köder und Methode aus. Zu den wichtigsten, beachtenswerten Dingen, gehören Wurf- und Drillmöglichkeiten, eine wirksame Anfütterung, gepaart mit optimaler Bißanzeige und sauberem Anhieb. Konnte ich den Fisch nicht beobachten und besteht kein bestimmter Grund für das Fischen auf bestimmte Entfernungen oder Ziele, ist das Angeln dichter am Ufer gegenüber großen Entfernungen eindeutig günstiger. Schließlich lassen sich diese Stellen genauer und bequemer anwerfen oder anfüttern, zudem besteht eine bessere Schnurkontrolle und Bißanzeige.

Natürlich muß die folgende Aufteilung in Kurz-, Mittel-, Weit- und Ultraweitdistanzfischerei als etwas widersprüchlich gelten. Unter anderem wird man mit Mittel- oder Weitdistanzwürfen kurz vor dem gegenüberliegenden Ufer oder an Inseln und ähnlichem fischen. Angeln Sie vielleicht an einem Krautgürtel am Gewässerrand, läßt sich der Fisch kaum ins freie Wasser dirigieren. Dagegen bestehen vom anderen Ufer aus eventuell perfekte Möglichkeiten. Zunächst ergibt sich aus der Entfernung ein idealer Winkel zwischen Rutenspitze und Fisch und die große Elastizität in den vielen Metern Leine zwischen Fisch und Angler ermöglicht es, den Fisch bretthart zu halten – ohne den Haken ausschlitzen zu lassen. Außerdem flüchten auf weite Entfernung gehakte Fische selten mit hohen Geschwindigkeiten, eben wegen des genannten Abfederungseffekts. Die Wahl von Rute, Schnur, Rolle hängt natürlich stark von der Wurfdistanz ab.

Kurzdistanz

Das Angeln auf kurze Entfernung ist eine der spannendsten aber auch unpopulärsten Arten der Karpfenfischerei. An Ufern mit nur minimalen Störungen schwimmen Karpfen unter den richtigen Bedingungen zum Fressen ganz dicht ans Ufer. Als Stellen, die oft sichere Aufenthalts- oder Verpflegungsplätze dicht unter Land darstellen, sind überhängende Steilufer mit viel Vegetation, überhängende Bäume und Büsche, kleine Einbuchtungen im Ufer mit Schlammlöchern, Wurzeln und versunkene Bäume sowie Krautgürtel oder Krautbüschel dicht am Ufer zu nennen. Dort muß es nicht sehr tief sein. Die Fische suchen ihr Futter oft in lediglich 30 bis 50 Zentimeter flachem Wasser. Und häufig wird es sich lohnen, den Köder nur 10 bis 30 Zentimeter vom Ufer entfernt anzubieten, wie direkt an Schilfbüscheln, überhängendem Gras oder den Wurzeln eines Baumes.

Daß extreme Kurzdistanzfischerei ungewöhnliche Erfolge bringen kann, konnte ich zur Genüge während meines Angeltrips auf Koi-Karpfen im Waikato-Fluß in Neuseeland im Jahr 1996 erleben. Die Fische suchten fast schon auf dem Ufer ihre Nahrung. Als effektivste Methode erwies es sich, den Köder mit der Hand in die Übergangszone zwischen dem überschwemmten Ufergras und dem »freien Wasser« in 15 Zentimeter Tiefe auszulegen. Im übrigen wurden die Fische mit fünf bis sieben Zentimeter langem Vorfach direkt hinter einem 90 bis 150 Gramm schweren Blei am Bolt Rig auf Pop-Up-Mais oder Boilies gefangen. Eine hervorragende Methode für die extrem scheuen Fische. So dicht am Ufer kann die Grundbleifischerei allerdings ganz besondere Erfahrungen bringen: So hatte mein Freund Tony Davies-Patrick auf diese Weise einen Biß, wobei der Fisch so über den Haken erschrak, daß er irrtümlicherweise aufs Ufer sprang – noch bevor Tony den Anhieb gesetzt hatte!

Kann man keine speziellen Angelstellen ausmachen, ist die erste kleine Kante, die in vielen kleinen Seen ein paar Meter vom Ufer entfernt liegt, ein guter Ausgangspunkt. Besonders an Ufern ohne Vegetation mit sehr flachem Wasser und langsam abfallendem Bodenprofil sind Kanten mit einem schroffen Absturz von vielleicht 40 bis 100 Zentimeter ein guter Platz. Denn die Karpfen werden oft am Boden oder den Schultern dieser Kanten entlang schwimmen. Entsprechendes gilt für eine etwas größere Scharkante, die in vielen Seen bereits 3 bis 15 Meter vom Ufer entfernt beginnt.

Weitgehende Stille gehört selbstverständlich zum Fischen dicht am eigenen Ufer. Inwieweit Lärm

▲
Der Karpfen schwimmt direkt unter den Rute. Jetzt ist äußerste Ruhe angesagt.

die Fische verschreckt, darüber gibt es allerdings geteilte Meinungen. Kein Zweifel besteht jedoch über die vergrämende Wirkung von Vibrationen, die sich ins Wasser fortpflanzen. Besser sollten Ruten und Ausrüstung soweit vom Ufer entfernt wie möglich liegen. Das ist nicht immer möglich, ohne daß die Sicht aufs Wasser oder die Anhiebs-Möglichkeiten eingeschränkt werden. Eine gute Alternative ist es deshalb, zwar dicht am eigenen Ufer, aber 10 bis 20 Meter von der Angelstelle entfernt alles aufzubauen.

Beim Fischen auf kurze Entfernung ergibt sich im Augenblick des Hakens ein äußerst direkter Kontakt zum Fisch. Es ist deshalb absolut notwendig, daß Rute und Leine eine ausreichende »Pufferkapazität« aufweisen. Schließlich müssen sie die kraftvollen Bewegungen des Fisches während der ersten Flucht abfangen. Je dichter man am Ufer fischt, desto größer wird der Vorteil einer Rute mit ausgeprägt durchgehender Aktion. Angelt man an einer Stelle, wo man den Fisch nicht hart drillen muß, ist eine Rute mit 1,5 lbs Testkurve völlig ausreichend, selbst für ziemlich große Fische. Angeln Sie jedoch dicht am Kraut oder an Hindernissen, die einen soliden Druck auf den Fisch nötig machen, sind 2 bis 2 1/4 lbs passender. Bei Karpfen von über 15 Kilogramm kann es sogar ein Modell mit 2 1/2 lbs sein.

Bei der Kurzdistanzfischerei benötigt man allerdings keine 11 bis 12 Fuß langen Ruten für einen ordentlichen Anhieb, 10 Fuß reichen auch. Fischt man unter überhängenden Bäumen oder ähnlichem, was das Werfen erschwert, kann ebenfalls eine kürzere Rute von etwa 9 bis 11 Fuß (2,75 bis 3,35 Meter) die richtige Wahl sein.

Selbstverständlich benötigen Sie bei der Kurzdistanzfischerei keine besonders große Rolle, da es selten zu Fluchten von über 100 Metern kommt – sofern die Stärke des übrigen Geräts stimmt. Natürlich gibt mir eine gewisse Schnurreserve ein gutes Gefühl, weshalb sich eine mittelgroße Rolle wie die Shimano Baitrunner Aero GT 5010 gut eignet. Das Baitrunner-System besteht aus einem Freilaufmechanismus, der mit Hilfe eines Hebels am hinteren Ende der Rolle eingeschaltet werden kann, während der Schnurfangbügel die Schnur hält. Die Konstruktion ermöglicht es, daß der Fisch fast ohne Widerstand

Schnur von der Rolle ziehen kann. Dabei entstehen keine Schnurperücken oder Schlaufen, die sich um Grasbüschel oder ähnliches legen können. Der Baitrunner kann so eingestellt werden, daß der Widerstand zur Situation paßt, also relativ stramm beim Angeln mit Durchlauf-Bolt Rigs. Kurz bevor der Fisch angeschlagen wird, schaltet eine Kurbelumdrehung oder das manuelle Umlegen des Baitrunner-Hebels den Freilauf aus und die Rolle arbeitet normal mit der vorher eingestellten Bremseinstellung. Die Baitrunner-Rolle von Shimano ist meiner Meinung nach deshalb die beste Wahl, weil sie wohl als einzige in sämtlichen wichtigen Punkten zufriedenstellend funktioniert – weiche und zuverlässige Bremse/Baitrunner, perfekte Schnurauflage und gute Wurfeigenschaften. Welchen erfahrenen Karpfenfischer Sie auch fragen, kaum einer wird dieser Behauptung widersprechen. Wie bei allen anderen Rollenfabrikaten sollte man aber nicht erwarten, daß sie bei *hartem Einsatz* länger als ein Jahr perfekt intakt bleiben. Bremse und Baitrunner funktionieren bei den Modellen 4500 und 6500 am besten, während die Aero GT Baitrunner eine bessere Schnurauflage besitzt. Diese Unterschiede sind aber gering und ohne Bedeutung für den »normalen« Angler.

An Stellen, wo man den Fisch nicht hart halten muß, darf die Bremseinstellung etwas weicher ausfallen als sonst. Als Schnur für die Nahdistanzfischerei ziehe ich eine Leine mit guter »Pufferkapazität« vor, welche die großen Krafteinwirkungen abfangen kann. Das ist besonders dann wichtig, wenn der Fisch sofort nach dem Anhieb gestoppt werden muß. Meine erste Wahl fällt ohne Zweifel auf »Berkley Big Game« und »Nash Power carp« in Stärken von 8 bis 15 lbs (3,6 bis 6,8 Kilogramm). Acht Pfund (3,6 Kilogramm) eignen sich gut für kleinere Fische bis zu zehn Kilogramm, wenn keine zu starken Hindernisse drohen. Zehn bis zwölf Pfund (4,5 bis 5,4 Kilo) starke Schnüre sind die richtige Wahl für große Fische in »freiem Wasser«, während 15 lbs (6,8 Kilo) besser zu Großfischen in verkrauteten Gewässern oder für Stellen, die eine zusätzliche Verschleißreserve erfordern, passen. Extreme Schnüre bis zu 20 lbs (9,2 Kilogramm) können bei ausgesprochener »hook and hold«-Angelei an großen Baumwurzeln nötig werden.

Einer der Vorteile der Nahdistanzfischerei ist, daß der Abstand keine Grenzen für die Auswahl der Methode setzt – selbst das leichteste oder sich besonders leicht verknotende Vorfach wird in der Regel ohne große Probleme im Wasser landen. Oft wird man mit der freien Leine oder Confidence-Montage eine fantastische Fischerei erleben. Wegen des geringeren Wind- oder Strömungsdrucks auf die Leine lassen sich erheblich leichtere Bißanzeiger verwenden, was gute Möglichkeiten für das Angeln mit Confidence-Montagen eröffnet. Das bedeutet aber nicht, daß schwere Grundbleie sich nicht für die Nahdistanzfischerei eignen. Angeln Sie beispielsweise direkt am eigenen Ufer, können Sie die Montage einfach absenken oder ins Wasser »wippen«, ohne daß dies die Fische nennenswert erschreckt. Wenn man ein Stück herab am eigenen Ufer fischt, wird es immer von Vorteil sein, sich anzuschleichen und die Montage dort vorsichtig abzusenken oder mit einem leichten Pendelwurf auszuwerfen. Wenn die Montage richtig liegt und eventuell noch etwas Futter das Angebot attraktiver gestaltet, wird der Schnurfangbügel aufgeklappt und man geht zurück zum Rutenhalter.

Mitteldistanz

Unter der Fischerei auf mittlerer Distanz verstehe ich Abstände von 30 bis 80 Meter. Jetzt ziehe ich 12 Fuß lange Ruten mit einer Testkurve von 2 1/4 bis 2 1/2 lbs Testkurve vor. Ruten mit durchgehender oder progressiver Aktion eignen sich perfekt für die Mitteldistanzfischerei. Zu steife Ruten fangen die Fluchten des Karpfens dagegen zu hart ab, vor allem wenn der Fisch dicht ans Land kommt. Überhaupt geht im Drill eines großen Fisches nichts über eine Rute mit durchgehender Aktion, bei der man die Bewegungen des Fisches ganz bis in die Fingerspitzen spürt. Persönlich verwende ich eine 12 Fuß lange Armalite MK II von Century, mit 2 1/4 bis 2 1/2 lbs Testkurve für fast die gesamte Kurz- und Mitteldistanzangelei. Benötige ich eine Rute mit Extrapower, wie für die hook-and-hold-Taktik, oder bei besonders schwerer Fischerei mit guten Chancen auf einen wirklich großen Fisch, dann greife ich zu den gleichen Modellen, die jedoch über eine Testkurve von 2 3/4 lbs verfügen. Sie besitzen perfekte Wurf- und Drilleigenschaften, eine geniale Aktion, viel Rückgrat, halten den härtesten Kampf aus und sind eine Freude beim Fischen.

Was Rollen und Schnüre angeht, so gelten etwa die gleichen Dinge wie bei der Kurzdistanzfischerei, wobei allerdings eventuell Rollen mit etwas größerer Schnurfassung nötig sind. In diesem Fall nehme ich normalerweise die Shimano Baitrunner Aero GT 6010.

Anfüttern beim Kurz- und Mitteldistanz-Angeln

Ein trainierter Friedfischangler kann ohne Hilfsmittel, je nach Größe und Konsistenz der Futterkugel, mit einem kräftigen Unterhandwurf nur bis zu 30

Meter werfen. Anders verhält es sich bei Losefutter, wo man kleine Partikelköder höchstens auf fünf bis acht Meter genau werfen kann. Das Anfüttern mit Hilfe eines zwillenartigen Katapultes ist dagegen eine der klassischen Methoden zum Anfüttern auf etwas längere Entfernungen. Nach meiner Meinung sind sie die besten Geräte für das Präzisionsanfüttern auf der Kurz- und Mitteldistanz. Für Grundfutterkugeln eignet sich als Futterträger am besten eine Korbform mit einer großen Oberfläche, eventuell versteift und gestützt mit einem untertassenförmigen Boden aus Hartplastik. Becher aus weichem Leder oder Plastik eignen sich für lose Boilies oder kleine Partikel. Wenn man mit halbverklebten Partikeln füttert, ist es vorteilhaft, den Becher anzufeuchten. Das ergibt eine größere Präzision und weniger Streuung des Futters im Schuß. Dabei gilt es einige Grundregeln zu befolgen: 1) Soweit möglich, immer auf die gleiche Peilmarke zielen, damit die Richtung jedesmal gleich bleibt. 2) Die größte Präzision wird erreicht, wenn man den vorderen Arm ganz streckt und »schließt«, indem man das Handgelenk um 90 Grad dreht. 3) Damit jeder Schuß die gleiche Entfernung erreicht, muß die Futterschleuder stets den gleichen Winkel halten und der Spanngummi jedesmal gleich weit ausgezogen werden. Voraussetzung dafür sind ein ausgestreckter Arm sowie eine Marke am Körper. 4) Im Augenblick, in dem der Köder oder das Futter den Becher verläßt, schwingt die Schleuder in einer gleitenden Bewegung zur Seite und nach hinten. Das vermeidet Knoten im Gummiband und der »Schütze« entgeht dem Rückschlag des Futterbechers auf die Hand. Benutzt man Fox's »Swinghead Catapult«, einen Handschuh oder eine Schleuder mit »Rückschlagschild«, bleibt das Problem außen vor.

Alternativ benutzen viele Angler ein Wurfrohr oder einen Wurflöffel (Groundbaiter), die eine gute Alternative zu Schleudern darstellen. Obwohl **Wurfrohre** sich gut für relativ runde Partikelköder eignen, liegt ihre Stärke beim Füttern mit Boilies. Wurfrohre erhält man in vielen verschiedenen Durchmessern und Formen. Sie eignen sich gut für die Mitteldistanzfischerei. Müssen die Köder besonders weit hinaus, sind die gebogenen »Cobra«-Rohre die geeignetsten Modelle. Leider funktionieren Wurfrohre nur mit völlig runden und harten Futterkügelchen wirklich perfekt. Da besonders die gebogenen Wurfrohre die Boilies stark in Rotation versetzen, müssen die Kugeln gut zusammenhalten, da sie sonst in der Luft auseinanderplatzen. Je mehr Boilies man auf einmal wirft, desto stärker werden sie entlang der Wurflinie gestreut werden. Wurflöffel, die auf einen Kescherschaft oder ähnliches montiert sind, werden von vielen Fischern für das Auswerfen von Futterkugeln oder Teilchenködern auf der Kurz- und Mitteldistanz vorgezogen. Trainierte Hände können Futterkugeln auf diese Weise bis zu 40 oder 50 Meter und Partikelfutter bis zu 15 Meter auswerfen.

In den letzten Jahren kam darüber hinaus eine Reihe von rohrförmigen Köderwerfern auf den Markt, die sich vortrefflich für das Anfüttern auf der Mittel- und Langdistanz eignen. Lesen Sie darüber mehr auf Seite 132.

Schnüre

	Elastizität	Abriebfestigkeit	Tragkraft	Wurfeigenschaft	Wirtschaftlichkeit	Schwimmeigenschaft	Weichheit	Wasseraufnahme
1) Nylon:	10	2- 4	2- 5	8- 9	10	sinkend	4- 5	stark
2) Gedehntes Nylon:	7	3- 5	3- 5	9-10	7-8	sinkend	3- 4	mittel
3) HPPE:	1	6-10	6-10	6- 7	4-6	schwimmend	7-10	keine
4) HPPE Fusion:	1	6- 7	6-10	7-10	4-6	schwimmend	3- 7	keine

Damit sich die Materialien vergleichen lassen, habe ich Bewertungsnoten eingesetzt. Die »10« ist dabei der bestmögliche Wert. Die Zahlen stellen jedoch nur meine grobe Schätzung dar. Die Vergleiche beziehen sich auf Schnüre gleichen Durchmessers.

Besonders geeignet für: 1) Nah- und Mitteldistanz, 2) Langdistanz, 3) Ultralangdistanz beim Hinausfahren der Montage, starke Strömung, große Tiefen, Hindernisangeln, 4) Langdistanz- und Ultralangdistanz, starke Strömung und große Tiefen.

Generelle Ratschläge: 3 und 4 erfordern eine extra weiche Bremseinstellungen und Rutenaktionen, die beide das Ausschlitzen des Hakens vermeiden. Außerdem sind für alle Entfernungen Qualitätsrutenringe erforderlich, die nicht von der Schnur eingeschnitten werden können.

◀
Das Cobra-Wurfrohr ermöglicht das Anfüttern über weite Distanzen.

Langdistanz

Stehen die Fische über 100 Meter vom Land entfernt, müssen gutes Gerät, eine gute Wurftechnik und spezielle Montagen die Distanz überbrücken. Die Optimierung der Wurfweite, Zielwürfe und die Anfütterung stellen eine besonders Herausforderung dar. Hat man jedoch die Möglichkeit, die Fische auf kürzere Distanz zu erreichen, ist das auf jeden Fall vorzuziehen.

Für wirklich weite Würfe benötigen Sie eine 12 bis 13 Fuß lange Rute mit ordentlichem Rückgrat und einer etwas steiferen Aktion, als sonst üblich. Etwa 90 bis 150 Gramm kraftvoll geworfenes Blei benötigen eine Testkurve von 2 3/4 bis 3 lbs. Außerdem sorgen nur etwa sechs bis sieben Rutenringe (also weniger als sonst) mit einem weiten Durchmesser von etwa 40 mm für eine minimale Reibung der Schnur. Ein gutes Beispiel für entsprechende Weitwurfruten sind die »Pursuits« von Nash in 12 und 13 Fuß mit 2 3/4 lbs Testkurve, die mit ihren kraftvollen und »schnellen« Handteilen ganz hervorragend werfen und gleichzeitig dank ihres relativ weichen Spitzenteils einen Drill auf kurze Distanz zu einem Vergnügen machen. Die gleiche Rute ist auch als SU-Version (stepped up) erhältlich, mit der man mit wirklich schweren Gewichten weiter werfen kann. Gewisse Langdistanzfreaks scheuen auch nicht davor zurück, ganz auf 3 1/2 lbs zu gehen, um Megableie ans Ende der Welt zu schicken.

Für extrem weite Entfernungen müssen die verwendeten Rollen erstens eine perfekte Schnurauflage und zweitens eine breite und hohe Spule besitzen, so daß die Reibung an der Spulenkante bis zum Auftreffen der Montage minimal bleibt. Die besten Rollen in diesem Sinne sind ohne Zweifel Modelle wie die Daiwa Tournament S-5000 T, die eine absolute Spitzenqualität bietet und eine reine Wurfmaschine darstellt. Perfekte Schnurauflage und außergewöhnlich gute Bremse zählen ebenfalls zur Ausstattung. Andere gute Alternativen sind die Emblem ST-Serie oder die Shimano-Biomaster 9000. Als Hauptschnur sollte man eine gut vorgestreckte Schnur wie die Power+ von Nash oder die Berkley Tournament Gold wählen. Sehr weite Würfe erfordern meist dünne Schnüre mit etwa acht bis zehn Pfund Tragkraft. Die recht schwachen Leinen machen zwischen Montage und Hauptschnur geschaltete fünf bis sechs Meter Schlagleine erforderlich, etwa 35 bis 45 lbs Quick-Silver. Sie vermeidet Schnurbrüche bei Beschleunigung und Abwurf. Wenn ich sehr schwere Bleibrocken von 110 bis 140 Gramm einsetze, dann bevorzuge ich allerdings eine HPPE-Schlagschnur mit bis zu 50 lbs Tragkraft.

Natürlich muß auch die Montage für Weitwürfe so aerodynamisch wie nur möglich ausfallen. Und einfache Ausführungen vermeiden Schnursalat. Die besten, am weitesten zu werfenden und verknotungssicheren Montagen sind meiner Meinung nach Varianten mit strömungsgünstigen Durchlaufbleien, wie die Zip- oder Comet-Leads montiert mit ATT oder Helicopter-Rigs mit oder ohne ATT. Das Problem bei Anti-Tangle-Röhrchen auf der Hauptschnur in Verbindung mit widerstandsarmen Rigs ist, daß sie immer etwas mehr Luftwiderstand bieten als normale Montagen. Wenn man sich dafür entscheidet, Röhrchen und Blei auf der Hauptschnur gleiten zu lassen, rufen steife Röhrchen mit einem verhältnismäßig großen Durchmesser die geringste Reibung hervor. Persönlich ziehe ich Variationen des Concertina-Rigs oder Niels Jörgensens Null-Widerstands-ATT-Rig (S. 117, Abb. 16e) vor, wenn ich sicher sein will, daß die Montage auch auf lange Distanz funktionsfähig bleibt.

Bedenken Sie, daß ein längeres Vorfach und ein größerer Köder zu kürzeren Würfen und höherer Verknotungsgefahr führen. Außerdem ist ein Köder wichtig, der nicht beim Wurf oder beim Aufschlag auf das Wasser abfällt. Die beste Wahl ist in der Regel ein Boilie oder ein fester Partikelköder. Um das Haken auf die große Entfernung zu erleichtern, ziehe ich recht dünndrähtige Haken vor – sofern die Verhältnisse das zulassen.

Anfüttern auf lange Distanz

Das ausreichend präzise Anfüttern auf über 70 bis 90 Meter Entfernung stellt hohe Anforderungen an die Wurf/Schußfähigkeiten des Fischers. Dabei müssen die Boilies zunächst vollständig rund sein. Bereits leicht abgeflachte oder schiefe Köder machen genaue Würfe mehr oder weniger unmöglich. Es erfordert jedoch eine sehr kräftige Futterschleuder, über 80 oder 90 Meter weit zu schießen. Besitzen Sie kein Gerät für Schwerathleten, dann sind Sie mit einem gebogenen, kräftigen Cobra-Wurfrohr besser beraten. Soll nur in sehr begrenztem Umfang angefüttert werden, kann man als gute Alternative auch einen P.V.A.-Stringer montieren. Dabei verringert jedoch der größere Luftwiderstand die mögliche Wurfweite.

Eine andere sehr verbreitete Methode zum Langdistanz-Anfüttern, unter anderem mit Partikeln mit Teilchenfutter, bieten die »bait-rockets«. Sie tragen im vorderen Bereich ein Metallgewicht und weiter ein Schwimmelement. Es bringt das Rohr zum Kentern, wenn es auf das Wasser trifft. Sie müssen die Futterrakete nur ans Ende der Hauptschnur binden, das Rohr mit Futter füllen und an den Futterplatz werfen. Da eine gefüllte Bait-Rocket ziemlich schwer sein kann, empfiehlt sich eine separate Rute zum Anfüttern. Unter anderem eignet sich eine Brandungsrute mit einer Testkurve von 3 1/2 bis 5 lbs. Wiederum sollten Sie eine entsprechende Schlagschnur mit dünner Hauptleine einsetzen. Auch diese Fütter-Methode erfordert etwas Übung, sollte aber auf jeden Fall ausprobiert werden, wenn kein Boot zur Verfügung steht.

Ganz egal, wie gut man sein Futter auf die Langdistanz auswerfen oder abschießen kann – eine größere Präzision erzielen Sie, wenn Sie den Futterplatz markieren und das Futter mit einem Boot ausbringen. Besonders bei Giga-Mengenfütterungen ist ein Boot von Vorteil. Versuchen Sie einmal, mit Bait-Rockets zehn Kilogramm Mais zu verschießen! Steht kein normales Ruderboot zur Verfügung, ist ein kleines zusammenfaltbares und leicht transportables **Schlauchboot** die perfekte Alternative. Ich kann das Sevylor-Einmannboot (»Trail boat«) wirklich empfehlen, das ich über viele Jahre mit großer Zufriedenheit benutzt habe. Das Modell ist gerade groß genug für einen Mann plus Futter, hält eine Menge aus und wiegt nur einige Kilogramm.

Ultralangdistanz

Bei dieser extremen Angelei fischt man so weit draußen, daß sowohl das Futter als auch die Montage nur per Boot an den Angelplatz gelangt. Auf den folgenden Seiten gibt *Thomas Petersen* dazu einige gute Ratschläge:

Möchten Sie in verkrauteten Gewässern den Fisch vom Boot aus drillen und keschern, ist aus Sicherheitsgründen ein richtiges Ruderboot oder ein etwa 2,40 bis 3,60 langes Schlauchboot aus kräftigem Material mit festem Boden und mehreren Luftkammern erforderlich. Die Schlauchboote von »Zodiac« gehören dabei zu den besten und teuersten. Als Beispiele für andere gute Schlauchboote können Avon und Quicksilver genannt werden. Eine Schwimmweste ist ebenfalls unumgänglich, am besten eines der durch eine CO2-Kapsel selbst aufblasenden und mittlerweile bei vielen Anglern verbreiteten Modelle. Qualitätsboote besitzen neben einem festen Boden auch ein richtiges Heck, das die Montage eines Elektromotors ermöglicht, der mit 12 V-Batterien läuft.

Hat man sich für einen Angelplatz entschieden, wird er mit einer Markierung versehen, wie ein Plastikkanister oder ein Kunststoffball. Wenn angefüttert wurde, bringe ich die Montagen aus und mit etwas Übung gehen zwei auf einmal. Mein schwedischer Karpfenkamerad Ola Hansson hat in seinem Zodiac zwei Metalldosen für Blei und Montage fest angebracht. Ein drehbarer Deckel kann über die Dosen geschoben werden, damit das Blei beim Hinausfahren nicht herausfällt. Allerdings sollten Sie die Schnur nicht mit Hilfe des Baitrunners von der Rolle ziehen, da sich die Schnur dabei sehr schnell verdrallt und unbrauchbar wird. Angelt man alleine, öffnet man den Rollenbügel und befestigt mit Isolierband seitlich an der Spule einen Eisstiel oder ähnliches, so daß er beweglich aber doch leicht stramm an der oberen Spulenkante anliegt, um ein »Überlaufen« der Schnur während des Ausfahrens zu verhindern. Bei mehreren Anglern steht ein Fischer an Land mit der angehobenen Angelrute in der Hand, während der andere hinausrudert. Der Bügel wird aufgeklappt und die Leine kann von der Spule laufen, wobei ein Finger am Spulenrand die Aufgabe des Eisstiels übernimmt. Am Angelplatz angekommen, rudert man noch etwas weiter. Jetzt gibt der Bootsführer ein Zeichen, daß die Schnur nun *kräftig* gespannt werden soll. Der zweite Fischer klappt den Bügel zu und spannt die Schnur so stark, daß sie ganz aus dem Wasser gehoben wird. Das verhindert jeden Schnurbogen. Während das geschieht, wird das Boot langsam zurück über den Futterplatz manövriert. Nach einem erneuten Zeichen des Bootführers klemmt der Fischer an Land die Schnur gegen die Rute, öffnet den Schnurfangbügel, legt die Rute in den Rutenhalter und gibt Schnur frei, während der Bootsführer die Montage ins Wasser gleiten läßt. In dem selben Augenblick, wo die Montage den Grund erreicht hat und der Bootsmann die Leine losläßt, wird der Schnurfangbügel geschlossen und die Schnur völlig gespannt, so daß der Bißanzeiger an der Schnur angebracht werden kann.

Müssen Sie in einem stark verwachsenen Gewässer die Schnur oft erneuern, dann ist eine gute aber preiswerte Nylonschnur, wie die Big Game, für den Geldbeutel sehr zu empfehlen. Gibt es keine Hindernisse, sind die teuren HPPE-Schnüre besser, da sie eine bessere Bißanzeige und ein besseres Setzen des Hakens erlauben. Die Schnurstärke sollte jedoch bei allen Materialien nicht über 0,30 oder 0,35 hinausgehen, damit man sie noch frei aus dem Wasser herausheben kann.

Die Rutenlänge sollte wenigstens 12 Fuß betra- ▶

Ein 22,3 Kilo schwerer Karpfen aus dem Lac du Der, der auf die Ultralang-Distanz an den Haken ging.

gen, die Testkurve 2 1/2 lbs. Eine markante Spitzenaktion benötigt man meiner Meinung nach nicht, da der Fisch ohnehin weitgehend vom Gewicht des Bleis gehakt wird. Persönlich ziehe ich eine steife, durchgehende Aktion vor, da der Drill in den meisten Fällen vom Boot aus erfolgt. Zu den besten Ruten für diese Fischerei zählen Century's Hy-Bor-Modelle und Kevin Nash's Pursuit-Ruten. Hard-core-Ultraweitdistanzfischer fahren auf Dauer am besten mit einer 13-Fuß-Rute. Aber da es die meisten vorziehen, ihre Ruten für Allround-Zwecke einzusetzen, sind 12 Fuß mit 2 1/2 bis 2 3/4 lbs die normale Wahl.

Über die gewöhnlichen Ansprüche an eine Rolle hinaus sind für mich zwei Dinge beim UL-Angeln besonders wichtig. Erstens sollte sie eine besonders große Schnurkapazität besitzen, zweitens ist eine Metallspule erforderlich, die ausreichend stabil ist. Plastikspulen, wie an der Shimano 8010, brechen einfach mittendurch, wenn die vielen Meter Schnur während eines Drills unter großem Druck aufgespult werden. Deshalb verwende ich die Shimano 6500, die wirklich gut hält. Bei dieser Fischerei ist die Baitrunnerfunktion nicht unbedingt erforderlich, und so stellt ohne Zweifel die Tournament-Serie von Daiwa (besonders die S 5000 T) die besten Rollen. Ohne Baitrunner löst man einfach die Bremse. In der Praxis erlebt man jedoch selten »Screaming Runs«, da sie in der Regel durch die hohe Schnurelastizität auf großen Distanzen gemildert werden. Gerade deshalb müssen Bißanzeiger und Drop-Back-Melder von höchster Qualität sein. Ich selbst verwende den Delkim-Buzzer. Sie können ihn so fein einstellen, daß er schon bei Schnurbewegungen von einem Millimeter piepst. Selbst Schnurbewegungen von nur wenigen Millimetern oder wenige Piepser können das Setzen des Hakens signalisieren. Und bewegt sich die Rutenspitze auch nur eine Winzigkeit, sollte man sofort aus dem Zelt heraus sein und anschlagen. Der Fallbiß-Anzeiger sollte einen reellen Druck auf die Schnur legen, weshalb ich den »Wasp« von Nash vorziehe, der für diesen Zweck wie geschaffen ist. Man sollte daran denken, die Ruten in der »Raketenposition« abzulegen, so daß die Schnur von Hindernissen und »Drift« im Wasser befreit wird. Unter normalen Umständen bevorzuge ich »Skyliner«-Ständer (Hi-Pods) und »Dual-Bars« zum Aufstellen der Ruten. Ist der Untergrund sehr hart, kann jedoch ein Rod Pod nötig werden. *Thomas Petersen*

Längere Touren

Nur die wenigsten Angler sind so glücklich, daß sie ihr Traumgewässer gewissermaßen im Garten finden. Deshalb ist es meist nötig, relativ lange Touren zu unternehmen – vor allem, wenn es um besondere Herausforderungen, große Fische oder auch nur eine schöne Umgebung geht. Aus dem gleichen Grund ist es auch völlig normal, daß man einmal oder zehnmal am Wasser übernachtet und damit nicht zuviel Zeit durch den Transport verschwendet. Nicht zuletzt bilden lange Ausflüge meiner Meinung nach ein Hauptteil der Freude und der Seele der Specimen Fischerei. Die langen Touren mit dem Rucksack und den Ruten auf dem Rücken hatten für mich immer eine große Anziehungskraft und etwas von der ultimativen Freiheit. Das Gefühl, mit dem Gewässer zu verschmelzen, wenn man mehrere Tage nacheinander am Wasser bleibt, ist ein fantastisches Erlebnis. Denn der Tagesrhythmus und der »Puls« des Gewässers ermöglichen ein intensives Erleben der Stimmungen, des Farbenwechsels und der Szenerie – all das läßt sich mit Worten nur schwer beschreiben.

Angelt man längere Zeit am Gewässer, so erfordert dies neben warmer und regendichter Kleidung selbstverständlich ein wenig Extraausrüstung. Schließlich möchte man sich wohl und damit warm, trocken und satt fühlen. Stimmen diese Dinge nicht, fehlt einem die Energie zum effektiven Angeln. Deshalb ist eine ordentliche Ausrüstung ein Vorteil, der uns einen gewissen Komfort auf langen Touren geben kann:

Angelschirme: Möchte man sich selbst und das Gerät trocken halten, ist ein gewöhnlicher Angelschirm die einfachste und beste Lösung für die Sommerfischerei und nicht allzu rauhes Wetter. Am besten sollte er ein Knickgelenk und ein schräges Gewinde direkt unter der Spinne besitzen, so daß man den Mittelspieß abnehmen und dort einschrauben kann. Das gibt mehr Platz unter dem Schirm. Am besten kauft man einen Schirm mit einem kräftigen Bezug, der sowohl dem Verschleiß als auch einem ganzen Tag mit heftigem Regen standhält. Meine Empfehlung für Schirme, die das Schlimmste aushalten können, sind die Oval-Schirme von Nash, unter denen es viel Platz und absolute Trockenheit gibt. Schirme besitzen im übrigen den Vorteil, daß sie sich selbst an den schwierigsten Plätzen aufschlagen lassen, beispielsweise in dichter Vegetation.

Bivvies: Wenn man auf ausgedehnte Touren geht, im Winter fischt oder bei extrem schlechtem Wetter, erhalten Sie den besten Komfort mit einem »Bivvy« oder »Angelzelt«. Auf langen Touren, bei denen es auf Mobilität ankommt, verwende ich Nash's »All Season Titan«. Dieses Bivvy hält alles aus, ist zu 100 Prozent wasserdicht, sehr windstabil, leicht und schnell aufzustellen und wieder zusammenzupacken. Wenn Sie Wert auf eine Konstruktion mit doppelter Wand legen, um Kondenswasser bei kalter Witterung zu vermeiden, können Sie das Überzelt dazu kaufen (»Titan Water Skin«). Auf langen Reisen, wo die Ausrüstung auf dem Buckel geschleppt werden muß, ziehe ich ein kleines Kuppel- oder Tunnelzelt vor. Auf normalen Touren verwende ich einen Schirm, um darunter zu schlafen. Fischt man stationärer und kann direkt zum Wasser fahren, dann können Sie über ein Bivvy des »Domtyps« (Kuppelzelt) nachdenken. Sie sind einfach geräumiger. Liegen am Lagerplatz viele Büsche, große Steine oder Wurzeln, dann fährt man am besten ohne festen Boden im Bivvy. Ist der Platz aber einigermaßen eben, erhält man doch den größten Komfort mit festem Zeltboden, insbesondere bei matschigem Grund.

Möchten Sie beispielsweise auf Angelreisen Platz und Gewicht sparen, kommen Sie beim Schlafen gut mit einer Liegematte in einem normalen »Fjeld«-Kuppel- oder Tunnelzelt zurecht. Falls ein Sturm aufzieht, sorgen Sicherungsleinen und Zeltheringe für die nötige Stabilität.

Und muß ich bei einem hoffentlich bevorstehenden Drill wahrscheinlich dem Fisch folgen, sollte ein ausreichend breiter Weg am Bivvy vorbeiführen.

Stühle oder **Liegestühle** sollte man zur Verfügung haben, wenn man viele Stunden nacheinander fischt. Und bei einem sehr matschigen oder unebenen Platz ist ein Liegestuhl sowieso unverzichtbar. Halten Sie nach Modellen mit ausziehbaren Beinen Ausschau, so daß sie den Liegestuhl waagerecht aufstellen können, egal wie wellig der Untergrund auch ist. Außerdem ist es wichtig, daß der Schließmechanismus im Gelenk zwischen Liegefläche und Füßen ordentlich funktioniert, wie es unter anderem bei den Modellen von Fox, Nash und JRC der Fall ist. Selbst verwende ich einen Nash Yetti TTX-Liegestuhl, da er leichter ist als vergleichbar komfortable Liegen. Aber ehrlich gesagt gibt es einen nahezu gleichen Komfort auch mit einem Gartenliegestuhl mit Alurahmen für 25 Mark! Auch wenn ich im Sommer meist in der Angelkleidung übernachte, ist es doch mit einem Schlafsack am komfortabelsten. In den kalten Monaten ist ein guter Kunstfaser- oder Daunenschlafsack jedenfalls ein Muß.

Rucksäcke, Taschen etc.: Hat man endlich das gesamte Gerät zusammen, fehlt nur noch etwas, worin man alles tragen kann. Für die normale Fischerei verwende ich einen 90 Liter Kletterrucksack mit zahlreichen Seitentaschen von »North Face« (»Snow Leopard«). Weitere Fabrikate wie Lowe sind jedoch genauso gut. Eventuell sollten Sie einige Fahrradgummis mitnehmen, mit denen Sie diverses Gerät festspannen können. Persönlich verwende ich nie Angelrucksäcke der führenden englischen Gerätehersteller, da sie durchgehend viel zu teuer im Verhältnis zur Qualität und extrem schlecht konstruiert sind. Zudem weisen Sie wenig Einstellmöglichkeiten auf und erscheinen aus ergonomischer Sicht absolut hoffnungslos! Ich gebe Ihnen mein Wort, daß Sie wesentlich besser abschneiden, wenn Sie in ein Outdoor-Geschäft gehen und Rucksack und Schlafsack dort kaufen.

Ruten, Schirme, Banksticks, Pods und andere längliche Gegenstände trägt man am einfachsten in einem sogenannten **»Holdall«**. Für den Normalgebrauch ziehe ich den Typ mit eingebautem »Rollentaschen-Raum« vor, beispielsweise Nash's »Total Protection«-Holdall, in dem die Ruten einfach auseinandergezogen hineingesteckt werden, ohne daß Rollen und Montagen abmontiert werden müssen. Das ist besonders bei der mobilen Fischerei ein ausgesprochener Vorteil. Beim leichten Angeln nehme ich die Ruten nur auseinander und rolle sie mitsamt den Banksticks und anderem in das zusammengefaltete Netz. Viele Angler transportieren ihre Ruten in einem **Plastikrohr**, damit sie nicht beschädigt werden. Beim normalen Fischen ist das meiner Meinung nach völlig überflüssig und hilft nur, sich einen Rückenschaden zuzuziehen und in Frührente zu gehen. Bei längeren Reisen sind Schutzrohre allerdings ein Muß, möchte man Bruch vermeiden. Das beste Modell, das ich ausprobiert habe, ist das KIS.

Andere nützliche Dinge auf einer langen Reise sind folgende: 1) Eine grundlegende Erste-Hilfe-Ausrüstung inklusive Mückennetz und Balsam (!). 2) Eventuell ein Mobiltelefon oder Notsignalgeber. 3) Eine Stirnlampe für das Nachtangeln. Die besten Modelle sind die mit verschieden einstellbaren Lichtkegeldurchmessern, wie das der Firma Petzl. Wenn der Platz es zuläßt, ist eine Thermoskanne und eine »Sturmküche« (Trangia) wirklich Gold wert, um sich das Dasein zu versüßen. Warmes Essen und heiße Getränke sind an einem nassen und kalten Tag ein echter Höhepunkt. Nichts ist besser als heiße, gefüllte Pfannkuchen, die man im Schutz des Schirms futtert.

Posenangeln

Das Posenfischen auf Karpfen ist für mich eine der spannendsten Formen des Friedfischangelns. Drückt ein breitrückiger Karpfen die Seerosenstengel auseinander, während er gezielt auf die rote Pose zugleitet, ist das ganz einfach das ultimative Angelerlebnis. Wandert der Schwimmer schließlich und taucht ab, ist das für mich nichts weniger als die Schlagsahne auf dem Lebkuchen. Einen Großkarpfen direkt unter der Rutenspitze auf eine leichte Posenmontage zu fangen, macht augenblicklich abhängig. Näher kann man nicht an das Innerste der Seele des Angelns herankommen! Dieses Gefühl ist *überhaupt nicht* mit der schweren Grundfischerei weiter draußen zu vergleichen!

Das Posenangeln ist jedoch nicht nur eine faszinierende Herausforderung für ekstatische Tagträumer. Denn diese Methode kann sich in vielen Fällen gegenüber allen anderen Techniken als weit überlegen erweisen.

Schließlich läßt sich der Köder in jeder denkbaren Tiefe anbieten, ohne den Fisch zu verschrecken. Und der Angler erhält gleichzeitig eine perfekte und ultrasensible Anzeige für die unterschiedlichsten Bißvarianten. Darüber hinaus kann die Pose verschiedene langsam sinkende Köder so verführerisch präsentieren, daß selbst der verwöhnteste Fisch sich verführen läßt. In vielen Karpfengewässern wird im allgemeinen kaum mit der Pose gefischt, was alleine schon für den großen Erfolg dieser Technik ausschlaggebend sein kann. Hier ergibt sie eine neue und andersartige Weise der Präsentation, die von den Fischen nicht so schnell durchschaut wird.

Darüber hinaus sprechen noch weitere Vorteile für den Schwimmer. Da die Schnur nicht auf dem Grund liegt, sondern etwas unter oder über der Wasseroberfläche läuft, lassen sich damit für die Leine gefährliche Stellen wie steile Kanten meiden, an denen scharfe Muscheln oder Klippen liegen. Mit einer Grundmontage verfängt sich die Leine dagegen vielleicht schon vor dem Anhieb in etwas Scharfem. Gibt es am Futterplatz auch noch viele Steine und Pflanzen, kann eine Posenmontage vielen Hängern aus dem Weg gehen. Wenn der Karpfen den Köder nimmt, gibt es kein schweres Gewicht, das er über den Boden schleppt und das sich dadurch eventuell festsetzt. Bei korrekt eingestellter Tiefe besteht zudem die Möglichkeit, einen großen Bereich des Futterplatzes abzusuchen, ohne daß Pflanzenreste oder ähnliches Haken und Köder »garnieren«.

Die Angelmethode besitzt selbstverständlich auch ihre Grenzen. Zunächst erfordert sie doch ständig hundertprozentige Aufmerksamkeit. Aus diesem Grund wird man auch nie länger als sechs bis zehn Stunden am Tag mit der Pose angeln können. Außerdem empfiehlt sich bei Wind, Strömung und Drift eher das Grundfischen.

Gerät

Für viele Formen der Posenangelei kann man das gleiche Gerät wie für die Grundfischerei benutzen. Durch die leichten Montagen empfiehlt sich jedoch eine Rute mit einer relativ weichen Spitze, die präzisere und längere Würfe erlaubt. Die bestmögliche Schnurkontrolle erreichen Sie mit relativ langen Ruten von 12 bis 13 Fuß. Trotz der weichen Spitze erfordern Wurf, Schnurkontrolle und Anhieb einiges Rückgrat. Die optimale Lösung stellt eine »mega upstepped« Matchrute mit 13 bis 14 Fuß und einer Testkurve von 1 1/2 bis 2 lbs dar. Leider gibt es so gut wie keine entsprechenden Ausführungen auf dem Markt. Man muß sich also schon selbst ein Exemplar ▶

Auch die Pose verhilft zu großen Fischen...

bauen. Mein Freund Bernie Hanes fertigte einmal einige dieser Ruten und das sind ohne Zweifel die besten Modelle, die ich für das Posenangeln auf Karpfen einsetzen konnte. Allerdings erfüllt auch eine leichte 12-Fuß-Rute mit weicher Spitze, einer progressiven Aktion und einer Testkurve von 1 1/2 bis 2 1/4 lbs bei den meisten Posenmethoden dicht unter Land ihren Zweck.

Im Hinblick auf gute Wurfweiten mit ausreichender Präzision, sollte man so dünne Schnüre einsetzen, wie es die Verhältnisse zulassen. Beim Fischen weiter draußen kann es notwendig werden, bis auf vielleicht 8 lbs (3,6 Kilogramm) Tragkraft heruntergehen (unter anderem Drennan Double Strength oder Trilene XL), um die nötige Distanz zu erreichen. Bei einer kürzeren Entfernung kommen Sie meist mit einer Schnurstärke bis zu 10 oder 15 lbs (4,6-6,9 Kilogramm) aus. Da man nur selten in einer Entfernung von über 50 Meter mit der Pose und einer vernünftigen Schnurstärke angelt, macht eine Rolle mit großer Schnurkapazität nur selten Sinn.

Spezielle Vorfachmaterialien hängen beim Posenangeln in hohem Grad vom persönlichen Geschmack ab. Vor- und Nachteile der verschiedenen Muster entsprechen dabei denen der Grundfischerei. Generell kann man beim Posenangeln mit geringeren Schnur- und Vorfachstärken auskommen. Das hängt damit zusammen, daß Schnur und Vorfach nicht dem fortlaufenden Verschleiß durch Bodenkontakt ausgesetzt sind, was sich auf Grund kaum vermeiden läßt. Normalerweise verwende ich verschiedene Formen von 10 bis 20 lbs tragenden HPPE-Vorfächern mit 30 bis 50 Zentimeter Länge an einem Wirbel montiert. Der Haken kann natürlich auch direkt an die Hauptschnur gebunden werden, wenn sich der Wirbel in Kraut oder Algen verfangen kann. Je mehr Wirbel und anderer Klimperkram an der Leine hängen, desto schneller setzt sie sich fest. Wenn HPPE-Schnur in klarem Wasser eine zu große Kontrastfarbe besitzt, ist eine »durchsichtige« Nylonschnur bis zum Haken manchmal die bessere Wahl.

Da man bei der Karpfenfischerei oft größere Köder als bei der »normalen« Posenangelei benutzt, setze ich den Anhieb normalerweise etwas später – ganz im Unterschied zur sonstigen Gewohnheit. Die meisten Angler verbinden das Posenfischen mit »Standardködern» wie Mais, Würmern oder Brot, direkt auf dem Haken ohne aufwendige Montage gefischt. Auch wenn das eine gute und oft erfolgreiche Methode darstellt, profitieren Sie ungeheuer davon, die Standardposentechnik mit Spezialködern, Haar-Rigs, AE-Hakenmontagen und anderem zu kombinieren.

Von dem umfangreichen, nützlichen Zubehör für den Posenfischer möchte ich folgendes nennen: 1) Polaroid- oder Sonnenbrille mit Hut oder Mütze. Sie dämpfen Reflexe und Gegenlicht, wodurch sich die Posenspitze leichter erkennen läßt. 2) Eine Posenbox oder ein Rohr, damit die Posen geschützt aufbewahrt werden können. 3) Austauschbare Posenoberteile, so daß man unter sich verändernden Verhältnissen die Spitzen leichter erkennen kann. 4) Eine kleine Rolle Isolierband, das eine dünne Posenspitze so weit auffüttert, so daß sie zum Starlight-Montagerohr paßt. 5) Kurze Stückchen Posenschlauch in verschiedenen Durchmessern, zum Befestigen der Schnur. Kleine Abschnitte (in verschiedenen Farben) eignen sich im übrigen hervorragend dafür, Posen zu verdicken oder die Spitze bei wechselnder Beleuchtung deutlicher sichtbar erscheinen zu lassen, wie Schwarz bei Gegenlicht. 6) Sekundenkleber zum Abdichten von leckgeschlagenen Plastikposen. 7) »Plummets« zur Tiefenmessung. 8) Posenadapter; 9) Gummistopper (DAM).

Posenangeln in stehendem Wasser

Die gebräuchlichsten Posenformen für stehende Gewässer beruhen entweder auf Variationen der »Antennenpose« oder des »Wagglers«. Beide sind für das Fischen mit versunkener Leine konstruiert, wobei die Schnur nur am unteren Ende des Schwimmers befestigt ist. Da die Schnur nicht auf der Oberfläche liegt, vermeiden diese Posen einen je nach Windverhältnissen und Oberflächendrift vielleicht riesigen Schnurbogen. Er würde eine ordentliche Bißanzeige und einen effektiven Anhieb unmöglich machen. Zum Versenken der Schnur werfe ich aus, tauche die Rutenspitze ins Wasser und spule rasch Schnur auf, bis die Leine unter Wasser liegt und in gerader Linie zwischen der unteren Öse der Pose und der Rutenspitze liegt. So erreichen Sie die perfekte Posen- und Schnurkontrolle trotz Wind und Oberflächendrift. Es ist klar, daß bei größerem Abstand und stärkerem Wind oder heftigerer Drift eine um so größere Pose zum Einsatz kommen muß. Sonst entgleitet Ihnen die Kontrolle über die Montage. Sie soll so gewählt werden, daß sie so sensibel wie möglich, aber gleichzeitig so stabil ist, daß es nicht zu vielen Fehlbissen kommt. Die meist relativ kräftigen Schnüre erfordern eine entsprechend große Pose, die das zum Erreichen der gewünschten Wurfweite benötigte Wurfgewicht tragen kann. In der Regel kommen Sie zwar mit Posen von 2 bis 5 Gramm Tragkraft aus. Für wirklich weite Würfe müssen Sie jedoch schwereres Material auffahren, was bis zu 16 Gramm bedeutet (wie mit Tubertinis Missiles). Möchten Sie auf oder direkt über dem Grund fischen, müssen Sie zunächst die Tiefe richtig ausloten, damit Sie die Tiefe an Ihrer Montage genau einstellen können (Seite 29). Der Schwimmer sollte immer so gefischt werden, daß nur fünf bis zehn Millimeter der Posenspitze zu sehen sind. Auf diese Weise lassen sich sowohl »Hebe-« als auch »Zugbisse« am leichtesten erkennen.

Beim Angeln in stehenden Gewässern läßt sich die **Antennenpose** am besten werfen und ist gleichzeitig sehr windstabil. Ihre Konstruktion und die lange Antenne führen zu guten Wurfeigenschaften. Selbst bei starkem Seitenwind läßt sich der Schwimmer fischen, ohne daß die Bißanzeige stark beeinträchtigt wird. Die Antennenposen werden in verschiedene Haupttypen eingeteilt, wovon für die Karpfenfischerei folgende die beliebtesten sind: 1) »Standard Antenne«, 2) »Drift-Beater«, 3) »Missile«. Das **Standard Antennenfloß** ist gut für die Allround-Fischerei und bis zu mittleren Wurfweiten geeignet. Es wird meist mit sinkendem Köder und Gleitmontagen eingesetzt. **Driftbeater** sind wegen ihrer leicht erkennbaren Spitze perfekt für das Angeln unter schlechten Lichtverhältnissen geeignet. Die Konstruktion mit ihrer langen, dünnen Antenne, kombiniert mit dem kräftigen Oberteil, macht die Pose stabil und sensibel, weshalb sie sich sowohl für die Fischerei in kräftigem Wind als auch für die Hebemethode besonders gut eignet. Generell gilt, daß die Sensibilität der Antenne durch die Länge und den Durchmesser des »Inserts« (Posenoberteil) oder der Antenne bestimmt wird. Missiles werden beschwert, was notwendig ist, wenn man besonders weit werfen möchte oder »on the Drop« mit langsam sinkendem Köder etwas weiter draußen fischen will. Einige »vorgebleite« Versionen besitzen ihr Gewicht in Form eines großen Metallteils sowie einiger kleinerer Metallscheiben am unteren Ende des Schwimmers, die je nach Belieben abgeschraubt werden können und so das Gewicht vermindern oder erhöhen. Damit lassen sie sich jeder Situation optimal anpassen und Sie benötigen nur minimale Mengen von Bleischrot auf der Schnur.

Beim gewöhnlichen Angeln ohne besonders langsam oder schnell sinkende Köder, möchten Sie sowohl gut werfen können als auch eine feine Präsentation erreichen. Dazu verwenden Sie die eine Hälfte des Bleischrots zur Befestigung der Pose als **Festmontage**, während der Rest in zum Haken hin aufsteigender Größe über die untere Hälfte, das untere Drittel und so weiter verteilt wird. Ein großes Schrot anstelle von drei mittelgroßen vermeidet dabei zu viele Schnurüberschläge im Wurf und beim Aufschlag. Außerdem würden die kleineren Spaltbleie ohnehin dicht beieinander sitzen und das größte die Kette unten abschließen. Kommen viele störende Kleinfische im Mittelwasser vor, sollten sich mehr Schrote auf das untere Achtel bis Zehntel konzentrieren, damit der Köder so schnell wie möglich nach unten und damit aus dem Gefahrenbereich saust.

Falls nicht zu viele Kleinfische im Mittelwasser schwimmen, kann man einen unwahrscheinlichen Lockeffekt dadurch erreichen, daß man den Köder langsam sinkend **»on the Drop«** fischt. Dieser Effekt kann entweder dadurch erreicht werden, daß man die Bleischrote in zum Haken hin fallender Größe über die ganze Länge plaziert oder, noch besser, alle Schrote gleich unter dem Floß konzentriert. Gerade bei kleinen oder schwebenden Ködern erleichtert in der Regel ein »Bißschrot« 15 bis 30 Zentimeter vor dem Haken die Bißanzeige. Hebt der Fisch das Blei beim Biß an, steigt die Antenne der Pose deutlich. Je schwerer das Schrot und je kleiner der Abstand zum Haken ist, desto leichter fällt das Erkennen des Bisses.

Jetzt noch ein Tip für einen echten Killer bei der »on the Drop«-Fischerei: Bringen Sie fast die gesamte Beschwerung direkt unter der Pose an und verwenden einen nahezu schwebenden Boilie als Köder. Damit sucht jeder Wurf mehrere Tiefen ab – ein großer Vorteil, wenn Karpfen in allen Wasserschichten herumschwimmen. Da der Köder trotz seines langsamen Sinkens ein gewisses Gewicht besitzt, überschlägt sich die Montage beim Wurf auch nicht so leicht.

Wenn sich trotz dem Bißblei noch Probleme bei der Anzeige ergeben, können verschiedene Varianten der **»Hebe- oder Liftmethode«** die Lösung bringen. Als Einstieg wähle ich meistens eine der Hebetechniken in Abb. 19a. Die »Laying on«-Methode ist ultrasensibel und wird, nahezu ungeachtet wie der Fisch den Köder nimmt, den Biß als ein überdimensioniertes Anheben anzeigen. Dabei legt sich das Floß flach aufs Wasser. Damit eignet sich die Methode gut für ungünstige Lichtverhältnisse oder das Nachtangeln mit der Leuchtpose. Damit der Haken am Boden bleibt und sich die Schnur trotzdem spannen läßt, bis die Pose perfekt steht, benötigen Sie ein großes Bißblei, wie eines der Größe »SSG«. Am einfachsten läßt sich diese Technik über einen längeren Zeitraum anwenden, wenn die Rute in einem Rutenhalter liegt. Im Gegensatz zu b) und c) können Sie diese Technik auch gut für die Fischerei über stark unebenem Grund einsetzen. Dies liegt einerseits daran, daß die Montage bedeutend länger ist als die Tiefe. Und zweitens spannen Sie ohnehin die Schnur zwischen Rutenspitze und Montage, bis die Pose sich auf die richtige Tiefe gesenkt hat. Auf **(Abb. 6)** ist die Hebetech-

Abb. 19 a

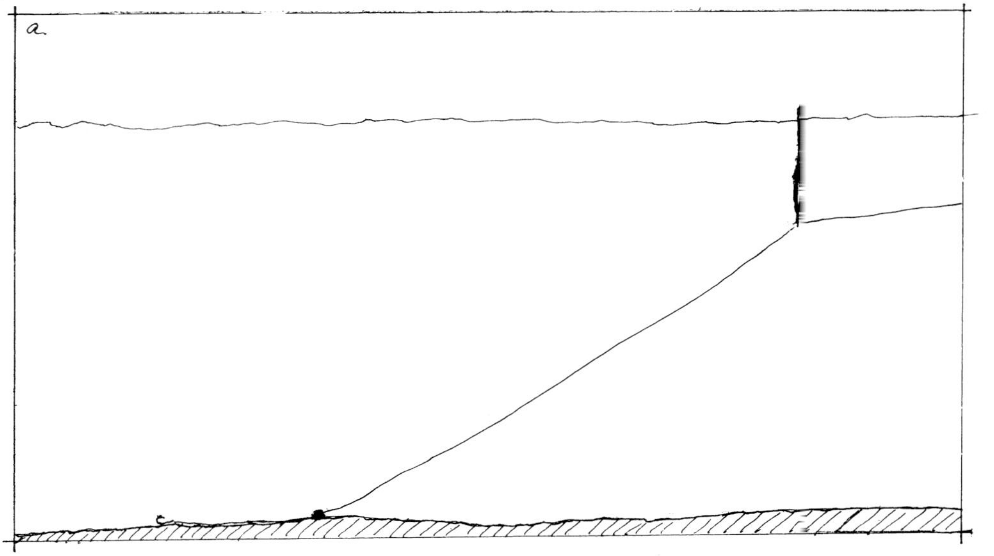

Abb. 19 b

Abb. 19 c

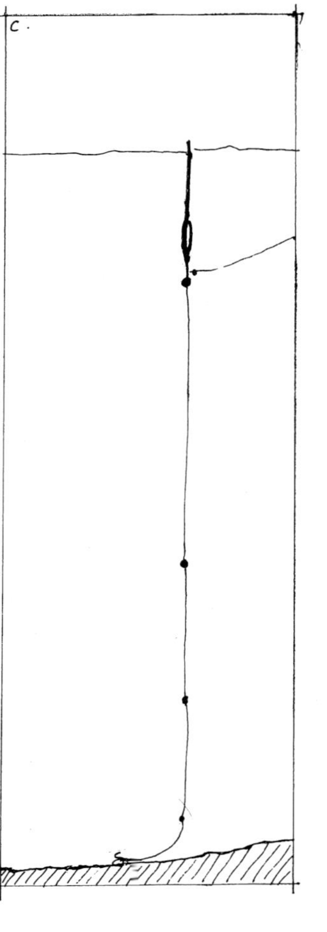

nik zu sehen, die im allgemeinen Sprachgebrauch tatsächlich auch »Liftmethode« genannt wird. Da das große Bleischrot, das den Biß anzeigen soll, auf dem Boden ruhen muß, sollte die Montage einen Hauch überbelastet sein. Dadurch sollte die Posenspitze korrekt mit 3 bis 5 Millimetern über der Wasseroberfläche stehen. Wenn man die Pose im freien Wasser austariert und anschließend auf die genau gemessene Tiefe einstellt, wird die Posenspitze nach dem Auswerfen der Montage etwas zu hoch stehen. In der Praxis funktioniert die Methode genau so, als ob man die Tiefe nach der Posen/Flummet-Tiefenmessung bestimmt hätte. Wenn das Bißblei an der überbelasteten Montage (entspricht dem Plummet) genau auf dem Boden steht, kann man die Posenspitze sehen. Wenn es tiefer ist, versinkt die Pose; ist es flacher, steht sie zu hoch. Die Methode erfordert, wie schon angedeutet, eine unglaubliche Präzision. Deshalb läßt sie sich am einfachsten über völlig ebenem Grund anwenden. Fischt man über einer Kante, können Sie etwas zu weit werfen und die Montage dann etwas zurückziehen, bis das Floß auftaucht und richtig an der Oberfläche steht. c) ist eine weitere Variation der Liftmethode. Hier steht das Bißblei direkt über dem Grund. Das erfordert selbstverständlich, daß das Gewicht des Bißbleis zum Gesamtgewicht der zum Austarieren des Schwimmers nötigen Bleimenge zählt.

Die genaue Plazierung des Bißbleis hängt immer davon ab, ob man eine natürliche Präsentation oder eine schnelle und effektive Anzeige bevorzugt. Je dichter das Bißblei über dem Boden schwebt, desto schneller und leichter wird die Anzeige. Umgekehrt wird das Anbringen des Bleis in großer Bodenentfernung dazu führen, daß der Köder langsamer absinkt und sich »delikater« präsentiert. Herrschen große Tiefenunterschiede am Futterplatz, sollte das Bißblei etwas weiter über dem Boden treiben, damit es nicht »strandet«.

Alle genannten Hebemethoden funktionieren so, daß das Ende der Schnur auf dem Grund liegt. Hier gelten etwa die gleichen Regeln wie beim Bißblei: Ein langes Ende nach dem Blei ergibt eine geringere Präzision über unebenem Grund. Andererseits läßt sich der Köder recht natürlich präsentieren, was jedoch mit einer schlechteren Bißanzeige erkauft wird. Weht am Angelplatz ein kräftiger Wind, bremst ein »Ankerschrot« auf dem Endstück der Schnur das Treiben der Montage. Allerdings säuft die Montage durch das zusätzliche Gewicht ab, gerät sie in zu tiefes Wasser.

Besonders mit der Liftmethode muß ein vernünftiges Verhältnis zwischen Bißschrot, der Tragkraft und der Konstruktion der Pose bestehen, soll die Anzeige eventueller Hebebisse sauber ablaufen. Je dünner das Insert ist, desto kleiner kann das Bißschrot sein. Je weniger Licht, mehr Wind und schlechtere Sichtverhältnisse, desto größer sollte das Bißschrot sein – schließlich muß das Insert jetzt stärker ausfallen, damit der Angler es noch sicher erkennt.

Hier noch ein guter Anhaltspunkt für das Gewicht des Bißschrots beim Angeln auf große Fische: Es sollte etwa einem Viertel oder einem Achtel der Tragkraft des Schwimmers entsprechen – also vielleicht ein BB-Bißschrot für eine AAA-Pose. Je weniger Fische es gibt und je scheuer sie sind, desto kleinere Bißschrote sollten Sie verwenden. Denken Sie daran, daß es um so schwerer wird, dicht an einer Schilf- oder Seerosenkante zu fischen, je verstreuter die Bleischrote sitzen. Weht sehr starker Wind, kann man eventuell ein kleines »Windschrot« 30 bis 40 Zentimeter über dem Floß anbringen, das die Montage weiter stabilisiert. Diese sehr groben Montagevorschläge dienen selbstverständlich nur als lose Richtlinie. Überlegen Sie selbst und variieren Sie die Verteilung und Plazierung der Bleischrote, bis sich die Mühe in einem wohl angezeigten Biß auszahlt.

Gleitmontagen bringen große Vorteile, wenn man in über drei Meter Tiefe fischt. Schließlich läßt sich vielleicht eine dreieinhalb Meter lange Feststellmontage nicht mehr vernünftig werfen. Dazu bringe ich in der gewünschten Tiefe einen Stopper an, fädle eine Perle und schließlich die Pose auf. Nach dem Wurf sinkt die Montage und zieht die Schnur durch die Öse des Schwimmers, bis sie mit der Perle auf den Stopper trifft und die Pose sich aufrichtet. Je stärker die Schnur ist, desto größer muß die Öse (oder die Öffnung des Einhänge-Elements) ausfallen, damit die Pose ordentlich auf der Hauptschnur gleitet. Da die meisten »Matchposen« nicht für das Karpfenangeln gebaut wurden, sollte ein zusätzlich angebrachter Floßadapter mit großem Öhr (genaugenommen ein Wirbel in einem kleinen Stück Silikonschlauch) die dicke Schnur ordentlich durchrutschen lassen. Posen-Adapter besitzen im übrigen den Vorteil, daß man nun schnell zu einer anderen Pose wechseln kann, wenn die Verhältnisse sich ändern. Leider besitzen die Schläuche bei sehr kräftigen Würfen eine Tendenz zum Abreißen. Ein kleiner Tropfen Sekundenkleber am Übergang zwischen Schlauch und Floß löst das Problem jedoch im Handumdrehen. Vorgebleite Posen eignen sich nicht so gut für die Gleitmontage, da ihr geringer Auftrieb nicht das problemlose Durchgleiten der Schnur sicherstellen kann.

Besonders in Verbindung mit großen Schnurstärken kann das ordentliche Festdrücken der Spaltbleie schwerfallen. Schließlich möchte man die Schnur nicht so stark klemmen, daß die Tragkraft negativ beeinflußt wird. Für die schwereren Antennenposen verwende ich aus diesem Grund häufig Gleitbleie (»Olivetti-Typ«). Fischt man das Vorfach an einem Wirbel montiert, läßt er sich gut als Stopper einsetzen.

Gute Wurfeigenschaften sind jedoch nicht die einzigen Vorteile von Gleitposen. Denn je länger und gestreckter eine Montage beim Auftreffen ist, desto schwieriger läßt sie sich mit hoher Präzision plazieren. Denken Sie immer daran, lose Schnur im Moment des Auftreffens des Schwimmers auf der Wasseroberfläche zu geben, damit sie nicht zurück und damit aus der angepeilten Zone gezogen wird. Leider liefert eine Gleitmontage keine ordentliche Bißanzeige, bevor die Pose am Stopper liegt. Deshalb eignet sich diese Technik nicht so gut für die »On the Drop«-Fischerei. Möchte man »On the Drop« fischen, besteht die Lösung in der Regel in einem festmontierten und vorgebleiten Floß, das der Montage voraus fliegt. Liegt so gut wie keine Beschwerung unter der Pose, pendelt der Köder beim Spannen der Schnur langsam in die richtige Position unter dem Schwimmer.

Ein prächtiger Koi-Karpfen aus Neuseeland, gefangen mit der »Long-Trotting«-Technik mit einem Stückchen Banane am Haken.

▼

Die gleichen grundlegenden Regeln gelten für die verschiedenen Wagglers, die sich im übrigen auch prima für das Angeln in sehr langsam fließenden Gewässern eignen. Dieser Posentyp ist wegen seiner schlanken Form empfindlicher, aber andererseits schlechter zu werfen und weniger windstabil als Antennenposen. Persönlich setze ich deshalb Wagglers für das Angeln auf ultrascheue Fische relativ dicht am Ufer ein sowie in kleineren und langsam strömenden Kanälen oder Auen. Die vorgebleiten Modelle eignen sich wiederum gut für lange Würfe oder »On the Drop«-Techniken.

Posen werden in vielen Materialien und Qualitäten hergestellt. Auch wenn sie aus Naturmaterialien einen gewissen Charme besitzen, wie Sarkanda, Balsa, Stachelschweinstacheln und Federn, bin ich im Laufe vieler Jahre immer mehr zu den Posenserien von Drennan übergegangen. Sie zeichnen sich dadurch aus, daß sie unheimlich widerstandsfähig sind und sich außerdem eine Urmenge austauschbarer Spitzen und anderer Posenteile im Angebot findet. Sie lassen sich bei veränderten Licht- und Windverhältnissen wechseln (wie Schwarz bei Gegenlicht, Phosphorgelb bei dunklem Hintergrund und dicke Oberteile mit dünnem Einsatz für das Angeln mit der Hebemethode bei schwachem Licht).

Ein weiteres Plus dieser Serie liegt in den vielen »Crystal Posen« aus durchsichtigem Plastikmaterial, das die Fische unter anderem beim Angeln in klarem oder flachem Wasser nur schwer erkennen.

Posenangeln in fließendem Wasser

Auch wenn viele die Posenangelei auf Karpfen mit Seen verbinden, treten die Fische doch besonders auf dem Kontinent mindestens genauso häufig in Fließgewässern auf. Methoden wie das »Trotting« und »Longtrotting« an Ufern, Strömungskanten und Krautgürteln entlang können ungeheuer effektiv sein und bescherten mir eine Menge guter Fische.

Posen für das Angeln in etwas stärker strömenden Gewässern erkennt man im Gegensatz zu Stillwasserposen daran, daß der Auftriebskörper relativ hoch plaziert ist, und daß sie oben und unten befestigt werden. Der hoch plazierte Auftriebskörper ist so konstruiert, damit er dem Sog von Strömungswirbeln widersteht und damit »Fehlbisse« ausschließt. Die Fixierung über die ganze Länge der Pose dient dazu, einen großen Schnurbogen zu vermeiden, der im Unterschied zum stehenden Wasser durch den Strömungsdruck unter Wasser hervorgerufen wird. Normalerweise verwende ich zwei Stückchen Silikonschlauch zum Fixieren der Pose. Wenn sie stromab treibt, gilt es, die Schnur zu »menden«, so daß sie zwischen Fischer und Pose immer gestreckt liegt. Auf diese Weise kann man immer sofort einen effektiven Anhieb setzen, ohne erst einen riesigen Schnurbogen ausgleichen zu müssen. Bei schwimmenden Schnüren fällt eine optimale Posenkontrolle wesentlich leichter – verwenden Sie entweder gefettete Monofilschnur oder eine schwimmende HPPE-Leine.

Zunächst sollte man den Haken auf dem Grund fischen. Dabei muß die Montage etwas länger als die Wassertiefe eingestellt werden, was die Strömungswirkung (sprich die je nach Strömungsdruck mehr oder minder schräg im Wasser liegende Schnur) ausgleicht.

Während die Pose stromab treibt, stoppt der Angler sie ab und zu ein wenig, so daß der Köder verlockend über den Grund vor der Pose springt oder auftreibt. Bei längeren Driftstrecken heißt diese Methode »Trotting« oder »Longtrotting«. Die Fischerei weiter draußen oder bei flußabwärts wehendem Wind erfordert kräftigere Posen, damit die Kontrolle über die Montage erhalten bleibt. Waggler besitzen gerade bei solchen Windverhältnissen den Vorteil, daß die Schnur versenkt werden kann. Die Wagglermontage wird ebenfalls »Over Depth« gefischt, nur treibt die Pose der Montage voraus.

Die Anordnung der Schrote beim Fischen mit langsam oder schnell sinkenden Ködern ist im Prinzip die gleiche, wie im vorigen Abschnitt beschrieben. Je mehr Kleinfische im Mittelwasser schwimmen oder je stärker die Strömung ist, desto weiter konzentriert man die Beschwerung dicht an den Haken beziehungsweise zum Grund. Posen wie »Avons« und »Loafers« werden in erster Linie für schnell strömende Gewässer mit kräftigen Wirbeln eingesetzt, während sich die schlankeren »Pacemakers« besser für etwas langsamer fließende Gewässer eignen.

Angeln mit der Leuchtpose

Die Leuchtpose bietet eine der spannendsten Formen der Nachtangelei. Der Anblick des kleinen Lichtflecks, der sich mit hypnotisierenden, nahezu still stehenden Bewegungen auf der Oberfläche wiegt, um plötzlich im Dunkel zu verschwinden, ist ein faszinierendes Erlebnis, das man sich nicht entgehen lassen sollte. Für die Nahdistanzfischerei in hindernisfreien Gewässern sind Posen mit eingebauten Betalights (Anm. d. Red.: Die schwach radioaktiven Teile sind derzeit in Deutschland verboten), die permanent schwach leuchten, die perfekte Wahl. Fischt man weiter draußen oder an Stellen, welche die Montage gefährden, sind die billigeren und helleren Knicklichter die bessere Wahl. Knicklichter bestehen schlicht aus einem Plastikrohr, das verschiedene Chemikalien enthält. Wenn Sie das Röhrchen etwas knicken, vermischen sich die Substanzen und eine chemische Reaktion läuft ab, die Licht aussendet. Wenn sie nach etwa fünf bis acht Stunden beendet ist, erlöscht das Licht. Knicklichter werden mit Hilfe eines Stückes Silikonschlauch an der Spitze der Pose montiert.

Mit Posen gefischte Grundmontagen

In manchen Situationen kann der Einsatz einer Pose in Verbindung mit einer Grundmontage von Vorteil sein. Verankern Sie den Schwimmer mit einer Gleitmontage am Boden, treibt sie selbst bei stärkstem Wind nicht ab. Die Methode eignet sich übrigens besonders gut für das Präzisionsfischen auf etwas größere Entfernung. Auch andere Grundmontagen, wie Paternoster oder Boltrigs, können selbstverständlich mit einer Pose als Bißanzeiger gefischt werden. Mißt man die Tiefe genau aus, kann das Grundblei die Pose aufrichten. Allerdings erfordert das ungeheuer genaue Würfe auf große Entfernungen. Deshalb ist es meist besser, die Posenhöhe etwas über die Tiefe einzustellen und ein vorgebleites Floß zu verwenden, das ohne weiteren Einsatz von Blei steht. Eine Alternative besteht darin, den Schwimmer wie bei der »Laying On«-Methode in die richtige Position zu bringen. Eine Gleitmontage empfiehlt sich in den meisten Fällen, da sich die Pose im Drill nicht so leicht festsetzt und die Landung des Karpfens an kurzer Leine nicht behindert.

Falls Sie sich bis jetzt noch nicht an die Posenfischerei auf Karpfen wagten – dann nichts wie raus aus dem Bivvy und den Blick schärfen. Versäumen Sie nicht dieses spannungsgeladene Erlebnis!

Beweglich fischen

Beim beweglichen Angeln zieht der Fischer im Unterschied zum stationären Ansitz am Wasser entlang und fischt auf gesichtete Karpfen oder sucht nur eine Reihe verschiedener Plätze ab, bis sich der Erfolg einstellt. Dazu eignen sich alle Methoden vom schweren Grundfischen über die Posenangelei bis hin zum Dapping mit der freien Leine.

Auf einer Eintages-Tour spart man so manches Kilo und kann ohne Probleme vielleicht drei Ruten, Bißanzeiger und Pods mitnehmen. Für etwas Komfort kann ein Schirm das Bivvy und ein Hocker die Liege ersetzen. Mit dieser Ausrüstung ist man in der Lage, ohne Einschränkungen herumzuziehen – ohne notwendigerweise wesentlich anders zu fischen als beim »statischen Angeln«. Natürlich kann man auch mit einer Ausrüstung auf mehrtägige Touren gehen, die einige Mobilität ermöglicht. Bei gutem Wetter können Sie dabei ganz ordentlich in einem warmen Overall auf einer Liegematte unter dem Schirm schlafen. Da man außerdem keine längeren Anfütterungsaktionen durchführt, genügt auch eine begrenzte Menge an Futter. Tatsächlich ist es selten, daß man mehr als ein halbes oder ganzes Kilo pro Tag benötigt. Schließlich ist es unter anderem taktisch unklug, zu viele Köder auszuwerfen, wenn man mit den gleichen fischen möchte. Faktisch zahlt es sich meist aus, nur mit sehr kleinen Mengen anzufüttern oder sich eventuell mit dem Einsatz von Stringern zu begnügen. Entsprechend sind oft Köder mit einer »Sofortwirkung«, wie geboostete oder visuell attraktive Köder, die optimale Wahl.

Aber auch auf längeren Touren mit viel Gerät läßt sich das bewegliche Fischen unter anderem von einem Basislager aus betreiben. Von dort aus geht es auf Entdeckungstour. Finden Sie dann Fische an anderen Plätzen, können Sie das wichtigste Gerät einpacken und die Stelle testen. Stellt sich der Erfolg ein und soll das Fischen dort weitergehen, müssen Sie nur noch den Rest der Ausrüstung holen.

Häufig sind die übrigen Fische nach dem Fang von ein oder zwei Exemplaren an einer Stelle vergrämt. Das passiert besonders beim Angeln im Nahbereich, vor allem wohl durch den Lärm beim Landen. Jetzt empfiehlt sich wiederum ein neuer Platz. Übrigens ist es eine wissenschaftlich dokumentierte Tatsache, daß Karpfen chemische »Schreckstoffe« ins Wasser abgeben können, die andere Artgenossen mehrere Tage davon abhalten können, diesen Platz aufzusuchen – egal ob es dort Futter gibt oder nicht. Man ist der Meinung, daß die Fische dieses Phänomen entwickeln, damit sie dann leichter bestimmte Plätze mit Gefahr in Verbindung bringen können. Das ist eine mögliche Erklärung für Stellen, die nach guten Fängen mehrere Tage »seltsamerweise tot« sind.

Bewegliches Angeln kann viel bedeuten, und in diesen modernen Zeiten ist es noch nicht einmal mehr nötig, die Fische auf normale Art und Weise zu orten. In den letzten Jahren ist mehr und mehr zu beobachten, daß »elektronisches Dapping« betrieben wird, bei der man auf dem See mit einem supersen-

▶ *Solche Dickmänner auf Sicht zu fangen, zählt zu den spannendsten Herausforderungen für Karpfenfischer*

siblen Echolot herumfährt. Hat man einen großen Fisch entdeckt, wirft der Fischer seine Montage und etwas Futter aus und fährt anschließend seine Rute zum Rod-Pod ans Ufer. Die Methode klappt gut und ich kenne viele, die auf diese Weise außerordentlich gute Fänge erzielten. Als ich sie zum ersten Mal ausprobierte, fing ich einen Spiegelkarpfen von 15,2 Kilogramm. Trotzdem muß ich sagen, daß das gute alte, schweißtreibende Dapping, mit Polaroid-Brille und dem Hut tief in die Stirn gezogen, um einen Hauch reizvoller ist...

Ob man nun die eine oder andere Art der beweglichen Fischerei wählt, hängt von vielen Faktoren ab. Die Vor- und Nachteile des Grund- und Floßangelns wurden bereits in den vorangehenden Kapiteln genannt. Deshalb möchte ich mich auf das Dapping, auf deutsch Pirschangelei, konzentrieren.

Pirschangeln

Meiner Ansicht nach ist das Dapping eine der intensivsten Formen des Karpfenangelns. Nichts übertrifft das Umherstreifen am See an einem warmen Sommertag mit leichter Ausrüstung und einer einzelnen Rute unter dem Arm. Die Spannung, den Fisch zu entdecken, auf den man es abgesehen hat, sich an die Beute heranzuschleichen und letztendlich den Fisch in nächster Nähe zu haken, der mit der ersten Flucht die Rute fast aus den Händen reißt, das ist wirklich spannender als jeder Kinoreißer. Konnten Sie erst einmal erleben, wie ein großer Fisch den Köder so nah nimmt, daß man seine pulsierenden Kiemendeckel, schwingenden Barteln und den hungrigen Blick sehen kann, dann ist es geschehen! Einen großen Karpfen an kurzer Schnur zu haken, zu drillen und zu landen, während man in einem überhängenden Baum mehrere Meter über einem soliden Seerosengürtel sitzt – das ist Hardcore für den Herzschrittmacher. Der Höhepunkt ist erreicht, wenn man bis zum Hals im Matsch steckt und das Keschernetz aus einem versunkenen Baum zu lösen versucht, während der Fisch eine explosive Flucht durch die nächsten Krautgürtel unternimmt. Hochstimmung und tiefer Frust liegen hier auf Haaresbreite nebeneinander. Wenn Sie also schwache Nerven haben, dann überspringen Sie das Kapitel besser.

Ursprünglich bedeutete das englische Wort Dapping das Angeln auf einen gesichteten Fisch, dem der Angler den Köder direkt vor das Maul führt. Heute steht der Begriff allgemein für viele Formen der aktiv suchenden Posen- und Grundangelei. Dabei eignet sich die Sichtfischerei besonders zum Aussortieren kleinerer Fische. Kann man alle Fische einer Gruppe sehen, ist es einfacher, sich direkt auf den größten oder schönsten Fisch zu konzentrieren. Selbst in hart befischten Gewässern wird man erleben, daß Dapping dem stationären Angeln mit langen Anfütterungsaktionen und ausgeklügelten Montagen weit überlegen sein kann. Das Pirschangeln eignet sich für alle Gewässertypen von kleinen Teichen bis zu riesigen Strömen.

Im Unterschied zu anderen Techniken vergeht beim Dapping die meiste Zeit, ohne den Haken ins Wasser zu tauchen. Und in der Regel zahlt es sich aus, reichlich Zeit mit der Suche nach einem Karpfen zu verbringen, der die Mühe wirklich wert ist. Jedoch besitzt jedes Gewässer seine speziellen Eigenheiten, was das Aufspüren der Fische manchmal sehr erschwert. Aber mit der nötigen Ausdauer stellt sich auch der Erfolg ein. Die Frage ist nur, ob man die Nuß knackt, bevor man selbst geknackt wird! Jedenfalls müssen Sie stets wachsam sein und die ganze Zeit über die Augen offen halten. Häufig zeigen sich die Fische nur als halber Zentimeter Rückenflosse über der Wasseroberfläche, mit dem Schatten einer Schwanzflosse unter einem Seerosenblatt, als sich etwas unnatürlich gegen den Wind bewegendes Schilf oder in Form kleiner, unauffälliger Wirbel.

Taktik

Beim Pirschangeln sollten Sie sich so leicht ausrüsten, wie irgend möglich. Meist nehme ich neben einer einzelnen Rute mit Rolle nur einen Kescher und einen Hältersack mit. Wenn die Fischgrößen es zulassen, dann nehme ich ein etwas kleineres Netz als sonst. Große Ausführungen verfangen sich beim Herumschleichen am Wasser leicht in Zweigen, was nicht gerade der Diskretion förderlich ist. Köder, Haken, Bleischrot sowie Posen und andere Kleinteile trage ich in den Jackentaschen. Wenn ich einen kleinen Rucksack benutze, trage ich ihn auf dem Bauch. Dann komme ich ohne große Armbewegungen an neue Köder heran. Will man sich lautlos am Ufer entlang bewegen, darf die Ausrüstung auf keinen Fall weiter wachsen. Denken Sie auch daran, Ihre Kleidung in gedeckten Farben zu halten.

Der Angler kann eine leichte Ausrüstung auf der Suche nach den Fischen bequem mitnehmen und eine entdeckte Chance sofort nutzen. Beim Entlangpirschen am Ufer sollte einiger Abstand zum Wasser gewahrt bleiben, damit die Fische keinen Verdacht schöpfen. In zwei bis drei Metern Entfernung können die Tiere die Silhouette des Anglers kaum noch erkennen, selbst wenn sie dicht unter Land stehen.

Zu hohe und dichte Bäume und Büsche rauben dem Fischer jedoch rasch die Sicht. Bewegen Sie sich generell langsam und vermeiden Sie schnelle Armbewegungen. Oft stehen die Fische wirklich ganz dicht am Ufer. Deshalb empfiehlt es sich, ab und zu anzuhalten und das vorausliegende Ufer zu »scannen«, bevor man daran entlanggeht und die Fische warnt. Nehmen Sie sich Zeit. Manchmal dauert es viele Minuten, bevor die Augen den Fisch entdecken. Ich habe es immer wieder erlebt, den Umriß, den Schwanz oder den Kopf eines Fisches zu sehen, ohne ihn wirklich zu bemerken. Man erkennt erst nach einiger Zeit angestrengten Fixierens des Punkts, was wirklich im Wasser schwebt.

Entdeckt der Fischer schließlich einen Karpfen in etwas weiterer Entfernung, sollte er sich erst ein Stück vom Ufer zurückziehen und dann weitergehen. Auf Höhe des Fisches geht es langsamer voran und das Anpirschen zum Ufer erfolgt schließlich in Zeitlupenbewegungen. Dann geht es an das genaue Beobachten des Fischs, wobei der Angler über die Befischungsmöglichkeiten nachdenkt.

Vor dem nächsten Zug erweisen sich folgende Überlegungen als hilfreich:

1) Schwimmt der Fisch weiter, könnte man zwei Dinge tun: a) Ist der Fisch auf dem Weg zu einer Stelle mit größeren Chancen für einen Wurf, gilt es ruhig Blut zu bewahren, den Standort zu wechseln und es noch einmal zu versuchen. b) Will der Fisch gerade wegschwimmen und bietet dadurch nur die eine Möglichkeit, sollte der Köder so schnell wie möglich zum Karpfen. Bleibt der Fisch jedoch stehen, kann man erleichtert aufatmen und sich etwas mehr Zeit nehmen.

2) Ruht der Fisch und wenn ja, in welche Richtung zeigt sein Kopf? Logischerweise sollte der Köder nicht am Schwanzende des Fischs präsentiert werden. Im Normalfall sollte jeder Fischer den Unterschied zwischen Kopf und Schwanz unterscheiden können, was in trübem oder tiefem Wasser allerdings nicht so leicht fällt. Besonders dann, wenn der Fisch still steht. Läßt sich nur eine schwache Silhouette erkennen, helfen eventuell kleine Bewegungen des Schwanzes weiter. Das gilt auch für feine Wellen von der Flosse an der Wasseroberfläche bei hoch stehenden Fischen. An großen Fischen können jetzt vielleicht auch zarte Maulbewegungen die Position verraten. Das kräftige Pulsieren der Kiemen kann der Fischer mit viel Übung als kleine konische Vertiefungen/Wirbel an der Oberfläche sehen. Man muß genau hinschauen, denn oft sind diese »Wirbel« nicht mehr als einen Zentimeter breit und nur 1-3 Millimeter tief. Eine kleine Bewegung des Schwanzes wird sich typischerweise in einem fünf bis zehn Zentimeter langen, S-förmigen schwachen Wirbel auswirken. Nach Möglichkeit ist es am besten, sich unbemerkt von hinten an den Fisch heranzuschleichen.

3) Wie tief steht er? Kann mit der gewählten Methode überhaupt der Köder präsentiert und der Biß erkannt werden?

4) Schwimmt der Fisch in einem kleinen Bereich umher und sucht nach Nahrung? In diesem Falle sollte man versuchen, den Köder vor die Bewegungsrichtung des Fisches setzen oder an eine Stelle, zu der der Fisch offensichtlich immer wieder zurück schwimmt.

5) Bin ich in der optimalen Wurfposition? Wie präsentiere ich den Köder am besten, ohne daß der Karpfen etwas Verdächtiges bemerkt? Sollte man den Köder lieber werfen oder absenken? Selbst mit einem leichten Pendelwurf riskiert man, den Fisch zu erschrecken, wenn das Wasser sehr klar ist.

6) Bin ich hinreichend in Deckung? Je weniger Vegetation vorhanden ist, desto kleiner sollte man sich machen. In Extremsituationen (Anm. d. Red.: wie an Kanälen) kann das bedeuten, auf allen Vieren zu kriechen, eine Rutenlänge vor dem Ufer anzuhalten und den Köder zum Fisch an der Uferkante sachte hinunterzulassen. Besonders beim Wurf ist es ein Vorteil, wenn der Fisch weder Arme noch Oberkörper sieht. In der Regel sind es die Armbewegungen beim Wurf, die den Fisch verschrecken. Je freier der Angler steht, kniet oder liegt, desto wichtiger sind langsame »amöbenhafte« Bewegungen.

Die Wahl von 5) und 6) ist häufig ein Problem, – je besser die Wurf- bzw. Absenkposition ist, desto exponierter steht man in der Regel. In diesem Zusammenhang kann eine bessere Wurfposition bedeuten, daß man sich ein paar Meter weiter bewegen muß und dabei vielleicht den Fisch verschreckt. Mit ein wenig Erfahrung erlernt man aber mit der Zeit diesen haarfeinen Balanceakt.

Neben dem systematischen Absuchen des Ufers findet sich aber noch manch weitere Taktik. Diese Methode eignet sich besonders für Tage, an denen die Fische in etwa gleichmäßig verteilt sind und für Zeiten, wo sie nicht allzuviel herumziehen. Den olympischen Überblick über die Aktivität der Fische erhält der mit einem Fernglas ausgerüstete Fischer am besten von einem hohen Baum aus. Nach einiger Zeit sollte sich eine gute Vorstellung vom Fischverkehr ergeben.

Zeigen sich sowohl fressende, ruhende und wandernde Fische, steht eine Entscheidung an. Die in

Reichweite fressenden Fische genießen höchste Priorität. Schwimmen Karpfen in einem mehr oder weniger begrenzten Gebiet herum, halten sie oft nach Nahrung Ausschau, ohne daß sie besonders zielgerichtet fressen. Auch sie sollten ganz oben auf der Liste stehen, da man sie oft zum Fressen verleiten kann – eventuell durch sparsames und vorsichtiges Anfüttern. Aber auch ohne diese Maßnahme kommt man vielleicht zum Erfolg. Wenn die Fische allerdings den Eindruck erwecken, daß sie an dem Hotspot bleiben, zahlt sich häufig das Auswerfen von etwas Lockfutter aus. Mit dem Auswerfen des Köders sollte der Angler warten, bis die Fische Interesse an dem Futter zeigen.

Als erstes sollten die Fische angegangen werden, die man mit einem weichen Wurf oder einfachem Absenken des Köders erreichen kann. Mit einem zu kräftigen Wurf riskiert man das Verscheuchen sämtlicher Karpfen. Halten sich die Fische weiter als eine Rutenlänge vom Ufer entfernt auf, kann es hingegen unheimlich schwer sein, den Köder unauffällig zu präsentieren.

Herrscht rege Aktivität und die meisten Fische schwimmen im Wasser lebhaft umher, lohnt sich oft eher eine *statische* Taktik. Es nützt wenig, hinter Fischen herzulaufen, die ohnehin verschwinden, bevor man auf Wurfweite herangekommen ist. In so einer Situation wird ein systematisches Absuchen des Reviers oft mehr Frustrationen erzeugen als Karpfen im Netz. Besser sollten Sie jetzt eine strategisch günstige Position einnehmen, an der möglichst viele Karpfen vorbeischwimmen. Bewegen sich die Karpfen in eine bestimmte Richtung, vielleicht zu einem bestimmten Gebiet im See, kann sich eine Stelle lohnen, an der sich viele Karpfen sammeln. Dies könnte im typischen Falle eine schmale Passage, ein kleiner Vorsprung oder ein herausragender Baum sein, an denen die meisten Fische zwangsläufig vorbei schwimmen müssen.

Der Vorteil der statischen Fischerei besteht darin, daß man sich in der optimalen Wurf-/Absenk- und Drillposition befindet, ohne die Fische *gleichzeitig* zu verschrecken. Außerdem ist der Angler 100prozentig wurfbereit, wenn die Karpfen endlich auftauchen. In der Regel erhält man nur *eine* Chance. Besteht die Möglichkeit, eine enge Passage in Verbindung mit einem Baumstamm oder ähnlichem im Wasser zu finden, was die Fische zum langsameren Schwimmen zwingt, verbessern sich die Möglichkeiten etwas, den Köder günstiger oder mehrmals anbieten zu können. Diese statische Dappingfischerei zahlt sich allerdings nur auf entdeckte Fische aus, die umherkreisen und immer wieder an die gleichen Stellen zurückkommen.

Schwimmen sie nur vereinzelt herum, kann man eher das Risiko eingehen, einen Fisch anzuwerfen, selbst wenn die Aktion keinen Erfolg bringt und ihn vielleicht vergrämt. Sprechen wir jedoch von Fischen in Gruppen, muß man sehr flexibel sein, um den größten Fisch zu bekommen. Ruhig Blut bewahren und abwarten, bis der Moment der Wahrheit gekommen ist.

Landet der Köder so, daß ein kleinerer Fisch ihn anschwimmt, kann man nichts anderes tun, als ihn wieder aus dem Wasser zu heben, bevor es zu spät ist. Hat man erst einen Fisch in der Gruppe gehakt, dann kann man es meist vergessen, den Rest zu fangen. *Warten* Sie bis der Fisch, auf den Sie es abgesehen haben, in einer optimalen Position für eine perfekte Präsentation steht – auch wenn das bedeutet, daß man vielleicht einige gute Fische passieren lassen muß. Man braucht ein gutes Nervenkostüm, um Fische in der 10 bis 13-Kilo-Klasse vorbeischwimmen zu lassen, nur weil man den Köder einem noch größeren Fisch servieren möchte! Wenn dies glückt, kommen jedoch kaum Zweifel auf, ob sich das Ganze gelohnt hat. Glückt es *nicht*, muß man sich allerdings psychologische Erste Hilfe leisten und all die halbgroßen Fische vergessen, die man bewußt schonte.

Sollte unglücklicherweise einer der kleinsten Fische der Gruppe am Haken hängen, kann unter Umständen die Situation noch gerettet werden. Wenn keine Hindernisse in der Nähe sind, wird der Baitrunner mit lockerem Widerstand eingeschaltet und die Spule sachte mit dem Finger gebremst, damit sie nicht überdreht. Hoffentlich nimmt der Fisch eine lange Flucht von der Gruppe weg. Achten Sie darauf, daß die Bremse im selben Moment gelöst werden muß, in dem der Fisch gehakt wird. Wenn er erst an der Angelstelle herumplatscht, ist es zu spät. Entfernen Sie sich langsam vom Platz und setzen den Fisch hart unter Druck, wenn Sie weit genug weg sind. Nachdem der kleine Karpfen gelandet und weit entfernt von der Gruppe zurückgesetzt wurde, kann man zurückgehen und weiterfischen – vorausgesetzt die Fische sind noch da.

▶

Die Karpfenpirsch ist nicht unbedingt die bequemste Technik. Jedoch bringt sie immer wieder außergewöhnliche Fänge, wie dieses Foto zeigt.

NASH

Gerät

Die Wahl des Gerätes ist sehr davon abhängig, von welcher Art des Dapping die Rede ist. Bei der Fischerei in Gewässern mit vielen Bäumen und Vegetation ist eine kurze Rute von 9 bis 11 Fuß (2,70 bis 3,35 Meter) ganz eindeutig von Vorteil. Fischt man von einem Ast aus und muß mit der Rute klettern, ist eine kurze Ausführung wichtig. Im allgemeinen bevorzuge ich eine Karpfenrute mit kurzem Handteil. Die normale Karpfenrute mit einem langen freien Handteil ist für weite Überkopfwürfe konstruiert und für viele Formen des Dapping einfach nicht zu gebrauchen. Muß man vielleicht mit einem präzisen Pendelwurf einen kleinen Köder an der freien Leine von einem dichtbewachsenen Platz aus werfen, etwa von einem Baum oder von einem Steilufer aus, dann stört der lange Handgriff nur. Für Pendelwürfe sind kurze Griffe meist die besten. Das Teil muß allerdings mindestens so lang sein, daß es während des Drills dem Unterarm eine ausreichende Stütze bietet. Der Griff darf also nicht so kurz sein, daß das Ende nicht mehr den Ellenbogen berührt. Über viele Jahre war ich in diesem Zusammenhang sehr zufrieden mit dem Einsatz einer Drennan »Pike Float« mit verkürztem Griff. Ein Vorteil dieser Rute ist, daß man das Unterteil des Griffs austauschen und so für verschiedene Situationen auch unterschiedlich lange Endstücke einsetzen kann (das kostet zwar ein paar alte Ruten, aber funktioniert perfekt). Eine andere und bessere Alternative sind die teleskopischen »Hypron« Ruten von DAM. Bei dieser Rute ist auch der untere Teil des Handgriffs teleskopierbar, und so konstruiert, daß man die Länge exakt nach den Erfordernissen der jeweiligen Situation einstellen kann. Außerdem kann die Rute leicht zusammengeschoben und auseinandergezogen werden, wenn es nötig ist. Wenn man eine kurze Dappingrute für das Angeln in dichter Vegetation oder von Bäumen aus sucht, gibt es verschiedene Rutenhersteller, die besondere 9 Fuß-(ca. 2,70 Meter) Dappingruten produzieren. Dazu zählen die Modelle »Nash Jungle Stick« und »Insight Stalker Rod«. Die Modelle sind nach meiner Meinung dann am besten einzusetzen, wenn man den Griff ein gutes Stück kürzt. Dies geschieht mit einer feingezähnten Bogensäge – achten Sie darauf, daß der Blank nicht bricht. Danach montiere ich einen neuen »Untergriff«.

Auch wenn es im Zeitalter der Kohlefaserruten schwer fallen kann, zu einer Glasfaserrute aus den guten alten Zeiten zu greifen, sind diese doch bestens für die Dappingfischerei geeignet. Zu meinen Lieblingsruten gehören ein paar alte, »halbschlappe« 11 Fuß (ca. 3,35 Meter) lange Glasfasermodelle mit durchgehender Aktion mit einer Testkurve von 1 1/2 lbs (etwa 680 Gramm) beziehungsweise 1 3/4 lbs (rund 790 Gramm), die ich von meinem Angelkamerad Tony Davies-Patrick übernommen habe, als er zurück nach England ging. Wenn die Rede von der »Hook and Hold«-Angelei dicht an Wurzeln oder anderen Hindernissen ist, dann sind diese Ruten ideal, da sie extrem weich sind und eine Aktion besitzen, die selbst die kräftigsten Schläge abfedern kann. Ein gutes Beispiel dafür, daß nicht immer das teuerste Gerät das beste ist. Die Ruten haben 1978 keine 100 Mark gekostet, landeten unendlich viele Fische, einschließlich Tony's inoffiziellen Ex-Dänemark-Rekord von 16 Kilogramm, gefangen mittels »Floater/Hook & Hold-Angeln«. Die Ruten sind garantiert besser als manch modernes 500-Mark-Dappingmodell auf dem Markt. Auch eine kurze Downrigger-Rute kann ganz ideal für die Hook & Hold-Angelei unter anderem von über das Wasser ragenden Bäumen aus sein.

Die wichtigste Eigenschaft einer guten Dappingrute ist, wie schon angedeutet, eine *durchgehende Aktion* mit viel Rückgrat. Wenn es um direkte »Hook & Hold«-Angelei zwischen Bäumen oder Seerosengürteln geht, wo der Fisch superhart genommen werden muß und nicht ein Zentimeter Schnur gegeben werden darf, ist eine kräftige Vollaktionsrute einfach die einzige, die eine Chance zum Landen des Fischs bietet.

Spielt sich die Dappingfischerei an Stellen ohne Bäume ab, ziehe ich unter normalen Umständen Ruten von 11 bis 12 Fuß (etwa 3,35 bis 3,65 Meter) Länge mit einer relativ weichen Spitze vor. Sie erleichtern Präzisionswürfe mit kleinen und leichten Ködern. Vom Boot aus oder im Kraut bei niedrigem Wasserstand kann es jedoch von Vorteil sein, eine bis zu 14 oder 15 Fuß (4,30 bis 4,60 Meter) lange Rute einzusetzen. Wenn man in kleinen Löchern im Kraut angelt, reicht die Rutenspitze im Idealfall bis über die Lücke. Dadurch läßt sich der Köder direkt in die krautfreie Zone senken.

In den meisten Gewässern genügt jedoch eine 12-Fuß-Rute völlig. Geht es auf größere Fische in stark verkrauteten Gewässern, können manchmal nur Ruten mit Testkurven von 2 1/2 bis 3 lbs (etwa 1,12 bis 1,36 Kilogramm) die Fische halten. Als Rolle verwende ich normalerweise eine Shimano Baitrunner 5010. Eine kleine Rolle besitzt übrigens den Vorteil, daß man mit ihr leichter bei unorthodoxen Präzisionswürfen hantieren kann. Die Schnurwahl richtet sich einleuchtenderweise danach, daß die Fische an kurzer Leine gehakt werden.

Wie auch beim Posenangeln setze ich oft Haken, Haare, Vorfächer und Montagen ein, die traditionellerweise für andere Formen der Karpfenfischerei benutzt werden. Da Montagen zum Nutzen überraschender Gelegenheiten oft blitzschnell ausgewechselt werden müssen, kommen komplizierte Varianten kaum in Frage. Wenn man erst einige Minuten braucht, um den Köder oder Ähnliches auszuwechseln, hat der Fisch inzwischen normalerweise längst das Weite gesucht. Die Hakenstärke sollte immer so gewählt werden, daß der Fisch unter den gegebenen Bedingungen gelandet werden kann. Da die Haken beim Fischen mit kurzer Schnur genau wie die Leine und die Rute oft einem gewaltigen Druck ausgesetzt sind, wähle ich gewöhnlich etwas kräftigere Ausführungen als sonst. Ganz besonders, wenn man mobil fischt und große Gebiete absucht, wird die Umgebung und Situation sich fortlaufend ändern.

Also muß der Haken mit den schwierigsten Bedingungen zurechtkommen, in die man geraten kann. Denn sollte plötzlich der Traumkarpfen vorbeischwimmen, bleibt keine Zeit zum Hakenwechsel. Aus dem gleichen Grund halte ich mich an die Größen 2 oder 1. Ein gutes Beispiel für einen perfekten Dappinghaken, der das Schlimmste aushält, ist der Owner 50188 und Fox's »Series 2«. Soll jedoch ein ganz extremer Zug auf den Fisch gelegt werden, sind Modelle wie »Kevin Maddocks Boilie Hook« und Owner 50053 in Größe 1 vorzuziehen. Generell eignen sich kräftige und kurzschenkelige Haken mit einer weiten Öffnung am besten für das Dapping. Angelt man mit einer Haarmontage, genügen häufig die Größen 4 oder 2. Wenn keine Hänger zu befürchten sind, gibt es keinen Grund für übertrieben kräftige Haken. Gute Beispiele von Dappinghaken für die leichtere Fischerei sind der Nash Pattern 1 und der berühmte Drennan Boilie-Hook. Für die ganz »leichte« Dappangelei ist der »Drennan Widegape Specialist« die richtige Wahl.

Köder

Als Köder für die Dappingfischerei eignet sich alles mögliche. Angefangen bei Würmern, Larven, Insekten, Schnecken, Kleinkrebsen, Maden, Krabben und Brot über verschiedene Teichenköder wie Mais und Kichererbsen, »Floaters« bis hin zu Nudeln und Boilies. Beim gezielten Angeln auf große Fische erhalten selbst die bei anderen Techniken schnell von kleineren Fischen gefressenen Köder eine echte Chance. Wenn man den Köder direkt vor dem Maul des Fisches plaziert, umgeht man das übliche Problem und das Köderpotential kann auf diese Weise voll ausgenutzt werden!

Angeln mit freier Leine

Ein guter Start für das Pirschfischen ist das Angeln mit der freien Leine. Die Montage besteht schlicht aus einem Einfachhaken oder einer Haarmontage, die ihren Platz direkt am Ende der Hauptschnur finden. Stehen die Fische direkt unter dem Ufer, ist das eine absolut unauffällige und daher höchst erfolgreiche Methode.

Hat man sich dicht genug herangeschlichen, senkt man den Köder vorsichtig vor den Fisch oder läßt das Angebot vorsichtig fallen. Bei ruhenden Fischen muß das Absenken ungeheuer präzise erfolgen. Ist der Fisch ernsthaft eingenickt, bedarf es schon einiger Mühe, um sein Interesse zu wecken. Ein Köder, der 10 bis 20 Zentimeter vom Fisch entfernt angeboten liegt, wird häufig total ignoriert. Am besten plaziert man den Köder normalerweise lediglich einen bis zwei Zentimeter vom Maul des Karpfens entfernt. Steht der Fisch etwas über dem Grund, kann etwas Bewegung den Biß bringen. Dazu halten Sie den Köder in Höhe des Fischmauls und zupfen ihn mit lockenden Bewegungen auf und ab. Ein paar kringelnde Würmer sind eine weitere Versuchung, der nur wenige Karpfen widerstehen können. Sollte trotzdem kein Interesse bestehen, kann man versuchen, den Köder ein gutes Stück im Wasser anzuheben, um ihn dann verlockend herabtaumeln zu lassen.

Hilft auch das nichts, gibt es weitere gute Alternativen. Eine besteht darin, den Köder in einen ölhaltigen Geschmacksverstärker (»Boost«) zu tauchen und ihn auf den Grund direkt unter das Fischmaul zu senken. Da Öl aufsteigt, steigen auch die Geschmacksstoffe auf und treffen direkt auf die Barteln und die Geschmackssinne des Karpfens. Wenn man den Aromastoff korrekt dosiert hat, führt der Trick oft umgehend zum Erfolg.

Bei direktem Blick auf den Fisch ist der Biß einfach zu erkennen, und der Zeitpunkt des Anhiebs bleibt damit ebenfalls nicht offen – zumindest theoretisch. Ein typischer Anfängerfehler besteht darin, daß der Anhieb zu früh erfolgt. Immerhin ist der Einsteiger so angespannt, daß ihm das Herz bis zum Halse schlägt. Meist lohnt es sich, eine halbe Sekunde länger zu warten, als man es instinktiv tun würde – besonders dann, wenn man den Köder direkt auf dem Haken fischt, ohne ein Haar einzusetzen.

Beim Dapping in etwas tieferem oder trübem Wasser, wo man den Fisch nicht direkt beobachten kann, besteht entweder die Möglichkeit, die Schnurbewegungen zu beobachten oder die Schnur lose zwischen den Fingern zu halten, so daß man die geringsten Bewegungen spürt. Am besten ist eine

Kombination von beidem. Denn die Finger können nichts spüren, wenn der Fisch den Köder nimmt und in Richtung Angler schwimmt. Angelt man direkt unter der Rutenspitze, so daß die Schnur fast stramm zwischen Köder und Rute gespannt ist, sollte der Schnurfangbügel offen sein. So kann der Fisch ungehindert Schnur nehmen, bis der Köder richtig im Maul liegt.

Kann der Angler die Maulbewegungen des Fischs nicht sehen, und schwimmen die Karpfen nur langsam oder schweben auf der Stelle, ist der richtige Zeitpunkt für den Anhieb nur schwer einzuschätzen. Häufig kann der Karpfen den Köder vollständig aufnehmen, ohne daß sich die Schnur besonders bewegt. Und hängt der Haken direkt an einer Hauptschnur aus monofilem Nylon, riskiert man Zerreiben der Leine mit den Schlundzähnen des Karpfens.

Die beste Lösung besteht im Einsatz eines HPPE-Vorfachs in Verbindung mit einer kleinen Pose. Die Schlundzähne können die weiche und widerstandsfähige Schnur nicht so leicht zerdrücken und die Pose zeigt den Biß zuverlässig an.

Möchte man am Grund oder »On the Drop« mit aufschwimmenden Ködern fischen, wie mit Weißbrotkruste, dann ist eine Beschwerung des Vorfachs nötig. Ein großes Stückchen Kruste mit einem einzelnen Bleischrot so auszubalancieren, daß es ultra langsam sinkt, ist eine erstklassige Dappingmethode, die mir im Laufe der Zeit viele Fische bescherte.

Stehen die Fische still dicht unter Land oder ziehen auf der Futtersuche gemächlich herum, läßt sich der Köder aus verständlichen Gründen oft am leichtesten präsentieren. Bedeutend schwieriger wird die Angelegenheit bei umherstreifenden Fischen, den »Cruisers«, wie sie unter Karpfenfischern genannt werden.

Meiner Ansicht nach besteht die beste Methode zum Präsentieren des Köders darin, vor den Fisch in seine Bewegungsrichtung zu werfen. Genau wenn der Fisch an der Einwurfstelle vorbeischwimmt, sollte der Köder auf Höhe des Mauls langsam in die Tiefe taumeln. Das hört sich kinderleicht an, ist in der Praxis aber unglaublich schwer. Denn die Sinkgeschwindigkeit des Köders muß genau zur Schwimmgeschwindigkeit des Fisches passen. Bewegt sich der Fisch langsam, dann erreichen langsam sinkende Köder dieses Ziel perfekt. Je schneller sich der Fisch aber bewegt, desto wichtiger ist es jedoch, die Sinkgeschwindigkeit so zu verändern, daß er *schnell genug* sinkt.

Ist man sich nicht klar über die optimale Sinkgeschwindigkeit, sollte man eher einen etwas schneller sinkenden Köder verwenden, da man jederzeit durch das Anheben des Köders mit der Rute »ausbessern« kann, wenn der Fisch gerade vorbeischwimmt. Ist der Köder zu leicht, gibt es keine Korrekturmöglichkeit. Sinkt er zu langsam, sorgt ein rasch 5 bis 15 Zentimeter vor dem Köder angeklemmtes Schrotblei in passender Größe für zusätzliche Geschwindigkeit. Diese Methode erfordert jedoch eine Wurfpräzision, die weit über das Normalmaß hinausgeht. Am einfachsten ist, etwas zu weit zu werfen und dann den Köder in Position zu ziehen, während er absinkt und der Fisch näher kommt.

Nicht zuletzt erfordert diese Technik auch ein gutes Einschätzungsvermögen des Abstandes unter Wasser. Aufgrund der Lichtbrechung zwischen Luft und Wasser kann dem Ungeübten die Schätzung schwerfallen, wie tief der Köder im Verhältnis zur Fischtiefe schwebt. Hier helfen keine Bücher. Die einzige Möglichkeit sich hier zu verbessern, ist wie immer die praktische Erfahrung.

Wenn beim Angeln mit der freien Leine sehr schlechte Wurfbedingungen herrschen, vielleicht durch Bäume mit vielen Ästen, wird man häufig die merkwürdigsten Wurftechniken anwenden müssen, um den Köder ins Wasser zu bekommen. Meist kommt man aber mit einem Pendelwurf aus. Lassen Sie den Köder 1-2 Meter von der Rutenspitze herabhängen, die langsam gehoben und gesenkt wird, so daß der Köder anfängt zu pendeln. Wenn er mit guter Geschwindigkeit schwingt, schlenzen Sie den Köder hinaus, indem Sie eine kleine, schwippende Bewegung zur Rutenspitze herauf ausführen. Dies hört sich kinderleicht an, aber in der Praxis gibt es nur wenige Karpfenfischer, die diesen Wurf mit ausreichender Präzision beherrschen. Je höher die Vegetation unter der Rute steht, desto kürzer muß das Pendel ausfallen.

Fischt man durch sehr kleine Öffnungen im Blattwerk, wo es keinen ausreichenden Platz zum Anheben der Rute gibt, wird es problematisch, den Köder zurückzuschwingen. Dadurch ergeben sich Schwierigkeiten beim Werfen und Auswechseln des Köders. Stellt man sich zu ungeschickt an und schlägt die Rute in die Äste, so daß der Haken in Blättern und Zweigen hängenbleibt, sind die Fische sofort über alle Berge. Die beste Lösung besteht darin, einen »Retourwurf« auszuführen. Dieser erfolgt folgendermaßen: 1) Stecken Sie die Rute soweit wie möglich durch das Loch. 2) Spulen Sie soviel Schnur auf, wie die Verhältnisse es erlauben, so daß der Köder so weit wie möglich von der Rutenspitze herabhängt. 3) Öffnen Sie den Schnurfangbügel und halten Sie die Schnur mit dem Zeigefinger genau wie beim normalen Pendelwurf. 4) Setzen Sie jetzt den Köder in Pendelbewegungen, und wenn er eine ausreichende Geschwindigkeit angenommen hat, *werfen* Sie den Köder *zurück* durch das Loch, wo er mit der linken Hand gefangen wird. Der Wurf erfordert eine gewisse Übung, ist aber zwingend notwendig, um viele Situationen zu meistern. Anstatt den Bügel zu öffnen, kann man auch mit der linken Hand etwas Schnur zwischen Rolle und erstem Laufring herausziehen. Während der Köder dann zurückgeworfen wird, läßt man die Schnur in der linken Hand los und greift den Köder. Wenn Sie diesen Wurf erlernen, werden Sie an Stellen fischen können, die von niemand befischt werden, was leicht einige Extrafische bedeuten kann.

Posenangeln

Ist das Wasser trüb, fischt man eher in größeren Tiefen und benötigt hier einen zuverlässigen Bißanzeiger. Genauso erschweren Wind und Lichtreflexe das direkte Erkennen eines Bisses. Jetzt kommt eine kleine Pose zum Zug. Nach Möglichkeit empfiehlt es sich auch hier, die Montage einfach abzusenken oder mit einem leichten Seitwärts- oder Pendelwurf zu plazieren. Da sich die Dappingangelei meist in klarem Wasser abspielt, ziehe ich durchsichtige Posen der Crystal-Serie von Drennan vor. Beim Kurzdistanz-Dapping setze ich kleine Posen mit einer Tragkraft von 1-3 BB ein, abhängig von der Größe des Köders. Meine Lieblingsposen für diese Fischerei sind die Drennan Crystal Wagglers mit oder ohne dünnem Antennen-Einsatz und besonders die Drennan »Shallow Water Crystal«, die man in Ausgaben bis hinunter zu fünf Zentimetern Länge erhält. Bei ausreichend kleinen Schwimmern reicht alleine das Ködergewicht zum »Ausbleien« der Pose. Ein

Durchsichtige Posen sind auf der Karpfen-Pirsch am unauffälligsten. Modell und Tragkraft stehen auf dem Körper.
▼

paar große Würmer auf einem Haken der Größe 2 werden oft schon ausreichen, um ein 2 BB-Floß auszutarieren. Wenn man eine Posenmontage für die Krustenfischerei bebleit, muß man berücksichtigen, daß zum Absenken des Brotstückes ein relativ großes Bleischrot notwendig ist, typischerweise ein BB oder AAA, wenn es um solide Flocken geht. Denn die Brotstücke besitzen sehr viel Auftrieb.

Bei kurzen Würfen ziehe ich es vor, die Pose mit einem Stückchen Silikongummi zu fixieren. Der Grund dafür liegt darin, daß es in der Regel am günstigsten ist, die Tiefe auf jede einzelne Situation einzustellen, in die man gerät. Mit einer Schlauchbefestigung kann man die Tiefe blitzschnell verändern, ohne die Schnur zu beschädigen. Auch wenn die Waggler eigentlich dafür konstruiert sind, nur am unteren Ende fixiert zu werden, erhält man nach meiner Meinung die beste Präsentation, wenn man bei der ufernahen Fischerei direkt unter der Rutenspitze die Pose sowohl am oberen als auch am unteren Ende mit einem kleinen Schlauchstück fixiert. Dies bietet besonders dann einen Präsentationsvorteil, wenn man den Schwimmer herumzieht, um den Köder vor dem Maul des Fisches zu plazieren. Benutzt man hierbei ein nur am unteren Ende befestigtes Floß, erzeugt es an der Oberfläche unnötige Reflexe, die im Extremfall die Fische erschrecken.

Steht der Angler vor einem Gebiet mit zum Beobachten der Fischbewegungen zu tiefem oder trübem Wasser, besteht eine gute Taktik im »Spinnfischen« mit der Pose. Dabei müssen Sie die Montage so anordnen, daß das Hauptblei so hoch sitzt, daß die Montage nicht an seichten Stellen »strandet«. Die einzelnen Bleischrote müssen so angebracht werden, daß der Köder langsam und verlockend durch das Wasser schaukelt. Normalerweise ist der Grund eine gute Angelstelle. Aber oft kann es sich auszahlen, verschiedene Tiefen auszuprobieren. Häufig nimmt der Fisch den Köder »on the Drop«, also beim Abtauchen, im Mittelwasser. Werfen Sie aus und lassen Sie die Montage einige Minuten liegen, um anschließend langsam einige Meter einzukurbeln. Beim Einholen oder Stoppen wird sich der Köder im Wasser verlockend heben beziehungsweise senken, besonders wenn er schwebend austariert ist. Diese Methode bescherte mir im Laufe der Jahre wirklich Massen von Fischen. Lassen Sie es also auf einen Versuch ankommen, wenn alles andere versagt.

Schneller Montage-Wechsel

Um die Chancen, die sich während der Fischerei spontan eröffnen, ausnutzen zu können, gilt es, die Taktik blitzschnell wechseln zu können. Wenn die Fische in flachem Wasser so dicht unter Land stehen, daß man ihnen den Kopf tätscheln könnte, kommt es auf Kleinigkeiten an. Eine einzige falsche Bewegung oder Zögern und Fummeln zum verkehrten Zeitpunkt kann damit enden, daß die Fische vergrämt werden oder weiterschwimmen, ohne daß Sie den Köder präsentieren konnten. Genauso kommt es vor, daß man in extrem kurze Freßphasen gerät, die vielleicht nur eine halbe bis eine Minute dauern. Dies ist besonders typisch bei der Nahrungsaufnahme von der Oberfläche.

Hat man vielleicht mit Oberflächenködern angefüttert, fischt aber mit Posen, kann etwas Unerwartetes passieren. Möglicherweise zeigen sie plötzlich Interesse für das Schwimmfutter, steigen kurz danach und fressen ein paar Brocken, worauf sie schnell weiterziehen. Entsprechendes gilt für tiefschwimmende Wanderfische, die plötzlich halten, um etwas Nahrung von der Oberfläche zu nippen. In diesen Situationen muß der Angler in der Lage sein, in Windeseile den Köder zu wechseln und den Schwimmer zu demontieren.

In Rekordzeit von der Posenmontage auf die freie Leine zu, ist nicht einfach, wenn große Fische direkt vor den Füßen fressen und der Puls bis in die Ohrläppchen schlägt. Um nicht den Haken und alles andere abmontieren zu müssen, setze ich normalerweise folgende Methode ein: Das Floß wird am unteren Ende mit Silikongummi montiert, *ohne* die Schnur durch das Posenöhr zu führen.

Erfordert die Montage etwas Beschwerung, wird sie auf ein kurzes Schnurstück gedrückt. Es klemmt unter dem Posengummi, um gegenüber einem auf die Leine geknüpften Abschnitt nicht die Schnur zu beschädigen. Jetzt läßt sich das Blei zusammen mit dem Schwimmer entfernen. Man kann eventuell in jedes Ende des Schnurstückes einen Knoten schlagen, so daß es nicht so leicht unter dem Silikonschlauchstück hervorgleitet oder nicht ganz angedrückte Bleie vom Schnurstück rutschen. Jetzt können Sie zur freien Leine wechseln, indem Sie die Pose und das Bleischrot abziehen und anschließend das Silikongummi nach unten über den Haken schieben. Das dauert lediglich fünf Sekunden und nicht mehrere Minuten, die man zum Umbasteln einer herkömmlichen Montage benötigt.

Eine gute Methode, um schnell zwischen der Grundfischerei etwas weiter draußen und der »Angelei mit der losen Leine« zu wechseln, besteht darin, »Clip-Lod of Hard Plast« (Gremling), «Rubbercore-Lods« oder Spiralbleie zu verwenden. Eine andere häufig genutzte Alternative ist »Putty«. Diese schwere Knetmasse sitzt am besten auf der Schnur, wenn man sie entweder über einem Stopknoten, Wirbel oder einem Gummi-Posenstopper modelliert.

Oberflächenfischen

Die Oberflächenfischerei ist die wildeste und nervenaufreibendste Angelmethode auf Karpfen. Der Anblick eines furchtbar großen Fisches, der den schwimmenden Köder im Blick langsam an die Oberfläche steigt und mit einem lauten Schlürfen den Köder einsaugt, ruft selbst bei dem erfahrensten Karpfenfischer heftiges Herzklopfen hervor.

Selbst wenn die meisten Fischer das Oberflächenangeln mit warmen und stillen Tagen verbinden, ist es eine Tatsache, daß man die Fische unter fast allen Bedingungen zur Oberfläche locken kann – sogar in der Nacht. Selbst an relativ kalten Tagen kann man es erleben, daß einzelne Fische Interesse an Oberflächenködern zeigen. Am angenehmsten ist es natürlich an einem möglichst windstillen Tag bei guter Beleuchtung, so daß man die Fische zum Köder steigen sehen kann.

Der beste Ausgangspunkt für eine gute Floater-Fischerei ist ein Gebiet, in dem man Fische beobachtet hat, die an der Oberfläche dösen oder nach Insekten steigen. Die Wahrscheinlichkeit ist groß, daß diese Tiere beißen werden, wenn man ihnen einen Schwimmköder präsentiert – auch ohne Anfüttern. Unter Normalbedingungen ist es jedoch in der Regel von Vorteil, die Fischerei mit einer kleinen Fütterung aus Oberflächenködern zu beginnen. Wenn die Fische sehr nah sind, können sie durch von Hand eingeworfenes Futter vergrämt werden. Schon eine einzige schnelle Bewegung kann ausreichen. Unauffälliger geht es mit einer kleinen Schleuder mit weichem Gummi. Wenn möglich sollte man dabei von einem niedrigen Punkt aus schießen, so daß die Fische die Lade- und Schußbewegungen nicht sehen können. Häufig müssen Sie etwas Geduld aufbringen, bevor die Fische vorsichtig ein paar Köder von der Oberfläche nippen. Wer es aushalten kann, wartet mit dem Auswerfen des Köders so lange, bis die Fische alle Vorsicht ablegten und die freien Köder ohne Zögern nehmen. Wenn die Fische zu Ihrem Köder steigen, heißt es Ruhe zu bewahren. Ein klassischer Fehler besteht darin, daß der Anhieb eine Winzigkeit zu früh erfolgt, weil man sich aus lauter Nervosität fast die Zunge abbeißt. Das bedeutet aber auf keinen Fall, daß vor dem Anhieb eine Ewigkeit vergehen soll. Wartet man zu lange, spuckt der Karpfen den Köder vielleicht wieder aus. Man muß sich einfach mit wachsender Erfahrung an das richtige Timing herantasten.

Wer zu viele graue Haare vermeiden möchte, sollte übrigens Bereiche mit vielen Enten und anderen Schwimmvögeln meiden. Haben sie erst einmal Geschmack an den Floaters gefunden, kann der Fischer gleich zusammenpacken – es sei denn, er steht auf selbst gefangenen Entenbraten!

Als Geräte verwende ich genau die gleichen Ruten und Rollen, die ich normalerweise auch für andere Dapping-Techniken einsetze. Bei der Schnur komme ich oft mit einer etwas dünneren Stärke aus, als ich sie an der gleichen Stelle bei der Grundfischerei benutzt hätte. Die Ursache liegt einfach darin, daß die Schnur nicht an Hindernissen am Grund verschleißt. Wenn der Fisch an der Oberfläche gehakt wird, können Sie ihn dort oft auch halten. Das vermeidet Schnurbrüche durch Kontakt mit Steinen, scharfen Muscheln oder Ästen. Eine dünnere Leine ermöglicht auch eine bessere Köderpräsentation, die nicht so leicht durchschaut wird. Direkt an Krautfeldern oder an die Oberfläche ragenden, versunkenen Bäumen müssen wohl oder übel die sonst üblichen Schnurstärken auf der Spule liegen.

Wenn die Fische dicht unter Land ziehen, bevorzuge ich immer die Fischerei mit der freien Leine, weil diese »Montage« beim Auftreffen auf die Wasseroberfläche die geringsten Störungen erzeugt. Falls Wind oder Drift herrschen und eine Wahlmöglichkeit für verschiedene Angelplätze besteht, erfolgt der Wurf am besten mit dem Wind. Die Vorteile hierbei sind einleuchtend. Wurf und Schnurkontrolle sind bei einem leichten Köder am einfachsten mit dem Wind auszuführen. Bei Seiten- oder Gegenwind treibt der Köder blitzschnell aus der gewünschten Position. Steht aber der Wind im Rücken, kann man den Köder wesentlich länger in der Position halten. Auch das Anfüttern wird auf diese Weise viel einfacher, da die Köder immer in Richtung Fischbereich treiben und dort bleiben.

In solchen Situationen füttere ich wenig, aber häufig an. Dadurch treiben ständig einige freie Köder an den Fischen vorbei. Genug, um das Interesse wach zu halten, aber zuwenig, um die Fische vom Platz zu locken. Eine gute Alternative, um ein höheres Wurfgewicht zu erreichen, ist der Einsatz von schwimmendem »Putty«, wie »Driftwood«. Denn stehen die Fische weiter draußen, kann die eine oder andere Form eines Wurfgewichts zum Erreichen der Fische nötig werden.

Die gebräuchlichste Art ist das Montieren eines **»Controller«**, der ein ausreichendes Wurfgewicht liefert und die Schnurkontrolle sicherstellt. Ein Controller ist eine speziell geformte, vorgebleite Pose mit einer Öse am oberen Ende zum Anbringen der

Schnur. Mit einer entsprechend dünnen Leine mit vielleicht 8 lbs (etwa 3,6 Kilogramm) Tragkraft kann man einen großen Controller bis zu 60 bis 70 Meter weit werfen. In aller Regel genügen jedoch viel kürzere Würfe. Bei klarem Wasser bevorzuge ich die durchsichtigen »Crystal Controllers« von Drennan. Ist es trüb und verschlammt, spielt das meiner Ansicht nach allerdings keine große Rolle. Dann verwende ich oft Nash Controllers, die sich ganz ausgezeichnet werfen lassen und auch auf große Entfernung noch leicht zu sehen sind. Der Controller läßt sich fest oder gleitend montieren. Fische ich so nah, daß ich den Köder die ganze Zeit beobachten kann, ziehe ich die gleitende Version vor. Dann spürt der Fisch weniger Widerstand, wenn er den Köder nimmt. Hängt etwas lose Schnur durch (was meist der Fall ist), ist der Nachteil der Gleitmontage, daß ein Biß nicht zwangsläufig zum Sinken des Controllers führt. Liegt der Köder aber so weit draußen, daß er sich nicht ständig beobachten läßt, ist die Bißanzeige jedoch eine wichtige Aufgabe des Controllers – genau wie bei einer normalen Pose. Setze ich in so einer Situation den Controller auch als Bißanzeiger ein, befestige ich ihn hinter seinem Öhr mit einem Stopper und einer Perle. Controller können die Fische beim Auftreffen auf das Wasser erschrecken. Deshalb ist es vorteilhaft, den Köder zunächst etwas entfernt von den Fischen einzuwerfen und ihn erst dann mit Hilfe des Windes oder der Oberflächenströmung in Position treiben zu lassen.

Sollte man so weit draußen fischen, daß ein Anfüttern mit der notwendigen Präzision nicht möglich ist, kann man etwas Anfütter-Material unter anderem mit wasserlöslicher PVA-Folie oder -Schnur an Haken oder Controller befestigen.

Wenn die Fische sehr scheu sind, sollten Sie es mit einem Multistrand-Vorfach versuchen. Sonst kann man sich damit begnügen, direkt an der Haupt-

Mit etwas Vorsicht kann der Angler die Karpfen selbst kurz vor den Füßen an der Oberfläche beobachten.

▼

schnur zu fischen. Bei dieser Methode setze ich einen Ledgerstop als »Stopper« für den Controller. Ein »Ledgerstop« ist ein Stückchen steifer Schlauch, der auf die Hauptschnur gezogen wird. Der Stopper bleibt durch einen kleinen Stöpsel in Position. Der Vorteil des Ledgerstops liegt darin, daß man die Vorfachlänge leicht den unterschiedlichen Situationen anpassen kann. So kann sie unter anderem bei scheuen Fischen länger ausfallen oder kürzer, damit sich die Montage bei weiten Würfen nicht so leicht verhängt.

Wie bei jeder anderen Angelei, gilt es auch beim Oberflächenfischen, die ganze Zeit über die Schnur gespannt zu halten, so daß man beim Anschlag nicht den Schnurbogen ausgleichen muß. Konnte sich erst ein großer Schnurbogen bilden, wandert die Montage außerdem viel zu schnell aus der gewünschten Position. Bei ruhigem Wetter oder direktem Rücken- oder Gegenwind ist es deshalb günstig, mit einer schwimmenden Schnur zu fischen, so daß man sie leicht »menden«, also mit einer ausholenden Rutenbewegung gerade legen kann und sie so gestreckt hält. Im Gegensatz dazu kann bei kräftigem Seitenwind oder viel an der Oberfläche treibendem Kraut eine Schwimmschnur einen großen Nachteil bedeuten. In diesen Fällen erhält man meiner Meinung nach die beste Schnurkontrolle, wenn Sie die Schnur nach dem gleichen Prinzip wie unter anderem bei der Fischerei mit der Antennenpose versenken. Das Problem dabei ist, daß viele Controller nur am oberen Ende eine Befestigungsöse besitzen. Je nach der Form des Controllers kann der Angler entweder selbst eine Öse am unteren Ende montieren oder sie am unteren Ende mit Gummiband befestigen, wenn er ohnehin mit einer Festmontage fischt.

Alternativ kann man einen »Suspender« einsetzen, der die Möglichkeit eröffnet, mit versunkener Schnur zu fischen. Ein Suspender kann am ehesten als »hohler, beschwerter Antennenschwimmer mit kugelförmigem Unterteil« beschrieben werden, bei dem die Schnur vom unteren Teil durch die Antenne geführt wird, wo dann das Vorfach befestigt wird. Diese speziellen Oberflächenposen sind so konstruiert, daß die Antenne nach dem Auswerfen schräg in die Luft ragt und das Vorfach über der Wasseroberfläche hält, um die Fische nicht zu erschrecken.

Bei der Controllerfischerei passen normalerweise Vorfachlängen von 50 bis 120 Zentimeter. Je scheuer die Fische sich zeigen, desto länger sollte das Vorfach ausfallen.

Bei kräftigem Wind, in großer Entfernung oder bei Nacht, wo es unmöglich sein kann, den Oberflächenköder zu sehen, kann eine effektive Fischerei mit einer traditionellen treibenden Montage schwierig sein. In diesen Fällen kann ein »verankerter Oberflächenköder« zum Erfolg führen – im Prinzip ist das nur eine Gleitmontage, an der ein Köder schwimmt und das Blei auf dem Grund liegt. Am besten ist diese Methode für die Angelei in flachem Wasser geeignet, da Vorfachlängen von über 1,5 Meter ziemlich unhandlich zu werfen sind. Die Vorfachlänge muß so eingestellt werden, daß sie etwas länger als die Tiefe ist. Je stärker der Wind oder die Strömung auf die Schur drücken, desto länger muß das Vorfach sein. Das verhindert, daß der Köder unbemerkt untertaucht und eine unnatürliche Präsentation entsteht. Verwende ich sehr lange Vorfächer, setze ich schon beim geringsten Anzeichen den Anhieb, da der Fisch bereits ein gutes Stück schwimmen kann, ohne daß man auch nur das geringste bemerkt. Am besten ist es natürlich, den Floater nach Möglichkeit fortlaufend zu beobachten. Eine gute Methode, diesen »Null-Indikationsbereich« zu minimieren und gleichzeitig bessere Würfe zu erzielen, ist ein langes Vorfach mit schwimmender »Low-Resistance Perle«.

Manchmal möchte ich auch einen starken Auftrieb erzielen. Das kann dann der Fall sein, wenn Wind und Drift es beim Angeln weit draußen notwendig machen, einen gewissen Zug auf die Leine zu legen. Nur damit bleibt eine ausreichende Schnurkontrolle gewahrt. Jetzt sollte man einen »Sub-Controller« als »Hebeperle« für die Montage einsetzen. Je länger das Bleivorfach ist, desto kürzer kann das Hakenvorfach ausfallen, damit es die Oberfläche erreicht. Besonders an Angelstellen mit vielen Kleinwurzeln auf dem Grund ist es von Vorteil, die Schnur auf diese Art und Weise über den Boden zu heben. Das Blei läßt sich wahlweise an einem dünnen Vorfach als Sollbruchstelle befestigen.

Die Wahl des Hakens und seine Montage hängen davon ab, wie scheu die Fische sind und welchen Köder man benutzen möchte. Zu den besten Allround-Ködern für die Oberflächenfischerei zählen die klassischen Hunde- oder Katzensnacks, die mit Hilfe von Haaren, Gummimontagen oder auch einfach geklebt gefischt werden können. Ich ziehe die beiden ersten Möglichkeiten vor, da man den Köder einfacher wechseln kann. Wenn viele Weiß- und andere Kleinfische den Köder »terrorisieren«, dann sind schwimmende Boilies oder »Snack-Imitationen« (unter anderem aus Kork) eindeutig die beste Lösung. Andere gute Oberflächenköder sind schwimmende Teilchenköder, wie gekochte Sonnenblumenkerne sowie diverse Floater-Cakes (im Prinzip ein aus traditionellen Boiliezutaten und Backpulver hergestellter Pfannkuchen). Nicht zuletzt darf man nicht das

Non Plus Ultra der Oberflächenköder vergessen – die Brotkruste. Im Laufe der Zeit habe ich, genau wie eine unüberschaubare Zahl anderer Angler, mit diesem ausgezeichneten Köder viele Fische erbeutet. Da er leicht von Kleinfischen zerpflückt wird und schnell so weich wird, daß er vom Haken fällt, eignet er sich am besten für die Kurzdistanzfischerei, bei der man den Köder problemlos auswechseln kann, ohne daß die Karpfen etwas bemerken.

Die Floater-Fischerei ist ein unheimlich spannender Zeitvertreib, der oft zu Fischen führt, die man sonst nicht überlistet hätte. Versäumen Sie nicht dieses fantastische Erlebnis!

Waten und das Dapping vom Boot aus

In vielen Gewässern erstrecken sich tiefe Schilfgürtel und Seerosenfelder mehrere 100 Meter in den See hinein, so daß man sich vor das Problem gestellt sieht, seine Montage davor zu präsentieren. Hier wird oft die Wat- oder Dappingfischerei vom Boot aus die Lösung sein. Im folgenden erzählt *Tony Davies-Patrick* von seinen Techniken.

Fangen wir mit dem Gerät an. Meist ist eine relativ lange Rute ideal. Sie besitzt den Vorteil, daß der Fischer beim Waten nicht so dicht an den Fisch heranwaten muß. Zunächst hört sich das vielleicht etwas unlogisch an, weil man ja ohnehin nahe an die Fische herangeht. Das Problem ist, daß der Fluchtabstand von kurzen Strecken abhängt, steht der Angler erst auf vier bis fünf Meter am Fisch. Die beste Wahl ist eine Rute von 12 bis 13 Fuß Länge mit einer kräftigen, durchgehenden Aktion. Die Rolle muß über eine perfekte weiche Bremse verfügen, und ich persönlich ziehe deshalb die Shimano GT-4500 mit 15 bis 20 lbs (etwa 6,9 bis 9,2 kg) tragender Nash Power Carp vor. Der Kescher sollte über einen relativ kurzen Griff verfügen (am besten teleskopisch) und schwimmen. Eine Schnur mit einem Karabinerhaken am Gürtel hindert den Kescher am Wegschwimmen. Außerdem hat der Angler so stets beide Hände frei. Und der Wiegesack »Nash's Monster Weighsling« eignet sich aufgrund seiner Reißverschlußöffnung gut für das Waten. Dadurch kann der Fisch sicher vom Netz in den Sack gleiten.

Wenn man sich den Fischen nähert, ist extrem langsam gleitende »slow motion« angesagt. Halten Sie in regelmäßigen Abständen an und beobachten Sie das Wasser Ihrer Umgebung. In trübem Wasser oder bei Wellengang wird man oft Fische übersehen oder sogar auf sie treten, wenn man sich nicht vorsieht. Ein paar erschreckte Fische lösen in der Regel eine Kettenreaktion aus, welche auch weiter entfernte, große Fische alarmiert. Ein typischer Fehler besteht darin, zu den Fischen zu werfen. Denn so mancher Angler glaubt, nicht näher an sie heranzukommen. Der Wurf vergrämt nur allzu oft die Karpfen. Besser ist es, bis auf eine Rutenlänge heranzuwaten und ihnen den Köder direkt vors Maul zu senken. Niemals sollte man versuchen, noch näher heranzugehen. Kommt man nicht ganz an den Fisch, faßt die Hand die Rute am hintersten Ende und der Körper streckt sich so weit wie möglich. Das ist sicherer als jeder Wurf. Schwimmen die Karpfen dicht an der Oberfläche, verspricht die Fischerei mit der freien Leine den größten Erfolg. Stehen sie tiefer, direkt am Grund, im Kraut oder ist das Wasser sehr trüb, empfiehlt sich ein kleiner Schwimmer als Bißanzeiger.

Meine Lieblingsköder sind Krebs oder Wurm. Helle Köder wie Mais oder Brot eignen sich bestens für trübes Wasser.

Das Watfischen ist Angeln pur. Intensiver kann man nicht mit der Karpfenwelt verschmelzen!

Ist das Wasser zu tief oder trübe zum Waten, dann bildet das **Dapping vom Boot** aus die einzige Möglichkeit, dicht genug an die Fische heranzukommen. Wie bei jeder Dappingmethode gilt es, sich den Fischen möglichst vorsichtig zu nähern. Versucht der Fischer vielleicht, sich einigen großen Karpfen zu nähern, die sich an der Oberfläche sonnen, ist das frühzeitige Abstellen des Motors ausgesprochen wichtig. Klappen Sie den Außenborder nach dem Abschalten aus dem Wasser. Jetzt gleitet das Boot in Position und wird dabei langsamer.

Reicht der Schwung nicht bis zu den Fischen, muß der Bootsführer das Fahrzeug am besten mit einer langen Stange sachte stakend vorwärts bewegen. Zu diesem Zweck eignet sich eine etwa fünf Meter lange Glasfaserstange mit einem Durchmesser von rund fünf Zentimetern perfekt. Mit etwas Übung kommt man damit verblüffend dicht an die Fische heran. Alternativ kann der Fischer auch langsam ankern und versuchen, die Fische mit vorsichtigem Anfüttern heranzulocken. Hängt der Anker an einer Kette, sollten sie nicht aneinander schlagen, da sonst zuviel Lärm entsteht. Am besten benutzt man durchgehend ein kräftiges Ankertau. Aus dem gleichen Grund ist ein Holzboot auf jeden Fall vorzuziehen, da es Geräusche und Vibrationen besser abdämpft. (Anm. d. Red.: Eine weiche Decke auf dem Bootsboden vermeidet Lärm durch versehentlich herabfallende Kleinteile und Schuhsohlen.)

Weitläufige Binsen- oder Schilfwälder und Seerosengürtel abzusuchen ist nicht einfach. Die beste Methode besteht darin, zum Rand der Felder zu fahren und das Heck des Bootes so zu drehen, daß es in Bewegungsrichtung zeigt. Daraufhin plaziert man sich am Heck, senkt ein Ruder langsam ins Wasser und zieht das Boot ruhig voran. Somit entdeckt der Angler die Karpfen, lange bevor die Fische ihn sehen. Steht man dagegen stakend am hinteren Bootsende, kann das Fahrzeug leicht über nicht entdeckte Fische hinweggleiten. Selbst bei rechtzeitigem Entdecken, muß man zum Werfen erst nach vorn ins Boot gehen. Dann sind die Fische allerdings meist schon über alle Berge.

Alternativ kann das Boot auch an die Luvseite (die dem Wind zugekehrte Seite) des Binsenwaldes heranfahren und langsam hir durchgleiten. Eventuell kann man ein Ruder als Steuerpinne und Hilfe einsetzen, wenn der Bewuchs zu dicht wird. Zum Anhalten senke ich das Ruder vor dem Boot lautlos herab und drücke es als Verankerung in den Schlamm. Ist der Grund zu hart, kann man sich während dem Werfen mit einer Hand vorsichtig an einigen Binsenstengeln festhalten.

Mittelgroße Schlauchboote zählen zu den besten Booten für das Dapping. Sie sind leicht zu tragen, lassen sich einfach manövrieren und sind vor allem leise. Weiter erleichtert ein Elektromotor das Manövrieren wesentlich und gestaltet es weniger anstrengend, wenn man ihn am Bug anbringt. Zudem arbeitet er fast lautlos. Ihre Grenzen finden Motoren allerdings in dichtem Bewuchs. Belly-Boats können sich ebenfalls sehr gut als Schlauchboot-Ersatz eignen. Für den Drill sollte man sich jedoch mit einer Schnur an einem Zweig oder ähnlichem festbinden, damit der Karpfen Sie nicht kreuz und quer über den See zieht. *Tony Davies-Patrick*

Fischen an Hindernissen

Es besteht kein Zweifel daran, daß Karpfen alle Formen von Kraut und Verstecken in Hindernissen lieben. Möchte man an so einer Stelle fischen, muß jedoch eine gute Landemöglichkeit bestehen, ohne daß der Fisch irgendwelchen Schaden dabei nimmt. Ist das nicht der Fall, kommt nur eine andere Stelle in Frage. Findet man allerdings eine Lücke im Kraut oder an der Kante anderer Hindernisse, stehen die Chancen deutlich besser.

Beim Fischen an solchen Stellen ist eine kräftige Rute mit durchgehender Aktion und mindestens 2 1/2 lbs (etwa 1150 Gramm) Testkurve richtig. Dazu kommen große Haken ab Größe 2, damit er nicht ausschlitzt – schließlich muß der Fisch vor Hindernissen im Drill oft hart gebremst werden. In diesem Zusammenhang ist es sinnvoll, ein »Snagleader« (Hindernisvorfach) an die Hauptschnur zu knüpfen.

Snagleaders bestehen aus einem kräftigeren und besonders verschleißfesten Schnur-Abschnitt, der mit der Hauptschnur durch einen Schlagknoten verbunden wird. Das Material soll selbst unter widrigsten Umständen nicht an versunkenen Bäumen oder Felsen durchscheuern oder sogar Hindernisse wie Seerosen beseitigen. Gefährden rauhe Felsen die Schnur, ist auf jeden Fall ein extrem abriebfestes Vorfach aus Spiderwire 2000 oder Quick-Silver die beste Wahl. Spiderwire setze ich mit einer Tragkraft von mindestens 50, oft sogar 80 lbs (ca. 23-36 Kilogramm) ein, da dünnere Ausführungen die Haut des Fischs verletzen könnten. Angelt man in Seerosen, dann sind dichtgewebte HPPE-Vorfächer, wie ebenfalls Spiderwire, eindeutig die besten, da sie die dicken Stengel durchschneiden, wenn der Fisch sich festsetzen sollte. Bei versunkenen Bäumen ist ein Vorfach aus dickem Nylon eindeutig besser als HPPE. Dies liegt daran, daß das zweite Material sich in einen halbverrotteten Baum einschneiden kann und unverrückbar festsitzt. Und der daran hängende Fisch kann sich aufgrund der dehnungsfreien Schnur bei seinen Befreiungsversuchen vom Haken verletzen. Fische ich in etwas »weicherem« Kraut, wie Wasserpest oder Fadenalgen, benutze ich im Normalfall nur eine kräftige Nylonschnur über die ganze Länge. Denn ein Knoten oder etwas anderes Überstehendes kann im Drill einen Riesenklumpen der weichen Pflanzen einsammeln. Bei extrem scharfen Hindernissen, wie schroffen Klippen oder vielen Zebramuscheln, kommt der Angler manchmal nicht um ein Stahlvorfach herum. Dabei empfehle ich den »Green Wire« von Drennan mit vielleicht 28 lbs (etwa 13 kg) Tragkraft. Verwendet man ein Drahtstück, das kürzer als die Rute ist, etwa drei Meter, eignet sich ein normaler Wirbel zum Befestigen. Als Alternative kann man auch eine Endschlaufe in den Draht einarbeiten und die Hauptschnur daran montieren. In extremen Situationen verwende ich normalerweise drei Meter Draht, gefolgt von 20 Meter 80 lbs-Spiderwire, das dann mit der Hauptschnur verbunden wird. Ist der beschichtete Draht verdreht, wird die Oberfläche erhitzt und geschmolzen und das Material geradegezogen. Sekundenkleber kann das vielleicht scharfe Ende des Drahts abdecken oder auch einen Knoten sichern.

Der Aufbau der Montage muß so gestaltet sein, daß sie sich kaum festsetzen kann. Je kürzere Vorfächer man verwendet, desto geringer ist die Möglichkeit. Generell ziehe ich deshalb die Fischerei mit der freien Leine oder mit Rigs vor, bei denen das Blei abreißen kann, indem man ein dünnes Bruch-Vorfach oder eine »Safety-Bead« verwendet. Bei extremer Hängergefahr kann der Fischer statt dem teuren Blei einen passenden Stein von beispielsweise 25 Millimetern Durchmesser mit einer Bruchleine an die Montage binden. Der Stein wird mit doppelten Schlägen eingepackt – genau wie bei Weihnachtsgeschenken. Laufbleie oder Helikopter-Rigs eignen sich meiner Meinung nach nicht für irgendeine Art des Angelns an Hindernissen, da sich das Blei zu leicht festsetzt.

Oft erfordern entsprechende Stellen große Präzision beim Wurf. Der alte »Dunkelheitstrick«, etwas zu kurz zu werfen, die passenden restlichen Meter von der Spule zu ziehen und ein kleines Gummiband bei der richtigen Wurfweite anzuknoten, klappt hier auch gut. Angelt man weit draußen oder in wirklich schlimmen Hindernissen, wie versunkenen Wäldern oder Dörfern, fährt der Angler seine Montage am besten mit dem Boot direkt über die angepeilte Stelle. Die gewünschten, fischreichen Verstecke finden sich am leichtesten mit Hilfe eines Echolotes, das zum Beispiel auf Zoom und eine Empfindlichkeit von 50 bis 70 Prozent eingestellt wird. Mit dieser Justierung entsteht kaum ein Zweifel, ob das gewünschte Hindernis wirklich unter dem Boot liegt. Die Stelle wird mit einem Marker gekennzeichnet, worauf man den Köder genau positionieren kann. Um auf der sicheren Seite zu sein, pflege ich das Echolot auch einzuschalten, wenn ich den Köder ausbringe. Dann stimmt seine Lage ganz bestimmt. Denn eine nur um einige Meter oder weniger versetze Montage kann fatale Folgen in Form heftiger Hänger haben.

Auf Reisen erweisen sich normale Echolote als etwas umständlich, da sie große und schwere Batterien erfordern. Lieber verwende ich dann ein transportables »Magna 3«-Echolot von Eagle, das mit »Taschenlampenbatterien« läuft, fast nichts wiegt und unter allen Verhältnissen perfekt funktioniert.

Genauso wie das Hinausfahren der Montage sollte unter extremen Umständen auch das Einholen vom Boot aus erfolgen – es sei denn, Sie möchten die Montage und viele Meter teure Schnur verlieren.

Wenn man sehr kleine Löcher im Kraut befischt, sollte es mit Sicherheit krautfrei sein – nicht nur an der Oberfläche, sondern auch am Boden. Das Prüfen der Situation geschieht am besten mit einem schweren Lot und einer HPPE-Hauptschnur. Alternativ kann man auch mit einem Boot den Platz untersuchen, indem man entweder hineinspringt und taucht oder die Stelle mit einem an eine Schnur gebundenen Kopf eines Rechens untersucht. Die letztgenannte Methode ist übrigens perfekt dazu geeignet, um beispielsweise ein großes Loch in einen Wasserpestgürtel zu ziehen. Möchte man Löcher in Seerosengürtel oder Binsen einarbeiten, dann ist ein »Weedcutter« (Minisense an einem Uferspeer oder Kescherstockgewinde) besser geeignet.

Ist die Öffnung von allen Seiten dicht mit Kraut umschlossen, kann es schwer sein, mit anderen Methoden als der durchhängenden Schnur zu fischen. Denn die Schnur kann nicht durch das Kraut hindurch gespannt werden. Eine gute Alternative für eine ordentliche und rechtzeitige Bißanzeige ist das Posenfischen mit einem Gleitschwimmer. In der Regel bevorzuge ich langsam sinkend austarierte, nicht zu kurze Vorfächer, so daß der Köder weich auf dem Grund landet und auf ihm liegen bleibt. Eine andere gute Methode ist die Pop-Up-Fischerei direkt vom Blei aus.

Wenn das Kraut extrem dicht gewachsen ist, oder man unter Oberflächenpflanzen fischen möchte, stopfe ich die ganze Montage in einen PVA-Beutel und verwende ein schweres Blei. Die ganze Angelegenheit dringt geschlossen glatt durch die Pflanzen, erst dann löst sich der Beutel auf und gibt die Montage auf dem Grund frei. In weniger bewachsenen Bereichen genügt es, die Hakenspitze, den Hakenbogen sowie eventuelles Haar in ein paar schützende Windungen PVA-Band einzuwickeln. So können sich beim Absinken keine abschreckenden Pflanzen verfangen.

Grundsätzlich sollten Sie bei der Hindernis- und Krautfischerei an der einmal gewählten Taktik festhalten und während des Drills keinesfalls weich werden. Fischt man direkt über einem gefährlichen Hindernis, muß der Fisch in den ersten Sekunden des Drills unbedingt gehalten werden – kompromißlos! Kann der Karpfen erst beschleunigen, ist er unmöglich zum Halten zu bringen. Setzt man ihn jedoch von Beginn an knochenhart unter Druck, kann man selbst recht große Fische in wenigen Augenblicken wenden und zur Oberfläche bringen. Deshalb sitzt man beim Warten auf den Biß am besten die ganze Zeit bereit an den Ruten und reagiert blitzschnell, bevor der Fisch in das Hindernis flüchtet. Liegen solche kritischen Stellen beim Fischen vom Ufer aus zwischen Karpfen und Angler, heißt es möglichst schnell ins Boot und hinaus zum Fisch zu kommen. Dort kann der Drill an der Oberfläche und unter dem Boot ablaufen.

Ist es dumm gelaufen und der Fisch konnte sich festsetzen, gibt es zwei Möglichkeiten: 1) Man kann zum Fisch waten oder rudern und probieren, ihn frei zu bekommen. Manchmal genügt schon ein anderer Winkel der Hauptschnur. Steht kein Boot zur Verfügung, kann man unter Umständen Glück haben und den gleichen Effekt dadurch erzielen, daß man um den See herumläuft oder auf einen Baum klettert. Auch dann erfolgt der Zug aus einer anderen Richtung. 2) Letzte Chance: Geben Sie dem Fisch lose Leine und hoffen, daß er sich bei nachlassendem Zug selbst freischwimmt.

Boots-Karpfen in Uganda

Der heftige Regen verwandelte das Land um den Bunyonyi-See im Westen Ugandas in einen Sumpf. Ich saß frierend in meiner Papyrus-Hütte und hoffte auf einen Sonnenstrahl, damit ich vor Einbruch der Dunkelheit noch einige Angelplätze auf Karpfen anfüttern konnte. Doch die Wolken hingen noch tief über dem afrikanischen See. Durch den grauen Dunst konnte man die vielen Inseln und Halbinseln des Gewässers und die Gebirgskette an der Grenze zu Ruanda kaum erkennen. Während ich den fast schon akrobatischen Flugkünsten der Libellen zusah, legte sich der Regen jedoch langsam und ich packte mein Angelzeug.

Mit dem Einbaum paddelte ich in eine seichte Bucht. Die immer noch recht hohen Wellen schwappten immer wieder in mein einfaches Boot, weshalb ich es mit voller Kraft auf das Ende des Landeinschnitts zutrieb. Vor Angelbeginn wollte ich noch nach Fischen Ausschau halten und meine Futterstellen entlang eines Papyrus-Sumpfes mit frischem Mais versorgen. Einer der Futterplätze lag kurz vor einem Flecken mit Wasserlilien. Während mein Boot an der Halbinsel entlangtrieb, hörte ich plötzlich den Ruf eines Einheimischen, dessen Kanu einige 100 Meter entfernt lag.

Ich verstand kein Wort, schaute aber auf die Bäume am Ufer. Und schon krachte es 50 Meter vor mir und ein vom Wind gefällter, mehr als 20 Meter hoher Eukalyptusbaum stürzte langsam in den See. Das Wasser schäumte auf – genau an der Stelle, die ich in nur etwa einer Minute passiert hätte. Da war mein Schutzengel wieder voll im Einsatz. Inzwischen setzte die Dämmerung ein und ich beeilte mich, die übrigen Futterplätze anzusteuern. In der Nähe sah ich einen großen Karpfen an der Wasseroberfläche rollen. Deshalb beschloß ich von einem Augenblick auf den anderen, hier während der Nacht zu fischen.

Mit der kommenden Dunkelheit hatte sich der Wind völlig gelegt. Der See lag jetzt glatt wie ein Spiegel vor mir und der Vollmond schaute über die Berge. Ich machte das Boot an einem Papyrus-Büschel fest, warf noch einige Handvoll Mais an den Futterplatz und plazierte mein Gerät am Rand einer schwimmenden Papyrus-Insel. Einige Stunden später erwachte ich bedeckt mit einem Tauschleier und steif vor Kälte. Der weiße Nebel hing dick wie eine Eiderdaune direkt über dem Wasser – und am Himmel erwartete mich ein unglaublicher Anblick.

Überzeugt davon, daß er meinen zusammengekleisterten Schlafaugen zu verdanken war, beeilte ich mich, eine »Wiederherstellungszigarette« anzuzünden. Nichts veränderte sich. Rund um den Mond zeigte sich ein vollständig runder, klarer und wolkenfreier Fleck mit einem Durchmesser von ein paar Kilometern, den äußeren Rand bildete ein dünner, weißlichen Strich. Er war so rund, als wenn er von einem gigantischen Zirkel gezeichnet worden wäre. Alles war still, und das Lagerfeuer im Dorf auf der anderen Seite des Sees war erloschen. Sprachlos kramte ich meine Kamera hervor. Es gelang mir gerade so eben, das Kamerastativ in dem schmalen Kanu aufzustellen und einige Weitwinkelbilder mit langer Verschlußzeit zu machen. Nach etwa 10 Minuten begannen Wolken und Dunst durch den Ring zu wandern, der kräftiger wurde und heller leuchtete – absolut beeindruckend. Am liebsten wäre ich in das Dorf gepaddelt, um herauszufinden, ob ich der einzige war, der den leuchtenden Ring gesehen hatte. Doch plötzlich hörte ich, wie ein großer Karpfen aus dem Wasser sprang und klatschend wieder eintauchte. Das brachte mich wieder zurück in die Anglerwelt und ich schlief wieder ein.

Ich erwachte wieder. Diesmal von einigen Regentropfen, die sich bald in einen heftigen Schauer verwandelten. Ich hüllte mich so gut es ging in meinen Regenponcho ein und lag so halb im Wasser, das sich auf dem Boden des Einbaums sammelte. Nachdem sich die Fluten wieder beruhigt hatten, hörte ich nach einigen Minuten nur wenige Meter von meinem Unterstand entfernt ein Geräusch. Im fahlen Mondlicht beobachtete ich einen Otter, der gerade einen Flußkrebs aus dem Wasser zog. Er ließ sich die Delikatesse mit vollen Backen schmecken, ohne mich zu bemerken. Anschließend kratzte er sich am Bauch und glitt wieder in den See. Etwas weiter draußen in der Nähe eines Lilienbüschels spielten drei weitere Tiere an der Oberfläche. Ich beschloß jetzt, wach zu bleiben und goß mir im Schein einer Kerze einen dampfenden Kaffee ein. Dabei sah ich den Fledermäusen zu, die über den Papyrus-Sümpfen Leuchtkäfer jagten. Plötzlich raste die Schnur von meiner Baitrunner-Rolle. Mit einem Sprung war ich an der Rute und setzte den Anhieb.

Der Fisch hatte auf ein Maiskorn an einer Pop-Up-Montage gebissen und legte eine fast schon gewalttätige Flucht hin. Sie riß mich fast um, wobei ich beinahe den Einbaum zum Kentern brachte. Die Flucht ging in Richtung der nächsten Gruppe von Wasserlilien. Ich verstärkte den Bremsdruck und konnte den Fisch wenige Sekunden vor den Pflanzen zum Abdrehen zwingen. Jetzt strebte er den Papyrus-Sümpfen zu, wo er sich den Wurzeln und Zweigen unter den schwimmenden Inseln gefährlich näherte. Ich band das Kanu los, paddelte auf den Sumpf zu, wo ich den Fisch nach zähem Kampf wieder ins Freiwasser brachte. Allerdings zog mich der Fisch immer weiter auf den See hinaus, ohne daß ich es gleich bemerkte. Bald war ich mehr als 100 Meter vom Ufer entfernt. Ohne Anker war es fast unmöglich, Kontrolle über den Fisch zu bekommen. Er machte eine Flucht nach der anderen und schleppte dabei das Boot hinter sich her. Der Drill erschien mir wie eine Ewigkeit.

Nach einiger Zeit zeigte der Fisch die ersten Zeichen von Müdigkeit und kam langsam näher an die

Jens Bursell mit seinem hart erkämpften 24pfünder aus dem Bunyonyi-See in Uganda.
▼

Oberfläche. Da ich das Karpfenangeln im Bunyonyi-See spontan und ungeplant in Angriff nahm, hatte ich leider keinen Kescher dabei. Deshalb mußte ich den Fisch am Bootsheck mit der Hand landen, wobei es zu einigen tumultartigen Szenen kam. Fragen Sie nicht, wie ich es geschafft habe. Aber es hätte gut sein können, daß ich auf dem gekenterten Einbaum sitzend weitergedrillt hätte oder mit der Rute zwischen den Zähnen ans Ufer geschwommen wäre.

Überglücklich konnte ich meinen ersten afrikanischen Karpfen im Kerzenlicht betrachten: Einen herrlichen, schlanken aber muskulösen Spiegler von 12 Kilogramm. Hochzufrieden packte ich den Fisch und die Ruten ein und ruderte los. Der Mond verschwand langsam hinter den Bergen und kurz darauf brach der Tag an. Eine schwarze Schmarre landete mit einem leisen Rauschen auf der Kante des Einbaums. Offensichtlich nicht mit der Situation vertraut, balancierte sie auf ihren roten Beinen und blieb etwa eine Armlänge von dem Eimer mit Mais entfernt sitzen. Mit einem prüfenden Blick stellte sie fest, daß die Machete in sicherer Entfernung von ihrem Besitzer lag. Dann sprang der Vogel in den Eimer und schlug sich den Bauch voll. Währenddessen konnte ich Malachit-Eisvögel beobachten, die wie blaue Blitze am Rand der Papyrus-Sümpfe kleine Mücken jagten.

Ich verursachte einen wahren Ansturm der Dorfbewohner, als ich mit dem Fisch ankam. Es war der erste Karpfen, der in dem See mit Rute und Rolle gefangen wurde. Deshalb feierten wir das Ereignis mit einem Zehn-Liter-Kanister Bananenbier.

Bootsangeln auf Karpfen

Wie schon angedeutet, eröffnet die Friedfischangelei vom Boot aus Angelabenteuer, die man anders nicht erleben könnte. Dabei ist es egal, ob jemand von Kanus, Belly-Boats, Schlauch-, Ruder- oder Motorbooten aus fischt. Zunächst erlaubt das Boot das Anfüttern und Fischen außerhalb der normalen Wurfweite und das unter anderem selbst mit der Pose oder leichten Montagen. Darüber hinaus besitzt die Bootsfischerei viele weitere einleuchtende Vorteile aber auch Nachteile.

Der Hauptvorteil liegt im leichten Platzwechsel, ohne daß man alles zusammenpacken und 50 Kilogramm Gerät auf den Schultern schleppen muß. Auf diese Weise kann man sich viel schneller für eine neue Stelle entscheiden, wenn die Situation es erfordert. Einen weiteren, großen Vorteil bieten die Boote im Fluß. Denn selbst mit dem Köder dicht unter Land kann ein hoher Strömungsdruck auf die Schnur das Angeln vom Ufer aus unmöglich machen. Ankert man dagegen direkt oberhalb der angepeilten Stelle, herrscht ein deutlich verringerter Druck, der Köder bleibt am Boden und eine perfekte Bißanzeige bleibt gewährleistet.

Da es jedoch schwer ist, das Boot im strömenden Wasser bewegungslos zu halten, empfiehlt sich das »Touch Ledgering« als Angeltechnik. Dabei hält der Angler einfach die Rute in der Hand und spürt mit der Schnur zwischen den Fingern den vorsichtigsten Biß. Eine unglaublich spannende Methode, die mir sehr viele gute Karpfen einbrachte. Angelt man über einer harten Scharkante, liegt das Boot direkt über dem Fisch und die Schnur kann nicht an der Kante durchscheuern.

Bei völlig ruhig liegendem Boot lassen sich selbstverständlich auch die normalen Grundangeleimethoden wie von Land aus anwenden, einschließlich Rod Pods und elektrischen Bißanzeigern. Herrscht Platzmangel im Boot, sorgen in die Reling gebohrte Löcher für Banksticks für mehr Raum. Oder man schraubt Buzzerbars mit Hilfe von einem auf S. 86 erwähnten Adaptergewinde auf eine Photo-Schraubzwinge, die wiederum an der Reling befestigt wird. Angelt man in stehendem Wasser, erzielen die klassischen englischen »punts« ganz eindeutig den besten Komfort.

Bei jedem Bootstyp ist eine gute Ankertechnik ausschlaggebend für den Erfolg. Ankert man in dichten Kraut- oder Seerosenfeldern, sind zwei Anker in der Regel völlig ausreichend. Beim Angeln im offenen Wasser bieten zwei an Bug und Heck in den Grund gebohrte Stangen die perfekte Lösung, sofern Grund und Wassertiefe es zulassen. Über großen Tiefen bieten drei bis vier gleichzeitig eingesetzte Anker die beste Lösung, wobei die Leinen im Idealfall völlig straff gespannt sein sollten. Dadurch reduzieren sich die Bootsbewegungen auf ein Minimum. Angelt man mehrere Tage nacheinander am gleichen Platz, dann ist es vorteilhaft, die Anker oder Pfähle am Angelplatz zu lassen, so daß man beim nächsten Mal Zeit spart. Außerdem erschreckt das Verfahren die Fische weniger. Die Anker werden mit einer kleinen Boje liegengelassen, wozu sich unter anderem ein kleiner Plastikkanister eignet. Von großem Vorteil kann es sein, den Futterplatz mit einer Markierung zu versehen, damit man die Anfütterung präzise findet.

Großkarpfen in Großgewässern

Wie man es auch dreht und wendet, wo man auch immer fischt, im Prinzip ist der Großteil der grundlegenden Prinzipien in der Specimen- und Karpfenfischerei der gleiche. Ein Karpfen bleibt ein Karpfen, ob er nun aus dem Damhussee, Colorado, Mekong oder Hawaii kommt. Mit ein wenig Erfahrung braucht sich kein Angler völlig verloren fühlen, wenn er an ein neues, andersartiges und »exotisches« Gewässer kommt. Mit den gebräuchlichsten Grundprinzipien und etwas Nachdenken ist man auch am neuen Ort für alle möglichen Situationen gut gerüstet. Das muß nicht bedeuten, daß ich die Angelei rein praktisch nicht doch ganz anders angehen würde – ganz und gar nicht. In den folgenden Kapiteln finden Sie eine Menge Ratschläge darüber, wie sich die Karpfenfischerei in großen Seen und Flüssen am besten aufziehen läßt.

Das Angeln in großen Seen auf dem Kontinent

Bis Mitte der achtziger Jahre fischten die meisten Karpfenangler in ihren örtlichen Gewässern oder zumindest innerhalb ihrer Landesgrenzen. Träume von Abenteuern, großen Fischen und neuen Herausforderungen brachten besonders englische Angler dazu, südlichere Gefilde aufzusuchen, was unter anderem zur Entdeckung des mittlerweile berühmten Lac Cassien in der Nähe von Cannes führte. Mit seiner Sonne, einer eindrucksvollen Natur und Riesenfischen vom gröbsten Kaliber ist es nicht erstaunlich, daß er bald zum Mekka der Karpfenfischer ernannt wurde. Es sollte sich allerdings herausstellen, daß der Cassien nur der Startschuß für den Boom der kontinentalen Großkarpfenfischerei im großen Stil war. Natürlich erwies sich dieser Karpfensee nicht als der einzige seiner Art in Frankreich oder der in diesem Zusammenhang interessanten Welt...

Dave Plummer befischte im Laufe der Jahre eine lange Reihe französischer Großkarpfenseen, nachdem er schon im Jahr 1985 einer der Pioniere am Cassien war. Hier erzählt er über seine Erfahrungen mit Gigakarpfen in großen Seen auf dem Kontinent:

Einer der größten Vorteile der großen Seen ist ihr im Vergleich zu kleineren Seen häufig riesige Potential für Großkarpfen. Gerade weil die meisten Fischer davor zurückscheuen, sich mit den »unüberschaubaren Wassermassen« auseinanderzusetzen, hat man es meist mit einer völlig unverdorbenen Angelei zu tun. Das Aufspüren der Fische kann schwer fallen. Hat man sie aber gefunden, stehen einem dafür Fänge ins Haus, die weit über das Normalmaß hinausgehen. Oft hat man es mit nomadisierenden Fischen zu tun, die große Entfernungen zurücklegen. Deshalb gehen meist bislang noch nie gefangene Fische an den Haken – und davon träumen doch die meisten Karpfenangler! Aus diesem Grund angle ich am liebsten an neuen und unbekannten Gewässern.

Wenn man auf der Suche nach jungfräulichen Gewässern ist, kann man gleich alle Seen vergessen, über die man von anderen Karpfenfischern hören oder lesen kann. Denn Gerüchte über Großkarpfen verbreiten sich schnell. Damit kann man davon ausgehen, daß ein See schon hart befischt wird, wenn man etwas Interessantes hört. Das Beste und Befriedigendste ist ohne Zweifel, die harte Sucharbeit selbst zu leisten. Finden Sie ein vielversprechend aussehendes Gewässer, sollte der nächste Weg zum örtlichen Angelladen führen. Sprechen Sie dort mit den einheimischen Anglern. Häufig geben sie eine ganze Menge an Informationen oder Beobachtungen von großen Fischen weiter, die Gold wert sein können. An den meisten Gewässern wird man Gerüchte über Fische bis zu 20 Kilogramm Gewicht hören. Wenn allerdings schon bei den ersten Informationen die Rede von Fischen über 30 Kilo ist, dann hat man es meist mit einem Gewässer zu tun, das sich genauer zu prüfen lohnt.

Erfragen Sie möglichst viele Informationen, welche die Gerüchte über große Fische bestätigen können: Wann wurden Karpfen besetzt? Waren es nur wenige und konnten deshalb groß abwachsen? Hat man den See nach dem Besatz einmal abgelassen und abgefischt?(!). Das Beste ist natürlich, man versucht, das Potential mit direkten Beobachtungen großer Fische zu erkennen. Dies erfordert zwar einen großen Aufwand, aber zum Ausgleich braucht man keine Angst zu haben, ob die Gerüchte sich auch bestätigen. Je schwerer ein Gewässer zugänglich ist, und je mehr Beschränkungen existieren, wie ein Verbot der Nachtfischerei, desto besser! Da 90 Prozent aller Karpfenfischer am liebsten ohne Anstrengung komfortabel fischen wollen, stehen die Chancen an einem »unbequemen« Gewässer erheblich besser. Entsprechend findet man die besten Angebote für eine unberührte Fischerei, wenn man den südlichen Teil Europas erforscht. Je dichter Sie an England, Holland, Belgien und Deutschland bleiben, desto größer ist die Wahrscheinlichkeit, daß starker Befischungsdruck herrscht. Das gleiche gilt für die Flußangelei, bei der unter anderem Saone, Rhone und Po ungeahnte Möglichkeiten bieten. Sie müssen nur erforscht werden.

Betrachte ich die Karpfenfischerei insgesamt, dann ist die Flußangelei ohne Zweifel der am meisten übersehene Teil. Schade eigentlich – denn das Potential für kapitale Fänge und jungfräuliche Fi-

▶ *So starke Karpfen leben in den großen Seen auf dem europäischen Festland.*

sche ist enorm *(mehr darüber im nächsten Kapitel).*

Egal ob es nun um bekannte oder neue Gewässer geht: Das Auffinden der Fische ist eines der wichtigsten Elemente für eine erfolgreiche Fischerei. Will man die Möglichkeiten des Sees erkunden, dann ist der dazu übliche Zeitraum von Mai bis Mitte Juni am besten. Denn dann laichen die Fische im Flachwasser und stehen konzentriert in begrenzten Gebieten. Beobachtung gepaart mit praktischer Fischerei wird deshalb schnell einen ziemlich guten Eindruck von den Möglichkeiten des Sees liefern. Später im Jahr ist es wesentlich schwieriger, die Fische zu lokalisieren. Jetzt sind sie über große Bereiche nach nur schwer vorherzusehender Weise verteilt.

Hat man keine Fische gesehen, bleibt nichts anderes übrig, als sich nach bestimmten »Features« zu richten, wo erfahrungsgemäß die Chancen auf vorhandene Fische am größten sind. In großen Stauseen gibt es fast immer einen alten Flußlauf oder Mittelkanal. Häufig werden sich die Fische mitten im See dicht daran aufhalten. Die Topographie kann also von großer Bedeutung für den Standplatz der Fische sein. Deshalb ist ein Echolot unentbehrlich, wenn man einen guten Überblick über die besten Stellen erhalten möchte. Vom übrigen Grund aufragende, weit draußen liegende Plateaus bieten häufig beste Möglichkeiten für Fangerfolge. Normalerweise fische ich gerne an den Kanten, die zum Land zeigen oder im rechten Winkel dazu stehen. Fischt man auf dem Gipfel der Erhebung oder dicht an ihrer Rückseite, dann riskiert man den Verlust vieler Fische, da die Schnur bei Fluchten ins tiefere Wasser über die Kante scheuert. Läßt sich die Situation nicht umgehen, können Sie die Rollenbremse nach dem Abhieb sehr locker stellen und den Fisch dann hart drillen, wenn er draußen an die Oberfläche gekommen ist.

Ein anderer möglicher Hot-Spot liegt dicht an Krautinseln über relativ weichem Grund. In vielen Stauseen finden sich untergegangene Wälder, wo die Bäume gefällt sind und der Boden unter den Wurzeln ausgespült ist. Diese Bereiche bieten ungeheuren Mengen von Krebstieren einen prächtigen Lebensraum und deshalb finden sich auch Karpfen ein. Eine sichere Möglichkeit auf einen großen Karpfen besteht im Fischen dicht an diesen Hindernissen. Hierbei gilt es, mit dem Echolot ein verhältnismäßig hängerfreies Gebiet zu finden, in das man seine Montage legen und den Fisch auch halbwegs sicher drillen kann. Dafür eignen sich unter anderem ehemalige Waldwege sehr gut. Die alten Wege sind zudem noch oft von Muscheln überwachsen, die sie für die futtersuchenden Karpfen noch attraktiver machen. Wenn ein großes Risiko besteht, daß der Fisch sich festsetzt, benutzen wir sofort nach dem Biß immer unser Boot, um während des Drills vielen Problemen zu entgehen.

Als weitere gute Stellen kann man die Spitzen von Landzungen oder andere eindeutige Passagen nennen. Teils wegen der perfekten Möglichkeit, den vorbeischwimmenden Fischen hier aufzulauern, teils weil hier gute Möglichkeiten bestehen, Fische in anderen Teilen des Sees zu sichten. Gibt es in dem See große Dämme, sollte man diese auf jeden Fall untersuchen. Häufig werden große Fischschwärme täglich die Mauern entlang patrouillieren.

In vielen Gewässern wird man zu bestimmten Zeitpunkten des Tages markante Beißperioden erleben. Viele große Seen weisen eine relativ schlechte Tagesfischerei auf, besonders in Perioden mit Hochdruck, Windstille, wolkenlosem Himmel und einer unangenehmen Hitze. Unter diesen Verhältnissen ist das Angeln ganz eindeutig abends, nachts und morgens am besten. Entscheidet man sich trotzdem für das Fischen bei Tag, ist ein Pop-Up ein bis zwei Meter über dem Grund »straight off the Lead« eine der besten Methoden. In Perioden mit kaltem Wetter erweist es sich in aller Regel als besser, den Pop-Up tiefer zu fischen, vielleicht 10 bis 50 Zentimeter über dem Grund. Die Methode bescherte mir viele Fische selbst in Situationen, in denen alle anderen Angler bei der Grundfischerei keinen Erfolg hatten. Ist es zwar heiß, aber bewölkt und windig, dann beißen auch den Tag über viele Fische.

Bei lang anhaltendem Hochdruck und Hitzewellen, typischerweise im Juni oder August, wird sich oft eher ein Aufenthalt an den Flüssen lohnen. Sie erweisen sich jetzt als deutlich produktiver. Auch wenn man das ganze Jahr Fische fangen kann, reichen die besten Perioden üblicherweise von Mitte Mai bis Juni sowie von Mitte September bis Ende Oktober. Je weiter man nach Süden kommt, desto besser ist die frühe Frühjahrs- und Winterfischerei. In den meisten Stauseen findet man den maximalen Wasserstand bis Juni oder Juli, worauf der Wasserstand kräftig sinkt, oft so stark, daß die Seen nur noch die halbe Fläche bedecken. Im ersten Teil der Saison ist es deshalb am besten, relativ nah am Ufer zu fischen. Im weiteren Verlauf des Jahres ist das Angeln weiter draußen und in großen Tiefen oft ergiebiger. Selbstverständlich kann man Fische in allen Tiefen finden. Normalerweise ziehe ich es allerdings vor, außerhalb der Laichzeit in einer Tiefe von acht bis zehn Metern zu fischen. Aber selbst in 15 Metern oder tiefer kann man noch auf Fische stoßen. Wenn ich in drei bis vier Metern angle, dann ist das meist im Mai/Juni oder beim Dapping. Man sollte sich aber nie sklavisch an eine einzige Lieblingstiefe halten. Beobachte ich Fische in einem bestimmten Abstand oder einer bestimmten Tiefe, dann müssen die Anstrengungen natürlich diesen Fischen gelten.

Köder und Futter

Manche Angler glauben, daß im Sommer in Frankreich nur die Nachtfischerei eine Chance hat. Dies trifft beileibe nicht zu! Denn die Beißzeiten werden einleuchtenderweise durch das Anfütterungsmuster bestimmt. Möchte man am Tag fischen, ist es am besten, am Morgen eine sparsame Fütterung auszubringen und etwa eine Stunde später mit dem Angeln zu beginnen. Bringt man sein Futter am Abend aus, paßt das ideal zur Nachtfischerei. Darf das Fischen aufgrund von Bestimmungen jedoch erst am Morgen beginnen, können die angelockten Fische längst wieder woanders schwimmen. Diese Art anzufüttern ist wahrscheinlich die Ursache dafür, daß viele bei der Tagesangelei ohne Erfolg bleiben. Fängt man morgens von Anfang an Fische, würde ich nicht zögern, mehr Futter auszuwerfen. Passiert allerdings nichts, dann warte ich bis zum Mittag mit weiterem Füttern.

Übrigens lohnt es sich immer, die Ruten in unterschiedlichen Wurfentfernungen zu fischen. Dies sollte mit kleinen aber präzisen Fütterungen direkt über der Montage geschehen, eventuell verbunden mit einer dünnen Futterspur. Um eine gewisse Streuung der Linien zu erreichen, legt man die Futterstreifen am besten diagonal zum Ufer. Beim Einsatz von vielen Ruten oder wenn eine ganze Anzahl Gleichgesinnter fischt, können Sie eventuell eine V-förmige Fütterung legen. Sobald die Entfernung und Tiefe des Standplatzes feststeht, kann sich das Füttern und Fischen auf diesen Bereich beschränken.

Mein grundlegendes Fütterungsprinzip baut darauf auf, mit einer kleineren Menge von Partikelködern sparsam anzufüttern. Dazu zählen Tigernüsse, Mais oder Erdnüsse, möglicherweise mit einigen wenigen Boilies und dem beköderten Haken garniert. Bei einer Anfütterung für vier Ruten verteile ich beispielsweise ein paar Handvoll über eine vielleicht drei mal zehn Meter große Fläche und gebe nach dem Auswerfen der Montage noch etwas Extrafutter dazu. Normalerweise sind ein bis zwei Handvoll Partikelköder mit eventuell einigen Pellets und fünf bis sechs Boilies eine gute Mischung. Vergessen Sie dabei alles über »Preoccupation« oder ähnliches. Am wichtigsten ist, daß der Fisch an der Futterstelle anhält, einen kleinen Köder sieht, der seinen Futtersuchinstinkt stimuliert, so daß er aktiv auf dem Platz herumschwimmt, ohne satt zu werden, – den Boilie entdeckt, und – BANG!

Einer der häufigsten Fehler ist das extreme Überfüttern, so daß der Fisch entweder gesättigt wird oder keine Chance hat, den beköderten Haken zu finden. Falls viele Fische an den Platz kommen, kann man immer noch die Fütterung verstärken. Das Gegenteil davon kann etwas aufwendig sein. Diese Anfütterungsweise setze ich in erster Linie ein, wenn ich die Fische an einer bestimmten Stelle lokalisiert habe. Normalerweise ziehe ich es vor, dem Teilchenfutter Sweetener sowie etwas Kondensmilch oder andere cremige Geschmacksstoffe zuzusetzen und das Partikelfutter dann einige Wochen in dieser Flüssigkeit stehen zu lassen. Teilchenfutter setze ich normalerweise nicht in den Wintermonaten und in Seen ein, die viele Brassen und Kleinfische beherbergen. Zum Füttern nehme ich oft kleinere Boilies als für den Hakenköder selbst. Dies können 14- bis 18-Millimeter-Boilies oder »off-cuts« (zerbrochene oder deformierte Reste aus der kommerziellen Boilieherstellung) sein. Als Hakenköder bevorzuge ich normalerweise schwebend austarierte Doppelboilies, aber auch Pop-Ups können ausgesprochen effektiv sein. Beißen die Fische gut, kann man eventuell drei 20 mm-Boilies auf einem Haar verwenden und so die kleineren Fische aussortieren. Meist wird es sich auszahlen, mit verschiedenen Ködern an unterschiedlichen Ruten zu experimentieren – also unter anderem Partikel, sinkende Boilies, Pop-Ups oder schwebende Köder an verschiedenen Ruten. Zeigt sich, daß ein bestimmter Köder besser fängt, können auch die übrigen Ruten damit versehen werden. Wirklich gute Erfahrungen habe ich mit Ködern in Kontrastfarben wie gelb oder orange gemacht.

Taktik und Gerät

Viele Karpfenangler glauben, daß die Chancen mit wachsender Wurfweite steigen. Tatsächlich ist genau das Gegenteil der Fall. Es gibt keinen Grund, weiter draußen als unbedingt nötig zu fischen. Je dichter man an Land angelt, desto leichter fällt das effektive Anfüttern und das Auswerfen des Köders. Wenn wir dagegen weiter als 60 oder 70 Meter draußen fischen, dann ziehe ich es vor, die Köder mit dem Boot herauszufahren. Denn vom Boot aus läßt sich der Angelplatz zudem präzise anfüttern. Das bedeutet aber auf keinen Fall, daß das Angeln in ultraweiter Distanz unbedingt sinnvoll ist.

Normalerweise verwende ich ein Standardgeräte-Set, das nach meiner Auffassung die gesamte Fischerei von Mittel- bis Ultraweit-Distanzfischerei abdeckt. Die Basis besteht aus etwa 12 Fuß langen Ruten mit einer Testkurve von 2 3/4 bis 3 lbs. Die Blanks stammen von Alan Young und besitzen eine

Die beiden Boilies liegen auf dem HPPE-Haar eines D-Rigs.

perfekte Mittelteil- oder Progressiv-Aktion, die viel Rückgrat besitzt und den Drill großer Fische zum Vergnügen macht – selbst auf kurze Entfernung. Als Rollen setze ich große Daiwa Emblem oder Shimano Biomaster 7-8000 mit Spulen ein, die eine Kapazität von 300-400 Meter 15-lbs-Schnur (rund 6,9 kg) besitzen. Meine Lieblingsleine ist Berkley's Big Game. Für die Mittel- und Langdistanzfischerei bevorzuge ich Owner »Spade-End«-Haken in den Größen 6-4, in Kombination mit einem Standard Line-Aligner und Off-Shank Haar, eventuell einem D-Rig mit einem in Dentalfloss/Stahlring montiertem Boilie. Als Vorfach verwende ich normalerweise 25-lbs-Silkworm (rund 11,5 kg). Muß geworfen werden, dann stellen Helikopter-Rigs gut funktionierende Montagen dar. Sonst bevorzuge ich meist 3-4 oz (48-64 Gramm) semifixierte Bolt-Rigs mit Hakenvorfächern von etwa 15 bis 20 Zentimetern. Dazu verwende ich Nash's Safety Beads und »No Spook Tubes« wie ATT. Alternativ dazu angle ich oft mit festen Bolt-Rigs mit einer dünnen Bruchschnur, die leicht zerrissen wird, falls der Fisch sich festsetzen sollte. In diesem Fall sollte die Rutenspitze gehoben werden, so daß die Leine vom Grund freikommt.

Für das Aufstellen der Ruten bevorzuge ich »Dual Bars« von PNM-Moulding. Wenn man an Banksticks mit einem Knickgelenk herankommen kann, so daß die Rutenhalter und Buzzer optimal gebunden werden können, ist es ganz perfekt. Als Indikator ziehe ich den »Range Master« von Gardener vor, der ein ganz normaler halbschwerer »Hanger/ Dangler« ist. Normalerweise ist ein Zug von 2-3 oz

(32-48 Gramm) im hinteren Indikator ausreichend, um ein Drop-Back anzuzeigen, auch bei großen Abständen. Die Schnur, die den Indikator am Buzzerbar festhält, überziehe ich in der Regel mit einem weichen Schlauch, so daß sie nicht so leicht verhängt.

Fischt man weit draußen, sollte der Anhieb bereits bei der geringsten Bewegung erfolgen. Selbst ein kleiner Ruck kann Ausdruck für einen kräftigen Biß sein, der nur wegen der Elastizität der Schnur schwach angezeigt wird. Gewöhnlich setze ich den Anhieb, sobald sich der Indikator auch nur ein winziges Stück bewegt. Fährt man seine Montagen mit dem Boot hinaus, dann sollte man sie auseinander legen, so daß jeder Angler mit seiner Rute 20 Meter vom anderen entfernt steht. Auf diese Weise vermeidet man am besten, daß sich die Schnüre kreuzen. Da viele Baitrunner nach meiner Meinung entweder eine schlechte Bremse oder Schnurauflage besitzen, bevorzuge ich statt dessen die oben genannte Rolle mit loser Bremse. Vergessen Sie alles über »Baitrunner Conversions«, die weit davon entfernt sind, optimal zu funktionieren.

Wenn man den Karpfen vom Boot aus keschern muß, kann man viel Zeit und Mühe sparen, wenn man vor dem Zurückrudern den Fisch gleich vom Haken befreit, einen neuen Köder montiert, anfüttert und die Montage wieder auf den Futterplatz legt.

Wie schon erwähnt, gibt es in vielen Seen ein riesengroßes ungenutztes Potential für das Kurz- und Mitteldistanz-Angeln sowie das Dapping. Bei viel Kraut oder Hindernissen wird man die Fische oft nur 20 bis 30 Meter vom Ufer entfernt in vielleicht drei bis vier Metern Tiefe finden können. Wenn andere gute Bedingungen und eine ausreichende Tiefe herrschen, kommen die Tiere bis unter die Rutenspitze heran. Im Laufe der Jahre habe ich Massen von Fischen bis zu fast 23 Kilogramm auf die Kurzdistanz oder beim Dapping gefangen. Es besteht also kein Zweifel, daß das Angeln auf kurze Entfernung funktioniert.

Beim Dapping füttere ich oft an einer ausgewählten Stelle früh am Morgen ein paar Hände voll Partikelköder an, um dann am Mittag wieder zurückzukommen. Beim richtigen Timing fressen die Fische, wenn man ankommt. Ist das Wasser klar genug, muß man nur noch den gewünschten Fisch aussuchen. Wenn nicht zu viele Hindernisse im Wasser liegen, benutze ich 15 lbs starke Big Game-Schnur, eventuell mit einem 25-35 lbs Quick-Silver Snagleader. Hat man es mit sehr grobem »Unrat« zu tun, setze ich dieses Vorfachmaterial direkt als Hauptschnur ein. Die Haken müssen wirklich solide sein und einen guten Halt geben, auch wenn der Fisch hart gedrillt wird. Für diesen Zweck sind unter anderem die »Gorilla«-Haken von Owner zum Beispiel in der Größe 4 perfekt geeignet. Vom Boot aus ziehe ich eine kurze Dappingrute vor, und verwende dafür eine umgebaute 6′ 5′′ Fuß-Rute (etwa 1,95 Meter) mit durchgehender Aktion und einer Testkurve von 4 bis 5 lbs (rund 1,8-2,3 Kilogramm)!

Mein Lieblingsköder-Palette besteht beim Dapping aus diversen Partikeln, insbesondere Mais. Das beste Dapping erlebt man wie in anderen Gewässertypen im Mai/Juni, bevor der Wasserstand fällt und die Fische weiter herausziehen.

Ein typischer Fehler, den viele Fischer vom Kontinent begehen, ist ihre viel zu statische Fischerei. In den meisten Seen muß man Großfische aktiv aufspüren. Die erfolgreichsten Angler ziehen in der Regel zu neuen Plätzen um, wenn sie nicht nach ein oder zwei Tagen erste Fische gesehen oder gefangen haben.

Eine lange Zeit ohne Biß hat, wie erwähnt, oft ihre Ursache in der Überfütterung. Wenn man beobachtete, daß an einem Platz eine Zeitlang kräftig angefüttert und gefischt wurde, kann sich ein Besuch ein paar Tage später durchaus lohnen. Sparsames Füttern bringt oft Erfolg, da die Fische sich schon an dem Platz befinden, auf Nachschub warten und so auch den Hakenköder finden.

All diese Erfahrungen beruhen in erster Linie auf der französischen Karpfenfischerei, können aber mit Erfolg für das Angeln in ähnlichen Seen auf der ganzen Welt angewandt werden. Frankreich ist beileibe nicht das einzige Land, in dem sich das Angeln auf Großkarpfen in Großseen lohnt! Die Zahl der unberührten Großkarpfengewässer im Weltmaßstab ist schwindelerregend. Haben Sie Lust auf Abenteuer, heißt es den Seesack packen und die Möglichkeiten zu erforschen... *Dave Plummer*

Flußkarpfen

Traditionellerweise war die Karpfenangelei mit der Fischerei in stehenden Gewässern verbunden. Während der letzten zehn Jahre entdeckten jedoch mehr und mehr Angler das enorme Potential, das in den großen Flüssen der ganzen Welt verborgen liegt. **Tony Davies-Patrick** legte über lange Jahre Zehntausende von Kilometern an den großen Flußsystemen überall auf dem Globus zurück, und erarbeitete dabei eine gewaltige Erfahrungsgrundlage über Flußkarpfen, die man wohl als unvergleichlich bezeichnen muß. Hier erzählt er über die wichtigsten Aspekte des Aufspürens von Großkarpfen in Flüssen:

Tony Davies-Patrick freut sich über den 19,5 Kilo schweren Schuppenkarpfen aus dem St. Lawrence River, Kanada

Die vielen großen Flußsysteme dieser Welt gehören zu den letzten »unerforschten« Gebieten der Karpfenfischerei. Sie bieten Hunderttausende von Kilometern unberührter Ufer und ungeahnte Mengen »namenloser« Karpfen. »Große« Flüsse ist natürlich ein relativer Begriff. In Dänemark bezeichnet man die Gudenau als »groß«, aber im internationalen Vergleich ist sie nur ein unbedeutender kleiner Wasserlauf. Mit großen Flüssen sind Wassersysteme wie der Rhein, die Donau oder der Po gemeint. Als andere große Flüsse im Weltmaßstab mit einem Karpfenbestand können der Dnjepr (Ukraine), die Wolga (Rußland), Amur und Jangtsekiang (China), Murray/Darling (Australien), Rio Grande, Colorado, Columbia, Frazer, St. Lorenz und der Mississippi (Nordamerika) genannt werden. All diese großen Flüsse weisen ein gigantisches Netzwerk von Nebenflüssen und Verbindungskanälen auf. Kein Wunder also, daß das Lokalisieren der Fische ein großes Problem darstellen kann. Und die Karpfen können und werden oft Tausende von Kilometern die Systeme herauf- und herunterwandern.

Viele glauben, daß Karpfen in jungfräulichen Gewässern einfacher zu fangen seien, weil kein Befischungsdruck vorhanden ist und sie im übrigen alles fressen, was ihnen auf den Kopf fällt. Manch einer ist enttäuscht, wenn er feststellt, daß diese Fischerei ganz und gar nicht so einfach ist wie erwartet. Der Vorteil der Unberührtheit wird ausgeglichen durch den Nachteil, daß die Karpfen selten, wenn überhaupt, etwas gesehen haben, was einem traditionellen Karpfenköder ähnelt. Die Karpfen wissen nicht, daß die Köder eine potentielle Futterquelle darstellen, und werden oft, selbst nach einer Anfütter-Aktion, diese Köder wieder und wieder ignorieren. Warum sollten sie sich um unbekannte Nahrung kümmern, wenn doch ausreichende Mengen natürlicher Nahrung zur Verfügung stehen?

Flußkarpfen neigen dazu, sich an Wanderwege zu halten, die natürliche Futtergebiete miteinander verbinden. Nur relativ selten weichen die Karpfen deutlich von diesen Routen ab. Das hat zur Folge, daß es nahezu unmöglich sein kann, sie zur Futterstelle zu locken, wenn sie zu weit von der gewohnten Wander- oder Freßroute entfernt liegt.

Wenn man eine Flußstrecke von vielleicht ein paar hundert Kilometern ausgewählt hat, kommt die Gretchenfrage auf: wo fange ich an? Ein guter Rat ist, sich eine möglichst detaillierte Karte zu kaufen. Falls es eine Karte mit Tiefenlinien gibt, wäre das hervorragend. Verschaffen Sie sich einen Überblick über die Möglichkeiten und wählen Sie Plätze aus, die eine gute Basis für das Aufspüren der Karpfen mit dem Auge bieten. Wonach soll man schauen? Großkarpfen über 15 Kilogramm haben aufgrund ihrer Größe und ihres sozialen Ranges eine Tendenz, die besten Hot-Spots und Freßgebiete zu beherrschen. Als erstes werden die meisten wohl große flache und verkrautete Buchten auswählen, was sich als fatales Mißverständnis erweisen kann. Es besteht kein Zweifel daran, daß diese Gebiete große Mengen an Fischen enthalten. Allerdings sind das üblicherweise nur kleinere Fische bis zu acht oder zehn Kilogramm. Wirklich große Tiere statten natürlich auch ab und zu den flachen Buchten einen Besuch ab. Massives Einwandern von Großfischen in diese Gebiete geschieht primär in der Laichzeit, woraufhin sie diese Stellen dann für den Rest des Jahres verlassen. Großkarpfen verbringen die meiste Zeit im Hauptstrom, oft weit vom Land entfernt. Kleine, stehende verkrautete Buchten werden in erster Linie als Sonnen- und Ruhegebiete genutzt. Sie liegen im großen und ganzen immer dicht am Hauptstrom, so daß die Fische schnell zum Futterplatz und zurück kommen können.

Einen großen Teil ihrer Zeit verbringen Großkarpfen damit, an Steilhängen zum tieferen Wasser hin zu patrouillieren. Will man konstanten Erfolg mit großen Flußkarpfen haben, sind es diese »Drop-Offs«, auf deren Auffinden und Erforschen man sich konzentrieren muß. Die besten Steilhänge finden sich normalerweise dicht an großen Plateaus oder nahe an der Kante, an von Rückströmungen und vor dem Wasserdruck geschützten Stellen, wie am Ende von Inseln oder unter dem Wasserspiegel liegende Kiesbänken. Diese Plätze werden häufig große Mengen an Schlamm sammeln, und sind deshalb reichlich mit natürlicher Nahrung versehen.

Hat man erst einige gute Ausgangspunkte für seine Suche nach Großfischen gefunden, sind folgende wichtigen Schlüssel zum Erfolg zu beachten: 1) Finden Sie die Karpfen visuell. 2) Vor dem Hintergrund der erspähten Fische und ihrer Bewegungsrichtungen, versucht man sich ein Bild von den Haupt-Zugrouten zu machen. 3) Lokalisieren Sie die wichtigsten Freßplätze. Das visuelle Lokalisieren ist in großen Flüssen kein Sonntagsspaziergang an der lokalen Pfütze. Einleuchtenderweise muß man ziemlich weite Strecken zurücklegen, um Gebiete von Bedeutung abzudecken. Häufig wird man kilometerlang Flußufer absuchen, ohne auch nur einen einzigen Fisch ins Visier zu bekommen. Gute Transportmöglichkeiten sind deshalb einfach ein »Muß«. Wenn es viele Straßen gibt, ist einem mit dem Auto gut geholfen und man wird weite Bereiche des Flusses abdecken können. Weit besser steht man jedoch mit ei-

▲
Die schräg nach oben gerichteten Ruten halten die Schnüre beim Flußfischen zumindest ein Stück weit aus dem Wasser, wodurch die Strömung keinen so großen Schnurbauch in die Leine drücken kann.

nem Boot da. Damit (am liebsten mit Motor) wird man auch die Flußmitte, die Inseln, Binsenwälder und andere unzugängliche Gebiete untersuchen können, die sonst Hunderte von Quadratkilometern verschlossenes Land bleiben würden.

Beim Aufspüren von Großkarpfen kann die Temperatur eine große Hilfe bedeuten. Unter normalen Sommertemperaturen fressen Großkarpfen oft an den Kanten von Steilhängen in vier bis zwölf Metern Tiefe. Fällt die Temperatur, sind die Karpfen oft in 12 bis 20 Metern Tiefe zu finden. Entsprechend wird man die Karpfen bei kräftigen Hitzeperioden in tieferem Wasser entdecken, wenn das Oberflächenwasser zu warm wird.

Große Staustufen sind ein weiterer guter Platz für Großfische. Unmittelbar stromabwärts von den Wehren wird man Karpfen in allen Größen finden, und wieder beherrschen die größten Fische die besten Freßgebiete. Dabei sind die beiden wichtigsten Faktoren, besonders bei Hitzewellen, eine gute Sauerstoffkonzentration und eine leichte Zugänglichkeit zu Nahrung in Massen. Großfische stehen deshalb typischerweise im turbulenten Wasser unter dem Überlauf der Staustufe oder entlang von Steilufern und großen Rückströmungen an der Grenze zum Hauptstrom. Die meisten Staustufen der nördlichen Halbkugel besitzen spezielle Eistore, die dazu dienen, große Ansammlungen von Eis durchzulassen, wenn es notwendig wird. Im Sommer und im Herbst sind diese Tore geschlossen, und verursachen eine Zone mit nahezu stillstehendem Wasser in unmittelbarer Nähe zu den übrigen geöffneten Toren. Auch hier wird man Fische finden können, die sich ausruhen, bevor sie in die tosenden Wassermassen zurückschwimmen.

Brücken, die Bereiche mit einer starken Strömung überqueren, eröffnen oft die Möglichkeit, von einer Position direkt über den Fischen zu angeln, wenn sie das schnelle Wasser im Mittelkanal passieren. Schaut man genau hin, dann entstehen von Zeit zu Zeit »Fenster« mit einer ebenen Oberfläche und scheinbar ruhendem Wasser darunter. Lassen Sie sich nicht täuschen, dies sind nur »Upwellings« von Wasser, das an die Oberfläche gedrückt wird. Oft sind diese Fenster die einzige Stelle, wo man Fische ausmachen kann, und deshalb auch der beste Platz zum Fischen. Touch Ledgering ist dabei eine sehr gute Methode, weil sich die Fenster oft ziemlich schnell wieder »schließen«.

Denken Sie daran, daß die absolut schärfste Waffe auf der Jagd nach Großkarpfen das Aufspüren ist. Seien Sie immer auf der Hut. *Tony Davies-Patrick*

Landen, hältern und der Umgang mit dem Fisch

Zur sicheren Landung des Karpfens mit den geringsten Mühen sollte der Angler einen Kescher auswählen, der groß und stabil genug ist, den größten zu erwartenden Fisch zu landen – aber nicht größer. Ein guter Trick besteht darin, auf das äußerste Ende des Netzbügels ein Gummiband zu binden und einen kleinen Zipfel des Netzbodens darunter zu klemmen. Auf diese Weise kann man den Kescher leichter handhaben und das Risiko, daß sich das Netz irgendwo festhakt, wird geringer. Hebt der Fischer den Kescher an, wird der Zipfel herausgezogen und der Fisch gleitet ins Netz.

Angelt man allerdings in fließendem Wasser oder an Stellen, die ein akrobatisches Keschern erfordern, sind in der Regel große Maschen an den Seiten des Netzes von Vorteil, um dem Wasserdruck besser zu entgehen. Das erleichtert das Manövrieren des Netzes im Wasser. Stets sollten nur knotenlose Netze zum Einsatz kommen, die der Schleimschicht der Fischhaut und den Schuppen weit weniger schaden, als grobmaschige Netze mit Knoten. Dies ist von entscheidender Bedeutung, wenn die Fische ohne Schaden wieder zurückgesetzt werden sollen. Verliert der Fisch Schuppen oder Schleim, dann erhöht sich das Risiko einer Infektionserkrankung drastisch.

Die beste, stärkste und ansehnlichste Netzzusammenführung ist der nun schon klassische Spreizblock vom »North Western«-Typ. Er besteht aus Plastik mit zwei Öffnungen, in die die Netzarme hineingesteckt werden und die wiederum das Netz aufspannen. Für Großkarpfen sollte man Netzarmlängen von 100 bis 125 Zentimeter einsetzen. Ausgesprochene Klappnetze für Großkarpfen, die man aber doch noch am leichtesten mit zwei Händen aufschlägt, kann man von Fox erhalten. Ein gutes Detail bei manchen Keschern sind die Aufnahmen für Knicklichter an den Enden der Netzarme. Damit läßt sich der Karpfen in rabenschwarzer Nacht leichter korrekt über die Netzkante zu führen. Ein starker Kescherstiel zum Beispiel aus Glasfaser in 100 bis 130 Zentimeter Länge paßt für die meisten Verhältnisse.

Möchten Sie die Kescherstange in vielen verschiedenen Landungssituationen oder beim Dapping einsetzen, fahren Sie in der Regel mit einer teleskopischen Ausführung am besten. Sie ist leicht zu transportieren und zu verlängern, wenn die Umstände es erfordern. Sobald der Fisch ordentlich über dem Netz ist, hebt man es an. Dadurch kann er nicht herausspringen. Dann umfaßt man den Netzbeutel unter dem Rahmen und hebt dann den Fisch an Land.

Nach dem Landen kommt es darauf an, ihn zum Lösen des Hakens nicht direkt auf die Erde zu legen. Ist das Gras weich, naß und lang, polstert es den Netzboden gut ab. Bei trockenem und steinigem Untergrund muß der Fisch auf einer glatten und feuchten Unterlage mit stoßdämpfendem Effekt liegen, um keinen Schaden zu nehmen. Dafür eignet sich eine Luftmatratze, der Boden eines Schlauchbootes oder eine spezielle Abhakmatte. Decken Sie den Kopf und die Augen des Karpfens mit einem feuchten Hältersack ab, damit der Fisch nicht zu heftig schlägt und sich selbst verletzt. Unter den Hakenlösematten besitzen Topmodelle wie Kevin Nash's »Total Protection Mat« eine »Anti-Flap Cover«, die mit einem Reißverschluß für das Abhaken und Kameraeinstellen gelöst und dem Fisch über die Augen gelegt werden kann. Der Reißverschluß ermöglicht es außerdem, die Matte als Wiegebeutel zu benutzen oder den Fisch darin zum Wasser zurückzutragen. Auf diese Weise vermeidet man, den Fisch zu viel anzufassen, womit man das Risiko für den Fisch drastisch vermindert.

Sitzt der Haken am äußersten Lippenzipfel, kann man ihn leicht mit der Hand lösen. Bei tiefer hängenden Eisen kommt man nicht darum herum, einen Hakenlöser zu Hilfe zu nehmen. Für große Fische ist ohne Zweifel eine größere Arterienklemme das einzig Wahre.

Am besten wiegt und fotografiert man den Fisch direkt nach dem Fang, damit er so schnell wie möglich wieder in sein Element zurück kann. Auf dem Markt gibt es einige ordentliche Waagen, wobei die Modelle »Salter« oder »Avon« zu den gebräuchlichsten zählen. Angelt man alleine, ist man allerdings gezwungen, den Fisch so lange im Wasser aufzubewahren, bis man die Kameraausrüstung bereit hat. Auch ist es bei der Nachtfischerei wesentlich angenehmer, mit dem Fotografieren zu warten, bis es wieder hell ist.

Die beste und schonendste Methode, Karpfen zu hältern, ist ohne Zweifel ein Hältersack (»Keepsack«).

◀
Ein stabiler Kescher mit großem Bügel ist beim Karpfenfischen ein Muß.

Eine gute Ausführung besteht aus einem großen, schwarzen Kunststoffbeutel, an dem ausreichend große Löcher den notwendigen Wasseraustausch gewährleisten. Da die Fische die Tendenz zeigen, ihre Maulöffnung in eine Ecke des Sackes zu bohren, ist an dieser Stelle eine besonders große Öffnung wichtig, beispielsweise in Form eines knotenlosen Netzes. Wenn man den Fisch in den Sack hineinlegt, sollte man zunächst die Bodenecken halten, den Fisch auf den Sackboden legen und erst anschließend die Seiten des Sackes um den Fisch herum hochzufalten, so daß er keinen Schaden nimmt. Die meisten Keepsacks auf dem Markt werden mit einer Schnur am oberen Ende verschlossen. Das funktioniert gut, wenn man sich beim vorsichtigen »Auspacken« des Fisches genügend Zeit läßt. Viel zu viele Angler haben jedoch die Angewohnheit, den Sack genauso wie einen Sack verrottete Kartoffeln zu leeren, was der Schuppen- und Schleimschicht des Fisches deutlich schadet. Carpsacks in Nachthemdgröße sind am besten für ein mehrstündiges Hältern geeignet, während sich kleinere Modelle wie »Monster Carp Sling-Retainer« nur für eine kurzfristige Aufbewahrung eignen. Zum Ausgleich besitzen sie den Vorteil, daß sie sich auch als Wiegebeutel und Transportsack einsetzen lassen.

Legen Sie nie mehr als einen Fisch in jeden Sack, da sich die Fische gegenseitig dadurch schaden werden, daß sie sich berühren und mehr Sauerstoff verbrauchen, wenn sie aneinanderstoßen. Hältern Sie die Fische **nie** länger als unbedingt notwendig. Auch das Plazieren des Sacks im Wasser will gut überlegt sein. Angelt man an einem Platz mit großen Wasserstands-Veränderungen, muß man dies berücksichtigen, um nicht am Morgen aufzuwachen und den Fisch im Schlamm nach Luft schnappen zu sehen. Entsprechend ist es sinnvoll, den Fisch nicht in zu flachem Wasser zu hältern, wenn dort ein so starker Wellenschlag oder Dünung vorhanden ist, daß der Fisch auf dem Boden hin und her rutscht oder gegen das Ufer schlägt.

Erst wenn die gesamte benötigte Kameraausrüstung bereit ist, wird der Fisch im Sack geholt und auf die Hakenlösematte gelegt. Wenn der Fänger nicht mit seinem Fisch im Wasser fotografiert wird, sollte man den Karpfen anschließend in der einen oder anderen Form eines Transportsacks zum Wasser tragen, damit man ihn nicht unterwegs verliert. Wird der Fisch dann zurückgesetzt, müssen Ihre Hände ihn solange aufrecht im Wasser halten, bis die Kiemen normal pulsieren. Man kann ihm eventuell mit »künstlicher Beatmung« Hilfe leisten, indem man ihn im Wasser vor- und zurückführt. So werden die Kiemen besser mit Sauerstoff versorgt. Lassen Sie den Fisch erst los, wenn er kräftig aus eigener Kraft davonschwimmt.

Es ist ein ganz besonderes Gefühl, seinen Traumfisch mit den Flossen zittern zu sehen, wenn die Bewegungen der Kiemendeckel sich beschleunigen, um anschließend mit einem kräftigen Schlag der Schwanzflosse in die mystische Dunkelheit zurückzugleiten. Bringen Sie sich durch das Abschlagen so eines Exemplars nicht selbst um dieses Erlebnis. Schließlich trägt »Catch-and-release« auch zu einer gesicherten Zukunft des Karpfenfischens bei.

2. Graskarpfen

(Ctenopharyngodon idella)

Den torpedoförmigen Graskarpfen kann man leicht an seinem überständigen Maul, der kurzen Rückenflosse, goldenen Schuppen und tief stehenden Augen erkennen. Ursprünglich stammt der Fisch vom Fluß Amur in Asien und ist einer der wenigen Karpfenfische, die sich ausschließlich von großen Wasserpflanzen und Ufervegetation ernähren. Da der Fisch nur einen kleinen Teil der Pflanzen verdauen kann, muß er jeden Tag große Futtermengen zu sich nehmen. Graskarpfen wurden Mitte der sechziger Jahre nach Europa zur Krautbekämpfung eingeführt. Bei den Futtermengen, die sie aufnehmen, ist es nicht verwunderlich, daß sie ungeheuer effektiv wirken. Unter guten Wachstumsbedingungen kann der Graskarpfen über 40 Kilogramm schwer und etwa 1,5 Meter lang werden.

Der Graskarpfen ist ein ungeheuer interessanter Fisch, der einen tollen Drill liefert. Hier erzählt Frankreichs Graskarpfenspezialist Nr. 1, **Guy de Restrepo**, von seinen Erfahrungen beim Angeln auf »Amurkarpfen« von ganz großem Kaliber:

Bevor man mit dem Angeln beginnt, sollten die Augen das Gewässer nach Aktivitätszeichen absuchen. Normalerweise ziehe ich es vor, in Kanälen zu fischen, die große Krautfelder durchschneiden. Sind keine Kanäle zu finden, fische ich an der Kante zum

▲
Thierry du Brail landete diesen kapitalen Graskarpfen.

offenen Wasser oder in freien Stellen im Kraut. Man sollte es vermeiden, den Köder direkt in den Pflanzen anzubieten, da dort »harte Konkurrenz« durch das natürliche Nahrungsangebot besteht. Am besten liegt die Montage neben kleinen Krautflecken in relativ offenem Wasser. Die Ruten sollten dabei schräg nach oben im Rutenhalter stehen, damit die Schnur über den Pflanzen bleibt. Da die Montage sehr dicht an den Krautflecken liegen muß, erfordert diese Fischerei eine große Präzision. Deshalb kann es wiederum von Vorteil sein, die Montagen mit dem Boot hinauszufahren. Generell werfe ich dabei jedes Mal einige Hände voller Futter aus und ergänze so den Futterplatz.

Für Graskarpfen setze ich genau das gleiche Gerät, wie für Karpfen gleicher Größe, ein. Da ich es auf Fische von 25 Kilogramm aufwärts abgesehen habe, verwende ich normalerweise 13 Fuß-Ruten mit einer Testkurve von 3 bis 3 1/2 lbs von Jim Gibbinson sowie eine kräftige Rolle, wie die Daiwa 5500 z. Als Hauptschnur verwende ich 15 lbs tragendes Nylon (Berkley Big Game), mit einem 25 lbs HPPE Snagleader. Das Vorfach durchschneidet die Wasserpflanzen, so daß der Fisch sich nicht während des Drills unwiederbringlich festsetzt.

Auch wenn man mit den meisten gebräuchlichen Karpfenködern und Methoden Graskarpfen fangen kann, lohnt es sich normalerweise, mit speziellen Ködern selektiv auf sie zu fischen. Um zu viele Karpfenbisse zu vermeiden, entwickelte ich ein Rezept, das spezifisch Graskarpfen anzieht. Als Geschmackstoffe verwende ich Flavours, die reich an Stärke sind, »Fresh Herb« von Carp Company oder »EDL Gazon« (Grasgeschmack) sowie getrocknete Wasserpest *(Elodea canadensis)*. Die letztgenannte Zutat wird wie folgt hergestellt: Die Wasserpest wird in dem See, in dem man fischen will, gesammelt. Die Pflanzen werden an einem trockenen und luftigen Ort getrocknet. Das dauert ein bis drei Tage, je nach Witterungsbedingungen. Anschließend werden sie in einem Mixer gehackt und mit den übrigen Zutaten vermischt. Als Trockenmischung verwende ich 35% Maismehl, 25% Weizenmehl, 25% Sojamehl, 15% getrocknete Wasserpest. Je Kilogramm Trockenmischung werden 10 Eier, 30 ml Olivenöl, 10 ml Mega Sweetener (Dave Thorpe), 10 ml Fresh Herbes oder EDL Gazon (Guerl) sowie einige Tropfen Asa Foetida von Cotswold Baits (Wasserpflanzenextrakt) zugesetzt.

Mit dieser Geschmacksmischung erhält man einen fantastisch selektiven Köder, der im großen und ganzen nur Graskarpfen fängt. Die Größe des Köders muß der Fischgröße angepaßt werden. Für kleinere Fische sind 14 bis 16 Millimeter gut geeignet, aber für große Fische über 20 Kilogramm habe ich die besten Ergebnisse mit Boilies von 22 Millimeter Durchmesser erzielt. Mein französischer Rekordgraskarpfen von 31,6 kg konnte einem 22 mm-Boilie mit der oben genannten Geschmacksmischung nicht widerstehen. Persönlich ziehe ich Pop-Up-Boilies als Hakenköder vor. Für Pop-Ups verwende ich auch das obenstehende Rezept und backe den Boilieteig auf normale Weise, so daß er schwimmt.

Ein anderer guter Köder ist Riesenmais aus Chile. Der Vorteil dieses Köders ist, daß er fünfmal so groß wie gewöhnlicher Mais ist, so daß das Risiko, daß er von Kleinfischen gefressen wird, geringer ist. Außerdem enthält er drei- bis viermal so viel Stärke wie der gewöhnliche Mais. Es gibt nur ganz wenige Orte, wo die Fische diesen Mais von Anglern kennen und ihm deshalb weniger mißtrauisch gegenüberstehen. Die Köder werden vorbereitet, indem man sie drei bis vier Tage einweicht. Alternativ kann man sie auch 5 Minuten mit Geschmacksstoffen und Sweetener zusammen kochen. Lassen Sie den Mais in dem Wasser abkühlen, in dem er auch gekocht wurde. Da er an sich keinen besonderen Geschmack besitzt, sollten Geschmacks- und Süßstoffe ihn verbessern. Zu guten Flavours für diesen Zweck zählen »Sweetcorn« von Catchum und »Fresh Herbs«. Andere Maissorten wie Dosen- oder Futtermais fangen auch gut. Der Köder wird auf normale Weise mit einem Stück Auftriebsschaum gefischt.

Sämtliche Köder fische ich über dem Grund schwebend. Da die Fische gewohnt sind, die Wasserpflanzen zu fassen und ein kleines Stück über dem Grund abzureißen, ist ein Köder, der 3 bis 30 Zenti-

Ein freundschaftlicher Blick von Guy de Restrepo und gleich darf sein riesiger Graser wieder schwimmen.

▼

meter über dem Grund präsentiert wird, die natürlichste Art der Präsentation. Je höher die Wasserpflanzen sind, desto höher werden sie typischerweise auch abgerissen – das ist eine Überlegung wert, wenn man zu Jahreszeiten fischt, in denen das Kraut nicht besonders hoch steht. Denn je niedriger die Wasserpflanzen sind, desto näher am Grund muß der Pop-Up schwimmen.

Eine gute Taktik besteht darin, den Köder oben auf dem Kraut zu fischen, so daß er leichter gesehen wird. Normalerweise fische ich Pop-Ups »Straight off the Lead«. Messen Sie die Tiefe des Krautes, damit er gerade über oder in der Höhe der Krautspitzen fischt. Nehmen Sie einen großen Drilling und ziehen »Krautproben« herein. Messen Sie die Länge und schätzen auf dieser Basis die Länge der Montage.

Meine Futtermischung besteht zu 50% aus gewöhnlichem Mais, 25% Riesenmais und 25% Boilies. Die Mischung wird in einen Eimer mit Wasser gefüllt und mit Flavours und Sweetener ein bis zwei Tage vor dem Fischen ergänzt. In der Regel benötige ich 20 Liter Futter vor dem Ansitz und 10 Liter während dem Angeltag. Die Futtermenge muß natürlich der Fischgröße und -zahl angepaßt werden. Denn bei kleineren Fischen von drei bis zehn Kilogramm, braucht man *viel* weniger Futter.

Generell ziehe ich das Angeln mit schweren Bolt-Rigs vor. Der Grund hierfür ist das sehr harte Maul des Graskarpfens, das eine große Kraft zum Setzen des Hakens erfordert. Aus dem gleichen Grund muß der Haken extrem scharf sein. Oft beißen die Fische sehr vorsichtig, was bei normalen Confidence-Rigs zu einer schlechten Anzeige führt.

Unter normalen Umständen verwende ich die drei folgenden Montagen: 1) Als Ausgangspunkt gebrauche ich in der Regel eine Montage mit einem Freilauf von zehn Zentimetern. Das Tellerblei von 150 Gramm wird auf einem gleitenden Boom aus steifem Plastikschlauch gefischt. Als Vorfach verwende ich ein Combilink wie Kryston's Snakeskin, bei dem die vordersten zehn Zentimeter als Multistrand gefischt werden. Zusammen mit dem LS 5275 S-Haken von Gamakatsu setze ich einen Line-Aligner ein. Weitere gute Haken sind unter anderem der Haybusa European Boilie Hook und der Kesmark Master Range. 2) Gummiband-Montage für scheue Fische (Abb.20): Ein Stück Gummiband wird am Vorfach befestigt. Dadurch fällt es dem Fisch schwerer, den Haken zu erkennen. Als Gummiband kann man Powergum oder Pole-Gummi benutzen, die mit Hilfe eines dünnen Röhrchens gefischt werden, das an die Montage geklebt wird. Das Blei ist

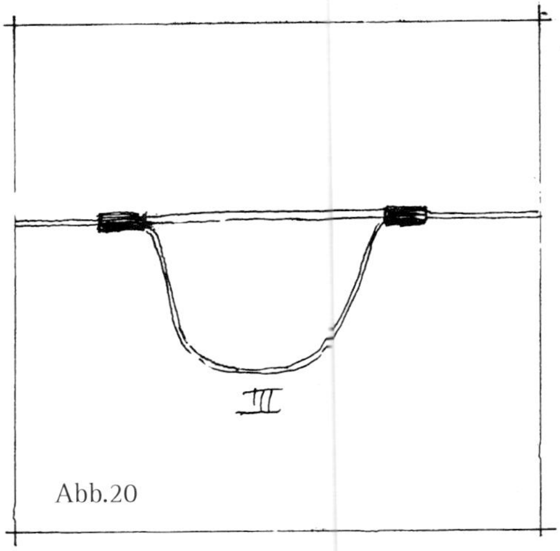

Abb.20

ein halb-fixiertes Kugelblei. Diese Rig arbeitet hervorragend, wenn die Fische schwer zu haken sind. Dabei ziehe ich langschenklige »Bent Hooks« verschiedener Typen vor, da sie sich perfekt für die Präsentation von Pop-Ups eignen. 3) Helikoptermontagen für große Wurfweiten: Als Vorfachmaterial ziehe ich Edge Plus von Hutchinson vor. Generell verwende ich bei 25-mm-Boilies die Hakengröße 2, in dichtem Kraut nehme ich dabei den Kevin Maddocks Boiliehook.

Der Graskarpfen ist im Drill ein ganz spezieller Kämpfer. Geht man am Anfang vorsichtig mit dem Fisch um, folgt er oft den ganzen Weg bis zum Netz, und mit etwas Glück kann man ihn ohne große Probleme landen. Deshalb sollte der Anhieb nicht zu kräftig erfolgen. Besser spannt der Angler langsam die Schnur, bis der Haken sich vollständig gesetzt hat. Das langsame Spannen verschreckt die Fische selten, da es wohl an den Zug erinnert, den er beim Abreißen der Futterpflanzen erlebt.

Die Technik läßt sich natürlich nur in Verbindung mit schweren Bolt-Rigs verwirklichen, bei der sich der Fisch durch das Gewicht des Bleis selbst etwas hakt. Kommt der Graskarpfen zum Netz, muß das Keschern schnell und entschlossen erfolgen, damit der Fisch nicht doch noch erschreckt die Flucht ergreift. Das Lösen des Hakens geschieht schließlich sehr vorsichtig, da der Graskarpfen viel leichter zu verletzen ist als sonst ein Karpfen. Die »Operation« findet am besten im Wasser statt, damit der Fisch wirklich unversehrt bleibt.

Der Graskarpfen ist ein unglaublich starker Fisch. Bemerkt er erst, was vor sich geht, kann er einen unvergeßlichen Kampf liefern! *Guy de Restrepo*

Andere Karpfenfische

Auch wenn der Karpfen ohne Einschränkungen der populärste Friedfisch in Europa ist, kann das Angeln auf die kleineren Karpfenartigen wie Schleie, Karausche, Brassen, Döbel, Aland, Plötze, Rotfeder, Rapfen und Barbe mindestens genau so spannend sein.

Viele der beim Karpfenangeln beschriebenen Grund- und Posenmontagen eignen sich genauso für die kleineren Cypriniden, wenn man sie der Situation anpaßt, also unter anderem mit kleineren Ködern, dünneren Schnüren, kleineren Hakengrößen und schwächerem Gerät angelt.

Das gleiche gilt für viele der oben genannten Anfüttertechniken. Ich verzichtete bewußt darauf, im Karpfenkapitel den Einsatz von Grundfutter, die Feedertechnik und anderes zu beschreiben, da diese in traditioneller Weise und in erster Linie beim Fischen auf Arten wie Schleie, Karausche, Brassen oder Plötze eingesetzt werden. Aus dem gleichen Grund erscheint es mir sinnvoll, diesen Teil mit den gebräuchlichsten Anfüttermethoden für diese Arten zu beginnen:

Anfüttertechniken auf kleinere Cypriniden

Genau wie beim Karpfenangeln kann das Anfüttern oder Füttern während der eigentlichen Angelei in vielen Situationen die Fänge deutlich verbessern. Wo, wieviel, wann und wie hängt einerseits davon ab, auf welche Arten man es abgesehen hat, andererseits von der aktuellen Angelsituation.

Das Füttern soll die Fische an die gewünschte Stelle locken, die Tiere an das Fressen des Köders gewöhnen und sie so lange wie möglich am Platz halten, ohne sie vor dem Aufspüren des Hakenköder zu sättigen. Es finden sich je nach gewählter Taktik unzählige Fütterungsarten. Abhängig vom Charakter des Futterköders und der Dauer der eigentlichen Fütterung wendet man, wie schon im Karpfenkapitel erwähnt, verschiedene Prinzipien an. Sie sollen dazu führen, daß die Fische am Futterplatz fressen. Sowohl visuelle, als auch Duft- und Geschmackseindrücke sowie der Instinkt des Fisches für eine »optimale Versorgung« spielen eine Rolle für die positive oder ablehnende Entscheidung der Tiere. Eine wirkungsvolle Fütter-Strategie zielt auf einen schnell lockenden Effekt, ein länger anhaltendes, erfolgreiches Angeln oder beides ab.

Dabei unterscheidet man zunächst zwischen dem ausschließlichen Füttern mit Hakenködern oder einem Futter aus gemischten Futtermitteln (Grundfutter). Viele Specimenfischer, insbesondere die Karpfenfreaks, füttern ausschließlich mit Hakenködern wie Partikeln oder Boilies an. Darüber steht das Wesentliche im Karpfenteil des Buchs. Die Grundfuttermethode sowie die Feedertechniken (das Angeln mit Futterkorb) kommen dagegen meist bei kleineren Karpfenfischen zum Einsatz. Aus Gründen der Übersichtlichkeit habe ich mich entschlossen, diesen Teil mit den Grundfutter-Techniken zu beginnen. Unabhängig von der Fischart bleiben sie stets gleich.

Grundfutter

Der klassische Einsatz von Grundfutter läuft bei vielen Specimenfischern Gefahr, in Vergessenheit zu geraten. Denn leider läuft es momentan immer mehr nach dem modernen »Werfe einen Beutel Boilies in die Suppe«-Konzept. Schade, denn der richtige Einsatz von Grundfutter bringt mehr Fische als jede andere Technik.

Das Grundfutter setzt sich aus verschiedenen Formen von Semmelbröseln, speziell gefertigten Futtermitteln, Duftstoffen und Wasser zusammen. Meist kommen verschiedene Futterköder wie Mais oder Maden dazu. Das Grundfutter soll die losen Futterköder tragen, die Fische optisch locken und als Nahrung selbst dienen.

Im Unterschied zu vielen Sorten von lose eingeworfenen Hakenködern breitet Grundfutter besonders schnell einen Duft im Wasser aus. Der Angler wirft es entweder als zusammengepreßte Kugel, im Futterkorb oder um das Grundblei herum festgedrückt ein. Je nach Zusammensetzung bricht der Futterballen an der Oberfläche, im Mittelwasser oder am Grund auseinander. Leider zieht das Grundfutter häufig viele Kleinfische an oder erschreckt die Tiere, wenn es in zu schweren oder großen Kugeln in flaches Wasser einschlägt.

Das richtige Zusammenstellen des Futters ist eine kleine Wissenschaft für sich. Schließlich soll es den richtigen Geschmack, die passende Farbe sowie optimale Wurf-, Aufbrech- und Sinkeigenschaften erhalten. Dabei kann ein genau durchdachtes Rezept am Wasser Gold wert sein, unabhängig von der Methode. **Peter Rödsgaard Jensen** erzählt jetzt davon, wie Sie das Futter für verschiedene Situationen am besten zusammensetzen:

Vor dem Zusammenstellen des Futters stehen die Gedanken über das Angeln im Vordergrund. Zunächst muß man sich folgende Dinge klar machen:

1) Welche Art möchte ich fangen?
2) Wie groß sind die einzelnen Fische und welchen Hunger entwickeln sie voraussichtlich?
3) Wie tief soll gefischt werden?
4) Wie ist der Grund beschaffen?
5) Welche Farbe besitzt er?
6) Wie groß ist der Abstand, in dem man angeln möchte?
7) Wie stark ist die Strömung?

Sämtliche Faktoren spielen eine Rolle beim Zusammenstellen der Ingredienzen.

Zu 1): Geruch und Geschmack des Futters werden vom Wissen und der Erfahrung bestimmt, die man mit den einzelnen Arten gesammelt hat. Eine der ganz typischen Tendenzen ist, daß große Fische wie Brassen, Schleien, Karauschen und Karpfen ganz versessen auf süße Inhaltsstoffe sind. Würzigere Geschmacksnuancen sprechen eher kleinere Fische wie die Plötze an. Das bedeutet aber auf keinen Fall, daß natürliche oder naturidentische Geschmacksimitationen wie Fisch-, Krebs- oder Pflanzengeschmack nicht bei großen Fischen wirken – ganz im Gegenteil. Es ist nahezu unmöglich, genaue Richtlinien aufzustellen. Denn die Effektivität hängt in hohem Maße davon ab, was in dem Gewässer früher verwendet wurde.

Reagieren die Fische bei einem Futter mit einem bestimmten Geschmack scheu, sollen Sie andere Düfte und Geschmacksrichtungen ausprobieren, bis sich der Erfolg einstellt.

Zu 2): Hier spielt die Teilchengröße des Futters eine große Rolle. Kleine Fische werden sich nur allzu schnell satt fressen, wenn das Futter zu grob ist. Hat man es aber gerade auf große Fische abgesehen, kann es wiederum einen Vorteil bedeuten. Denn zum einen ist eine gewisse Menge Nahrung erforderlich, um die Fische zu halten. Andererseits sind ungebetene Kleinfische rasch satt, so daß ein selektiveres Fischen möglich ist. Dabei suchen sich die größeren Fische oft die groben Futterteile heraus und ignorieren das für sie wenig lohnende, feine Grundfutter. Oft wird jedoch ein besonders grobkörniges Futter mit zugesetzten Futterködern die Lösung sein.

Zu 3): Für die volle Wirkung der Anfütterung muß die Tiefe des Futterplatzes sowie die Standtiefe der Fische feststehen. Davon hängt die Sinkgeschwindigkeit sowie die Konsistenz des Futters ab. In flachem Wasser ist eher langsam sinkendes Futter oft von Vorteil. Fällt die Futterkugel ohne aufzubrechen zu schnell auf den Grund, wird der visuelle Effekt und das Ausbreiten des Dufts vermindert und verzögert. Eine gutes Auseinanderplatzen des Futters an der Oberfläche wird die optimale Anziehungskraft in Form von visueller Stimulation und schneller Duftausbreitung entfalten. Angelt man »On the Drop« und versucht, die Fische im Mittelwasser zu halten, ist diese Form der »Wolkenfütterung« nahezu die perfekte Technik.

Gibt es allerdings viele Kleinfische, empfiehlt sich ein weniger starkes Ausbreiten des Futters. Das gilt auch, wenn die Fische dicht über dem Grund bleiben sollen. Wenn man in großen Tiefen fischt, wird sich zu lockeres Futter oft zu sehr verteilen. Hier ist erst direkt über oder auf dem Grund aufbrechendes Futter besser. Man sollte dabei Zutaten wählen, die schwer sind und gut binden.

Zu 4): Sie sollten auf jeden Fall die Bodenbeschaffenheit berücksichtigen, besonders bei sehr weichem Grund. Denn eine harte und schwere Futterkugel kann leicht in weichem Boden versinken. Deshalb muß der Fischer einen Kompromiß zwischen Sinkgeschwindigkeit und Ausbreitung eingehen. Über weichem Grund lohnt es sich in der Regel mehr, die Ausbreitungseigenschaften des Futters in den Vordergrund zu stellen, so daß sich das Futter lose auf den Schlamm legt. Außerdem empfiehlt sich ein im Mittelwasser aufbrechender Futterballen beim Fischen über einem steilen Abbruch. Fällt der Futterball hier als eine feste Kugel auf den Grund, kann er über den Rand rollen und das Futter bleibt nicht am gewünschten Platz.

Zu 5): Die Farbe des Grundes besitzt große Bedeutung für die Wirkung des Futters. Normalerweise bevorzuge ich neutral gefärbtes Futter, das mit der Grundfarbe so weit wie möglich übereinstimmt. Nach meiner Erfahrung fühlen sich besonders die kleinen Arten sicherer vor lauernden Raubfischen, wenn sie beim Fressen nicht in einem zu großen Kontrast zum Grund stehen. Oft bringt ein Futter gute Fänge, das einen Hauch dunkler als der Boden ist. Allerdings können Kontrastfarben auch große ▶

Das richtige Grundfutter ist in der passenden Menge einer der Schlüssel zu großen Brachsen.

Vorteile mit sich bringen, gerade weil es den Fischen schneller ins Auge fällt. Welche Farbe dabei optimal wirkt, hängt in hohem Maße von der Wasserbeschaffenheit und dem allgemeinen Befischungsdruck ab. Scheuen Sie nicht vor Experimenten zurück, bis Sie die perfekte Farbe gefunden haben.

Zu 6): Wann und wie stark ein Futter binden muß, hängt stark von der Wurfentfernung ab. Und trotz großer Distanzen soll gut bindendes Material in bestimmten Situationen trotzdem beim Aufschlag auf die Oberfläche auseinanderbrechen. Diesen Effekt erzielt man, indem man verschiedene »schmierige« – also etwas bindende sowie einen Teil lösende Zutaten – für das Futter verwendet. Wenn man weit, gegen kräftigen Wind oder in große Tiefen werfen muß, ist normalerweise schweres, gut gebundenes Futter von Vorteil. Wenn man die Bindekraft des Futters im Verhältnis zum Wurfabstand bestimmt, müssen Sie berücksichtigen, wieviele Hakenköder das Futter tragen soll. Je mehr Köder, desto kräftiger muß es binden, damit es im Wurf zusammenhält. Scheuen Sie nicht vor reichlich Bindemittel zurück, da eine mit Köderteilchen gespickte Futterkugel beim Aufschlag sehr leicht auseinanderfällt.

Zu 7): In fließendem Wasser gilt neben der Tiefe ein wesentliches Augenmerk der Strömung. Denn das Futtergewicht muß so hoch ausfallen, daß das Material wirklich am Angelplatz landet und nicht weiter stromab getrieben wird. Normalerweise setze ich mein Futter so zusammen, daß es bei Grundberührung aufbricht. Liegt die Kugel zu lange, kann die Strömung sie langsam wegrollen. Denken Sie auch immer daran, die Sinkgeschwindigkeit im Verhältnis zur Tiefe und Strömungsgeschwindigkeit zu beurteilen. Je kräftiger die Strömung ist, desto weiter stromauf muß die Futterkugel landen. Nur so erreicht sie den Grund an der geplanten Stelle.

Grundfutterzutaten

Ein passend zu den herrschenden Umständen gemischtes Futter setzt ein gewisses Grundwissen über die am häufigsten verwendeten Zutaten voraus. Im folgenden erläutere ich kurz die wichtigsten Eigenschaften der Zutaten, die ich normalerweise als Grundlage für mein Futter verwende.

Weißes Paniermehl (Semmelbrösel): Paniermehl geht in mehr oder weniger großen Mengen in die allermeisten Futtermischungen ein, weil es billig ist und eine gute Konsistenz ergibt. Es kann große Unterschiede im Gewicht, den Binde- und Saugeigenschaften des Paniermehls geben, also Vorsicht! Unangenehme Überraschungen vermeidet man am leichtesten mit dem Test kleinerer Mengen vor dem Großeinkauf. Hat man erst ein gutes Paniermehl gefunden und es einige Zeit eingesetzt, läßt sich das Futter mit wachsender Erfahrung ohne langes Experimentieren rasch zur richtigen Konsistenz mischen.

Braunes Paniermehl: Das braune Paniermehl ist geröstet. Während des Röstens verlieren sich die Klebeeigenschaften, und das Paniermehl wird sehr leicht. Eine fantastische Ingredienz für die Plötzenangelei – besonders wenn ein Schwarm hoch über tiefem Wasser gehalten werden soll. Denn das Futter bricht an der Oberfläche auseinander und sinkt langsam ab.

Kuchenmehl: Als Bindemittel und im Geschmack ganz hervorragend. Beim Angeln auf große Fische, die Süßes lieben und gröberes Futter vorziehen, ist es einfach eine Notwendigkeit. Kuchenmehl besteht unter anderem aus gemahlenem Kleingebäck, braunen Plätzchen, Vanilleplätzchen und Pfeffernüssen. Das sehr stark bindende Kuchenmehl verleiht dem Futter eine teigige und langsam aufbrechende Konsistenz. Deshalb ist es wichtig, diese Zutat nicht überzudosieren und sie mit Beimischungen zu verbinden, die das Aufbrechen des Futters beschleunigen. Wegen seiner guten Bindeeigenschaften ist eine hohe Dosierung von Kuchenmehl dann perfekt, wenn das Grundfutter große Mengen von Ködern enthalten soll. Kuchenmehl ist eine schwere Zutat und deshalb gut geeignet, wenn das Futter weit geworfen werden oder schnell zum Grund sinken soll.

Keksmehl: Keksmehl besitzt etwa die gleichen Eigenschaften wie Kuchenmehl. Der Unterschied besteht darin, daß Keksmehl viel feiner, etwas leichter und nicht so würzig im Geschmack ist. Außerdem bindet es nicht so kräftig. Keksmehl ist eine ausgezeichnete Alternative, wenn man keine Möglichkeit hat, Kuchenmehl zu kaufen oder selbst herzustellen. Im übrigen eignet sich Keksmehl bestens als Binder in Plötzenfutter, das als Träger für große Ködermengen dienen soll.

Polenta: Die »neutrale« Futteringredienz, die das Futter löst und ihm Gewicht verleiht. Polenta saugt Wasser langsam auf, und kann eventuell das Futter langsam austrocknen. Deshalb ist es nötig, den Feuchtigkeitsgrad des Futters laufend zu beobachten. Lebensmittelgeschäfte bieten Polenta als Maisgrieß an.

Maismehl: Weist die gleichen Eigenschaften wie Polenta auf, ist aber wesentlich feiner gemahlen. Gut geeignet für Wolkenfutter und das Angeln auf kleinere Fische. Übrigens ist das Maismehl aus dem Lebensmittelhandel meist noch etwas feiner (fast schon pulvrig) als das Material aus dem Angelladen. Maismehl kostet gegenüber Polenta noch weniger. Deshalb gibt es keinen Grund für das teurere Futter. Es sei denn, die Angelsituation erfordert es unbedingt.

Coco Belge: Als Coco Belge bezeichnet man das feine Mehl gemahlener Kokosnußschalen. Es besitzt eine dunkelbraune Farbe und wird in erster Linie als Plötzenfutter eingesetzt, da es eine sehr feine dunkle Wolke ergibt, die im Wasser »hängt«. Coco Belge wird auch als zusätzliches Mittel zum Auflockern zusammen mit Polenta und Maismehl eingesetzt. Soll das Futter weit geworfen werden, an der Wasseroberfläche aufbrechen und gleichzeitig einen Teil Köder tragen können, dann ist es mit einem guten Bindemittel kombiniert eine gute Wahl. Diese Kombination läßt sich außerdem überfeuchten, was den Aufschlag auf die Wasseroberfläche wesentlich leiser gestaltet. Coco Belge eignet sich auch bestens als Zutat von Großfisch-Futter.

Erdnußmehl: Eine Zutat, die in der gerösteten Form sehr an Coco Belge erinnert. Die fetthaltigere Version davon bindet weniger stark.

Kopramelasse: Eine der süßen Zutaten, die sehr gut auf Großfische wirken. Kopramelasse besteht aus Coco Belge und Melasse – eine Kombination, die ihr ein kaffeesatzartiges Aussehen verleiht. Diese Ingredienz bindet gut und verleiht dem Futter gleichzeitig eine dunkle Farbe. Eine ganz perfekte Zutat für Grundmischungen, die mit mäßiger Geschwindigkeit aufbrechen sollen.

Kleiemelasse Die grobe Ausgabe von Kopramelasse, bei der das Coco Belge durch Weizenkleie ersetzt wurde. Kleiemelasse ist eine sehr wenig beachtete Zutat und wird wegen ihrer groben Struktur von vielen Fischern gemieden. Wollen sie jedoch wirklich fressen, dann funktioniert es einfach perfekt. Die Bindeeigenschaften sind außergewöhnlich, da die Melasse bindet und die Kleie andererseits löst. Dadurch läßt sich eine große Menge hinzusetzen, ohne daß die Konsistenz des Futters sich wesentlich verändert. Ganz klar für die Verwendung von Kleiemelasse spricht der Preis, denn als Pferdefutter kann man es bei jedem Futterstoffhändler zum günstigen Preis von etwa 75 Pfennig pro Kilogramm kaufen. Typischerweise erhält man es in großen Säcken. Da es sich jedoch lange lagern läßt, ist das selten ein Problem. Alternativ können auch mehrere Fischer einen Sack gemeinsam kaufen, damit das Futter nicht allzu lange liegen bleibt.

Hanfmehl: Diese Zutat möchte ich in meinem Futter nicht missen, da sie sowohl eine gute Konsistenz als auch einen wirklich attraktiven Duft erzeugt. Hanfmehl besteht aus grob gemahlenen Hanfsamen. Das Mehl verfügt über einen starken Duft und aufgrund des Ölgehalts der Samen eine fettige Konsistenz. Eine unverzichtbare Zutat bei der Plötzenfischerei, die aber auch bei den meisten anderen Arten sehr gut wirkt. Die beste Duftabgabe erreichen Sie, wenn man ganze Hanfsamen kauft und diese kurz vor Gebrauch durch einen Mixer schickt. Der Dufteffekt des Hanfmehls verbessert sich durch kurzes Kochen direkt vor dem Beimischen zum Futter. Das gekochte Mehl, das einer Suppe ähnelt, wird dann mit dem übrigen Futter vermischt, wenn man ihm Feuchtigkeit zugibt. Hanfmehl ist auch in gerösteter Form erhältlich, was einen guten Streueffekt aber keinen so starken Duft ergibt.

Mohnsamen: Eine selten verwendete Zutat, die verschiedene Vorteile besitzt. Sie wird dazu eingesetzt, das Futter zu lösen, und ist leichter als Polenta oder Maismehl. Perfekt für langsam sinkende Wolkenfütterungen.

PV. 1: Ist einer der besten Wurfbinder, der bei korrekter Dosierung gleichzeitig das Futter im Wasser aufbrechen läßt. Mit etwas Experimentieren finden Sie leicht die für eine perfekte Wirkung des Futters notwendige Menge. Hat man sich erst mit dem Gebrauch von PV. 1 vertraut gemacht, kann man das Futter während dem Angeln fein anpassen, indem man zusätzlich eine kleine Menge ins Futter mischt und eventuell Feuchtigkeit hinzufügt, bis es stimmt. PV. 1 ist schwach süß und trägt nur wenig zu Duft und Geschmack des Futters bei.

Kartoffelflocken: Soll das Futter eine appetitliche und weiche Konsistenz aufweisen, sich weich und trocken anfühlen aber trotzdem das Formen von Kugeln zulassen, die in der gewünschten Weise aufbrechen, sind Kartoffelflocken die erste Wahl. Viele Angler meinen, daß Kartoffelscheiben sich nur für große Fische eignen. Jedoch lassen sie sich bis zur gewünschten Größe zerbrechen und durch ein Sieb drücken. Wenn man sein Futter überfeuchtet hat, kann eine Handvoll Kartoffelflocken viel retten, denn sie saugen eminent schnell Wasser aus den übrigen Zutaten im Futter heraus. Ein weiterer Vorteil beim Einsatz von Kartoffelscheiben ist ihre gute Sichtbarkeit, die einen guten Lockeffekt erzeugt. Die Scheiben halten außerdem die Fische am Futterplatz, ohne sie zu sättigen. Ein guter Trick für große Fische besteht darin, einen halben Liter Kartoffelscheiben separat anzufeuchten. Die Scheiben werden so angefeuchtet , daß man eine Konsistenz erhält, die an Kartoffelmus erinnert. Diese Mischung wird vorsichtig unter das Futter gezogen, kurz bevor man es verwenden möchte. Wenn dies auf die richtige Weise geschieht, verteilen sich die Scheiben in erbsengroßen Klumpen im Futter. Sie besitzen einen guten Lockeffekt und größere Fische können sie scheinbar ohne Sättigung fressen. Ein halber Liter Flocken paßt gut für sieben bis acht Liter angefeuchtetes Futter. Einen ähnlichen Effekt können Sie mit groben Kleie- oder Hirseflocken erzielen.

Taubenmist: Getrockneter und pulverisierter Taubenkot besitzt einen unglaublichen Lockeffekt, insbesondere bei der Plötzenfischerei. Gutes Wolkenfutter.

Anfeuchten und Einfärben des Grundfutters

Wenn ich ein Futter für ein bestimmtes Gewässer gemischt habe, führe ich immer eine Feuchtigkeitsprobe durch. Dabei kann ich sehen, ob das Futter auch die Eigenschaften besitzt, die ich ihm geben wollte. Verhält es sich anders als erwartet, kann man von den zu wenig enthaltenen Ingredienzen zusätzlich zusetzt.

Wenn möglich, feuchte ich mein Futter immer am Tag vor dem Gebrauch ein. Ist Futter nicht vollständig durchgefeuchtet, läuft man Gefahr, daß es während des Wurfes aufbricht. Entsprechendes gilt, wenn die Durchfeuchtung nicht gleichmäßig erfolgte. Die beste Methode, das Futter während des Anfeuchtens zu durchmischen, besteht in einem großen Futtereimer. Durch die große Arbeitsfläche können Sie sicher sein, daß jeder einzige Kubikzentimeter des Futters gleichmäßig durchfeuchtet ist.

Zum Färben des Futters gibt es verschiedene Methoden. Am häufigsten verwendet man Farbpulver und Soßenfarbe. Der Vorteil bei der erstgenannten Methode ist, daß man viele verschiedene »künstliche« Farben erzielen kann, die eine gute visuelle Anziehungskraft besitzen. Das Farbpulver wird mit den übrigen Trockenzutaten vor dem Anfeuchten vermischt. Steht flüssige Farbe zur Verfügung, kann man leichter die Intensität verändern, wenn das Färben direkt beim Anfeuchten erfolgt. Da ich Futter vorziehe, das entweder die gleiche Farbe wie der Grund hat oder etwas dunkler ist, verwende ich meistens Soßenfarbe. Sie ergibt bräunliche Nuancen, die leicht nach den Erfordernissen der Situation dunkler eingestellt werden können.

Falls sich das Futter während dem Angeln als zu leicht erweisen sollte, kann man die Dichte leicht mit Erde oder Sand verändern. Erde mit feinen lehmigen Partikeln bewirkt einen guten Bindeeffekt. Wünschen Sie statt dessen einen guten Aufbrecheffekt, eignet sich Sand besser.

Geschmacksstoffe und Flavours

Geschmacksstoffe oder Flavours (Geschmacksverstärker) verstärken entweder den Eigengeschmack des Futters oder fügen einen neuen hinzu. Flüssige Flavours, Sweetener, Öle und essentielle Öle werden dem Anfeuchtungswasser hinzugefügt und damit vermengt, bevor es dem trockenen Grundfutter zugesetzt wird. Als Anhaltspunkt kann man in etwa die gleiche Dosierung pro Kilogramm Trocken/Feuchtmischung verwenden, wie man es auch bei traditionellen Boilie- oder Teigmischungen tun würde. Ich ziehe trockene Geschmacksstoffe vor, wenn es um Grundfutter geht. Mit Geschmacksstoffen in Pulverform ist es meiner Meinung nach leichter, den Geschmack und Duft so zu verändern, daß es nicht der Konsistenz schadet. Trockene Geschmackstoffe reichen von Gewürzen wie Anis, Fenchel, Curry, Salz, Pfeffer, Knoblauchpulver, Kümmel, Vanille und Koriander über fertige Futtermischungskonzentrate bis zu unterschiedlichen Formen konzentrierter Süß- und Geschmacksstoffe inklusive Enhancers und Appetitanregern.

Die erstgenannte Stoffgruppe kann in relativ großen Mengen zugesetzt werden, – bei Gewürzen vielleicht ein Eßlöffel pro Kilogramm Futter, was Futtermischungskonzentrate betrifft sogar bis zu 100 Prozent, wenn Sie ein sehr stark duftendes Futter wünschen. Als Futtermischungen, mit denen ich besonders erfolgreich war, können verschiedene Sensas-Mischungen sowie Marcel van der Eydes verschiedene Duftkonzentrationen genannt werden. Dazu zählen »Vanille«, »Roach«, »Bream«, »Sternanis« und »T-Orange«. Durch praktische Erfahrung lernt man schnell, wann das Futter optimal wirkt. *Peter Rödsgaard Jensen*

Angeln mit dem Futterkorb

Die Angelei mit Futterkörben (Swimfeeder oder Feeder) wird oft eine der effektivsten Fütterungs- und Grundfischereimethoden darstellen, wenn die Fütterung präzise und gradweise aufgebaut und die ganze Zeit über konstant bleiben soll. Besonders, wenn man weit draußen, in tiefem Wasser oder starker Strömung fischt, ist diese Methode unglaublich effektiv.

Bei der Feederfischerei werden normalerweise besonders empfindliche Rutenspitzen als Bißanzeiger eingesetzt. Es finden sich zwei Grundtypen, die Zitter- (Quiver-) und Schwingspitzen (Swingtips).

Quiverspitzen stellen im Grunde nur eine besonders dünne Rutenspitze dar, die sich bei einem Biß deutlich bewegt. Der Name stammt vom englischen Wort »Quiver«, was zittern oder beben bedeutet. Speziell konstruierte Quivertip-Ruten besitzen eine fest eingeklebte Spitze, während die Winklepicker-Ruten (Anm. d. Red.: dazu zählen im Grunde auch die »Feeder«-Ruten, die je nach Stärke in light, medium und heavy oder eine »Zwischengröße« eingeteilt sind) im Normalfall mit zwei oder mehr Spitzenteilen geliefert werden, welche die meisten Situationen abdecken. Zum Quivertipping auf etwas größere Fische sind Spitzen mit einer Testkurve von 1 bis 4 oz (etwa 28 bis 112 Gramm) in der Regel passend. Die kräftigen Spitzen werden typischerweise in Verbindung mit schweren Feeders oder in kräftiger Strömung eingesetzt. Selbst setze ich eine Drennan 11,6 ft. »Medium Feeder« ein, die mit ihren zwei Spitzen von 1 1/2 und 2 oz (42 und 56 Gramm) und ihrer 1 1/2 lbs-»Power Curve«-Aktion die meisten Situationen beherrscht. Eine Rute von 11 bis 12 Fuß kann durch ihre Länge die Leine aus dem Wasser heben, so daß der Strömungsdruck auf die Schnur vermindert wird. Beim Angeln in sehr starker Strömung oder mit ultraschweren Feeders eignen sich aufgrund des Strömungsdrucks die Spitzenteile mit einer Testkurve von 2 bis 4 oz deutlich besser. Kürzere Ruten lassen sich gut in stehenden Gewässern oder dicht am eigenen Ufer fischen. Mit Rücksicht auf die Strömungsverhältnisse sollte man immer eine so gefühlvolle Spitze auswählen, wie nur irgend möglich. Die richtige Spitze steht nach dem Spannen der Schnur in einem leichten Bogen.

Wenn man nur hin und wieder mit der Quivertip fischen will, sollte man überlegen, ob man sich nicht eine etwas kürzere »Allround-Ledgerrute« von 10 Fuß (etwa 3 Meter) Länge mit Spitzengewinde kauft, die sowohl zum Quiver-, Springquiver- (Quiver mit eingebauter Feder) Fischen sowie das Swingtipping geeignet ist.

Soll die Rute perfekt für die Schwingspitzenfischerei taugen, ist es wichtig, daß sie nicht viel länger als 11 Fuß ist. Wenn die Rute zu lang ist, erschwert sie das Werfen und die Schwingungen der abgelegten Rute führen zu einer unruhigen Spitze, was wiederum das Erkennen von Bissen problematisch gestaltet. Eine gute Allround-Ledger-Rute ist die »Drennan Ledgermaster«, die außerdem eine wunderbare »Dappingrute« für kleinere Arten wie Döbel und Aland darstellt. Die Schwingspitze wird am Spitzenring mit Hilfe eines Stücks weichen Silikongummis an einer Gewindestange befestigt. Nach dem Auswerfen spannt man die Schnur, so daß die Spitze von der Rutenspitze schräg herunterhängt. Auf diese Weise können sowohl »Zug- als auch Drop-Back-Bisse« registriert werden. Schwingspitzen sind, wie schon angedeutet, ein ungeheuer empfindlicher Indikator, der nur in stehendem Wasser und bei höchstens schwachem Wind optimal funktioniert (Anm. d. Red: Für unterschiedliche Strömungs- und Windverhältnisse gibt es verschieden lange und unterschiedlich schwere Modelle).

Auf den folgenden Seiten berichtet **Peter Rödsgaard Jensen** über die wichtigsten Feeder-Techniken:

Man findet heute im Fachgeschäft unzählige verschiedene Swimfeeder-Typen und Bauformen. Man teilt sie in zwei Hauptgruppen ein, nämlich geschlossene (Block-End) und offene Feeder (Open-End und Cage-/Frame-/Spiral-Feeder).

Der geschlossene Feeder kann an beiden Enden verschlossen werden und besteht im typischen Falle aus einem Plastikrohr mit festem Boden, Löchern in den Seiten und einem Deckel, der nach dem Füllen des Feeders auf das Futter gepreßt wird. Dieser Typ wird ausschließlich für Maden und Würmer eingesetzt, die herauskriechen, wenn der Futterkorb auf dem Grund liegt. Damit erreichen Sie eine hervorragende Form der sparsamen Losefütterung, wenn das Futter nicht von der Strömung oder Kleinfischen im Mittelwasser abgefangen werden soll.

Offene und Frame-/Cage-/Spiral-Feeder werden mit Grundfutter eingesetzt, das eventuell mit Ködern wie Mais, Maden, Puppen oder Hanfsamen ergänzt ist. Welche Größen und Formen nötig sind, hängt von Futtermenge, Strömung und Tiefe ab.

In jedem Fall muß der Wurf äußerst präzise erfolgen. Es ist nicht besonders pfiffig, wenn das Futter zwar immer direkt neben dem Haken liegt, aber bei jedem Wurf an einer neuen Stelle und sich so über ein großes Gebiet verteilt. Die richtige Wurfentfernung läßt sich durch einen kleinen Stopperknoten oder ein kräftiges Farbzeichen auf der Schnur markieren. Liegt die Marke nach jedem Wurf am Spitzenring, erreichen Sie stets den gleichen Punkt (sofern sie ohne seitliche Abweichung werfen).

Die Montage des Feeders ist mindestens genau so wichtig für den Erfolg wie der Feeder selbst. Die meisten Fischer bevorzugen wie ich eine feste Standard-Paternoster-Montage, die ein zu häufiges Verheddern der Schnur vermeidet. Der Feeder wird am Ende von 20 bis 30 Zentimeter Schnur oder Powergum befestigt, das wiederum an die Hauptschnur gebunden wird. Weil das Werfen mit den schweren Feedern die Schnur stark beansprucht, kann es vorteilhaft sein, Powergum zu benutzen, weil es Schnurbrüche durch seine Elastizität vermeidet. Aus dem gleichen Grund sollte man eine etwas stärkere Schnur verwenden, als man sie in der gleichen Situation ohne Feeder einsetzen würde. Auch beim Angeln auf kleinere Arten geht die Schnurstärke kaum unter 0,15 mm, möchte ich unliebsame Überraschungen vermeiden. Für das Feeder-Angeln erwiesen sich Trilene XL und XT sowie Drennan Double Strength als gute Schnüre. Wenn man den Feeder direkt an die Hauptschnur bindet, kommt das einer Einladung für Knoten gleich. Wickelt sich das Vorfach erst einmal um den Feeder, muß der Fisch das gesamte Feedergewicht bewegen, bevor der Angler den Biß registriert. Das wirkt sich besonders bei scheuen Fischen in Fehlbissen aus.

Selbstverständlich kann der Feeder auch gleitend montiert werden (Gleitpaternoster). Muß man allerdings damit rechnen, die Länge des Hakenvorfachs häufig zu verändern, dann sollte man am besten einen Ledgerstop als Stopper einsetzen.

Damit sich die Schnur im Wurf nicht verheddert, muß der Angler die Montage vor der Landung strecken. Das geschieht durch das Bremsen der Schnur mit dem Zeigefinger der Rollenhand, kurz bevor die Montage aufschlägt. Soll die Montage schließlich optimal fischen, ist die Sinkphase des Feeders vom Auftreffen auf die Oberfläche bis zur Grundberührung von ausschlaggebender Bedeutung. Zunächst darf sich das Vorfach nicht um die Hauptschnur wickeln, weshalb die Schnur während des Absinkens stramm gehalten wird. Jetzt legt sich die Montage gestreckt auf den Grund.

Ich ziehe lange Hakenvorfächer vor, da hierdurch das Risiko geringer wird, daß der Fisch zu früh einen Widerstand spürt. Als Minimum verwende ich 60 Zentimeter. Bei besonders scheuen Fischen können sogar 1 bis 1,5 Meter nötig sein. Wenn man erst nach und nach seine Fütterung mit dem Feeeder aufgebaut hat, wird man Bisse schon »On the Drop« erhalten oder wenn der Köder sich gerade erst auf den Boden gelegt hat. Das erfordert schnelle Reaktionen. Wann genau man den Anhieb setzen muß, kann nur die praktische Erfahrung lehren. Die Quiverfischerei läßt sich auch in der Dunkelheit fortsetzen. Ein an der Rutenspitze befestigtes Knicklicht ermöglicht die Bißanzeige.

Stehende Gewässer

In stehenden Gewässern bestimmen vor allen Dingen die Wassertiefe und der Angelabstand das Aussehen des Feeders. Je größer die Tiefe und der Abstand sind, desto besser sollte der Feeder das Futter halten. Denn es soll nicht schon beim Wurf aus dem Korb fliegen oder sich bereits im Mittelwasser lösen. Je geschlossener ein Feeder ist, desto besser eignet er sich für lange Würfe oder große Tiefen. Entsprechend gilt folgende Regel: Je besser ein Futter bindet, desto offenere Feeder kann man einsetzen. Und wenn er geleert ist, dann soll der Korb gerade soviel wiegen, daß er fest auf dem Boden liegen bleibt.

Da Feeder einen relativ großen Wasserwiderstand besitzen, sollte die Größe in Hinblick auf einen problemlosen Anhieb nicht zu groß ausfallen. Kleine, leichte Futterkörbchen lassen sich beim Anhieb leichter anheben als schwere Modelle, die über den Boden schleifen und sich dabei leichter festsetzen. Fischt man in flachem Wasser, erschrecken kleine Feeder beim Aufschlag außerdem weniger die Fische.

Fließende Gewässer

Die Feeder sind bei der Angelei in fließenden Gewässern unheimlich wirksam, weil man bei einer konventionellen Anfütterung schwer beurteilen kann, wo das Futter eigentlich den Grund erreicht. Wegen der Strömung muß man auf ein paar Dinge achten, die vom Angeln in stehenden Gewässern abweichen. Je tiefer es ist, und je stärker die Strömung fließt, desto fester muß der Feeder das Futter festhalten. Sonst wird es von der Strömung ruckzuck ausgespült. Der Feeder sollte auf dem Boden liegen bleiben und nicht rollen, damit die Gefahr eines Hängers gemindert wird. Wenn der Feeder ruhig liegt, lassen sich zudem Bisse leichter und sicherer registrieren. Die einfachste Möglichkeit ein Rollen des Feeders zu vermeiden, ist ein kantiges und besonders schweres Modell. Kompakte Cage- und Framefeeder sind optimal, da sie in ausgewaschenem Zustand nur noch einen minimalen Widerstand erzeugen. Genau wie beim Angeln in stehenden Gewässern kommt es generell auf ein möglichst leichtes Futterkörbchen an. Bei starker Strömung sollte man die Rutenspitze immer so hoch wie möglich halten, damit der Strömungsdruck auf die Schnur verringert wird. Lassen Sie die Rutenspitze soweit wie möglich in die Strömungsrichtung zeigen, da sich hierdurch der Schnurbogen beim Anhieb verringert. Auf diese Weise erhält man eine bessere Schnurkontrolle, die gegenüber anderen Schnurpositionen außerdem leichtere Montagen erlaubt. *Peter Rödsgaard Jensen*

3. Schleien

(Tinca tinca)

Die Schleie ist unter den Karpfenfischen wohl am schwersten mit einer anderen Art zu verwechseln. Mit ihrem braunen Rücken, den schönen messinggrünen Flanken, weich gerundeten Flossen und rubinroten Augen kann man sie nicht verwechseln. In jedem Maulwinkel findet sich außerdem eine kleine, dünne Bartel. Die Schleie kommt von Natur aus in ganz Europa und in großen Teilen Zentralasiens vor. In den weitaus meisten nordeuropäischen Gewässern liegt das Durchschnittsgewicht bei ein bis zwei Kilogramm, das Maximalgewicht zwischen 3 und 3,5 Kilo. Nur in extrem nahrungsreichen Gewässern ohne große Freßkonkurrenz können die Fische ein Maximalgewicht von vier bis sechs Kilogramm erreichen. Das Laichgeschäft im Juni/Juli kann in mehreren Schüben und mit einigen Wochen Zwischenraum erfolgen. Die Brut ernährt sich zunächst von Zooplankton, während die erwachsenen Fische es vorziehen, auf dem Grund nach Zuckmücken- und Eintagsfliegenlarven sowie Schnecken, Muscheln und anderen Kleintieren zu suchen.

Auch wenn man in der kalten Jahreszeit Schleien fangen kann, verbinden die meisten Fischer diese Angelei mit Sommernächten, Mücken und dem Gesang von Nachtigallen. Hat man erst solch eine magische Nacht am See erlebt, den Frühnebel, die Dämmerung, den Sonnenaufgang, die Schleienblasen und all das, was zu der Stimmung, den Düften und Sinneseindrücken gehört, ist man für alle Zeit gefangen!

Auf den folgenden Seiten schöpft **Frederik Stjärnkvist** aus seinem reichen Erfahrungsschatz mit Großschleien:

Die Schleie ist ein besonders wärmeliebender Fisch, und deshalb kommt diese Fischerei erst richtig in Fahrt, wenn die Wassertemperatur 14 bis 15 Grad erreicht, was meist Ende Mai geschieht. Die Laichperiode ausgenommen, hat diese Fischerei den ganzen Sommer über Hochkonjunktur. Ab Anfang September bis zum Oktober wird die Fischerei dann schlechter und schlechter. Auch wenn man natürlich Fische in den Wintermonaten fangen kann, so ist dies doch ungleich schwerer als im Sommer. Die Abendfischerei erlebt meist ihre beste Zeit in den kälteren Monaten, wie April/Mai und September/Oktober. Je weiter der Sommer ins Land zieht, desto besser wird die Morgenfischerei. Im Spätsommer ist dann die Morgenfischerei um so vieles besser als die Abendfischerei, daß man seinen Einsatz gleich auf die frühen Stunden konzentrieren kann. Steht die Sonne höher, wandern die Schleien oft in etwas größere Tiefen. Sollten Sie es also mitten am Tag probieren, sollte der Versuch diesen Stellen gelten. An bedeckten Tagen wird diese Tendenz nicht so ausgeprägt sein, und man findet die Fische oft den ganzen Tag dicht unter Land. Auch wenn man mitten in der Nacht gute Bißperioden erleben kann, kann sich dies doch selten mit der Morgenfischerei messen.

Es besteht kein Zweifel darüber, daß Wind und Wetter einen großen Einfluß auf die Freßlust der Schleien ausüben. Das perfekte Schleienwetter ist nach meinen Erfahrungen ein warmer Tag gefolgt von einem schwülen Abend. Es darf gerne ein leichter Wind wehen, aber unter gar keinen Umständen neblig sein oder regnen. Wenn ich von Nebel rede, dann meine ich nicht einen leichten Morgendunst, sondern permanenten Nebel. Viele Fischer haben kurz vor oder während Gewittern gute Erfahrungen gemacht, aber ich bin nicht so begeistert von diesen Bedingungen. Wenn das Gewitter aber nach mehreren Wochen drückender Hitze einsetzt, dann hat es oft einen positiven Effekt auf die Angelei. Auch wenn man dem Wind beim Schleienangeln keine so große Bedeutung beimißt, bin ich der Auffassung, daß er die ganz großen Fische zum Biß verleiten kann.

▲

Niklas Graberg mit einer tollen Specimen-Schleie.

Wie bei jeder anderen Form der Fischerei ist das Aufspüren der Fische das A und O des Erfolgs. Dabei sind die Grundprinzipien, wie man die Fische findet, in etwa die gleichen, wie im Karpfenkapitel beschrieben. Die wichtigsten Faktoren bei der Auswahl des Angelplatzes sind ohne Zweifel die Vegetation, das Bodenprofil und die Futtermenge am Platz. Schleien sind ganz verliebt in Stellen, die stark bewachsen sind. Im Dschungel der Wasserpflanzen finden sie Nahrung sowie Schutz vor Raubfischen. Deswegen ist einer der sichersten Angelplätze dicht an oder in großen Vegetationsgürteln. Schleien finden sich natürlich auch in Pflanzen, die nicht ganz bis zur Wasseroberfläche reichen. Deshalb sollte sich der Angler unbedingt einen genauen Überblick über die Verhältnisse am Grund verschaffen. Auch wenn die Vegetation ein wichtiges Element des optimalen Platzes darstellen, sollte man die Tiefenverhältnisse nicht vergessen. Oft folgen die Fische nämlich den etwas weiter draußen liegenden Kanten, wenn sie umherziehen oder den See nach Nahrung absuchen. Oft habe ich es erlebt, daß die Fischerei hier wesentlich produktiver war, als vielleicht an Seerosengürteln näher am Ufer.

Sicher kann ein seichtes Gebiet in einer kleinen Bucht ungeheuer attraktiv auf die Fische wirken, da sie hier große Nahrungsmengen finden. Fressen sie jedoch an diesen Stellen, sind sie oft so scheu, daß der geringste Fehltritt die Fische verscheucht. Wenn man dagegen an tieferen Kanten oder in größeren Tiefen überhaupt fischt, fühlen die Fische sich sicherer und werden nicht so schnell vergrämt. Eine Ausnahme besteht in der Laichperiode, in der sich die Fische in flachem Wasser sammeln. Auch wenn sie nicht besonders scheu sind, haben sie doch nur eine

▶

Gleich hat der Angler keinen Blick mehr für den Mond. Denn die Leuchtdiode des rechten Bißanzeigers signalisiert das Interesse einer Schleie für den Köder.

Sache im Kopf und können deshalb nur schwer zum Biß verleitet werden. Geht es auf große, schwere Fische, dann bestehen direkt vor der Laichzeit gute Möglichkeiten für eine ganz hervorragende Fischerei. Gemessen in Kilo und Gramm, ist dies der beste Zeitpunkt im Jahr, um wirklich dicke Fische zu fangen. Deshalb lohnt sich immer die Suche nach den Laichplätzen der Schleien, so daß man ihnen zuvorkommen kann.

Schleien können rund um die Uhr aktiv sein und bewegen sich oft bei ihrer Futtersuche über weite Strecken. Oft folgen sie dabei den gleichen Routen, und wenn man so glücklich war, einen dieser »Wechsel« oder Passagewege zu finden, werden die Schleien oft mehrmals am Tag dort auftauchen. Hat man einen wohlgedeckten Tisch in der Form von Mais, Maden und Casters vorbereitet, besteht eine große Chance, daß sie bleiben und zupacken.

Auch wenn die Schleien einige Zeit mit Herumschwimmen verbringen, konzentrieren sie sich doch hauptsächlich auf die Gebiete, wo besonders viel Futter zu finden ist. Wandernde Fische sind oft auf dem Weg zu oder von diesen Gebieten. Diese Freßplätze wechseln im Laufe der Saison. Dies hängt einerseits davon ab, wann die verschiedenen Nährtiere ihre Blütezeit erleben, andererseits davon, wie weit diese Futterquellen schon »abgegrast« sind. Findet man eine Stelle mit massenweise natürlicher Nahrung, kann man eine ganz hervorragende Fischerei erleben. Denn es erweist sich hier als leichter, die Fische zu halten. Schließlich sind sie nicht auf dem Weg zu einem anderen Platz. Setzt man die Fütterung über längere Zeit fort, sind die Chancen groß, daß die Fische im Gebiet bleiben, auch wenn nach einiger Zeit die natürliche Nahrung zur Neige geht.

Schleien zeigen sich oft an der Wasseroberfläche, was gute Hinweise darauf geben kann, was die Fische gerade im Sinn haben. Wenn Schleien fressen, schwimmen sie oft zur Oberfläche und wenden mit einem lauten Platschen. Ein anderes klassisches Zeichen für Fische auf Nahrungssuche sind Blasenspuren oder Schlammwolken an der Oberfläche, wenn die Fische im Schlamm wühlen. Sind die Schleien aber auf Wanderung, zeigen sie sich normalerweise lautlos mit einem kleinen Teil ihres Rückens an der Oberfläche. Achtet man auf diese Zeichen und kombiniert sie mit seinem übrigen Wissen über das Gewässer, ergibt sich schnell ein Wander- und Freßmuster der Fische im Laufe eines Tages.

Köder

Auch wenn man Schleien auf eine ganze Reihe von Ködern fangen kann, wird es doch für jedes Gewässer einen bestimmten Köder geben, der sich als besonders effektiv erweist. Die Wirkung hängt nicht nur davon ab, was die Schleien am verlockendsten empfinden. Vielmehr spielen weitere Faktoren eine Rolle, wie unerwünschte Kleinfische oder besondere Fütterungs- und Fischmethoden, welche die Köderwahl einengen und begrenzen, damit die Technik unter den gegebenen Bedingungen optimal funktioniert.

Einer der besten Schleienköder ist ohne Zweifel der ganz gewöhnliche Dosenmais. Es gibt kaum ein Gewässer, an dem die Schleien nicht damit zu fangen wären. Häufig ist es nicht einmal notwendig, daß man anfüttert, damit die Fische diesen Köder akzeptieren. Oft erweisen sich die Tiere als ganz verrückt nach Mais, so daß Sie sie kaum noch auf etwas anderes fangen können. Der Nachteil von Mais ist, daß er leicht mit Gefahr in Verbindung gebracht werden kann, wenn man ihn eine Zeitlang benutzt hat. Dies liegt einerseits an dem typischen Geschmack, anderseits an der kräftigen Kontrastfarbe, die sich von den allermeisten Gewässerböden abhebt. Wenn die Fische erst scheu auf den Mais reagieren, färbt man den Mais am besten und/oder setzt ihm Geschmacksstoffe zu. Auf diese Weise erhält man in der Praxis einen ganz neuen Köder, dem weniger Mißtrauen entgegengebracht wird. Übrigens bevorzuge ich für größere Köder wie Mais und Wurm die Haken mit weiter Öffnung, wie den Kamasan »Wide Gape Specialist« (B983) oder den »Specimen« (B980) in den Größen 6 bis 10.

Auch Würmer und Maden sind sehr gute Schleienköder, die mindestens so »instant« wirken wie Mais. Würmer gehören zu den klassischen Schleienködern, die in nahezu jeder beliebigen Situation Fische fangen. Sind die Fische absolut zurückhaltend, kann ein direkt über dem Grund schwebender Wurm wahre Wunder wirken. Der Wurm wird zum Schweben gebracht, indem man ihm mit einer dünnen Kanüle Luft injiziert. Eine kräftige Losefütterung mit Maden kann die Schleien gelegentlich dazu bringen, völlig Amok zu laufen. Und es scheint nicht so, daß sie durch die Maden besonders gesättigt würden. In diesem Fall werden ein paar Maden auf einem Kamasan B440, Größe 12 oder 14 Topergebnisse bringen.

Als weitere gute Köder können Puppen (Casters), Brot und Nudeln genannt werden. Das Problem bei den beiden erstgenannten ist, daß sie, genau wie

Mais, Maden und Würmer, so unmittelbar auf unerwünschte Kleinfische wirken, wie auch auf die Schleien selbst. Die Lösung kann darin bestehen, lange Anfütterungskampagnen zu vermeiden, und statt dessen mehr darauf zu setzen, die Fische zu suchen. Sowohl Casters als auch Brot fangen vortrefflich, können aber beim Fischen frustrieren, weil sie sehr schnell vom Haken fallen. Mit ein wenig Erfahrung wird man aber schnell herausfinden, wie oft man den Haken kontrollieren und den Köder erneuern muß. In der Regel dauert dies länger als man glaubt, und oft fällt der Köder erst beim Einholen ab.

Wenn die Fische etwas träge beißen, können Kombinationsköder das richtige Rezept sein, wie Wurm/Maden, Wurm/Mais, Mais/Maden, Maden/Caster oder Brot/Maden. Gerade weil sich der Hakenköder auf diese Weise von den Futterködern unterscheidet, wird er oft aus reiner Neugierde genommen. Aus der gleichen Ursache sind Kombiköder aber leichter zu durchschauen, was ihre »Lebenszeit« begrenzt. Variation ist wie immer das Schlüsselwort, wenn man fortlaufend viele Fische fangen will. Über weichem oder pflanzenreichem Boden ist Brot oft die perfekte Köderwahl, weil es langsam sinkt und sich auf den Schlamm oder Pflanzenteile legt. Einem Stückchen weichen Weißbrot, um den Haken gedrückt und mit zwei Maden garniert, können nur die wenigsten Schleien widerstehen.

Möchten Sie unerwünschte Kleinfische umgehen, sind wie immer Boilies einer der effektivsten Köder. Nicht ohne Grund ist dieser Köder in den letzten Jahren in der Schleienfischerei immer populärer geworden. Besonders in Gewässern, in denen viel mit Boilies auf Karpfen gefischt wird, kennen Schleien dieses Futter und nehmen angebotene Köder ohne Argwohn. Wenn man in Gewässern angelt, in denen noch nie mit Boilies gefischt wurde, ist in der Regel eine kleine Anfütterung notwendig. Erst dann beginnen die Schleien, den Köder zu akzeptieren. Wenn sie aber erst voll »drauf« sind, sind die harten Teigkugeln der ultimative Köder. Gute Haken für die Boiliefischerei auf Schleien sind unter anderem der Fox Serie 1 und 2 sowie der oben genannte B980 in den Größen 10 bis 6. Auch wenn man Schleien auf steinharte Köder fangen kann, hat man in der Regel mehr Erfolg mit etwas weicheren und kleineren Ausführungen, als man sie typischerweise für Karpfen einsetzen würde. Die Größen 10 bis 14 Millimeter passen für nahezu die gesamte Schleienfischerei. Auch Nudeln bilden einen guten Köder. Obwohl sie bedeutend weicher als Boilies sind, erweisen sie sich doch wesentlich kleinfischsicherer, als die meisten anderen Standardköder wie Mais oder Maden.

Mikropartikelköder, unter anderem Hanfsamen oder Weizenkörner, eignen sich ebenfalls vorzüglich als Futter und Hakenköder. Hanf erzeugt bei allen Friedfischen einen starken Gewöhnungseffekt. Manchmal können die Fische so »besessen« vom Köder sein, daß sie jeden anderen Köder meiden. Aber gerade das ist optimal – oder? Nicht immer, denn häufig kann es ungeheuer schwer sein, einen Köder wie Hanf so zu präsentieren, daß er sich nicht zu sehr von den freien Futterködern unterscheidet. Möchte man etwas anderes als Hanf als Hakenköder benutzen, kann man diesen »Preoccupation Effect« mit verschiedenen Anfütterungstechniken dämpfen. Mehr darüber steht auf Seite 194.

In vielen Fällen kann der Zusatz von Aromastoffen und Farben den Köder visuell und geschmacklich attraktiver gestalten und somit die Lockfähigkeit des Köders erhöhen – die richtige Wahl der Zusatzstoffe vorausgesetzt. Die Schleie verfügt im Vergleich zu anderen Fischen über sehr schlechte Augen. Eine kräftige Duftspur erleichtert es diesem Fisch, den Köder zu finden. Meiner Erfahrung nach muß man beim Schleienangeln keine Angst vor zu hohen Aromastoffkonzentrationen haben. So konnten meine Angelkameraden und ich mit direkt in konzentrierten Aromastoffen geboosteten Ködern, die somit eine sehr kräftige Duftspur hinterließen, große Erfolge erzielen. Gute und sehr beachtliche Fänge erzielten wir dabei mit den Geschmacksrichtungen Almond (Mandel), Butterscotch, Maple, Tuttifrutti und Scopex. Das Einfärben der Köder kann sich ebenfalls positiv auf die Attraktivität eines Köders auswirken. Ich konnte schon oft erleben, daß Farb- und Aromazusätze über den riesigen Fang oder das totale Fiasko entschieden. Es macht sich also in jedem Falle bezahlt, mit verschiedenen Stoffen zu experimentieren. Insbesondere wenn die Fischerei schleppend verläuft, kann nur etwas Neues den gewünschten Erfolg bringen. Das Einfärben gelingt am besten, wenn Köder die Farbstoffe während des Kochens aufsaugen können. Köder, die man nicht kochen muß, kann man über Nacht im Kühlschrank im Farbstoff einweichen.

Ein gutes Beispiel dafür, wie wichtig es sein kann und was für Unterschiede auftreten, wenn man Aromastoffe hinzusetzt, erlebten *Niklas Nilsson* und ich vor einigen Jahren beim Schleienangeln. Es war am Anfang der Saison und wir fischten wie üblich vom gleichen Boot aus. Das Wetter zeigte sich schon einige Zeit von seiner ziemlich diesigen Seite. Regen und böiger Wind bestimmten das Bild und im See gingen bislang nur sehr wenige Fische an den Haken. Ich selbst hatte Glück. Ich fing meine zweite Schleie

▲
Frederik Stjärnkrist mit einer Schleie im Karpfenformat.

über vier Kilogramm auf meinen Lieblingsköder – Mais mit Butterscotch. Am dritten Angeltag klarte das Wetter auf und alles deutete auf einen optimalen Abend hin. Die Luft war warm und eine leichte Brise strich über den See. Mein Selbstbewußtsein hatte ungeahnte Höhen erreicht. Es konnte gar nicht anders sein. Ich würde, ich mußte einen Fisch fangen. Der ganze Abend und auch die lange Nacht verstrich allerdings schleichend ohne einen einzigen Biß...

Erst im Morgengrauen begann sich etwas zu regen. Am gesamten Futterplatz stiegen Blasen auf, und die Fische rollten wie besessen lautstark an der Wasseroberfläche. Irgend etwas mußte passieren. Nur wenig später fing Nicke den ersten Fisch – ein phantastisches Männchen von 4050 Gramm. Im Laufe des Morgens landete er vier weitere Schleien, von denen zwei über drei Kilogramm wogen. Obwohl wir Seite an Seite fischten, erhielt ich nicht einen einzigen Biß. Es war zum verrückt werden! Ich versuchte fast alles. Neue Köder, anderes Aroma und verschiedene Tiefen – doch nichts half. Aber eine Sache hatte ich vergessen auszuprobieren – Mandelaroma. Darauf hatte Niklas alle seine Fische gefangen. Alle! Im Laufe der Restwoche erlebten wir eine fantastische Fischerei mit Mandel-Mais. Insgesamt fingen wir mit den fünf anderen Angelkollegen, die auch am See fischten, 33 Schleien, von denen 24 über drei Kilogramm und fünf über vier Kilogramm wogen. Der letzte Tag schloß mit dem neuen schwedischen Rekordfisch von 4805 Gramm ab.

Anfüttertechnik

Schließt man das Angeln mit Boilies aus, bin ich der Auffassung, daß sich eine ausdauernde Anfütterung über einen längeren Zeitraum nur selten auszahlt. Obwohl Langzeitfütterungen nur selten einen ausgesprochen negativen Effekt ergeben, glaube ich, daß die eventuellen Vorteile stark überbewertet werden. Viel wichtiger muß der Angler die Fische suchen und finden. Von selbst kommen sie jedenfalls nicht zu ihm. Das klingt vielleicht einleuchtend. Aber häufig geschieht genau das Gegenteil.

Bevor man mit dem Anfüttern beginnt, zahlt es sich häufig aus, den Boden mit einer Art Harke aufzuwühlen. Auf diese Art und Weise liegen die sonst verborgen im Boden liegenden Nährstoffe frei auf dem aufgepflügten Grund. Ein anderer Vorteil der »Gartenarbeit« ist, daß man Äste und Pflanzen entfernen kann, die sonst ein effektives Präsentieren des Köders verhindern. Bei dichtem Bodenbewuchs bleibt so oder so keine andere Möglichkeit. Und nicht zuletzt laufen Schleien über aufgelockertem Boden vollständig Amok. Man erkennt das daran, wenn sich die Fische bereits wenige Minuten nach den Arbeiten an der Wasseroberfläche rollen. Man sollte aber auch nicht zuviel oder auf einem zu großen Gebiet harken, so daß alles was nicht Erde ist, dem Erdboden gleich gemacht wird. Schlägt der Angler über die Stränge, erreicht er nur einen negativen Effekt. Denn bei zuviel Freiraum fühlen sich die Fische unsicher und ungeschützt, worauf sie den Futterplatz sofort verlassen.

In den meisten Fällen bringt sparsames Anfüttern gute Ergebnisse. Möchte ich die Futtermenge ausdehnen, bevorzuge ich Mikro-Partikelköder. Paniermehl im Grundfutter arbeitet in erster Linie als Träger für größere Futterköder und als Duftattraktor. Als Ergänzung des normalen Paniermehls setze ich ihm verschiedene Zutaten wie Walnußmehl, Vanille, Koriander, Fennikel, Blutmehl, Hanfmehl, Erdnußmehl, frisches Ochsenblut (!) oder PV1 zu. Die Zutaten verleihen dem Futter einen behaglichen Duft und Geschmack, der mit die Schleien zum Futterplatz lockt. Ich persönlich mag am liebsten luftiges Futter, das an der Oberfläche und in mittlerer Tiefe ordentlich auseinanderbricht und somit die Duftstoffe so schnell wie möglich freigibt. Die wichtigste Zutat im Grundfutter ist jedoch der Futterköder selbst. Hanf, Maden, Casters, Mais und Weizen sind Beispiele für gute Futterköder. Die Schleien lieben sie. Und da sie relativ klein sind, sättigen sie nicht zu schnell. Eine weitere beliebte Anfütterungsmethode ist die Kombination von aufgeweichtem Weißbrot und das Aufharken des Bodens. Das Weißbrot kann man zum Beispiel mit dem Grundfutter mischen. Wenn die Anfütterung perfekt verläuft, wird dies die Fische am Platz halten, ohne sie zu sättigen. Außerdem sollten Sie während dem Angeln die Fische mit ein wenig losem Futter bei (Freß)Laune halten. Loses Anfüttern besitzt außerdem den Vorteil, daß es die Fische nicht so leicht vom Futterplatz verscheucht. Ein paar solide Futterkugel-Einschläge können besonders in flachem Wasser sämtliche Schuppenträger im weiten Umkreis verscheuchen. Außerdem kann es von Vorteil sein, sich auf das lose Anfüttern zu beschränken, sollen nicht zu viele Kleinfische angelockt werden. Das ist besonders bei »Skyfutter« von Interesse. Achten Sie darauf, nicht zuviel anzufüttern, da dies zum einen die Fische verscheucht und zum anderen sättigt. Außerdem riskiert man, daß die Schleien den Köder unter zuviel Futter nie finden. Umgekehrt muß man natürlich so viel füttern, daß die Fische nicht das Interesse verlieren. Alles in allem handelt es sich um einen haarscharfen Balanceakt, den man am besten mit einer Mischung aus Erfahrung, Intuition und einfachem Raten löst.

Liegt Ihnen das korrekte Anfüttern sehr am Herzen, können Sie den Futterplatz nach beendetem Angeln inspizieren. Erhielten Sie nicht einen einzigen Biß, kann die übriggebliebene Futtermenge einigen Aufschluß geben. Der Futterplatz läßt sich am leichtesten vom Boot aus und im klaren Wasser inspizieren. Ich habe schon oft erlebt, daß er so aussah, als hätte man ihn mit einem Staubsauger gereinigt. Hatte man dann trotzdem keinen Biß, sollte man ernsthaft über seine Technik nachdenken und eine andere wählen.

Posenangeln

Die meisten Angler verstehen unter einer richtigen Schleienfischerei, in der Dämmerung bequem in einen Angelstuhl zurückgelehnt zu verbringen und entspannt jede auch noch so kleine Bewegung des Schwimmers zu beobachten. Der Spannungsbogen dehnt sich dann ins fast Unerträgliche, wenn sich die Fische an der Oberfläche wälzen, lautstark mit den Flossen platschen und schließlich das Floß im trüben Wasser verschwindet.

Das Posenangeln besitzt darüber hinaus noch weitere Eigenschaften. Denn diese Technik verleiht dem Angler ein hohes Maß an Empfindlichkeit und ermöglicht eine präzise und perfekte Präsentation der Montage.

Wie bei allen Floßtechniken hilft auch beim Schleienangeln eine ordentliche Rute bei weiten und präzisen Würfen, ohne daß sich der Köder löst. Dementsprechend muß sie eine weiche, durchgehende Aktion und ein solides Rückgrat besitzen, das selbst große und wild kämpfende Schleien dirigieren kann. Die ideale Posenrute für das Fischen auf Schleien sind Modelle wie Drennan's Tench Float, die eine perfekte Aktion und eine Testkurve von 1 1/4 lbs besitzt. Als Rolle bevorzuge ich die Shimano Aero GT, die sowohl eine fantastisch weiche Bremse, als auch eine gute Schnurauflage besitzt. In der Regel drille ich den Fisch jedoch durch Vor- und Zurückdrehen der Kurbel (»Backwinding«), anstatt mich auf die Bremse zu verlassen. Meiner Ansicht nach läßt sich ein großer Fisch an dünner Schnur so am sichersten drillen. Außerdem kann die Schnur dabei nicht verdrallen. Als Hauptschnur verwende ich eine relativ weiche und elastische Leine. Meine Schnurwahl fällt in der Regel auf die Siglon Tournament in einer Stärke von 0,18 bis 0,23 mm, ganz abhängig von potentiellen Gefahren während des Drills.

Selbstverständlich darf man beim Angeln auf große Schleien nicht uneingeschränkt in der Schnur- und Hakenstärke heruntergehen. Insbesondere an Stellen mit viel Vegetation und anderen Hindernissen müssen Sie das Gerät richtig abschätzen, so daß Sie auch sehr große Fische ohne Probleme landen können. Gleichzeitig darf die Ausrüstung nicht überdimensioniert ausfallen, da es sich negativ auf die Präsentation auswirken würde. Häufig sind die Fische allerdings so scheu, daß man zwangsläufig mit der Schnur- und Hakenstärke heruntergehen muß – sonst gäbe es überhaupt keinen Biß. Schrecken die Fische vor der Schnur zurück (besonders bei zu steifen Schnüren), kann ein gesponnenes HPPE-Vorfach die richtige Lösung bringen. Ich bevorzuge bei den gesponnenen Vorfächern ein 6 bis 10 lbs Kryston Silkworm. Als Ausgangspunkt dient eine Vorfachlänge von 20 bis 40 Zentimeter. Man montiert das Vorfach mit der Hilfe eines Stahlrings oder eines kleinen Wirbels an die Hauptschnur. Anstatt die Posenmontage mit Schrot auszutarieren, lassen sich alternativ Putties verwenden. Um den Wirbel oder den Stahlring modelliert, bleiben sie stabil und sicher an ihrer Stelle.

Montagen

Zwei der populärsten Arten zum Posenfischen auf Grund sind das »Laying On« und die »Liftmethode«. Beide Varianten wurden bereits beim Karpfenangeln ausführlich erläutert (Seite 141). Abhängig von den Bodenverhältnissen läßt sich der Hebebiß einer Schleie normalerweise deutlichen erkennen, selbst bei schlechter Sicht. Die Montagen eignen sich allerdings am besten für ebenen Grund und höchstens schwache Strömung.

Variiert die Tiefe des Gewässers stark oder gibt es sehr viel Bodenvegetation, sollte der auf Grund liegende Teil der Leine relativ lang ausfallen. Und ein langsam sinkender Köder legt sich sanft auf den Pflanzenteppich, statt einzusinken.

Andererseits können Sie auch auf das Bißschrot verzichten. Das funktioniert am besten mit relativ schweren Ködern, sonst lassen sich Hebebisse kaum erkennen. Und es besteht ein erhöhtes Risiko, daß sich der Köder zufällig auf einen nicht entdeckten Pflanzenteppich legt. Aufgrund des minimalen Widerstandes ist das die richtige Angelmethode auf sehr scheue Fische. Außerdem verhängt sich das Ende der Montage nicht so leicht.

Frei hängende Präsentationen lassen sich im Grunde wie die oben genannten Montagen erzielen. Nur stellen Sie den Schwimmer flacher ein und verkürzen so das Rig. Wenn man eine gute Hebeindikation sichern oder dafür sorgen will, daß der Köder ohne Verhängen durch den Pflanzenteppich schießt, sollte man ein relativ schweres Klemmschrot nahe am Haken verwenden.

Allgemein fische ich jedoch den Köder auf dem Boden liegend. Das liegt primär daran, daß dies am besten zu meiner Art der Fischerei paßt. Denn ich fische vorzugsweise an windigen Stellen fast ausschließlich driftend vom Boot aus über stark variierenden Tiefen. Tatsächlich können sich Wind und Drift beim Posenangeln als Vorteil erweisen. Mit ein wenig Training kann die Montage kontrolliert über den Futterplatz treiben, was gegenüber stationären Strategien selbst so manchen beißunwilligen Fisch an den Haken bringt. Abhängig von den Hindernissen am Boden können Sie den Köder über den Grund schleifend oder frei hängend fischen.

Zum Ausloten der Tiefe verwende ich normalerweise ein schweres Bleischrot. Denn gegenüber einem schweren Plummet läßt sich damit leichter erahnen, ob die Montage später auf einem Pflanzenteppich liegt. Mit dem Schrot kann das Loten sehr umständlich sein, jedoch ist die Zeit gut investiert.

Beim Posenfischen auf Schleien tritt immer wieder das Phänomen der »unmöglichen Bisse« auf. Der Fisch beißt blitzschnell, was der Schwimmer auch deutlich anzeigt. Allerdings geht der Anhieb ins Leere. Obwohl das Wasser vor Fischen nur so brodelt, verliert man jetzt einen Fisch nach dem anderen, selbst wenn der Anhieb auf den kleinsten Nipper folgt – eine äußerst frustrierende Situation. Die Ursache für den ganzen Frust ist, daß die Fische den Köder schnell einsaugen und ihn im Bruchteil einer Sekunde wieder ausspucken. Das bedeutet allerdings nicht zwangsläufig, daß die Fische mißtrauisch sind. Oftmals gehört dieses Verhalten zur ganz natürlichen Freßform. Möchten Sie trotzdem einen Fisch haken, muß Ihre Reaktion schneller als der Blitz kommen und gleichzeitig sollten Sie unter einem riesigen Glücksstern geboren sein. Dieses Benehmen der Fische tritt meist beim Angeln mit kleinen Partikelködern auf. Fischt man dagegen auf traditionelle Weise mit Grundködern und Gleitmontagen oder Paternostern mit langen Vorfächern, gibt es diese Probleme nicht – fischen Sie mit dieser Ausrüstung und Sie werden die Bisse nicht einmal sehen!

Eine Lösung kann es sein, einfach kleinere Köder zu verwenden, wie ein einzelnes Maiskorn. Aber auch das Wechseln zu einem größeren Köder und einem entsprechenden Haken kann die Lösung bringen, da der Fisch diese Kombination nicht so schnell wieder ausspucken kann. Als Alternative können Sie ebenfalls überlegen, verschiedene AE-Montagen zu testen. Manchmal provozieren auch 5 bis 30 Zentimeter über dem Grund angebotene Köder leichter zu hakende Bisse. Lassen die Bedingungen es zu, sind außerdem eine dünnere Schnur und ein empfindlicherer Schwimmer in der Regel von Vorteil. Eine extra empfindliche Montage kann eine extra schnelle Bißanzeige vermitteln, die einen rechtzeitigen Anhieb ermöglicht. Aber keiner dieser Kniffe ist eine Universallösung. Variieren und ändern Sie vielmehr so lange Ihre Montage, bis sich der ersehnte Gegenzug am Ende der Schnur einstellt.

Das Zurücksetzen einer großen Schleie ist unter Specimen Hunters eine Selbstverständlichkeit ▼

Fischen mit Grundködern

Das Posenfischen auf Schleien erreicht langsam seine Grenzen, wenn Sie weiter draußen oder bei kräftiger Drift und stärkerem Wind angeln. Hier ist die Grundfischerei, kombiniert mit einem doppelten Bißanzeigesystem, die einzige Lösung – vor allem wenn man vorhat, mehrere Tage hintereinander non-stop zu fischen. Dieses Angeln eröffnet außerdem die Möglichkeit zu mehreren effektiven Techniken, die ausführlich im Karpfenkapitel beschrieben sind. Diese Techniken und Montagen lassen sich entsprechend verkleinert mehr oder weniger direkt auf die meisten anderen Friedfische, darunter auch Schleien, übertragen.

Da die Gewohnheiten der Fische häufig wechseln und im übrigen davon abhängen, was am Gewässer vorher verwendet wurde, lassen sich kaum genaue Richtlinien für die jeweils beste Grundmontage in den verschiedenen Situationen aufstellen. Normalerweise benutze ich Variationen von Gleitmontagen, feste Paternoster, Bolt- und Swimfeederrigs.

Die Standard-Gleitmontagen funktionieren in den meisten Schleiengewässern einwandfrei. Denn spürt der Fisch einen Widerstand, spuckt er den Köder meist sofort wieder aus. Ist im Gewässer sehr viel Bodenvegetation vorhanden, muß man eine auftreibende Perle auf einem Bleivorfach verwenden. Damit verhängt sich die Montage nicht in den Pflanzen, was zu unnötiger Reibung führen würde. Viele Angler glauben, daß ein möglichst leichtes Blei den Widerstand minimieren kann. Das stimmt jedoch nicht unbedingt. Ist das Blei zu leicht und leistet der Bißanzeiger zu viel Widerstand, löst der Fisch kein Signal am Indikator aus, sondern schleppt das Blei über den Boden. Generell sind deshalb 15 bis 40 Gramm Blei zusammen mit 40 bis 50 Zentimeter langen Vorfächern eine gute Wahl. Über hartem Grund fische ich das Blei gleitend direkt auf der Schnur, bei schlammigem Boden kürze ich die Vorfächer auf 10 bis 20 Zentimeter.

Eine feste Paternostermontage funktioniert in vielen Fällen perfekt (Abb. 21). Oftmals bemerkt die Schleie allerdings das Blei, bevor man den Fisch haken kann. Ein relativ kleines Blei ist in diesem Fall also klar von Vorteil. Normalerweise verwende ich das gleiche Vorfachmaterial und die gleiche Stärke, wie bei der Hauptschnur. Erweisen sich die Fische jedoch als sehr scheu, gehe ich den Verhältnissen entsprechend so weit wie möglich nach unten. Hakenvorfächer von 60 bis 100 Zentimeter und Bleivorfächer mit 20 bis 40 Zentimeter passen für die meisten Bedingungen. Damit sich die Montage im Wurf nicht verheddert, kann man 10 bis 15 Zentimeter vom Haken entfernt ein kleines »Staubschrot« anbringen. Dadurch kommt das Vorfach nicht so leicht mit der Hauptschnur in Kontakt.

Möchten Sie eine Fluchtmontage einsetzen, müssen Sie nur ein etwas schwereres Blei und kürzere HPPE-Hakenvorfächer von 20 bis 40 Zentimeter verwenden. Man sollte aber nicht genauso schwere Bleie wie für die Karpfenfischerei verwenden. 1 1/2 bis 2 oz (42 bis 57 Gramm) sind in der Regel genau richtig, um die Fische zu haken. Wenn man das besondere Erlebnis eines wie oben beschriebenen »unmöglichen Bisses« genießen darf, können Bolt-Rigs mit kurzen Vorfächern, eventuell kombiniert mit AE-Hakenmontagen, die ultimative Lösung für das Problem bringen.

21 Abb. 21

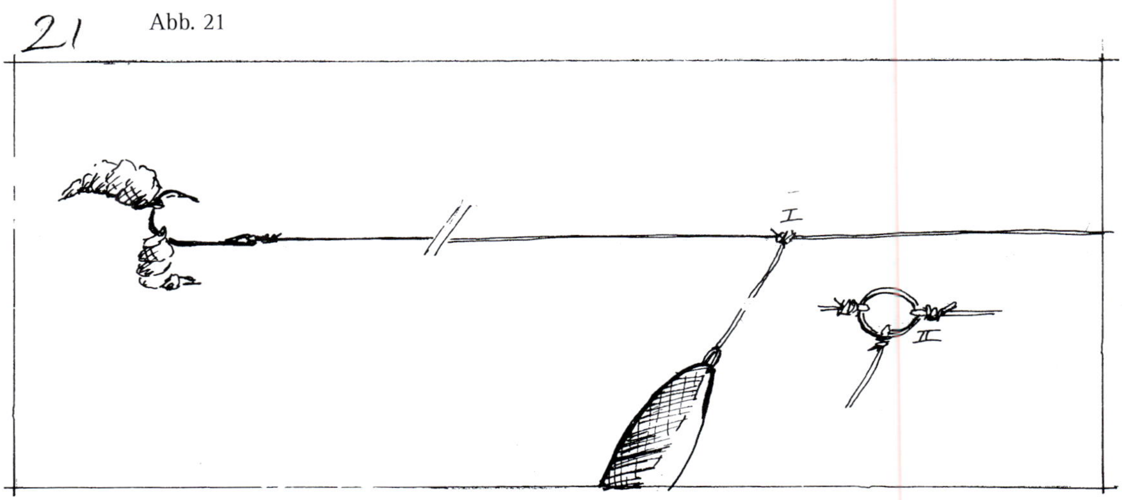

Swimfeeder-Rigs können ebenfalls eine erstklassige Methode für die Schleienfischerei sein. Sie eröffnet die Möglichkeit einer präzisen Anfütterung rund um den Hakenköder, zum Beispiel mit Maden.

Die Schleie durchschaut den Betrug nur selten und nimmt das Angebot am Haken genauso vertraut wie die freien Köder. Normalerweise bevorzuge ich eine feste Paternostermontage, an die ich einen offenen Feeder montiere. Diese Futterkörbe besitzen außerdem den Vorteil, daß sie verhältnismäßig leicht sind. Das bringt vor allem etwas im Zusammenspiel mit relativ schweren Ködern. Aus diesem Grund bemerkt die Schleie während des Bisses nur einen sehr geringen Widerstand.

Die Bißanzeige beim Grundangeln kann auf viele verschiedene Arten geschehen. Quiver- und Swingtips können auf kürzeren Angelausflügen perfekte Bißmelder sein, aber auf längeren Trips sollte man dann doch ein Doppelindikatorsystem verwenden. Auf diese Art und Weise kann man die Zeit damit verbringen, auf Zeichen von Fischen zu achten, Kaffee zu trinken und die wunderschöne Natur zu genießen. Dies ist nun aber nicht damit gleichbedeutend, daß man passiv von seinem Schlafsackplatz aus fischen soll. Wenn der Alarm erklingt oder sich auch nur geringste Zeichen dafür zeigen, daß etwas passiert, muß man seine Konzentration blitzschnell sofort wieder auf die Ruten richten.

Beim Angeln mit Gleitmontagen, festen Paternostern und Swimfeedern fische ich immer mit einem geschlossenen Bügel und verwende Bobbins oder Swingers als Indikator. Beide Bißanzeiger erweisen sich bei richtiger Einstellung als sehr empfindlich. Wenn ich mit dieser Methode fische, sitze ich immer aufmerksam genau hinter den Ruten, so daß ich einen eventuellen Biß genau beobachten und den Anhieb rechtzeitig setzen kann. Fische ich dagegen mit Bolt-Rigs, öffne ich immer die Rollenbremse oder schalte den Baitrunner ein. Dadurch verabschieden sich die Ruten bei einem kräftigen Biß nicht ins Wasser. *Frederik Stjärnkvist*

4. Karausche

(Carassius carassius)

Nur sehr wenige Specimenfischer fischen gezielt auf große Karauschen. Schade eigentlich, denn diejenigen, die sich mit diesem wunderschönen Fisch bereits anlegten, können hundertprozentig bestätigen, daß sie eine ultimative Herausforderung bieten. Denn zeitweise kann es unglaublich schwierig sein, diesen Fisch zum Biß zu bewegen. Werden die langwierigen Anstrengungen dann jedoch mit dem Erfolg belohnt, bereuen Sie den Aufwand keine Sekunde. Und an leichter Ausrüstung ist die Großkarausche ein ganz fantastischer Kämpfer.

Die Karausche erkennt man am einfachsten an der im Vergleich zum nächsten Verwandten, dem Schuppenkarpfen, etwas kürzeren Rückenfinne, die nicht wie beim Karpfen eine markant höhere Vorderkante besitzt. Außerdem hat dieser Fische keine Barteln und entlang der Seitenlinie trägt er nur 31 bis 35 Schuppen. Der Rücken ist schwarz-grün, die Flanken messingfarben mit einem schwach graugrünen Schimmer. Und der Bauch zeigt sich gelblich. In den meisten Gewässern kommt die Karausche nie über ein Gewicht von einem Kilogramm. Unter besonders guten Wachstumsbedingungen kann sie jedoch durchaus 2 bis 2,5 Kilo erreichen. Das Maximalgewicht liegt bei 3,5 Kilogramm. Das natürliche Vorkommen der Karausche erstreckt sich von Nord- und Mitteleuropa über Zentralasien bis China, wo die ökologische Nische dieses Fisches dann von der Silberkarausche *(Carassius auratus)*, die sich im übrigen auch durch Besatz in einigen dänischen und anderen europäischen Seen finden läßt, übernommen wird. Die Silberkarausche, die Wildform des Goldfischs, unterscheidet sich von der normalen Karausche durch die geringere Anzahl an Schuppen (27-31 entlang der Seitenlinie) und dem helleren und eher silberfarbenen Glanz an den Flanken. Viele Exemplare muß man aber töten, um sie sicher einteilen zu können *(davon rate ich jedoch ab, wenn Sie einen guten Specimenkarauschen-Bestand bewahren wollen)*. Außerdem kann es selbst beim toten Fisch noch Probleme geben, ihn korrekt einzuordnen. Da diese beiden Fische in vielen Gewässern nebeneinander leben, das gleiche Gewicht erreichen und auch noch auf die gleiche Art und Weise gefangen werden, will ich sie in diesem Kapitel als eine Art beschreiben. Die Karausche kann auch noch unter sehr schlechten Sauerstoffbedingungen existieren. Man findet sie deshalb häufig selbst in sehr stark zugewachsenen oder verschmutzten Gewässern. Die Fische laichen normalerweise im Juni oder Anfang Juli bei Laichtemperaturen, die in etwa denen des Karpfens entsprechen. Im Gegensatz zum Karpfen verläuft das Laichen hier aber in einem kürzeren Zeitraum. Die Karausche lebt von Zooplankton, wie Wasserflöhen, Zuckmückenlarven, Schnecken und Pflanzenteilen.

Die Karausche läßt sich das ganze Jahr über fangen, wobei das Angeln in der Zeit von Mai bis Sep-

▶

Die Karausche zählt zu den verhältnismäßig wenig beangelten Fischarten.

tember am besten ist. Obwohl der Fisch sehr wärmeliebend ist, können Sie auch in den Wintermonaten mit ihm Kontakt aufnehmen. Allerdings müssen Sie die klassischen Winterfriedfisch-Regeln beachten, die auf einer äußerst sparsamen Anfütterung basieren. Und beim gezielten Angeln auf große Karauschen verlegen Sie es vielleicht sowieso besser in die kalte Jahreszeit, da jetzt nicht so viele »kleine Monster«, wie jugendliche Karauschen oder Plötzen den Köder in die Mangel nehmen. März und April eignen sich dann wieder für das Angeln auf richtig schwere Rogner. Auch der Oktober und der November, wenn sich die Fische den ganzen Sommer über fett gefressen haben, sind eine gute Zeit für das Fischen auf die ganz Großen. Viele meiner guten Fische über zwei Kilogramm konnte ich nach dem ersten Schnee oder nach dem Einsetzen des ersten Frosts fangen.

Die besten Gewässer für kapitale Karauschen sind in der Regel nährstoffreiche, mittelgroße Kleingewässer von mindestens einem Hektar Größe. Dazu zählen unter anderem Torfstiche, Mergelgruben, Stauteiche und natürliche Seen. Die größeren Karauschen finden sich natürlich auch in größeren Seen, aber häufig in einem so raren und weit verstreuten Bestand, daß gezieltes Angeln unglaublich schwer ist. In den großen Seen finden sich die dicken Karauschen typischerweise in großen, zusammenhängenden Schilfwäldern oder ähnlichem.

Ein genaueres Einkreisen des perfekten Karauschengewässers ist sehr schwer, da sehr viele Fische über 1,5 Kilogramm in mindestens genauso vielen Gewässern der verschiedensten Arten gefangen wurden. Sogar Gewässer fast ohne jede Bodenvegetation können gute Karauschen hervorbringen, sofern es am Grund ein großes und gutes Nahrungsangebot in Form von Bodentieren, wie Zuckmückenlarven gibt. Befinden sich davon im schlammigen Grund wirklich große Mengen, haben Sie fast immer die Chance auf Friedfische in Magnumgröße – nicht nur Karauschen, sondern auch Schleien, Karpfen, Brassen und Rotaugen.

Wenn Sie von einem Karauschengewässer nicht genau wissen, was Sie davon halten sollen, beobachten Sie es am besten an einem lauen Sommerabend oder in einer warmen Nacht. Denn wie der Karpfen, liebt auch die Karausche vollständig aus dem Wasser zu springen, was vor allem in Gewässern mit einem großen Bestand häufig auftritt.

Auch die Blasenspuren gründelnder Karauschen sind eine gute Methode zum Aufspüren der Fische. Allerdings sollte man diese Hinweise mit Vorsicht genießen, da es praktisch unmöglich ist, sie unter anderem von Schleien- oder Karpfenblasen zu unterscheiden. Die Karausche verursacht jedoch nicht so große Blasenteppiche wie die Schleien. Und da sich die Karausche vorsichtiger bewegt, erscheinen die Blasenflecken an der Oberfläche kleiner als bei anderen Fischen. Man kann sich bei dieser Art der Einteilung aber nie ganz sicher sein. Auf der sicheren Seite stehen Sie nur, wenn Sie den Fisch genau sehen.

Wo sich die Fische aufhalten, ist von See zu See verschieden. Es ist ein guter Ausgangspunkt, den Köder an 0,75 bis 2 Meter tiefen Stellen auf dem Grund anzubieten. In vielen Seen finden sich die Fische genau unter dem Ufer. Außerdem ziehen sie häufig an Kanten, Bänken, Plateaus, Buchten oder Pflanzengürteln entlang. Das bedeutet jedoch nicht, daß das gleichzeitig die natürlichen Freßgebiete sind. Eine entsprechende Stelle kann durchaus auf einem kleinen Gebiet nackten Grundes ohne besondere Kennzeichen mitten im See liegen. Genauso kann es allerdings auch mitten in einem Schilfgürtel oder anderen Pflanzenbeständen liegen. Es erfordert vielleicht einiges an Arbeit, diese Hot Spots zu finden. Leider gibt es keine andere Möglichkeit, als sich auf der Suche langsam vorzutasten. Mit reichlichem Anfüttern lassen sich jedoch auch vorbeiziehende Fische auf dem Futterplatz halten. Vor allem an einem für Sie vollkommen neuen, unbekannten Gewässer lohnt es sich fast immer, erst einmal an den offensichtlichen Zugrouten zu fischen, bis man das Gewässer besser kennt.

Köder und Anfüttern

Maden, Puppen, Würmer, Mais und Brot sowie »Cocktails« daraus sind vortreffliche Standardköder auf Karauschen. Persönlich bevorzuge in den meisten Situationen Mais. Andere Spezialköder, wie Teig und Boilies, sind auch vorzüglich, doch dazu später mehr.

Wenn Sie in einem Gewässer ohne zu viele kleine störende Fische angeln, empfiehlt sich das Anfüttern mit relativ schwerem Grundfutter, das am Boden aufbricht. Gute Zutaten für eine solche Mischung sind unter anderem Copra Melasse, Collent, Fleisch/Knochenmehl oder Erbsenmehl, das man eventuell mit ein wenig Polenta mischen sollte. Sie macht das Futter leichter und bringt es dazu, am Grund einfacher aufzubrechen. Setzen Sie dem Futter Köder wie Mais oder Würmer zu. Die Futterköder müssen für ein gutes Angelresultat übrigens nicht den Hakenködern entsprechen.

Wenn das Wasser langsam kalt wird, dürfen Sie wie gesagt nicht zuviel anfüttern. Allgemein vermei-

▶ *Viele Angler wissen nicht einmal, daß in ihrem Gewässer so große Karauschen leben.*

de ich im Winterhalbjahr das Grundfutter so weit wie möglich. Als Alternative und Ersatz dafür können Sie eine Handvoll geboostete Pellets nehmen, da sie eine gute Duftverbreitung garantieren, ohne die Fische zu sehr zu sättigen. Fische ich im Sommer mit Mais, beginne ich die lose Anfütterung mit maximal dem Viertel einer Dose Mais. Danach füttere ich nur noch nach und nach mit einer Handvoll Mais hinterher. Wenn im Gewässer nur sehr wenige Fische leben, genügt es, die Anfütterung mit einer einzelnen Handvoll Mais zu beginnen.

Es ist ziemlich schwer, auf größere Distanzen lose anzufüttern. Dann erreichen Sie den gewünschten Effekt besser mit Swimfeedern, mit einer PVA-Tüte oder einem Stringer, die sie mit den gewünschten Hakenködern oder eventuell zusätzlichen Pellets bestücken.

Posenangeln

Das Angeln auf Karauschen mit der Pose kann unglaublich spannend sein – aber zeitweise mindestens genauso frustrierend. Schließlich ist die Karausche der perfekte »Pussler« – die Nerven liegen an einem Angeltag häufig spätestens dann blank, wenn der Haken zum siebenundzwanzigsten Mal, ohne die geringste Spur einer Bißanzeige, absolut blankgeputzt ist. Mit der richtigen Technik und ein wenig Übung kann die Posenangelei allerdings zu hervorragenden Fängen führen.

Eine normale Matchrute mit einer Länge von 12 bis 14 Fuß ist eine ausgezeichnete Wahl. Ich selbst verwende am liebsten eine 13 Fuß lange Kohlefaser-Matchrute von Kunnan, die durch ihr Rückgrat in allen denkbaren Situationen genug Druck auf den Fisch ausüben kann. Allerdings ist sie ein wenig zu schwach für das direkte »Hook and Hold«-Angeln. In Gewässern mit vielen Hindernissen und wo der Fisch deshalb konstant und hart unter Druck gehalten werden muß, bringt eine etwas kräftigere Rute mit durchgehender Aktion von 1-1 1/4 lbs manchmal Vorteile. Dabei wäre unter anderem die »Drennan Tench Float« zu nennen. Dazu kommt eine kleine Kapsel- oder Stationärrolle. Für die Kurzdistanz-Matchfischerei sollte man aus Bequemlichkeitsgründen eine Kapselrolle verwenden, da sie die Schnur einfach auf Druck mit dem Zeigefinger freigibt. Und Karauschenangeln bedeutet oft viele Würfe, da eine ganze Anzahl der Anhiebe ins Leere gehen kann.

Eine weiche Nylonschnur mit einer Schnurstärke von 0,12-0,14 Millimetern paßt normalerweise gut für große Karauschen. Schnurstärken von 0,16-0,18 Millimetern können in Gewässern mit sehr vielen Hindernissen sinnvoll sein. Verwenden Sie aufgrund der hohen Bruch- und Verschleißstärke im Verhältnis zum Durchmesser der Schnur eine HPPE-Leine, kommen Sie mit einer Stärke von 0,08-0,10 Millimetern aus. Diese Schnüre sind im übrigen auch dann die perfekte Wahl, wenn man in der Nähe von Pflanzengürteln fischt, da sie die Stengel einfach abmähen.

Die Karausche nimmt den Großteil ihres Futters vom Boden auf. Deshalb sollte man den Köder zunächst am Boden präsentieren. Eine der populärsten Methoden funktioniert mit 1 bis 15 Zentimetern langem Schnurende, das auf dem Boden liegt. Bei der Liftmethode bevorzuge ich ein kurzes Ende, so daß der Haken gerade noch auf dem Grund liegt. Einen halben Zentimeter bis zu einem Zentimeter über dem Boden hängend (5 bis 15 cm vom Haken entfernt), sollten Sie ein von der Größe her passendes Bißschrot an der Schnur anbringen.

Abhängig von der Anzahl der Kleinfische im Gewässer, liegt der Hauptteil der Beschwerung 10 bis 30 Zentimeter vom Bißschrot entfernt. Je mehr Kleinfische im Gewässer vorhanden sind, desto näher muß das Hauptgewicht am Bißschrot liegen. Ein passendes Olivettiblei oder ähnliches kann der Montage eventuell die Widerspenstigkeit mehrerer Spaltbleie ein wenig nehmen. Fischt man bei stillem Wetter genau unter der Rutenspitze, befestige ich den Schwimmer oben und unten mit einem Stückchen Silikonschlauch. Damit läßt sich die Tiefe verändern, ohne die feine Schnur zu beschädigen. Oftmals können Veränderungen der eingestellten Tiefe von nur ein bis zwei Zentimeter über einen Schneidertag oder tolle Fänge entscheiden. Also ist Experimentieren angesagt. Ab und zu wird es besser sein, wenn der Haken einige Zentimeter über dem Boden fischt, aber das ist eher die Ausnahme.

Diese Methode ist natürlich nur in Verbindung mit der Kurzdistanzfischerei und dem Angeln in flachem Wasser erwähnenswert. Fischt man weiter draußen oder in Tiefen über 1,5 Meter, ist es am besten, den Schwimmer am Grund zu fixieren. Liegt die Tiefe über 2 oder 2,5 Meter, bringt eine Gleitmontage gegenüber der Feststellpose die besseren Ergebnisse.

Damit sich ein Hebebiß möglichst gut erkennen läßt, sollten Sie schlanke und empfindliche Posen mit einem relativ langen Insert, wie Stillwaterblues, Darts oder Step/Canal Crystal Wagglers verwenden. Fischen Sie dicht unter Land, reicht eine 2 bis 3 BB Pose aus. Bei starkem Wind oder beim Angeln auf etwas größere Entfernung, arbeitet eine 3 bis 4 AAA-Pose besser.

Abhängig von Wind- und Lichtverhältnissen wird der Schwimmer so bebleit, daß nur ein bis drei Millimeter der Posenspitze über die Wasseroberfläche ragen. Wenn das kurze Stück unter anderem bei leichten Wellen nur schwer zu sehen ist, wende ich den Dave-King-Trick an. Dabei ziehe ich ein dünnwandiges Stück Plastikrohr/Tube in gut sichtbarer Farbe über die Posenspitze. Dann schneide ich direkt über der Posenspitze ein längliches, breites Loch in das Röhrchen. Taucht der Schwimmer ab, läuft jetzt Wasser in die Tube (Abb. 22). Auf diese Art und Weise wirkt sich die längere und dickere Zusatzspitze nicht negativ auf die Empfindlichkeit aus *(ohne Öffnung würde das Röhrchen wie ein Boot schwimmen und so die Tragkraft der Pose erhöhen)*. Damit wird es gleichzeitig einfacher, die oft nur minimalen Heber zu sehen. Und wie schon erwähnt, sind die Karauschen echte Pussler, deren Biß sich nur sehr schwer identifizieren läßt. Es erfordert einiges Training, den Anhieb zum rechten Zeitpunkt zu setzen.

Abb. 22

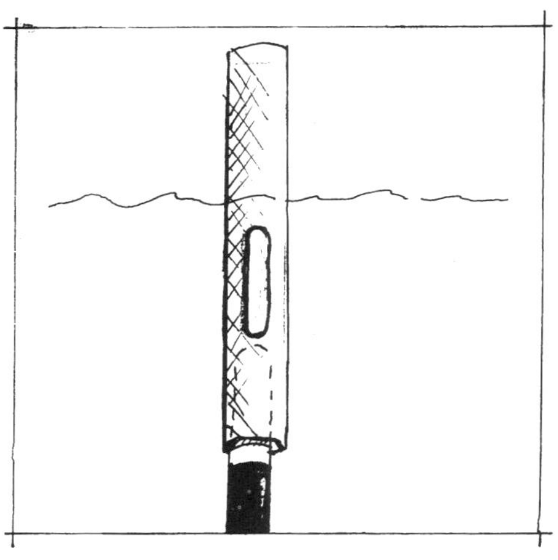

Nimmt eine Karausche den Köder, steht sie häufig vollkommen still und bewegt dann langsam den Kopf in Richtung der Wasseroberfläche. Der gewöhnlichste Ausschlag beim Angeln auf Karauschen ist deshalb ein kleiner Heber um ein paar Millimeter, wobei die Höhe von der Größe des Bißschrots im Verhältnis zu der Tragkraft der Pose abhängt. Ganz normale Bisse, bei denen das Floß etwas wandert oder sogar untergeht, kommen natürlich auch vor. In den meisten Fällen muß der Anhieb schon bei der geringsten Bewegung erfolgen. Wenn man den Fisch dann endlich gehakt hat, wird man keine Zweifel haben, ob es eine Großkarausche ist oder etwas anderes. Denn der Fisch kämpft sehr charakteristisch. Seine Gegenwehr zeichnet sich durch tiefe, harte Stöße aus. Gut gewachsene Karauschen können so heftige Ausreißer starten, daß es einem angesichts der feinen Schnur kalt den Rücken herunterläuft.

Meine Hakenwahl für das Posenfischen auf Karauschen deckt alles im Bereich der Größen 18 bis 10 ab. Meistens verwende ich jedoch 14er oder 12er. Wenn man mit kleinen Maden (»Pinkies« oder »Squatts«) in Gewässern ohne große Pflanzenbestände fischt, gehe ich gelegentlich sogar bis zum 20er hinunter. Für das Karauschenangeln eignen sich besonders die Modelle Kamasan B532 (Crystal Long Shank) oder Drennan Carbon Feeder. Wenn im Gewässer viele Wasserpflanzen vorhanden sind, sollte man mit einem etwas kräftigeren Haken, wie dem Kamasan B980 (Specimen Eyed) oder B983 (Wide Gape Specialist) sowie dem Drennan Carbon Specimen angeln. Große Haken wie einen 10er verwende ich nur dann, wenn im Gewässer zu viele kleine Plötzen oder Mini-Karauschen leben und wenn ich relativ große Köder, wie Würmer, Brot oder Teig an den Haken hänge. Insgesamt begegnet der Karauschenangler nur selten so kräftigen Hindernissen, daß er dickdrähtige Haken wie den Drennan Super Specialist anbinden muß.

Nachtangeln

Waren Sie noch nie bei Nacht auf Karauschen aus, wird es jetzt höchste Zeit für dieses besondere Erlebnis. Schließlich können sich dabei unglaublich große Fänge ergeben und es passiert gar nicht so selten, daß Sie im Laufe einer Nacht mehrere hektische Bißperioden erleben. Selbst wenn die meisten Fischer das Gewässer verlassen, wenn die Nacht den See schweigend umhüllt, sollten Sie bis zum Morgen weiterfischen. Lassen Sie sich nicht von den anderen täuschen! Montieren Sie ein Betalight oder ein Knicklicht auf die Posenspitze und schon Sie sind bereit für die Nacht! Die Fische sind jetzt häufig weniger schnur- und hakenscheu als am Tag. Deshalb können Sie jetzt mit stärkeren Schnüren, größeren Haken und Ködern wie Teig, Brot oder Boilies fischen, die viele Störungen durch Kleinfische vermeiden. Im Dunkeln dürfen Sie außerdem einen Versuch direkt an Hindernissen wagen, da Schnurstärke und

Hakengröße jetzt das rechtzeitige Stoppen des Fischs erlauben. Das Angeln mit dem Leuchtschwimmer ist eine unglaublich unterhaltende und effektive Methode – so lange man noch wach ist. Es kann aber sehr hart sein, eine ganze Nacht hindurch auf das Licht zu starren. Wenn es anfängt, vor Ihren Augen zu flimmern, sollten Sie besser zum Grundangeln wechseln.

Grundangeln

Zum Grundfischen auf Karauschen verwende ich vorzugsweise eine 10 bis 11 Fuß lange Ledgerrute mit einem Gewinde für die Top- und Butt-mounted Swingtip. Die Butt-mounted Swingtip ist eine Schwingspitze, die auf den Blank zwischen Griff und erstem Ring oder zwischen erstem und zweitem Ring montiert wird. Die zuletzt genannte Position ist im Normalfall auch die beste, da sie während des Wurfes weniger Reibung erzeugt. Quivertips (Zitterspitzen) und Springquivers (Zitterspitzen mit zusätzlicher Spiralfeder am oberen Ende) sind auch gut geeignet, aber die Butt-mounted Swingtips lassen sich zusätzlich mit einem elektronischen Bißanzeiger kombinieren. Meine liebsten Piepser für die Karauschenfischerei sind ohne Zweifel die Modelle von »Micron« und »Delkim« oder ähnliche Buzzers, die sich bis auf Schnurbewegungen von einem Millimeter empfindlich einstellen lassen.

Bei kräftigem Wind sollten Sie Ihren Schirm so plazieren, daß die Swingtip im Lee liegt. Eine andere Möglichkeit ist es, eine »doppelte Swingtip« zu verwenden (siehe Kasten).

Die Doppelspitze

Aus Sarkanda und Poletops (Spaghetti Tips) läßt sich eine doppelte Schwingspitze recht einfach herstellen. Sägen Sie dazu einfach die Enden einer Sarkanda Swingtip ab. Drehen Sie das Teil (oberes und unteres Ende) so, daß die Ringe zu den Seiten zeigen, und montieren Sie mit zwei Standardwicklungen die zwei Spaghettitips in der gleichen Ebene. Jetzt kann die Schnur frei an den Seiten der Doppel-Tip laufen und sich gleichzeitig über eine »Needle« auf die gleiche Art und Weise wie ein Monkey bewegen. Normale Needles sind in der Regel zu dick. Verwenden Sie statt dessen ein Spaghettitip (dünnes, glattlackiertes Poletop), das mit dem dünnen Ende schräg nach oben in die Bewegungsrichtung des Tips zeigt.

◀ *Niklas Graberg freut sich über drei gewaltige Karauschen.*

Butt-mounted Swingtips besitzen außerdem eine bedeutend größere Empfindlichkeit als zum Beispiel Monkeys oder Swingers, was beim Angeln auf Karauschen entscheidend ist. Wenn der Wind nun allerdings so stark weht, daß eine kräftige Drift entsteht, ist selbst eine doppelte Swingtip schwer ruhig zu halten. Jetzt sollten Sie doch zu einem feinfühligen Swinger greifen.

Da die Fische, wie bereits erwähnt, nach dem Biß vollkommen still stehen, bevorzuge ich relativ kurze Vorfächer in Verbindung mit Gleitmontagen und Bolt-Rigs. Für die Fluchtmontagen bevorzuge ich 5 bis 15 Zentimeter Vorfach, während 20 bis 40 Zentimeter für normale Gleitmontagen passen. Bolt-Rigs mit einem Drop-Back-Anzeiger, wie einem belasteten Swinger, eignen sich gut, wenn andere Methoden bei starkem Wind versagen.

Normalerweise bevorzuge ich für die Hakenvorfächer weiches HPPE wie Kryston Silkworm mit einer Stärke von 4 bis 6 lbs. Einer meiner Lieblingsköder für die Grundfischerei ist eine kleine Teigkugel auf einem Haken der Größe 8 oder 10. Diese Methode eignet sich hervorragend dazu, die kleineren Fische auszusortieren. Weiche Miniboilies von 10 bis 12 Millimeter Durchmesser eignen sich noch besser für ernsthaft selektives Fischen. Gut durchgekochte Kichererbsen halten ebenfalls die Kleinfische recht verläßlich vom Biß ab. Nehmen die Karauschen den Köder nur sehr vorsichtig, kann der Versuch mit einem Bolt-Rig am kurzen Vorfach nicht schaden. Achtung: Je kleiner die Haken sind, desto weniger Blei ist zum Haken des Fischs nötig. Fischen Sie zum Beispiel mit einem feindrähtigen 14er, reicht ein 30 bis 40 Gramm schweres Blei vollkommen aus. Normalerweise bevorzuge ich für die Fluchtmontagen beim Karauschenangeln den Kamasan-Haken B983 in den Größen 12 bis 8, der aufgrund seines weiten Bogens und der feinen Spitze ein perfektes Haken garantiert.

Träge und scheue Fische konnte ich schon oft mit der schwebend austarierten Kombination von Haken und Köder überlisten. Für den Auftrieb sorgt dabei ein Stückchen Polystyren, Kork oder Rig-Foam. Sie sehen: alles funktioniert im Grunde wie beim Karpfenangeln. Die Methode funktioniert sowohl mit einem Haar oder dem Köder direkt auf dem Haken. Polystyren oder Foam können Sie unter anderem auch zum Fischen mit Pop-Up-Mais verwenden. Damit können Sie selbst Fische täuschen, die sonst schon alles kennen und scheinbar auf nichts mehr hereinfallen.

Große Karauschen sind sehr interessante Fische, die eine echte Herausforderung darstellen. Lassen Sie sich das Gefühl von Drill, Landung und Zurücksetzen einer echten Specimenkarausche nicht entgehen! Es ist ein fantastisches Erlebnis!

5. Der Brachsen

(Abramis Brama)

Die hohe und zusammengedrückte Körperform, die lange Gatfinne und die elegant zugespitzte Rückenfinne sind die auffälligsten Charakteristiken des Brachsen. Die Farbe des Rückens reicht von graugrün bis schwarz, die Flanken zeigen sich stahlgrau mit einem goldenen und zeitweise fast kupferfarbenen Stich. Der warme Glanz bildet sich mit dem Alter stärker aus. Sehr alte Fische sind manchmal fast kohlengrau/schwarz. Die Flossen des Brassen sind schwarzgrau, was ihn von seiner viel kleineren Verwandten, der Güster *(Blicca björkna)* mit ihren etwas rötlicheren Finnen mit grauen Spitzen unterscheidet. Die Güster (Blicke) kann man außerdem aufgrund des größeren Auges (genau so groß oder sogar größer als die Maullänge) vom Brassen unterscheiden.

Sein Verbreitungsgebiet erstreckt sich über Nord- und Mitteleuropa bis in das Gebiet südlich des Uralgebirges. Der Brachsen findet sich in den meisten großen Seen und in nicht zu schnell fließenden Wasserläufen. Obwohl er sich ab und zu auch in kleineren Seen findet, bevorzugt er doch größere Gewässer. Nicht zuletzt vertragen Brachsen einen Salzgehalt des Wassers bis zu 14 Promille, weshalb er auch in Brackwassergebieten lebt und aufgrund der enormen Futterresourcen sehr gut wächst. Das Durchschnittsgewicht für den Brassen liegt in guten Gewässern bei 1,5 bis 3 Kilogramm, das Spitzengewicht um 4 bis 5 Kilo. In extrem nährstoffreichen Gewässern mit wenig Konkurrenz erreichen die Brachsen sogar 10 bis 11 Kilo. Die Fische laichen im Mai bis Juni im flachen bewachsenen Wasser bei einer Wassertemperatur von 14-16 Grad, wobei die Milchner einen starken Laichausschlag

▶

Der Brachsen im Klodeckel-Format entschädigt reichlich für das Sauwetter, in dem Jörgen Larsson angelte.

zeigen. Kleinere Brassen fressen tierisches Plankton und Kieselalgen, die sie durch ihre Kiemen filtern. Größere Tiere fressen primär Zuckmückenlarven und kleinere Muscheln. Im Winter sammeln sich die Brassen häufig in großen Schwärmen in tiefem Wasser.

Seen

Der Specimenbrassen ist eine Klasse für sich und nichts anderes, als eine sehr anspruchsvolle Herausforderung. Wenn endlich ein hochrückiger, großschuppiger Specimenbrachsen mit seiner bronzebraunen Flanke und den eleganten Flossen die Wasseroberfläche durchbricht und schließlich ins Netz gleitet, besteht nicht der geringste Zweifel mehr, ob sich die Anstrengungen gelohnt haben. **Jörgen Larsson** fischte im Laufe vieler Jahre mit beeindruckendem Erfolg auf große Brassen. Von seinen Erfahrungen und über viele der besten Methoden für die Seenfischerei auf Specimenbrassen berichtet er auf den nächsten Seiten:

Vor dem Fischen auf die wirklich großen Brachsen müssen Sie zunächst mit viel Geduld und Zeit die Futterzonen der Fische lokalisieren. Planloses Anfüttern und das Angeln auf gut Glück führen in einem größeren See höchstens zu Zufallsfängen. Eine große Hilfe beim Lokalisieren sind die Fische, die sich beim Fressen an der Wasseroberfläche zeigen. Allerdings sind rollende Fische nicht immer, aber doch sehr oft mit fressenden Fischen gleichbedeutend. Im Sommer ist die Chance für entsprechende Beobachtungen am Morgen und am Abend klar am größten. Im Herbst zeigen sie sich dagegen verhältnismäßig häufig am Tag. Mit einem Fernglas lassen sich auch weit entfernte Fische entdecken. Das Beobachten des Spiels der Fische erlaubt es gelegentlich sogar, die Anzahl und die Größe der einzelnen Fische zu erkennen. Sie folgen auf ihrer Futtersuche häufig festen Routen und oft kann man förmlich die Uhr nach dem Erscheinen der Fische an bestimmten Plätzen stellen. Es gibt aber auch Seen, in denen das Wanderungsmuster um einiges unregelmäßiger ist und im hohen Grad von äußeren Faktoren, wie Wind, Temperatur und Befischungsdruck abhängt.

Während dem Fressen folgen die Schwärme oftmals den Kanten des Sees und besonders wo sie in flachen Grund übergehen, finden sich häufig die gesuchten Fische. Sie fressen nur sehr selten auf steilem Boden und bevorzugen daher sanfte Hänge. Wenn das Wasser warm ist, wandern die Fische auf der Futtersuche häufig bis in Tiefen von zwei bis drei Meter. Und Stellen, auf die warme südliche, südwestliche und westliche Winde wehen, sind häufig sehr gute Angelplätze. Wenn das Wasser im Herbst schließlich langsam kälter wird, ziehen die Fische in tieferes Wasser und leben mehr und mehr stationär. Eine Angeltiefe bis zu zehn oder elf Meter ist zu diesen Zeitpunkten häufig angebracht. Strategische Plätze sind Landzungen oder ähnliches, an denen ein kurzer Wurf zum Fuß von höchst fischverdächtigen Abhängen sowie tieferen Löchern genügt.

Köder und Futter

Die Futtermenge muß natürlich den Mengen der unerwünschten Kleinfische angepaßt werden, die sich wahrscheinlich neben den Brachsen am Futterplatz einfinden. Die goldene Regel lautet wie immer: besser zu wenig als zu viel füttern. Leben viele Fische im Gewässer, kann das Anfüttern vielleicht mit 5 bis 10 Kilogramm Grundfutter beginnen, das während dem Fischen weiter ergänzt wird. Für eine Futtermischung, die sowohl weite Würfe aushält und viele Futterköder halten kann, als auch auf dem Grund ordentlich aufbricht, verwende ich als Basis ausschließlich braunes Paniermehl (50 bis 70 Prozent). Möchten Sie die Konsistenz noch weiter verbessern, lassen sich eventuelle Klumpen mit einem Sieb aus der fertigen Mixtur herausfiltern. Andere gute oder lockende Zutaten sind grobgemahlener Mais (10 bis 20 Prozent), PV1 für eine gute Konsistenz, dunklere Farbe und für eine bessere Bindung, Walnußmehl (5 bis 15 Prozent) für einen lockenden Duft, Geschmack und eine dunklere Farbe sowie schwarze, halblehmige Erde (10 bis 15 Prozent) für mehr Gewicht, eine gute Konsistenz und Farbe. Weitere wirksame Geschmacks- und Duftzusätze, mit denen ich Erfahrungen hatte, sind Marcel Van Der Eyndes »Brasem« (5 bis 10 Prozent) und Sensas »Magic Bream« (30 bis 50 Prozent).

Sahnevanille-Soßenpulver ist ein anderer Attraktor, den ich auf keinen Fall entbehren möchte. Die Hälfte wird den Trockenzutaten vor dem Anfeuchten zugesetzt, während der Rest zum fertigen Futter kommt und der Mischung vor dem Füttern einen extra Touch gibt. Der Zusatz diverser Flavours kann eine weitere unglaublich effektive Wirkung erzielen. Die besten Sorten sind dabei Rod Hutchinson's »Bream Attractor« und »Amino Blend Supreme« sowie das einfache ACE-Wurmextrakt. Insbesondere in hart befischten Gewässern können die Fische gegenüber Futter, das im Kontrast zum Boden steht, sehr scheu sein. Aus demselben Grund passe ich normalerweise die Farbe des Futters dem Boden an.

Obwohl die Duftstoffe dem Futter einen unverzichtbaren Lockeffekt verleihen, sind die Futterköder mindestens genau so wichtig. Schließlich sollen sie die Fische zum Fressen verleiten und sie auf dem Futterplatz halten. Wenn sich die Brachsen zeitweise auf eine bestimmte Art von Futtertierchen konzentrieren, lassen sie sich selbst mit dem feinsten, ausgewähltesten Futter und den besten Ködern nur schwer zum Biß verleiten. Wenn ein Schwarm jedoch erst einmal Geschmack für einen bestimmten Köder entwickelt hat, kann er von dieser Sorte beträchtlich große Mengen verschlingen. Und viele Fische brauchen viel Futter: Mais, Hanf, Maden, Casters und Würmer sind alle Brassenleckereien höchsten Grades. Gerade der normale Dosenmais gehört ohne Zweifel zu den besten und auch billigsten Ködern. Und gekochter und/oder gemahlener Hanf ist für jeden Brachsen eine einzige große Verführung. Auch Maden sind ein erstklassiger Köder, der Brachsen zu einem Futterplatz lockt. Leider brechen die Futterkugeln zu leicht und zu kaum berechenbaren Zeitpunkten auf, wenn sie zu viele Maden enthalten. Indem man die Maden einfriert, schält oder sie mit den Händen zerknetet, kann man größere Mengen an Tieren hinzusetzen. Gleichzeitig vermeidet man, daß sie wegkrabbeln und im Teig verschwinden. Ich persönlich bin der Meinung, daß die roten Maden besser sind als die weißen. Übrigens sind Casters ein souveräner Attraktor, der die Fische an ihrem Platz hält. Verwenden Sie sie sinkend im Futter und eventuell auftreibend als Hakenköder. Würmer verschiedenster Art sind wohl die klassischsten Brachsenköder. Größere Futterwürmer werden geteilt oder zerhackt, während die kleineren Exemplare der Mixtur im Ganzen hinzugesetzt werden. Welche Futterköder im Gewässer nun am besten funktionieren, hängt ganz vom Angebot und der Nachfrage im See ab sowie von den eventuellen Problemen mit Kleinfischen. Leben vielleicht sehr viele unerwünschte Barsche im Gewässer, sollte man lebende Maden und Würmer als Köder meiden. Möchten Sie den Fang vieler Mini-Rotaugen vermeiden und können vom Boot aus anfüttern, nehmen Sie besser lose Futterköder. Mit ein wenig Erfahrung trifft man in der Regel die richtige Wahl.

Sämtliche genannten Futterköder eignen sich auch hervorragend als Hakenköder. In jungfräulichen Gewässern fangen große Köder, wie große Würmer, Bündel mit kleineren Würmern oder größere Kombinationsköder in der Regel am besten. Je größer der Angeldruck ist oder je kälter das Wasser ist, desto mehr werden die kleineren Köder ihre Stärken zeigen. Zwei bis drei Maden, Casters oder ein kleiner Wurm, können genau die richtige Medizin sein, wenn alles andere versagt. Zum Angeln mit größeren Ködern verwende ich normalerweise Haken mit weiter Öffnung wie den Kamasan B980 in den Größen 10 bis 6. Dagegen eignen sich dünndrähtige »Whiskerbarb«-Haken, wie der B520 oder der B525 mit dem »Microbarb« genannten Miniwiderhaken in den Größen 14 und 12 besser für die kleineren Köder. Indem man die Köder mit diversen Flavours boostet, erhalten sie einen neuen Geschmack und einen neuen Duft. Er kann die entscheidende Wende bewirken, wenn es nur schleppend beißt. Ich konnte es schon häufig erleben, daß auf einen geboosteten Köder direkt nach dem Wurf der Biß erfolgte. Ob nun der attraktive Duft oder das hektische Winden des Wurmes nach dem Kontakt mit dem Flavour den Fisch reizte, kann ich nicht sagen. Schaden kann das Boosten jedoch auf keinen Fall! Darüber hinaus ergeben Brotstücke oder ein kleines Stückchen Pop-Up Foam einen effektiven Pop-Up Effekt.

Gerät und Angelmethoden

Der Brachsen ist nicht gerade für fantastische Drills bekannt. Aber hat man erst einmal Mal das Gefühl eines Kampfs am leichten Gerät erlebt, kann man leicht von diesen Fischen abhängig werden. Der Anhieb gleicht oftmals einem Hänger am Grund, bis die schweren und wippenden Bewegungen den Fisch signalisieren.

Das gewöhnliche Friedfischangeln mit der Pose finde ich für große Brassen nicht sehr praktisch. Das liegt teilweise an den häufig benötigten weiten Würfen. Zum anderen kann zwischen den Bissen eine sehr lange Wartezeit liegen – häufig bedeutet das mehrere Tage. Und möchten Sie vor lauter Starren nicht verrückt werden, ist ein Doppel-Indikator-System die richtige Lösung. Das Angeln mit zwei oder drei Ruten steigert die Chancen auf einen Fisch erheblich, wenn man neue Köder ausprobiert, an neuen Gewässern fischt oder größere Gebiete abdecken möchte. Die passenden Ruten sind 11 bis 12 Fuß lang und besitzen eine Testkurve von 1 bis 1 1/4 lbs. Beispiele für gute Exemplare sind die Tricast »Trophy« mit einer Länge von 11,6 Fuß und einer kräftigen Spitze sowie die Drennan 11 und 12 Fuß »Specialist«. Eine kleine, hochwertige Stationärrolle mit 0,16 bis 0,20 Millimeter starker Hauptschnur macht die Ausrüstung komplett. Achten Sie unbedingt darauf, daß Sie beim Angeln mit großen Ködern den Anhieb nicht zu früh setzen. Gleitmontagen mit einem Hakenvorfach von 50 bis 70 Zentimeter und Blei-/Feedervorfächer mit einer Länge von 10 bis 20 Zentimeter funktionieren in der Regel optimal. Damit der

Fisch den Köder ohne größeren Widerstand nehmen kann, stellen Sie den Backindikator mit genügend Leerweg unter der Rute ein – vielleicht 30 bis 50 Zentimeter.

Mit wachsendem Angeldruck werden allerdings auch die Bisse immer vorsichtiger. Beim Angeln mit großen Ködern und dicken Schnüren wird das Ergebnis dann häufig in vorsichtigen Bissen und abgebrochenen Runs resultieren. Fischen Sie auf einer kleineren Paternostermontage kleinere Köder, können Sie jetzt den Anhieb schneller setzen. Als Alternative können Sie spezielle Bolt-Rigs verwenden. Die besten Erfahrungen machte ich mit Fluchtmontagen, die über relativ lange Vorfächer von 50 bis 70 Zentimetern Länge und Blei/Feedervorfächer mit einer Länge von 10 bis 15 Zentimeter verfügten. Eine andere gute Methode ist die »umgedrehte Paternostermontage« – ein 60 bis 80 Zentimeter langen Bleivorfach und eine Hakenvorfachlänge zwischen 20 und 30 Zentimeter. Diese oder ähnliche Montagen werden häufig von englischen Brassenspezialisten verwendet. Allerdings verwenden sie normalerweise zwei feste oder gleitende Hakenvorfächer. Damit können sie zwei unterschiedliche Köder anbieten. Zum einen läßt sich auf diese Weise der beliebtere Köder herausfinden und zum andern erhöhen sich die Chancen auf einen Biß, wenn gerade wenig geht.

Grundangeln mit Swing- oder Quivertips ist beim Fischen mit kleineren Ködern auf die Nah- und Mitteldistanz während kürzerer Ansitze durchaus brauchbar. Sogar auf längeren Touren kann der Wechsel zu einem Spitzenindikator eine gute Taktik sein, sofern die Fische am Futterplatz sind. Besonders liebe ich dabei die Schwingspitze. Vor allem die ersten vorsichtigen »Heber« und die Sekunden, bevor die Spitze langsam aber bestimmt nach vorn hochsteigt, sind unglaublich spannend. Für das Angeln mit diesem Bißanzeiger setze ich 10 bis 11 Fuß lange Ruten mit einer durchgehenden Aktion ein. Dagegen wähle ich für die Quiverfischerei eine leichte, schnelle 11- bis 12-Fuß-Rute. Sie sollten in der Lage sein, gut gefüllte Feeder und Bleie bis zu 40 oder 50 Gramm zu werfen. Eine 0,16 bis 0,18 mm starke Hauptschnur reicht in der Regel aus, allerdings ist beim Fischen mit schweren Montagen eine etwas stärkere Schlag- oder Hauptschnur absolut notwendig. Montagen des Paternostertyps mit einem Bleivorfach von 20 bis 40 Zentimeter und Hakenvorfächern mit 50 bis 120 Zentimeter sind meist eine gute Wahl. Bei der Feederfischerei bevorzuge ich ein kurzes Hakenvorfach zwischen 50 und 70 Zentimetern, damit der Köder dicht am Futter liegt. Wenn das Wasser frei von Hindernissen ist, können dünne Hakenvorfächer mit einer Stärke von 0,12-0,14 mm häufig über nassen oder trockenen Kescher entscheiden. Dabei macht es keinen Unterschied, ob Sie mit Bolt-Rig oder sensibler Spitze angeln.

Abhängig von der Situation kann auch das Posenfischen sehr gute Ergebnisse bringen. Liegt der Futterplatz nahe genug und sind Fische am Platz, die so wenig wie möglich gestört werden sollen, dann empfiehlt sich durchaus der Schwimmer. Insbesondere beim Laichen der Fische in flachem Wasser kann das Floß ein sicherer Trumpf sein. Dabei kann unter anderem ein »on the drop« im Mittelwasser gefischter Wurm optimal fangen. Insbesondere die männlichen, beim Laichen aggressiven Exemplare greifen gerne einen gut plazierten Köder an. Passend für diese Fischerei ist eine Matchrute mit einer Länge von 12 bis 14 Fuß sowie eine kleine Stationärrolle mit einer 0,14er oder 0,16er Schnur.

Normalerweise ergibt das Angeln mit Wagglers, Antennenposen oder Driftbeaters mit einer normalen Montage für stehende Gewässer – mit dem Haken auf oder genau über dem Grund – die meisten Fische. Und häufig fangen 30 bis 50 Zentimeter weit auf dem Grund liegende Vorfächer am besten. Eine besonders gute Liftanzeige ergibt ein großes Bleischrot in Verbindung mit einer Pose, die wie ein Driftbeater über eine dünne Antenne verfügt.

Taktik

Erfolgreiches Angeln erfordert Präzision und das Beachten vieler wichtiger Einzelheiten. Insbesondere bei Weitwürfen kann das Treffen eines bestimmten Punkts schwerfallen. Vom Boot aus lassen sich eine oder mehrere Markierungen im Wasser setzen, die als Zielhilfe dienen. Zudem können Sie die richtige Wurfentfernung auf der Schnur mit einem Stopper oder einem wasserfesten Filzstift festhalten.

Stehen an einer Stelle übrigens zu viele Fische dicht beieinander, kann ein Anhieb und der vielleicht folgende Drill die übrigen Brachsen erschrecken. Nicht zuletzt ist es unter Umständen sinnvoll, wenn der Angelplatz genügend Platz für mehrere Ruten und mehrere Angler bietet. Denn häufig erweist es sich als sinnvoll, wenn man die Köder über einen Raum von 5 bis 15 Meter verteilen kann. Legen Sie dann noch das Futter diagonal vor das Ufer und kombinieren es eventuell mit einer Futterspur, wächst die Chance, daß passierende Fische den Köder finden. Besteht die Möglichkeit, den Boden zu harken, steigt die Anziehungskraft weiter. In manchen Seen sind langwierig angelegte Futteraktionen nötig, während sich die Fische in anderen Gewässern verhältnismäßig einfach und schnell mit ei-

▲
Gelegentlich kann ein großer Karpfenkescher selbst beim Brassenanglen nicht schaden.

nem bestimmten Köder zum Biß verleiten lassen. Füttern Sie jedoch an, sollten Sie nicht mit Futter sparen und die Stelle dann für einige Stunden total in Ruhe lassen. Passiert dann nach einer gewissen Zeit noch immer nichts, schieße ich in gleichmäßigen Abständen einige kleine Futterkugeln zum Futterplatz. Das steigert die visuelle Attraktion und hält die Stärke des verbreiteten Dufts auf einem gleichmäßigen Pegel. Kennen Sie die voraussichtlichen Beißzeiten, sollte das Füttern einige Zeit vor dem Eintreffen der Brachsen beginnen. Besuchten dann viele Fische den Platz, haben sie mit ziemlicher Wahrscheinlichkeit den größten Teil des Futters gefressen. Bei einer großen Anzahl an Fischen lassen sich die Tiere häufig mit kontinuierlichem, aber vorsichtigem Anfüttern am Platz halten. Damit die Brassen nicht erschrecken, sollte man entweder lose anfüttern oder kleine, leicht zerbröckelnde Kugeln verwenden.

Wie bereits erwähnt, ist der Brachsen ein Fisch, der einen leichten Hang zur Gewohnheit hat. Wenn Sie eine Gewisse Zeit in einem Gewässer gefischt haben, kennen Sie bestimmt die lohnendsten Perioden und besten Stellen im Laufe der verschiedenen Tageszeiten. In vielen Gewässern sind die Großfische in der Nacht am aktivsten, während andere Seen eine gute Fischerei über den Tag verteilt bieten. Die Gewohnheit kann bei einem Fisch so weit gehen, daß er unabhängig von der Jahreszeit nur zu einem ganz bestimmten Zeitpunkt frißt. Das ist auch der Grund dafür, daß ich noch im tiefsten Dezember beim Nachtangeln schöne Brachsen fangen konnte. Das Aufzeichnen der Bißperioden und Fangplätze kann daher für die zukünftigen Ansitze von großem Wert sein.

Die Freßperioden können sehr kurz und markant sein. Egal wieviel Futter sich am Platz findet, kann es zwischendurch sehr schwer sein, die Fische am Futterplatz zu halten. Stehen die Fische bereits an der Stelle, muß der Angler die Zeit sinnvoll nutzen. Läuft gerade eine Bißperiode, lege ich den Fisch sofort in einen Hältersack, damit ich rasch wieder auswerfen kann. Liegt der neue Köder dann wieder im Wasser, habe ich Zeit zum Wiegen, Fotografieren und Zurücksetzen des Fischs. Spannend wird es, wenn auf zwei Ruten gleichzeitig oder direkt hintereinander Bisse kommen – zwei Fische auf einmal unter Kontrolle zu halten, treibt einem wirklich die Schweißperlen auf die Stirn.

Stehen die Brachsen allerdings unter einem starken Befischungsdruck, können sich die Freßgewohnheiten und -zeiten ändern. Außerdem wächst das Mißtrauen gegenüber Anfütterungen. Häufig konnte ich schon erleben, wie sich der Fisch zum Futterplatz locken ließ, aber nicht direkt hineinschwimmt. Fischt man jetzt an der Außenkante des Platzes oder genau davor, lassen sich häufig vereinzelte Fische zum Biß verleiten, während Futter- und Hakenköder direkt auf der Anfütterung liegen bleiben. Es kann in diesen Situationen also ein klarer Vorteil sein, ein oder zwei Ruten vor dem Futterplatz zu fischen. Die reine Swimfeederfischerei ohne Grundanfütterung kann bei scheuen Fischen oder beim Angeln in kaltem Wasser daher genau die richtige Methode sein.

Die besten Fänge erzielt man normalerweise im Sommer und Herbst. Im Sommer sind die Brachsen sehr beißwillig, da sie sich vom Laichgeschäft des Frühsommers erholen müssen. Allerdings fällt ihre Körperform jetzt noch etwas schmäler aus. Im Herbst haben diese Fische dann wieder an Kondition gewonnen und besitzen wieder einen breiten Rücken und sind gut genährt. Der September ist der Topmonat auf Brassen. Jetzt fressen sich die Fische ihre Reserven für den Winter an und es bestehen gute Chancen auf die »Schwergewichtler«.

Brachsen können den Köder auf viele verschiedene Arten nehmen. Obwohl die Bisse normalerweise recht sanft und langsam verlaufen, kommt es auch vor, daß sich die Fische schon während des Absinkens »on the drop« vehement auf den Köder stürzen. Obwohl die Brachsen ihr Futter fast ausschließlich vom Grund aufnehmen, fressen sie gelegentlich auch im Mittelwasser. Wenn sich Fische am Futterplatz befinden und man trotzdem am Grund keinen Biß erhält, ist das Experimentieren mit verschiedenen Vorfachlängen und Angeltiefen angesagt – entweder durch eine andere Einstellung der Pose oder einen Pop-Up-Köder am Bodenblei.

»Schnurbisse«, bei denen die Brassen immer wieder in die Schnur hereinschwimmen, sind für jeden Brachsenangler ein bekanntes und häufig auftretendes Phänomen. Oftmals entlarven sich diese »Bisse« durch schnelle, deutliche Bißanzeigen. Als ich meinen bis heute größten Brassen landete, hatte ich die ganze Nacht zuvor konstant mit Schnurbissen zu kämpfen. Ein paar Stunden vor Sonnenaufgang wachte ich aufgrund des kräftigen Windes in dieser stürmischen und regnerischen Septembernacht auf. Die vielen Schnurbisse ließen keinen Zweifel daran, daß sich am Futterplatz sehr viele Fische tummelten. Die Spannung stieg, als ich in der Dunkelheit deutlich einige rollende Fische über dem Futterplatz hören konnte. Es zeigte sich leider, daß es nur ein Schwarm von Fischen der Ein- bis Zwei-Kilo-Klasse war, die den Futterplatz noch stundenlang heimsuchten. Während dem Morgengrauen verschwanden die kleinen Quälgeister, und ich warf noch einige Futterkugeln ins Wasser. Nur kurze Zeit später verrieten weitere Schnurbisse einige Fische, die sich am Futterplatz eingefunden hatten. Zwei Stunden später bestätigten die folgenden Bisse, daß sich einige größere Exemplare für das Futter interessierten. Schon bald landete ich einen Achtpfünder und mein Puls stand mindestens auf 130. Der nächste Fisch fühlte sich bereits beim Anhieb wie ein schwerer Sack an. Er war schwerer als der Fisch zuvor. Das konnte ich schon zu diesem Zeitpunkt sagen. Nach sechs bis sieben Minuten vorsichtigen Drills am dünnen Vorfach, konnte mein Angelkamerad einen hübschen Großbrachsen keschern. Es war eine goldbraune durchtrainierte Schönheit, die den Zeiger der Waage auf 5350 Gramm zog. »Das Leben ist doch so schön«, dachte ich, als der Fisch wieder zurück in die vertraute Dunkelheit schwamm. *Jörgen Larsson*

Flüsse

Möchte ein Angler gezielt große Brassen auf die Schuppen legen, kann er sein Glück auch in Flüssen versuchen. Stehende Specimenfische leben oft in den nährstoffreichen Auen. Allerdings sollten Sie sich zum Angeln ein Wasser mit begrenztem Fischbestand suchen, denn gibt es zuviel Futterkonkurrenz, können die Brachsen nicht zu ihrer vollen Größe heranwachsen. Insbesondere in Gewässern, in denen Brackwasserbrachsen hochziehen, bestehen Chancen auf größere Exemplare dieses wunderschönen Fisches. Der Laichzug kann bereits im März beginnen, aber in der Regel laichen die Fische erst ab Mitte Mai bis Anfang Juni. Viele Auen besitzen nicht einmal eine ausreichende Nährstoffgrundlage, um die großen Schwärme von laichenden Brassen sättigen zu können. Aus diesem Grund ziehen die meisten Fische nach der Eiablage wieder weg. Jedoch bleiben immer vereinzelte kleine Schwärme zurück. In vielen Gewässern erscheint außerdem im Herbst ein zusätzlicher Zug von Fischen, die im Fluß überwintern. Ist die Au sowohl reich an gutem Futter und besitzt zusätzlich eine Verbindung zum Brackwasser, können Sie hier möglicherweise das ganze Jahr über große Fische fangen. Die schwedische Hagbyau ist ein per-

▲
Große Brachsen leben auch im Fluß.

fektes Beispiel für ein solches Supergewässer. **Mikael Blomkvist** hat in diesem Gewässer über zehn Jahre gefischt und beschreibt im folgenden Text die besten Methoden zum Fang von Strömungsbrachsen:

Die Brassen bevorzugen die breitesten Partien der Au und dabei besonders die stillen oder langsam fließenden Stellen. Einige der attraktivsten Plätze für diese Fische sind Abhänge. Dazu zählen die Prallhänge an den Außenkurven des Flusses und tiefe Löcher. Dazu kommen pflanzenreiche Nebenarme, Pflanzengürtel entlang der verschiedenen Kanten und Gebiete auf dem Grund, in denen ein großes Angebot an Nährstoffen herrscht. Damit meine ich unter anderem weichen Boden mit einem großen Vorkommen von Zuckmückenlarven. Wenn ich meinen Angelplatz aussuche, beschränke ich mich am liebsten auf den unteren Teil des Auensystems, denn hier bestehen größere Chancen, mit den hochziehenden Brackwasserbrachsen in Kontakt zu kommen. Ein guter Ausgangspunkt ist es, immer entlang oder auf Abhängen zu fischen. Beim Angeln auf stationäre und überwinternde Fische im kalten Wasser, suche ich die Tiere normalerweise ziemlich tief im untersten Teil der Abhänge. Unter wärmeren Bedingungen, wie beim Laichen oder im Sommer, sind die Fische in der Regel etwas mobiler und schwimmen auch in höheren Bereichen der Hänge. Dabei empfiehlt sich oft das Fischen vom gegenüberliegenden Ufer aus, was die Fische weniger leicht vergrämt. Das eröffnet im übrigen die Möglichkeit, entlang attraktiver Pflanzengürtel zu fischen.

Beim Angeln in tiefen Löchern gelten, was die Tiefe und die Kälte angeht, die gleichen Regeln wie für die Abhänge. Nebenarme sind bei zu starker Strömung in der Au selbst ebenfalls häufig ein guter Platz. In relativ stillen Gewässern stehen die Fische häufig an den Kanten von Abhängen und Löchern. Wird die Strömung stärker, ziehen die Fische in der Regel jedoch in tiefere Partien des Wassers. Bei wirklich zu kräftigem und turbulentem Wasser fische ich an den Stromkanten zu ruhigerem aber noch immer tiefem Wasser. Zum einen halten sich jetzt hier die

Fische (insbesondere die Laichfische) auf, zum anderen fällt die Bißanzeige an der Quivertip leichter. Das Angeln am frühen Morgen und dem späten Abend ist unter normalen Bedingungen bei recht warmem Wasser am erfolgreichsten. Und kaltes Wetter bringt in der Regel eine gute Tagesfischerei mit sich.

Köder und Anfüttern

Die Brachsen in strömenden Gewässern sind selten wählerisch und lassen sich daher auf eine große Anzahl verschiedener Köder fangen. Zu den besten zählen Mais, Maden, Puppen und verschiedene Würmer. Einer meiner absoluten Favoriten sind »Gozzers«. Gozzers sind Riesenmaden, die aus den Eiern von nachtaktiven Fliegen schlüpfen. Andere gute Köder sind Teig und Brot, das sich auch gut als Pop-Up fischen läßt. In der Regel booste ich den Köder mit einem »Dip« oder Flavour-Spray. Gewisse Köder, wie Mais, sollte der Angler am Tag vor dem Ansitz präparieren, damit sie den maximalen Effekt erzielen. Besonders gute Attraktoren sind: Attracta-»Bream Cream Suprime«, Dickie Carr's »Bream Attractor«, Rod Hutchinson's »Bream Attractor Spray« und im übrigen noch eine lange Reihe von anderen Duftstoffen, wie Scopex, Tutti Frutti, Erdbeere, Vanille und Schokolade.

Je kälter das Wasser wird, desto kleiner sollten die Köder ausfallen. Als Konsequenz daraus können Sie jetzt automatisch kleinere Haken und dünnere Schnüre einsetzen, die eine gute Präsentation sichern. Fischen Sie immer mit so delikatem Gerät, wie nur irgend möglich. Allerdings muß die Hakengröße stets in einem guten Verhältnis zum Köder stehen, was ein sicheres Haken garantiert – fischt man zum Beispiel einen Cocktail mit Mais, Würmern und/oder Maden, können Sie kaum unter eine Hakengröße von 14 oder 16 gehen, wobei sie auch von der Form des Eisens abhängt.

Die Fischerei mit dem Feeder ist meine bevorzugte Anfüttermethode, da man unabhängig von Tiefe und Strömung den Köder immer dicht am Futter zu plazieren kann. Fische ich mit einem offenem Feeder in schwach strömendem oder flachem Wasser, muß eine besonders lockere und leichte Mischung die Fische locken. Schließlich soll sich der Inhalt trotz geringem Wasserdruck gut verbreiten. Beim Angeln in größeren Tiefen oder unter starker Strömung soll der Feeder das Futter erst kurz vor oder auf dem Boden freigeben. Das erfordert wiederum ein schwereres und besser gebundenes Futter. Bricht es erst auf dem Boden auf, können Sie dem Futterkorb ein paar Minuten nach dem Auswerfen einen kurzen, kräftigen Ruck geben. Dadurch rutscht das Futter heraus und verteilt sich rund um den Köder. Wenn ich eine sparsamere und konzentriertere Anfütterung anstrebe – normalerweise früh und spät in der Saison – bevorzuge ich einen geschlossenen Feeder.

Die lose Anfütterung ist insbesondere dann eine gute Technik, wenn sich die Fische bereits am Futterplatz befinden. Das lockt einerseits ungemein und erschreckt die Fische andererseits nicht so leicht. Die Methode eignet sich außerdem sehr gut für das Posenfischen. Mais, Maden, Casters und gekochter Hanf vermeiden dabei optimal eine zu große Verbreitung des Materials.

Als Grundfutter nehme ich gerne eine Mischung grobgemahlenen Basismaterials sowie eine Menge an Futterködern, wie gekochten Hanf. Verwenden Sie beim Anfeuchten der Mischung so weit wie möglich das Kochwasser, da es den Geschmack in das gesamte Futter trägt. Casters im Futter sind ein absolutes Muß. Vergessen Sie nicht die Casters vor dem Angeln ins Wasser zu legen, so daß Sie die schwimmenden Puppen aussortieren können. Mais, Maden oder gehackte/ganze Würmer eignen sich ebenfalls besonders gut als Futterzusatz. Je mehr Fische sich auf dem Futterplatz befinden, desto mehr Futterköder muß man in das Grundfutter mischen. Von allen mir bekannten Grundfuttersorten bevorzuge ich die Fertigmixtur von Van Der Eynde, die es in vielen verschiedenen Versionen gibt. Mit den Kombinationen daraus sind Sie für jede Situation gut gerüstet. In schwach bis mittelstark strömenden Wasser verwende ich je zur Hälfte »Kastaar« und »Secret«, denen ich noch diverse Geschmacksstoffe zugebe.

Zum Fischen in tieferem Wasser und bei kräftiger Strömung benötigen Sie ein gut bindendes Futter. Das erreiche ich mit gleichen Teilen von »Turbo+« und »Secret«. Swed Bait's »Braxen Panka« kann man in schnell und langsam strömenden Gewässern verwenden. Für stille und langsam fließende Gewässer wird es nur ein wenig angefeuchtet und locker zusammengeknetet. Bei stärkerer Strömung durchfeuchte ich das Material gut und knete es mit starkem Druck. Einen zusätzlichen Bindeeffekt erzielt ein wenig Blutpulver.

Gerät und Montagen

Bei allen Formen des Grundangelns auf Brachsen verwende ich 11 oder 12 Fuß lange Feederruten mit weicher Aktion und trotzdem kräftigem Rückgrat. Meine Favoriten sind Drennans Medium Feeder mit einer Länge von 11,6 Fuß und die Tricast Trophy Feeder in der gleichen Länge. Beide Ruten kommen auch mit schweren Feeders und verschiedenen Strömungsverhältnissen zurecht. Die Rolle sollte eine Rücklaufsperre mit minimalem oder null Rücklaufspiel besitzen, so daß sich die Quivertip leichter in die richtige Position spannen läßt. Da ich das »Backwinding« während des Drills an dünner Schnur und kleinem Haken statt der Rollenbremse bevorzuge, besitzt die Qualität der Bremse keine große Bedeutung. In der Regel verwende ich eine Mitchell 440 Match oder die Modelle 410 und 300. Die Shimano Aero ist ebenfalls eine ausgezeichnete Rolle für das beschriebene Vorhaben. Wenn die Grund- und Vegetationsverhältnisse keine großen Schwierigkeiten bereiten, sind Schnüre der Stärken 0,12 bis 0,16 Millimeter passend. Hindernisse können wie immer eine etwas kräftigere Schnur erfordern. Die Hakenwahl hängt im hohen Maße vom Köder ab. So erfordert Mais einen kräftigeren Haken mit weiter Öffnung, während Maden und Casters auf einem kleinen, dünndrähtigen Haken mit engerem Bogen gefischt werden sollten. Einige meiner Lieblingshaken sind der Kamatsu »Barb opened Eye« in den Größen 12 bis 16, Drennan's »Wide Gape Specialist« und »Feeder« in den Größen 12 bis 14 sowie der »Chub« als 12er, 14er und 16er.

Für das Grundangeln verwende ich möglichst einfache Montagen wie ein Standardpaternoster mit einem 30 bis 60 Zentimeter langen Bleivorfach und einem Hakenvorfach von 120 bis 180 Zentimetern Länge. Meine Hauptschnur ist 0,14 mm und das Hakenvorfach 0,12 mm stark. Beide verbinde ich entweder mit einem Knoten oder einem Stahlring. Leben in der Au sehr viele Kleinfische, wie im Frühjahr, sollte ein Bleischrot 20 bis 40 Zentimeter hinter dem Haken das Vorfach belasten. Entsprechend können Sie außerdem das Hakenvorfach auf 50 bis 80 Zentimeter kürzen und es mit einem 1 bis 1,5 Meter langen Bleivorfach fischen.

Fische ich mit der Pose in schwach strömendem Wasser, setze ich einen »Peacock Waggler« ein, den ich »overdepth« fische. Damit schleifen der Köder und das unterste Schrot über den Grund. Das Bißschrot sollte dabei etwa 30 Zentimeter über dem Haken liegen. Normalerweise plaziere ich den Großteil des Gewichts um den Schwimmer herum. Sind weite Würfe erforderlich, greife ich gleich zu einem etwas vorgebleiten Waggler. Unter etwas stärkerer Strömung gehe ich schließlich zum klassischen Trotting mit einem »Big Stick« über, den ich wiederum overdepth fische. Unter normalen Bedingungen bebleie ich die Schnur mit zum Haken hin fallender Schrotgröße. Je stärker die Strömung ist, desto stärker wird der untere Teil der Montage belastet. *Mikael Blomkvist*

6. Döbel

(Leuciscus cephalus)

Der Döbel (ab Bayern südwärts auch Aitel genannt) ist in ganz Europa verbreitet und lebt fast ausschließlich in strömenden Gewässern. Nur in Dänemark kommt dieser Fisch wieder einmal nicht vor. Er wird oft mit dem Aland (Nerfling) verwechselt, von dem sich der Döbel zum Beispiel durch seine im Querschnitt eher runde Körperform und die nach außen statt innen gewölbte Afterflosse unterscheidet. Die Farben des Döbels entsprechen in etwa denen des Alands. Schwanz-, Brust und Rückenflossen sind schwarzgrau mit einer schwach grünen Nuance, während sich die Bauchflossen rot mit einer gelblichen Basis zeigen. Zudem besitzen die Flanken des Döbels meist einen goldenen Schimmer, während die Seiten des Alands sich mehr silbern präsentieren. Das Normalgewicht liegt beim Döbel zwischen 0,5 und 1,5 Kilogramm. Fische über 2,5 Kilo kann man als echte Specimenfische bezeichnen. Maximal erreichen Döbel etwa vier bis fünf Kilogramm. Das bevorzugte Revier des Döbels ist die Barben- und Brachsenregion der Wasserläufe mit nicht allzu langsam strömendem Wasser, unter Umständen findet er sich zudem in stehenden Gewässern. Die Fische laichen im strömenden Wasser im April bis Mai, sie können sich allerdings ebenfalls in Seen fortpflanzen. Der Döbel ist ein Allesfresser, wobei die Palette von Insektenlarven und ins Wasser gefallenen Beeren über Blutegel, bis zu Fröschen und Kleinfischen reicht.

Der Döbel ist für viele Friedfischangler der ultimative Strömungsfisch. Allein der Gedanke daran, an der sich durch die schöne Landschaft schlingernden Au entlangzustapfen und einen langsam treibenden Köder an der freien Leine unter einem überhängenden Baum zu präsentieren, kann im Laufe von Sekunden selbst an den kältesten Winterangeltagen ein starkes Angelfieber auslösen. Im folgenden Text berichtet der Döbelexperte **Niklas Graberg** über seine Erfahrungen mit diesen aufregenden Fischen:

Gespannt und erwartungsvoll saß ich nun da und betrachtete angespannt die Quivertip, die sachte im Takt der Strömungswirbel in der gespannten Schnur hin und her schwankte. Einige Minuten vorher zeigten sich einige kurze Nipper, aber ich war mir nicht sicher, ob es reguläre Bisse waren. Plötzlich bog sich die Rute ruckartig herum. Hätte ich die Hand nicht zufällig aufgrund dieser kleinen Nipper am Griff gehabt, wäre die Rute ins Wasser gerissen worden. Den kräftigen Biß beantwortete ich mit einem mindestens genauso harten Anhieb. Ja, ein fester Fisch! Er unternahm eine kräftige Flucht in die Mitte der Au und nutzte noch zusätzlich den Druck der Strömung. Nach einigen Minuten zeigte er die ersten Ermüdungserscheinungen und kurz darauf konnte ich einen wunderschönen, muskulösen Fisch mit großen schwarzgeränderten Schuppen und einem für seine Größe sehr großen Maul landen. Er wog etwas über 1,8 Kilogramm und nach einigen schnellen Bildern setzte ich ihn vorsichtig zurück. Über das ganze Gesicht strahlend stand ich mitten in dieser wunderschönen Natur und freute mich über meine erste Begegnung mit einem der aufregendsten Friedfische Europas wie ein Schneekönig – den Döbel. Und seit diesem Tag komme ich nicht mehr von diesen faszinierenden Fischen los.

Ein erfolgreicher Döbelfischer wird sich am Wasser immer vorsichtig bewegen. Der Döbel ist von Natur aus sehr scheu und erschrickt schon bei kleinsten Bewegungen und Vibrationen. Höchstwahrscheinlich wird er sich dann längere Zeit auch nicht mehr blicken lassen. Unabhängig von der Angeltechnik sollten Sie daher grundsätzlich ans Wasser schleichen, sich während dem Fischen absolut ruhig verhalten und hektische Bewegungen vermeiden.

Aufspüren

Bei der Wahl des Angelplatzes müssen Sie bedenken, daß der Döbel schattige Verstecke in der Strömung liebt, die ihm das Futter zuspielt. Überhängende Büsche und Bäume bieten sich deshalb optimal zum Fischen an. Weiter finden sich viele Döbel in Bereichen mit vielen Zweigen und Wurzeln im Wasser. Ein anderer Hot-Spot sind scharfe Flußbiegungen, wo die Fische am Ende des Gleithangs (der Innenkurve) im ruhigen Wasser auf Futter warten, das mit dem Wasser der Außenkante herantreibt. Rückströmungen sind weitere Stellen, welche die Aufmerksamkeit des Döbels erregen. Hier sammeln sich enorme Mengen

◀ *Der kräftig gebaute Döbel nahm den Köder am Grund.*

an Futter, unter anderem große Mengen von Laich, Jung- und Kleinfischen. Da ein großer Teil der Nahrung des Döbels aus Kleinfischen besteht, macht das diese Plätze noch um einiges attraktiver. Im Laufe der Zeit stellte ich außerdem fest, daß umfangreichere Rückströmungen häufig größere Mengen kleinerer Fische anziehen, während kleinere Backwater eher von den großen Exemplaren besetzt werden. Einmal mehr empfiehlt sich hier das Anbieten des Köders an der Strömungskante, wo er sich durch die Strömung natürlich bewegt.

Unterspülte Ufer dürfen ebenfalls als gute Döbel-Standplätze gelten. Plazieren Sie den Köder so dicht wie möglich am Gewässerrand und warten Sie den Biß ab, wenn der Fisch schließlich sein Versteck verläßt. Da sich der Fisch hier sicher fühlt, erlebt man häufig heftige Bisse.

Langsam fließende Strecken ohne besondere Strukturen sind nicht gerade die Stellen, an die man beim Begriff »Döbelangeln« denkt. Häufig eröffnen jedoch gerade sie die Chance auf den Döbel des Lebens. Dies liegt vermutlich daran, daß die größeren Döbel keine Energie damit verschwenden wollen, ständig gegen die Strömung zu schwimmen. Finden Sie an so einer Strecke zudem ein tiefes Loch, sollten Sie unbedingt einen Versuch wagen. Größere Brücken ziehen ebenfalls große Döbel an. Sie spendet den Fischen Deckung und hinter den Brückenpfeilern zusätzlich Schutz vor der Strömung.

Im Sommer bieten außerdem die verschiedenen Pflanzengürtel gute Verstecke. Jedoch erfordert das Angeln hier eine hohe Präzision, da sich die Montage sehr leicht in den Pflanzen festsetzt. Beherrscht der Angler die Technik jedoch erst einmal, kann er um so häufiger den Lohn für seine Mühe drillen.

Auf der Suche nach Fischen und neuen Angelplätzen kann ein Kanu eine große Hilfe sein. Vom Boot aus ist es leichter, die Fische nicht zu erschrecken. Außerdem lassen sich Details und Fische am Grund erkennen, die man vom Land aus niemals gesehen hätte – vergessen Sie generell nicht Ihre Polaroidbrille.

Köder

Kaum ein anderer Fisch läßt sich mit so vielen, teils völlig unterschiedlichen Ködern fangen wie der Döbel. Brot ist ohne Diskussion mein Döbelköder Nummer Eins und durch die Jahre habe ich darauf unzählige Fische fangen. Mit der hellen Farbe und seinem guten Auftrieb zieht er schon alleine durch sein Aussehen sofort die Aufmerksamkeit auf sich. Auch die Kruste und das Innenleben des Brotes sind gute Köder. Der Döbel kann unglaublich gierig sein, weshalb große Stücke bestimmt den einen oder anderen Biß mehr bringen. Und zu kleine Köder führen sowieso zu stärkeren Problemen mit Kleinfischen. Wenn im Gewässer bereits sehr viel mit Brot gefischt wird, können Sie zur Abwechslung etwas Geschmacksstoff hinzusetzen. Ich erzielte gute Erfolge mit Fischduft, was Experimente in andere Richtungen aber keinesfalls ausschließt. Als Haken bevorzuge ich relativ große Modelle, wie den Kamasan B983 Wide Gape, der ein sicheres Haken garantiert.

Auch Mais ist ein sicherer Döbelköder. Die kräftig gelbe Farbe und der süßliche Duft zieht die Döbel wie ein Magnet an. Im Sommer sind vier Maiskörner auf einem 6er-Haken die richtige Wahl, im Winter sollte man jedoch weniger Körner auf einem kleineren Eisen fischen. Wenn ich mit Mais fische, füttere ich ausschließlich mit Mais lose an. Übrigens fängt der eingefärbte und mit Geschmacksstoffen verbesserte Mais von Pescaviva dabei außergewöhnlich gut. Meine persönliche Wahl sind die Geschmacksrichtungen Käse, Scopex, Tutti Frutti und Fisch.

Zu den absoluten Klassikern unter den Döbelködern zählt ganz sicher Käse. Die gewählte Sorte sollte so fest sein, daß sie im Wurf nicht vom Haken fällt. Die widerstandsfähigsten Käsesorten sind leider meistens die mit dem schwächsten Geruch und die kräftig duftenden Arten fangen eindeutig besser. Immerhin besitzen auch nicht so stark riechende Käsesorten eine sehr starke visuelle Attraktion. Schneiden Sie aus dem Käse einen etwa 3x2 cm großen Würfel, den der Haken nur am Rand aufspießt. Schließlich soll er den Fisch sicher fassen.

Möchten Sie den Vorteil von sehr stark riechenden aber auch äußerst weichen Käsesorten nutzen, können Sie den Käse zu Teig verarbeiten. Meine Lieblingspaste besteht aus dem weichsten Schimmelkäse, den ich im Käseladen finden konnte, kombiniert mit Parmesankäse. Diese zwei Zutaten werden so lange gut gemischt, bis die Mixtur eine passende Härte besitzt. Die Kugeln lassen sich entweder direkt auf dem Haken fischen oder auf ein Haar montieren. Für das Angeln mit Hair-Rig nehme ich ein Silkworm-Vorfach, vor allem bei vielen Hindernissen im Wasser. Das HPPE-Vorfach verleiht dem Ganzen eine schöne Geschmeidigkeit und ermöglicht eine gute Präsentation. Nicht zuletzt sorgt es dafür, daß der Döbel das Vorfach mit seinen kräftigen Schlundzähnen nicht durchtrennt, sollte er den Köder einmal tiefer schlucken. Normalerweise fische ich mit einem möglichst kurzen Haar, womit ich auch meinen größten Döbel fing. Der Köder war damals eine walnußgroße Käseteigkugel – also keine Angst vor großen Ködern, solange die Hakenspitze ordentlich frei liegt.

Krabben bilden durch ihren Duft und ihre Farbe einen der sichersten Döbelköder, den man überhaupt finden kann. Leider vergreifen sich auch viele andere Fischarten an dem Köder. Darüber hinaus sind Dosenschinken und Frühstücksfleisch wirklich sichere Köder. Eine Dose davon reicht für eine kurze Tour vollständig aus. Als gute Alternativen zu den bereits genannten Ködern möchte ich außerdem Maden, Puppen, Waldschnecken, Boilies, Hundesnacks, Kleinfische, Krebse, Kirschen, Insektenlarven, Speck, Würstchen, Bohnen, Spaghetti, Grashüpfer und Muscheln nennen – Mahlzeit!

Anfüttern

Abhängig von der Wassertemperatur füttere ich eigentlich immer nach einem der drei folgenden Prinzipien an. Wenn das Wasser kalt ist, verwende ich ausschließlich Swimfeeder. Die Futterkörbchen belade ich mit Brot, gekochtem Hanf oder Maden und verschließe sie mit einer Grundfuttermischung. Als Alternative bietet sich ein geschlossener Feeder an, fischt man nur mit Maden. Bei besonders kalten Wassertemperaturen sollten Sie wie immer wenig füttern. Deshalb sollte der Feeder nicht vor jedem Wurf befüllt werden.

Steigt die Wassertemperatur, wähle ich zwischen zwei Anfütter-Techniken, wovon die eine mit losem, gekochtem Hanf funktioniert. Hanf ist ein sehr guter Döbel-Attraktor, der die Fische fast unmöglich überfüttert. Und zwei bis drei Liter decken den Tagesbedarf vollkommen ab. Dieser Köder ist besonders dann sehr effektiv, wenn er einige Tage lang in einer Lauge ziehen konnte. Riecht es dann etwas säuerlich, sollten Sie sich nicht darum kümmern. Döbel lieben es einfach!

Statt Hanf können Sie auch aufgeweichtes Weißbrot oder »Mashed Bread« verwenden. Hierzu zerrupft man ein Weißbrot und läßt es einweichen. Kneten Sie das Wasser mit den Händen oder besser einem Handtuch aus dem matschigen Brot und fertig ist der perfekte Döbelköder. Aufgeweichtes Weißbrot ist ein wunderbares Futter, da sich das Brot in alle Tiefen verteilt und mit der Strömung eine lockende Spur legt.

Grundangeln

Als Rute zum Grundangeln auf Döbel setze ich generell auf eine etwa 11 Fuß lange Quiverrute mit gutem Rückgrat, wobei ich am liebsten meine »Tricast Trophy« mit 11,6 Fuß ans Wasser nehme. Bei stärkerer Strömung fällt die Wahl jedoch auf eine 11 Fuß lange »Drennan Specialist«, da sie über eine stärkere Spitze verfügt. Als Rolle verwende ich eine kleine Stationärrolle, wie die Shimano Aero GT mit einer 0,20er-Schnur.

In den Frühjahrs- und Sommermonaten muß man sehr mobil sein. Fischen Sie auf jedem Platz nur eine halbe Stunde. Hat sich dann an der auserwählten Stelle nichts ergeben, ziehen Sie einfach weiter zum nächsten Hot-Spot. Wenig Gepäck erleichtert dabei das Absuchen längerer Uferstrecken, ohne müde zu werden, wobei am besten ein kleiner Rucksack mit »eingebautem« Stuhl die nötigsten Gerätschaften aufnimmt. Im Herbst und Winter sollten Sie etwas länger an jedem Platz bleiben.

Das Einfachste und Effektivste ist häufig eine einfache Paternostermontage mit einer Hakenvorfachlänge von zirka einem Meter und einem etwa 20-Zentimeter-Bleivorfach. Abhängig von der Größe des Köders können Sie Hakengrößen zwischen 10 und 2 einsetzen. Die Größe des Bleis wird der Strömungsstärke so angepaßt, daß es sich akkurat am Boden hält. Mit verschiedenen Bleien zwischen 20 und 35 Gramm ist man für die meisten Situationen gut gerüstet (Anm. d. Red.: Manchmal reichen jedoch schon zehn oder weniger Gramm aus, wobei die leichten Gewichte beim Aufschlag viel weniger Lärm verursachen). Als Alternative kann man Putties etwa einen Meter vom Haken entfernt auf die Hauptschnur um einige Posenstopper herum modellieren. Bei veränderten Strömungs- oder Angelverhältnissen lassen sie sich beliebig verschieben. Diese Montage eignet sich perfekt für schnelle Wechsel zwischen dem Grund- und Oberflächenangeln, wenn es nötig sein sollte. Schließlich kann man das »Knetblei« innerhalb von wenigen Sekunden abreißen und mit der freien Leine fischen. Ein gutes Beispiel für die Effektivität dieser Methode erlebte ich während einem Angelausflug im Frühjahr, den ich vor ein paar Jahren unternahm: Nachdem ich etwa drei Kilometer der Au mit Grundködern ohne größere Erfolge abgefischt hatte, wollte ich den Abend mit einigen Würfen in einer kleinen Rückströmung abschließen. Ich plazierte das Brot auf dem Grund an der Strömungskante, doch nichts passierte. Es wurde bereits dämmrig, als sich plötzlich ein großer, schwerer Döbel zehn Meter stromab auf ein Stück schwimmendes Brot stürzte. Kurze Zeit danach nahm der gleiche Monsterfisch wieder ein Stückchen. Allerdings schwamm er jetzt nur noch zwei Meter vor mir. Vorsichtig holte ich meine Grundmontage ein, riß das Putty ab und plazierte ein

Stückchen schwimmendes Brot nur einen halben Meter vom Land entfernt im Wasser. Das Brot drehte sich in einem Wirbel und war nur einen Meter von mir entfernt, als ein wirklich großes Maul es einschlürfte. Nach einem heftigen Drill an der kurzen Schnur konnte ich einen fantastischen Döbel mit einem Gewicht von 2,575 Kilogramm landen. Ein herrlicher Abschluß für diesen Tag!

Wenn eine starke Strömung vorhanden ist, verringert beim Grundangeln die so hoch wie möglich gehaltene Rutenspitze den Strömungsdruck auf die Schnur. Erhalten Sie keine Bisse, sollten Sie das Vorfach verlängern, damit sich der Köder lockender in der Strömung bewegt.

Achten Sie bei der Bißanzeige immer auf noch so kleine Bewegungen in der Rutenspitze. Oftmals zeigt sich nur ein schwaches Zittern, bevor der Fisch den Köder ganz ins Maul nimmt. Bleiben reelle Bisse aus, kann man den Fisch häufig durch das Angeln mit der freien Leine zu einem ordentlichen Biß verleiten. Diese Technik eignet sich auch gut für schwere Köder, die ohne zusätzliche Beschwerung leicht am Boden bleiben. Eine Wegschnecke oder ein Stückchen Käse, das langsam über den Boden treibt, kann eine richtige Killermethode auf Döbel sein. Die beste Möglichkeit zum Registrieren von Bissen funktioniert mit den Fingern. Sie ertasten auch den leisesten Zupfer, während die Schnur von der Spule läuft. Der Biß fühlt sich schließlich wie eine Folge kurzer Rucke oder ein leichtes Spannen der Schnur an.

Posenfischen

In den warmen Monaten ist der Döbel am aktivsten und das Floßangeln oft um ein Vielfaches effektiver als die Grundrute. Eine 13 Fuß lange Matchrute und eine kleine Stationärrolle mit weicher Bremse sind dafür die richtigen Partner. Am liebsten nehme ich eine Achsenrolle (Centrepin), da sie völlig ruckfrei Schnur freigibt, wenn der Schwimmer den Fluß hinunter treibt. Mit einer Auswahl von Avon-, Pacemaker oder Chubberposen mit einer Tragkraft von 3 bis 5 AAA ist man für die meisten Köder und Situationen sehr gut gerüstet.

Allerdings können zu viele Wasserpflanzen zu Problemen führen. Man sollte seinen Angelplatz deshalb mit Umsicht aussuchen. Versuchen Sie die Bahn der Pose stromab vorauszusehen, bevor es zu spät ist. Durch das Trotting können Sie eine Strecke bedeutend effektiver abfischen, als es mit Grundködern möglich wäre. Schließlich sucht der Schwimmer eine viel größere Strecke ab, und bei zurückgestoppter Pose schwingt der Köder durch den Strömungsdruck weiter nach oben, womit er schließlich verschiedene Wassertiefen absucht und gleichzeitig die Fische zum Biß reizt. Außerdem kann er auf diese Weise leichte Untiefen oder Pflanzen am Grund ungestreift überwinden. Insgesamt sollten Sie die Schnur so gut wie möglich kontrollieren und den Köder sehr natürlich anbieten. Die beste Präsentation erreichen Sie mit dem Hauptgewicht etwa 60 Zentimeter über dem Haken und einem Bißschrot rund 30 Zentimeter weiter unten. Beginnen Sie mit dem Abfischen Ihrer Uferseite und arbeiten sich dann so lange schrittweise vor, bis der Köder den ganzen Fluß bis zum anderen Ufer absuchen konnte – natürlich setzen sehr breite Gewässer dabei gewisse Grenzen.

Wenn ich nicht gezielt auf einen Fisch angle, wechsle ich normalerweise den Platz nach dem Fang von ein oder zwei Fischen. Da man beim Trotting sowieso größere Gebiete abfischt und den Fischen früher oder später bestimmt begegnet, lohnt sich das Anfüttern kaum. Wenn ich mit Futter arbeite, dann möchte ich nur die Aufmerksamkeit und den Appetit des Fischs wecken, ihn jedoch nicht am Angelplatz halten. Aufgeweichtes Brot eignet sich dafür optimal.

Mit der freien Leine an der Oberfläche

Wie mit der obigen Erzählung bereits erwähnt, ist das Angeln mit der freien Leine und Schwimmbrot eine der packendsten Techniken auf Döbel. Für Leute mit schwachen Nerven ist diese Fischerei allerdings nicht geeignet. Der Fisch steigt langsam empor und saugt dann gierig das Stückchen Brot ein – oder auch nicht. Das Gerät ist das gleiche wie beim Posenangeln, jedoch ist der Vorteil der Centrepin-Rolle noch ausgeprägter. Darüber hinaus benötigen Sie noch Haken in den Größen 4 und 2 sowie ein paar Stückchen Weißbrot. Wenn Sie die Fische lokalisiert haben, werfen Sie drei bis vier Stücke Brot ins Wasser und lassen sie stromab treiben. Folgen Sie ihnen mit den Augen und achten Sie genau darauf, ob irgendwelche Fische Interesse zeigen. Wiederholen Sie diesen Vorgang, bis den Fischen die Brotstücke so vertraut sind, daß sie sie ohne Zweifel und Mißtrauen nehmen. Lassen Sie sich noch etwas Zeit und warten eventuell sogar ein paar Minuten, bis Sie den Hakenköder auswerfen. Sorgen Sie dafür, daß er so natürlich wie möglich über die Fische hinwegtreibt. Normal sinkende Nylonschnüre können dabei schwer zu kontrollieren sein, da sie bei zu viel Leine

▶ *Niklas Graberg setzte erfolgreich auf eine Posenmontage.*

im Wasser leicht sinken. Dadurch entsteht ein unnatürlicher Gegenzug am Köder. Das Sinken läßt sich gut durch Einfetten der Schnur verhindern. Wenn die Hauptschnur 100prozentig schwimmt, kann der Angler sie viel einfacher aus dem Wasser heben und erreicht damit eine hervorragende Schnurkontrolle. Fischen Sie in einer Strecke mit flachem Wasser, können Sie sich mit Watstiefeln sogar der Strömung entsprechend in den Fluß stellen, was die Schnurkontrolle noch weiter verbessert. Natürlich muß auch das Waten so leise wie möglich vor sich gehen.

Sollten sich die Fische gegenüber Brot als scheu erweisen, können Sie es mit einer Zwei-Hakenmontage mit zwei verschiedenen Ködern probieren. Den vorderen Haken fischen Sie mit Schwimmbrot, während ein sinkender Köder, wie ein Wurm oder Käse, einen Seitenarm schmückt. Der Fisch wird durch das Brot zum Steigen angeregt. Da es für den Fisch jedoch offenbar eine Gefahr symbolisiert, nimmt er lieber den sinkenden Köder. Das Brot fungiert dann gewissermaßen als Pose und geht unter. Eine andere gute Methode für gegenüber Standard-Oberflächenködern scheu gewordene Fische ist es, die Brotkrume zusammenzudrücken. Dadurch wird sie langsam sinken. Wenn der Köder dann über den Fisch treibt, befindet sich die Krume gerade kurz unter der Oberfläche. Das bringt selbst in schwierigen Situationen noch so manchen Biß. Bei klarem Wasser kann der Fischer den Biß mit einer Polaroidbrille direkt sehen, in trübem Wasser oder ein gutes Stück stromab signalisieren Bewegungen der Schnur das Zupacken des Döbels. Setzen Sie beim geringsten Zug sofort einen Anhieb.

Der Döbel beschert dem »Specimen-Hunter« übrigens eine ganzjährige Fischerei, solange das Wasser weitgehend eisfrei ist. Viel Spaß! *Niklas Graberg*

7. Aland

(Leuciscus Idus)

Der ab dem süddeutschen Raum auch Nerfling genannte Aland kann ein Gewicht von vier bis fünf Kilogramm erreichen, aber die Exemplare von ein bis zwei Kilo sind eher an der Tagesordnung. Der Rücken dieses Fisches ist graugrün, die Seiten sind silberfarben mit einem gräulichen Schimmer. Der Aland unterscheidet sich vom Döbel wie zu Beginn des vorigen Kapitels erklärt. Und die gelbliche Iris des Aland unterscheidet ihn problemlos vom Rotauge. Das Verbreitungsgebiet des Nerflings erstreckt sich vom Rhein im Westen über Nord- und Zentraleuropa bis in den Ural. Obwohl der Aland mehr oder weniger stationär in stehendem Wasser leben kann, ist er ein typischer Wanderfisch, der den größten Teil seines Futters und seines Lebens im Brackwasser frißt und lebt und nur zum Laichen in die Flüsse zieht und dort auch überwintert. Versperren Wehre die Wanderwege oder lebt er in großen Flüssen, verbringt der Fisch auch das ganze Jahr im Süßwasser. Das Laichgeschäft beginnt schon bei Temperaturen von 7 bis 12 Grad Celsius, vorzugsweise jedoch zwischen 12 und 16 Grad. Der Laichzug beginnt im März, die Eiablage selbst geht allerdings oft erst Mitte April an Stellen mit Kiesgrund, guter Strömung und geringer Tiefe vor sich. Im Süßwasser frißt der Aland Krebstiere, Zuckmückenlarven, Schnecken und Muscheln sowie ab und zu auch Pflanzenteilchen. Im Brackwasser ernährt er sich hauptsächlich von Schnecken und Muscheln. Größere Alande lassen sich auch Jungfische und Laich nicht entgehen.

Frederik Stjärnkvist ist ein passionierter Aland-Freak. Auf den folgenden Seiten gibt er Ihnen eine Menge guter Tips:

Das Angeln auf den Aland ist sowohl unterhaltend als auch spannend. Insbesondere der zeitige Frühjahrszug dieser Fische an manchen Flüssen ist ein Naturerlebnis erster Klasse. Und es passiert genau dann, wenn man nach dem anglerischen Zölibat des Winters nach Fischen nur so giert. Und vor, während sowie nach dem Laichen sind die Fische extrem bißwillig. In Auen findet man sie häufig entlang von Strömungskanten und in der Nähe von Nebengewässern. In der Regel wird man auch immer dort Fische finden können, wo sie Futter und Schutz vor Raubfischen finden.

Möchten Sie den Aland in den Sommermonaten im Brackwasser fangen, bedeutet das Aufspüren der Fische schon etwas Arbeit. Stehen jedoch ein Boot und ein gutes Auge zur Verfügung, ist es doch gar nicht so schwer. Bei ruhigem Wetter und mit ein wenig Geduld wird man mit einer Polaroidbrille oftmals schon mit dem bloßen Auge die Fische sehen. Ein sicheres Zeichen ist im übrigen auch, wenn sie an der Oberfläche ihr Futter nehmen, was einfacher bei leichtem Wind festzustellen ist. Zeigt sich überhaupt nichts, kann ein Lockversuch mit ein wenig schwimmendem Brot nicht schaden. Der Erfolg zeigt sich, wenn die Fische mit lautem Platschen über die Köder herfallen. Der Aland ist ein gieriger Fisch und mit

▶ *Zwei Maiskörner unter der Pacemaker-Pose verleiteten den großen Aland zum Biß.*

ein wenig Glück wird man den Fisch bei der Jagd unter anderem auf Tobiasfische beobachten können. Im Meer oder im Brackwasser liegen die besten Angelstellen häufig in Häfen sowie an Flußmündungen, Steinriffen oder ähnlichem.

Köder und Anfüttern

Meine Lieblingsköder sind ohne Zweifel Mais und Maden. In Verbindung mit dem Angeln auf laichschwere Fische, bevorzuge ich Maden. Schließlich bevorzugen die Fische bei ihrem anstrengenden Aufstieg doch etwas kleinere Köder. Den Rest der Saison verwende ich meistens Mais – häufig auch einen Mais/Maden-Cocktail. Wurm und Brot sind allerdings auch vortreffliche Köder. Brot kann insbesondere in den Sommermonaten ein sehr guter Köder für die Oberflächenfischerei sowohl im Fluß als auch im Meer sein. Für größere Köder bevorzuge ich den Kamasan-Haken »Wide Gape Specialist« (B983), der sich mit seinem weiten Bogen in den Größen 10 und 8 vortrefflich für das Angeln mit Mais und Brot eignet. Für das Fischen mit Würmern verwende ich Kamasan's »Specimen« (B980) in den Größen 12 und 10, für Maden wähle ich in den meisten Fällen Kamasan B440 und B525 in den Größen 14, 12 und 10.

Bei der Frühjahrsfischerei pflege ich nicht anzufüttern. Denn steht der Standplatz der Alande erst fest, ist Füttern eigentlich überflüssig. Schließlich treten die Fische in der Regel nur in gepflegten Haufen auf. Außerdem können Sie im kaltem Wasser sowieso sehr leicht überfüttern. Zu anderen Zeitpunkten des Jahres kann man wieder besser füttern, um die Fische am Platz zu halten. Der Aland ist nur selten wählerisch, und ich konnte eigentlich nie einen großen Unterschied in der Effektivität verschiedener Zutaten bemerken. Hauptsache das Futter enthält jede Menge an Ködern. So sollten zum Beispiel Mais, Maden, Casters oder »Mashed Bread« in großen Mengen nicht fehlen.

Posenangeln

Für das Fischen mit dem Schwimmer auf Alande setze ich eine kräftige Matchrute ein, wie die Drennan Tenchfloat. Das recht starke Gerät benötigen Sie einerseits für den Drill in stärkerer Strömung und zum anderen für die teilweise in stillstehendem Wasser/Brackwasser nötigen weiten Würfe mit großen Antennenposen. Das Trotting mit einem Avon- oder Balsafloß ist in einer guten Strömungsstrecke absolut erfolgreich. Der Hauptteil der Beschwerung liegt dabei 50 bis 100 Zentimeter vom Haken entfernt. Plazieren Sie ein Bißschrot 15 bis 20 Zentimeter vom Haken entfernt sowie ein paar kleine Schrote weiter hoch bis zum Hauptgewicht. Für das Angeln im Brackwasser oder in stehenden Rückströmungen weiter draußen bevorzuge ich ein großes Antennenfloß oder einem soliden Waggler, wobei ich den Hauptteil der Bebleiung um das Floß herum konzentriere. Für besonders weite Würfe hält der Fachhandel verschiedene »Megaposen« bereit. Als gutes Beispiel möchte ich die Drennan Crystal Missile mit einer Tragkraft von 6 bis 12 Gramm nennen, die sich gut für das Angeln vor Flußmündungen eignet. Als Hauptschnur wähle ich normalerweise die Siglon Tournament in Stärken von 0,18 bis 0,23 Millimeter. Solange am Grund nur wenige Steine, Wasserpflanzen oder andere Hindernisse liegen, können Sie mit der Schnurstärke noch weiter heruntergehen.

Grundfischen

Besonders wenn starke Strömung eine ordentliche Präsentation und Kontrolle des Schwimmers unmöglich macht, kommt die Grundrute zum Zug. Und passive Fische lassen sich gerade mit dem ruhig liegenden Grundköder verführen.

Generell bevorzuge ich auch auf Nerflinge einfache Grundangel-Methoden. Eine einfache, feste Paternostermontage mit einer Hakenvorfachlänge von 25 bis 40 Zentimeter und ein etwa 50 bis 60 Zentimeter langes Bleivorfach bilden in der Regel die Basis. Als Rute und Bißanzeiger verwende ich eine kräftige Quiverrute, wie die Drennan Medium Feeder oder die Tricast Trophy mit einer Länge von 11' 6" Fuß. Die Hauptschnur wähle ich gegenüber dem Posenangeln etwas stärker. Aufgrund von möglichen Berührungen mit Steinen, Ästen oder ähnlichem am Boden, fische ich mit 20er bis 25er Siglon Tournament. Damit läßt sich die Montage noch immer sauber präsentieren.

Oberflächenangeln

Im Prinzip entsprechen Gerät und die Technik in der Strömung dem Angeln mit Schwimmbrot auf Döbel, wie im entsprechenden Kapitel beschrieben. Der einzige Unterschied liegt in den Hakengrößen zwischen 6 und 10, die besser zum kleineren Maul der Alande passen. Beim Angeln in Flußmündungen und im Brackwasser sieht das Angeln jedoch etwas anders aus. Hier benötigen Sie normalerweise etwas längere Würfe, weshalb ein »Controller« einleuchtende Vorteile bringt: man wirft weiter, kann den Köder besser

▶ *Höchst beachtliche 2,6 Kilo bringt dieser Aland von Peter Grahn auf die Waage.*

im Auge behalten und kann die Schnur besser kontrollieren. Das beste Resultat ergibt meist eine Vorfachlänge von 150 bis 200 Zentimeter. Im Gegensatz zum Fischen in der Strömung eines Flusses, muß im weitgehend stehenden Wasser an der Küste der Wind den Köder zum Fisch bringen. Angesichts des viel längeren Vorfachs und den größeren Entfernungen, empfiehlt sich für das Werfen und den Anhieb gleichermaßen eine längere Rute von 12 bis 13 Fuß. *Frederik Stjärnkvist*

8. Rotauge/Plötze

(Rutilus rutilus)

Die Plötze ist leicht an ihrem silberblanken Glanz sowie den roten Augen und Flossen zu erkennen. Die Verbreitung des auch Rotauge genannten Fisches erstreckt sich von ganz Nord- und Mitteleuropa bis ein gutes Stück nach Zentralasien hinein. Man kann den Fisch sowohl in stehenden Gewässern als auch langsamer strömenden Flüssen antreffen.

Zudem kommt die Plötze in Brackwassergebieten mit einem Salzgehalt von unter 14 Promille vor, wobei sie zum Laichen ins Süßwasser zieht. Laichreife Männchen tragen jetzt ähnlich den Brassen-Milchnern einen deutlichen Laichausschlag. Die Eiablage geschieht im April, wenn die Wassertemperatur über 10 bis 12 Grad steigt. Obwohl das Rotauge große Mengen an Zooplankton, Kleinschnecken und Insektenlarven frißt, zählt es zu den am besten auf totes, organisches Material (wie abgestorbene Pflanzenteile) spezialisierten Karpfenfischen. Kleinere Plötzen suchen ihr Futter oft entlang des Ufers, im Mittelwasser oder an der Oberfläche, während die größeren Exemplare primär den Grund in tieferem Wasser absuchen. Das Durchschnittsgewicht liegt in guten Gewässern normalerweise bei 200 bis 500 Gramm mit einem Maximalgewicht um ein Kilogramm. In besonders guten Gewässern kann das Durchschnittsgewicht knapp ein Kilo und das Maximalgewicht 1,5 bis 2 Kilo betragen.

Für viele Petrijünger ist die Plötze der erste Fisch, mit dem man Bekanntschaft schließt. Viele von Ihnen verbrachten bestimmt auch Stunden an der dorfeigenen Brücke mit dem Anfüttern von Plötzen, während die Eltern herauszufinden versuchten, warum der Filius die Schule schwänzte oder sich vor Hausarbeit und Abwasch drückte. Kleine Rotaugen stürzen sich ohne größere Skrupel auf alles was sie finden. Es war damals ziemlich egal, was man ihnen vorsetzte. Aber große Plötzen sind genau das Gegenteil. Es kann unglaublich schwer sein, diese »Biester« zum Biß zu bewegen. Sie sind sehr scheu und wählerisch und deshalb eine der großen Herausforderungen für jeden Friedfischangler. Häufig erfordert das Angeln eine perfekte Köderpräsentation und eine genaue Planung, um überhaupt mit diesen Feinschmeckern in Kontakt zu kommen. Auf den folgenden Seiten erzählt **Niklas Graberg** über seine Erfahrungen mit kapitalen Rotaugen:

Seen und Flüsse mit großen Plötzen lassen sich mindestens so schwer finden, wie die Silberlinge an den Haken gehen. Ich suche vorzugsweise nach nährstoffreichen Seen mit kristallklarem Wasser und einem ordentlichen Bestand von gut gewachsenen Hechten. Ein großer Raubfischdruck ergibt einen kleinen Rotaugenbestand, dem jedoch reichlich Futter zur Verfügung steht. Auch der pH-Wert des Wassers spielt eine große Rolle. Saure Seen beherbergen häufig große Plötzen, da sie sich hier schwerer reproduzieren und die wenigen Tiere wiederum mehr zu Fressen finden und entsprechend gut abwachsen. Man findet die großen Exemplare aber auch in Gewässern mit einem normalen Nahrungsangebot, in denen der pH-Wert etwa bei 7 bis 9 liegt. Und fangen Sie in einem Gewässer viele kleine Exemplare, beherbergt es wahrscheinlich kaum die gesuchten Kapitalen.

Am liebsten beginne ich mit dem Angeln in Seen entlang steiler Abhänge, an denen die Rotaugen häufig auf der Suche nach Futter entlangschwimmen. Und wenn Sie einen Platz mit starker Unterströmung gefunden haben, stehen mit Sicherheit große Plötzen in der Nähe. Denn die Unterströmung führt entweder Futter mit sich oder wirbelt es an einer Stelle auf. Leider lassen sich solche Stellen nur recht schwer finden. Eine große Hilfe hierbei kann es sein, am See umherzugehen und das Gebiet mit einem leichten Feeder abzusuchen. Herrscht eine starke Unterströmung, spüren Sie in der Regel den Zug am Feeder, wenn er über den Boden treibt. Man kann solche Stellen aber auch durch das Aufspüren besonderer Verhältnisse und Strukturen finden. Denn Unterströmungen können an steilen Hängen, Kanten von Plateaus und anderen »Features« entstehen, wenn starker Wind weht. Aus dem gleichen Grund sammeln sich die Fische bei schon länger anhaltendem, auflandigem Wind häufig in Buchten.

Hauptsächlich fische ich in den Abend- und Nachtstunden, in denen die Fische normalerweise in flacheres Wasser ziehen. Als gutes Beispiel kann ich einen sauren See anführen, an dem ich vor ein paar

▲
Tony Davies-Patrick und ein wirklich kapitales Rotauge.

Jahren länger auf Rotaugen fischte. Als Angelplatz hatte ich mir eine Sandbank mit einer Wassertiefe von 1,5 Metern ausgesucht, die sich quer über den See erstreckte. Die Tiefen rund um die Erhebung lagen bei drei bis vier Metern. Die ersten Bisse kamen immer am Abend so um halb neun, gefolgt von einer heftigen, ein paar Stunden andauernden Bißperiode. Die Fische bissen so genau um diese Zeit, daß man die Uhr danach hätte stellen können.

In strömendem Wasser suchen die Fische oft die langsam fließenden Strecken ohne die geringste Form von Pflanzenwuchs auf. Nebengewässer beherbergen häufig große Fische aller Arten, was auch für die Plötze gilt. Die Rückströmungen bringen oft die größten Fische und liegen häufig hinter großen Pflanzengürteln oder Flußinseln. Generell lassen sich die Fische im Fluß um so leichter zum Biß verführen, je trüber das Wasser ist. In ganz klarem Wasser fällt die Kontaktaufnahme mit Rotaugen dagegen oft unglaublich schwer. Die beste Zeit für die Plötze ist eindeutig die Laichzeit. Und im Gegensatz zu vielen anderen Fischarten ist es beim Rotauge jetzt relativ leicht, einen Fisch zu haken. Im Sommer ist das Nachtangeln häufig sehr erfolgreich. Zu dieser Zeit sind die Fische aber leider ziemlich mager. Will man Rotaugen in guter Kondition außerhalb der Laichzeit fangen, sind die Monate September und Oktober eine gute Wahl. Jetzt fressen sich die Fische den »Winterspeck« an. Wie bei den Brachsen finden sich auch viele große Rotaugen in den Flußabschnitten nahe der Mündung in größeren Brackwassergebiete. Hier kann der Angler die gesuchten Kapitalen auf ihrer Laichwanderung im April bis Juni fangen.

Köder und Anfüttern

Bei nahezu allen Formen des Anfütterns von Plötzen verwende ich große Mengen an Hanf. Normalerweise verwende ich je zur Hälfte braunes Paniermehl und gemahlenen Hanf. Dazu kommt noch ein bißchen Süßstoff, wie Vanillin. Auf die Mischung kommt dann jede Menge gekochter Hanf. Dieser Köder wird von sehr vielen Plötzenfischern als so ziemlich der beste Köder angesehen. Ein guter Ersatz für Hanf sind Casters.

Wenn Sie vor dem Angeln anfüttern, müssen Sie sich oft einschränken. Denn häufig leben im Gewässer weniger große Fische als vermutet und ruckzuck sind die wenigen Tiere satt – bevor sie Ihren Köder finden. Füttern Sie am besten während dem Fischen kontinuierlich mit Hanf an. Er sättigt die Fische nicht nennenswert und ein Schuß gärender Hanf bringt häufig noch einmal Schwung in einen offenbar etwas schläfrigen Schwarm. Sehr gut läßt sich das Überfüttern auch mit einem Swimfeeder vermeiden, da damit lediglich kleine Futtermengen dicht am Köder liegen.

Als Hakenköder wähle ich am liebsten Brot. Es besitzt auf Rotaugen eine fantastische Anziehungskraft und lockt die größeren Fische an den Haken. Am effektivsten ist das Innenleben eines frischen Weißbrots, das vorsichtig um den Schaft des Hakens gedrückt wird. Für das Vorhaben ist ein dünndrähtiger Haken mit breitem Bogen in den Größen 8 bis 12 die beste Wahl – wie der Kamasan B983. Wenn ich kleine Brotstücke im Grundfutter verwende, treibt es vom Futterplatz stromab und kann auch aus weiteren Entfernungen größere Fische anlocken. Und nach dem Fressen einiger Flocken nehmen sie in der Regel auch den Hakenköder ohne großes Mißtrauen. Casters sind ein anderer Hakenköder, der auf große Plötzen wie ein Magnet wirkt. Besonders effektiv ist die Puppe, wenn sie über einem Teppich von gekochtem Hanf gefischt wird. Einer der Vorteile von Casters ist, daß sie im Wasser nahezu gewichtslos schweben. Das sieht sehr natürlich aus und wirkt daher sehr attraktiv auf die größeren Fische. Entsprechend ist auch die Made für große Rotaugen ein sicherer Köder. Ich fische zum Beispiel gerne drei Maden auf einem Haken der Größe 12. Leider ziehen Maden schnell ganze Horden von Kleinfischen an. Deshalb verwende ich sie normalerweise nur als Hakenköder oder in Verbindung mit einer sehr sparsamen losen Anfütterung. Auch Mais und Würmer sind fantastische Köder, wobei ich beim Nachtangeln schon sehr viele große Plötzen mit dem Wurm überlisten konnte. Für das Fischen mit Mais verwende ich den Haken Drennan »Sweetcorn« in den Größen 8 bis 12 und für die übrigen Köder den Kamasan B980.

Grundangeln

Über die Jahre betrachtet, fing ich mit der Grundrute die meisten großen Plötzen. Besonders in der kalten Jahreszeit besitzt die Technik eindeutig ihre Vorzüge, da zwischen den Bissen eine Menge Zeit vergehen kann. Eine leichte Quiverrute von 10 bis 11 Fuß ist für die meisten Situationen gut geeignet. Abhängig davon, wie scheu die Fische sind, verwende ich Schnüre mit einer Stärke von 0,10 bis 0,18 Millimeter, wobei die Stärken zwischen 0,12 und 0,15 Millimeter den größten Teil der Fischerei abdecken und auch die größten Plötzen landen können. In der Regel bevorzuge ich eine feste Paternostermontage mit einer Hakenvorfachlänge von 60 bis 120 Zentimetern, das ich mit einem Swimfeeder kombiniere. Bei der Hakenvorfachlänge muß man sich langsam vortasten. Denn manchmal kann es schon fast unmöglich sein, einen scheu nippenden Fisch zu haken. Jetzt verlängere ich das Hakenvorfach, bis sich reguläre Bisse einstellen. Da ein großer Teil meiner Specimenfischerei auf eine große Entfernung mit schweren Feedern und im Dunkeln vor sich geht, fixiere ich nach dem ersten gelungenen Wurf die Schnur mit einem Gummiband auf der Spule. Damit vermeidet man, daß das Futter bei zu weiten oder kurzen Würfen zu sehr verbreitet wird. Eine gute Alternative zur Quiverfischerei bildet ein Doppelindikator System mit UL-Bobbins. Schließlich führt es irgendwann zu einem stieren Blick, wenn man die ganze Nacht lang auf einen Quiver starren muß. Für diese Bißanzeige bevorzuge ich die bereits vorher genannte Paternoster- und Feedermontagen. Beim Angeln auf sehr scheue Fische kann außerdem ein schwereres Blei, kombiniert mit einem etwas kürzeren Vorfach, einen guten Bolt-Effekt erzielen. Jetzt können Sie auch mit mehreren Ruten fischen, da sich der Fisch häufig selbst hakt. Beim Angeln mit der Quivertip muß sich der Angler dagegen ständig auf eine Rute konzentrieren, damit er die Bisse nicht versäumt.

Posenangeln

Für das Fischen mit dem Schwimmer verwende ich die gleichen Schnurstärken wie beim Grundangeln. Dazu kommt eine Matchrute mit 12 bis 13 Fuß. In stehenden Gewässern verwende ich beim Angeln auf größere Rotaugen fast ausschließlich die Liftmethode. Als Bißschrot verwende ich ein einfaches AAA-Spaltblei, das ich fünf Zentimeter vom Haken entfernt anklemme. Übrigens liegt der Haken auf dem Grund. Den Rest der Belastung plaziere ich auf der Schnur einen halben Meter weiter oben. Dieses extrem empfindliche Set-Up ist für große Plötzen einfach optimal. Selbst sehr scheue Bisse lösen eine deutliche Anzeige aus, weshalb sich diese Technik auch für das Angeln auf größere Entfernungen im Dunkeln mit Knicklicht bestens eignet.

In strömendem Wasser bringt ganz klar das Trotting mit einer Stickpose die besten Erfolge. Denn je größer die Rotaugen sind, desto zögerlicher greifen sie zu sich schnell bewegenden Ködern. Deshalb sollte man den Köder so langsam wie nur irgend möglich präsentieren. Da die größeren Fische häufig in den etwas ruhigeren Strecken stehen, hält ein BB-Blei in der Regel allemal den Köder auf dem gewünschten Platz. Ein paar kleinere Bleigewichte über die ganze Montage verteilt stabilisieren schließlich das Ganze. Fischen Sie die Strecke dann langsam ab. Liegt erst an einer bestimmten Stelle ein großer Fisch im Kescher, müssen nicht unbedingt noch weitere dicke Rotaugen hier stehen. Und häufig beißen die Fische nur, weil der Köder an der Stelle natürlich präsentiert wurde, wo sie gerade zufällig standen. Es kann sich deshalb häufig bezahlt machen, größere Gebiete ohne Anfüttern abzufischen. Beherrscht ein Angler das Trotting erst richtig, gibt es keine effektivere Methode für das Angeln auf die ganz großen Rotaugen. *Niklas Graberg*

9. Rotfeder

(Scardinius erythrophtalmus)

Die Rotfeder lebt in strömenden und stehenden Gewässern. Und mit ihren messinggelben Seiten sowie den blutroten Flossen zählt sie ohne Zweifel zu den schönsten Arten der Karpfenfamilie. Man erkennt diesen Fisch weiter an seinem leicht oberständigen Maul und der gegenüber dem Rotauge etwas hochrückigeren und flacheren Körperform. Die Rotfeder läßt sich in etwa in den gleichen Gebieten finden wie die Plötze. Allerdings benötigt die Rotfeder etwas mehr Wärme, weshalb sich ihr Ausbreitungsgebiet etwas weiter in den Süden erstreckt. Das Laichen geht normalerweise im Mai bis Juni bei einer Temperatur von 14 bis 18 Grad Celsius vor sich. Die Rotfeder frißt häufig am Grund, jedoch weist das oberständige Maul die Art als Oberflächenfisch aus. Tatsächlich beißt die Rotfeder in jedem Wasserbereich. Sie ist im übrigen zusammen mit dem Graskarpfen einer der Karpfenfische, die mit ihren besonderen Schlundzähnen zum Fressen von größeren Wasserpflanzen, wie der Wasserpest, in der Lage sind. Bei den großen Exemplaren dieser Art besteht der größte Teil des Futters tatsächlich aus frischen Pflanzenteilen. Aber auch Fischeier oder Brut werden nicht verachtet.

Die Rotfeder ist schon viele Jahre lang einer der Lieblingsfische von **Niklas Graberg**. Hier beschreibt er einige der spannendsten und effektivsten Angelmethoden:

Große Rotfedern sind wie ihre kleineren Artgenossen ausgeprägte Schwarmfische. Die größeren Exemplare bilden allerdings etwas kleinere Gruppen. Wenn man also einen großen Fisch gefangen hat, stehen mit ziemlicher Sicherheit weitere dicke Exemplare in der Nähe. In großen Seen liegt eine der besten Stellen entlang von Pflanzengürteln. Die Fische suchen hier die meiste Zeit nach den reichlich auf den Blättern der Pflanzen lebenden Insektenlarven oder fressen ins Wasser gefallene Insekten von der Oberfläche. Insbesondere in der Dämmerung wird man an der Oberfläche ein ständiges saugendes und nippendes Geräusch vernehmen. Das Bootsangeln erleichtert jetzt das Angeln mit leichtem Gerät sowie den Zugang zu den Stellen. Alternativ kann man mit einem »Weedcutter« einen Streifen Pflanzen entfernen und schließlich vom Land aus durch diesen Kanal bis zu den Kanten der Pflanzengürtel fischen. Der Nachteil an dieser Methode ist jedoch, daß die großen Rotfedern bei viel offenem Wasser schnell scheu werden. In strömendem Wasser sind in der Regel alle Formen von Rückströmungen sichere Angelplätze, da sich die Fische hier in größeren Schwärmen sammeln. Trotz dieser Tatsache sollte man die schneller fließenden Stellen im Fluß nicht vernachlässigen. Tatsächlich konnte ich viele große Rotfedern während dem Döbelfischen ganz nebenbei in stark strömendem Wasser fangen. Viele Fischer sind der Meinung, daß das Angeln auf Rotfedern in den warmen Monaten am besten ist – völlig falsch. Ich selbst habe schon im März bis April hervorragend gefangen. Und wenn die Flüsse aufgrund eines milden Winters eisfrei sind, ergibt sich bereits im Februar oft eine fantastische Fischerei auf kapitale Rotfedern – und das bei Wassertemperaturen von nicht mehr als 2 Grad Celsius. Insgesamt lohnt sich das Fischen dicht an Land besonders am Abend und bei Nacht, da sich die Fische jetzt häufig bis zu einem halben Meter von der Ufervegetation aufhalten.

Köder und Anfüttern

Konnten Sie einen Platz mit vielen Fischen aufspüren, macht sich reichliches Anfüttern jetzt wahrscheinlich gut bezahlt. Eine gute Futtermischung besteht zum Beispiel aus braunem Paniermehl, das ein wenig Süßmittel, wie Vanillin erhält. Ein halbes Weißbrot wird dann in Stückchen gerissen, einge-

▲
Die kapitale Rotfeder mit ihren leuchtenden Flossen und goldglänzenden Flanken ging Niklas Graberg an den Haken.

weicht und zum übrigen Futter gemischt, bis das Ganze die passende Konsistenz besitzt. Man füttert entweder mit kleinen Futterkugeln an oder greift zum Swimfeeder. Während dem Angeln reicht es allerdings meist völlig aus, mit Mais, Maden oder Casters lose zu füttern. Außerdem lassen sich Rotfedern gegen die Strömung mit aufgeweichtem oder schwimmendem Brot zum Angelplatz locken. Es bildet in der Strömung eine Lockspur. Achten Sie jedoch darauf, daß Sie nicht zuviel Futter auswerfen und somit den gegensätzlichen Effekt erzielen und die Fische vom Anfütterungsplatz weglocken. Wenn Sie hören oder sehen, wie die Rotfedern die Köder von der Oberfläche nehmen, müssen Sie weiter sparsam aber kontinuierlich füttern, bis die Fische den Angelplatz erreichen. Brechen Sie das Anfüttern zu früh ab, teilt sich der Schwarm, statt Ihre Angelstelle zu erreichen.

Die Spannung bei dieser Methode wird in der Nacht noch verstärkt, wenn man das Schmatzen der Fische immer näher und näher kommen hört...

Obwohl die Rotfeder auf die meisten traditionellen Standardköder wie Mais, Maden, Casters und Würmer gefangen wird, ist Brot ganz klar ohne jegliche Diskussion mein Lieblingsköder. Dazu verwende ich Haken der Größen 10 bis 6, abhängig von der Größe des Köders. Ich verwende häufig ziemlich große Köder, was die kleineren Fische vom Haken abhält. Große Rotfedern können unglaublich gierig sein und ich konnte schon oft beim Döbelfischen auf Brotkrusten im 5-Mark-Stück-Format schöne Groß-Rotfedern fangen. Ein anderes gutes Beispiel für die Gier mancher Rotfedern, ist das Erlebnis eines meiner Angelkameraden vor einigen Jahren beim Aalfischen. In einer Nacht fing er drei Rotfedern bis zu 900 Gramm, die alle auf einen ganzen Plötzenkopf bissen...

Grundangeln

Meist angle ich im strömenden Wasser auf Grund. Allerdings können Sie die Methode natürlich auch in stehendem Wasser einsetzen. Normalerweise bevorzuge ich die Quiverfischerei mit einer weichen, 10 bis 11 Fuß langen Quiverrute mit verschiedenen auswechselbaren Spitzen, die ich abhängig von der Strömungsgeschwindigkeit wechseln kann. Und normalerweise verwende ich eine 16er, 18er oder 20er Schnur. Da die Rotfeder mit ihrer Maulform ihr Futter häufig ein gutes Stück über dem Boden oder an der Oberfläche sucht, müssen Sie den Köder gut nach oben in die Strömung bringen. Das gelingt am einfachsten mit einer festen Paternostermontage und einem extralangen Hakenvorfach. Die Länge muß zum natürlichen Spiel des Köders in der Strömung ausreichen. Verwenden Sie Mais oder andere relativ schwere Köder, können Sie ihn mit Hilfe von Pop-Foam oder Polystyren in einen schwebenden oder schwimmenden Zustand versetzen. Damit bewegt sich der Köder verlockend in der gewünschten Tiefe. Im Winter und zeitigen Frühjahr mit niedrigen Wassertemperaturen stehen die Fische häufig in Gruppen genau über dem Grund. Das beste ist dann einleuchtenderweise, den Köder genau an dieser Stelle zu fischen. Bringen Sie deshalb ein passendes Schrot oder ein wenig Putty etwa 30 Zentimeter vom mit Brot beköderten Haken entfernt an, und er treibt genau in der richtigen Höhe. Welche Zeit des Tages die beste Fischerei ergibt, hängt ganz von der Jahreszeit ab. Im Winter sind die Fische in der Regel am Tag am aktivsten. Je wärmer es wird, desto mehr verlagern sich die besten Angelzeiten in die Abendstunden. Im Sommer ist die Nachtfischerei mit Knicklicht an einer Quivertip eine der effektivsten Methoden. Ein mit Tesafilm oder ähnlichem befestigtes Knicklicht vorn an der Zitterspitze erleichtert jetzt die Bißanzeige, wobei ein zweites etwa 20 Zentimeter weiter hinten die Indikation im Dunkeln weiter verdeutlicht.

Posenangeln

Genau wie beim normalen Plötzenfischen ist man auch hier mit einer 13 Fuß langen Matchrute mit Spitzenaktion sehr gut ausgerüstet. Schon über viele Jahre verwende ich eine Kuhnan Kohlefaser-Rute und möchte sie nicht tauschen. Als Rolle verwende ich eine kleine Stationärrolle mit Schnüren zwischen 0,12 und 0,16 mm auf der Spule. Die Hakengröße hängt vom Köder ab. Bei Maden zum Beispiel verwende ich Haken der Größe 10 oder 8, während ich Casters auf Größen von 16 bis 12 fische. Beim Angeln mit Brot verwende ich den Kamasan B983.

Beim Posenangeln setze ich gegenüber dem Grundfischen auf etwas kleinere Brotstücke. Die Ausführung des Schwimmers hängt natürlich von Wind und Strömung ab, aber normalerweise reichen Peacock Wagglers in verschiedenen Größen vollkommen aus. Da die Fische häufig im Mittelwasser stehen, fische ich die Montage normalerweise »on the drop« mit fast der ganzen Beschwerung an der Pose und nur einem einzigen Schrot 30 Zentimeter über dem Haken – ein langsam sinkender Köder ist für jede Rotfeder ein wahres Festessen. Mit etwas schwereren Ködern wie Mais können Sie übrigens auf das Bißschrot verzichten. Da der Fisch den Köder häufig auf dem Weg nach unten im Wasser nimmt, wandert der Schwimmer erst ein wenig und taucht dann langsam ab. Bleibt der Biß während des Sinkens des Köders aus, lassen Sie ihn einfach für die Fische liegen, die im Futter auf dem Grund stöbern. Die Methode funktioniert im übrigen auch sehr gut, wenn am Grund sehr viel Vegetation vorhanden ist. Denn jetzt legt sich ein leichter Köder, wie Brot, einfach auf die Spitzen der Pflanzen und die Rotfedern können den Köder noch immer leicht finden. Bei allen Formen des Posenangelns sollte eine kontinuierliche, begrenzte und lose Anfütterung (zum Beispiel mit Maden oder Casters) die Fische bei der Stange halten. Denn vergeht zuviel Zeit ohne Futter, verschwinden die Fische schnell. Das Nachtangeln mit dem Leuchtschwimmer ist meiner Erfahrung nach eine der effektivsten Methoden, da die Rotfedern sich jetzt als bedeutend weniger scheu als am Tag erweisen.

An warmen Sommertagen und Nächten lohnt sich ebenfalls das Fischen mit freier Leine und Schwimmbrot an der Oberfläche. Wenn es erst ganz dunkel geworden ist, läßt sich der Biß allerdings nur noch mit großer Mühe erkennen. Oftmals fällt er jedoch so kräftig aus, daß ihn die Finger an der Schnur erfühlen können – eine Herausforderung für jeden Rotfeder-Freak! *Niklas Graberg*

10. Barbe

(Barbus barbus)

Die Barbe ist ohne Zweifel einer der athletischsten Kämpfer der Karpfenfamilie: Kein Wunder also, daß Tausende europäische Fischer dieses Muskelpaket als ihren absoluten Lieblingsfisch betrachten. **John Bailey** ist einer dieser Fischer. Er stellt kapitalen Barben schon seit langen Jahren mit Erfolg nach und möchte Ihnen jetzt seine besten Tips mit ans Wasser geben:

Lassen Sie uns zuerst einen Blick auf die traditionellsten Methoden des Barbenfischens in England werfen. Die grundlegenden Prinzipien sind im Grunde ganz einfach. Zunächst muß der Angler die Fische natürlich finden. Die besten Stellen besitzen normalerweise eine ordentliche Strömung über Kiesgrund. Vereinzelt können hier außerdem Pflanzen wie Wasserhahnenfuß, große Felsen, versunkene Bäume oder anderes liegen, was der Barbe Schutz und ein Gefühl der Sicherheit vermittelt. Sieht man die Breitseite einer Barbe unter Wasser aufblitzen oder hört Fische an der Oberfläche rollen, ist die richtige Stelle bestimmt gefunden.

Köder und Futter müssen jetzt genau durchdacht werden. Es ist kein Geheimnis, daß gekochter Hanf eine der effektivsten Grundlagen für eine gute Partikelanfütterung ist. Normalerweise mischt man gekochtem Hanf mit Mais, Maden oder Casters, die auch als Köder dienen. Der Gebrauch von größeren Ködern, wie Frühstücksfleisch oder Knoblauchwürstchen, ist ebenfalls sehr verbreitet. Damit eine »Preoccupation«-Situation entsteht und die Fische sämtliches natürliche Futter liegenlassen, müssen Sie jedoch ziemlich kräftig anfüttern.

Die englischen Angler fischen hauptsächlich mit dem Swimfeeder, der die lose Anfütterung in der starken Strömung präzise auf den Grund befördert. Generell wird eine feste Paternostermontage mit einem etwa 30 Zentimeter langen Vorfach sowie eine Feederrute mit Quivertip die beste Wahl sein. Die Rutenspitze zeigt nach schräg oben, so daß die Strömung so wenig wie möglich in die Schnur drückt. Die Bisse sind in der Regel sehr dramatisch und kraftvoll und daher kaum zu übersehen. Nimmt der Fisch den Köder und flüchtet stromab, biegt sich die Rute im Halter oft kräftig durch. Alles in allem ist dies eigentlich eine sehr simple Methode mit nur sehr wenigen ausgeklügelten Spitzfindigkeiten. Selbstverständlich versucht es der eine oder andere Angler auch mit Flavours oder mehr oder weniger komplizierten Montagen. Tatsächlich macht das alles jedoch keinen großen Unterschied und bildet nur Variationen zum gleichen, grundlegenden Thema.

Und die Standardmethoden funktionieren. Wäre es nicht so, würden die Angler sie nicht mehr verwenden – tun sie aber. Allerdings gibt es Situationen, in denen man wirklich anders denken muß, um überhaupt einen Fisch zu fangen:

Zuerst einmal bin ich der Meinung, daß die Quivertip in der Regel nicht von besonders großem Nutzen ist. Touch-Ledgering (Spürangeln) bringt meiner Meinung nach weitaus mehr. Diese Methode ist einfach, sehr spannend und erzählt dem Fischer in einer Minute weitaus mehr darüber, was unter der Oberfläche vor sich geht, als er mit der Quivertip an einem ganzen Tag herausgefunden hätte. Nach dem Einwerfen des Köders zeigt man soweit möglich mit der Rute direkt auf den Köder. Sorgen Sie dafür, daß Sie bequem sitzen oder stehen, halten die Rute in Ihrer Wurfhand und die Schnur etwas seitlich von der Rute locker zwischen den Fingern der anderen Hand. Oder Sie formen eine Schlinge und legen sie um Ihren Zeigefinger. Auf diese Art und Weise können Sie selbst den geringsten Zug in der Schnur spüren.

Die Bisse erfolgen auf viele verschiedene Arten und Weisen. Daher kann ich unmöglich beschreiben, was Sie im Falle eines Bisses fühlen werden. Eines ist jedenfalls sicher: Nimmt der Fisch den Köder, äußert es sich in jedem Falle in einem soliden Zug oder Ruck in der Schnur.

Das eigentlich Herausragende an dieser Methode ist jedoch, daß man viel besser fühlt und bemerkt, was an der Montage passiert. Schwimmen die Barben am Futterplatz herum, wird man mit etwas Übung merken können, wie Flossen und Rücken an der Schnur entlang gleiten. Dadurch wissen Sie auf jeden Fall, ob Fische vor Ort sind oder nicht. Macht sich nichts bemerkbar, können Sie zu einem anderen Platz weiterziehen.

◄
In der Dämmerung werden große Barben besonders munter.

Weiter verlieren Sie beim Touch-Ledgering im Vergleich zum Quiver-Tipping viel weniger Bisse. Denn alles geht durch die direkte Verbindung zum Fisch so instinktiv vor sich, daß man sich erst über seine Handlungen bewußt wird, wenn der Fisch am Haken hängt. Das Spürangeln eignet sich nicht zuletzt ganz ausgezeichnet für das Nachtangeln, da man dem lästigen Starren auf das Knicklicht oder die Quivertip im Schein einer Taschenlampe entgeht, was nach einigen Stunden doch etwas unangenehm wird.

Noch etwas: Die Swimfeeder erschrecken die Fische in vielen Fällen nur. Das ist insbesondere an den Stellen der Fall, an denen die Fische diesen Trick durchschaut haben. Der bloße Anblick eines Swimfeeders wird an vielen Plätzen einen ganzen Schwarm von Barben zu einer wilden Flucht veranlassen. Verwenden Sie jetzt besser ein normales Blei als Wurfgewicht und füttern lose an oder greifen zu einem »Baitdropper«.

Dabei stellt sich außerdem die Frage nach der Notwendigkeit des Anfütterns im Hinblick auf den Aufbau einer Preoccupation-Situation. Die meisten Angler füttern mit unzähligen Kilogramm an, nur um das zu erreichen. Meiner Meinung bringt das überhaupt nichts. Denn schon ein paar Handvoll Mais locken die Fische meiner Meinung nach zum Futterplatz. Das Füttern mit Ködern wie Mais gleicht im übrigen nicht im geringsten einer natürlichen Situation, in der die Fische unter anderem Schnecken oder Fischeier fressen. Apropos natürliche Köder: Würmer sind so ziemlich der effektivste Köder, den es gibt. Besonders bei Regen werden vom Ufer jede Menge Würmer ins Wasser gespült. Genau deshalb kommt der Wurm dem natürlichen Futter der Fische am nächsten. Die Barben halten bereits nach Würmern Ausschau und haben sie zum Fressen gern – im wahrsten Sinne des Wortes. Es wundert mich, daß nur so wenige Fischer diesen fantastischen Köder auf Barben verwenden. Vielleicht zwei oder drei große, saftige Regenwürmer auf einem Haken der Größe 2 erweisen sich immer wieder als Topköder.

Einer der spannendsten Köder ist ganz klar der tote Köderfisch. Denn ohne Zweifel fressen die Barben große Mengen an Kleinfischen, wie Elritzen oder Gründlinge. Viele Großfische probierten schon alle Formen von Kleinfischen, was dem Angler die Möglichkeit zu vielen großen Fischen eröffnet. Trotz die-

Es dauert oft einige Zeit, bis sich eine im Drill abgekämpfte Barbe beim Zurücksetzen wieder erholt.
▼

ser Tatsache wird dieser Köder in den englischen Flüssen so gut wie gar nicht verwendet. Andere gute natürliche Köder sind: Fliegenlarven, Kleinwürmer, Schnecken, Maden und alles andere, was Sie an Weichtieren noch finden können. Mit ein wenig Phantasie und Mut zum Experimentieren kann jeder Fischer den perfekten Köder finden.

Aber wie präsentiert man diese natürlichen Köder nun am besten? Mittlerweile denke ich, daß ich das Touch-Ledgering ganz ordentlich beherrsche. Aber auch das Trotting bietet hervorragende Chancen. Das gilt insbesondere in den Sommermonaten bei niedrigem, klarem Wasser. Unter diesen Bedingungen sind die Fische häufig williger, quer über den Fluß zu schwimmen und den Köder zu nehmen. Als sichere Killermethode empfehle ich Ihnen eine große Avon-Pose mit einem ordentlichen Wurm. Sorgen Sie dafür, daß er genau über den Boden schleift. Der Biß wird häufig so resolut kommen, daß Sie das Abtauchen des Schwimmer nicht einmal sehen und plötzlich die heftig gebogene Rute halten, während der Fisch die Schnur von der Rolle reißt. Übrigens erwiesen sich auch tote Köderfische als gute Trottingköder.

Bei langsamer Strömung und klarem Wasser nehme ich am liebsten eine leichte Stickmontage und kombiniere sie mit einem kleineren Köder, wie Maden oder Casters. Verwenden Sie dann noch eine Centrepin-Rolle, ist alles perfekt. Mit einer langen und empfindliche Rute zu fischen, während das Floß langsam stromab treibt und die Schnur vom Centre-Pin abläuft, ist ein ultimatives Erlebnis – vor allem wenn alles mit dem Biß einer dicken Barbe gekrönt wird.

In England ist es eine weit verbreitete Ansicht, daß die Barben primär nachtaktiv sind. Das ist jedoch nicht der Fall. Dieses Mißverständnis ist wohl aufgekommen, weil sich die Fische in der Nacht sicherer fühlen und daher zu dieser Zeit eher auf die traditionellen Angelmethoden hereinfallen. Tatsächlich fressen die Barben auch tagsüber. Beißen sie jetzt nicht, ist das nur ein Zeichen dafür, daß Sie Ihre Methode überdenken und wahrscheinlich zu einer anderen Taktik übergehen sollten. Das könnte der Wechsel von Nylon- zu HPPE-Vorfächern sein oder das Fischen mit beweglichen statt statischen Ködern. Es kann natürlich auch sein, daß nur wenige Fische am Platz stehen. Jetzt ist der Weg zu einer anderen attraktiven Stelle die wohl beste Lösung. Bleibt bei vielen Anglern das Fischen ohne Ergebnis, liegt das eben häufig daran, daß sie sich den falschen Platz aussuchen und hier dann auch noch tagelang bleiben. Wie so oft sollten diese Angelkameraden ihre Methode ein wenig überdenken. *John Bailey*

Schon die tiefe Maulspalte verrät die räuberische Lebensweise des elegant gebauten Rapfens. ▼

11. Rapfen

(Aspius aspius)

Der Rapfen ist einer der wenigen echten Raubfische der Karpfenfamilie. Zwar ernähren sich Jungfische zunächst von wirbellosen Futtertieren, gehen jedoch bald mehr und mehr zu Kleinfischen über. Den Rapfen erkennt man sofort an seinem oberständigen und tief gespaltenen Maul. Wenn man ein Auge zudrückt, sieht dieser Fisch ein wenig wie eine leicht mißratene Ukelei mit den Farben und der Form eines Rotauges aus. Exemplare von 1 bis 3 Kilogramm sind der Normalfall, während man Fische von 5 Kilogramm schon zu den großen Fischen zählt. Es kann aber auch vorkommen, daß die Fische bis zu 120 Zentimeter lang und bis zu neun Kilo schwer werden. Ihr Verbreitungsgebiet erstreckt sich vom östlichen Nord- und Mitteleuropa bis zum Gebiet um das Schwarze und Kaspische Meer. Im westlichen sowie den süd- und südwestlichen Teilen von Europa kommt der Rapfen nicht vor. Er lebt den größten Teil des Jahres in großen Seen oder Brackwassergebieten und zieht im April/Mai die Flüsse hinauf und laicht in gut strömendem Wasser über Steingrund. In vielen Flüssen bildet der Rapfen jedoch auch weitgehend stationäre Bestände. **Peter Grahn** ist einer der wenigen Angler, die sich auf diesen Raubkarpfen spezialisierten. Im folgenden Text erzählt er über das manchmal schwierige aber auch äußerst aufregende Fischen auf Rapfen und seine Bestände im Norden:

In Skandinavien kommt der Rapfen recht selten vor. Nur in Norwegen findet man den Fisch im Glommens Wassersystem, wobei das Zentrum rund um den Öyeren See liegt. Der einzige verbliebene Rapfen-Bestand in Finnland liegt im Kokemenjoki-Fluß. Im Moment werden aber Versuche gestartet, den Fisch in mehreren Gewässern wieder einzubürgern. In Schweden ist diese Fischart noch etwas verbreiteter und man findet sie in den Flüssen Vänern, Hjälmaren, Mälaren, Roxen und Glan mit allen dazu gehörenden Wassersystemen und schließlich noch in der Em. Den größten Teil des Jahres jagt der Rapfen im Freiwasser der Seen und Flüsse. Die Beute des Räubers besteht zu einem großen Teil aus Lauben, Rotaugen sowie in den Seen aus Renken.

Häufig dauern die Chancen auf einen Fisch im Laufe eines Tages nicht besonders lange an. Wählen Sie jedoch die richtige Stelle zum richtigen Zeitpunkt, kann es Schlag auf Schlag gehen. Die meisten Rapfen werden beim Spinnfischen gefangen und das Fliegenfischen ist ebenfalls stark im Kommen. Obwohl es für einen eingefleischten Specimenfischer etwas ungewohnt erscheinen mag, sollte man deshalb zumindest in manchen Situationen abwägen, ob der Wechsel von der Naturköder- zur Spinnrute nicht sinnvoll wäre. Mit einer 8 bis 9 Fuß (etwa 2,40 bis 2,70 Meter) langen Spinnrute, einer kleinen Stationärrolle mit einer 0,25 bis 0,30 mm starken Schnur, einer Auswahl von 7 bis 30 Gramm schweren, schlanken Löffelblinkern, Spinnern oder Wobblern ist man gut gerüstet. Der Fisch ist bekannt für seine steinharten Bisse und einen entsprechend heftigen Kampf. Und dies alles, obwohl der Fisch weder springt, noch besonders weite Fluchten unternimmt. Beim Landen packe ich den Rapfen an der Schwanzwurzel und hebe ihn aus dem Wasser, was durch den rauhen Laichausschlag besonders zwischen April und Juni gut klappt. Alternativ können Sie einen Kescher einsetzen, wobei ein grobmaschiges Netz weniger der Strömung ausgesetzt ist.

Obwohl das Spinnfischen auf Rapfen sehr gut funktioniert, sollte man die Möglichkeiten von Naturködern nicht unterschätzen. Ein Köderfisch (Kleinplötze oder Laube) ist ohne Zweifel einer der effektivsten Köder, sowohl während als auch nach der Laichzeit. In schwedischen Gewässern beißen Rapfen oft beim Angeln auf Hechte, Barsche und Zander auf lebende Köder. Es ist nicht einfach, diese Methoden zielgerichtet auf den Rapfen abzuwandeln aber garantiert einen Versuch wert (wo erlaubt). Ein Einzelhaken, ein kleines Hechtfloß, das eine Laube leicht in etwas turbulentem Wasser tragen kann, sowie eine 12 Fuß lange Karpfenrute eignen sich gut für das Rapfenfischen in starker Strömung. Da der Rapfen keine Zähne besitzt, ist ein Stahlvorfach nicht unbedingt ein Muß – sofern keine Hechte oder Zander in der Nachbarschaft leben. Außerdem wurde in den letzten Jahren in manchen Mälar-Auen beim gezielten Posenfischen auf Rapfen mit Würmern und Maden eine Reihe von Fischen gefangen. Das ist demnach ganz klar eine Methode, die man auch an anderen Plätzen einmal ausprobieren sollte.

In einigen schwedischen Gewässern, wie der Em, der Tidan oder im Göta schwimmen stationäre Rapfen-Bestände, die ihr ganzes Leben in strömendem Wasser, primär rund um Stromschnellen, Wasserfälle, Dämme und Kraftwerke leben. Sie bieten ein viel besseres Angeln als die wandernden Fische – nicht nur im Frühjahr, sondern auch im Sommer und Herbst. Die Fische beißen gleichermaßen auf Spinn- und Naturköder. Darüber hinaus gehen in der Em manchmal beim Grundangeln auf Wels einige Rapfen auf die angebotenen Lauben. Auch im Göta konnten Angler einige Exemplare mit der gleichen

▲
Peter Grahn mit einem gewichtigen Rapfen.

Methode beim Aal- oder Quappenfischen fangen. Hier lassen sich zudem häufig Rapfen beobachten, die in Ukeleischwärmen direkt unter der Wasseroberfläche wüten. Der Angler muß jetzt schnell reagieren und seinen Köder unter die jagenden Räuber werfen, bevor sie zu einer anderen Stelle weiterziehen. Allerdings kommt es trotz einem gelungenen Wurf oft nicht einmal zu einem Biß.

Alles in allem ergibt sich aus dem Verhalten der Rapfen eine optimale Herausforderung für den Specimenfischer, der sonst schon alles kennt. Ein fünf oder sechs Kilogramm schwerer, baumstarker, messingglänzender und muskelbepackter Fischkörper mit schwarz zugespitzten Flossen wird Sie im Falle eines Erfolges für egal wie viele bißlose Stunden entschädigen. Glauben Sie mir! *Peter Grahn*

Rapfen im deutschsprachigen Raum

Zwar bleibt der Rapfen in seinem gesamten Verbreitungsgebiet der gleiche Fisch, jedoch unterscheiden sich Stellenwert und Methoden regional doch etwas voneinander. Deshalb erzählt der deutsche Angeljournalist **Frank Weissert** jetzt von Rapfen und Angeltechniken seiner Heimat:

Ganz im Unterschied zu Skandinavien führt der Rapfen vor allem in Deutschland kein Schattendasein. Im Gegenteil: Der harte Kämpfer gewinnt immer mehr Anhänger, wobei die Spinn- und Fliegenfischer anzahlmäßig das Feld klar anführen. Sie überlisten die silbrigen Räuber mit meist schlanken Streamern in Farben von schwarz bis weiß, schlanken Spinnern, Blinkern und Schwimmwobblern. Der Hauptteil der Fische beißt dabei kurz unter oder direkt an der Oberfläche. Werfen Sie wild raubende Fische an, müssen Sie sich nicht besonders tarnen, da die Rapfen in ihrem Freßrausch kaum eine Scheu kennen.

Der Biß kommt bei den Kunstködern meist wie ein Hammer. Schon alleine deshalb sollte die Tragkraft der Schnur beziehungsweise des Vorfachs nicht unter 10 Pfund (0,25 mm) liegen. Dazu empfiehlt sich eine Fliegenrute ab 9 Fuß der Klasse 7/8 bis 11 Fuß Klasse 9 oder ein Spinnmodell mit 10 bis 40 Gramm Wurfgewicht und 270 bis 280 Zentimeter. Insgesamt fangen Fliegen- und Spinnfischer auch kapitale Fische bis zu etwa 12 Pfund.

Allerdings werden Rapfen auch im deutschsprachigen Raum noch deutlich schwerer. Die ganz dicken Rapfen stehen im Unterschied zu ihren kleineren Artgenossen meist in Grundnähe. Zwar gelangen auch Kunstköder mit vorgeschaltetem Blei in der Strömung tief über den Grund, der wahre Renner ist jetzt trotzdem eine Posenmontage mit einem toten, 10 bis 15 Zentimeter langen Köderfisch. Dabei eignet sich als Rute ein leichteres, 12 Fuß langes Karpfenmodell mit einer Testkurve von 2 1/4 lbs.

Aufgrund der oft größeren Wassertiefen empfiehlt sich eine Gleitmontage. Da ein Großteil der Rapfen-Nahrung aus Lauben besteht, eignen sich ebenfalls schlanke, silbrig glänzende Fischchen als Köder. Die Breite des Drillings entspricht in etwa der Körperhöhe des Fischchens, wobei eine Hakenspitze in der Schwanzwurzel ihren Halt findet. Leben im Gewässer Hechte, kann ein Stahlvorfach in keinem Fall schaden. Ansonsten wird ohne Vorfach an einer 0,25 bis 0,30 Millimeter starken Hauptschnur geangelt. Dreht sich jedoch der Köder in der Strömung und verdrallt so die Schnur, kann etwa ein Wirbel nicht schaden, der einen guten Meter oberhalb des Hakens eingebunden wird.

Die Tragkraft der länglich, ovalen Pose hängt von der Strömung und der damit nötigen Bleibeschwerung ab. Sie liegt irgendwo zwischen sechs und zwölf Gramm, kann jedoch bei starker Strömung diesen Bereich auch überschreiten. Hier gilt einmal mehr der alte Leitspruch: »So leicht wie möglich und so stark wie nötig«, weshalb ausprobieren angesagt ist. Die Reihenfolge der kompletten, einfachen Montage lautet: Drilling, Schrotkette, Laufpose, Perle, Stopper. Bei schwacher Strömung sollten die Klemmbleie weit auseinandergezogen auf der Schnur liege. Dadurch kann der Köder natürlich absinken und eventuell schon im Mittelwasser einen Räuber zum Biß verleiten. Und wie beim Trotting auf Friedfische können Sie den Schwimmer immer wieder zurückstoppen, wodurch die Strömung den Köder verführerisch nach oben drückt. Lassen Sie das Fischchen dann ruhig eine gewisse Zeit an eine Stelle stehen. Erfolgt kein Biß, darf er nach Ausspielen weiterer Schnur vielleicht zwei Meter weitertreiben. Übrigens kann der Köderfisch ruhig einen Meter über dem Grund schweben. Ist ein Rapfen vor Ort, greift er sich den Köder auch vom Boden aus. Mit dieser Technik können Sie weite Strecken absuchen, ohne den Angelplatz zu wechseln.

Das funktioniert mit einem Paternostersystem sogar unter starker Strömung, bei der ein bis zu 30 Gramm schweres Birnenblei mit Wirbel die Montage auf dem Grund verankert. Nach etwa einem Meter Schnur folgt ein Dreiwegewirbel, an dessen seitliche Öse das rund 50 Zentimeter lange Vorfach geknüpft wird. Oberhalb des Wirbels folgen Pose, Perle und Stopper. Werfen Sie die Montage weit aus und halten sie an der Stelle des Einschlags. Beißt kein Fisch, ziehen Sie das Ganze etwa zwei Meter weiter heran und hoffen hier auf das elektrisierende Abtauchen der Pose. *Frank Weissert*

TEIL 2

Weitere Arten

Weitere Arten

12. Maränen

(Coregonus sp.)

Die Maräne (Renke, Felchen) gleicht mit ihren kleinen Schuppen und dem oberständigen Maul auf den ersten Blick einem Hering. Wäre da nicht die Fettflosse an diesem Fisch, käme auch kaum jemand auf den Gedanken an die tatsächliche Verwandtschaft mit den lachsartigen Fischen. Obwohl viele Maränen in Seen leben, kommen sie in erster Linie im Brackwasser vor und ziehen im Herbst und Winter zum Laichen in die Flüsse. In Dänemark kann man diesen phantastischen Fisch unter anderem im Tange See, den Westküstenfjorden und den zugehörenden Wasserläufen und im Randers- und im Mariager Fjord antreffen. Darüber hinaus leben Maränen auch in der Ostsee und ihren Zuflüssen bis hoch nach Skaane.

Es findet sich auf dieser Welt eine noch nicht einmal bekannte Anzahl verschiedener Formen innerhalb der Gattung *Coregonus*. Zudem lassen sich die einzelnen Arten und Rassen teilweise kaum unterscheiden. Damit im Rahmen dieses Buchs jedoch nicht mehr Verwirrung entsteht als nötig, möchte ich die Fische im Rest des Kapitels einfach als Maränen bezeichnen. Alle Kleinmaränen fressen primär Zooplankton, wobei sie ihre Nahrung mit den Reusendornen an den Kiemenbögen aus dem Wasser filtern. Größere Tiere behalten diese Ernährung auch als ausgewachsene Fische bei. Je weniger Reusendornen die Fische besitzen, desto mehr suchen sie am Boden nach verschiedenen Weichtieren, wie Krabben, Borstenwürmern, Schnecken und Muscheln. Darüber hinaus werden auch häufig Kleinfische und der eigene Rogen gefressen. Die Maräne erreicht in Däne-

Wie die Fettflosse andeutet, ist die Maräne mit den Lachsartigen verwandt.
▼

mark ein Gewicht bis zu drei bis vier Kilogramm und in Schweden sogar maximal sieben bis acht Kilo. Die Coregonen sind über die gesamte nördliche Halbkugel ab dem 55. Breitengrad verstreut. Und als stolze Träger einer Fettflosse stellen sie unter den Friedfischen eine klare Minderheit. Die Maräne wurde allerdings schon ab Mitte der achtziger Jahre von vielen Specimenfischern beangelt, vor allem in Schweden. **Jörgen Larsson** gehörte dabei zu den Pionieren. Er hielt den früheren schwedischen Rekord von 5,065 Kilogramm und eine Reihe anderer imponierender Großmaränen sprechen ebenfalls eine deutliche Sprache für seine Kompetenz. Hier seine gesammelten Erfahrungen:

Das Maränenangeln kann man grob in das Fischen an der Küste und in Flüssen einteilen. Es gibt eigentlich mehr Unterschiede als Gemeinsamkeiten, wenn man das Angeln auf die aktiv fressenden Küstenmaränen im Frühjahr mit dem Fischen auf die lebenshungrigen Laichmaränen im Herbst und Winter in den Auen vergleicht.

Küstenangeln

Nähert sich langsam das Frühjahr, schwimmen die meisten Fische vor der Küste. Ausgelaugt und hungrig nach dem Laichgeschäft im Winter, suchen sie jetzt oft in den Fahrrinnen gierig nach Futter. Es ist ein kaltes aber fantastisches Naturerlebnis, ohne den störenden Bootsverkehr des Sommers. Milde Winter eröffnen dem Angler bereits im Januar und im Februar gute Chancen auf die Fische. In normalen Wintern zahlt es sich jedoch nicht aus, vor März/April mit dem Angeln zu beginnen. Jedoch ergeben sich dann in diesen Monaten die besten Angelmöglichkeiten. Ein weiterer guter Zeitpunkt für das Fischen ist unmittelbar nach dem Aufbrechen des Eises gekommen.

Die Maränen fressen normalerweise in Buchten und Häfen sowie rund um Steinschüttungen oder ähnliches. Solange die Wassertemperaturen nicht zu schnell steigen und sich bei etwa 5 bis 6 Grad Celsius halten, bleibt der kälteliebende Fisch in den nährstoffreichen und flachen Wasserregionen. Gleichzeitig mit dem schnelleren Erwärmen des Wassers suchen die Maränen dann tieferes und somit kälteres Wasser auf. Dann fällt es schwerer, Kontakt mit ihnen aufzunehmen.

Erfolgreiches Angeln auf diese Fische basiert wie bei allen anderen Arten darauf, daß man den Fisch erst einmal findet. Mit genügend Zeit und Geduld ausgerüstet bieten sich jedoch genug Möglichkeiten, ein unberührtes Angelparadies an den langen Küstenstrecken zu finden. Am Anfang empfiehlt es sich, die Fische in der Nähe von Flußmündungen zu suchen. Die beste Fischerei ergibt sich häufig an Stellen mit Sand, Kies oder ähnlichem als Grund. Dazu sollte es vereinzelte Flecken mit Pflanzen geben und die Wassertiefe bei zwei bis fünf Meter liegen. Man kann die Fische allerdings auch in Gewässern mit weichem Boden antreffen, wie unter anderem in vielen Häfen. Hier bilden die tiefen Schifffahrtsrinnen häufig fantastische Hot-Spots.

Das Frühjahrsangeln auf Maränen ist eine einfache Fischerei, die weder beim Gerät, noch bei der Technik große Finessen erfordert. Die Fische sind zu diesem Zeitpunkt sehr hungrig und solange man mit dem richtigen Köder an der richtigen Stelle fischt, sollte einem Biß nichts entgegenstehen. Die beste Bißanzeige und überhaupt spannendste Fischerei erleben Sie mit einer kräftigen Quiver/Feederrute, die ein Wurfgewicht von 20 bis 40 Gramm besitzt. Wenn Sie dann noch über eine Stationärrolle mit einer 0,18er bis 0,25er Schnur verfügen, ist die Ausrüstung komplett. Eigentlich erfordert die Kampfkraft der Maräne keine besonders kräftige Schnur. Allerdings sind häufig sehr weite Würfe nötig, um an die richtige Tiefe zu gelangen. Entsprechend können Wind oder Strömung den Gebrauch schwereren Bleis erzwingen. Eine stärkere Leine verhindert jetzt einen Schnurbruch während des Wurfs.

Die besten Montagen variieren sehr und hängen sowohl vom Angelplatz als auch der Beißlaune der Fische ab. Nimmt die Maräne den Köder am Grund, ist eine Paternostermontage mit einem langen Hakenvorfach (60 bis 100 cm) und einem kurzen Bleivorfach mit einer Länge von 20 bis 30 Zentimeter die beste Wahl. Der Köder liegt jetzt auf dem Grund. Fischt man umgekehrt mit einem langem Bleivorfach mit einer Länge von 40 bis 80 Zentimeter und einem kurzen, 15 bis 20 Zentimeter langen Hakenvorfach, wird der Köder über dem Boden schweben, was zeitweise äußerst effektiv sein kann. Indem man die Bleivorfachlänge variiert oder zwei Hakenvorfächer an der Schnur verwendet, kann man durch die ersten Bisse schnell die richtige Angeltiefe herausfinden. Und mit zwei Haken können Sie gleichzeitig zwei verschiedene Köder ausprobieren. Herrschen allerdings schwierige Bodenverhältnisse, ist die Paternostervariante mit einem langen Bleivorfach klar zu bevorzugen.

Der beste Köder für die Maränenfischerei an der Küste sind ganz klar Würmer in jeder Form. Sowohl ein großer Tauwurm, ein paar kleinere Mistwürmer, als auch ein ganzes Wurmbündel können selbst den wählerischsten Fisch zum Biß verleiten. An einigen Plätzen wird man im übrigen auch auf dünne und fein geschnittene Heringsscheibchen etwas fangen. Maden und Krabben sind weitere Köder, die ab und zu Fische an den Haken locken. Als Haken sollte man am Anfang Ausführungen der Größen 6 und 8, zum Beispiel die Kamasan B980 und B920 (Spade-End, Crystal-End) verwenden. Den zuletzt genannten Haken verwende ich primär für kleinere Köder.

Fischen Sie aktiv und suchen den Angelplatz fächerförmig konstant ab, bis Sie die Fische gefunden haben. Außerdem sollten Sie die Montage häufig bewegen. Auf diese Weise läßt sich effektiv ein großes Gebiet abfischen. Oft stehen die Fische sehr konzentriert an einer Stelle. Achten Sie neben den Rucken an der Rutenspitze übrigens auch auf Drop-Back-Bisse. Sie entstehen, wenn ein Fisch den Köder nimmt und auf das Ufer zuschwimmt.

Sowohl beim Angeln im Fluß, als auch an der Küste sind die aktiven Perioden der Fische sehr regelmäßig und markant. Merken Sie sich die Zeiten der Bißperioden und nutzen diese Zeit künftig optimal aus. Läuft das Angeln nur träge oder erforschen Sie neue Stellen, können zwei bis drei gleichzeitig eingesetzte Ruten von Vorteil sein. Dadurch läßt sich ein wenig mit verschiedenen Ruten-Ausführungen und Ködern experimentieren. Obwohl auch an der Küste Specimen-Maränen an den Haken gehen, liegt das Durchschnittsgewicht in den Flüssen um einiges höher. Dafür werden an der Küste wesentlich mehr Fische gefangen. Tagesfänge von bis zu zehn Fischen sind an den besten Stellen nichts Ungewöhnliches.

Flußfischen

Obwohl viele Maränen im Brackwasser laichen, wandert ein großer Teil des Bestandes die einmündenden Auen und Flüsse hoch. Der Laichaufstieg kann sich über einen längeren Zeitraum erstrecken, abhängig von der Strömung, dem Wasserpegel im Fluß, der Temperatur und der Tide. Je weiter man in den Norden kommt, desto früher erfolgt der Laichaufstieg der Fische. In den nördlichsten Gebieten Schwedens geht der Aufstieg bereits im frühen Herbst vor sich, während er weiter südlich, wie in Dänemark und Schonen, erst im November/Dezember läuft. Bei den Umständen am Wasser möchte ich von extremen Kontrasten sprechen. So würden schöne milde Tage mit niedrigem Wasserstand, kristallklarem Wasser mit großen Mengen an riesigen Fischen, die man wegen dem hellen Grund sehr früh erkennt, selbst den Teufel zu einem tief religiösen Menschen machen. Und auf der anderen Seite wünscht sich selbst ein eingefleischter Angler bei Minusgraden von 10 bis 15 Grad Celsius, tiefem Schnee und eiskaltem Nordwind, der über eine grauschlammige und Hochwasser führende Au fegt, insgeheim in seine kuschelig warme Stube.

Obwohl die Maräne große Schwärme bilden kann, läßt sie sich oft nur sehr schwer zum Biß bewegen. Bei klarem Wasser kann der Angler häufig kopfschüttelnd beobachten, wie die Fische völlig desinteressiert um den Köder schwimmen. Das ist natürlich unglaublich spannend, aber auch irgendwie ziemlich frustrierend. Man kann die Fische am leichtesten an den Plätzen zu einem Biß bewegen, an denen sie anhalten und sich ausruhen oder auf den Beginn des Laichens warten. Die Strecken stromab von den flachen Abschnitten, in denen die Maräne laicht, sind in der Regel die sichersten Angelplätze. Und genau hier werden die meisten laichreifen Rogner gefangen. Die starken Strömungsstrecken an den Laichplätzen selbst werden in der Regel von den etwas kleineren Männchen beherrscht. Die Standplätze werden ständig gewechselt, was vom Wasserstand und der Strömungsstärke bestimmt wird. Das Angeln auf laichreife Maränen erfordert sehr viel Konzentration und schnelle Reflexe. Die Bisse kommen häufig sehr schwach und blitzschnell. Normalerweise enden sie damit, daß der Haken nicht oder nur schwach faßt und der Angler den Fisch verliert. Die Maräne bleibt nach dem Laichen noch eine gewisse Zeit im Fluß und macht sich über den Rogen der Artgenossen her.

Zum Angeln in Fluß oder Au sollte das Gerät im Unterschied zum Küstenfischen von absoluter Topklasse sein. Die beste Rute ist eine leichte, schnelle Kohlefaser-Quivertip-Rute mit einer Länge von 9 bis 11 Fuß. Die kleine Stationärrolle sollten Sie mit 0,18 bis 0,22 Millimeter starker Schnur bespulen. Dünnere Leinen können Probleme bereiten, da sie unter Umständen einen harten und schnellen Anhieb bei kurzer Schnur aushalten müssen. Normalerweise verwende ich eine feste Paternostermontage mit einem 10 bis 15 Zentimeter langen Hakenvorfach sowie einem 40 bis 60 Zentimeter langem Bleivorfach, damit ich den Köder vom Boden heben kann. Diese Montage eignet sich bestens für das Angeln auf rogenschwere Fische. Optimal wirkt sie, wenn man ein ▶

Diese große Maräne ging im Fluß an den Köder.

so leichtes Blei verwendet, das sich gerade am Boden halten kann. Selbst ein leichtes Anheben der Rutenspitze sollte die Montage abheben können, die sich schließlich langsam stromabwärts bewegt. Auf diese Art und Weise kann man kleinere Gebiete effektiv abfischen. Die meisten Bisse erfolgen direkt nach dem Auswerfen oder wenn man die Montage bewegt. Das deutet darauf hin, daß die Fische sich bewegende Köder mögen.

Verwenden Sie statt dessen ein langes Hakenvorfach mit einer Länge von 70 bis 100 Zentimeter und ein kurzes Bleivorfach von 20 bis 30 Zentimeter, fischt der Köder genau auf oder knapp über dem Boden. Alternativ kann man dieses Rig mit einem extra schweren Blei fischen. Auf diese Weise funktioniert die Montage wie eine Fluchtmontage. Dabei spanne ich die Schnur und die Quivertip kräftig. Beißt der Fisch, äußert sich das Geschehen in kräftigen Bewegungen der Spitze oder in loser Schnur, wenn der Fisch das Blei vom Boden abhebt.

Für das Posenfischen bevorzuge ich eine leichte und schnelle, 12 bis 14 Fuß lange Kohlefaser-Matchrute, die eine perfekte Schnurkontrolle, gute Anhieb- und Drilleigenschaften bietet. Eine kleine Stationärrolle mit einer Schnur der Stärke 0,14 bis 0,18 Millimeter ist perfekt für das Trotting geeignet. Als Schwimmer wählen Sie am besten eine schwer vorgebleite Avon-, Pacemaker- oder Stickpose. Für das Angeln in kleineren Auen, wie der Skrabeau, paßt in der Regel eine Tragfähigkeit von 2 bis 3 AAA. Zudem empfiehlt sich ein kleineres Bißschrot, das Sie 15 bis 20 Zentimeter vom Haken entfernt anbringen. Die restlichen Schrote konzentrieren Sie 30 bis 40 Zentimeter weiter oben. Fangen Sie keine Fische, müssen Sie die Angeltiefe und die Plazierung der Spaltbleie ein wenig variieren. Die traditionelle Art des Trotting, bei der die Montage ab und zu in der Strömung zurückgehalten wird, so daß sich der Köder nach oben und unten bewegt, ist für die Fischerei nach Maränen nicht sehr gut geeignet. Besser ist es in der Regel, das Floß in einer glatten Bewegung stromabwärts treiben zu lassen, wobei der Köder 10 bis 30 Zentimeter über dem Boden schwebt. Bremsen Sie die Pose nur zugunsten einer guten Schnurkontrolle ab und setzen beim kleinsten Zeichen für einen Biß den Anhieb. Wenn die Strömung nicht allzu stark ist, ergibt das Posenangeln normalerweise weitaus bessere Resultate als das Grundfischen, da sich die blitzschnellen Bisse leichter am Schwimmer registrieren und anschlagen lassen.

Obwohl insgesamt etwas kleinere Köder zu bevorzugen sind, fangen Würmer am besten. Meine Favoriten sind ein einzelner Mistwurm (ganz oder halb) oder kleinere Stücke von größeren Würmern. Darüber hinaus können Maden und kleinere Heringsstreifen ebenfalls sehr fängig sein. Mit den Hakengrößen 8 und 10 (Kamasan B980 und B920) ergeben sich das beste Haken und der beste Hakensitz. Ein guter Tip ist es, den Wurm über das Öhr zu ziehen. Diese etwas andere Präsentation ergibt häufig Fische, die sonst nicht gebissen hätten.

Keine meiner Specimenmaränen konnte einen richtig wilden Kampf liefern. Trotzdem schlägt einem das Herz bis zum Hals, wenn man diesen Fisch drillt. Denn die meisten Fische werden nur schwach gehakt und steigen entsprechend häufig im Drill aus. Die großen, rogenschweren Weibchen kommen mit Hilfe der Strömung und kräftigen Schwimmbewegungen oft schnell an die Oberfläche, wo der Halt des Hakens rasch verloren geht – vor allem wenn der Kopf des Fisches über die Oberfläche kommt. Die Maränen müssen Sie deshalb sehr behutsam drillen, bis sie mit etwas Glück schließlich im Netz zappeln.

Als Zubehör empfehlen sich ein grobmaschiger Kescher (durch die großen Maschen läßt es sich in der Strömung leichter handeln), ein Stuhl sowie eine Polaroidbrille (um den Fisch und die Standplätze leichter zu lokalisieren). Geht während dem Angeln langsam aber sicher die Motivation verloren, sollte Sie das nicht beunruhigen. Sie wird mit einem Schlag zurückkehren, wenn Sie wieder ein paar riesige, schwere Weibchen Seite an Seite im klaren Wasser in der Strömung stehen sehen. *Jörgen Larsson*

Maränenfischen im Alpengebiet

Wie bei vielen anderen Fischarten, können sich auch die Angeltechniken auf Maränen von Gebiet zu Gebiet unterscheiden. So bildeten sich in den Gewässern der Alpen- und Voralpenregion teilweise deutlich von den skandinavischen Methoden abweichende Techniken für Seen und fließende Gewässer wie die Donau heraus. Da diese Gebiete und ihre Fische besonders für die Angler der Alpenländer eine recht große Bedeutung besitzen, geht **Frank Weissert** auf den folgenden Seiten näher auf die Methoden ein:

Die wichtigste europäische Fangmethode für die meisten Renkenarten in Seen bis in rund 30 Meter Tiefe funktioniert mit der Hegene (Paternoster) vom meist verankerten Boot oder im Winter vom Eisloch aus. Die Montage besteht aus einem etwa 5 bis 15 Gramm schweren Blei am unteren Ende des Vorfachs, von dem je nach den geltenden Bestimmungen drei bis fünf Seitenarme mit einer Länge von acht bis zehn Zentimeter abstehen. Die Entfernung zwischen den einzelnen Armen liegt zwischen 40 und 100 Zentimeter. Allerdings muß die Hegene aus dünnem (etwa 0,14 bis 0,20 Millimeter) aber trotzdem äußerst reiß- und knotenfestem monofilem Nylon bestehen, da die Renken zu den besonders vorsichtigen Fischen zählen. Steifes Material läßt die Arme dabei besser abstehen.

Die vergoldeten Haken der Größen 16 bis 12 an den Auslegern sollen kleine Futtertiere wie Zuckmücken- oder andere Insektenlarven imitieren und sind deshalb meist dünn, einfach mit Garn oder einem anderen künstlichen Material in einer oder verschiedenen Farben umwickelt. Dabei experimentieren die Angler mit unterschiedlichsten Farben und Körperformen. Viele sehen den Nymphen der Fliegenfischer sehr ähnlich, schließlich ahmen sie die gleichen oder ähnliche Futtertiere nach.

Zum richtigen Führen der Hegene benötigt der Angler eine spezielle 1,5 bis 2 Meter lange Rute mit sensibler Spitze, die selbst feinste Bisse anzeigt oder spüren läßt. Zum Eisangeln eignet sich besonders eine nur etwa 30 Zentimeter kurze »Pimpel«, eine spezielle nordische Kombination von Rolle und ultrakurzer Rute. Dadurch kann der Angler direkt vor dem Eisloch stehen, sitzen oder liegen. Wer sich seine Rute für das Boot selbst baut, kann sehr gut den Rohling einer kurzen Fliegenrute mit Spitzenaktion der Schnurklassen 5 oder 6 verwenden.

Dazu kommt eine besonders dehnungsarme Hauptschnur, die den Biß möglichst ungedämpft zur Rutenspitze weiterleitet. Deshalb lohnt sich besonders der Kauf einer geflochtenen Leine. Versieht sie der Angler noch mit Farbmarkierungen für unterschiedliche Tiefen, ist die Ausrüstung perfekt.

Die Angeltechnik funktioniert denkbar einfach. Der Angler läßt die Montage auf die größte, wahrscheinliche Tiefe (Angelkameraden fragen!) oder den Gewässergrund hinunter. Er hebt die Rutenspitze in einer sanften, gleichmäßigen Bewegung mit mehreren kurzen Zwischenstopps an und senkt sie wieder entsprechend. Auf keinen Fall darf die Bewegung wie beim ganz ähnlichen Angeln auf Barsche ruckartig erfolgen. Erfolgt nach einigen Versuchen kein Biß, holt die Stationärrolle etwa einen Meter Schnur ein und das Spiel beginnt von vorn. Hängt schließlich der erste Fisch am Haken, merkt sich der Angler die Tiefe über die Farbmarkierung an der Schnur oder befestigt sie im manchmal ab Werk vorhandenen Clip oder mit einem kleinen Streifen Klebeband auf der Außenseite der überlappenden Spule (sofern die Rolle keine innenliegende Spule besitzt). Nach dem Abhaken des ersten Fischs taucht die Hegene gezielt erneut in das Futtergebiet der Renken. Der sehr vorsichtige Biß läßt sich nur unter voller Konzentration auf die Bewegungen der Köder sicher erkennen. Der Anhieb muß wie bei den skandinavischen Maränen blitzschnell, aber, mit Rücksicht auf das feine Nylon der Hegene, trotzdem mit Gefühl erfolgen.

Das gilt auch für das alternativ mögliche Angeln mit einer sehr leichten Posenmontage, wobei als Köder eine oder zwei Maden sowie eventuell ein kleiner Mistwurm auf dem Haken steckt. Als Schwimmer eignen sich sehr gut ultraleichte Wettkampfposen, wobei die nötige Tragkraft wesentlich von der Angeltiefe abhängt. Je größer die Tiefe und eine eventuelle Strömung, desto mehr Blei muß der Schwimmer tragen. Und beim Fischen vom Ufer aus (wie gelegentlich auch an der Donau) sollte die Pose angesichts der im Unterschied zum Bootsangeln nötigen Würfe ebenfalls mehr Gewicht verkraften. Trotzdem darf die sensible Bißanzeige nicht darunter leiden. Eine längere Antenne sowie ein Bißschrot machen generell auch »Heber« sichtbar. Bisse beim Absinken des Köders lassen sich durch das vorsichtige Fressen der Fische leider kaum erkennen.

Eine weitere Technik auf Renken liegt im vergleichsweise aufwendigen Schleppfischen mit kleinen, etwa fünf Zentimeter langen und leichten Blinkern. Da die Fische oft sehr tief stehen, führt dabei kaum ein Weg an einer speziellen Schlepprolle (ohne Rute) oder einem Downrigger vorbei, der die normale Montage einer Spinnrute durch ein schweres Bleigewicht an einem entsprechend starken Seil in die gewünschte Tiefe transportiert. *Frank Weissert*

13. Barsch

(Perca fluviatilis)

Der Barsch oder Flußbarsch ist ganz sicher einer der schönsten Süßwasserraubfische in Europa, und nicht ohne Grund sind viele Fischer von diesem wütenden Kämpfer absolut begeistert. Mit seinen fünf bis sechs schwarzen Querstreifen, den beiden Rückenflossen, den rauhen goldgrünen Seiten sowie den roten Bauch- und Afterflossen ist es unmöglich, ihn mit einem anderen Fisch zu verwechseln. Seine Verbreitung erstreckt sich im Westen von den östlichen USA und Kanada über ganz Europa bis zum östlichen Teil von Zentralasien und Sibirien. Der Fisch findet fast überall einen Lebensraum: in Kleingewässern, großen Seen, langsam strömenden Flüssen bis hin zum Brackwasser, in dem er einen Salzgehalt von bis zu 20 Promille ertragen kann. Die Brackwasserbarsche laichen in der Regel im Süßwasser und beginnen meist ihren Aufstieg in die Flüsse im März/April. Die schönen roten Flossen erscheinen in der Laichzeit (April/Mai) noch intensiver. Hoch im Norden verlagert sich das Laichgeschäft bis in den Juni. In den etwas größeren Flüssen ziehen Teile des Brackwasserbestandes im September bis November den Fluß hinauf, und überwintern dort bis nach dem Laichgeschäft. Die meisten Gewässer beherbergen Barsche über ein Kilogramm, aber nur wenige können Fische über zwei Kilo produzieren. Viel Nahrung, wenig Fische und die richtige Wasserqualität sind immer die ausschlaggebenden Faktoren für die

Johnny Jensen fischt gezielt auf Großbarsche. ▼

größten Fische. Die Nahrung kleiner Barsche besteht primär aus Zooplankton, Kleinkrebsen und Insektenlarven. Mit zunehmender Größe jagen sie jedoch zunehmend Kleinfische. Der Barsch liebt Wärme und reagiert auf geringste Temperatur- und Wetterveränderungen. Außerdem erfordert seine geschlossene Schwimmblase einige Zeit zum Anpassen an wechselnde Druckverhältnisse. Das gilt besonders in flachen Seen, in denen sie die Druckveränderungen nicht durch das Aufsuchen anderer Tiefen ausgleichen können. Eine goldene Regel besagt, daß Hochdruck und steigendes Barometer die beste Angelei versprechen, während fallender Luftdruck in der Regel mit schlechten Aussichten gleichzusetzen ist. Aber wie immer gibt es keine Regel ohne Ausnahme. **Jörgen Larsson** fischte über 15 Jahre in vielen verschiedenen Gewässern auf Großbarsche und konnte im Laufe der Zeit einige hundert Fische über ein Kilogramm auf die Schuppen legen! Hier gibt er Ihnen die wichtigsten Tips für das Angeln auf die Stachelritter:

Angeln in Seen

In stehenden Gewässern ist das Aufspüren der Fische eine der schwierigsten Komponenten beim Barschangeln. Stehen die Plätze jedoch erst fest, dann wird die Mühe in der Regel reichlich belohnt. Normalerweise trifft man nur kleinere Barsche in Schwärmen an. Größere Fische treten dagegen fast immer in kleineren Gruppen auf, die aus Fischen gleicher Größe bestehen. Die ganz Großen leben meist alleine, aber nach der Landung eines Fisches können Sie im Fanggebiet häufig mit weiteren dicken Exemplaren rechnen. Im Sommer können die Barsche überall auftauchen. In größeren Gewässern leben sie oft pelagisch und folgen den Schwärmen der Kleinfische, wie es gerade der Wechsel von Temperatur-, Wind- und Strömungsverhältnissen diktiert. Außerdem kann man sie an Orten finden, wo sich typischerweise Kleinfische zum Fressen sammeln, also unter anderem über Untiefen, an Landzungen, Pflanzenfeldern, Plateaus und Steilhängen, Zu- und Abflüssen oder versunkenen Bäumen. Die großen Fische vermeiden in der Regel das kräftige Licht in flachem Wasser oder an der Oberfläche, und wenn sie doch hier jagen, dann meist im Morgengrauen oder in der Dämmerung. Die markanten Bißperioden sind oft kurz und intensiv. Im Herbst suchen die Barsche tieferes Wasser auf. Dann lohnt sich das Fischen über ebenem Grund, tiefliegenden Abhängen und um Plateaus herum. Tips für die richtige Angeltiefe sind schwer zu erteilen, da sie von Gewässer zu Gewässer verschieden sind. Generell kann aber gesagt werden, daß die Fische auf einem Niveau unter mittlerer Tiefe und nicht zu weit über dem Grund stehen.

Im Winter läuft in der Regel alles etwas langsamer ab. Oft werfen Schnee und Eis große Probleme auf, es sei denn, das Eis ist dick genug für das traditionelle Eisfischen. Die großen Barsche sind jetzt bedeutend schwerer zum Biß zu verleiten, und stehen passiv um Untiefen, in Löchern sowie über tieferliegendem flachen Grund. Finden Sie so einen Platz, können Sie an den hellsten Stunden des Tages eine feine Fischerei erleben. Mit zunehmendem Licht während des Frühjahres wird die Fischerei meist einfacher. Jetzt wandern die Fische über Kanten und Steilhänge in flaches Wasser, wo die Sonne das Wasser erwärmt. Oft stehen sie jetzt in großen Schwärmen zusammen, da das Laichgeschäft bevorsteht. Jetzt sind versunkene Bäume und Büsche wirklich gute Hot-Spots.

Während der aktiven Jagd kann der Barsch sehr große Köder nehmen. Es gibt nicht wenige Hechtfischer, die einen Barsch auf einen Köder fingen, der eigentlich für viel größere Kandidaten gedacht war. Häufig wird der Köder so kräftig und bestimmt eingesaugt, daß man es *hören* kann, wenn der Fisch an der Oberfläche jagt und die Pose verschwindet!

Über den Sommer und im zeitigen Frühjahr sind in der Regel frische Plötzen, Rotfedern, Lauben oder ein kleiner Barsch von 5 bis 12 Zentimeter ideale Köder.

Das Posenangeln auf Großbarsche ist die spannendste und effektivste Methode, auch wenn das gewöhnliche Grundfischen mit einem toten Köderfisch an der Gleitmontage mir mehr Fische brachte. Die Idealrute für die Posenangelei ist 10 bis 12 Fuß lang und besitzt eine Mittelteil- oder durchgehende Aktion mit einer Testkurve von 1 bis 11/4 lbs. Die lange Rute mit ihrer weichen Aktion stellt sicher, daß der Köderfisch im Wurf nicht vom Haken fliegt. Außerdem federt sie die harten Schläge des Fisches während des Drills optimal ab. Als Rolle verwende ich eine Stationärrolle mit 0,18 bis 0,25 mm starker Schnur. Als Schwimmer verwende ich kleine Gleitposen für Hechte, wie »Piker« oder »Zeppler« von Drennan mit einer Tragkraft von 5 bis 10 Gramm. Als Vorfach eignet sich gut 0,25 Millimeter starkes Nylon. Müssen Sie jedoch mit Hechtbissen rechnen, ist ein 10 bis 15 lbs tragendes Stahlvorfach ein Muß. Als Kompromiß verwende ich oft 25 lbs Quick-Silver-Schnur, die trotz ihrer Weichheit einen eventuellen Hechtbiß bewältigen kann. Je länger das Vorfach ist, desto mehr Bewegungsfreiheit erhält der Köder.

Optimal ist in der Regel ein Abstand von 30 bis 50 Zentimeter zwischen Blei und Haken. Das Vorfach wird an einem kleinen Wirbel befestigt, der gleichzeitig die Funktion des Stoppers für ein kleines Kugelblei übernimmt. In der Regel erhält man auf Einzelhaken die meisten Bisse. Unter normalen Bedingungen ziehe ich Haken mit weiter Öffnung wie Kamasan B 980 und B 983 in den Größen 8 und 4 vor, je nach der Größe des Köders. Der Haken wird vorsichtig in der Oberlippe oder unter der Rückenflosse des Köders plaziert. Die erste Montage läßt sich leichter befestigen und am besten werfen.

Jörgen Larsson mit einem dickem Exemplar seiner Lieblings-Fischart.
▼

Die besten Ergebnisse erhalten Sie, wenn die Pose ein großes Gebiet absucht. Allerdings erfordert der treibende Schwimmer eine ordentliche Schnurkontrolle, was am besten mit einer gefetteten und damit schwimmenden Leine gelingt. Jetzt können Sie leichter einen großen Schnurbogen kompensieren und die Schnur beim Anhieb gut aus dem Wasser heben. Am besten nutzen Sie den Wind oder die Strömung, um die Pose über große Strecken treiben zu lassen. In der Regel ist eine Angeltiefe von ein bis zwei Meter passend. Jagen die Barsche jedoch nahe der Oberfläche, kann ein flacher eingestellter Stopper den Köder in der richtigen Höhe anbieten.

Große Barsche sind sehr scheu. Deshalb sollten Sie jagende Fische am besten etwas überwerfen und die Montage dann in Position *ziehen*. Wenn man eine Vorstellung davon hat, wo die Fische wahrscheinlich auf ihrer Jagd hinschwimmen, können Sie den Köder auch in ihren voraussichtlichen Weg legen.

Stehen die Barsche in tieferem Wasser oder weit draußen, was unter anderem im Spätsommer und Herbst der Fall ist, dann kommt das Grundfischen vom Ufer aus zu ihrem Recht. Greifen Sie am besten zu einer Quiverrute von 10 bis 11,5 Fuß und einer kleinen Stationärrolle mit 0,15er bis 0,20er Schnur. Als Montage bevorzuge ich ein festes Paternoster mit einer Vorfachlänge von 20 bis 30 Zentimetern. Je scheuer die Fische sind, desto länger sollte das Vorfach ausfallen. Perfekte Köder sind sowohl verschiedene Würmer als auch an der Lippe gehakte Kleinfische auf Haken der Größe 8 oder 6. Nach dem Wurf kurble ich die Montage mit gelegentlichen Pausen wieder ein und suche damit das Gewässer aktiv ab. Wenn das Wasser richtig kalt ist, sollten Sie längere Pausen einlegen und die Montage jedesmal nur einen halben bis ganzen Meter bewegen. Der Fisch nimmt den Köder oft direkt nach Ende der Bewegungsphase. Sind die Fische sehr scheu, dann gehe ich mit der Schnurstärke sowie der Köder- und Hakengröße soweit herunter, bis man bessere Resultate erhält.

Wenn man bei günstigen Wetterverhältnissen auf die Nah- oder Mitteldistanz fischt, dann ist das Swingtipping mit 10 bis 11 Fuß langen Ruten genau die richtige Methode für eine super sensible Bißanzeige. Je größer die Köder sind, desto mehr Zeit müssen Sie dem Barsch vor dem Anhieb geben. Für diese Technik bevorzuge ich Montagen mit Vorfächern von 60 bis 100 Zentimeter Länge, die an einer Gleitmontage mit einem 10 bis 20 Zentimeter langen Bleivorfach gefischt werden. Beim im Winter oft langwierigen Angeln setze ich gerne mehrere Ruten in Kombination mit doppelten Bißanzeiger-Systemen. Benutzen Sie immer leichte Drop-Back-Indikatoren, die so wenig Widerstand wie möglich erzeugen.

Von Land aus gibt es für das Langdistanzangeln gewisse Grenzen. Der Einsatz eines Bootes und eines Echolotes ist mit sehr vielen Vorteilen verbunden und deshalb klar vorzuziehen. Zudem können Sie jetzt Stellen erforschen, die von Land aus nur schwer zu erreichen sind. Wenn man erst aktive Fische gefunden hat, dann ist man mit dem Beobachten einer Rute völlig ausgelastet. Setzen Sie den Anhieb immer so früh, wie es die Ködergröße zuläßt. Dadurch können die Fische nicht so tief schlucken, was unter Umständen das Zurücksetzen sinnlos machen könnte.

Fischen in fließenden Gewässern

In den meisten in Brackwassergebiete mündenden Flüssen kann man im Frühjahr eine fantastische Fischerei auf rogenschwere Barsche erleben. Das Angeln erreicht seinen Höhepunkt in der Periode von März bis Mai, je nach Temperatur und der Anzahl der vorhandenen Fische.

Im Sommer leben die Brackwasserbarsche über große Gebiete verteilt, so daß man sie nur ziemlich schwer lokalisieren kann. Am sichersten stehen sie in der Nähe von Flußmündungen und Häfen, entweder am frühen Morgen oder am späten Abend.

Peitschen die Herbststürme gnadenlos das Wasser, zieht ein großer Teil der Brackwasserbarsche in die Flüsse zum Überwintern. Die frisch aufgestiegenen Fische sind dank ihrer sommerlichen Völlerei in bester Kondition. Und es ist nicht ungewöhnlich, daß die Schwärme sich während eines Tages große Strecken den Fluß hinauf- oder hinunterbewegen.

Das Angeln im Fluß bietet große Fische mit hohem Durchschnittsgewicht. Die besten Fänge kann man im zeitigen Frühjahr und im Herbst erzielen, in der Regel im untersten Abschnitt des Flusses. Stoßen jedoch noch mehr Fische zu den Schwärmen, ziehen viele weiter stromauf. In verschiedenen Flüssen wird man erleben, daß die Überwinterungsplätze viele Kilometer oberhalb der Mündung liegen. Je kälter es wird, desto weniger bewegen sich die Fische. Und konnten Sie erst einmal eine gute Gruppe großer Fische in einem begrenzten Gebiet finden, werden sie dort mit Sicherheit einige Zeit bleiben – es sei denn, der Befischungsdruck ist zu hart. Am leichtesten sind normalerweise die Fische in Flüssen mit einer kräftigen Strömung und guten Nebengewässern aufzuspüren. Besonders leicht ist es zu Zeiten mit wirklich kräftiger Strömung, weil die Fische sich dann an Stellen mit schwächerem Wasserdruck sammeln. Da die Barsche bei Kälte ruhiges Wasser vorziehen, lassen sich dann oft große Schwärme an geschützten Stellen finden, wie stromab von Inseln, Kiesbänken, Pfählen und versunkenen Bäumen sowie in tiefen Löchern oder dicht unter steilen Ufern. In langsam strömenden Flüssen mit ebenem Boden ohne die genannten Phänomene, lassen sich die Fische allerdings schwerer finden. Hier stehen die Barsche weiter verteilt und oft an überraschenden Stellen. Häufig finden sie sich am Beginn einer breiteren Strecke oder in engen Kurven, wo Sie die Barsche vielfach an Resten von Vegetationsgürteln auf der Innenseite der Biegung entdecken können. Denn hier ist die Strömung am schwächsten. Und je stärker die Strömung, desto dichter stehen die Fische unter Land.

Die Beißperioden variieren in Zeitpunkt und Dauer abhängig von der Jahreszeit und diversen örtlichen Faktoren. Während man im Herbst oft den ganzen Tag über ein gutes Fischen erleben kann, konzentrieren sich die Bisse im Winter häufig auf die Tagesmitte. Wenn sich im Frühjahr endlich die Sonne ernsthaft zeigt, werden die Fische aktiver und beißen auch in Perioden am Nachmittag und Abend. In stark befischten Gewässern mit viel Störungen und Bootsverkehr sind meist die frühen Stunden am produktivsten. Natürlich findet man in den Flüssen auch feste Großbarschbestände, die das ganze Jahr im strömenden Wasser bleiben. Man findet die Fische an den gleichen Stellen wie die Zugfische im Herbst, Winter und Frühjahr.

Im Sommer, wenn die Zugfische ins Brackwasser hinausschwimmen, kann man die zurückgebliebenen Standfische häufig in etwas stärkerer Strömung finden als in den kalten Monaten. Im zeitigen Frühjahr, wenn die Barsche noch wild sind, besitzt das Posenfischen seine größte Bedeutung. Köderfische auf obengenannten Montagen gefischt, eignen sich am besten für den Beginn des Herbstes, wenn die Barsche noch aktiv jagen. Dagegen erzielt der Wurm sowohl im Herbst als auch im Frühjahr gute Fänge. Matchruten von 12 bis 14 Fuß Länge und kleine Rollen mit 0,15er bis 0,18er Schnur sowie die vorher beschriebenen Hakenmuster und Größen eignen sich

Starkes Trio in der Dämmerung: Niklas Graberg landete die starken Barsche.
▼

für nahezu alle Situationen perfekt. Beim Wurmangeln ist mein bevorzugter Haken allerdings der Kamasan B290. In Achterwassern mit ruhiger Strömung stellen Antennenposen und Wagglers die erste Wahl dar, während eine stärkere Strömung am oberen und unteren Ende fixierte Schwimmer erfordert. Dazu zählen Balsasticks oder Pacemakers. Je stärker der Wind und die Strömung sind und je tiefer gefischt wird, desto kräftigere Posen müssen Sie einsetzen. Das Bleischrot wird an der unteren Hälfte der Schnur befestigt, und zwar ein Klemmschrot Größe 1 bis 3, 20 bis 30 Zentimeter vom Haken entfernt. Da die Bisse oft mit ordentlichem Nachdruck kommen, ist kaum ein sensibles Austarieren der Pose nötig. Steht die Antenne ein bis drei Zentimeter über der Oberfläche, ist die Pose weniger empfindlich. Das kann ein Vorteil sein, wenn der Haken über den Grund schleift. Wie immer heißt es, die Tiefe solange zu variieren, bis man Fische fängt. Die ganze Spanne von 50 Zentimeter auf dem Boden liegendem Vorfach bis zu Präsentationen 30 Zentimeter über dem Boden können gute Erfolge bringen. Das traditionelle Trotting ist dabei eine Methode, die selten enttäuscht.

Wie beim Angeln in den Seen wird auch das Grundfischen in dem Maße erfolgreicher, wie die Temperaturen fallen. Ausrüstung und Montagen sind die gleichen wie in stehenden Gewässern. Im Herbst können unter anderem Kleinfische, auf einem Paternoster gefischt, tödlich effektiv sein. Fischen Sie die Quivertip hoch und ziehen die Montage langsam heran, so daß Sie die Fische reizen und den Platz bestmöglichst absuchen. Mit etwas größeren Ködern ist das Touch Ledgering mit den Fingern zum Erfühlen des Bisses an der Schnur eine der besten und spannendsten Methoden.

Im Verhältnis zu seiner Größe kämpft der Barsch ganz gewaltig. Deshalb müssen Sie seine kraftvollen Schläge und Fluchten schnell parieren, soll sich der Haken nicht aus dem harten Maul lösen. Hat man erst einmal einen Großbarsch an leichtem Gerät besiegt, ist man den Fischen für alle Zeit verfallen. Das Frühjahr zu begrüßen, indem man mit leichtem Gepäck den Fluß entlang wandert, durch die Lücken des mannshohen, wintermüden Schilfs zu fischen – und schließlich einen kapitalen Barsch in das Netz gleiten zu sehen und vor dem Zurücksetzen seine schöne Färbung zu bewundern, das ist einer der absoluten Höhepunkte des Frühjahrs... *Jörgen Larsson*

Anmerkung: *Eine andere Lieblingsmethode von mir ist das Spinnfischen mit Jigs und Twistern, die aber leider den Rahmen dieses Buches sprengt. Die Methode ist beim aktiven Absuchen größerer Gebiete ungeheuer effektiv.*

14. Aal

(Anguilla anguilla)

Der Aal ist ein Fisch, der schon immer einen mystischen Schleier um sich trug. Vielleicht macht gerade das diese Fischerei so faszinierend. Über Generationen hatte man keine Vorstellung davon, wo der Aal laicht, und erst in diesem Jahrhundert entdeckte der Däne J. Schmidt das Geheimnis der Laichwanderung. Es zeigte sich, daß die geschlechtsreifen Blankaale fast 7000 Kilometer zum Sargassomeer nordöstlich von Kuba ziehen und im Winter laichen, worauf die Aallarven mit dem Golfstrom zurück an die afrikanischen und europäischen Küsten treiben. Dort entwickeln sie sich in drei Jahren zu Glasaalen, die entweder in den küstennahen Gewässern heranwachsen oder die Flüsse hinaufziehen und im Süßwasser leben. Aale sind in allen Seen und Wasserläufen zu finden, die entweder direkten oder indirekten Zugang für die stromauf ziehenden Aale haben. Mit indirektem Zugang ist gemeint, daß es nicht allzu weit vom See bis zum nächsten Fluß oder Bach sein darf. Denn Aale können durchaus mehrere hundert Meter über Land wandern, wenn der Untergrund feucht und weich ist. Die Männchen werden selten schwerer als ein paar hundert Gramm, während die Weibchen bis zu 120 oder 130 Zentimeter lang und vier Kilogramm schwer werden können. Im Alter von acht bis zehn Jahren beginnen die Fische ihre lange Laichwanderung, und der Lebenszyklus schließt sich. In einzelnen, geschlossenen Gewässern, aus denen die Aale nur schwer abwandern können, erreichen sie oft ein Alter von 16 bis 20 Jahren, bevor die Laichwanderung einsetzt. Und leben die Schlängler in völlig isolierten Gewässern, aus denen sie nicht entkommen können, werden sie möglicherweise sehr alt und groß – ein guter Ort für Specimen-Aktivitäten! Allerdings hängt der Erfolg ganz wesentlich von speziellen Techniken und Methoden ab. Auf den folgenden Seiten gibt der Aalexperte **Niklas Graberg** sichere Tips zum Fang starker Fische:

Die eigentliche Angelmethode ist sehr einfach, weshalb jedermann selbst mit der einfachsten Grundausrüstung die intensive Spannung der Aalfischerei genießen kann.

Wenn man sein Gerät für das Aalangeln aussucht, muß man sich zunächst einmal klar machen, daß der Aal im Verhältnis zu seiner Größe ein unglaublich starker Fisch ist. Gibt man ihm zum falschen Zeitpunkt auch nur einen Meter zuviel Schnur, windet sich der Fisch oft unwiederbringlich

▲
Portrait eines dicken Breitkopfaals.

um Wurzeln oder Ähnliches. Persönlich bevorzuge ich 12 Fuß lange Karpfenruten mit einer Testkurve von 2 1/2-3 1/2 lbs. Die lange Rute muß den Fisch während des Drills vom Grund abhalten. Als Rolle verwende ich eine Shimano Baitrunner 6010 sowie eine 0,35 bis 0,40 mm starke Schnur. Je mehr Hindernisse am Grund sind, desto schwerer muß sie ausfallen. Gibt es fast keine Hindernisse, kommen Sie natürlich mit wesentlich leichterem Gerät zurecht. Man hört oft, daß Aale einige Angst vor Stahlvorfächern zeigen. Deshalb setzen viele Fischer Nylon- oder HPPE-Vorfächer mit hoher Tragkraft ein. Bei sehr scheuen Fischen sind HPPE-Vorfächer, wie Spiderwire oder Quick-Silver die richtige Wahl. Normalerweise setze ich jedoch meist Stahlvorfächer ein. Nicht etwa, weil Aale scharfe Zähne hätten. Vielmehr kann ein mit Gewalt kämpfender Fisch auch recht dicke Nylonschnüre durchscheuern, wenn sich der Drill lange hinzieht. Drennans Seven Strand mit 20 lbs Tragkraft ist meiner Meinung nach der beste Draht auf dem Markt. Zur Montage von Haken und Wirbel verwende ich Slim-Crimbs von Drennan, das sind kleine Metallröhrchen, durch die der Draht zweimal durchgeführt wird, bevor es dann mit einer Flachzange zusammengedrückt und der Draht somit sicher fixiert wird. Die Hakenwahl fällt normalerweise auf einen Jack Hilton Z1 in Größen von 4 bis 1, je nach Ködergröße. Er enttäuscht nie und zählt zu den stärksten auf dem Markt.

Das Grundangeln ist meiner Meinung nach die beste Methode auf Aale. Dabei verwende ich am liebsten das legendäre »John Sidley Eel Rig« (Abb. 23), das sich nahezu nie verfängt. Sollte sich das Bleivorfach trotzdem einmal um das Nylonvorfach zwischen den beiden Wirbeln wickeln, löst es sich, wenn der Fisch beim »Run« Schnur nimmt. Läßt man jedoch das Nylonstück weg und das Bleivorfach wickelt sich um den Draht, löst sich die Schnur nicht und der Aal wird den Köder loslassen, da er zuviel Widerstand verspürt. Beachten Sie, daß das Nylonstück zwischen den beiden Wirbeln länger als das Bleivorfach sein muß. Die Montage eignet sich übrigens für alle Köderarten. Als Bißanzeiger bevorzuge ich die eine oder andere Form eines Doppelindikatorsystems mit einem besonders empfindlichen Drop-Back-Anzeiger. Damit der Aal beim Abziehen

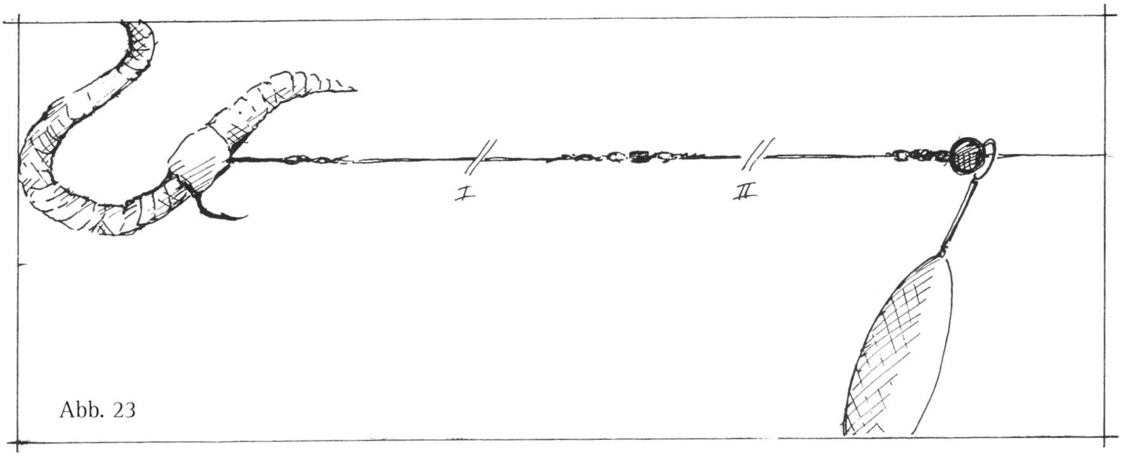

Abb. 23

der Schnur möglichst wenig Widerstand spürt, fische ich mit offenem Bügel.

Ich will nicht verheimlichen, daß Würmer meine absoluten Lieblingsköder auf Aale sind. Man zieht drei große Würmer auf den Haken und kneift dann ihre Enden ab, damit Duftstoffe im Wasser freigesetzt werden. Kleine, tote Köderfische oder Fleischstückchen stehen eher an zweiter Stelle. Diese Köder kommen besonders dann zum Einsatz, wenn im Gewässer viele Brassen oder Schleien leben, die auf Würmer beißen. Statt dessen kann man aber Probleme mit unerwünschten Hechtbissen oder anderen Raubfischen bekommen. Eine gute Methode besteht darin, nur die Köpfe von Lauben oder kleinen Rotaugen zu verwenden. Lassen Sie außerdem etwas von den Eingeweiden der Fische am Kopf hängen, da sie eine gute Duftspur im Wasser verbreiten. Kontrollieren Sie den Köder oft, und waschen Sie sich die Hände, bevor Sie mit dem Köder hantieren. Aale besitzen einen extrem guten Geruchssinn. Riechen die Köder nach Nikotin oder Mückenbalsam, dann ist eine Schneider-Tour so gut wie garantiert. Hat man sich für eine längere Sitzung entschieden, dann lohnt sich häufig das Anfüttern einiger Plätze. Dafür eignet sich eine Mischung aus gehackten Fischen und Würmern.

Andere nützliche Dinge für die Aaltour sind ein großer, feinmaschiger Kescher sowie eine gute Stirnlampe. Hat man erst einmal versucht, einen wilden großen Aal in totaler Dunkelheit mit einem kleinen Kescher zu landen, ist der Grund dafür klar!

Die Wahl des Angelplatzes hängt in hohem Maße davon ab, in welchem Gewässertyp Sie fischen. In Flüssen sind Kraftwerksdämme, tiefe Löcher und große Hindernisse in der Regel die besten Plätze für Großaale zu. In großen Seen empfiehlt es sich, das Fischen auf Steilhänge zum tiefen Wasser hin zu konzentrieren. Denn große Aale suchen sie regelmäßig auf ihrer Jagd nach Futter ab. Man kann die Fische aber auch in unmittelbarer Ufernähe in flachen Buchten antreffen. Und während den Laichperioden von Plötzen und Brassen können die Aale im Rogen und an den vor Erschöpfung gestorbenen Fischen Amok laufen. Außerdem empfiehlt es sich, eine Reihe vielversprechender Plätze auszuwählen und sie dann fortlaufend zu befischen. In vielen Gewässern zeigen die Aale ein ausgesprochenes Territorialverhalten. Deshalb kann es einige Zeit dauern, bis ein neuer Aal das Revier eines verschwundenen Artgenossen übernimmt. Hat man erst einige Aale an einem Platz gefangen, sollten Sie deshalb den Platz wechseln oder häufig neue Stellen anwerfen. Da die Fische oft in allen Tiefen anzutreffen sind, macht es Sinn, die Montagen auf verschiedene Entfernungen und Tiefen zu verteilen. Und eine Rute dicht unter Land gefischt kann ebenfalls nicht schaden. Die beste Angelzeit ist schwer vorauszusehen. Häufig liegt sie jedoch zwischen 22.00 und 02.00 Uhr in der Nacht.

Hat man es auf die wirklich großen Fische abgesehen, sollten Sie ein Gewässer mit einem sehr kleinen Bestand auswählen. Meine beiden größten Fische von 2920 und 2340 Gramm habe ich jedenfalls in so einem Gewässer erbeutet.

Wenn der Aal endlich beißt, muß so schnell wie möglich der Anhieb folgen, damit der Aal den Köder nicht schluckt. Sitzt der Haken zu tief, kann es nahezu unmöglich sein, ihn zu entfernen. Einerseits kann er daran sterben und der Angler bekommt Schwierigkeiten beim Erneuern der Montage (Anm. d. Red.: Wie ich schon mehrmals beobachten konnte, befreit

◀
Eine unterarmdicke »Wasserschlange« mit ihrem glücklichen Fänger.

sich der Aal von selbst vom Haken – sogar von einem voll geschluckten Eisen mit Widerhaken. Jedenfalls geschah das zuverlässig spätestens nach zwei bis drei Stunden, wenn der Fisch in einem Eimer mit Wasser und etwas Gras von der nächsten Wiese darin gehältert wurde).

Da sich der Fisch leicht am Grund festsetzt, müssen Sie ihn beinhart drillen. Angeln Sie immer mit einer besonders stramm eingestellten Bremse. Bei der Landung muß das Netz tief gehalten und erst angehoben werden, wenn der Fisch mit dem Kopf den Spreizblock erreicht hat. Liegt der Fisch im Netz, trägt man es ein gutes Stück aufs Land, bevor man den Haken löst. Entgleitet Ihnen der Aal (was leicht geschehen kann), ist er schnell wieder in seinem Element, wenn man nicht auf diese Weise vorgesorgt hat. Lebt in dem Gewässer nur ein sehr geringer Bestand, sollten Sie den Fisch vorsichtig zurücksetzen. An vielen Orten befindet sich die Art zur Zeit auf dem Rückzug. Und wenn nicht bald etwas Wesentliches geschieht, sieht der Aal einer düsteren Zukunft entgegen. *Niklas Graberg*

15. Quappe

(Lota lota)

Die Quappe (Rutte, Trüsche) ist unser einziger Süßwasserfisch, der zur Dorschfamilie zählt. Die Verwandtschaft zeigt sich bereits deutlich am typischen Dorschmaul mit dem einzelnen Bartfaden. Die Körperform ist sehr langgestreckt. Die Grundfärbung der Quappe hängt von dem Boden ab, wo sie lebt, meist ist sie gelb- oder grünbraun. In der Regel ist der Fisch kräftig mit dunklen oder schwarzen Flecken gezeichnet. Seine Verbreitung erstreckt sich über die gesamte nördliche Halbkugel in den gemäßigten Breiten. Und er findet sich sowohl in fließenden als auch in stehenden Gewässern. Die Quappe bevorzugt kaltes und sauerstoffreiches Wasser. Aus diesem Grund lebt sie in erster Linie in den großen und tiefen Seen.

Die Quappe ist ein gieriger Raubfisch, der vor allem nachts jagt. Als Jungfisch lebt er von verschiedenen Weichtieren, aber mit zunehmender Größe geht er nach und nach zu Rogen, Krebsen und Kleinfischen über, wie Kaulbarsch, Barsch, Gründling, Groppe und Rotauge. Die Laichzeit erstreckt sich von Dezember bis Februar und die Eier werden bei 0 bis 4 Grad Celsius über Sand und Kiesgrund abgelegt. In den großen Gewässern liegt das Durchschnittsgewicht meist zwischen 0,5 und 2 Kilogramm. Fische über 3,5 Kilogramm lassen sich nur selten ohne besonderen Einsatz erbeuten. Das Maximalgewicht liegt in Skandinavien bei 9 bis 10 Kilogramm – davon können die Fischer weiter südlich nur träumen.

Angeln im See

Peter Kirkeby ist einer der erfahrenen »Raubfisch-Specimenangler«, der über viele Jahre sehr erfolgreich in Seen auf Quappen fischte. Hier erhalten Sie die besten Tips für das Angeln auf den leopardgefleckten Süßwasserdorsch:

Eines sollten wir gleich klarstellen: Quappen sind gefräßig und leiden weder an »Hakenangst« oder »Nylonpsychosen«. Deshalb können Sie so einfache Montagen wie nur möglich einsetzen. Mit Gleitmontagen, Paternoster-Rigs und beköderten Pilkern ist man im großen und ganzen für alle erdenklichen Verhältnisse eingedeckt. Für die Quappe reicht eine Schnurstärke von 0,25 bis 0,30 Millimeter völlig aus. Rute und Rolle sollten entsprechend dimensioniert werden. Beim Bootsangeln kommt man gut mit Spinnruten zurecht, vom Ufer aus empfehlen sich allerdings leichte Karpfenruten von 10 bis 11 Fuß, da sie weitere Würfe und einen besseren Anhieb erlauben. Zum Pilken verwende ich Pilker oder Blinker zwischen 20 und 60 Gramm. Form und Farbe sind untergeordnet, Hauptsache der Pilker kann den Boden erreichen, ohne sich in der Hauptschnur zu verfangen. Quappen bis zu zwei Kilogramm können Sie einfach landen, indem Sie den Pilker fassen und den Fisch ins Boot heben. Sollte der Haken direkt am Pilker befestigt sein, werden viele Quappen sich in dieser Phase allerdings vom Haken winden. Sie können das Problem jedoch mit einem Wirbel und einem kurzen Stück Schnur (0,40-0,60 mm) zwischen dem Drilling (Größe 2 oder 4) und dem Pilker umgehen. Dann fehlt dem Fisch das feste Gegenlager zum Heraushebeln des Eisens.

Zum Grundfischen verwende ich vom Boot aus Paternostermontagen, vom Ufer aus lieber Gleit-Rigs. Man sollte immer ein Vorfach aus 0,40 bis 0,50 mm starkem Nylon verwenden. Denn die Quappe besitzt kleine Raspelzähne, welche die Schnur aufrauhen können. Mit der stärkeren Leine bleibt Ihnen der ständige Vorfachwechsel erspart. Beim Grundangeln vom Boot aus beobachtet man selten einen wirklich deutlichen Biß, besonders beim Fischen mit mehreren Schnüren. Man sollte deshalb regelmäßig ein paar Meter Schnur einrollen und so den Kontakt zum Köder halten. Große Einzelhaken (Größe 2 bis 5/0) mit angedrücktem Widerhaken funktionieren perfekt beim Bootsfischen mit Grundmontage, wo die Fische oft tief gehakt sind. Fischt man mit einem Doppelindikatorsystem von Land aus, ermöglicht die sensible Bißanzeige einen schnellen Anhieb und damit Montagen mit einem oder mehreren Drillingen.

Die Quappe ist ein Vielfraß, der mit Genuß die meisten Köderformen verzehrt. Selbst auf so etwas Ausgefallenes wie geräucherten Schinken konnte ich sie schon fangen, aber am einfachsten (und oft am besten) wirken doch tote Köderfische wie Heringe. Fischen Sie mit dem beköderten Pilker, wird der Hering filetiert und in ein bis zwei Zentimeter breite und vier bis fünf Zentimeter lange Streifen geschnitten, die am Drilling befestigt werden. Verwendet man andere Köderarten, sollte man Streifen/Stücke gleicher Größe verwenden. Neben dem Hering sind Rotauge, Laube, Brachse, Forelle, Hornhecht, Makrele und Stint die am häufigsten verwendeten Köder. Der letztgenannte ist ein kleiner nach Gurken riechender Lachsfisch, den man manchmal nur schwer beschaffen kann. Zum Ausgleich erweist er sich jedoch als ganz hervorragender Quappenköder.

Im Winter gibt es Tage, an denen die Quappe nahezu ausschließlich auf beköderte Pilker oder sich bewegende Köder beißt, während statische Grundmontagen unberührt liegen bleiben. Das Gegenteil ist allerdings nie der Fall – fängt man Fische auf die Grundmontage, beißen sie auch auf den Pilker. Es ist aber äußerst wichtig, die richtige Pilktechnik zu beherrschen. Dabei geht es nicht um die großen Bewegungen, wie wir sie vom Öresund kennen, sondern um ausgesprochene »Feinmechanik«. Kurz beschrieben läuft sie darauf hinaus, daß man die meiste Zeit über den Pilker entweder leicht auf dem Boden hüpfen läßt, oder ihn ganz ruhig direkt auf oder etwas über dem Boden hält. Nur zwischendurch führt man ein paar kräftige Pilkzüge aus, wobei der Pilker hart auf den Boden fällt. Fast alle Bisse erfolgen, wenn der Pilker stillsteht oder sich langsam bewegt. Nichts fasziniert mehr, als das Zupfen am Köder während einiger atemloser Sekunden zu spüren, bevor man einen kräftigen Anhieb setzt. Und beim Pilken scheuert die Schnur auch nicht auf dem Boden und bleibt deshalb intakt. Außerdem gibt es beim Pilken nur selten Hänger. Deshalb können Sie sogar sehr leichtes Gerät verwenden, wenn Ihnen der Sinn danach steht. Vom treibenden Boot aus habe ich nie besonders viele Quappen gefangen, während mir unglaublich gute Fänge vom verankerten Boot aus gelangen. Deshalb bin ich davon überzeugt, daß die Fische von den Bewegungen des Boots und dem Geruch des Köders unter den Kiel gelockt werden. Aus dem Gedanken entstand die Idee, eine kräftige Duftspur zu erzeugen. Es kam zu einem Versuch mit »Rubby-Dubby« das aus einem Zwiebelnetz voller zermatschter Heringe besteht und unter dem Boot versenkt wird. Diese Methode bewährte sich gleich auf der ersten Tour und hat seitdem oft den »Jackpot« im großen Stil ermöglicht. Beim Angeln vom Ufer aus kann man alternativ mit gefrorenen Klumpen zerdrückter Fische anfüttern.

Meine Erfahrungen im Winter zeigen deutlich, daß man während der Nacht markante Beißzeiten von unterschiedlicher Dauer erlebt. Der überwiegende Teil fällt in die Zeitspanne zwischen Sonnenuntergang und Mitternacht. In eisfreien Wintern konzentriert sich meine Bootsfischerei auf den Furesee und dabei auf drei bis vier Stellen in 8 bis 15 Meter Tiefe. Die richtige Tiefe spielt eine große Rolle für das Fangergebnis, und deshalb ist es wichtig, genau gezielt vor Anker zu gehen. Wenn man Glück hat, weht ein leichter bis frischer Wind direkt auf den Angelplatz, so daß man nach dem Ankern mehr Ankerleine auswerfen kann, und so am Fuße einer Kante anfangen kann zu fischen. Dann arbeite ich mich langsam den Hang empor, bis ich die Fische gefunden habe. Doch meist sind die Verhältnisse nicht so ideal und man muß arbeiten. Auch wenn das ständige Ankern ein hartes Brot ist, wird sich diese Mühe lohnen, wenn man die Fische gefunden hat. Meine beste Tour überhaupt erforderte solch eine Reihe von Ankerversuchen, bevor wir endlich die Fische fanden. In den nächsten 5 Stunden folgten die Bißperioden zum Ausgleich dicht an dicht. Erst gegen Mitternacht kamen die Fische zur Ruhe, aber da hatten wir zu zweit bereits 77 Quappen gefangen. Der größte Fisch wog 3,6 Kilogramm. Das A und O der Winterfischerei ist häufig, daß der Köder kleine Bewegungen beschreibt und Geräusche erzeugt, wenn er auf den Grund prallt. Beköderte Pilker, die man unter dem Boot fischt, oder Paternostermontagen und beköderte Pilker, die ausgeworfen und langsam in

▶

Der Traum jedes Quappenanglers: Wenigstens einmal im Leben einen so kapitalen Süßwasserdorsch landen

LF 18

kleinen Sprüngen über den Boden »gejigt« werden, erfüllen diese Bedingungen. Wenn man den Köder statisch auf den Grund legt, ergibt das selten so gute Fangergebnisse. Beim Angeln in besonders kalten Wintern sehen die Verhältnisse etwas anders aus. Jetzt kann man die Quappen an wesentlich mehr Plätzen im See in zwei bis acht Meter Tiefe antreffen, wenn nur ein harter Boden vorhanden ist (Steine, Kiesel, Muscheln). Vom Eis setzte ich genau die gleiche Pilktechnik ein. Der Angler muß nur daran denken, daß die Schnur an der Eiskante verschleißen kann und deshalb nicht mit zu dünnen Schnüren fischen.

Im Sommer gehen die Quappen gerne sowohl auf beköderte Pilker als auch auf Grundmontagen. Die Fische stehen verstreut und sind an sämtlichen Steilhängen und Bänken direkt unter der Sprungschicht (in tieferen Seen bedeutet das in 10 bis 15 Meter) zu finden, vorausgesetzt, der Boden ist hart. Im Sommer kann man also fast sicher sein, etwas zu fangen, egal wo man liegt. Es müssen nur die Tiefen- und Grundverhältnisse stimmen. Allerdings darf man nicht die gleichen Fischmengen wie im Winter erwarten. Da die Nächte im Sommer gegenüber dem Tag deutlich kälter sind, gehen die Quappen während der ganzen Nacht auf Futtersuche. Im Gegensatz zur Winterfischerei lohnt sich allerdings kein ständiger Wechsel der Angelstelle. Besser fahren Sie mit einer guten Portion Geduld. Und mit mehreren Ruten können sie unterschiedliche Richtungen und Tiefen befischen.

Das Angeln vom Ufer aus ermöglicht zwar eine bessere Bißanzeige und ergibt mehr Komfort, allerdings lassen sich normalerweise nur wenige gute Stellen von Land aus erreichen. Im Sommer geht es darum, Plätze mit hartem Grund zu finden, wo die Tiefenkurven dicht am Ufer verlaufen, während man im Winter Glück haben kann und Plätze findet, an denen die Quappen in flacheres Uferwasser ziehen.

Im Sommer fängt man Quappen oft in tiefem und kaltem Wasser, wobei die gehakten Fische dann an der Oberfläche leicht an dem Druckunterschied leiden. Eine druckkranke Quappe kann kaum aus eigener Kraft in die Tiefe schwimmen und besitzt an der warmen, vergleichsweise sauerstoffarmen Oberfläche keine großen Überlebenschancen. Deshalb sollten Sie den Fisch besser für die Küche mitnehmen. Setzen Sie »Sommerquappen« so schnell und schonend wie möglich zurück, wenn sie offensichtlich den Weg in die Tiefe schaffen. »Winterquappen« hingegen haben gute Überlebenschancen, und können sich im kalten, sauerstoffreichen Oberflächenwasser erholen und dann tauchen.

Über das ganze Land verteilt liegen viele »unberührte« Quappengewässer. Und mit Sicherheit können sie denjenigen Rekordfische bescheren, die ein Stück Pionierarbeit leisten wollen. Unter anderem ist mir von einem zehn Kilogramm schweren Fisch berichtet worden, der mit einem Netz im Mossee gefangen wurde. Seien Sie sich darüber im klaren, daß es eine große Aufgabe sein kann, einen neuen See zu erforschen. Am besten beginnt man damit, die tiefsten Steilhänge des Sees im Sommer abzufischen, wo die Quappe das kalte und sauerstoffreiche Wasser der Sprungschicht genießt. Hat man im Sommer erst Erfolg gehabt, dann steht auch die Motivation für den Winter. Und selbst wer nicht in Skandinavien lebt oder seinen Urlaub dort verbringt, kann auch in Mitteleuropa diesen ungewöhnlichen Fischen mit Erfolg und viel Freude nachstellen – nur in etwas bescheideneren Dimensionen. *Peter Kirkeby*

Flußfischen

Außer in großen Seen findet man Quappen auch weit verbreitet in fließenden Gewässern, wobei sich die skandinavischen Techniken durchaus auf mitteleuropäische Flüsse übertragen lassen. Hier berichtet **Peter Grahn** von den besten Angelmethoden auf Quappen im Fluß:

Normalerweise konzentriert sich das Quappenfischen auf die kalten Herbst-, Winter- und Frühjahrsmonate, da die Fische jetzt besser beißen als in der wärmeren Jahreszeit. In meinem Hausgewässer, dem Göta-Fluß, ergeben die Zeitspannen im Oktober/November sowie April/Mai die schönsten Fänge. In nördlicheren Flüssen werden viele Fische dagegen beim ausgesprochenen Winterangeln gefangen.

Generell fische ich einfach mit natürlichen Ködern vom Ufer aus. Die Quappen leben sowohl in tiefen Kolken in langsam fließenden Strecken, als auch über steinigem Grund in den etwas schnelleren Abschnitten. Häufig finden sich Fische nur wenige Meter vom Ufer entfernt, jedoch kann auch das Fischen weiter draußen in großen Tiefen erfolgreich sein. Dabei erweisen sich wie bei anderen Fischen bestimmte Plätze fängiger als andere. Zwar ist die Göta ein stark reguliertes Gewässer, paradoxerweise schufen die Veränderungen, die eine Reihe schöner Plätze zerstörten, gleichzeitig neue Topstellen. So wirken die Auslaufkanäle der Kraftwerke wie Magnete auf die Quappen. Denn mit dem sprudelnden Wasser gelangen viele Kleinfische durch die Turbinen in den Auslauf, teilweise lebend und verwirrt oder von den

Schaufeln zerstückelt. Die Quappen müssen sie jetzt nur noch einsammeln. Ruhigere Nebengewässer und tiefe, gleichmäßig strömende Abschnitte können ebenfalls als Hot-Spots gelten. Normalerweise ist das Angeln ab der Dämmerung über drei bis vier Stunden am besten.

Für die meisten Situationen sind Sie mit einer gleitenden Paternostermontage, einem 30 bis 100 Gramm schweren Blei, Vorfächern von etwa einem halben Meter Länge sowie Einzelhaken der Größen 1/0 bis 3/0 gut ausgerüstet. Als Gerät empfehle ich eine 0,35er bis 0,40er Schnur sowie eine 10 bis 12 Fuß lange Karpfenrute von etwa 2 lbs. Auf den ersten Blick wirkt die Kombination vielleicht sehr grob und tatsächlich sind Quappen keine harten Kämpfer. Allerdings müssen Sie häufig mit starker Strömung und vielen Hindernissen leben, was starkes Gerät rechtfertigt. Vergessen Sie nicht die Stirnlampe, einen langstieligen Kescher sowie eine Arterienklemme zum Hakenlösen.

Quappen fressen alle Arten von Fleisch, als fängiger erwiesen sich jedoch verschiedene Würmer. Leider verleiten sie auch viele andere, in diesem Moment unerwünschte Arten zum Biß. Wählen Sie besser frische Fische wie kleine Rotaugen, Lauben, Stinte, Kaulbarsche oder Stücke von größeren Fischen. Zur Not kann man aufgetaute Fische verwenden, frische Fische erzielen jedoch bessere Ergebnisse. Denn Quappen nehmen aufgetaute Köder zwar ins Maul, spucken ihn nach einem kurzen Geschmackstest jedoch oft wieder aus. In der Regel sind komplizierte Anköderungsmethoden unnötig. Ziehen Sie den Haken einfach durch Kopf oder Schwanz des Köderfischs. Viele Plätze erweisen sich als fängiger, wenn man mit Fischstückchen und Innereien anfüttert. Oft fressen die Fische hemmungslos und eine solide Fütterung hält sie häufig einfacher am Platz. An langsamer fließenden Abschnitten ist es vorteilhaft, Rod-Pods und Doppelindikatorsysteme zu verwenden, was die Bißanzeige erleichtert. Bei starker Strömung ist es wichtig, mit schwerem Blei zu fischen und die Rutenspitze hoch anzuheben, was den Strömungsdruck auf die Schnur vermindert. Und stellen Sie die Ruten in der »Raketenposition« auf, lassen sich die Rutenspitzen gut als Bißanzeiger einsetzen. Oft erkennen Sie dann den Biß als deutlichen Zug in der Spitze. Bei Dunkelheit hilft ein Knicklicht und eventuell zusätzlich ein Aalglöckchen an der Spitze weiter. Schlagen Sie auf jeden Fall so früh wie möglich an, damit der Fisch nicht tief schlucken kann. Bisweilen ist die Quappe so gefräßig, daß auch erfahrene Fischer tiefgeschluckte Köder akzeptieren müssen – obwohl sie den Anschlag blitzschnell gesetzt haben. *Peter Grahn*

16. Meeräsche

(Chelon labrosus)

Wenn Sie an einem warmen Sommertag an die Küste fahren, dann werden Sie vielleicht auf einen Schwarm großschuppiger Fische im flachen Wasser in Ufernähe stoßen, – das ist die Meeräsche, eine relativ neue Bekanntschaft für dänische und andere europäische Nordseeangler. Früher zählten die Meeräschen zu den seltenen exotischen Gästen, aber in den achtziger Jahren wurde sie zum häufig beobachteten Gast. Und in den besten Jahren kann man sehr häufig Schwärme von Hunderten, ja Tausenden Individuen beobachten.

Die Meeräsche gehört einer großen Familie an, die mehr als 100 Arten zählt, die nahezu alle in den warmen Gewässern heimisch sind. Bei uns im Norden geht es um zwei Arten: Die Dünnlippige Meeräsche *(Liza ramada)* und die Dicklippige Meeräsche *(Chelon labrosus)*, wobei letztere deutlich vorherrscht. Sie ist ein kräftiger Fisch, der auf maximal acht bis neun Kilogramm und 80 bis 90 Zentimeter abwächst. Englische Untersuchungen belegen jedoch ein sehr langsames Wachstum, so daß ein Fisch von 2,5 Kilogramm über 12 Jahre alt sein sollte. Die Dicklippige Meeräsche unterscheidet sich von der Dünnlippigen Meeräsche in mehren Punkten. Unter anderem kann man sie an der dicken Oberlippe erkennen, die zwei oder drei Reihen mit kleinen warzenähnlichen Auswüchsen aufweist. Die im Norden sehr selten gefangene Dünnlippige Meeräsche ist die kleinere der beiden Meeräschen, wobei ein Fisch von 1,5 bis 2 Kilo bereits als großer Fisch betrachtet werden muß. Die Dünnlippige Meeräsche läßt sich, nomen est omen, an der dünnen Oberlippe mit sehr kleinen Zähnchen erkennen.

Die Meeräsche ist ein überaus schöner Fisch, der manchmal nur schwer zum Biß zu verlocken ist. Mit der richtigen Technik und ein wenig Geduld ist es aber gar nicht so schwer, mit dem Fisch in Kontakt zu kommen. Auf den folgenden Seiten erzählt der Küsten- und Meeräschenexperte **Jesper Fohrman** von den besten Tricks für den silberschuppigen Kämpfer:

Meine Karriere als Meeräschenfischer begann mit der Fliegenrute und kleinen Fliegen am Vorfach. Ich verwendete endlose Stunden darauf, meine Technik zu verfeinern und anzupassen. Aber die Fänge waren gering und zufällig. So legte ich die künstlichen Köder beiseite, und widmete mich dem Angeln mit natürlichen Ködern.

◀
Die scheuen Meeräschen verlangen dem Angler schon einiges Können ab, speziell so kapitale Fische.

Zunächst experimentierte ich mit vielen verschiedenen Ködern und fing Meeräschen unter anderem auf Krabben, kleine Pommes Frites-Stückchen, verschiedene Brotarten und Kugeln aus Krysalis und Krill. Inzwischen bin ich aber zu gewöhnlichem Weißbrot als effektivstem Köder gekommen, entweder schwimmend oder als kleine, sinkende Kugeln.

Dapping von der Mole

An Molen und in Häfen kann man von Mitte Mai an den ganzen Sommer hindurch auf Meeräschen treffen. In manchen Häfen wirken die Fische fast zahm. Denn einige haben sich daran gewöhnt, von den Hafengästen gefüttert zu werden. An anderen Stellen im Hafen, wie an der Außenseite der Mole, »grasen« die Meeräschen vielleicht die Algen auf den Steinen ab.

Und genau hier an der Hafenaußenseite fange ich die meisten Fische. Normalerweise suche ich mir einen Platz hoch über dem Wasser, von wo ich die Meeräschen auf Sicht fangen kann – mit der freien Leine.

Wenn Sie den Meeräschen auf ihrem Weg an den Steinen entlang folgen, stellen Sie sicher fest, daß sie sich über längere Zeit eng an bestimmte Wege halten. Auf diesen Routen können sie dann und wann Pausen einlegen, um sich etwas an der Vegetation gütlich zu tun. Dann bricht die Gesellschaft spontan wieder auf und setzt die Wanderung der Mole entlang fort. Diese Fische sind nur äußerst schwer auf etwas anderes als die kleinen Nahrungsteilchen aus dem Tang zu fangen. Deshalb heißt es zunächst einmal, ihren Speiseplan zu ändern...

Mit kräftigem und ständigem Anfüttern kann man nach und nach einige der Fische an eine neue Nahrung gewöhnen. Ich benutze als Futter gewöhnliches Weißbrot. Ich zerteile es in kleine Stücke, weiche sie ein und forme sie zu kleinen Kugeln. Denken Sie daran, das Brot zu durchnässen, damit es ordentlich absinkt. Sonst fressen möglicherweise Möwen die Hälfte und verscheuchen gleichzeitig die Fische.

Ein kleiner Trick kann die Möwen allerdings eine gewisse Zeit von der Futterstelle fernhalten. Der schwedische Meeräschen-Spezialist Mats Andersson wendete ihn als erster an. Färben Sie das Brot mit grüner Fruchtfarbe ein, was für Möwen wenig interessante Pflanzen vortäuscht. Andererseits zählen Algen zu einem guten Teil zum natürlichen Futter der Meeräschen, was ein weiteres Plus für das gefärbte Brot bedeutet.

In der Regel kostet es pro Angeltag 15 bis 20 Weißbrote, je nach Stärke der Strömung und in welcher Tiefe die Fische stehen. Ein guter und preiswerter Tip ist, den Bäcker nach einigen trockenen, alten Broten zu fragen, die man vielleicht gratis bekommen kann. Allerdings muß das Brot für den Hakenköder ganz frisch sein.

Beginnen Sie damit, reichliche Futtermengen auszuwerfen. Dabei muß das Timing stimmen, so daß die vorbeischwimmenden Meeräschen fast zwangsläufig das Brot ins Maul bekommen. Vielleicht werden Sie nach einigen massiven Fütterungsdurchgängen bemerken, daß eine oder mehrere Meeräschen etwas Brot fressen. Diese Fische werden auf jeden Fall zurückkommen und mehr Brot einsammeln. Jetzt können Sie den Köder auswerfen – und trotzdem ständig sparsam weiterfüttern.

Meine Lieblingstechnik besteht darin, etwas Weißbrot ohne Kruste um ein Schlaufenhaar zu formen, das an einem B983 Wide Gape Specialist Haken (Größe 10 oder 12) hängt. Das Brot wird zu einer Kugel um einen breiten Haarstopper, wie eine Stop-Perle, gedrückt. Als Vorfach verwende ich 2-2,5 Meter monofiles Flouocarbon. Dieses Material ist im Wasser nahezu unsichtbar. Ein wichtiger Punkt, da die Meeräsche sehr leicht vor der Schnur erschrickt. Die wenig sichtbare Leine ermöglicht relativ dicke Vorfächer einzusetzen (0,28-0,32 mm). Damit kann ich eine Meeräsche stoppen, falls sie im Drill unter Badebrücken oder ähnliches fliehen will. Stehen die Fische tief oder herrscht Strömung, belaste ich das Vorfach 50 bis 60 Zentimeter über dem Haken mit einem einzelnen BB-Schrot. Sobald die Meeräsche den Brotköder nimmt, sollte man unverzüglich anschlagen. Allerdings sollten Sie den Fisch nicht zu hart drillen, da das Maul der Meeräsche weich und verletzlich ist. Die besten Angelzeiten von der Mole liegen zwischen 7 und 12 Uhr und wieder von 15 bis 19 Uhr.

Als Ruten für das Dapping auf Meeräschen möchte ich unter anderem die »Tench Float« oder eventuell die »Specialist« von Drennan nennen, wenn man den Fisch an kritischen Stellen mit mehr Druck drillen muß. Als Rolle kann jede kleine Stationärrolle verwendet werden, solange sie eine gute weiche Bremse besitzt. Unverzichtbar sind eine Polaroid-Brille und ein breitkrempiger Hut.

Küstenangeln

Eines der besten Angelerlebnisse des Sommers ist auf jeden Fall eine Tour zu den Meeräschen der Küste an einem windstillen Tag. Meeräschen suchen gerne flache Buchten und andere Gebiete mit weichem Boden auf, genau wie man sie auch an der offenen Küste in der Nähe von Stein- und Muschelbänken finden kann. Über Sandgrund schwimmen sie oft in der Nähe der Bodensenken, in denen sich der abgestorbene Tang sammelt.

Zum Aufspüren der Fische überwachen Sie am besten einige ausgewählte Plätze. Die wichtigsten Zeichen für Meeräschen sind entweder Rückenflossen, die ab und zu durch die Oberfläche schneiden, oder die Fische, die in Gruppen dicht unter der Oberfläche stehen und Lippen und Rückenflossen aus dem Wasser heben.

Ein anderes gutes Zeichen ist das kräftig silbrige Aufblitzen von Fischen, die sich schnell drehen oder an großen Steinen und Tang auf dem Kopf stehen. Am Abend oder an bedeckten Tagen ist es nicht ungewöhnlich, daß Fische platschend hintereinander herjagen. Die beste Angelzeit liegt zwischen 7 und 10 Uhr und danach von 18 bis 22 Uhr.

Hat man die Fische lokalisiert, wird man ziemlich sicher feststellen, daß sie wie die Molenfische bestimmte Routen und Standplätze einhalten. Häufig kann man erleben, daß ein großer einzelner Stein während des Tages von sämtlichen Meeräschen be-

Brot als Köder an der Fliegenrute war hier das Erfolgsrezept.
▼

sucht wird – fast wie der Baum in einem Hundezwinger. An diesen Plätzen sollten Sie mit dem Angeln beginnen.

Suchen Sie sich einen Platz auf der Route der Meeräschen aus und füttern an der Oberfläche mit trockenem Brot und Keksen an. Dazu sollten Sie ruhig etwas größere Brotstücke verwenden, die sich nach und nach auflösen. Warten Sie auf das Erscheinen der Meeräschen, und werfen Sie fortlaufend neues Brot an den Platz. Aber Vorsicht: Die Fische sind leicht zu erschrecken. Wenn die Meeräschen beginnen, Brot von der Oberfläche zu nehmen, können Sie den Haken beködern.

Ein Stückchen Kruste wird direkt auf einen Wide Gape Specialist Haken Größe 10 gezogen. Als Vorfach verwende ich ein 60 bis 70 Zentimeter langes Stück Flouocarbon. Das nötige Wurfgewicht liefert ein »Controller« (belastete Oberflächenpose), der gleitend auf die Hauptschnur montiert wird. Das Vorfach wird an einem kleinen Wirbel oder Stahlring angebunden. Überwerfen Sie die Fische und ziehen Controller und Köder dann vorsichtig zu den Fischen. Meeräschen können sich Zeit beim Fressen lassen, weshalb Sie die Vorgänge am Köder genau beobachten müssen, bevor Sie den Haken setzen.

Leider entdeckt die kommerzielle Fischerei in zunehmendem Maße die Meeräschen, was leicht zu einem katastrophalen Ende für diesen schönen Fisch führen kann. Deshalb sollte man soweit wie möglich die gefangenen Fische zurücksetzen. Damit helfen Sie, einen tragfähigen Bestand zu sichern, bevor es zu spät ist. *Jesper Fohrman*

Wenn Sie mehr über die Meeräsche erfahren möchten, kann ich Ihnen die folgenden Adressen und Titel empfehlen: 1) The National Mullet Club, Len Collet, 11 Cadland Park, Holbury Southampton, SO452PE, England 2) Videofilme: »The Mythical Mullet«, With Mike Ladle & Steve Pitts, Beekay Publishers, Withy Pool, Henlow Camp, Beds, SG166EA, England, sowie »Multen er en maerkelig fisk«, Dänisches Unterwasservideo, Caesar Productions, Tel. (0045) 71-5597, Denmark.

TEIL 3

Exoten, Kämpfer und Giganten

Exoten, Kämpfer und Giganten

Specimenfischen kann noch etwas anderes bedeuten, als nur das Angeln in heimischen Gewässern. Wenn man es richtig anfängt, kann es vielmehr die ultimative Basis für Abenteuer und Reisen bilden, die sich auf Lebenszeit in Ihre Erinnerung graben. Im Gegensatz zur weit verbreiteten Meinung, sind Angelreisen auf Großfische keineswegs nur etwas für Millionäre. Kann man eine billige Reisemöglichkeit nutzen und ist bereit für Experimente, primitives Leben, das Zelt als Wohnung und kann alles selbständig regeln, kann man nahezu ohne Geld auskommen – oft jedenfalls weniger, als man zu Hause gebraucht hätte!

17. Großbarben

Zurückgelehnt ruhte ich im Schatten der großen Bäume von der gnadenlosen Tropensonne aus. Einfach nur dazusitzen und die verbrannten Arme abkühlen zu lassen, war für mich in dieser Situation die reine Befreiung. Dieser Genuß währte aber nicht lange, denn bereits nach kurzer Zeit hatte ein Schwarm Tse-Tse-Fliegen wieder einmal mein Versteck entdeckt. Ich konnte nur flüchten, bevor diese kleinen Monster den letzten kläglichen Rest von noch nicht vollständig verdunstetem Körpersaft aus mir saugen würden.

Innerhalb kürzester Zeit hatte ich den Tse-Tse-Terror in einem sicheren Abstand hinter mir gelassen und erreichte einige hundert Meter stromab wieder den Fluß. Ich wollte gerade auf dem unwegsamen Pfad um die Ecke biegen, als ich abrupt inne hielt – im Gebüsch vor mir hatte sich etwas bewegt. Außer dem Hintergrundrauschen des Nils und dem Geschrei eines Schwarms von Nashornvögeln, die hoch oben im Wald ihre Schnäbel aufrissen, war alles still. Da das Unterholz sehr dicht und undurchdringlich war, konnte ich kaum mehr als einen Meter weit blicken. Nach einigen Minuten, in denen ich keine merkwürdigen Geräusche mehr vernehmen konnte, wollte ich das letzte Stück meines Weges zu der kleinen Landzunge gehen, bei dem ich vorher ein paar schöne Barben gesehen hatte.

Doch bereits nach wenigen Metern setzte beinahe mein Herzschlag aus, als ein monströses, vier Meter langes Nil-Krokodil nur einen Meter von mir entfernt unter gewaltigem Getöse über den Weg raste. Total gelähmt sah ich mit weit geöffnetem Mund auf die zerborstenen Äste und das Loch im Buschwerk, durch das der Kerl, wahrscheinlich genau so erschrocken wie ich, auf den freien Felsvorsprung und dann ins Wasser gesprintet war. Als ich mich von dieser Situation einigermaßen erholt hatte, beeilte ich mich, mit dem Angeln zu beginnen.

Der Platz war einfach perfekt – ein kleinerer Baum spendete Schatten, eine nicht zu kräftige Rückströmung bot den Fischen einen guten Standplatz und von einem kleinen, flachen Felsen aus konnte ich eventuelle Fische landen. Allerdings wußte ich auch, daß der in der näheren Umgebung einzigartige Felsen ebenfalls den Flußpferden und Krokodilen als Ausstieg diente. Ich sah mich um und entdeckte hinter mir zwei dicht beieinander stehende Bäume, zwischen denen nicht einmal ein unterernährtes Flußpferdjunges durchkommen würde. Ich konnte jedoch im Notfall durch den Spalt flüchten. Weitere Gedanken verdrängte ich, als etwa einen Meter vom Ufer entfernt die schillernde Flanke einer schönen Barbe durch das klare Wasser aufblitzen sah.

Erschöpft von der quälenden Mittagshitze dauerte es einige Zeit, bis ich eine Posenmontage zusammengestellt hatte. Auf meine Reise hatte ich in mein leichtes Gepäck nur eine leichte Karpfenrute gepackt. Dazu kam eine Rolle mit 0,25er Schnur sowie ein paar Haken, ein Schwimmer, Bleie und Wirbel.

Eine ganze Stunde lang ließ ich die Montage unzählige Male dicht an der Papyruskante entlang treiben. Aber außer einem kleinen Tigerfisch von der Größe eines Bratherings war nichts zu machen. Schließlich kehrten die Tse-Tse-Fliegen zurück und verwandelten die verschwitzte Oberfläche meines Rückens, meiner Arme und meines Bauchs in eine bizarr aufkochende Landschaft aus roten, angeschwollenen Stichen. Die Anzahl der Fliegen, deren Stiche an Intensität denen einer Pferdebremse gleichen, wuchs langsam aber sicher zu einer Armee an. Und nach einiger Zeit war es unmöglich, das Floß noch kontrolliert zu steuern. Obwohl ich begonnen hatte, den Schmerz zu ignorieren, konnte ich den Reflex, alle fünf Sekunden klatschend mit meiner Hand eine Stelle meines Körpers zu bearbeiten, nicht unterdrücken. Sollte dieser Wahnsinn enden, mußte ich meine Taktik ändern. Gesagt, getan. Ich ersetzte meinen »Crystal Loafer« durch eine feste Paternostermontage. Die 40 Gramm Blei reichten gerade aus, um das große Nudelstück in der Nähe des Bodens zu halten. Den Köder bot ich an einem kurzen Haar lockend zitternd an. Die Rute klemmte ich zwischen zwei Felsen und mit erhobenen Händen, die bereit waren, jede Tse-Tse-Fliege ins Jenseits zu schicken, betrachtete ich in der dicken heißen Nachmittagsluft das langsame rhythmische Wippen der Rutenspitze. Schon kurze Zeit später verwandelte sich das Wippen in ein solides Rucken und mit einem kräftigen Anhieb hakte ich eine schöne Barbe. Sie raste sofort mit voller Kraft in die Hauptströmung. Der Fisch wurde brutal von den unglaublichen Wassermassen verschlungen und erst als der Fluß den Fisch in die Rückströmung führte, konnte ich mit dem eigentlichen Drill beginnen. Mit kräftigem Druck konnte ich das widerspenstige Tier im ruhigen Wasser halten und nach einem sagenhaften Kampf zum Landungsfelsen zwingen. Erst als ich voller Enthusiasmus den Nacken des Fisches in meinen Händen spürte, kamen mir die Reptilien mit dem kräftigen Gebiß wieder in den Sinn. Deshalb packte ich die Barbe nicht in den Hältersack, da ich die Krokodile nicht mit dem »Vibrator-Rubby-Dubby« anlocken wollte. Den vier Kilogramm schweren Fisch legte ich lieber in einen nassen Sack in den Schatten, schließlich würde er später ein leckeres Essen abgeben. Ich schaute zur Insel hinüber und prüfte auch das gegenüberliegende Ufer. Kein Krokodil weit und breit. Großartig, dachte ich und ließ mich nach dem Auswerfen der Montage bequem auf meinen Allerwertesten fallen.

Nach einer halben Stunde kam der nächste Biß, und dieses Mal war es ein wirklich großer Fisch. Ich hielt die Barbe fest genau unter der Rutenspitze, wodurch ich sie an einer Flucht in den Hauptstrom hindern wollte. Die Barbe kämpfte einfach fantastisch und schwamm schließlich in Richtung des Rückstroms in etwa zehn Meter entferntes, tieferes Wasser. Plötzlich spürte ich einen tonnenschweren und langsam beschleunigenden Zug in der Rute. Völlig verwirrt und im Zweifel was zu tun sei, gab ich dem Fisch einige Sekunden lang lose Schnur. Die Gedanken rasten wie Meteore durch mein Hirn. War es ein riesiges Monstrum von Krokodil oder doch nur einfach ein überdimensionierter Nilbarsch, der so ungefähr die Größe eines 2CV besitzen dürfte? Eines war jedenfalls sicher ... es handelte sich bei diesem Ding um etwas, was man nicht mit Aussicht auf Erfolg mit einer Karpfenrute drillen konnte! Schnell warf ich einen panischen Blick zu meinem Notfluchtweg, und auf einmal schienen mir die Stämme in ihrer Dicke eher Streichhölzern zu gleichen. Rein instinktiv straffte ich die Schnur und hoffte auf das Beste. Ich war sowohl erleichtert als auch ein wenig enttäuscht, als ich bemerkte, daß der Widerstand am Ende der Schnur völlig der gleiche war wie vorher. Stark, aber nicht mehr unrealistisch schwer. Ich gab nun, mit dem festen Willen diesen Fisch zu landen, alles was ich konnte, und wenige Augenblicke später kam der Fisch an die Wasseroberfläche. Das Plätschern des Flusses wurde im selben Moment von einem regelrechten Donnern zwei bis drei Meter hinter dem Fisch überlagert. Ich hob den Blick und starrte auf eine Wassersäule, die aus den unglaublich großen Nasenlöchern eines Giga-Flußpferdes hervorschoß. Den übrigens sechs Kilo schweren Fisch landete ich jedenfalls in Rekordzeit und machte mich schnellstens auf den Weg zurück zum Lager.

Die Nilbarben, die ich auf dieser Tour erbeutete, stellen nur eine der unzähligen fesselnden Barbenarten dieser Welt. Sämtliche Barben gehören der Karpfenfamilie an und sind nur in der »Alten Welt« zu finden. Die größten Barbenarten in Afrika sind die Athi River-Barbe *(Barbus tanensis)* aus dem Athi/Tana Fluß in Kenia, die etwa zehn Kilogramm schwer werden, sowie der Rhino-Fisch *(Barbus mariae)* aus dem Athi/Tana/Matonzi- und Kambale-Fluß. Nach Hugh Cray soll der Fisch im afrikanischen Tana das imponierende Gewicht von 100 lbs (rund 45 Kilo) erreichen.

Genau wie Afrika beherbergt auch Asien viele faszinierende Barbenarten. Zum Beispiel findet man in Euphrat und Tigris eine Riesenbarbe, *Barbus eso-*

cinus oder »Tigris-Salmon« genannt, die angeblich bis zu 2,3 Meter lang und 136 Kilo schwer werden soll. Die zweitgrößte Barbe dieser Region ist die »Aral-Barbe« *(Barbus brachycephalus)*, die als eine von wenigen Barbenarten ein Wanderfisch ist. Sie lebt sowohl im Kaspischen Meer als auch im Aral See. In der Laichzeit zieht der Fisch mehr als 1000 Kilometer die einmündenden Flüsse hinauf. Der Fisch, der lokal Usatsch genannt wird, kann bis zu 20 Kilogramm wiegen.

Mehr als zehn Barbenarten leben in Europa. Ihr größter Vertreter ist die *Barbus comiza*, die in den spanisch/portugiesischen Flüssen Tajo, Jarama, Guadiana und Guadalquivir lebt. An vielen Stellen erreichen die Fische Durchschnittsgewichte von sieben bis zehn Kilogramm, das Maximum bewegt sich zwischen 18 und 20 Kilo.

Schreibe ich *Barbus comiza*, so geschieht das mit einem gewissen Vorbehalt. Denn selbst anhand einschlägiger Bestimmungsliteratur konnte ich nur einige Kriterien feststellen, die auf die von mitr befischte Art zutreffen. Dazu zählt die flache Schnauze mit »hechtartigem Profil«, zwei Paar Barteln, 49 bis 51 Schuppen auf der Seitenlinie, durchschnittliche Färbung und die Position der Flossen. Bei den anderen morphologischen Merkmalen stimmt etwas nicht. So soll die Maximallänge 30 bis 35 Zentimeter betragen und die Rücken-, Schwanz- und Analflossen sollen schwarze Punkte tragen. Tatsächlich werden die Fische 120 bis 130 Zentimeter lang und die oben genannten Flossen zeigen sich gleichmäßig grau. Die Färbung unter den einzelnen Fischen kann stark abweichen, was die Verwirrung noch steigert. Im Guadiana reichen die Farben von Bleigrau über bräunlichen Rücken mit kupfergoldenen Flanken und einen cremefarbenen Bauch bis fast zu Schwarz. Der Großteil der Barben in Guadalquivir und Tajo entsprechen den Angaben von Peter Staggs, der einen deutlich farblich geteilten Körper mit cremefarbenem Bauch und dunkelbrauner Flanke beschreibt.

Die katalonischen Barbe *Barbus haasi* und *Barbus meridionalis* (Ebro) sind eng mit der europäischen Barbe (*Barbus barbus*) verwandt, während die übrigen iberischen Barben einschließlich der *Barbus comizo* wahrscheinlich eine eigene Untergattung namens *Luciobarbus* bilden. Sie siedelte sich von

Jens Bursell mit einer Iberischen Barbe. Sie gehört zu den weitgehend unentdeckten Fischarten der Specimen-Angler.
▼

Afrika aus in Spanien an. Diese Barben sind am engsten mit den afrikanischen und asiatischen Barbenarten verwandt, was die Großwüchsigkeit der Fische erklären mag.

Die Iberische Barbe gilt als außergewöhnlich schöner und hart kämpfender Fisch. Einer der ersten Pioniere, die mit „Karpfenmethoden" auf sie fischte, war Arnout Terlouw. Ein paar Jahre später kamen Peter Staggs und mein Freund Tony Davies-Patrick, mit dem ich 1998 auf die Comizas fischen durfte.

Ihr Maximalgewicht erreichen die Barben in Tajo und Guadiana, am Guadalquivir hörte ich nur von einem 12 bis 13 Kilo schweren Exemplar. Hauptsächlich leben die Barben in den mittleren Bereichen sowie den Oberläufen der Flüsse und wenig überraschend finden sich die größten Brocken in Seen und Talsperren. Hauptsächlich bilden Insektenlarven, Muscheln und Krebse die Nahrung der Comizas, wobei die erwachsenen Tiere meist die Krebse fressen. Das Laichgeschäft läuft im März oder April in ein bis vier Meter Wassertiefe ab. Zu dieser Zeit fangen die Einheimischen einige Barben in Ufernähe mit Pose und Mais. Im übrigen Jahr schwimmen sie in acht bis 15 Meter Tiefe. Möchten Sie die Herausforderung auf Großbarben annehmen, reisen Sie am besten zwischen März und Mai, im Oktober oder November nach Spanien. Der Hochsommer ist in den meisten südeuropäischen Ländern einfach zu heiß zum Fischen.

Was das Gerät und die Ausrüstung angeht, nehmen Sie einfach normales Karpfengerät. Für die meisten Situationen passen 12 bis 13 Fuß lange Ruten mit einer Testkurve von 2 - oder 2 - lbs, auf der Spule der mittelgroßen Freilauf-Rolle sollte 15 bis 20 Pfund tragende Schnur liegen. Fluchtmontagen mit fünf bis 15 Zentimeter langen Vorfächern und Haken der Größe 2 oder 4 sind optimal. Zu den besten und selektivsten Barbenködern zählen 18 bis 22 Millimeter große Boilies mit Krustentier- oder Fischmehlgeschmack, unter anderem die Sorte „Euro Shellfish" von Nash. Das Angeln auf die Iberische Barbe ist ein fast unentdecktes Gebiet des Specimenangelns. Ohne Zweifel wird Spanien in den nächsten Jahren zum Ziel vieler aufregender Angeltouren...

Die größten »Barben« finden sich ohne Zweifel in der sagenumwobenen Mahseer-Gattung *»Tor«*, der ein heiliger Fisch der Hindus ist. Auch wenn nach der neuesten Systematik die gigantischen Fische nicht zur Barbengattung *»Barbus«* gestellt werden, zählt man sie doch zu den relativ nahen Verwandten. Der *Tor tor*, der in tieferen Teilen des Himalaja, Madya, Pradesh, Bihar, N. Bengalen, Assam, Pakistan und Bangladesh lebt, kann bis zu 1,5 Meter lang und 54 Kilogramm schwer werden. Den Golden Mahseer, *Tor putitora*, findet man in den meisten im Himalaja entspringenden Flüssen. Im Bramaputra soll er sogar bis zu 2,75 Meter erreichen. Der Biologe Hamilton schreibt in einem Bericht von 1877: »...this species is often found nine feet in length and six feet is the usual size!« Die handgroßen Schuppen werden seit alter Zeit unter anderem in Dacca, der Hauptstadt von Bangladesh, als Spielkarten benutzt. Heute sind Fische über 20 oder 30 Kilogramm äußerst selten. Aber wer weiß, vielleicht schwimmen in unzugänglichen Flußstrecken immer noch zwei bis drei Meter lange Mahseer herum?

Als weitere große Mahseerarten können der »Humpbacked Mahseer« *(Tor musullah)*, der wegen dem Angeln im Fluß Cauvery wohl die Art ist, die die meisten kennen, sowie der »Jungle Mahseer« *(Tor mosal)* aus den großen Flüssen in Thailand und Burma genannt werden.

Die bekannteste europäische Art ist wohl die Flußbarbe (*Barbus barbus*, Kap. 10), die es auf ein Maximalgewicht von sieben bis neun Kilogramm bringt. Aber es gibt auf unserem Kontinent noch viele weitere Barbenarten.

Mahseer

Hat man Barbenblut in den Adern, dann ist der riesige Mahseer sicher die ultimative Herausforderung. Mit seinem Riesenmaul, den gigantischen Flanken und den silber glänzenden Schuppen in Untertassengröße ist er ohne Zweifel der schönste und eindrucksvollste Fisch der Karpfenfamilie. Jetzt erzählt **Johnny Jensen**, der insgesamt mehrere Monate mit der Jagd auf den Humpbacked Mahseer verbrachte, über das tolle Fischen am Cauvery im südlichen Indien:

Nie zuvor in meinem Leben war ich so gespannt und so begeistert, wie damals, als ich das erste Mal den Cauvery sah, wo der südindische »Humpbacked Mahseer« noch immer in großer Zahl zu finden ist. Alles, was ich vom Mahseer gesehen hatte, waren Bilder in Büchern und Angelzeitschriften. Und ausgerechnet ich sollte der erste Däne sein, der seine Kräfte mit diesem legendären Fisch messen darf – was für ein abenteuerliches Gefühl.

Die Erlebnisse mit diesem unglaublich schönen und großen Fisch, die Szenerie und das Tierleben im südindischen Dschungel, das sind Eindrücke, die in allen Menschen Spuren hinterlassen. Wie man es

▲
Ein von zarter Hand bezwungener Mahseer. Der Guide ist in Indien stets hilfreich zur Stelle.

auch dreht und wendet, immer wird man den unbändigen Drang verspüren, zurückzukommen und wieder zu fischen – vielleicht beobachtet von Elefanten, Krokodilen, Affen, Schlangen, Panthern und Geiern. Insgesamt war ich zehnmal da. Jede Reise war ein einzigartiges Erlebnis, und niemals habe ich auch nur einen langweiligen Augenblick verspürt, auch wenn die Wartezeit auf den großen Mahseer manchmal ziemlich lang sein kann.

Die Mahseer im Fluß Cauvery sind gegenüber den anderen Mahseer-Arten in Indien bekannt für ihre beeindruckende Größe. Der örtliche Rekord von 1946 liegt bei 120 englischen Pfund (54,4 Kilo). In den Jahren bis 1946, als die Engländer Indien verließen, wurden einige 100-Pfünder gefangen, aber in neuerer Zeit hat man nur einen Fisch über der magischen 100-Pfund Grenze registriert.

Am ehesten gleicht der Mahseer einer gigantischen Kreuzung zwischen Plötze- und Schuppenkarpfen. Man findet im Cauvery verschiedene Varianten und Kreuzungen in nahezu allen Regenbogenfarben: golden, silbrig, schwarz, grün, türkis, rot, orange. Die größten Mahseer sind meistens Gold- oder Silber-Mahseer, jedoch kommen auch einige schwarze Exemplare über die 90-Pfund-Grenze.

Man kann die Mahseer sowohl in langsam fließenden Abschnitten des Flusses als auch in den reißenden Strecken fangen. Ein Faktor ist jedoch kennzeichnend für die besten Mahseer Plätze – die tiefen Pools und Stromschnellen. Manchmal kann es vorkommen, daß man Mahseer im flachen Wasser spielen und Kleinfische jagen sieht. Jedoch sollten Sie sich keine Hoffnungen machen, sie in seichtem Wasser zu fangen, da sie extrem scheu sind. Die Standplätze der Mahseer ähneln stark denen der Lachse – hinter großen Steinen und Felsen, direkt vor und hinter Wasserfällen und Stromschnellen.

Im Cauvery leben die Mahseer in erster Linie von Fischen. Ein 20-Kilo-Mahseer kann leicht einen

Karpfen von ein paar Kilogramm verschlingen! Als Köderfische verwende ich nahezu alle Arten in der richtigen Größe. Köderfische, die in der lokalen Sprache *Chilwa* heißen, sind hervorragende Köder im fließenden Wasser. Tatsächlich gehen die meisten großen Mahseer (über 25 Kilo) auf Chilwas. Und stehen vermutlich große Mahseer im Fluß, ist ein rückengehakter Köderfisch ein ausgesprochener »Killer«. Übrigens werden Chilwas mit der Hand oder dem Wurfnetz gefangen.

Krebse erwiesen sich genauso als ausgesprochene Delikatesse für den Mahseer. Mit seinen bis zu drei Zentimeter großen Schlundzähnen zermalmt der Mahseer leicht den Krebspanzer – genau wie im Drill das meiste Gerät, das man einsetzt! Die Krebsscheren werden vor dem Anködern abgebrochen und anschließend wird ein Stück Gummiband um den Panzer gebunden, in das man den Haken zieht. Jetzt sollte der Krebs im Hakenbogen frei hängen und die Spitze ebenfalls frei bleiben.

Ein ganz anderer, sehr verbreiteter Köder ist *Ragi*. Ragi-Mehl stammt von der Hirse, die man überall in Südindien kaufen kann. Das Mehl wird mit Wasser und Hefeextrakt gemischt, zu Kugeln von Apfelgröße geformt und eine halbe Stunde lang gekocht. Das Ergebnis sind etwas absonderlich duftende, modellierwachsartige Kugeln, in die man einen Einzelhaken knetet. Mit Ragi können Sie alle Mahseer-Größen fangen, vom Kindergartenkaliber bis zum Monster.

Ich setze immer Einzelhaken der Größen 5/0 bis 8/0 ein. Der Haken muß ständig spitz gehalten werden, weshalb ein Hakenschärfer im Gepäck nicht fehlen darf. Die Schnur muß so abriebfest wie nur möglich sein und die Stärke bei 0,50 bis 0,65 Millimeter liegen. Als Gewicht verwende ich meist ein Spiralblei, das direkt auf die Schnur gewunden wird. Das ziemlich einfache Rig erfordert also keine langwierige Ingenieurausbildung. Wie meine Erfahrung besagt, geht um so mehr schief, je komplizierter Montagen werden.

Meist werden kräftige Lachs- oder Karpfenruten mit einer Testkurve ab 3 lbs sowie sogenannte »Uptide« Ruten aus dem Meeresfischen eingesetzt. Es ist ein großer Vorteil, Ruten von mehr als 10 Fuß (ca. 3 Meter) zu verwenden – besonders wenn man, was meist nötig ist, zum Fisch hinausschwimmen muß und gleichzeitig versucht, die Schnur von den scharfen Felsen fern zu halten. Ich habe beim Mahseerfischen viele verschiedene Rollen im Einsatz gesehen. Bei den meisten Modellen gab entweder die Bremse ihren Geist auf oder die Spule wurde verbogen. Die einzige Rolle, die allen Ansprüchen gerecht wurde, ist die Ambassadeur 7000-Serie von ABU, die ich aus guten Gründen wirklich nur empfehlen kann.

Ich möchte Ihnen dringend ans Herz legen, bei der Gerätequalität keine Kompromisse einzugehen, wenn Sie es auf den Mahseer abgesehen haben. Denn glauben Sie mir – wenn ein großer Mahseer den Köder in rasender Fahrt nimmt, einen großen Teil der Haut am Daumen bei seiner Flucht entfernt, und den felsenreichen Fluß hinunter brettert, dann werden Gerät und Rig wirklich auf Herz und Nieren getestet.

Aber – nach einer Stunde Kampf bis aufs Messer gibt es nichts Erlösenderes, als den Guide den Traumfisch landen zu sehen, wonach man spontan einen Siegestanz aufführt und in Jubelschreie ausbricht. *Johnny Jensen*

18. Welse

Dichtes Schilf, Riesenbambus und alte, gebogene Weiden, die über das Ufer das Rio Segres hingen, verliehen diesem Teil des Flusses in der Wüste der verbrannten und goldenen nordspanischen Berge das Aussehen einer Oase. Die Fruchtbarkeit dieses Sumpfgebietes war überwältigend. Es war drückend heiß und die regenschwere Luft roch förmlich nach Fischen – Großfischen. Überall vor den grünen Ufer taumelten liebestrunkene Kleinkarpfen besinnungslos herum. Glücklich und nichts von der Schlechtigkeit der Welt ahnend. Von Zeit zu Zeit hörte man ein gewaltiges Krachen von einem der größten Süßwasserfische der Welt: dem europäischen Wels oder Waller *(Silurius glanis)*.

Das Blut erstarrte mir fast in den Adern, als ein Monsterwirbel und eine gewaltige Schlammwolke die Oberfläche einige Meter vor dem Boot zerrissen. Der im Durchmesser etwa zwei Meter große Wirbel überzeugte mich sofort davon, daß ich hier noch am selben Abend fischen mußte...

Der Platz war optimal. Zehn Meter stromauf von der Stelle wuchs eine große überhängende Weide, an der ich das Boot festmachte. Zwischen den herunterhängenden Ästen konnte man laufend das Schlürfen und Plätschern eines Schwarmes Kleinkarpfen hören, so daß es kein Problem war, einige passende Köderfische von etwa einem Kilogramm zu fangen. Zwei Karpfen von drei Kilo, die etwas zu groß als Köderfische waren, wurden in kleine Stücke zerschnitten und als »Rubby-Dubby« eingesetzt. Es sollte eine Duftspur stromab vom Angelplatz legen.

Da ich die Fische ohnehin schon verschreckt hatte, suchte ich den Grund nach eventuellen Hindernissen ab. Eine gute Idee: Denn am Boden lag ein großer versunkener Baum. Mit einer kleineren baumchirurgischen Operation konnte ich in etwa zwei Stunden die gefährlichsten Zweige entfernen.

Ich montierte einen 100-Gramm-Schwimmer, der über einer 0,20er-Reißleine mit einem in den Boden getriebenen Stab am Ufer verbunden war. Diese Methode war klar die beste Möglichkeit, sollte der Köderfisch nicht wegschwimmen oder sich in den Wurzeln unter dem überhängenden Ufer verfangen. Mein Plan war, bei einem Biß das Tau vom Baum zu lösen und an einer zehn Meter langen Leine an eine Stelle im Fluß hinaus treiben, von der aus ich den Fisch ordentlich drillen und landen konnte. Endlich war ich bereit, und wartete auf die Welse, die im Schutze der Dunkelheit ernsthaft mit der Jagd beginnen würden.

Schließlich brach die Nacht herein. Die Welse hatten sich seit Stunden nicht gezeigt. Das Schlürfen der Karpfen an der Oberfläche vermischte sich mit den Geräuschen der Nacht und den Gurgellauten der Seidenreiher. In den Weiden sangen Nachtigall und Pirol um die Wette. Das war schlicht und einfach das Paradies. Plötzlich begann der Köderfisch unruhig an der Wasseroberfläche hin und her zu schlagen – gerade so, als ob etwas unergründlich Dunkles unter dem Ufer stand und ihn mißtrauisch beobachtete! Einige Minuten blieb alles ruhig. Dann begann der Köderfisch wieder panisch umherzuschwimmen, und wie ein Blitz kam der Biß glasklar und 100prozentig. Die Pose, die etwa einen halben Meter vor dem Ufer dicht unter meiner Rutenspitze lag, verschwand in einem bodenlos scheinenden Sog. Gleichzeitig wurde der Verankerungsstock aus dem Boden gerissen, bevor nach Sekundenbruchteilen die Bruchschnur riß. Der Fisch donnerte kraftvoll mit der Wucht eines ICE schräg in den Fluß hinaus.

Ich kappte die Bootsleine und das Boot folgte dem Fisch in den Fluß. Schon bei der ersten Flucht nahm der Waller über 100 Meter 0,46er-Schnur. Glücklicherweise stoppte der Fisch und kam langsam an die Oberfläche. Mit einem imponierenden Platschen drehte er sich und verschwand wieder in Richtung Grund. Das einzige, was ich im Halbdunkel erkennen konnte, war eine Afterflosse von etwa einem halben Meter Länge. Spätestens jetzt zweifelte ich nicht mehr daran, daß ich einen guten Fisch am Haken hatte.

Nach einer halben Stunde unzähliger kraftvoller Fluchten war der Fisch endlich dicht ans Boot gekommen, und im Licht der Stirnlampe konnte ich im trüben Wasser das Ungeheuer erahnen. Mit einer letzten Kraftanstrengung unternahm der Fisch eine Flucht unter das Boot. Zu meiner großen Verblüffung verhedderte sich die Schnur fast in der Schraube des Motors, aber im letzten Augenblick konnte ich die Leine noch frei bekommen. Unendlich langsam stieg der Fisch zur Oberfläche, so daß ich den riesigen Kopf und die langen Barteln deutlich sehen konnte. Als ich mich umdrehte, um die Arbeitshandschuhe zum Landen des Fischs zu holen, sah ich, daß der Schwanz noch einen halben Meter über die andere Bootsseite hinausragte. Mir lief es eiskalt den Rücken herunter. Der Gedanke daran, daß ich das Ungeheuer alleine von Hand landen sollte, machte mich doch etwas nervös. Mit loser Bremse konnte ich den Fisch ans Heck des Bootes bugsieren, und nach einem kurzen Stoßgebet zog ich die Handschuhe an, zwang den Kopf des Welses ganz an die Oberfläche und griff ohne (sichtbares) Zögern den Unterkiefer. Der Fisch reagierte machtvoll und schüttete Kaskaden von Wasser ins Boot.

Tropfnaß öffnete ich meine Augen und stellte fest, daß ich nicht im Verdauungstrakt des Welses lag. Und die Hände hingen noch fest an meinen Armen. Der Fisch wurde ruhig, und blitzschnell konnte ich ihn ins Boot ziehen. Endlich fiel die Spannung etwas von mir ab, nachdem ich den knapp zwei Meter langen Fisch zum Land gebracht und an einer stabilen Weide festgebunden hatte. Die Waage zeigte etwas über 101 lbs, was etwa 46 Kilogramm entspricht. Mein erster Wels war Wirklichkeit geworden. Ein schöner Fisch, aber absolut kein Riese nach Wels-Maßstäben. Denn der Rekord für den Ebro liegt im Augenblick bei 96 Kilo (gefangen von Claude Vallet) und der Po-Rekord bei [illegible]6 Kilo (Olivier Portrat). Von verschiedenen osteuropäischen Flüssen, wie Donau und Djnepr, wurden einige Fische über 300 Kilo gemeldet, die mit Netzen gefangen wurden! Bis heute gibt es aber kein Fotodokument eines Fisches über 100 Kilogramm Gewicht.

Der Waller kommt natürlicherweise in den meisten Flußsystemen Mitteleuropas und im östlichen Schweden vor. Nach Osten reicht seine Verbreitung weit nach Sibirien hinein. Im Südosten findet er sich um das Schwarze und Kaspische Meer herum. Durch Besatz sind in den letzten 100 Jahren unter anderem in Italien (Po), Frankreich (unter anderem Saone, Rhone, Loire), England und Spanien (Ebro) gute Bestände entstanden. Bis in das siebzehnte Jahrhundert hinein kam der Wels auch in Dänemark natürlich vor, aber heute muß man ihn hier leider als ausgestorben betrachten.

Der Waller ist eine der größten, aber bei weitem nicht der einzige Vertreter der Welsarten. Auf unserem Globus finden sich über 400 Gattungen und Arten, so daß es reichlich unerforschtes Potential für jeden abenteuerlustigen Welsfischer mit »Punch« im Handschuh gibt. Was sagen Sie vielleicht zu einem leopardengefleckten *Pintardo*-Wels in der 90 Kilo-Klasse vom Amazonas oder einem neun Kilo schweren, elektrischen Wels aus Zentralafrika, der tatsächlich mit Gummihandschuhen und Sicherheitsschuhen vom Haken gelöst werden muß? Die Welse nutzen jede erdenkliche ökologische Nische, sowohl von der Ernährung her, als auch was den Lebensraum angeht. Innerhalb der Welsordnung *Siluriformes* findet man sowohl Pflanzenfresser als auch Raubfische, die sämtliche Lebensräume, angefangen von Bergbächen über Flüsse und Seen bis zum Salzwasser, besiedeln.

Hat man es auf sonderbare, witzige oder schöne Welse abgesehen, dann gibt es auf dieser Welt unendliche Möglichkeiten. Möchte man hingegen sein Augenmerk auf die größten Fische der verschiedenen Kontinente legen, sollte man folgende Arten prüfen: **Afrika:** Der »Suni-Wels« aus dem Fluß Kongo ist nichts weniger als ein Monster, das mindestens so groß wie der europäische Wels wird. Als ich das letzte Mal in Afrika war, sprach ich mit einigen Zoologen, die mehrere Jahre am Fluß gearbeitet hatten und Augenzeugen von lokalen Fängen von 3,5 bis 4-Meter-Fischen waren! Weitere interessante Arten sind der »Kamba«- Wels, der bis etwa 90 Kilogramm schwer wird (Kongo), »Vundu« *Heterobranchus sp. (longifilis, bidorsalis)* (u.a. Oranje, Sambesi, unterer Nil, Kongo, 90 kg), *Claries sp. (gariepinus, mossambicus)* (Niger, Kongo, Oranje, Sambesi, Limpopo, oberer und unterer Nil, Tana, Gambia sowie alle großen Seen, 45 kg), *Chrysictys grandis* (Tanganyikasee, 90 kg) und The Bayad *(Bagrus bayad)* wie aus dem Nil, Lake No und Lake Karoun, der bis etwa 90 Kilo wiegen kann. **Nordamerika:** Der Blue Catfish *(Ictalurus furcatus)* und der Flat-Head Catfish *(Pylodictis olivaris)* werden beide bis zu 1,6 Meter lang und etwa 90 Kilo schwer, Fische von rund 18 bis 27 Kilo sind normal. **Südamerika:** Kommen Sie auf einen Sprung am Amazonas vorbei, lohnt sich einen näherer Blick auf folgende Arten: Den »Piriba-Wels«, der bis zu 3 Meter lang und 200 Kilogramm schwer wird, den »Pintardo-Wels« (leopardgefleckt), den »Surubim-Wels« (gestreift) und »Gau-Welse«, die alle bis zu 90 Kilogramm schwer werden. Auch in Asien findet man viele fesselnde Arten: *Pangasianodon gigas* (Mekong und andere südostasiatische Flüsse. Kann bis zu 2,5 Meter lang werden.), *Pangasius saitwongsei* (ihn findet man unter anderem in Thailand, wo er bis zu 3 Meter lang werden kann.), sowie *Bagrus bagrus* und *Bagrus varrillii*, die beide auf über 90 Kilogramm heranwachsen.

Der europäische Wels (Silurius glanis)

Der Wels stellt ohne Zweifel eine der größten Herausforderungen dar, die sich ein Fischer selbst stellen kann. Hier erzählt **Olivier Portrat**, einer der besten und erfahrensten Wallerfischer, über seine Erfahrungen mit Gerät, Ködern, Methoden und Taktik bei der Jagd auf dieses faszinierende Süßwasserungeheuer:

Die Chancen auf Großwelse in europäischen Gewässern waren noch nie so groß wie heute. Für die meisten Angler dürfte es deshalb ein realistisches Ziel sein, einen Fisch über 50 Pfund zu fangen. Die Ursache dafür liegt in den großen offiziellen oder weniger legalen Besatzmaßnahmen, die im Laufe der letzten Jahrzehnte in verschiedenen Flußsystemen durchgeführt wurden. In einigen davon »explodierte« der Welsbestand in der Folge nahezu. Erfolgreiche Besatzmaßnahmen, die als Ergebnis einen sich schnell selbst reproduzierenden Bestand mit einer hohen Wachstumsrate zeigen, sind nur in Gewässern mit einer hohen durchschnittlichen Jahrestemperatur möglich. Eine Voraussetzung, die nur die wenigsten nordeuropäischen Flüsse erfüllen. Heute konzentrieren sich die besten Wallergewässer in Westeuropa auf südlichen und südwestlichen Gefilden – genau genommen im Ebro-System in Spanien, in den Saone- und Rhonesystemen in Frankreich sowie dem Fluß Po in Italien. All diese Flüsse beherbergen große Bestände von Fischen über 100 Pfund. Glücklicherweise zählen diese Flußsysteme zu öffentlichem Eigentum, wodurch Gastfischer leichter die nötigen Erlaubnisscheine zu einem günstigen Preis erstehen können.

Für jeden enthusiastischen Angler ist es also möglich, einen großen Wels zu fangen. Das bedeutet aber auf gar keinen Fall eine Fanggarantie. Zufälliges und schlecht geplantes Fischen erweist sich schnell als ziemlich unproduktiv. Denn Waller stehen immer in bestimmten Tiefen und Plätzen, was das Aufspüren zu einem schwierigen aber wichtigen Teil der Taktik macht. Die Ausrüstung muß so beschaffen sein, daß sie es mit größten Fischen aufnehmen kann. Zudem ist in den meisten Gewässern ein Boot nahezu unverzichtbar.

Welse sind Allesfresser und lassen sich auf nahezu jeden Köder fangen. Das heißt jedoch nicht, daß die Fische nicht ihre klaren Vorlieben haben. Sie le-

▲
Jens Bursell mit großem Waller.

ben im westlichen Europa vorzugsweise von Fisch. In Osteuropa scheint es so, als ob die bevorzugte Futterauswahl etwas breiter ist, mit dem Hauptgewicht auf Würmern, Muscheln, Egeln und Krebsen. Aber auch hier machen lebende Fische einen Großteil der Nahrung aus.

Mit seinen langen Barteln ähnelt der Wels unmittelbar einem ausgeprägten Grundfisch, aber das täuscht. Wenn die Fische ernsthaft in Freßlaune sind, verlassen sie ihre Ruhe- und Aufenthaltsplätze auf dem Boden des Gewässers und schwimmen ins Mittelwasser sowie zur Oberfläche hinauf, wo man sie häufig mit einem gewaltigen Platschen rollen sehen kann. Das Grundangeln ist deshalb eine typische Methode, die einen einzelnen oder auch zwei Fische erbringen kann, wenn man Glück hat. Am Boden präsentierte Köderfische, Muscheln, Würmer, Krebse und Tintenfische werden zwar Waller fangen, aber weitaus weniger, als wenn man die gleichen Köder im Mittelwasser oder an der Oberfläche angeboten hätte. Den Köder hier korrekt anzubieten, ist jedoch weitaus schwieriger als eine perfekte Grundpräsentation.

Welse können rund um die Uhr gefangen werden, wobei die besten Beißzeiten von den lokalen Verhältnissen abhängig sind. Einige Gewässer sind abends am besten, andere nachts oder morgens – da hilft nur Ausprobieren.

Meine Lieblingsköderfische sind Aale von einem halben Meter Länge. Sie lassen sich ohne Probleme aufbewahren, da sie sehr widerstandsfähig sind. Und die Welse lieben sie. Am besten ködert man sie im letzten Viertel des Rückens mit einem großen Einzelhaken an. Oft kann man mehrere Welse auf einen Köderfisch fangen. Andere gute Köderfische sind Rotfedern, Döbel, Schleien, Barben oder Regenbogenforellen, wenn das Wasser nicht zu warm ist (bis 22 Grad). In der Regel sind Köderfische von 150 bis 1000 Gramm gut geeignet. Karauschen sind o.k., Karpfen jedoch nicht zu empfehlen. Nur im Ebro-System bringen sie wirklich etwas, da sie hier einen Großteil der natürlichen Nahrung der Welse ausmachen. Wenn der Fisch den Köder nimmt, müssen Sie ein bis zwei Meter freie Leine geben, bevor der Anhieb kommt. Man sollte aber nicht zu lange mit dem Anschlag warten – denn große Waller können den Köder überraschend schnell schlucken. Fehlbisse werden oft von kleineren Welsen verursacht, so daß man sich nicht ärgern braucht, geht der Anhieb daneben. Beim Angeln in schnell strömenden Gewässern sollten Sie die Köderfische in einer Waschmaschinentrommel aufbewahren, da diese sich im schnellen Wasser nicht deformiert. Für Tagestouren kann man die Aale gut in einem »Plano«-Köderfischbehälter mit perforiertem Klappdeckel an der Oberseite aufbewahren. Der Behälter wird außen am Boot mit einem Tau befestigt, bei einem Platzwechsel aus dem Wasser genommen und an der neuen Stelle wieder eingesetzt.

Olivier Portrat zeigt das eindrucksvolle Maul eines seiner vielen, kapitalen Welse.
▼

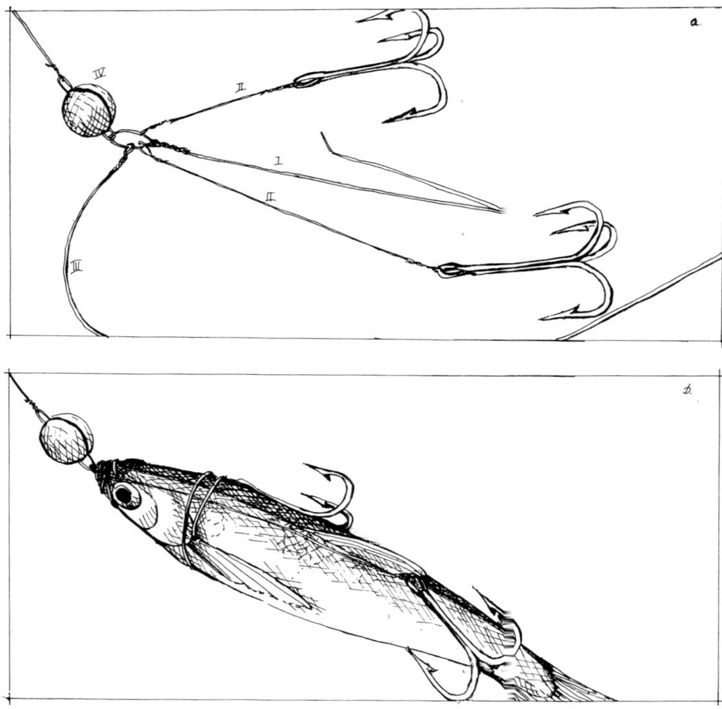

Zu den besten Methoden zum Fischen auf Großwelse im Mittel- oder Oberflächenwasser zählen Spinnfischen, Posenangeln sowie das Treibangeln mit »In-Line«-Montagen. Für die beiden letzten Methoden ist ein Boot unverzichtbar. Auf diese Weise kann man die Pose oder die Montage genau zur gewünschten Stelle treiben lassen.

Das Fischen mit künstlichen Ködern ist eine ungeheuer effektive Methode, die zu häufigen Kontakten mit Welsen führt. Als gute Köder kann ich in erster Linie große Löffelblinker sowie Spinner, Wobbler, Weichplastikköder und Streamer empfehlen. Wenn man mit der Fliege oder der Spinnrute auf Waller fischt, sollte zunächst die Oberfläche abgesucht werden, bevor größere Tiefen an die Reihe kommen. Denn Welse hassen Angelschnüre, die über ihren breiten Rücken streifen. Wenn die Fische erst die Schnur spüren, sind sie schnell vergrämt und schwimmen weg. Als Hauptschnur setze ich beim Spinnfischen geflochtene Schnüre mit etwa 50 lbs Tragkraft ein.

Eine der effektivsten Spinnmethoden auf Welse ist jedoch das Drachkovitch-System. Es wurde von dem berühmten französischen Raubfischangler Albert Drachkovitch erfunden. Es ist wie die meisten anderen erfolgreichen Montagen ziemlich einfach. Ein toter Köderfisch wird auf ein Hakensystem montiert, das aus zwei Drillingen besteht. Der äußerste Haken wird in die Seite des Schwanzabschnitts gestochen, während der andere in der Mitte der Seite des Köderfisches angebracht wird. Ein fest um den Nacken des Fischs gewickeltes Stück Kupferdraht stützt den Köder und hält ihn während des Wurfs fest. Auf diese Weise hält der Fisch unbeschädigt viele Würfe aus und im Augenblick des Bisses haben Sie optimale Möglichkeiten, den Fisch mit einem direkten und bestimmten Anhieb zu haken.

Die große Effektivität des Drachkovitch-Systems basiert in hohem Maße auf dem beweglichen Gelenk zwischen der Beschwerung und dem eigentlichen System (siehe Abb. .24). Diese »Aufhängung« erlaubt es dem Angler, den Fisch auf eine für jeden Raubfisch extrem verlockende Weise zu bewegen. Abhängig von den Verhältnissen der beangelten Fischart, kann man den Köder entweder langsam oder schnell führen, gleichmäßig oder mit Rucken der Rutenspitze sowie flach oder tief. Die »Scharnierbeschwerung« erlaubt eine Vielzahl von Bewegungsvarianten und gerade das macht das Drachkovitch-System zu einem Spitzenköder für Hechte, Zander und Welse.

Über die lockenden Vibrationen und den aufreizenden Lauf hinaus, gibt der Köderfisch am System deutliche Duftspuren ins Wasser ab. Möchten Sie mit der Spinnrute auf Welse fischen, dann ist das Drachkovitch-System mit Köderfisch oder Tintenfisch mindestens doppelt so effektiv wie die traditionellen Kunstköder.

Die eigentliche Technik ist nicht kompliziert, aber sie erfordert vom Angler hundertprozentige Konzentration und Einfühlungsvermögen in die Bewegungen des Köders. Wie oben schon gesagt, sollten Sie zuerst das Oberflächenwasser absuchen, zumal die Waller oft hoch im Wasser stehen.

Da sich wahlweise schwerere oder leichtere Bleigewichte einsetzen lassen, kann man sämtliche Wasserschichten auf eine Art und Weise absuchen, die sich kaum effektiver gestalten läßt. Die Methode verbindet den Vorteil des klassischen Spinnfischens – sprich das optimale Absuchen großer Gebiete – mit dem verlockenden Duft des natürlichen Köders. Das

Drachkovitch-System stellt deshalb eine der besten Allround-Methoden auf Raubfische dar. Angelkameraden und ich haben auf diese Weise tatsächlich Unmengen von Welsen in Frankreich, Italien und Spanien gefangen, darunter einen Großteil wirklich kapitale Fische.

Normalerweise verwende ich äußerst einfache Posenmontagen, die aus einem 40 bis 150 Gramm tragenden Gleitschwimmer mit entsprechendem Laufblei, einem 200 lbs haltenden Wirbel sowie einem 50 bis 100 cm langen und 100 bis 150 lbs Vorfach bestehen. Je kleiner der Köder ist, desto kürzer sollte das Vorfach ausfallen. Ich ziehe Kevlar als Vorfachmaterial vor, da sich HPPE bei lebenden Ködern zu oft verheddert. Als Haken verwende ich immer kräftige und scharfe Einzelhaken mit einem weiten Hakenbogen in den Größen 5/0 bis 12/0. Mein Favorit ist dabei der 12/0er »Maruto«. Das Gewicht des Laufbleis hängt von der Strömungsgeschwindigkeit ab. Verwenden Sie nach Möglichkeit immer eine Montage, die unter den gegebenen Verhältnissen so leicht wie möglich ist. Leider kommt man im Fließwasser oft nicht unter 100 Gramm aus. Schließlich muß der Köder im Mittelwasser bleiben, wenn man mit Köderfisch angelt. Zum Schutz des Wirbels ziehe ich ein Stück kräftigen Plastikschlauch auf die Schnur zwischen »In-Line«-Blei und Wirbel.

Da meine Freunde und ich ausschließlich an Orten fischen, wo möglicherweise Fische über 70 Kilogramm dicht an Hindernissen stehen, brauchen wir durchgehend kräftiges Gerät. Schließlich müssen wir die Waller bremsen, bevor die Katastrophe eintritt. Persönlich setze ich geflochtene HPPE-Schnüre (wie »Dyna Cast«) auf soliden Multirollen ein, wie die Penn-Modelle GTI 340 und 345. Leider halten die Getriebe vieler Multis den hohen Belastungen nicht stand, die bedingt durch die starken Schnüre auftreten.

Die Rutenlänge hängt von der Angeltechnik ab. Beim Angeln vom Ufer aus bevorzuge ich 10 bis 11 Fuß lange Ruten, während ich für das Boots- und Spinnfischen Modelle von 7 bis 10 Fuß Länge einsetze. »Uptide«-Meeresruten aus Glasfaser sind eine gute Alternative zu den langen, teuren Welsruten im speziellen Design. Die Testkurve der Ruten schwankt zwischen 4 und 15 lbs. Welche Stärke richtig ist, hängt von Strömung, Hindernissen und möglicher Fischgröße ab. Denken Sie an einen soliden Lederhandschuh, wenn die Fische mit dem Wallergriff gelandet werden sollen.

Das Bootsangeln ermöglicht den perfekten Einsatz eines »Wallerholzes« oder »Kutjers«. Diese seltsamen Holzinstrumente wurden ursprünglich von osteuropäischen Welsfischern erfunden. Sie sollen die Neugier der Waller wecken und sie zum Köder zu locken. Das Instrument ist länglich, etwas gebogen und mit einem Handgriff am einen und einer Art abgerundeter Scheibe am anderen Ende versehen. Der Angler schlägt den »Teller« neben der Bordwand ins Wasser und sobald die Scheibe unter die Wasseroberfläche kommt, bremst der Fischer die Bewegung ab und zieht das Wallerholz mit einer nach hinten abkippenden Bewegung des Handgelenks zurück. Diese Bewegung erzeugt eine Luftblase, die (wenn das Wallerholz das Wasser verläßt) in einem kräftig lockenden »Plopp« endet. Das Geräusch hängt von Form und Größe des Wallerholzes ab, insbesondere von der Scheibe. Große Wallerhölzer mit einer großen Scheibe erzeugen kräftige Laute, während kleine Kutjer mit einer kleinen Scheibe diskretere Töne erzeugen. Möchten Sie das Wallerholz mit Erfolg einsetzen, bedeutet das viel Übung, soll das Holz bei jedem Schlag einen wohltönenden Laut erzeugen. Bevor man also zum Fischen heraus fährt, sollte man deshalb einige Stunden oder Tage üben.

Wenn Sie dann zuverlässige, wohltönende »Plopps« erzielen, geht es als nächstes um den idealen Rhythmus sowie die Auswahl der am besten zum Wasser passenden Scheibenform und Größe. Am besten wecken Sie die Neugier des Fisches durch einen variierenden Rhythmus. Wenn er zu monoton wird, bringt das nicht den gleichen Lockeffekt. Es kann allerdings schwerfallen, die richtige Frequenz und Stärke zu finden. Etwas zu schnell oder zu stark und das Holz bewirkt das genaue Gegenteil und erschreckt die Fische. Es wird immer ein schwieriger Balanceakt sein, mit der Neugier der Fische zu spielen.

Das Kutjern ist eine Methode, die man am besten vom treibenden Boot aus durchführt. Denn es stellte sich heraus, daß diese Methode die Fische nur direkt vom Fluß- oder Seegrund herauf lockt. Nachdem wir einige hundert Welse mit Hilfe des Wallerholzes gefangen haben, besteht kein Zweifel an seiner Wirkung, wenn man sich direkt über dem Fisch befindet. Die seitliche Anziehungskraft ist minimal und kaum zu bemerken. Deshalb ist es ziemlich sinnlos, von einem verankerten Boot oder von Land aus zu kutjern. Besser suchen Sie vom treibenden Boot aus mit der Strömung ein großes Gebiet ab, während das Wallerholz jedes Lebewesen mit sechs Bartfäden an die Oberfläche lockt. Je tiefer die Fische sich aufhalten, desto kräftigere Töne muß man zum Anlocken erzeugen. Dementsprechend muß man die Frequenz um so stärker erhöhen, je stärker die Strömung ist, um den Grund ordentlich abzusuchen. Je langsamer das Gewässer fließt, desto länger sollten die Pausen

▶ *Welse zeigen sich auf dem Bildschirm des Echolots als dicke »Balken«.*

zwischen den einzelnen Klopf-Sequenzen sein. Zum Beispiel würde ich in stehendem Wasser fünf- bis sechsmal ploppen, eine Pause einlegen und wieder beginnen, vielleicht mit etwas anderen Lauten. Wenn man in einem Gebiet zu viel auf die gleiche Art und Weise ploppt, wird es noch lange Zeit danach schwer sein, die Fische neugierig zu stimmen. Sie fangen einfach an, sich zu langweilen. Übrigens zahlt es sich nicht aus, das ganze Jahr hindurch zu kutjern. Am besten wirkt die Methode, wenn die Wassertemperatur über 8 Grad liegt. Auch kann Seitenwind ein Problem sein, da die Fische das Geräusch jetzt schwerer lokalisieren können und dann nicht dem Boot folgen. Deshalb bedeutet es oft Zeitverschwendung, bei Seitenwind zu kutjern. Auch ein kräftiger Wind mit oder gegen die Strömung ist nicht das Optimale, denn jetzt treibt das Boot schneller oder langsamer statt mit dem Wasser.

Fischen Sie den Köder beim Einsatz des Wallerholzes am besten im Mittelwasser in der Nähe des Boots. Die meisten Bisse werden immer an der Rute kommen, die am dichtesten zum Wallerholz liegt. Wenn Sie den Kutjer einsetzen, fallen die Bisse oft etwas zögernder als normal aus. Das ist wohl dadurch zu erklären, daß die Fische mehr aus Neugierde als aus Hunger beißen. Fischt man mit kleineren Ködern, wie Wurm, Egel oder Tintenfisch, nippen selbst große Welse so vorsichtig, daß man sie mit einem schnellen Anhieb so knapp hakt, daß sie sehr leicht vom Haken zu lösen sind. Nimmt der Waller dagegen einen Köderfisch, saugt er gleichzeitig mehrere Liter Wasser ein. Dadurch können Sie einige Sekunden mit dem Anhieb warten. Verliert man auf diese Weise Fische, sind das in der Regel die »kleineren« unter 50 Pfund.

Das Kutjern ist eine unkonventionelle und gleichzeitig uralte Angelmethode. In den letzten Jahren habe ich sie mit der neuesten High-Tech-Elektronik kombiniert und konnte so das Angeln erleichtern und spannender gestalten.

Dahinter stand folgende Idee: Da sich ein zum treibenden Boot aufsteigender Fisch mit der gleichen Geschwindigkeit wie das Boot flußabwärts bewegt, müßte ein großes Exemplar im Mittelwasser eigentlich mit dem Echolot zu erkennen sein. Wie spannend müßte es sein, die neugierigen Riesenfische um den Köderfisch herum schwimmen zu sehen! Aus diesem Grund rüstete ich mein Boot mit einem Echolot mit Flüssigkristall-Bildschirm und besonders hoher Auflösung aus (Lowrance X-85). Die ersten Versuche mit dieser Methode unternahm ich an einem Septemberabend auf einem kleinen Kanal in Italien. Die Durchschnittstiefe betrug in der Mitte sechs bis acht Meter, wobei von den Ufern viele Büsche und Bäume über den Kanal ragten. Von früheren Touren wußte ich, daß es eine große Welspopulation gab, so daß wir mit viel Vertrauen in unser Projekt in die Dämmerung hinausfuhren.

Als das Echolot eingeschaltet war, konnten wir die Welse als kleine Streifen in den beiden eingestellten Tiefen sehen. Einige Zeit nachdem wir mit dem Kutjern begonnen hatten, trieben wir über ein Gebiet, das tiefer als der Durchschnitt war. In der Regel findet man genau an diesen Stellen die größten Fische – und so war es auch. Auf dem Bildschirm des Echolotes konnten wir große »Balken« sehen, die kamen und gingen, aufstiegen und zum Boden tauchten, um anschließend im Mittelwasser zu erscheinen. Unsere Augen klebten am Bildschirm, konnte das wirklich wahr sein? Unsere Herzen schlugen wild und wir konnten es kaum aushalten, auf den Biß zu warten, der die Erscheinungen auf dem Bildschirm bestätigen sollte.

Wir mußten nicht lange warten. Plötzlich kreuzte ein »Balken« den »Köderstreifen«, woraufhin Michael einen gutgenährten Wels von 40 Pfund drillen und landen konnte. Das Angeln ging genau nach dieser Methode weiter. Und alle Fische, die wir im Laufe der nächsten Tage fangen konnten, waren vor dem Biß auf dem Bildschirm zu erkennen. Es stellte sich heraus, daß man die Echos von den Wallern unglaublich leicht auf dem Bildschirm ablesen konnte. Da die Fische mit der gleichen Geschwindigkeit treiben wie das Boot, erscheinen ihre Körper länger als normal, da sie länger im Transducer-Kegel bleiben. Ihr Körper ruft ein nahezu permanentes Echo hervor, genau wie auch der Köder, der als eine Linie auf dem Bildschirm erscheint. Die Anzeige der Fische auf dem Schirm wird so deutlich, daß sie nicht falsch zu interpretieren oder zu übersehen ist. Wie wir sahen, folgen die Welse dem Boot oft mehrere hundert Meter. Manche Fische schießen wie eine Rakete vom Grund herauf, andere folgen dicht an den Grund geschmiegt. Aber längst nicht alle Fische, die dem Boot folgen, nehmen auch den Köder. Das Fantastische an dieser ganz neuen Angelmethode bestand darin, daß wir unsere Wallerholz-Technik den Reaktionen der Fische auf dem Bildschirm anpassen konnten. Zum ersten Mal erkannten wir präzise, auf welche Arten von Geräuschen die Fische in welcher Weise reagierten. Es stellte sich bald heraus, daß die genaue Form des Kutjerns nicht so wichtig war, wie man glauben sollte. Übrigens konnten wir fast den gleichen Lockeffekt erzielen, indem wir den Motor schnell an- oder abstellten, oder lediglich mit den Händen auf den Steven schlugen.

Gegen den Zug des Allers muß sich Olivier weit zurücklehenen, damit er das Gleichgewicht halten kann.

▼

Die Spannung näherte sich dem Höhepunkt, als wir herausfanden, daß es nicht nur möglich war, einzelne Fische zu sehen, sondern daß man auch relativ einfach ihre Größe schätzen kann. Der Bildschirm mit besonders großer Auflösung zeigte ihre Schwimmblase als einen helleren grauen Fleck. Und auf meinem Echolot konnte man die Schwimmblase erst erkennen, wenn die Fische größer als 20 Kilogramm waren. Je größer die Anzeige der Schwimmblase war, desto größere Fische lauerten in der Tiefe! Große schwarze »Balken« können natürlich große Fische sein, aber genauso gut kleinere Exemplare, die sich nicht bewegen, wenn sie in den Transducerkegel gekommen sind. Mit der Zeit wird die Erfahrung uns lehren, diese Signale korrekt zu interpretieren.

Eine ungeheuer effektive Methode bei diese Fischerei besteht darin, die Pose zu entfernen und einen Aal direkt auf einer »In-Line« Montage zu fischen. Dadurch können Sie den Köderfisch leichter in die Tiefe senken oder heben, in der die Welse lauern. Die Räuber wechseln fortlaufend die Tiefe, was ein schnelles Plazieren des Köders erfordert. Stecken Sie dazu einfach die Ruten in die Halter und klemmen die Schnur in einen Downrigger-Clip an der Seite des Boots. Denken Sie daran, zwei Meter lose Schnur zwischen dem Clip und der Rolle (mit offener Bremse) liegen zu lassen. Dadurch kann der Fisch ohne Widerstand freie Schnur nehmen. Alternativ kann man die Rute auch in der Hand halten, wobei die Rute am besten schräg nach oben zeigt. Im selben Augenblick in dem der Fisch den Köder nimmt, senkt man die Rute, während der Fisch wegschwimmt. So spürt er nur einen minimalen Widerstand, bevor Sie den Anhieb setzen. Spürt man plötzlich das Blei nicht mehr, schwimmt der Fisch nach oben. Jetzt müssen Sie schnell Schnur einholen, bis der Kontakt steht und der Anhieb erfolgen kann.

Sicher ist es in der Theorie nicht vorstellbar, wie spannend all diese Dinge waren. Eine kleine Revolution, nachdem wir gewohnt daran waren, monatelang fern von jeder Zivilisation zu fischen. Und jetzt verbrachten wir Wochen damit, die Augen an den Sonarschirm zu heften. Tag für Tag sahen wir »Catfish Channel – Live« und niemandem wurde dieses Programm langweilig.

Da die Wallerholz-Technik in erster Linie auf die Neugier der Fische setzt, stellt sich die Frage, ob diese Technik auch dann noch Erfolg haben wird, wenn die Fische sich daran gewöhnt haben? Keine Methode ist ein Zauber, der ewig wirkt! Aber bis dahin freue ich mich auf viele spannende Stunden. *Olivier Portrat*

19. Stör

Der Wasserstand im Columbia River war weit höher als normal. Aufgrund der wahnsinnig starken Strömung hatten wir beschlossen, ein paar Tage vom Boot aus zu fischen. Denn die Probleme beim Halten und Stoppen eines Großstörs, wenn man auf regennassen Felsen balancierend ihm nicht folgen kann, hatte ich leider nur zu gut am Tag vorher kennengelernt. Ich kämpfte lange mit einem 50 bis 60 Kilo schweren Stör und verlor ihn am Ende doch noch wenige Meter unter der Rutenspitze.

Es lag noch ein fahler Morgendunst über dem Fluß, als Frank's Boot vom Trailer glitt. Gespannt auf diesen Tag, nahmen wir Kurs auf den Auslauf eines kleinen Baches, um frische Köderfische zu fangen. Auch wenn Störe auf alles mögliche beißen, angefangen von Wurm über Tintenfische bis zu marinierten Heringen, sind Köderfische doch ganz klar die Nummer 1 für große Fische. Am besten sind Köderfische, die man im Fluß findet – besonders Stinte, Neunaugen und Maifische. Die letztgenannten zählen zur Superklasse. Und hat man erst einen Maifisch oder »Shad« beschafft, ist der Fang nahezu garantiert. Der Shad lebt wie die europäischen Maifische die meiste Zeit seines Lebens im Salzwasser und zieht im Frühsommer zum Laichen in die Flüsse. Der Laichzug begann gerade und wir waren noch nicht lange im starken Strom unterwegs, als das Echolot bereits kleine Maifisch-Schwärme zeigte. Wir ankerten schnell, aber nach einer ganzen Stunde hatten wir noch keinen einzigen Maifisch gefangen. Das Wasser war einfach zu kalt und trüb. Wild entschlossen, Shads zu beschaffen, fuhren wir zu allen Hobby- und Berufsfischern der Gegend, aber leider ohne Erfolg. Als wir gerade aufgeben und statt dessen zur zweitbesten Alternative greifen wollten, die Neunaugen, tauchte ein Netzfischer auf, der zu unserer großen Freude eine ganze Kiste Shads auf Eis dabei hatte. Begleitet von überdrehtem, wildem Jubel kauften wir gierig ein, so daß es für die nächsten Tage sicher reichte. Insgesamt 15 zwei Kilo schwere Maifische würden selbst dem verwöhntesten »Great White« vor Glück das Wasser im Mund zusammenlaufen lassen. Voller Erwartung fuhren wir mit Vollgas stromab.

▶

Jens Bursell mit seinem 2,5 Meter langen weißen Stör.

Die Wolken hatten sich bedrohlich zusammengezogen und ein steifer Wind peitschte unbarmherzig durch die Schlucht. Einige Kilometer stromab begannen wir große Kreise zu fahren, um die Kante zu einem 30 Meter tiefen Loch in der Mitte des Flusses zu finden, wo Frank am Tag zuvor einige gute Fische gelandet hatte. Im selben Augenblick, in dem wir über die Kante des Loches trieben, zeigte uns das Echolot zeichentrickartig Großfische unter den Maifisch-Schwärmen. Blitzschnell fuhren wir gegen den Strom zurück, warfen den Anker und trieben perfekt mit dem Strom bis zu einem Punkt etwas flußauf von dem steilen Abbruch. Der Köderfisch wurde so angeködert, daß ein widerhakenloser Mustad der Größe 9/0 drei- bis viermal um die Wirbelsäule des Fisches herum und an ihr entlang gezogen wurde. Schließlich hing der Einzelhaken im Nacken des Fisches, so daß der Hakenbogen und die Spitze völlig frei lagen. Obwohl Großstöre ein Maul in der Größe eines gigantischen Schlammsaugers haben, können sie äußerst vorsichtig beißen. Dabei sichert die freie Hakenspitze das optimale Eindringen beim Anhieb. Damit man besser werfen kann und Verhedderungen vermeidet, wird der Schwanz des Fischs mit ein paar halben Schlägen am Vorfach festgebunden. Nach kurzer Zeit waren alle Montagen beködert und zum Auswerfen bereit.

Vielleicht sollte ich wegen meiner Muskelschwäche das Manöver eher als »Ausschwingen« bezeichnen. Die Strömung war nämlich so stark, daß nur 1,5 Kilo schwere Bleie am Grund liegenblieben! Anderthalb Kilo Blei plus ein Zwei-Kilo-Shad erfordern ein wenig Übung, möchte man weiter als fünf Meter werfen – insbesondere mit kurzen Ugly Stick 30-60 lbs-Bootsruten, die lediglich einen kurzen Griff besitzen. Sprachlos vor Staunen beobachtete ich Frank, der ohne die geringste Anstrengung fast doppelt so weit warf wie Tony und ich zusammen. Ob sein zwei-mal-zwei-Meter-Körper von 20 Jahren Drillerfahrung mit Mega-Stören stammt, oder durch die unzähligen Würfe mit Drei-Kilo-Ködern hervorgerufen wurde, muß wohl ungewiß bleiben. Eins ist aber sicher. Die Beschreibung der lokalen Pubgänger, die ihn als »built like a shit brickhouse« bezeichneten, paßt gut zu ihm.

Ein solider Schlag in der Rutenspitze ließ keinen Zweifel daran, daß das Blei gegen einen Felsen auf dem Grund gestoßen war. Mit langsamen Pilkbewegungen hob ich die Montage vom Boden frei, und mit wiederholtem Heben und Freigeben der Schnur verschwand der Köderfisch flußab in der Tiefe. Aufgrund der kräftigen Strömung und der scharfen Felsen war eine 100 lbs starke 0,40er T.U.F.-Schnur (HPPE) die einzig richtige Wahl. Monofiles Nylon wäre jetzt völlig überfordert, was den Strömungsdruck, die Abriebfestigkeit und das direkte Ködergefühl angeht. Wir steckten die Ruten in die Halter und gespannt lehnte ich mich im Sitz zurück.

Eine halbe Stunde verging und der Wind war deutlich abgeflaut. Weiches Morgenlicht schien durch Lücken in den langsam ziehenden Wolken auf den Beacon Rock, dessen zerrissene Flanken scharf gezeichnet in einem gestreiften Kontrastmuster dastanden. Plötzlich sprang wie im Traum ein etwa 2,5 Meter langer Stör aus dem Wasser. Für Bruchteile von Sekunden tanzte das Untier auf der Schwanzflosse über die kräftigen Strömungswirbel, um dann mit einem gigantischen Dröhnen auf der Oberfläche zu landen. Der Puls stieg unvermeidlich um einige Stufen, und mit einem abwartenden Starren versuchte ich mich hundertprozentig auf den Rhythmus der Strömung in der Rutenspitze zu konzentrieren. Trotz der 30 Meter hart strömendem Schlammwasser zwischen mir und dem Grund konnte ich mit meiner Röntgenphantasie nahezu fühlen, wie lange Schatten langsam ziehender Störe als Riesenstaubsauger alles Lebende verschlangen. Ein paar unschuldige Schläge in der Rutenspitze waren genug, um mich in höchste Alarmbereitschaft zu versetzen. Sekunden später öffnete das Untier seine Schleusen und saugte den Köder resolut ein. Diesmal völlig ohne Feingefühl. Einige heftige Schläge und eine total gekrümmte Rute waren die Folge des Bisses, noch bevor ich die Rute aus dem Rutenhalter befreit hatte. Mit einer gewaltigen Kraftanstrengung konnte ich die Rute herausreißen, und nach ein paar soliden Anhieben donnerte der Fisch wie ein U-Boot stromab. Binnen Sekunden verschwanden 150 Meter Schnur von der Rolle, während sich die Schnur stetig zur Oberfläche bewegte. *»She's gonna jump!«*, schrie Tony aus vollem Hals, während er versuchte, mit der Kamera den Fisch zu erfassen, der gleichzeitig die Oberfläche in Kaskaden von Wasser verließ. Bruchteile von Sekunden erschienen wie Minuten, als der Fisch mit einem gewaltigen seitlichen Schlag den Köder und das Blei zur Seite schleuderte. Mit einem dumpfen Knall wurde der Köderfisch vom Vorfach gerissen und einige Hundertstelsekunden dachte ich, daß der Haken sich gelöst hätte. Mit einem massiven Platschen, das am ehesten an ein ausgewachsenes Rind erinnerte, das aus dem vierten Stockwerk in einen Swimmingpool geworfen wurde, landete der Stör im Fluß und verschwand mit einem schweren Sog im trüben Wasser. Die Schnur flog von der Rolle. Beim Versuch, den Stör zu stoppen, bevor es zu spät war, riß die rasende Spule mir fast die

Haut vom Zeigefinger. Die beiden anderen Ruten wurden inzwischen in harter Arbeit eingeholt, wonach Frank uns vom Anker löste und wir dem Fisch folgen konnten, der schon ein gutes Stück stromab geschwommen war. Zweimal sprang er aus dem Wasser, bevor er unendlich langsam dichter und dichter zum Boot kam.

Über der Kante der Schlucht, viele hundert Meter über mir, kreiste ein Weißkopfadler majestätisch im aufsteigenden Warmluftstrom. In schwerem Gleiten schwebte er in großen Kreisen herab und verschwand im Nadelwald hinter einer der Inseln im Fluß. Obwohl nur eine halbe Stunde vergangen war, wurden langsam meine Arme lahm. Zu meiner großen Erleichterung konnten wir den Fisch bald auf dem Echolot in zehn Meter Tiefe unter uns erkennen. Mit einer letzten Kraftanstrengung legte ich so einen starken Druck auf den Fisch, daß die Milchsäure fast aus dem Neoprenanzug perlte, und meine verkrampften Hände nahezu bis zur Unkenntlichkeit gequetscht wurden. Endlich konnte ich den Fisch erkennen, der sich wie ein weißes Unterwassergespenst der Oberfläche näherte. Frank wollte gerade das Vorfach greifen, als der Stör plötzlich seine Kräfte wiederfand und zum Grund polterte. Die Fluchten wurden aber kürzer und kürzer und wir begannen damit, den Fisch ans Ufer zu ziehen, damit er fotografiert werden konnte. Als wir etwa 20 Meter vom Ufer entfernt waren, konnten wir schließlich den gewaltigen 2,5-Meter-Stör an die Seite des Bootes bugsieren. Mein erster 200+ lbs-Stör war Wirklichkeit geworden, der trotz der physischen Proteste meiner potentiellen Nachkommen mit einer *ultra*kurzen Fotosession im eiskalten Schmelzwasser gefeiert wurde. Auch wenn es am Anfang mit dem Angeln schwarz ausgesehen hatte, erlebten wir in den nächsten Tagen ein fantastisches Fischen mit Stören bis zu 120 Kilogramm. Um den Fischen nicht unnötig mit tumultartigen Wiegeaktionen zu schaden, schätzten wir das Gewicht nur grob. So konnten wir die großen Fische ohne ernsthafte Schäden zurücksetzen.

Den »Great white Sturgeon« findet man in den meisten Flüssen vom südlichen Alaska bis zum Sacramento River bei San Francisco, und man hat ihn außerdem weit nach Süden bis zum Colorado River ausgesetzt. An der amerikanischen Pazifikküste leben zwei Störarten, von denen der Weiße Stör bei weitem am größten und zahlreichsten ist. Auch wenn »the great White« unbewiesenen Gerüchten zufolge bis zu 2000 lbs schwer werden soll, wird die maximale Größe von Biologen heute irgendwo zwischen 600 und 700 Kilogramm und einer Länge von knapp vier Metern gesetzt. Die Great Whites ziehen auf ihrer Laichwanderung hoch ins Gebirge, wovon der lateinische Artname *Accipenser transmontanus* rührt, was »über die Berge« bedeutet.

Obwohl die Laichwanderung des Störs durch eine lange Reihe von Staudämmen im Columbia/ Snake River blockiert ist, glückt es doch einer ganzen Anzahl von Fischen, durch die Schiffsschleusen stromaufwärts zu gelangen. Der Großteil der Störe oberhalb des tiefsten Staudamms im System, dem Bonneville Damm, sind allerdings permanent vom Meer abgeschnitten und bildeten Standpopulationen in diversen Seen und Stauseen weit im Landesinnern. Selbst wenn man bei niedrigem Wasserstand und geringer Strömung von Land aus Störe fangen kann, ist das Bootsfischen in den meisten Fällen ganz klar vorzuziehen.

Der Stör ist über die ganze nördliche Halbinsel verbreitet, und über die beiden Störarten der noramerikanischen Westküste findet sich ein guter Teil andere Arten, unter anderem in den östlichen USA und Kanada – auf der ganzen Welt insgesamt 23 Arten. Alle Störe haben gemeinsam, daß sie »anadrome« Wanderfische sind, was bedeutet, daß sie die meiste Zeit ihres Lebens im Salz- oder Brackwasser verbringen, aber in die Flüsse zum Laichen oder zum Überwintern hochziehen. Selbst wenn kleinere Störe auch Weichtiere fressen, sind sie in den größeren Kalibern gierige Raubfische, obwohl sie keine Zähne besitzen. Statt dessen saugen sie ihre Beute mit einer Kraft ein, die einen durchschnittlichen »Pferdekuß« vor Neid erblassen läßt. Die großen Störarten gehören der Gattung *Accipenser* an, die man sowohl in der Alten wie auch der Neuen Welt findet, sowie *Huso*, die nur in der Alten Welt zu finden ist. Die erstgenannte Gattung enthält all die großen nordamerikanischen Arten sowie die meisten europäischen Störe. Einer der größten europäischen Accipenser-Störe ist der *Accipenser sturio*, der an der Grenze zur totalen Ausrottung steht. Der bis zu drei Meter lange Fisch findet sich heute leider nur noch in kümmerlichen Beständen in den Flüssen Gironne (Frankreich), Guadalquivir (Spanien) und der Donau (Rumänien/Ukraine) sowie den dazugehörigen Meeresgebieten. Die anderen großen Störe, die eine Länge über 1,5 bis 2 Meter erreichen, finden sich nur in Osteuropa: der Osetr oder »Russian Sturgeon« *(A. guldenstaedti)* lebt im Schwarzen Meer, Kaspischen Meer und den einmündenden Flüssen sowie im Finnischen Meerbusen durch Besatzmaßnahmen der alten UdSSR. *A. persicus* ist eine eigene Art, die von der zuvor genannten nur durch Blutanalysen zu unterscheiden ist. Diese Art kann schwerer und größer als der Osetr werden. Der Ship-Stör *(A. nudiventris)* kommt von Natur aus im Schwarzen Meer und Kaspischen Meer vor, wurde jedoch ebenfalls im Aral See ausgesetzt. Die Gattung *Huso* weist die größten Störarten auf, die sogar bis zu einer Tonne wiegen können. Das ist der berühmte Hausen oder »Beluga« *(Huso huso)*, den man vom Adriatischen Meer im Westen bis zum Kaspischen Meer im Osten findet, sowie der »Kaluga« oder der Sibirische Stör *(Huso dauricus)*, der genau so groß wird und den man in den Flüssen Amur, Ussuri und Sungari findet, sowie in dem der Grenze zwischen China und Sibirien angrenzenden Ochotskischen Meer.

Den Stör muß man wohl als einen der spannendsten und in vielen Gewässern völlig unentdeckten »Sportfisch« bezeichnen. Wenn Sie Lust verspüren, Ihre Kräfte mit diesem faszinierenden Vorzeitmonster in bekannten oder unerforschten Gewässern zu messen, dann gibt es rund um die Welt reiche Möglichkeiten!

Beluga

Wenn man auch viele Störarten findet, die eine Fischtour wert sind, verbinden doch die meisten Angler instinktiv Störe mit Kaviar, Kosakenhüten, Wodka und endlosen russischen Flußtälern. Hier erzählt **Johnny Jensen** von seinen Erlebnissen mit dem gigantischen Beluga Stör:

Mir erschien der Beluga immer ein wenig als Phantasiefisch, da man fast nie etwas über ihn in

Fast sieht es so aus, als würde der Stör das Boot angreifen.
▼

der Angelliteratur lesen konnte. Selbstverständlich wußte man viel über den Fisch, aber er trat eigentlich erst Anfang der neunziger Jahre ans Licht der Angleröffentlichkeit, als die UdSSR langsam mit der Liberalisierung ihres geschlossenen Systems begann. Schließlich erhielt ich 1993 die Chance, mich mit diesem gigantischen Kaviar-Fisch im Fluß Ural in der Mündung zum Kaspischen Meer zu messen.

Die Berichte der Vorjahrestouren liefen darauf hinaus, daß es so viele Störe geben sollte, daß man auf ihnen laufen konnte. Solche Aussprüche sollte man klugerweise nicht ganz glauben, aber ich lege meine Hand dafür ins Feuer, daß es keine Übertreibung war!

Das erste, was wir von den Stören sahen, waren haufenweise breite, knorrige, blau-graue Rücken, die in haiartiger Manier an der Oberfläche entlang zogen. Mit seinen kleinen Augen sieht der Stör ziemlich schlecht, aber trotzdem, oder vielleicht auch gerade deswegen, jagt er mit einer schockierenden Schnelligkeit in dem kakaofarbenen Wasser des Flußdeltas. Bisweilen ging er so heftig zur Sache, daß er unser kleines Speedboot torpedierte. Der sonst so friedlich erscheinende Schilfwald wurde plötzlich sehr lebendig, als ein Schwarm Rapfen gegen die Schilfkante gedrängt wurde und mehrere Störköpfe mit ausgestülptem Maul die Oberfläche durchbrachen. Ein lautes Rauschen und Prusten war zu hören, als der Beluga erst den Fisch ins Maul einsog und dann das Wasser durch die massiven Kiemendeckel wieder herauspreßte. Wenn ich je Zweifel gehabt hatte, dann jetzt auf jeden Fall nicht mehr. Der Beluga war kein »Fabeltier« mehr. Der Fluß kochte vor Fischen.

Die Belugas kamen in Größen vor von zehn Kilogramm aufwärts. Oft war es ziemlich schwer, die Größe eines Fischs im Drill zu bestimmen. An einem Tag kämpfte ich mit einem großen Stör, der uns zwei Stunden herum zog und letztlich mit uns im Kaspischen Meer landete. Es stellte sich heraus, daß es ein 90-Kilo-Beluga war, den wir im Schwanz gehakt hatten – meinem Gefühl nach hätte es jedoch ein mindestens viermal so großer Fisch sein müssen. Denn meine Arme waren danach schlapp wie gekochte Spaghetti. Nach diesem schockierenden und ermattenden Kampf lehnte ich mich im Boot zurück und hoffte wirklich, daß ich vorläufig keinen Biß bekomme. Aber es kam anders.

Bereits nach fünf Minuten raste wieder die Leine von der Spule. Der Drill erinnerte sehr an den vorangegangenen. Und irgendwie hatte ich das Gefühl, daß ich auf der Stelle tot umfallen sollte. Das Resultat war allerdings ein etwas anderes. Dieser Beluga war riesengroß, und wir sahen einige Male, wie sich der Rücken an der Oberfläche zeigte wie ein Krokodil, gute 100 Meter draußen im Kaspischen Meer. Dieser Stör hatte offensichtlich nicht im Sinn, näher ans Land zu kommen, also nahm er direkten Kurs auf den Iran, ohne daß ich irgend etwas dagegen tun konnte. Da er mittlerweile das Boot einen kleinen Kilometer ins Meer gezogen hatte, beschloß mein Guide Pasha aus Sicherheitsgründen, die Schnur zu kappen. Nach viel Prusten und Stöhnen – und etwas Enttäuschung – fragte ich ihn, was der Fisch wohl gewogen haben könnte. Er zuckte mit den Schultern und schrieb mit dem Zeigefinger 800 Kilo auf die Bootskante. Ob der Fisch wirklich soviel wog, ist ja schwer zu beweisen, aber wer weiß? Der Fisch war auf jeden Fall kolossal, etwa vier Meter lang, was alles zwischen 500 und 900 Kilogramm bedeuten kann, je nach Größe des Magens!

Das Delta des Ural besteht aus einem riesigen Flachwasser-Schilfgebiet, mit einem Fischreichtum, der die wildesten Fantasien übersteigt. Es gibt Karpfen, Barsche, Hechte, Welse, Brachsen, Rotaugen, Rapfen und Zander in enormen Mengen. Die meisten Arten fing unsere Anglergruppe auf Spinner. In der Hauptsache fischten wir jedoch auf Rapfen, da er ein hervorragender Köderfisch für den Stör ist.

Das Gerät und die Montagen waren ziemlich simpel, aber dafür natürlich von ziemlich kräftigem Kaliber. Man bindet einen Einzelhaken der Größe 5/0 bis 7/0 mit einem halben Rapfen rückengeködert an ein etwa 90 Zentimeter langes Vorfach. Mit einem Dreifachwirbel werden Vorfach, Hauptschnur sowie ein Bruchvorfach mit einem je nach Strömung bis zu 100 Gramm schweren Blei miteinander verbunden. Das Gerät bestand auf unserer Tour aus Bootsruten der 30-lbs-Klasse, Multirollen mit der Mindestgröße der Ambassadeur 7000 und 0,60 mm-Schnur.

Wir waren mit acht Anglern sechs Tage unterwegs und fingen insgesamt 110 Störe mit einem Durchschnittsgewicht von 70 bis 80 Kilogramm und elf über 100 Kilo. Der größte gelandete Stör der Reise war ein Beluga von 132 Kilo. Als wir wieder auf dem Flughafen Kastrup landeten, konnten wir es uns selbstverständlich nicht verkneifen, einen Blick auf die Kaviarpreise in der Transithalle zu werfen. Zum damaligen Zeitpunkt kostete Beluga Kaviar etwa 250 Mark pro 100 Gramm. Wenn man mit unserem Gesamtfang etwas nachrechnet, und davon ausgeht, daß etwa die Hälfte der Fische Rogner waren und man mit einem Drittel des Fischgewichtes als Kaviar rechnet (so die lokalen Fischer) – nun, dann ergibt sich eine Summe von gut 5 Millionen Mark. Na Starovia! *Johnny Jensen*

20. Nilbarsch

Mein Blut kochte fast, als ich mich nach einer Tour die steilen Felsen herunter schließlich zehn Meter über der Wasseroberfläche befand. Nur ein paar hundert Meter hinter mir donnerten die Wassermassen des Nils gnadenlos durch einen sechs Meter breiten Felsspalt und stürzten durch eine fast senkrechte Schlucht über 40 Meter in die Tiefe. Endlich war ich am Fuße der Murchinson Fälle zum Fischen angekommen, wovon ich erst jahrelang geträumt hatte und wo ich jetzt schon einige Tage angelte.

Durch das dichte Laubdach konnte ich einen Schwarm Tigerfische erahnen, die in einer kleinen Höhle im Ufer nach Nahrung suchten. Vorsichtig kletterte ich näher und legte das Gerät ab. Damit ich so schnell wie möglich ein paar Köderfische beschaffen konnte, montierte ich eine leichte Rute mit einem Einzelhaken der Größe 4 an der freien Leine. Die Fische planschten wild in den Wellen herum, und in dem klaren Wasser konnte man jede einzelne Schuppe auf ihren getigerten Flanken erkennen. Ein Stück frische Kassavapasta wurde um den Haken gedrückt und mit einem leichten Pendelwurf landete der Köder genau über den Fischen. In Bruchteilen von Sekunden verwandelte sich der Schwarm in ein flimmerndes Chaos von schwarzen, silber- und pfirsichfarbenen Streifen, die sich wie ein schäumender Superorganismus simultan auf den langsam sinkenden Köder warf. Nach kurzer Zeit hatte ich reichlich Köder für einige Angelstunden.

Ich wollte an der Kante eines kleinen Felsvorsprunges mein Glück mit dem Dapping versuchen. Denn an dieser Stelle konnte ich die Tage zuvor bereits Fische bis etwa 60 oder 70 Kilogramm fangen. Schon auf halbem Weg zur Spitze sah ich einen guten Nilbarsch an der Oberfläche rollen. Kein Wunder, daß meine Erwartungen hoch waren. Wegen großer Mengen zerdrückter Wasserhyazinthen an der Oberfläche und schroffen Felsen am Grund boten weder Posen- noch das Grundfischen die optimale Lösung. Die Erfahrungen der letzten Tage sprachen ganz eindeutig für das Angeln mit der freien Leine und einem lebenden Tigerfisch als Köder. Ich hatte mehrere Fische auf 0,61 mm-Nylonvorfach verloren, so daß ich zu einem Triple-Link mit 0,56er Big Game überging. Ich legte einfach drei Abschnitte Monofil parallel zueinander und knüpfte sie jeweils mit einem Grinnerknoten an Haken und Wirbel. Ich ziehe weiche Nylonvorfächer einem Draht vor, der wegen seiner Steifigkeit eine unnatürlichere Präsentation des Köders ergibt.

Tote Köderfische fangen dabei deutlich schlechter als ganz frische Fische, teils weil sie nicht so verlockend wirken, teils weil sie an die Oberfläche treiben und im schwimmenden Kraut verschwinden. Deshalb war ich dazu übergegangen, einen doppelten Hakensatz zu fischen, der aus einem Einzelhaken der Größe 6/0 bestand, der im Maul des Fisches plaziert wurde, um die Belastung beim Wurf abzufangen, sowie eine im Drilling Größe 8/0, der in einem Zipfel der Rückenflosse gehakt wurde. Plaziert man den Drilling in den Rücken oder Nacken des Köderfisches, stirbt er dagegen rasch.

Schon beim ersten Wurf erfolgte ein Biß, und nach kurzer Zeit konnte ich einen Fisch von 30 Kilo landen. Auch der nächste Wurf brachte ein Baby von 10 Kilogramm, aber dann war mehrere Stunden alles wie tot.

Mit der Zeit waren mir die frischen Köder ausgegangen. Und der Wind hatte kräftig aufgefrischt und hoch über der Schlucht türmten sich bleischwere Unwetterwolken zu bedrohlichen Formationen auf. Der Schwarm der Tigerfische war verschwunden und unter der pechschwarzen Wolkendecke wurde die Sicht im Wasser drastisch reduziert. Die einzige Möglichkeit, Köderfische zu bekommen, lag in einer Chubber-Pose, die ich entlang der Strömungskante eines ruhigeren Pools fischte. Nach einer Stunde konnte ich endlich den optimalen Köderfisch fangen. Ich wollte gerade auswerfen, da brach das Unwetter los. Der Regen hämmerte in fingerdicken Strichen herunter, und nach wenigen Minuten war die Schlucht »Devils Cauldron« in einen wirklichen Hexenkessel verwandelt. Nahezu wie Strophen in einer Totentanzmesse, aufgeführt in einem Dom aus Felsen und Wasser, fetzten gigantische Donnerschläge wieder und wieder auf die Schlucht herab. Triefnaß warf ich die Rute weg, lief die Felsen herunter und wollte unter meinem Regenponcho Deckung suchen. Zehn Meter vom Poncho entfernt rutschte ich quer über eine scharfe Felsenkante und Sekunden später lag ich mehr oder weniger gerädert im Trockenen und schaute direkt in die Mündung eines AK-47. Überrascht grinsend wegen meines wenig graziösen Eintritts und völlig überraschten Gesichtsausdrucks bewegte mein Rangerguide Canan das Kalaschnikow-Sturmgewehr in eine beruhigendere Position und zündete eine Zigarette an. Durch den Tabakqualm hindurch konnte ich gerade noch ein paar Blutflecken auf der Felsenkante erahnen, die in kurzer Zeit vom strömenden Regen weggewaschen wurden.

Eine Stunde, mehrere Zigaretten und noch mehr Räubergeschichten später, lösten sich die Wolken sowohl über als auch unter dem Poncho auf. Die Sonne schien von einem wolkenlosen Himmel. Sofort bereitete ich alles zum Fang weiterer Köderfische vor. Die Kassavapasta, die nun am ehesten an dünne Hafergrütze erinnerte, wurde mit Hilfe von etwas Maismehl vor dem nassen Tod gerettet. Kurze Zeit später war ich schon eifrig dabei, die Strömungskanten an einigen kleinen Pools nach Tigerfischen abzusuchen. Jedoch war alles wie tot und trotz einer Stunde intensiven Angelns konnte ich lediglich einen einzigen Syndontis-Wels fangen. Wegen seiner kräftigen Giftstacheln an den Kanten der Rücken- und Brustflossen ist dieser Fisch allerdings so ziemlich das letzte, in das ein Raubfisch seine Zähne schlagen möchte. Da die Kreatur damit begann, unartikulierte Zischlaute auszustoßen, die auch mit der Intuition eines Weichtieres als äußerst erbarmungswürdig gedeutet werden konnten, beschloß ich, ihn wieder zum Vorteil einiger eventuell noch unentdeckter Raubfischarten mit galvanisierten Darmwänden auszusetzen.

Schnell bereute ich jedoch, die Flossenstrahlen des Welses nicht abgeschnitten, und ihn den Nilbarschen grammweise vorgeworfen zu haben, die nun mit Hochdruck nur wenige Meter von den Felsen entfernt jagten. Von einem hohen Felsen aus konnte ich in einem ruhigen Pool an der Grenze zum schäumenden Wasser erahnen, wie Schwärme von Tigerfischen in wilder Panik auseinander stoben. Fortlaufend zerteilten Riesenschatten wie aquatische Sumoringer den Schwarm, und frustriert versuchte ich wieder und wieder, die mindestens ebenso frustrierten Fische an den Haken zu locken. Kein Wunder, daß sie an etwas anderes zu denken hatten als zu fressen. Zusammenfassend mußte ich einsehen, daß ich ein ziemliches Problem zu lösen hatte.

Die Nachmittagssonne brannte gnadenlos herunter und die feuchte Hitze war kaum noch zu ertragen. Einen guten Wurf weit stromab lag eine Gruppe Nilkrokodile mit offenem Maul und sahen fast so aus, als würden sie es genießen.

Mit einer leichten und fast resignierenden Kraftanstrengung senkte ich die Kassavapaste ins Wasser zwischen die Felsen zu meinen Füßen, und endlich glückte es mir, einen Tigerfisch von knapp 2 Kilogramm zu fangen. Der Fisch war etwas zu groß für einen Wurf mit der Rute, weshalb ich ihn mit den Händen in den Rückstrom hinter einige große Felsen warf.

Im gleichen Augenblick, als der Fisch die Oberfläche berührte, blinkte eine gigantische Breitseite von der Größe einer Tür ein paar Meter unter der Oberfläche auf. Mit ungeheurer Konzentration, die noch Minuten vorher undenkbar gewesen wäre, mendete ich die Schnur von treibenden Wasserhyazinthen frei und ließ den Köderfisch langsam an der Strömungskante zwischen Wasserfall und Rückströmung hinausschwimmen. Noch einmal konnte man ein diffuses Blinken sehen, und auf einen tonnenschweren Sog krümmte sich meine stabile 3 1/2 lbs-»Silurius«-Welsrute zum Halbkreis. Mit gewaltiger Geschwindigkeit schwamm der Fisch direkt auf mich zu. Es gelang mir gerade noch, die Schnur beim Aufkurbeln unter Spannung zu halten. Wie ein Fels stand der Fisch schließlich unverrückbar zu meinen Füßen fest. Die Sekunden wurden zu Stunden und nichts geschah. Und am gegenüberliegenden Ufer glitten ein paar Krokodile langsam ins Wasser.

Der Fisch stieg unendlich langsam zur Oberfläche. In Kaskaden von Wasser und treibenden Krautresten warf sich das Untier halb aus dem Wasser und bretterte mit freiem Kopf und Rücken den Felsen entlang. Nach wenigen Sekunden befand er sich mitten im wildesten Weißwasser und weit mehr als 100 Meter Schnur waren von der Rolle gelaufen.

Aufgrund der starken Strömung sah der Schnurbogen gelinde gesagt gefährlich aus. Erst als der Fisch etwa 50 Meter von der Stelle, an der ich ihn vermutet hatte, vollständig aus dem Wasser heraussprang, erkannte ich wirklich den Ernst der Situation. Große Mengen von treibendem Kraut aus dem Hauptstrom hingen in der Schnur und machten es unmöglich, direkten Kontakt mit dem Fisch zu erhalten, der immer wieder weiter und weiter stromauf aus dem Wasser sprang. Fiebernd löste ich die Bremse, um einen Schnurbruch zu vermeiden. Dadurch kämpfte sich der Fisch allerdings nur noch dichter an den Wasserfall heran. Der Schnurbogen wurde mit stromauf gezogen und näherte sich mit beunruhigender Geschwindigkeit der Spitze der Felsnase. Es blieb nichts anderes übrig, als ans äußerste Ende der Spitze zu gehen, bevor die Schnur über dem Stein durchgescheuert würde. Völlig auf mein Glück vertrauend kletterte ich mit einer Hand die steile Felskante entlang, während die Wellen der großen Strömungswirbel fortwährend meine Füße umspülten. Die Schnur spannte sich gerade über der Felskante, als ich sie im letzten Moment endlich frei bekam. Bruchteile einer Sekunde später unternahm der Fisch eine kraftvolle Flucht quer über den Devils Cauldron und schwamm dann wieder stromab. Nach 20 Minuten knochenhartem Kampf hatte ich den Fisch letztendlich wieder am eigenen Ufer. Langsam näherte er sich wieder dem Ausgangspunkt seiner Wasserfalleskapaden, wo er wieder felsenfest stand. Höchst beunruhigt durch den Gedanken, daß ich die mehr oder weniger lebensgefährliche Tour über die glatten Felsen noch einmal unternehmen sollte, legte ich einen steinharten Druck in Richtung Felsspitze auf den Fisch. Ich wollte das Untier zu einer Flucht in die entgegengesetzte Richtung und damit in ruhigeres Wasser provozieren. Die Taktik war erfolgreich und nach einigen wenigen Fluchten im Pool zeigte der Fisch ernsthafte Zeichen von Müdigkeit. Canan stand schon mit dem Gaff bereit und kletterte unter großen Anstrengungen zu einem Felsen hinunter, von dem aus er gerade das Wasser erreichen konnte, ohne zu große Gefahr zu laufen, hineinzurutschen. Konfrontiert mit zwei starrenden Augen so groß wie Mandarinen und einer Flanke in der Größe einer Rinderseite, fiel er beinahe hinten über vor Schreck, während er völlig überdreht eine Menge Gulu-Vokabeln unfaßbar schnell nacheineinander rief. Mehrere Male versuchte er, den Fisch ins Maul zu gaffen, aber wegen der großen Strömungswellen benötigte er einige Zeit, bis es ihm glückte. Schweißtriefend versuchte er, den Fisch aus dem Wasser zu heben, aber er war zu schwer. Schnell kam sein Freund Fred zu Hilfe und schließlich rutschte der Fisch halb aus dem Wasser heraus. Ich drückte auf den Freilauf meiner Multi, warf die Rute von mir und wollte helfen. Zu meinem Entsetzen sah ich, daß das Stahlgaff sich langsam aufbog. Weder Fred noch Canan hatten in ihrem Eifer die Katastrophe bemerkt, und panisch warf ich mich die Felsen herunter und konnte gerade noch den einen Kiemendeckel erwischen, als der Fisch vom Gaff glitt. Blitzschnell faßte Fred mein Hemd und bewahrte mich davor, mit dem Fisch im Wasser zu landen.

Mit einer großen Kraftanstrengung glückte es Fred und Canan, Fisch und Fischer in Sicherheit zu bringen. Die Ranger zweifelten nicht daran, daß dies der größte Fisch war, den sie jemals gesehen hatten und schätzten ihn auf 110 bis 120 Kilogramm. Seitdem habe ich Daten über Länge und Gewicht der Großfische gesammelt, die im Viktoria- und Albertsee mit dem Netz gefangen wurden. Auf Basis dieser Informationen ist es wohl etwas realistischer, daß der Fisch irgendwo zwischen 90 und 100 Kilogramm wog. Aber wer hat eigentlich Lust dazu, sich darüber

Der prächtige Nilbarsch wiegt etwa 100 Kilo.
▼

Sorgen zu machen? Auf jeden Fall war der Fisch groß genug, mir den Kick meines Lebens zu geben!

Der Nilbarsch ist einer der größten Süßwasserfische Afrikas und faszinierte über Jahrhunderte die Menschen und Fischer am Nil. Im alten Ägypten war der Nilbarsch ein hoch geachteter Fisch, der an gewissen Orten geradezu kultmäßig verehrt wurde. So hat man an vielen Stellen am Nil entlang mumifizierte Nilbarsche auf besonderen Grabplätzen gefunden. Heute ist der Fisch ohne Zweifel der beliebteste Sportfisch des schwarzen Kontinents und besitzt gleichzeitig eine enorme kommerzielle Bedeutung in seinem gesamten Verbreitungsgebiet. Ursprünglich fand man ihn von Natur aus nur stromab der Murchinson Fälle, im Albertsee, Turkana und Tschad sowie den Senegal-, Niger- und Kongo-Flußsystemen. 1955 setzte man den Nilbarsch im Lake Kyoga aus, von wo aus er sich im Laufe weniger Jahre bis zum Lake Victoria vorarbeitete. Der Fisch, der fast wie eine Kreuzung zwischen einem gigantischen Barsch und einem Monsterzander aussieht, kann eine imposante Größe erreichen. Berufsfischer fingen angeblich schon Fische bis zu 163 Kilo! Der offizielle Angelrekord in Uganda liegt jedoch im Moment bei 80,5 Kilogramm: Allerdings besteht kein Zweifel daran, daß größere Fische gefangen und nie gemeldet wurden.

Das Angelgerät bringt man auf jeden Fall selbst mit. Glauben Sie nicht, daß Sie in Afrika auch nur irgend etwas kaufen können. Aufgrund der großen Mengen treibenden Krautes im Nil ist das Spinnfischen nahezu ausgeschlossen. Auf den ruhigeren und hindernisfreien Strecken kommen Sie gut mit einer Rute mit durchgehender Aktion und einer Testkurve von 1 1/2 bis 2 1/2 lbs, einer stabilen Rolle und mindestens 200 Meter 12 bis 20 lbs tragender Schnur zurecht. Allerdings nur, wenn man mit kleinen Köderfischen angelt. Fischt man mit großen Ködern von 0,5 bis 1,5 Kilo in starker Strömung mit vielen scharfen Felsen und möchte eine reelle Chance haben, auch Fische über 50 oder 60 Kilo zu kontrollieren und zu landen, dann ist eine 3 1/2 lbs-Rute, eine Multi- oder große Stationärrolle mit Metallspule sowie mindestens 250 Meter 30 lbs-Leine vorzuziehen. An Angelplätzen mit extrem vielen Felsen können Schnüre bis zu 50 lbs nötig werden, um große Fische zu landen. Nehmen Sie Einzelhaken oder Drillinge in den Größen 5/0 bis 8/0 sowie ein Gaff mit. Das Angeln auf Köderfische funktioniert gut mit Haken der Größen 8 bis 2, 0,25er-Schnur sowie eventuell einigen Chubber-, Loafer- oder Avonposen.

Nilbarsche lassen sich das ganze Jahr über fangen. Jedoch fällt die beste Zeit wegen der geringeren Mengen zerdrückter Wasserhyazinthen in der Regel in die Trockenzeit (Juni bis August und Dezember bis Februar).

Die meisten Süßwasser-Riesenbarsche, inklusive dem Nilbarsch *(Lates niloticus)*, gehören der Snook-Familie *Centropomidae* an, wovon ein Großteil der Arten im Brackwasser lebt. Ein weiteres bekanntes Mitglied der Gattung Lates ist der australische »Barramundi« *(Lates calcarcifer)*, der fast genauso groß wie der Nilbarsch werden kann. Seine Verbreitung erstreckt sich vom zentral-südlichen Queensland bis zum Ashburton River im Süden. Große Exemplare werden allerdings immer seltener, und auch Fische über 20 oder 30 Kilo fängt man nicht jeden Tag. Eine weitere Barschfamilie mit Durchschlagskraft ist die *Percichthyidae*, zu der unter anderen auch der Murray-Cod *(Macccullochella maquariensis)* zählt, der in den Flüssen Murray und Darling im südlichen Australien lebt. Der Fisch soll einmal bis zu 130 Kilogramm schwer geworden sein, sein heutiges Maximalgewicht dürfte jedoch eher bei 73 Kilo liegen. Fische über rund 25 Kilo werden selten gefangen. Die größten Barsche findet man übrigens in der Meerbarschfamilie der *Serranidae*, wo einzelne Arten auf Stückgewichte bis zu 400 Kilogramm heranwachsen können!

21. Weitere Arten

Eigentlich existieren fast unbegrenzte Möglichkeiten, die wildesten Süßwasserfische zu fangen. Deshalb bin ich in diesem Kapitel aus Platzgründen nur auf einige wenige fesselnde Beispiele von Monsterfischen eingegangen, die bei den meisten von uns das Blut zum Kochen bringen. Als weitere Fischarten, die den Herzschlag in die Höhe jagen können, möchte ich folgende nennen: 1) Panzer- oder Alligatorhechte (am. »Alligator Gars«, Fam. *Lepisosteidae*) leben im Süß- und Brackwasser von Flüssen wie dem Mississippi, die in den Golf von Mexiko münden. Die größten Arten dieses sonderbaren Fisches, der eine Mischung aus Hornhecht, Hecht und Alligator sein könnte, erreichen Längen bis zu drei Meter! 2) Der Arapaima oder »Pirarucu« *(Arapaima gigas)*, der im gesamten tropischen Teil von Südamerika lebt, ist einer der größten beschuppten Süßwasserfische dieser Welt. Man erzählt, daß dieser Raubfisch vor der Zeit der Dynamitfischerei und generellen Überfischung oft Größen bis zu 4,5 Meter und 200 Kilogramm erreichen konnte. In unseren Tagen bringen es die Fische jedoch meist auf 2 bis 2,5 Meter. 3) Der Goliath-Tigerfisch *(Hydrocynus goliath)* aus dem Kongo. Er ist der ultimative Raubfisch mit Comicfilm-Zähnen in der Größe von Zeltheringen. Er wird bis zu 1,4 Meter lang und 35 bis 40 Kilo schwer. Gerüchte sprechen von Fischen bis zu 100 Kilogramm! Nach Zaire zu reisen, ist nicht mit einem Sonntagsspaziergang im Stadtpark zu vergleichen. Nehmen Sie eine schußsichere Weste und einen ordentlich ausgestatteten Erste-Hilfe-Koffer mit. 4) Last not least ist der Riesenaal, der unter anderem in Australien und Neuseeland lebt, einen Versuch wert. In Australien ist die größte Art der »Long finned Eel« *(Anguilla reinhardti)*, der bis zu 45 Kilogramm wiegen kann, Exemplare von 20 bis 25 Kilo sind überhaupt nichts Besonderes! Auf Neuseeland findet man auch Mega-Aale *(Anguilla dieffinbachii)* in Massen, aber nicht ganz so große. Aber auch diese Fische weisen doch solch eine Größe auf, daß ganze Lammherzen als Köder und 80 lbs-Stahlvorfächer völlig realistisch sind!

22. Specimen-Hunting im Jahr 2000

Nachdem man von all diesen ungeheuer spannenden Möglichkeiten gelesen hat, die sich rund um den Globus verteilen, kann man leicht zu etwas verführt werden: Nämlich den Rucksack zu packen und erst zehn Jahre später wieder zurück zu kommen, wenn man seine Abenteuerlust gestillt hat.

Selbst wenn wir in Nordeuropa vielleicht nicht die Fische mit natürlichem Köder fangen können, die Größen wie der Beluga oder ein Great White erreichen, sind doch die kleineren Fischarten mindestens genauso faszinierend und können doch mindestens so viel Freude beim Angeln bringen. Wurden Sie erst vom Specimen-Fieber ergriffen, wählen die interessantesten Techniken aus, setzen passendes Gerät ein und vergessen im übrigen nicht, jede Sekunde der Angeltour zu genießen – dann ist es völlig gleichgültig, ob das Ziel ein gedappter Döbel, eine mit der Pose gefischte Schleie oder ein auf die Langdistanz gefischter Riesenkarpfen ist. Die große Befriedigung, genau das zu fangen, was Sie wollten, ist immer das gleiche – egal ob im heimischen Moorteich oder in einem exotischen Traumgewässer auf der anderen Seite der Erdkugel. Hat man es auf die wirklich Großen abgesehen, wird man zwangsläufig viele Schneider-Touren erleben. Aber wer sagt denn, daß man unbedingt Ergebnisse vorweisen muß. Und was ist eigentlich ein Ergebnis? Läuft absolut nichts, gibt es als Ersatz mindestens so schöne Naturerlebnisse – oft sogar eindrucksvollere. Denn plötzlich finden Sie Zeit, sich umzuschauen, statt den Bißanzeiger zu beobachten oder Fische zu drillen.

Auch wenn man es auf Großfische abgesehen hat, gibt es gewisse Grenzen. Geht man langsam vor Kälte oder Einsamkeit zu Grunde, dann ist es wichtig, selbstkritisch zu sein und das Angeln zu beenden, bevor der Film reißt. Man braucht eine große Portion Selbstvertrauen, 14 Tage in Kälte und Regen ohne einen einzigen Biß zu sitzen und noch immer Vertrauen in den Angelplatz und die Taktik zu setzen. Besitzen Sie Nerven, Motivation und Kick genug, um diese Strecke zu überstehen, dann ist es gut – und Sie können sich bestimmt über große Fische im Kescher freuen. Fangen Sie allerdings an, sich unmotiviert zum Fischen zu fühlen und bleiben nur deshalb sitzen, weil Sie einen Fisch fangen wollen, der größer als die der anderen ist – dann lautet die Diagnose »krankhaftes Karpfenfieber« und Sie sollten nach Hause gehen. Ein weiteres Symptom dieses Fiebers sind Gerüchte, Intrigen und Neid. Halten Sie sich heraus und vergessen Sie es. Denn die Ursache für 99 Prozent aller negativen Gerüchte liegt in einfacher Mißgunst. Und sie verraten oft mehr über diejenigen, die sie verbreiten, als über die, um die sie sich drehen! Die Specimenfischerei ist das absolut schönste Hobby der Welt. Und wenn Sie vorhaben, es über viele Jahre auszuüben, dann sollten Sie nicht vergessen, daß man doch eigentlich fischt, um Freude zu erleben!

Es ist schwer zu sagen, wie sich die Gewässer und die Specimen-Szene nach dem Jahr 2000 entwickeln. In den letzten Jahren ist es immer populärer geworden, die gefangenen Großfische so schonend wie möglich zurückzusetzen. Und wenn diese positive Entwicklung anhält, gibt es vielleicht gute Aussichten für das nächste Jahrtausend – wenn vorher nicht Asphalt alle Gewässer überzieht! So schlecht sieht es aber vorläufig nicht aus. Bis auf weiteres scheint es eine gute Basis dafür zu geben, jeden einzelnen Kubikzentimeter kalter Nachtluft am Karpfensee in vollen Zügen zu genießen.

Grüße an Willy!

23. Literaturliste

Die in der Liste genannten Bücher und Veröffentlichungen waren in der einen oder anderen Weise und in sehr unterschiedlichem Umfang für meine Sicht der Specimenfischerei von Bedeutung.

Bachmeister, A. und **Larsen, K.**: »Lystfiskerens billedlexikon, Ferskvandsfisk«, Lademann, 1978, DK

Bailey, J. & Page, M. : »Carp, Quest for the Queen«, The Crowood Press, 1992 UK

Begon, M. et al: »Ecology«, Blackwell Scientific Publications, 1986, UK

Bojko, Z.: »Carp Rig Book«, Mainline Angling Products, 1993, UK

Broman, Z.: »Modernt Mete 1«, Vastra Sverige, 1979, S

Bursell, J.: »Moderne Medefiskeri«, Skarv/Höst & Sön's Forlag, 1989, DK

Clifford, K. & Arbery, L.: Beekay Publishers Ldt., 1984, UK

Cundiff, J.: »Succesfull Carp Fishing«, The Crowood Press, 1995, UK

Davies-Patrick, T.: »Big Fish in Foreign Waters«, Paisley-Wide Publishing Ltd.,1991, UK

Diverse Verfasser B.C.S.G.: »The fourth Carp Study Group Book«, B.C.S.G., 1983, UK

Esbensen, K.: »Karper«, Hunters House, 1994, DK

Gibbinson, J.: »Modern Specimenhunting«, Beekay Publishers Ltd., 1983, UK

Gibbinson, J.: »Carp Sense«, Beekay Publishers, UK

Gibbinson, J.: »Big Water Carp«, Beekay PublishersLtd., 1989

Hansen, J.P.: »Medefisker«, Skarv, 1981, DK

Hayes, M.: »Coarse Fishing«, The Crowood Press, 1995, UK

Hilton, J.: »Quest for Carp«, Pellham Books, 1972, UK

Holcik, J.: »The Freshwater Fishes of Europe«, Vol. 1, part II, AULA, 1989, G

Hutchinson, R.: »Carp Now and Then«, Beekay Publishers Ltd., 1990, UK

Hutchinson, R.: »The Carp Strikes Back«, Beekay Publishers Ltd., 1983, UK

Johanneson, P.-O.: »Svensk Karpefiske« Bokforlaget Settern, 1996, S

King, D.: »Modern Matchfishing«, Colin Dyson, 1987, UK

Frebs, J.R.: »An Introduction to Behavioural Ecology«, Blackwell Scientific Publications, 1987, UK

Lelek, A.: »The Freshwater Fishes of Europe«. Vol. 9, AULA, 1987, G

Leonard, L.: »Sturgeon Fishing«, Frank Amato Publications, 1987, USA

Little, A.: »My Passion for Carp«, Beekay Publishers, Ltd., 1992, USA

Maddocks, K.: »Carp Fever«, Beekay Publishers Ltd., 1981, UK

Maddocks, K.: »Catfish«, Beekay Publishers Ltd., 1990, UK

Maylin, R.: »Tiger Bay«, Beekay Publishers Ltd., 1988, UK

Maylin, R.: »Fox Pool«, Bountyhunters Publications, 1989, UK

Maylin, R.: »Carp«, Beekay Publishers, 1990, UK

Michaels, V.K.: »Carp Farming«, Fishing News Books,ltd., 1988, UK

Moss, B.: »Ecology of Freshwaters«, Blackwell Scientific Publications, 1988, UK

Murray, Dick: »Noget om Medefiskeri«, Lademann, 1975, DK

Muus, B.: »Danmarks Dyreverden« Bd.4 »Fisk«, Rosenkilde og Bagger, 1978, DK

Nash, K.: »Advanced Rig Book«, Castle Cary Press, 1988, UK

Nash, K.: »Kevin Nash Rig Book«, Castle Cary Press, 1987, UK

Nielsen, J.B.: »Biokemi«, Nyt Nordisk Forlag Arnold Busk, 1982, DK

Paisley, T.: »Carp Se «, Angling Publications, 1988, UK

Paisley, T.: »Big Carp«, The Crowood Press, 1990, UK

Synwoldt, v.K.: »Abenteuer Karpfenangeln«, Karpfenscene Verlag, 1995, G

Thomsen, W.: »Dansk Sportsfisker Leksikon«, Branner og Korch, 1976, DK

Turnbull, C.: »Success with Big Tench«, David & Charles, 1992, UK

Walton, I.: »Den fulkomne fisker«. Martins Forlag, 1981, DK

Winfield, Ian J.: »Cyprinid Fishes«, Chapman & Hall, 1991, UK

Yates, C.: »Casting at the Sun«, Pelham Books, 1986, UK

Zubay, G.: »Biochemestry«, MacMillan Publishing Company, 1988, USA

Empfehlenswerte Fachzeitschriften

»BIG CARP«, Bounty Hunter Publications, Rob Maylin, The Acorns, Woburn Close Flitwick, Bedfordshire, MK45 ITE, UK

»CARPFISHER«, Carp Society, Paul Selman, 33 Covert Road, Haynault, Ilford, Essex IG6 3AZ, UK

»CARPHUNTERS«, Hunters House, Kent Esbensen, Reinettevej 17, 2400 Kbh, DK, Tel.: (0045) 31-198015

»CARP WORLD«, Angling Publications Ltd., Tim Paisley, 272A London Roda, Sheffield S2 4NA, UK, Tel.: (0044) 114-2580812

»COARSE FISHERMAN«, Metrocrest Ltd., Simon Roff, Head Office, 67 Tyrell Street, Leicester, LE35SB, UK, Tel.: (0045) 116-2511277

»KARPFENSCENE«, Paul Parey Zeitschriftenverlag GmbH & Co. KG, Erich-Kästner-Straße 2, 56379 Singhofen, D, (02604) 978-0

Fotos: *Jens Bursell:* Titel und Rückseite, S. 12, 15, 16, 17, 21, 22, 24, 27, 30, 31, 36, 37, 39, 44, 47, 49, 68, 70, 77, 78, 82, 84, 87, 92, 105, 113, 122, 126, 132, 139, 144, 147, 151, 155, 164, 167, 170, 174, 176, 178, 183, 191, 200, 202, 222, 250, 264, 270, 275, 277, 284. *Frederik Stjärnkvist:* S. 194, 197, 211, 213. *Niklas Graberg:* S. 189, 205, 216, 220, 229, 248, 252. *Jesper Petersen:* S. 110. *Johnny Jensen:* S. 3, 232, 233, 244, 266. *Jörgen Larsson:* S. 7, 207, 234, 238, 241, 246. *Mads Grosell:* S. 56. *Tony Davies-Patrick:* S. 129, 157, 172, 226. *Thomas Petersen:* S. 135. *Guy de Restrepo:* S. 180. *Peter Grahn:* S. 224, 236. *Peter Kirkeby:* S. 255, 280. *Jesper Fohrman:* S. 258, 260. *Olivier Portrat:* S. 271, 274.

Vegetarisch all'italiana

KATIA VERONIO · CARMELO CALLEA

Vegetarisch all'italiana

Die schönsten Rezepte
aus der vegetarischen Küche Italiens

AT VERLAG

Zu den Rezepten

Im »La Monella« kochen wir in der Regel nicht exakt nach Rezepten mit feststehenden Mengen. Deshalb finden Sie in diesem Buch auch nicht immer ganz präzise Mengenangaben. Die Mengen für Öl zum Braten, für Butter und Mehl zum Fetten und für das Bemehlen von Formen beispielsweise ergeben sich beim Kochen von selbst. Auch bei vielen Gewürzen und einigen anderen Zutaten überlassen wir es gern Ihrer Intuition und Ihrem persönlichen Geschmack, wie viel Sie davon verwenden.

Alle Rezepte sind für vier Personen berechnet.

Inhalt

Herzlich willkommen im »La Monella«

Nach vielen Jahren in der Gastronomie wollten mein Mann Carmelo und ich keine Kompromisse mehr machen. So haben wir im Jahr 2009 unseren Traum wahr gemacht und ein vegetarisches italienisches Restaurant eröffnet. Wir kochen mit frischen und weitgehend regionalen Zutaten der Saison. Nichts ist schöner, als die ersten Erdbeeren im Frühjahr und die ersten Herbsttrüffel.

Viele Wochen haben wir in die Renovierung unseres »kleinen Frechdachses« – so die deutsche Übersetzung für »La Monella« – investiert und den Muff vergangener Jahrzehnte aus den Räumlichkeiten vertrieben. Es brauchte etwas Mut und Überzeugung, auf Fleischgerichte zu verzichten und ganz auf die vegetarische Küche zu setzen. Wir haben daraus gelernt, uns selbst treu zu bleiben. Das macht glücklicher und auf Dauer auch erfolgreich: Schon nach wenigen Monaten war das »La Monella« fast täglich ausgebucht, übrigens nicht nur von Vegetariern, und das ist bis heute so.

Unser Restaurant, in dem wir drei Viertel unserer Zeit verbringen, ist auch unser Zuhause. Deshalb haben wir uns einen Ort geschaffen, an dem sich auch unsere Gäste wohlfühlen und wir ihnen sinnliche Genüsse bieten können. Wir wollen ihnen nur mit solchen Gerichten eine Freude machen, die uns auch selbst erfreuen. Wir sind immer mit dem Herzen dabei und glauben, dass die Gäste – und nun auch Sie als Leser und Leserinnen unseres Kochbuchs – unsere Liebe und Überzeugung spüren. Und nicht zuletzt sind unsere Gerichte gar nicht kompliziert und auch zu Hause einfach nachzukochen.

Auch wenn ich Sie nur anhand dieses Buchs durch die Speisekarte unseres Restaurants begleite, fühlen Sie sich hoffentlich ein wenig wie unsere Gäste.

Katia Veronio

Antipasti
Vorspeisen

Involtini di melanzane mit Rucola, Provolone und getrockneten Tomaten

1 mittelgroße Aubergine
Mehl zum Wenden
Salz
frisch gemahlener schwarzer Pfeffer
Sonnenblumen- oder Olivenöl zum Braten
2 Handvoll Rucola
150 g Provolone
30 g getrocknete Tomaten in Olivenöl
Balsamico zum Beträufeln

Von »dolce« (mild) bis »piccante« (kräftig) reicht die Aromaintensität von Provolone, einem ursprünglich aus dem Süden stammenden, aber heute hauptsächlich im Norden Italiens produzierten Hartkäse. Süditalienische Käser brachten ihn in die fruchtbare Poebene, wo sie ihn nach traditionellem Rezept, aber in größerer Formenvielfalt weiterhin herstellen. In diesem Rezept rollen wir ihn zusammen mit Rucola und getrockneten Tomaten in Auberginenscheiben ein – eine Vorspeise mit Überraschungseffekt.

» Die Aubergine waschen und in 8 etwa 5 mm dünne Scheiben schneiden. Das Mehl mit Salz und Pfeffer mischen und die Auberginenscheiben darin wenden.

» Die Auberginenscheiben in reichlich Öl von beiden Seiten leicht braun braten. Dabei aufpassen, dass sie nicht zu dunkel werden, sie werden sonst zu trocken und lassen sich schlecht rollen. Herausnehmen, auf Küchenpapier abtropfen lassen und gründlich trocken tupfen.

» Den Rucola waschen und trocken schütteln. Den Provolone in 8 lange, dicke Streifen schneiden. Die getrockneten Tomaten mit Küchenpapier etwas trocken tupfen und längs in dünne Streifen schneiden.

» Die Auberginenscheiben ausbreiten und auf jede Scheibe etwas Rucola, einige Tomatenstreifen und 1 Provolonestreifen geben. Zu Röllchen einrollen und mit der Naht nach unten auf 4 Teller legen. Nach Belieben mit etwas Balsamico beträufeln.

Unser Tipp: Die Röllchen anstelle des Provolone mit der gleichen Menge Gorgonzola füllen und warm servieren. Schmeckt ebenfalls sehr gut.

Champignon-Pfanne mit Rosmarin und Knoblauch

300 g Champignons
Olivenöl zum Braten und etwas zum Beträufeln
1 Knoblauchzehe
2 Rosmarinzweige
Salz

» Die Champignons putzen und je nach Größe vierteln oder halbieren.

» Olivenöl in einer Pfanne erhitzen und die ungeschälte Knoblauchzehe zusammen mit 1 Rosmarinzweig darin kurz anbraten. Knoblauch und Rosmarin herausnehmen.

» Die Champignons in die Pfanne geben, salzen und kräftig braten. Sie sollen schön knusprig braun werden. Etwas Olivenöl darüber träufeln und mit den abgezupften Blättern des zweiten Rosmarinzweigs würzen.

Champignons, Knoblauch, Rosmarin: Mehr braucht man nicht für eine appetitliche und einfach zuzubereitende Vorspeise. Das gilt auch für den gebratenen Apfel (siehe nächstes Rezept), der mit würzigem Ziegenkäse überraschend gut harmoniert.

Gebratener Apfel mit Ziegenkäse und Beeren

2 säuerliche Äpfel
Mehl zum Wenden
Sonnenblumenöl zum Braten
6–8 Scheiben Ziegenfrischkäse (100 g)
Beeren der Saison oder andere Früchte
einige Minzeblätter zum Garnieren

» Die Äpfel schälen und in etwa 2 cm dicke Scheiben schneiden. Die Kerngehäuse ausstechen. Die Apfelscheiben in Mehl wenden.

» Das Sonnenblumenöl in einer Pfanne erhitzen und die Apfelscheiben darin von beiden Seiten weich braten, bis sie etwas Farbe annehmen.

» Aus der Pfanne nehmen und mit Küchenpapier abtupfen. Auf jede Apfelscheibe eine etwa 2 cm dicke Scheibe Ziegenkäse legen. Jede Scheibe mit Beeren oder anderen Früchten der Saison und jeweils 1 Minzeblatt garnieren.

Ein Tag im »La Monella«

Am Morgen in unser Restaurant zu kommen, ist immer wieder ein besonderer Moment. Noch ist die Bühne leer, die Küche kalt und das Geschirr steht sauber und glänzend im Regal. Nach dem obligatorischen Espresso, ohne den wir unsere Arbeit nicht beginnen können, planen wir den Tag, sprich die Tageskarte. Wir haben eine überschaubare feste Karte, aber der überwiegende Teil der Gerichte findet sich auf der Tageskarte und wird wöchentlich oder manchmal sogar täglich neu gestaltet.

Genauso wie man privat über den Markt geht und schaut, was besonders gut und frisch aussieht, machen wir es auch fürs »La Monella«. Die kulinarischen Schätze, die Carmelo von dort mitbringt, sind oft eine Inspiration für unser Angebot. Gemeinsam überlegen wir dann, welche unserer Gerichte wir aus den eingekauften Mangos, Auberginen, Nüssen und Fenchel zubereiten können. Und gar nicht selten fallen uns dabei neue Varianten zu Gerichten ein, die wir schon häufig auf der Karte hatten. Das ist einerseits aufwendiger, als für eine längere Zeit im Voraus zu planen, macht uns andererseits aber auch flexibel, denn wir können das wechselnde Angebot auf den Märkten nutzen. Wenn der Sommer einmal wieder nicht so richtig in die Gänge kommen will, weichen die typischen Sommergerichte eben solchen, die man an kühleren Tagen gern genießt. Umgekehrt freuen wir uns im Frühling wie verrückt über einen frühen Hitzeeinbruch, den wir zum Beispiel mit einem erfrischenden Espresso-Parfait feiern. Oder es ist eine Lieferung von besonders schönen reifen Feigen oder duftenden Steinpilzen auf dem Großmarkt angekommen, dann greifen wir natürlich zu und setzen gebratene Feigen in Pfeffersauce oder ein Pilzgericht auf die Karte.

Die »Standardgerichte« wie Salate, Pasta und Risotto variieren wir je nach Saison. Sehr beliebt sind beispielsweise unsere Salate mit Erdbeeren oder Mangos sowie Pilzgerichte. Grundrezepte wie Tomatensauce oder Pastateig werden jeden Tag frisch zubereitet. Tagliatelle, Tagliolini und Ravioli schmecken frisch am besten und benötigen eine so kurze Kochzeit, dass Carmelo sie auf Bestellung zubereiten kann.

Bevor wir unser Restaurant eröffnet haben, war uns nicht klar, wie zeitaufwendig eine vegetarische Küche ist. Bestimmt hat jeder schon einmal die Erfahrung gemacht, dass man für Gäste nur ein paar Salate vorbereiten wollte und das Putzen und Schnibbeln viel länger gedauert hat als angenommen.

Vormittags bereitet Carmelo den Mittagstisch vor, trifft gleichzeitig Vorbereitungen für den Abend und füllt die Vorspeisenvitrine mit vielen kleinen Leckereien auf.

Unser Mittagstisch wird von vielen Stammkunden besucht. Einige wollen zunächst eines der günstigen Mittagstisch-Gerichte bestellen, werden dann aber doch von frischer Pasta mit Steinpilzen verführt. Immer wieder nehmen sie sich vor, beim nächsten Mal aber das günstige Gericht zu wählen.

Um drei Uhr nachmittags schließen wir. Dann essen wir selbst, erledigen Termine, kaufen vielleicht noch etwas ein, bevor wir normalerweise um fünf Uhr wieder ins Restaurant zurückkehren. Für die Außer-Haus-Bestellungen werden jetzt die Platten vorbereitet. Ab sechs Uhr haben wir wieder geöffnet.

Dann wird es bald trubelig im Restaurant. Ein Gast nach dem anderen trifft ein. Ich freue mich über jeden und liebe es, jedem den Abend so schön wie möglich zu gestalten. Wenn die letzten Gäste nach Hause gegangen sind, machen wir »klar Schiff« für den nächsten Tag.

Marinierte Möhren mit Schnittlauch

500 g Möhren
½ Bund Schnittlauch
4 EL Olivenöl
1 EL Balsamico
1 TL Honig
Salz und frisch gemahlener schwarzer Pfeffer

» Die Möhren putzen, schälen und schräg in Scheiben schneiden. In Salzwasser etwa 10 Minuten weich kochen.

» Für das Dressing den Schnittlauch waschen und in Röllchen schneiden (einige Stängel zum Garnieren zurücklegen). Mit Öl, Balsamico, Honig, Salz und Pfeffer mischen.

» Die gegarten Möhren noch warm mit dem Dressing mischen. Zugedeckt im Kühlschrank einige Stunden ziehen lassen. Mit Schnittlauch garniert servieren.

Sehr einfach, aber wirkungsvoll: Die marinierten Möhren machen sich mit ihrer kräftigen Farbe auf jeder Vorspeisenplatte gut. Auch deshalb haben wir sie fast immer in unserer Vorspeisenvitrine. Die Zucchini mit Pinienkernen und Rosinen muten fast orientalisch an – und tatsächlich gibt es in der süditalienischen Küche Einflüsse aus dem nahe liegenden Nordafrika.

Gebratene Zucchini mit Pinienkernen und Rosinen

3 mittelgroße Zucchini
50 g Rosinen
50 g Pinienkerne
Olivenöl zum Rösten
Salz und frisch gemahlener schwarzer Pfeffer
Curry

» Die Zucchini waschen und längs in sehr feine Streifen schneiden. Dabei nur die äußere Schicht verwenden, sodass die Streifen aus möglichst viel Schale bestehen. Das übrig bleibende Zucchinifruchtfleisch für eine andere Zubereitung verwenden, zum Beispiel für eine Gemüsebrühe.

» Die Zucchinistreifen mit den Rosinen und Pinienkernen einige Minuten in Olivenöl rösten. Mit Salz, Pfeffer und Curry würzen.

Frittierte rote Spitzpaprika in Cherrytomatensauce

500 g rote Spitzpaprika
500 g Cherrytomaten
Olivenöl
1 Knoblauchzehe
frisch gemahlener Pfeffer
Salz

Dieses einfache Gericht erinnert mich an meine Kindheit. Meine Familie lebte damals zeitweise vom Tabakanbau, und damit wir es nicht weit zu den Feldern hatten, wohnten wir zusammen mit drei anderen Familien auf einer »masseria«, einem Gehöft. Häufig, wenn die ganze Mannschaft nach einem langen Arbeitstag hungrig nach Hause kam, zog uns der hinreißende Duft dieses Gerichts wie ein Magnet an den großen Tisch, der – wann immer es ging – im Freien stand. Und dann genossen wir alle mit großem Appetit und eingeweichter »friselle«, einem apulischen Brot aus Hartweizen und Gerste, diese köstliche Speise.

» Die Paprika waschen. Die Tomaten waschen und größere Exemplare halbieren.

» Reichlich Olivenöl in einer beschichteten Pfanne erhitzen. Die Knoblauchzehe schälen und halbieren. Die Paprika mit dem Knoblauch im Olivenöl etwa 20 Minuten kräftig von allen Seiten braten, bis sie weich sind. Dann die Cherrytomaten dazugeben und einige Minuten einkochen lassen. Mit Pfeffer und Salz abschmecken.

Unser Tipp: Friselle bekommt man im italienischen Feinkostgeschäft, aber mit einem selbst gebackenen Weißbrot (Rezept Seite 148) schmeckt diese Vorspeise mindestens ebenso gut.

Gefüllte Zucchini mit Frischkäse und buntem Gemüse

1 Zucchini (etwa 350 g)
etwas Mehl
Olivenöl zum Braten und Verfeinern
1 Möhre
½ rote Paprika
½ gelbe Paprika
3–4 Lauchzwiebeln
einige Schnittlauchstängel
einige Zweige frische Kräuter (Thymian, Salbei, Rosmarin)
100 g Frischkäse
Salz und frisch gemahlener schwarzer Pfeffer

» Die Zucchini waschen und in 2–3 cm dicke Scheiben schneiden. Die Zucchinischeiben mit einem Melonenausstecher aushöhlen, dabei einen Boden stehen lassen.

» Das Mehl in eine kleine Schüssel geben und die Zucchinischeiben darin wälzen. In Olivenöl von beiden Seiten braun braten. Dann abkühlen lassen.

» In der Zwischenzeit die Füllung vorbereiten. Dafür die Möhre schälen. Die Paprika waschen, halbieren, Samen und Trennwände entfernen. Die Lauchzwiebeln putzen und waschen. Möhren, Paprika und Lauchzwiebeln in sehr feine Würfel schneiden. Den Schnittlauch waschen und in Röllchen schneiden. Die Kräuter von den Zweigen streifen und hacken.

» Die Gemüsewürfel und die frischen Kräuter (einen Teil zum Bestreuen zurückbehalten) mit Frischkäse, Salz, Pfeffer und einem Schuss Olivenöl mischen. Die Füllung großzügig in die Zucchiniröllchen füllen. Mit gehackten Kräutern bestreuen.

Unsere Tipps: Wählen Sie nicht zu große Zucchini, denn die kleinen schmecken einfach besser. Die großen bekommen eine harte Schale und sind für diese Zubereitungsart sowieso überdimensioniert.

Radicchio wird nördlich der Alpen meistens als Salat oder als Garnitur auf dem Teller verwendet. Wegen seiner leicht bitteren Note schmeckt er aber auch gedünstet oder gebraten sehr gut, genau wie Chicorée, mit dem er verwandt ist. Für diese Vorspeise dünsten wir ihn in etwas Olivenöl im Ofen. Zum dunkelroten Radicchio gibt es dann eine wunderschön gelbe Sauce.

Radicchio in Walnuss-Gorgonzola-Kurkuma-Sauce

2 längliche Radicchio
Olivenöl für die Form und zum Beträufeln

Für die Sauce:
50–80 g Walnüsse
2 EL Butter
250 g Sahne
75–100 g Gorgonzola
½ EL Kurkuma
Salz
frisch gemahlener schwarzer Pfeffer

» Den Ofen auf 200 Grad vorheizen. Die Radicchio waschen, vierteln und den Strunk herausschneiden. Ein Backblech oder eine ofenfeste Form mit Olivenöl fetten, die Radicchioviertel hineinlegen und mit Olivenöl beträufeln. Im vorgeheizten Ofen 20–25 Minuten backen.

» Für die Sauce die Walnüsse halbieren und in der Butter einige Minuten rösten. Dann die Sahne dazugießen, den Gorgonzola zerbröckeln und darin schmelzen lassen. Die Sahne etwas einkochen lassen. Zum Schluss mit Kurkuma, Salz und Pfeffer würzen.

» Den Radicchio aus dem Ofen nehmen und die Sauce darüber geben.

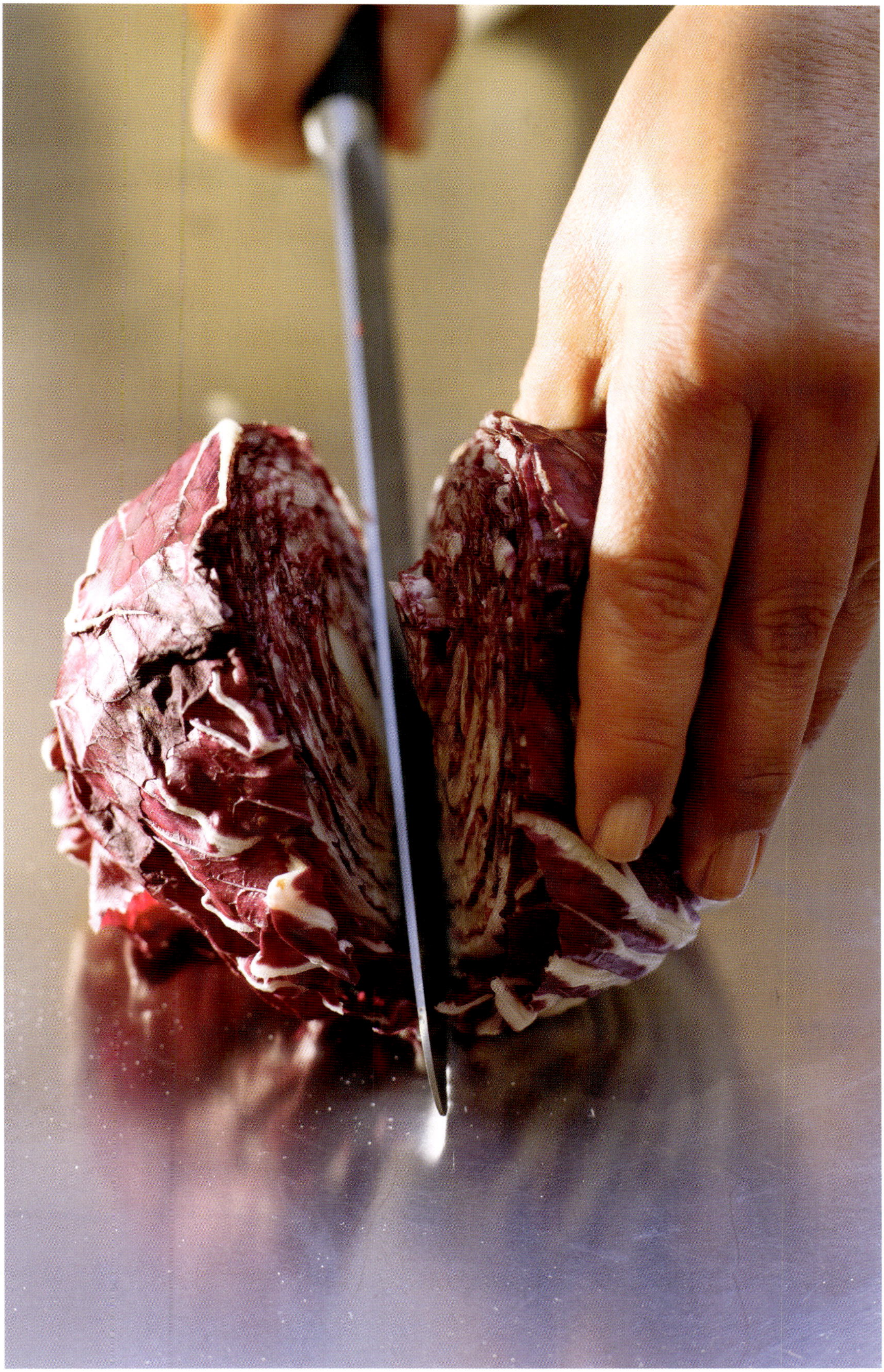

Schalotten, die feinen Schwestern der Zwiebeln, haben eine süße Note, sind dabei aber auch würzig. Karamellisiert und mit Balsamico eingekocht werden sie pikant, sind süß und sauer zugleich und auf einer Vorspeisenplatte ein tolles Pendant zu milderen Zubereitungen.

Karamellisierte Balsamico-Schalotten

500 g Schalotten
Olivenöl zum Braten
3–4 EL brauner Zucker
200 ml Balsamico

» Die Schalotten schälen und in Olivenöl von allen Seiten 15–20 Minuten sanft braten, bis sie weich sind.

» Den Zucker dazugeben und die Schalotten bei mittlerer Hitze damit karamellisieren. Dann den Balsamico dazugießen und etwa 15 Minuten einkochen lassen.

Unser Tipp: Die Hälfte des Balsamicos durch einen guten Rotwein ersetzen – das Ergebnis ist wunderbar fruchtig.

Gebackener Kürbis mit karamellisierten Nüssen und Ingwer

300 g Hokkaidokürbis
Olivenöl zum Braten und Beträufeln
Salz
½ Knoblauchzehe
30 g Nüsse und Samen (Pistazien, Pinienkerne, Walnüsse, Mandeln)
½ TL Ingwer
1 Prise getrocknete Chili
1 EL Zucker

» Den Ofen auf 200 Grad vorheizen. Den Kürbis in schmale Spalten schneiden, aber nicht schälen. Die Kürbisspalten von beiden Seiten in Olivenöl anbraten, bis sie leicht gebräunt sind. Salzen und im vorgeheizten Ofen 10–15 Minuten backen, bis die Spalten weich sind.

» In der Zwischenzeit den Knoblauch schälen und mit den Nüssen und Samen grob hacken. Den Ingwer hacken, mit dem Chili mischen und mit den gehackten Nüssen und Samen in etwas Olivenöl anbraten. Dann mit dem Zucker bei mittlerer Hitze karamellisieren.

» Die Kürbisspalten aus dem Ofen nehmen und mit der Knuspernussmischung bestreuen. Etwas Olivenöl darüber träufeln.

Hokkaidokürbis gibt es nahezu ganzjährig zu kaufen. Der aromatische, festfleischige Kürbis ist so vielseitig, dass wir ihn sehr gern verwenden. Im Gegensatz zu anderen Kürbissorten kann man sogar die Schale mitverarbeiten. Hier werden die gebratenen und gebackenen Kürbisspalten mit einer süßen, leicht scharfen Knuspernussmischung kombiniert.

Birnen der Sorte Abate sind besonders süß und saftig. Mit ihrem schnittfesten Fruchtfleisch, das nach dem Braten noch fest und kompakt ist, sind sie für diese Zubereitung gut geeignet, denn die Birnenhälften sollen ja mit Messer und Gabel gegessen werden können.

Abate-Birne mit Gorgonzola und Heidelbeersauce

4 Abate-Birnen
etwas Olivenöl für das Backblech und zum Braten
100 g Gorgonzola
100 g frische Heidelbeeren

» Den Ofen auf 220 Grad vorheizen. Die Birnen schälen und halbieren. Die Kerngehäuse herausschneiden. Ein Backblech fetten, die Birnenhälften daraufsetzen und im vorgeheizten Ofen etwa 10 Minuten backen, bis sie weich sind.

» Den Gorgonzola in grobe Würfel schneiden. Die Birnenhälften aus dem Ofen nehmen und mit den Gorgonzolawürfeln füllen. Wieder einige Minuten in den Ofen geben, bis der Käse geschmolzen ist.

» In der Zwischenzeit die Heidelbeeren in wenig Olivenöl anbraten. Wenig Wasser dazugeben und leicht einkochen lassen, bis eine sämige Sauce entstanden ist.

» Die Birnen aus dem Ofen nehmen, auf 4 Dessertteller verteilen und mit der Heidelbeersauce beträufelt servieren.

Unser Tipp: Servieren Sie im Sommer statt der Heidelbeersauce frische Früchte dazu. Erdbeeren passen beispielsweise sehr gut. Und im Winter machen sich (geröstete) Walnüsse gut zur Birne.

Gefüllte Champignons
mit Petersilie und Knoblauch

½ Bund Petersilie
½–1 Knoblauchzehe
50 g Parmesan
50 g Paniermehl
50 ml Weißwein
Salz
16 mittelgroße Champignons
Öl für das Backblech
etwas grobe Semmelbrösel

» Die Petersilie waschen und die Blätter von den Stängeln zupfen. Den Knoblauch schälen und grob hacken. Den Parmesan reiben. Petersilie, Knoblauch, Parmesan, Paniermehl, Weißwein und Salz zusammen sehr fein pürieren.

» Den Ofen auf 220 Grad vorheizen. Die Champignons putzen und die Stiele entfernen. Die Petersilie-Parmesan-Masse großzügig in die Champignons füllen und festdrücken.

» Ein Backblech mit Öl fetten und die Champignons darauf verteilen. Im vorgeheizten Ofen etwa 5 Minuten backen. Dann die Semmelbrösel darüber streuen und noch einmal 5 Minuten backen.

Unser Tipp: Knoblauch ist immer Geschmackssache, variieren Sie die Knoblauchmenge daher nach Ihrer persönlichen Vorliebe.

Dieses Vorspeisenrezept verdanken wir Patrizia, die eine Zeit lang in der Küche vom »La Monella« gearbeitet hat. Es stammt aus ihrer römischen Heimat und ist in seiner Einfachheit typisch für die dortige Küche. Es ist schnell gemacht und sehr lecker.

Crostini di polenta mit gegrillten Pilzen und Kräutern

Salz
300 g Polenta
300 g gemischte Pilze (Kräuterseitlinge, Champignons, Shiitake)
einige Petersilienstängel
2 Oreganostängel
1 Rosmarinzweig
½ Zitrone, unbehandelt
3–4 EL Olivenöl und reichlich zum Frittieren
1 EL Balsamico
frisch gemahlener schwarzer Pfeffer
Salz
Mehl zum Wenden

» 1¼ l Wasser mit Salz zum Kochen bringen. Die Polenta einrühren, kurz aufkochen und 10 Minuten bei schwacher Hitze quellen lassen. Dann den Maisbrei in eine flache Form gießen, sodass er etwa 1½ cm dick ist, glatt streichen und abkühlen lassen.

» In der Zwischenzeit die Pilze putzen und in Scheiben schneiden. In einer Grillpfanne von beiden Seiten grillen und herausnehmen. Die Petersilie waschen und fein hacken. Oregano- und Rosmarinblätter von den Zweigen zupfen. Von der Zitrone die Schale in Zesten abschälen. Kräuter und Zitronenzesten mit Olivenöl, Balsamico, Pfeffer und Salz mischen, dann die Pilze darunterheben.

» Aus der abgekühlten Polenta etwa 5 cm große Quadrate schneiden (ergibt etwa 12 Stück). In Mehl wenden und in reichlich Olivenöl frittieren. Die marinierten Pilze auf die Polentaquadrate verteilen.

Suppen
Zuppe

Grüne Spargelcremesuppe
mit Mozzarella-Spargel-Crostini

500 g grüner Spargel
Salz
5 EL Butter
250 g Sahne
frisch gemahlener schwarzer Pfeffer

Für die Crostini:

4 Scheiben Weißbrot (siehe Brotteig Seite 148)
2 kleine Mozzarellakugeln

Unsere Version der Spargelcremesuppe ist kräftiger im Geschmack und viel italienischer als die mit weißem Spargel, denn der ist in Italien eher eine Seltenheit.

» Den Spargel waschen und das untere Drittel schälen, die harten Enden abschneiden. Reichlich Wasser in einem großen Topf zum Kochen bringen. Salzen und den Spargel darin bei mittlerer Hitze 10–12 Minuten zugedeckt kochen, bis er gar, aber noch etwas knackig ist. Anschließend in Eiswasser abschrecken, damit er seine Farbe behält. Den Spargel grob hacken, 8 Spargelköpfe beiseitelegen. Den Spargelsud aufbewahren.

» Die Butter in dem Topf zerlassen. Den Spargel darin einige Minuten anbraten, salzen und etwa 500 ml Spargelsud dazugießen. Kurz einkochen lassen, dann die Sahne dazugeben, mit Pfeffer würzen und wenige Minuten einkochen lassen. Den Ofen auf 180 Grad vorheizen.

» In der Zwischenzeit die Weißbrotscheiben mit jeweils ½ Mozzarellakugel belegen und im vorgeheizten Ofen 5–10 Minuten rösten. Dann jede Brotscheibe mit 2 Spargelköpfen garnieren. Den übrigen Spargel pürieren, durch ein Sieb in die Spargelsud-Sahne-Mischung passieren.

» Die Spargelsuppe auf 4 Teller verteilen, jeweils 1 Crostini darauf setzen und sofort servieren.

Unser Tipp: Wenn Sie wilden Spargel bekommen können, wie er vor allem in Carmelos und meiner süditalienischen Heimat wächst, probieren Sie das Rezept damit

Für heiße Sommertage genau das Richtige, besonders, wenn die Suppe direkt aus dem Kühlschrank kommt. Dann passen auch Melonenkugeln dazu, die die Suppe noch erfrischender machen. Man kann sie aber natürlich auch erwärmen und – je nach Lieblingsfarbe – mit roten oder orangefarbenen Paprika zubereiten. Von grünen Paprika raten wir jedoch ab, denn denen fehlt die Süße.

Kalte gelbe Paprikasuppe

6 gelbe Paprika
1 Zwiebel
250 ml Gemüsebrühe
100 g Crème fraîche
Salz
frisch gemahlener schwarzer Pfeffer
2 EL Olivenöl

Zum Garnieren:

½ rote Paprika
Olivenöl zum Braten
50 g Crème fraîche
4 Thymianzweige

» Den Ofen auf 220 Grad vorheizen. Die Paprika waschen, halbieren und Samen und Scheidewände entfernen. Die Zwiebel schälen und in Ringe schneiden. Die Paprikahälften mit der Schnittfläche nach unten auf ein Backblech legen, die Zwiebelringe um die Paprikahälften verteilen. Im vorgeheizten Ofen etwa 20 Minuten backen, bis die Haut der Paprika schwarze Blasen wirft. Herausnehmen, in einen Frischhaltebeutel geben, Beutel verschließen und Paprika darin abkühlen lassen. Dann die Haut von den Paprika abziehen.

» Paprika und Zwiebelringe zusammen pürieren. Gemüsebrühe und Crème fraîche dazugeben. Mit Salz und Pfeffer würzen. Die Suppe kurz aufkochen, dann das Olivenöl unterrühren. Durch ein Sieb passieren und abkühlen lassen.

» In der Zwischenzeit für die Garnitur aus der roten Paprika Samen und Scheidewände entfernen und das Fruchtfleisch in feine Streifen schneiden. In Olivenöl weich braten.

» Die Suppe auf 4 Teller verteilen, mit den Paprikastreifen, Crème fraîche und den Thymianzweigen garnieren.

Tomatencremesuppe mit Auberginen-Mozzarella-Crostini

2 Zwiebeln
1 Knoblauchzehe
1 kg frische Tomaten
oder 800 g Dosentomaten
Olivenöl zum Braten
100 g Sahne
einige frische Basilikumstängel
2 frische Oreganostängel
Salz
frisch gemahlener schwarzer Pfeffer

Für die Crostini:
4 kleine Auberginenscheiben
Olivenöl zum Bepinseln und Beträufeln
4 Scheiben Weißbrot (siehe Brotteig Seite 148)
4 Scheiben Büffelmozzarella
frisch gemahlener schwarzer Pfeffer

» Zwiebeln und Knoblauch schälen und fein hacken. Die frischen Tomaten waschen und in Würfel schneiden. Zwiebeln und Knoblauch in einem großen Topf in Olivenöl leicht anbraten. Dann die Tomatenwürfel dazugeben. Bei mittlerer Hitze etwa 45 Minuten leise köcheln lassen.

» Die Sahne dazugeben. Basilikum- und Oreganoblätter von den Stängeln zupfen (4 Basilikumblätter beiseitelegen), mit Salz und Pfeffer in die Suppe geben. Die Suppe pürieren und durch ein Sieb passieren.

» Für die Crostini den Ofen auf 180 Grad vorheizen. Die Auberginenscheiben von beiden Seiten mit etwas Olivenöl bepinseln, auf ein mit Backpapier belegtes Backblech legen und im vorgeheizten Ofen 20 Minuten backen, in den letzten Minuten die Weißbrotscheiben in den Ofen legen und von beiden Seiten rösten. Jede Brotscheibe mit 1 Auberginenscheibe, 1 Scheibe Büffelmozzarella und 1 Basilikumblatt belegen.

» Die Suppe auf 4 Teller verteilen und jeweils 1 Crostini auf die Suppe setzen. Mit einigen Tropfen Olivenöl und etwas Pfeffer garnieren und sofort servieren.

Unser Tipp: Wenn Sie frische Tomaten verwenden, dann die aromatischsten, die Sie bekommen können! Im Zweifel lieber auf Dosentomaten zurückgreifen, denn die kommen reif und damit aromareich in die Dose.

Wir geben mit einem Auberginen-Mozzarella-Crostini noch ein knuspriges Highlight auf diese Suppe. Wenn Ihnen das zu viel Mühe macht: Sie schmeckt natürlich auch ohne, zum Beispiel mit ein paar Basilikumblättern garniert.

Kartoffel-Lauchzwiebel-Suppe mit Croûtons

1 Bund Lauchzwiebeln
8 Kartoffeln
Olivenöl zum Braten
Salz
frisch gemahlener schwarzer Pfeffer
1 l Gemüsebrühe

Für die Croûtons:

30 g altbackenes Brot
1 EL Butter
Kräutersalz

» Die Lauchzwiebeln putzen, waschen und in Ringe schneiden. Die Kartoffeln schälen und in grobe Würfel schneiden. Die Lauchzwiebeln einige Minuten in Olivenöl anbraten, bis sie weich sind. Dann die Kartoffeln dazugeben und kurz mitbraten. Salzen, pfeffern, die Brühe dazugeben und etwa 20 Minuten leise köcheln lassen.

» In der Zwischenzeit für die Croûtons das Brot in Würfel schneiden und mit Butter in einer Pfanne rösten. Mit Kräutersalz würzen.

» Die Suppe gründlich pürieren und mit den Croûtons und mit Pfeffer bestreut servieren.

Unser Tipp: Aus dieser schnellen Suppe wird eine echte Blitzsuppe, wenn man gekochte (Pell-)Kartoffeln verwendet.

Der erdige Geschmack der Roten Bete, weich umhüllt von süßer Sahne, ist eine gelungene Geschmackskombination, die – pinkfarben wie sie ist – richtig Aufsehen erregt. Dazu kommt als i-Tüpfelchen ein knuspriges Crostini mit kräftigem Ziegenkäse. Natürlich kann man es auch weglassen, dann fehlt aber etwas.

Rote-Bete-Cremesuppe
mit Ziegenkäse-Crostini

750 g Rote Bete
Salz
300 g Sahne
frisch gemahlener schwarzer Pfeffer

Für die Crostini:

4 Scheiben Weißbrot (siehe Brotteig Seite 148)
4 Scheiben Ziegenkäserolle
Mehl zum Wenden
Olivenöl zum Braten

» Die Rote Bete schälen, in Würfel schneiden und in etwa 800 ml Salzwasser weich kochen. Dann mit der Kochflüssigkeit pürieren. Die Sahne dazugeben und einige Minuten einkochen lassen. Mit Pfeffer abschmecken.

» Für die Crostini den Ofen auf 180 Grad vorheizen. Die Weißbrotscheiben im vorgeheizten Ofen 10 Minuten rösten. In der Zwischenzeit die Ziegenkäsescheiben in Mehl wenden und in reichlich Olivenöl von beiden Seiten braten. Die Käsescheiben auf die Brotscheiben legen.

» Die Suppe auf 4 Teller verteilen und jeweils 1 Crostini auf die Suppe setzen. Sofort servieren.

Weiße Bohnensuppe

Diese Suppe ist ein italienischer Klassiker, für den es viele Rezeptvarianten gibt. Wir machen ihn mit ganzen Bohnen. Viele Rezepte sehen vor, einen Teil der Bohnen zu pürieren. Das macht die Suppe sämiger – probieren Sie aus, was Ihnen besser gefällt. Oft wird das Brot zuerst in die Teller gelegt, um es mit der Suppe zu tränken, wir reichen es lieber knusprig getoastet dazu.

300 g getrocknete weiße Bohnen (Cannellini)
1 Kartoffel
2 Möhren
einige Lauchblätter
1 Zwiebel
Olivenöl zum Braten
1 Selleriestange
½ Bund Petersilie
etwas Gemüsebrühe nach Belieben
Salz
frisch gemahlener schwarzer Pfeffer
4 Scheiben Weißbrot

» Die Bohnen über Nacht in reichlich Wasser einweichen. Am nächsten Tag Kartoffel und Möhren schälen und die Lauchblätter waschen. Die Kartoffel, 1 Möhre und die Lauchblätter mit den Bohnen in 750 ml frischem Wasser aufsetzen und etwa 1½ Stunden kochen.

» In der Zwischenzeit die Zwiebel schälen und hacken. Olivenöl in einem Topf erhitzen und die Zwiebel darin glasig dünsten. Die zweite Möhre und die Selleriestange hacken und mit der Zwiebel einige Minuten mitbraten. Die Petersilie waschen und hacken.

» Die Bohnen mit dem Kochwasser zum Gemüse geben, vorher das mitgekochte Gemüse herausnehmen. Je nach gewünschter Menge Gemüsebrühe dazugießen, salzen, pfeffern und etwa 15 Minuten kochen. Am Ende der Kochzeit die gehackte Petersilie dazugeben.

» Die Weißbrotscheiben toasten und zur Suppe servieren.

Unser Tipp: Hier verkürzt ein Schnellkochtopf die Kochzeit der Bohnen auf eine gute halbe Stunde.

Kokos-Kürbis-Cremesuppe

1 Zwiebel
Olivenöl zum Braten
400–500 g Hokkaidokürbis
750 ml Gemüsebrühe
350 ml Kokosmilch
4 EL Crème fraîche
30 g Kokoschips

» Die Zwiebel schälen und fein hacken. In Olivenöl glasig braten. Den Kürbis in Würfel schneiden und kurz mitbraten.

» Dann die Brühe aufgießen, etwa 20 Minuten köcheln lassen und gut pürieren. Die Kokosmilch dazugeben und noch einmal erwärmen. Die Suppe auf 4 Teller verteilen und auf jeden Teller 1 EL Crème fraîche geben. Mit Kokoschips bestreut servieren.

Für eine Kürbiscremesuppe gibt es vermutlich so viele Rezepte wie Kürbisarten. Wir bereiten sie gern ziemlich unitalienisch zu, und zwar mit Kokosmilch, weil sich die Aromen gut ergänzen. Wer das nicht mag, nimmt statt der Kokosmilch einfach Milch oder Sahne.

Spinat-Mascarpone-Suppe

350 g Spinat
1 Bund Lauchzwiebeln
Olivenöl zum Braten
850 ml Gemüsebrühe
230 g Mascarpone
frisch gemahlener schwarzer Pfeffer
Salz

Mascarpone ist ein cremiger Doppelrahmfrischkäse, der aus Mailand stammt. Ursprünglich wurde der üppige Frischkäse nur im Herbst und im Winter hergestellt, heute aber kann man ihn das ganze Jahr über genießen.

» Den Spinat sorgfältig waschen, verlesen und dicke Blattrippen herausschneiden. Die Lauchzwiebeln putzen, waschen und in Ringe schneiden. Olivenöl erhitzen und die Lauchzwiebeln etwa 5 Minuten darin anbraten. Den Spinat dazugeben und die Gemüsebrühe angießen. Bei schwacher Hitze 15–20 Minuten köcheln lassen.

» Die Suppe fein pürieren, wieder in den Topf geben. Den Mascarpone dazugeben, unter Rühren erhitzen, aber nicht mehr kochen lassen. Mit Pfeffer und Salz würzen und servieren.

Unser Tipp: Bestreuen Sie die Suppe kurz vor dem Servieren mit selbst gemachten Knoblauchcroûtons. Dafür einfach altbackenes Weißbrot würfeln und in etwas Butter und feingehacktem Knoblauch knusprig rösten.

Salate
Insalate

Bohnen-Kartoffel-Salat mit Pinienkernen

500 g Kartoffeln
Salz
500 g grüne Bohnen
50 g Pinienkerne

Für das Pesto alla genovese:

150 g Basilikum
2 Knoblauchzehen
120 g Parmesan
60 g Pinienkerne
Olivenöl
½ TL Salz

Servieren Sie diesen Salat als einen Teil der Antipasti misti oder als Salatgang vor einem Hauptgericht. Hier sind die Mengen für einen Salatgang angegeben.

» Die Kartoffeln gründlich waschen und in reichlich Salzwasser etwa 20 Minuten weich garen. Die Bohnen waschen und in einem zweiten Topf 10–15 Minuten garen, sodass sie noch etwas Biss haben.

» In der Zwischenzeit die Pinienkerne für den Salat in einer Pfanne ohne Fett rösten, bis sie zu duften beginnen.

» Für das Pesto das Basilikum waschen, die Blätter abzupfen und in Streifen schneiden. Die Knoblauchzehen schälen und grob hacken. Den Parmesan reiben. Basilikum, Knoblauch, Parmesan, Pinienkerne, Olivenöl (Menge nach gewünschter Konsistenz) und Salz in einen Mörser geben und zu einer Paste verarbeiten. 2 EL abnehmen und den Rest in kleine Gläser füllen und im Kühlschrank aufbewahren.

» Die Kartoffeln abkühlen lassen, pellen und in grobe Würfel schneiden. Mit den Bohnen in eine Schüssel geben, salzen und mit den 2 EL Pesto vermischen. Mit den gerösteten Pinienkernen bestreut servieren.

Unser Tipp: Selbst gemachtes Pesto schmeckt so viel besser als jedes, das Sie kaufen können. Sie brauchen hier nur eine kleine Menge, aber bei der Gelegenheit sollten Sie sich gleich einen kleinen Vorrat anlegen, der in sauberen, gut verschlossenen Gläsern im Kühlschrank 2-3 Wochen haltbar ist.

Grüner Spargelsalat mit Cherrytomaten und frischem Oregano

Zur Spargelsaison gibt es leider noch keine sonnengereiften Tomaten. Wir finden aber, dass Cherrytomaten aus dem Gewächshaus auch außerhalb der Saison schön aromatisch sind, sodass man diese beiden Gemüse, die so wunderbar zusammenpassen, guten Gewissens auch zusammen zubereiten kann.

500 g grüner Spargel
Salz
300 g Cherrytomaten
einige frische Oreganostängel
2 EL Olivenöl
frisch gemahlener schwarzer Pfeffer

» Den Spargel waschen und das untere Drittel schälen, die harten Enden abschneiden. Reichlich Wasser in einem großen Topf zum Kochen bringen. Salzen und den Spargel darin bei mittlerer Hitze 10–12 Minuten zugedeckt kochen, bis er gar, aber noch etwas knackig ist. Anschließend in Eiswasser abschrecken, damit er seine Farbe behält. In mundgerechte Stücke schneiden.

» Die Cherrytomaten waschen und vierteln. Die Oreganoblätter von den Stängeln zupfen. Tomaten und Oregano mit dem Spargel und dem Olivenöl mischen, salzen und pfeffern.

Unser Tipp: Frischer Oregano ist zwar nicht so geschmacksintensiv wie getrockneter, hat aber eine blumigere Note, die mit den übrigen Zutaten gut harmoniert.

Die aus Apulien stammende Burrata, was so viel wie »gebuttert« bedeutet, ist mit ihrem cremigen Inhalt eine besondere Delikatesse. Dem Mozzarella ähnlich, aber aus Kuhmilch hergestellt, birgt das weiche Säckchen aus Käsemasse im Inneren eine zartschmelzende Mischung aus Mozzarellafäden und Sahne. Eigentlich wurde dieser Käse erfunden, um Butter länger haltbar zu machen, denn im Inneren des Käsesäckchens hielt sie sich besser. Der Käse ist relativ groß und mächtig, deshalb servieren wir als Vorspeise einen auf Salat für zwei Personen. Als Hauptgericht macht er eine Person satt.

Burrata mit Mango und Erdbeeren auf Feldsalat

1 Mango
200 g Feldsalat
8–10 Erdbeeren
50 g Pinienkerne
2 Burrate
4 EL Olivenöl
1 EL Balsamico
Salz
frisch gemahlener schwarzer Pfeffer

» Die Mango schälen und in sehr dünne Scheiben schneiden. Feldsalat und Erdbeeren putzen und waschen. Die Pinienkerne in einer Pfanne ohne Fett rösten, bis sie zu duften beginnen.

» Die Mangoscheiben auf 2 Tellern auslegen, sodass sie sich überlappen. Den Feldsalat darauf verteilen. Die Erdbeeren um den Feldsalat legen und jeweils 1 Burrata in die Mitte setzen. Die gerösteten Pinienkerne darüber streuen.

» Olivenöl, Balsamico, Salz und Pfeffer verrühren und über den Salat und die Burrata träufeln.

Gebackener Ziegenkäse und mit Honig karamellisierte Maronen auf Salat

4 Scheiben Ziegenkäserolle (je etwa 2 cm dick)
Mehl zum Wenden
Sonnenblumenöl zum Braten
200 g gekochte Maronen
50 g Zucker
2–3 EL Honig
1 EL Butter

Für den Salat:
½ Kopf Frisée
1 Handvoll Rucola
einige Blätter Radicchio
4 Radieschen
½ Knolle Fenchel
½ Paprika
1 Möhre
½ Mango
einige Oliven
3–4 EL Olivenöl
1 EL Balsamico
Salz
frisch gemahlener schwarzer Pfeffer
einige Oreganoblätter

» Für den Salat Frisée, Rucola und Radicchio waschen und trocken schütteln. Radieschen und Fenchel waschen und in Scheiben schneiden. Die Paprika waschen, halbieren, Samen und Scheidewände entfernen und das Fruchtfleisch in Streifen schneiden. Die Möhre schälen und in Scheiben schneiden. Die Mango schälen und in Streifen schneiden. Alles zusammen mit den Oliven auf 4 Tellern anrichten. Olivenöl, Balsamico, Salz, Pfeffer und Oreganoblätter für das Dressing verrühren.

» Den Ziegenkäse in Mehl wenden und in reichlich Sonnenblumenöl von beiden Seiten braten. Die Maronen in einer beschichteten Pfanne ohne Fett kurz rösten. Dann Zucker und Honig dazugeben und die Maronen darin bei mittlerer Hitze karamellisieren. Zum Schluss die Butter darin schmelzen und die Maronen darin schwenken.

» Das Dressing über den Salat geben, auf jeden Salat eine Ziegenkäsescheibe legen und die Maronen darüber verteilen.

Panierte Austernpilze
auf Feldsalat

200 g Austernpilze
100 g Mehl
1 Ei
Salz
frisch gemahlener schwarzer Pfeffer
200 g Paniermehl
Olivenöl zum Braten und für den Salat
3–4 Handvoll gemischter Salat (Kopfsalat, Radicchio, Lollo Rosso, Rucola)
1 EL Balsamico

» Die Austernpilze putzen, die dicken Stiele entfernen. Drei tiefe Teller bereitstellen: In einen Teller etwas Mehl geben, in den zweiten das Ei schlagen und mit Salz und Pfeffer verquirlen und in den dritten reichlich Paniermehl geben. Die Pilze einzeln erst von beiden Seiten ins Mehl drücken, dann in dem Teller mit dem verquirlten Ei und zuletzt sorgfältig im Paniermehl wenden. Das Paniermehl auf beiden Seiten andrücken. Währenddessen reichlich Olivenöl zum Braten in einer Pfanne erhitzen. Die Austernpilze sofort hineinlegen, ohne dass sie überlappen. Auf mittlere Hitze reduzieren und von beiden Seiten braun und knusprig braten. Bei Bedarf hin und wieder etwas Olivenöl dazugeben.

» In der Zwischenzeit den Salat putzen, waschen und gut trocken schütteln. Aus Olivenöl, Balsamico, Salz und Pfeffer ein Dressing rühren und mit dem Salat vermischen. Auf 4 Teller verteilen, die Pilze darauflegen und servieren.

Unser Tipp: Panieren ist sehr einfach, trotzdem gelingt es zu Hause in der Küche nicht immer, weil die Panade nicht richtig hält und spätestens beim Braten teilweise abfällt. Wichtig ist es, die Pilze zuerst in Mehl zu wälzen, damit sie trocken sind und das Ei richtig haften kann. Das Paniermehl muss gut angedrückt werden. Und dann geht's sofort in die Pfanne zum Braten! Wenn die Pilze zu lange liegen, weicht die Panade durch und löst sich. »Doppelt gemoppelt hält besser« stimmt auch beim Panieren: Die Paniermehlschicht wird dadurch dicker und stabiler.

Unsere kulinarischen Erinnerungen

Mit Töpfen bin ich groß geworden. Meine Mutter war eine herzensgute und sehr fleißige Frau. Ohne nennenswerte Schulbildung hat sie es geschafft, ihrer Familie ein gutes Leben zu ermöglichen. Ihr Tag begann um fünf Uhr früh und endete spät abends: Zuerst putzte sie die Wohnung so gründlich, dass man wirklich vom Fußboden essen konnte. Noch vor ihrer Arbeit bereitete sie das Essen vor. Vor dem Haus sitzend stickte sie Bordüren für Bettbezüge. Außerdem hatte sie die Vertretung eines Topfherstellers übernommen. Da man mit diesen besonderen Töpfen ohne Fett oder Wasserzugabe kochen konnte, blieben mehr Nährstoffe im Gemüse oder Fleisch. Meine Mutter verkaufte sehr erfolgreich und bekam dafür zahlreiche Bonusgeschenke von der Firma. Die Reisen wurden jedoch nie angetreten und das Fahrrad verschenkt. Nach dem Prinzip von Tupperpartys stellte man die Produkte Nachbarn, Bekannten und deren Bekannten vor. Das Besondere bei meiner Mutter war, dass sie die Töpfe in Aktion zeigte, es also leckere Dinge zu essen gab. Sie war eine hervorragende Köchin, die mich und die ganze Familie mit wunderbarem Essen verwöhnte. Ihr Verkaufserfolg hatte bestimmt sehr viel mit ihren Kochkünsten zu tun. Aber sie glaubte auch an das Produkt. Auch mir hat sie mit auf den Weg gegeben, an etwas zu glauben, sonst könne man nicht erfolgreich sein. Und mit ihrer guten Küche hat sie mich geprägt, weshalb ich nach einigen Umwegen letztlich in der Gastronomie gelandet bin.

Ich bin ganz und gar die Tochter meiner Mutter, und Carmelo weiß: Wenn ich etwas auf der Karte nicht gern mag, biete ich es nicht an. Selbst wenn ich es versuchen würde, es funktioniert nicht.

Im Winter lebten wir im Dorf und im Sommer auf dem Land. Für mich als Kind war das ein großer Unterschied, obwohl die Orte nur zwei Kilometer voneinander entfernt waren. Ich habe noch Briefe, die ich meiner Freundin im Dorf geschrieben habe. Auf dem Land wohnten wir zunächst mit vier Familien auf einer »masseria«, einem Gehöft. Während der Tabakernte schlief ich oft eingerollt wie ein kleiner Hund auf einer Decke am Feldrand, da es schon früh morgens losging. Die Zeit des Tabakanbaus neigte sich jedoch dem Ende zu, als ich ungefähr 14 Jahre alt war und wurde wenig später in ganz Süditalien eingestellt.

Im Sommer gab es alle möglichen Früchte, Gemüse und Nüsse. Viel verwendet wurden auch Wildgemüse wie Fenchel, weiße Rüben oder »paparine«, die überall wuchsen. »Paparine« ist ein Mohngemüse, das mit schwarzen Oliven ein herrlich saftiges Gericht ergibt. Geerntet werden können diese Blätter nur kurze Zeit, denn mit der Blüte im Frühjahr ist es vorbei.

Zurückgelassene Wassermelonen auf den abgeernteten Feldern sammelten die Erwachsenen in der Nacht ein. Wenn wir schlafen gingen, ruhten die Ungetüme unter unseren Betten. Pinienkerne fegten wir in einer leer stehenden Ferienanlage mit dem Besen zusammen. Bei uns waren sie eine Knabberei. Das zum Teil aus ihnen bestehende Pesto lernte ich erst in Deutschland kennen. Diese vielfältigen Gaben der Erde wurden auf unterschiedliche Art und Weise für den Winter konserviert. Allen voran die Tomaten, aus denen vorzugsweise Tomatensauce zubereitet wurde. Das bedeutete immer eine große Aktion für die ganze Familie.

Von den fünf Kindern meiner Oma lebte ein Sohn in der Schweiz. Und natürlich wurde auch er mit Eingemachtem bedacht. Er kam regelmäßig mit dem Wohnmobil, brachte gute Schweizer Schokolade mit und

lud Eingemachtes aller Art, getrocknete Früchte und Nüsse und sonstige Leckereien aus der Heimat ein. Mittlerweile bekommt man in der Schweiz fast überall italienische Waren. Damals war das aber noch nicht üblich und wenn, waren die Produkte nicht so gut wie die von Mama. Die Zeiten der kochenden Mama sind wohl insgesamt zu Ende. Die Kinder sind groß geworden, und heutzutage werden keine dieser mit Liebe zubereiteten Speisen quer durch Europa gefahren.

Die Vorräte wurden in einer Dachkammer aufbewahrt. Ab September kamen der Wein, vielfältig eingelegte Auberginen, Artischocken, Zwiebeln, Knoblauch, Mandeln, Feigen und einiges andere dazu. Ich liebe die Kakifrüchte, die in einem Karton mit Äpfeln gelagert wurden. Man musste sie anritzen, um zu sehen, ob sie schon reif sind. Leider habe ich zu oft mit dem Fingernagel die Haut aufgekratzt, da ich es nicht abwarten konnte, bis sie endlich braun-gelb gesteift und perfekt gereift waren. Meine Mutter schimpfte dann immer. Köstlich schmeckten auch die getrockneten Feigen (erst trocknen, dann wieder waschen, denn die Ameisen mochten sie auch sehr), in die jeweils eine Mandel gesteckt wurde und die dann in einem Einmachglas mit Lorbeerblättern und Zimtstangen gestapelt wurden. Sie wurden Gästen zum Naschen oder zu besonderen Anlässen gereicht. Süße Sachen wurden ansonsten bei uns kaum gemacht. Dafür war meine Tante zuständig.

Ich war bestimmt schon 13, als wir Toastbrot kennenlernten. Mein allerschönstes Abendbrot bestand aus einer Scheibe Toast, gekochtem Schinken und Scheiblettenkäse. Dazu gab es auch Cornichons, Silberzwiebeln und Auberginen, aber die haben mich nicht interessiert. Selbst mein bereits ausgezogener Bruder kam zu diesem Festessen nach Hause.

Später zogen wir auf dem Land in ein eigenes Haus. Die ersten zwei bis drei Jahre hatten wir keinen Strom, und es wurde nur ein bis zwei Stunden täglich Strom aus Batterien verbraucht. Gekocht wurde immer, wie in Italien üblich, mit Gas. Auch hatten wir keinen Kühlschrank auf dem Land, sondern lediglich Kühltaschen. Mein Vater fuhr täglich in unsere Wohnung im Dorf und holte neue Kühlelemente und andere eingefrorene Dinge. Telefon? Ebenfalls nein.

Mein Vater arbeitet in der Fabrik, und am Sonntag half er im Haushalt. Er polierte das Silber und staubte mit einem Pinsel die barocken Möbel ab. Im Herbst sammelte er Pilze. Die ersten wurden sofort zubereitet und voller Genuss verspeist, alle weiteren Funde für den Winter eingelegt.

Von Oktober bis März brannte bei uns der Kamin, auf dem zum Teil auch gekocht wurde. Der schönste Duft besteht für mich aus Nudelteig, Kamin und der Tomatensauce, die für drei bis vier Stunden auf dem Herd köchelte. Das sonntägliche Essen wurde für mindestens zwölf Personen gekocht, denn die Familie eines Onkels war fast immer dabei und meistens noch ein paar Gäste.

Am Heiligabend wurde bei uns kein großes Essen veranstaltet, stattdessen gab es traditionell ein Armeleuteessen bestehend aus Tortellini in brodo, Mandarinen, Fenchel, Orangen, Mandeln, Walnüssen, Haselnüssen und gegrilltem Fleisch.

Typisch für Apulien sind die »pittule«, die am 8. Dezember, an Heiligabend, zu Silvester und am 6. Januar, dem Tag der Heiligen Drei Könige gegessen werden. Der Teig besteht aus Weizenmehl, Bierhefe, Wasser und Salz. Wie immer bei so schlichten Zutaten, ist hier viel Erfahrung nötig. Im besten Fall gibt es eine italienische Großmutter, die es versteht, aus diesem Teig köstliche, knusprige, walnussgroße Bällchen zu frittieren. Meine Oma bereitete diese Leckerei immer am Kamin zu, damit nicht die ganze Wohnung nach Ausgebackenem roch. Den Grundteig kann man nach Belieben anreichern mit Kapern, Zwiebeln, Tomaten oder anderem Gemüse. Ein Rezept für »pittule« werden Sie in unserem Buch nicht finden, denn im Gegensatz zu unseren Rezepten aus dem »La Monella« könnte ich hier kein gutes Ergebnis garantieren.

Manchmal wünsche ich mir, meine Mutter hätte nicht so viel gearbeitet, auch mal etwas Staub Staub sein lassen und sich mehr Zeit für mich genommen. Aber sie hatte den Ehrgeiz, wirtschaftlich etwas zu erreichen, um mir auch einen Markenpullover kaufen zu können.

Carmelo hat als junger Mann intensiv das Leben studiert und nicht die heimische Küche. Dennoch kochte er schon als Junge gern, und zwar auf der Straße. Über offenem Feuer wurden Spaghetti zubereitet, die so nach Rauch geschmeckt haben müssen, dass jedes Gewürz überflüssig war. Schöne Erinnerungen sind für ihn mit den Weihnachtskeksen seiner Mutter verbunden. Weil sein Vater mit der Weinherstellung befasst war, wie viele Männer in seinem Heimatdorf, kann sich Carmelo noch sehr gut an den schweren, alkoholischen Geruch erinnern, der die Gassen durchströmte, genauso wie an die leeren Weinfässer, die mit Wasser gefüllt mit viel Getöse durch die Gassen gerollt wurden, um sie von innen zu reinigen.

Nach dem Schulabschluss besuchte Carmelo eine Kochschule, auf der es ihm aber nicht sonderlich gut gefiel. Über Freunde bekam er einen Kontakt nach England, aber seine Mutter war nicht damit einverstanden, dass er dorthin geht. »Wo ist England?«, fragte sie ihren Sohn. »Jeder geht nach Deutschland. Was willst du in England?« Na gut, dann eben Deutschland. Zunächst arbeitete er als »pizzaiolo«, backte also die Pizzen in einem Restaurant, schaute sich aber schnell auch andere Dinge ab. Er wechselte von Restaurant zu Restaurant, um von möglichst zahlreichen unterschiedlichen Köchen viel zu lernen. Und er verschlang unzählige Kochbücher. Ob zu Hause oder im »La Monella«: Carmelo kocht einfach gern. Es erfüllt ihn mittlerweile mit Freude, Menschen gutes Essen zu kochen. Etwas, das die Gäste nicht nur sättigt, sondern auch zufriedener und entspannter in den Tag gehen lässt.

Dieses Rezept ist sehr einfach, aber durch die raffinierte Kombination von süßen Feigen und den würzigen Pilzen auch etwas Besonderes.

Gebratene Pilze und Feigen auf Endiviensalat

4 Feigen
200–300 g Champignons
Olivenöl zum Braten und für den Salat
1 Kopf Endiviensalat
1 EL Balsamico
Salz
frisch gemahlener schwarzer Pfeffer

» Die Feigen waschen und vierteln. Die Champignons putzen und in Stücke schneiden. Etwas Olivenöl in einer Pfanne erhitzen und die Feigen mit den Pilzen darin einige Minuten braten.

» In der Zwischenzeit den Endiviensalat putzen, waschen und die Blätter etwas kleiner zupfen. Aus 4 EL Olivenöl, dem Balsamico, Salz und Pfeffer ein Dressing mixen und den Salat damit mischen. Auf 4 Teller verteilen, Feigen und Champignons darauf verteilen und servieren.

Unser Tipp: So aromatisch wie direkt vom Baum können hier erhältliche Früchte nie sein, aber sie sollten doch so reif wie möglich sein, dann erst haben sie viel Aroma. Die Reife von roten Feigen erkennen Sie an der dunklen Farbe und daran, dass die Früchte weich, aber nicht matschig sind.

Cherrytomatensalat
mit Kapern, Zwiebeln und Oliven

2 rote Zwiebeln
100 g Cherrytomaten
4 EL Kapern
30 g braune oder schwarze Oliven
6–8 EL Olivenöl
grobes Meersalz
frisch gemahlener schwarzer Pfeffer

» Die Zwiebeln schälen und in feine Ringe schneiden. Die Cherrytomaten waschen und halbieren.

» Zwiebeln, Tomaten, Kapern und Oliven in einer Schüssel mischen. Olivenöl, Salz und Pfeffer unterheben.

Unser Tipp: Unser Dressing besteht nur aus Olivenöl, Pfeffer und Salz. Weil es so schlicht ist, sollten die Zutaten besonders gute Qualität haben. Wir verwenden zum Beispiel Himalajasalz. Auf Essig verzichten wir in diesem Fall, denn die Kapern bringen für unseren Geschmack genug Säure mit. Wer mag, kann natürlich mit Balsamico abschmecken.

Piatti forti
Hauptgerichte

Ravioli alla caprese mit Tomaten-Basilikum-Sauce

250 g junger Caciotta
1–2 Majoranstängel
60 g Parmigiano reggiano
500–600 g Ravioliteig (siehe Seite 150)
Mehl zum Bestäuben
Salz
1 Knoblauchzehe
Olivenöl zum Braten
600 g Cherrytomaten
200 ml Tomatensauce (siehe Seite 155)
½ Bund Basilikum plus
4 Basilikumblätter zum Garnieren

»Alla caprese« heißt übrigens »gehört zu Capri«. Die Zusammenstellung der Nationalfarben mit Tomaten, Mozzarella und Basilikum ist bei dieser Zubereitung typisch und nicht nur für Ravioli eine beliebte Kombination in ganz Italien. Wir verwenden statt Mozzarella jungen weißen Caciotta, einen italienischen Butterkäse, der entweder aus Schafs- oder aus Kuhmilch hergestellt wird.

» Für die Füllung den Caciotta mit einem Messer oder im Mixer fein hacken. In eine Schüssel geben. Die Majoranblätter von den Stängeln zupfen und mit dem Caciotta vermischen. Den Parmigiano reggiano reiben, darüber streuen und gut einarbeiten.

» Den Ravioliteig mit einem Nudelholz oder der Nudelmaschine dünn ausrollen, hin und wieder mit etwas Mehl bestäuben.

» Den ausgerollten Teig auf einer Arbeitsfläche ausbreiten, mit einem Glas oder einen Ravioliausstecher 40 Teigkreisformen von etwa 8 cm Durchmesser ausstechen und auf die Hälfte der Teigkreisformen jeweils 1 TL der Käsefüllung geben. Jeweils mit einer zweiten Teigkreisform abdecken und an den Rändern rundherum zu Ravioli zusammendrücken.

» Die Ravioli in kochendem Salzwasser 3–4 Minuten garen, bis sie an die Oberfläche steigen. Herausnehmen, das Kochwasser aufbewahren und die Ravioli beiseitelegen.

» Für die Sauce die ungeschälte Knoblauchzehe andrücken und in etwas Olivenöl kurz anbraten. Die Cherrytomaten waschen, vierteln und mit der Tomatensauce und etwas Raviolikochwasser dazugeben. Bei schwacher Hitze 15 Minuten einkochen lassen, dann die Knoblauchzehe herausnehmen. Das Basilikum in feine Streifen schneiden und in die Sauce rühren, nicht mehr kochen.

» Die Ravioli in der Sauce schwenken und darin erwärmen. Auf 4 Teller jeweils 5 Ravioli mit Sauce geben und jeweils mit einem Basilikumblatt garnieren.

Tagliolini mit grünem Spargel und Zitronensauce im Parmesankorb

400 g Parmesan
400 g Tagliolini (siehe Pastateig Seite 150)
Salz
2–3 Lauchzwiebeln
Olivenöl zum Braten
250 g grüner Spargel
1 TL Zitronensaft
200 g Sahne
4 Cherrytomaten

Tagliolini sind die kleinen, zarten Schwestern der Tagliatelle. Mit nur einem Viertel Zentimeter Breite sind diese Bandnudeln, die wie die einen Zentimeter breiten Tagliatelle in der Emilia-Romagna das Licht der Welt erblickten, besonders gut für Suppen geeignet. Wir stellen sie täglich frisch mit der Nudelmaschine her. In Parmesankörbe gefüllt, bilden sie aber auch ein köstliches Bett, in dem grüner Spargel zusammen mit einer erfrischend säuerlichen Sauce Platz nehmen darf – ein perfektes Frühlingsmahl.

» Den Parmesan fein reiben und portionsweise kreisförmig in eine Pfanne dünn einstreuen (10–12 cm Durchmesser). Bei mittlerer Hitze von beiden Seiten bräunen, dann herausnehmen, kurz abkühlen lassen und vorsichtig über Schalen stürzen. So geformt vollständig abkühlen lassen.

» Die Tagliolini in reichlich Salzwasser 2–3 Minuten (gekaufte nach Packungsanweisung) gar kochen, Wasser abgießen und die Pasta warm stellen.

» Die Lauchzwiebeln putzen, waschen und grob hacken. In etwas Olivenöl einige Minuten weich braten. Den Spargel waschen und das untere Drittel schälen, die harten Enden abschneiden. Den Spargel mit den Lauchzwiebeln einige Minuten mitbraten. Salz, Zitronensaft und Sahne dazugeben und einkochen lassen.

» Die Cherrytomaten waschen und in etwas Olivenöl wenige Minuten weich dünsten.

» Die Tagliolini in die Sauce geben und gut vermischen. In die Parmesankörbe verteilen und mit jeweils 1 Cherrytomate garnieren.

Unser Tipp: Zum Formen der Parmesankörbe verwenden wir umgedrehte leere 500-g-Mascarponebecher. Die Größe ist ideal, um eine Portion Tagliolini aufzunehmen.

Dieser Risotto ist eine Abwandlung des venezianischen Risi e Bisi, einem Klassiker, der früher alljährlich zum Sankt-Markus-Tag dem Dogen als erster Hauptgang serviert wurde. Im Original werden Speck und Petersilie verwendet; wir verzichten darauf und bringen stattdessen mit der Limette eine schöne Frische und Spritzigkeit hinein, die hervorragend zu den Erbsen passt.

Risotto mit Erbsen, Limetten und gebratenen Lauchzwiebeln

5–6 Lauchzwiebeln
300 g Erbsen, frisch oder tiefgekühlt
Olivenöl zum Braten
350 g Risottoreis
etwa 1 l Gemüsebrühe
2 Limetten, unbehandelt
50 g Parmesan
150 g Sahne

» Die Lauchzwiebeln putzen und waschen, 2 davon in Ringe schneiden und mit den Erbsen in Olivenöl anbraten. Den Reis dazugeben und mit anbraten. Die übrigen Lauchzwiebeln längs halbieren und beiseitelegen.

» Etwas kochend heiße Brühe zugießen, sodass der Reis gut bedeckt ist. Die Flüssigkeit einkochen lassen. Nach und nach immer wieder kochend heiße Brühe dazugeben, bis der Reis weich und der Risotto schön cremig ist. Dabei häufig umrühren. Die Limetten auspressen und den Saft unterrühren.

» Den Parmesan reiben und mit der Sahne unterrühren. Den Risotto auf 4 Teller verteilen. Von den Limetten die Schale in Zesten abschälen. Die längs halbierten Lauchzwiebeln in einer Pfanne in Olivenöl kurz braten.

» Den Risotto auf 4 Teller verteilen und mit den gebratenen Lauchzwiebeln und Limettenzesten garnieren.

Gnocchi
mit Zitrone und Kreuzkümmel

400 g Gnocchi (siehe Seite 153)
1 Zitrone, unbehandelt
200 g Sahne
Salz
frisch gemahlener schwarzer Pfeffer
½ TL gemahlener Kreuzkümmel

Die Gnocchi nach dem Grundrezept herstellen.

» Die Zitrone auspressen, von der Zitrone die Schale in Zesten abschälen. Den Zitronensaft mit Sahne, Salz, Pfeffer und Kreuzkümmel in einem Topf aufkochen. Die Gnocchi dazugeben und darin erwärmen.

» Mit Zitronenzesten garnieren.

Unser Tipp: Zu den würzig-frischen Gnocchi passt der Grüne Spargelsalat mit Cherrytomaten und frischem Oregano von Seite 57 oder ein Rucolasalat.

Kreuzkümmel kennt man heute eher als typisches Gewürz der orientalischen und nordafrikanischen Küche, in italienischen Gerichten vermutet man ihn weniger. Dabei nannte man ihn noch im Mittelalter auch »römischer Kümmel«, weil er in der Küche des alten Rom so beliebt war und man ihn nördlich der Alpen für eine italienische Variante des Kümmels hielt. Heute ist er in der italienischen Küche ein bisschen in Vergessenheit geraten, obwohl er wunderbar zu Pasta und Gnocchi passt.

Spargel alla milanese

1,5 kg grüner Spargel
Salz
1 EL Butter
4 Eier
etwas Parmesan
Olivenöl zum Beträufeln
frisch gemahlener schwarzer Pfeffer

Bei diesem lombardischen Gericht darf der grüne Spargel fast ungestört glänzen. Spiegelei und Parmesan sind wirkungsvolle i-Tüpfelchen. Dieses schnell gemachte Essen genießt man pur oder isst etwas Ciabatta oder Weißbrot dazu.

» Den Spargel waschen und das untere Drittel schälen, die harten Enden abschneiden. Den Spargel in reichlich Salzwasser 5–7 Minuten kochen.

» In der Zwischenzeit die Butter in einer Pfanne zerlassen, die Eier hineinschlagen. Die Spiegeleier einige Minuten braten, bis das Eigelb fest ist.

» Den Parmesan reiben. Den Spargel auf einem Teller anrichten. Mit dem Parmesan bestreuen, mit etwas Olivenöl beträufeln und mit Salz und Pfeffer würzen. Die Spiegeleier darauf anrichten.

Unser Tipp: Nicht in Wasser gegart, sondern in etwas Butter gebraten, entfaltet der grüne Spargel noch mehr Aroma.

Ravioli mit Artischockenmousse in Petersilien-Butter-Sauce

Die eingelegten gegrillten Artischocken sollten auf jeden Fall eine besonders gute Qualität haben, auch wenn es etwas mehr kostet, denn geschmacklich gibt es riesige Unterschiede! Manche sind einfach nur sauer und die Artischockenmousse wäre eine Enttäuschung.

½ Bund Lauchzwiebeln
100 g eingelegte gegrillte Artischocken
Olivenöl zum Braten
50 g Parmesan
3–4 Minzezweige
1 Knoblauchzehe
Salz
frisch gemahlener schwarzer Pfeffer
400–500 g Ravioliteig (siehe Seite 150)
60 g Butter
75 ml Gemüsebrühe
½ Bund Petersilie

» Für die Artischockenmousse die Lauchzwiebeln putzen, waschen und in Ringe schneiden. Die Artischocken abtropfen lassen und in Olivenöl kräftig anbraten. Die Lauchzwiebeln dazugeben. Den Parmesan reiben. Die Minzeblätter von den Zweigen zupfen. Artischocken, Lauchzwiebeln, Knoblauch, Parmesan und Minzeblätter zusammen pürieren und mit Salz und Pfeffer abschmecken.

» Den Ravioliteig mit einem Nudelholz oder der Nudelmaschine dünn ausrollen, hin und wieder mit etwas Mehl bestäuben.

» Den ausgerollten Teig auf einer Arbeitsfläche ausbreiten, mit einem Glas oder einen Ravioliausstecher 20 Teigkreisformen von etwa 8 cm Durchmesser ausstechen und auf die Hälfte der Teigkreisformen jeweils 1 TL der Artischockenmousse geben. Jeweils mit einer zweiten Teigkreisform abdecken und an den Rändern rundherum zu Ravioli zusammendrücken.

» Die Ravioli in kochendem Salzwasser 3–4 Minuten garen, bis sie an die Oberfläche steigen. Herausnehmen, das Kochwasser aufbewahren und die Ravioli beiseitelegen.

» Für die Sauce die Butter schmelzen und die Gemüsebrühe angießen. Die Petersilie hacken und unterrühren. Die Ravioli in der Sauce schwenken und darin erwärmen. Auf 4 Teller jeweils 5 Ravioli geben und mit der Sauce servieren.

Violette **Auberginen** mit Scamorza affumicata in Cherrytomatensauce

2 violette Auberginen
etwas Mehl
Olivenöl zum Braten
2 kleine Scamorze affumicate
6–8 Tomaten

Für die Sauce:
1 Knoblauchzehe
Olivenöl zum Braten
250 g Cherrytomaten
100 ml Tomatensauce (siehe Seite 155)
Salz
frisch gemahlener schwarzer Pfeffer
Basilikum zum Garnieren

Für dieses Rezept verwenden wir eine Auberginensorte, die einen etwas kräftigeren, leicht bitteren Geschmack hat. Die violette Aubergine ist fast kugelrund, dunkelviolett oder violett-weiß gemustert. Die Sorte ist in Sizilien, Carmelos Heimat, verbreitet und ihr Aroma passt sehr gut zum Scamorza affumicata, einem Räucherkäse.

» Die Auberginen waschen und jede in 4 jeweils 2 cm dicke Scheiben schneiden. In Mehl wenden und in reichlich Olivenöl von beiden Seiten braten, bis sie weich sind.

» Die Scamorze längs in Scheiben schneiden. Die Tomaten waschen und in Scheiben schneiden. Den Ofen auf 200 Grad vorheizen.

» Jeweils 1 Auberginenscheibe zuerst mit Tomaten, dann mit Scamorza, anschließend wieder mit Tomaten belegen. Zweimal wiederholen, mit Scamorza abschließen. Jedes Türmchen mit einem Zahnstocher fixieren.

» Im vorgeheizten Ofen etwa 5 Minuten backen, bis der Käse zu schmelzen beginnt.

» Für die Sauce den Knoblauch schälen und halbieren. In Olivenöl anbraten. Die Cherrytomaten waschen und halbieren. Zum Knoblauch geben und die Tomatensauce dazugeben. Salzen, pfeffern und einige Minuten einkochen lassen. Die halben Knoblauchzehen herausnehmen.

» Die Auberginentürmchen aus dem Ofen nehmen, auf 4 Teller verteilen und die Sauce darüber geben. Mit Basilikum garniert servieren.

Cannelloni
mit Käse-Gemüse-Füllung

4 frische Lasagneblätter (siehe Pastateig Seite 150)
Salz
Für die Béchamelsauce:
500 ml Milch
30 g Butter
30 g Mehl
Salz und frisch gemahlener schwarzer Pfeffer
geriebene Muskatnuss
Für die Füllung:
2 Möhren
½ Zucchini
½ rote Paprika
½ gelbe Paprika
Olivenöl
150 g Taleggio
150 g Gorgonzola
100 g Parmesan
Für die Tomatensauce:
100 ml Tomatensauce
(siehe Seite 155)
100 g Sahne

Natürlich kann man für dieses Rezept auch fertige Cannelloni-Röhren kaufen und füllen. Wenn Sie das schon einmal versucht haben, werden Sie aber vielleicht unsere Variante der Cannelloni vorziehen. Wir geben die Füllung auf Lasagneblätter und rollen diese ein. Das ist viel einfacher, als die Füllung mühsam in die Nudelröhren zu stopfen.

» Die Lasagneblätter nacheinander in reichlich kochendem Salzwasser wenige Sekunden blanchieren, dann in Eiswasser abschrecken. Auf der Arbeitsfläche ausbreiten.

» Für die Béchamelsauce die Milch erhitzen, aber nicht kochen lassen. Die Butter in einem anderen Topf bei schwacher Hitze zerlassen. Dann das Mehl dazugeben und unter ständigem Rühren wenige Minuten anschwitzen, aber nicht bräunen lassen. Den Topf vom Herd nehmen, die heiße Milch esslöffelweise dazugeben und glatt rühren. Den Topf wieder auf den Herd stellen, die Sauce mit Salz, Pfeffer und Muskat würzen und bei schwacher Hitze unter ständigem Rühren dick einköcheln lassen.

» Die Möhren schälen, die Zucchini waschen, die Paprika waschen, halbieren und Samen und Trennwände entfernen. Das Gemüse in sehr feine Streifen (Julienne) schneiden und in Olivenöl einige Minuten braten. Taleggio und Gorgonzola zerbröckeln oder hacken, den Parmesan reiben.

» Die Gemüsejulienne mit Béchamelsauce, Taleggio, Gorgonzola und der Hälfte des Parmesan, Salz und Pfeffer mischen. Jeweils 4–6 EL der Füllung mittig auf die Lasagneblätter geben. Die Blätter einrollen und die Rollen quer halbieren. Den Ofen auf 200 Grad vorheizen.

» Die Tomatensauce mit der Sahne mischen. Einen Teil der Sauce in 4 kleine Lasagneformen geben, sodass der Boden jeweils bedeckt ist. Dann jeweils 2 Röllchen in die Formen legen. Mit dem Rest der Sauce bedecken und mit dem restlichen Parmesan bestreuen. Im vorgeheizten Ofen 10 Minuten überbacken.

Italien – das Land der unbegrenzten Köstlichkeiten

Genauso wenig, wie es »die« deutsche Küche gibt (auch wir als Wahlhamburger mussten unsere Vorurteile erst abbauen), kann man von »der« italienischen Küche sprechen – selbst wenn die vielen Pizzerien nördlich der Alpen vermuten lassen, dass sie hauptsächlich Pizza und Pasta zu bieten hat. Aber Italien ist riesig, von den Alpen bis zum Ätna erstreckt sich ein vielfältiges Land. Jede Region, ja sogar manche Stadt hat ihre eigenen kulinarischen Spezialitäten hervorgebracht, die durch unterschiedliche äußere Bedingungen geprägt sind: Klima, Boden und Einflüsse der Nachbarländer bestimmen, was wächst, gedeiht und gefällt. Damit geben sie die grobe Richtung für viele Köstlichkeiten vor, die über die Jahrhunderte in Tausenden italienischer Küchen entwickelt wurden.

So unterschiedlich die Regionalküchen Italiens auch sind, eins haben sie doch gemeinsam: Sie bieten ganz selbstverständlich und aus alter Tradition eine große Auswahl an vegetarischen Speisen. Im sonnenverwöhnten Italien gedeihen Gemüse, Obst, Getreide, Hülsenfrüchte und würzige Kräuter prächtig, weil sie ideale Bedingungen haben. Diese machen aus ihnen wunderbar aromatische Köstlichkeiten. Wer zum Beispiel einmal eine in der prallen Sonne gereifte tiefrote Tomate direkt vom Strauch gepflückt genossen hat, versteht die Liebe der Italiener für die viel verwendete Frucht und warum sie eine so zentrale Rolle spielt.

Gemüse und Salate

Frisches Gemüse ist das Herz der vegetarischen Küche – und auch das vieler italienischer Gerichte. Deshalb kaufen wir für das »La Monella« täglich Obst, Gemüse und Salat, am liebsten aus biologischem Anbau, und zwar nicht nur, weil das traditionell in Italien so gemacht wird, sondern weil wir genau wissen, dass Frische und Geschmack zusammengehören. Viel Aroma ist uns besonders wichtig, denn ein Gericht kann nur so gut wie seine Zutaten sein. Aus der berühmten holländischen Gewächshaus-Standardtomate wird niemals eine Tomatensauce, schon allein bei deren Duft man sich in den siebten Himmel versetzt fühlt.

Die Tomate ist eine der wichtigsten Zutaten der italienischen Küche – besonders der süditalienischen. Wir sollten ihr ein Denkmal setzen, denn ohne sie wäre unser Leben um einiges ärmer. Als Sauce verwenden wir sie so häufig, dass in unserer Restaurantküche immer ein Topf mit brodelnder Tomatensauce auf dem Herd steht.

Auch Salate, deren Namen teilweise sogar ihre italienische Herkunft verraten, wie der Romana-Salat, gibt es in Italien in großer Vielfalt. Sorten wie Radicchio verbindet man sofort mit Italien, viele Rezepte beweisen diese Herkunft. Wer bei dem italienisch klingenden Rucola gleich an südliche Gefilde denkt, liegt aber falsch, denn der ging den umgekehrten Weg und wurde – als Rauke – aus dem alten Germanien importiert.

Einer der größten kulinarischen Schätze ist klein und unscheinbar und stammt aus der Poebene: weiße Trüffel, unglaublich köstlich, aber ebenso teuer. Schwarze Trüffel, die hauptsächlich aus umbrischen Böden ausgegraben werden, sind schon etwas erschwinglicher und schmeckt fast genauso gut. Deshalb verwenden wir sie gern in unserem Restaurant.

Käse und Milchprodukte

Ob als Pizzabelag, als Pastasauce oder über Pasta gerieben, im Risotto, im Salat, mit Tomaten und Basilikum »alla caprese«: Käse und Milchprodukte in allen Formen und Verarbeitungszuständen gehören in jede Küche Italiens. Aus dem Norden stammen viele Hartkäsesorten, wie der berühmte Fontina, der sich wunderbar mit der dort ebenfalls verbreiteten Polenta und den beliebten Gemüsesuppen verträgt, aber auch Parmesan wie der prämierte Parmigiano reggiano. In der Lombardei haben Gorgonzola sowie der fette, aber unwiderstehliche Frischkäse Mascarpone das Licht der Welt erblickt. Aus der Toskana kennen wir den Caciotta, den es aus Kuh-, Schafs- und Ziegenmilch gibt. Weiter Richtung Süden wurde der weiche, weiße Mozzarella aus Büffelmilch erfunden. Die heute so beliebte sahnegefüllte Burrata wird ähnlich hergestellt.

Kräuter und Gewürze

Was wäre die italienische Küche ohne ihre Kräuter und typischen Gewürze? Kräuter sind nicht nur die feine Würze, die den richtigen Pep in Gerichte bringen, sondern manchmal sogar der Star auf dem Teller. Beim Stichwort Pesto alla genovese wird klar, was wir meinen: Zusammen mit Olivenöl und Pinienkernen wird Basilikum zu der berühmten grünen Würzpaste, die eigentlich nichts weiter braucht als einen schönen Teller Spaghetti. Im Norden des Landes wachsen neben dem Basilikum auch andere Kräuter wie Petersilie, Minze und Fenchel, während sich die typisch mediterranen, robusteren und Trockenheit liebenden Kräuter im Süden wohl fühlen, darunter Oregano, Thymian, Majoran und Rosmarin. Wir können also aus dem Vollen schöpfen. Und auch an Gewürzen können wir ein paar Kostbarkeiten aus dem Hut zaubern, wie den Safran, der zum Beispiel den schlicht aussehenden cremigen Risotto alla milanese so unwiderstehlich macht.

Getreide

Reis, Mais und Weizen: Das sind die in Italien hauptsächlich angebauten Getreidesorten, aus denen die Grundlagen für unzählige Gerichte entstehen. Während sich die (Hart-) Weizen-Teigwaren aus dem Süden allmählich in Richtung Norden vorgearbeitet haben und auch heute in den dortigen Küchen eine wichtige Rolle spielen, haben Reis und Mais auf die süditalienische Kochkunst kaum Einfluss ausgeübt. Sowohl Rundkorn- als auch Langkornreis wachsen vor allem in der feuchten Poebene. Aus verschiedenen Rundkornreissorten entstehen die tollsten Risottokreationen. Weiter im Osten, in Venetien, dem Hinterland Venedigs, wie auch in Venedig selbst, ist Maismehl ein Grundnahrungsmittel. Es heißt sogar, die Polenta sei in Venedig erfunden worden. Der meiste Hartweizen, das Grundprodukt für alle möglichen Teige, stammt aus Kampanien. Ganz im Süden, in Sizilien, ist die Heimat der Pasta, aber auch ein Pendant zum nordafrikanischen Couscous gibt es hier.

Olivenöl

Olivenöl, das aus dem Süden des Landes mit seinen unzähligen Olivenbäumen stammt, hat sich schnell bis in den Norden Italiens verbreitet und ist überall eine wichtige Zutat. Wir verwenden nur gutes Olivenöl extra vergine, denn der Geschmack des Öls setzt sich immer durch, egal, wie man es verwendet.

Im »La Monella« gibt es für unsere Gäste vor dem Essen ein besonders gutes mit Oregano, Pfeffer und Salz gewürztes Olivenöl, in das unser selbst gebackenes Brot gestippt wird.

Auberginen
mit Reis-Gemüse-Käse-Füllung

200 g Reis
Salz
2 mittelgroße Auberginen
(à 300–400 g)
¼ rote Paprika
¼ gelbe Paprika
1 Möhre
¼ Lauchstange
1 Lauchzwiebel
1 Zwiebel
Olivenöl zum Braten
150 g Gorgonzola
80 g Parmesan
einige Thymian- und Majoranzweige
frisch gemahlener schwarzer Pfeffer
100 g Sahne
125 ml Brühe

Auberginengerichte werden in unserem Restaurant häufig bestellt, und auch wir lieben die vielseitigen Früchte. Deshalb bringen wir sie immer wieder in allen möglichen Formen und Variationen auf die Karte. Weil sie so schön massig sind und leicht auszuhöhlen, füllen wir sie gern, zum Beispiel mit Reis, Käse und vielem anderen. Hier ist fast alles möglich.

» Den Reis waschen und in der 1½-fachen Wassermenge mit reichlich Salz 15–20 Minuten weich kochen.

» In der Zwischenzeit die Auberginen waschen, längs halbieren und mit einem Melonenausstecher oder einem Löffel aushöhlen. Die Hälfte des Fruchtfleischs fein hacken, die andere Hälfte für eine andere Zubereitung aufbewahren.

» Die Paprika waschen, halbieren, Samen und Trennwände entfernen. Die Möhre schälen. Lauch und Lauchzwiebel putzen und waschen. Die Zwiebel schälen. Alle Gemüsesorten fein hacken. Die Möhre in Olivenöl einige Minuten braten, dann aus der Pfanne nehmen und die Paprika darin weich braten. Aus der Pfanne nehmen und Lauch, Lauchzwiebel und Zwiebel zusammen darin braten. Bei Bedarf noch etwas Olivenöl dazugeben. Zuletzt das Auberginenfruchtfleisch braten.

» 50 g Gorgonzola zerbröckeln, den Parmesan reiben. Alle gebratenen Gemüsesorten mit dem Reis mischen. Die Blätter von den Thymian- und Majoranzweigen zupfen und mit Pfeffer, Salz, 50 g Gorgonzola und 50 g geriebenem Parmesan unter den Reis mischen.

» Den Ofen auf 220 Grad vorheizen. Die Reis-Gemüse-Käse-Mischung in die Auberginen füllen. In eine ofenfeste Form setzen und etwas Wasser angießen. Die Auberginen im vorgeheizten Ofen 20–25 Minuten backen. 50 g Gorgonzola in Streifen schneiden und etwa 5 Minuten vor Ende der Backzeit auf die Auberginen legen. Mit dem übrigen Parmesan bestreuen. Mit einem Messer in die Auberginen stechen, um zu testen, ob sie weich sind.

» Die Auberginen aus dem Ofen nehmen. Auf 4 Teller jeweils ½ Aubergine geben. Den übrigen Gorgonzola mit Sahne und Brühe in einer Pfanne schmelzen und als Sauce dazu servieren.

Türmchen aus **Kartoffelomelett**, Spinat und Ziegenkäse mit Pfifferling-Tomaten-Sauce

400 g Kartoffeln
Salz
40 g Parmesan
6 Eier
frisch gemahlener
schwarzer Pfeffer
Olivenöl zum Braten
600 g Blattspinat
1 kleine Ziegenkäserolle

Für die Sauce:

30 g getrocknete Tomaten
100 g Pfifferlinge
1–2 Lauchzwiebeln
Olivenöl zum Braten
125 ml Gemüsebrühe
125 ml Tomatensauce
(siehe Seite 155)
Cayennepfeffer

» Die Kartoffeln waschen, mit Schale in reichlich Salzwasser weich kochen, abkühlen lassen und pellen. Durch die Presse drücken. Den Parmesan reiben und mit den Eiern unter die Kartoffelmasse rühren. Salzen und pfeffern. Den Ofen auf 220 Grad vorheizen.

» Eine Fettpfanne mit etwas Olivenöl bepinseln. Den Kartoffelteig darin ausstreichen und im vorgeheizten Ofen 15–20 Minuten goldbraun backen. Aus dem Ofen nehmen, etwas abkühlen lassen und mit einem runden Ausstecher oder einem Glas 12 Kreisformen mit einem Durchmesser von etwa 8 cm ausstechen. Den Ofen nicht abstellen.

» Den Spinat putzen, dicke Blattrippen herausschneiden, die Blätter waschen und nur leicht abtropfen lassen. In einem Topf bei mittlerer Hitze zusammenfallen lassen. Etwas abkühlen lassen, gut ausdrücken, salzen und pfeffern.

» Die Ziegenkäserolle in Scheiben schneiden. Die Scheiben etwas flach drücken. Jeweils 1 Omelettscheibe mit Ziegenkäse belegen, darauf etwas Blattspinat legen. Wiederholen und mit einem Omelett abschließen. Mit einem Zahnstocher fixieren. Im vorgeheizten Ofen 10 Minuten backen.

» Für die Sauce die getrockneten Tomaten fein hacken. Die Pfifferlinge putzen, größere Exemplare halbieren oder vierteln. Die Lauchzwiebeln putzen, waschen und fein hacken. Tomaten, Pfifferlinge und Lauchzwiebel in etwas Olivenöl anbraten, dann mit Brühe und Tomatensauce einige Minuten einkochen lassen. Mit Cayennepfeffer würzen.

» Die Omeletttürmchen aus dem Ofen nehmen, auf 4 Teller verteilen und mit der Sauce servieren.

Wir lieben geschichtete Gerichte und haben verschiedene Variationen auf unserer Karte. Vielleicht ist es die opulente Optik oder die gelungene Vermengung verschiedener Aromen, die uns und unsere Gäste erfreuen.

Parmigiana di melanzane auf Rucolabett

1 Zwiebel
3 Knoblauchzehen
Olivenöl zum Braten, Frittieren und Bestreichen
400 g passierte Tomaten aus der Dose
1 Handvoll Basilikum
frisch gemahlener schwarzer Pfeffer
4 große Auberginen
Salz
Mehl zum Wenden
350 g Mozzarella
300 g Parmesan

Für das Rucolabett:
200 g Rucola
4 EL Olivenöl
Salz und frisch gemahlener schwarzer Pfeffer

»Parmigiana« heißt »nach Parma-Art« und ist in Süditalien weit verbreitet. Dabei werden Gemüse, Parmesan und Tomatensauce in einer Auflaufform geschichtet überbacken. Die Zubereitung ist zwar aufwendig, weil man eine Tomatensauce kochen und das Gemüse vorgaren muss, aber der Aufwand lohnt sich.

» Die Zwiebel und 1 Knoblauchzehe schälen, fein hacken und in Olivenöl goldbraun braten. Die Tomaten dazugeben, 45 Minuten einkochen lassen. Die Basilikumblätter abzupfen, klein schneiden und zum Schluss zu den Tomaten geben. Salzen und pfeffern.

» Die Auberginen waschen, in 2 cm dicke Scheiben schneiden und beide Seiten mit etwas Salz bestreuen. Etwa 30 Minuten ziehen lassen. Danach das Salz abwaschen, mit Küchenpapier gut trocken tupfen und die Auberginen in Mehl wenden. Olivenöl in einer Pfanne erhitzen und die Auberginen darin frittieren, anschließend gut mit Küchenpapier abtupfen.

» Eine Auflaufform mit Olivenöl ausstreichen, den restlichen Knoblauch schälen und fein schneiden und die Hälfte in der Form verteilen. Den Ofen auf 200 Grad vorheizen. Den Mozzarella in Scheiben schneiden und den Parmesan reiben. Die Hälfte der Auberginenscheiben in der Form verteilen, die Hälfte der Sauce darüber geben, die Hälfte der Mozzarellascheiben darauf verteilen und die Hälfte des Parmesans darüber streuen. Mit den restlichen Zutaten wiederholen.

» Im vorgeheizten Ofen 35–40 Minuten überbacken, bis eine goldbraune Kruste entstanden ist.

» Den Rucola waschen und auf 4 Teller verteilen. Aus Olivenöl, Pfeffer und Salz ein Dressing rühren und darüber geben. Die Parmigiana di melanzane in 4 Stücke schneiden, auf den Rucola setzen und servieren.

Tagliatelle in Parmesansauce mit Trüffel der Saison

400–500 g Tagliatelle (siehe Pastateig Seite 150)
4–5 EL Butter
250 g Sahne
50 g Parmesan
Salz
1 schwarze Trüffel (ca. 50 g)

Trüffeln gibt es das ganze Jahr. Jede Jahreszeit hat ihre Sorten. Wir im »La Monella« schwelgen nur zu gern in Trüffeln, die uns unser Trüffelmann Raffaelo liefert, er kennt die besten Quellen. Mit der Parmesansauce ist dieses Gericht ein gehaltvolles, wärmendes, das graue, kalte Tage ein bisschen zum Leuchten bringt.

» Die frischen Tagliatelle 2–3 Minuten in Salzwasser beziehungsweise gekaufte nach Packungsanweisung kochen.

» Die Butter in einem Topf schmelzen und die Sahne dazugeben. Um etwa ein Drittel einkochen lassen. Den Parmesan reiben, einrühren und nach Geschmack salzen. Die Tagliatelle abgießen, in die Sauce geben und gut vermischen. Auf 4 Teller verteilen und die Trüffel darüber hobeln.

Unser Tipp: Beim Kauf von Trüffeln die Augen offen halten! Manchmal werden Chinatrüffel (Tuber indicum) zu unschlagbaren Preisen angeboten, aber leider sind die winzigen Pilze von minderer Qualität und reichen geschmacklich nicht annährend an andere Sorten heran.

Ravioli mit Maronen, Kürbis und Zitrusfrüchten auf Safransauce

Die echten Maronen wachsen nur in Italien, in Teilen des Tessins und Frankreichs – alles andere sind Esskastanien. Nördlich von Italien werden sie hauptsächlich als winterliche Knabberei in Fußgängerzonen vom Maronimann verkauft. In Italien aber kennt man viel mehr köstliche Zubereitungsarten, zum Beispiel als Füllung für Ravioli.

400 g Hokkaidokürbis
Olivenöl zum Braten
300 g gekochte Maronen
½ Bund Lauchzwiebeln
40 g Parmesan
125 g Caciotta
2 Zitronen, unbehandelt
3 Orangen, unbehandelt
Salz
frisch gemahlener schwarzer Pfeffer
400–500 g Ravioliteig (siehe Seite 150)
Mehl zum Bestäuben

Für die Sauce:

1 Döschen Safranfäden
150–200 g Sahne

» Für die Füllung den Kürbis in Würfel schneiden und in Olivenöl anbraten, bis der Kürbis schön braun ist. Die Maronen klein schneiden. Die Lauchzwiebeln putzen, waschen und in Ringe schneiden. Den Parmesan reiben. Den Caciotta hacken. Alles zusammen gründlich pürieren. Von den Zitrusfrüchten die Schale abreiben und unter die Masse rühren, mit Salz und Pfeffer abschmecken.

» Den Ravioliteig mit einem Nudelholz oder der Nudelmaschine dünn ausrollen, hin und wieder mit etwas Mehl bestäuben.

» Den ausgerollten Teig auf einer Arbeitsfläche ausbreiten, mit einem Glas oder einem Ravioliausstecher 40 Teigkreisformen von etwa 8 cm Durchmesser ausstechen und auf die Hälfte der Teigkreisformen jeweils 1 TL der Kürbis-Maronen-Füllung geben. Jeweils mit einer zweiten Teigkreisform abdecken und an den Rändern rundherum zu Ravioli zusammendrücken.

» Die Ravioli in kochendem Salzwasser 3–4 Minuten garen, bis sie an die Oberfläche steigen. Herausnehmen, das Kochwasser aufbewahren und die Ravioli beiseitelegen.

» Für die Sauce die Safranfäden in wenig Kochwasser auflösen. Die Sahne in einem Topf aufkochen, Hitze reduzieren und die Sahne mit dem Safran sanft einköcheln lassen. Nach Bedarf mit etwas Raviolikochwasser verlängern.

» Die Ravioli in der Sauce schwenken und darin erwärmen. Auf 4 Teller jeweils 5 Ravioli geben und mit der Sauce servieren.

Risotto mit Pilzen und Heidelbeeren

400 g gemischte Pilze (Steinpilze, Austernpilze, Champignons und Pfifferlinge)
2–3 Lauchzwiebeln
300 g Heidelbeeren
Olivenöl zum Braten
350 g Risottoreis
etwa 1 l Gemüsebrühe
50 g Parmesan
150 g Sahne
2 EL Butter

Pilze und Heidelbeeren haben nicht nur etwa zur selben Zeit Saison, sie sind auch sehr gern direkte Nachbarn, weil sie die gleichen Bedingungen lieben. So wundert es nicht, dass die beiden auch kulinarisch ein Dream-Team sind. Wir verwenden gern eine Mischung aus verschiedenen Pilzen, aber natürlich können Sie sich für nur eine Sorte entscheiden, zum Beispiel Steinpilze.

» Die Pilze putzen und bis auf einige größere Exemplare in Scheiben schneiden. Die Lauchzwiebeln putzen, waschen und in Ringe schneiden. Die Heidelbeeren waschen und gut trocken tupfen.

» Etwas Olivenöl in einem Topf erhitzen. Die geschnittenen Pilze und Lauchzwiebeln darin einige Minuten braten, bis die Pilze weich sind. Dann den Reis hineingeben und unter Rühren kurz andünsten.

» Etwas kochend heiße Gemüsebrühe zugießen, sodass der Reis gut bedeckt ist. Die Flüssigkeit einkochen lassen, nach 5–8 Minuten Kochzeit die Heidelbeeren (2 EL zum Garnieren zurückbehalten) dazugeben und immer wieder kochend heiße Brühe dazugeben, bis der Reis weich und der Risotto schön cremig ist. Dabei häufig umrühren. Den Parmesan reiben und mit Sahne und Butter unterrühren.

» Die übrigen Pilze und Heidelbeeren in einer Pfanne in Olivenöl braten. Den Risotto auf 4 Teller verteilen und mit den gebratenen Pilzen und Heidelbeeren garnieren.

Unser Tipp: Wenn Sie das Risotto nicht sofort servieren, sondern warm halten wollen, dann streichen Sie es auf ein Blech und decken es mit Pergamentpapier ab. Stechen Sie Löcher in das Papier, damit der Dampf abweichen kann. Das Risotto gart dann nicht weiter und bildet keine Haut. Zum Weiterkochen geben Sie das Risotto mit etwas heißer Gemüsebrühe in einen Topf und lassen es kurz aufkochen.

Fenchelgratin mit Béchamelsauce und Safranrisotto

Für die Béchamelsauce:
250 ml Milch
50 g Butter
30 g Mehl
Salz
frisch gemahlener schwarzer Pfeffer
frisch geriebene Muskatnuss
4 kleine Fenchelknollen

Für den Risotto:
1 EL Butter
1 EL Sonnenblumenöl
200 g Risottoreis
etwa 500 ml Gemüsebrühe
½ TL Safranfäden
30 g Parmesan
75 g Sahne

» Für die Béchamelsauce die Milch erhitzen, aber nicht kochen lassen. Die Butter in einem anderen Topf bei schwacher Hitze zerlassen. Dann das Mehl hineingeben und unter ständigem Rühren wenige Minuten anschwitzen, aber nicht bräunen lassen.

» Den Topf vom Herd nehmen, die heiße Milch esslöffelweise dazugeben und glatt rühren. Den Topf wieder auf den Herd stellen, die Sauce mit Salz, Pfeffer und Muskat würzen und bei schwacher Hitze unter ständigem Rühren dick einköcheln lassen.

» Den Ofen auf 220 Grad vorheizen. Den Fenchel putzen, waschen und halbieren. In eine Auflaufform legen und die Béchamelsauce darüber geben. Im vorgeheizten Ofen etwa 45 Minuten backen.

» Währenddessen für den Risotto die Butter mit dem Öl in einem Topf zerlassen. Den Reis hineingeben und unter Rühren kurz darin andünsten.

» Etwas kochend heiße Brühe zugießen, sodass der Reis gut bedeckt ist. Die Flüssigkeit einkochen lassen, immer wieder kochend heiße Brühe dazugeben, bis der Reis weich und der Risotto schön cremig ist. Dabei häufig umrühren. Die Safranfäden in wenig Wasser auflösen. Den Parmesan reiben. Beides zusammen mit der Sahne unterrühren.

» Fenchelgratin mit Safranrisotto servieren.

Safran ist das teuerste Gewürz der Welt. Da man ihn jedoch sehr sparsam einsetzt, ist die Investition für ein Gericht gar nicht so groß. Und man wird mit einem herben und gleichzeitig süßen Geschmack belohnt, der die Cremigkeit des Risotto unterstreicht und ihn gleichzeitig schön gelb färbt. Der Safran passt außerdem hervorragend zum aromatischen Fenchel.

Riesenchampignons mit Nuss-Hirse-Füllung auf Selleriepüree

250 g Hirse
Salz

Für das Selleriepüree:

700 g Knollensellerie
300 g Kartoffeln
Olivenöl zum Braten
50 ml Weißwein
100 ml Gemüsebrühe
50–60 g Nüsse und Samen wie Pistazien, Pinienkerne, Walnüsse und Mandeln
½ Knoblauchzehe
4–5 EL gehackte gemischte Kräuter wie Salbei, Rosmarin, Majoran und Minze
20 g Parmesan
Olivenöl zum Braten und Unterheben
frisch gemahlener schwarzer Pfeffer
8 Riesenchampignons
Gemüsebrühe

Diese riesengroßen Champignons muten wie Schälchen an, deshalb sind sie ideal zum Füllen. Die leicht nussig schmeckende Hirse wird mit Nüssen, Kräutern, etwas Knoblauch und Parmesan gemischt schön deftig. Das Selleriepüree, auf dem die Pilze platziert werden, bringt noch mehr Würze ins Spiel.

» Die Hirse in einem Sieb heiß abwaschen, bis das Wasser nicht mehr milchig, sondern klar ist. Dann mit der 1½-fachen Menge Salzwasser aufkochen, Hitze reduzieren und Hirse 20 Minuten quellen lassen.

» In der Zwischenzeit für das Selleriepüree Sellerie und Kartoffeln schälen und grob hacken. In Olivenöl einige Minuten anbraten. Dann Wein und Brühe angießen und das Gemüse darin etwa 20 Minuten weich kochen. Pürieren und warm halten. Den Ofen auf 200 Grad vorheizen.

» Nüsse und Samen auf einem Backblech verteilen, im Ofen rösten, dann fein hacken. Den Knoblauch schälen und ebenfalls fein hacken. Die Kräuter waschen und hacken. Den Parmesan reiben. Alles mit der Hirse mischen. 1–2 EL Olivenöl und Pfeffer darunterheben.

» Die Riesenchampignons putzen, die Stiele entfernen und die Champignons nach Bedarf noch etwas aushöhlen. Die Hirsemasse großzügig in die Champignons füllen. Diese in eine ofenfeste Form setzen, etwas Gemüsebrühe angießen und im vorgeheizten Ofen 10–15 Minuten backen.

» Das Selleriepüree auf 4 Teller verteilen, darauf jeweils 2 Champignons setzen und servieren.

Unser Tipp: Etwas gehackte Petersilie und gehackten Knoblauch kurz in Butter bräunen und darüberträufeln.

Crespelle alla fiorentina

80 g Butter und zum Braten
und etwas für die Form
6 Eier
etwa 130 g Mehl
Salz
500 ml Milch
300 g Spinat
200 g Ricotta
2 EL geriebener Parmesan
und etwas zum Servieren
frisch geriebene Muskatnuss
frisch gemahlener
schwarzer Pfeffer

Auf Italienisch heißen Pfannkuchen »crespelle«, die wie die französischen Crêpes sehr dünn ausgebacken werden. Sie werden mit pikantem Inhalt serviert, ihre süße Variante, mit Marmelade oder Nuss-Nougat-Creme gefüllt, heißt auch in Italien »crêpe« (»crêpe franchese«).

» Für die Crespelle 30 g Butter zerlassen. 4 Eier verquirlen und mit 100 g Mehl und Salz vermischen. 250 ml Milch und anschließend die zerlassene Butter unterrühren. Zu einem glatten Teig verrühren und diesen 30 Minuten ruhen lassen.

» Inzwischen den Spinat für die Füllung gründlich waschen, verlesen und die groben Blattrippen herausschneiden. Leicht abtropfen lassen, in einen Topf geben und einige Minuten bei mittlerer Hitze zusammenfallen lassen. Kurz abkühlen lassen, dann mit den Händen ausdrücken und sehr fein hacken.

» Den Spinat mit den restlichen Eiern, Ricotta, Parmesan, Muskat, Salz und Pfeffer vermischen. Den Ofen auf 180 Grad vorheizen.

» Für die Béchamelsauce die restliche Milch erhitzen, aber nicht kochen lassen. 50 g Butter in einem anderen Topf bei schwacher Hitze zerlassen. Dann 3–4 EL Mehl dazugeben und unter ständigem Rühren etwa 2 Minuten anschwitzen, aber nicht bräunen lassen.

» Den Topf vom Herd nehmen, die heiße Milch esslöffelweise dazugeben und glatt rühren. Den Topf wieder auf den Herd stellen, die Sauce mit Salz, Pfeffer und Muskat würzen und bei schwacher Hitze unter ständigem Rühren zu einer dicken Sauce köcheln lassen.

» Butter zum Braten in einer Pfanne zerlassen und jeweils 1 EL Teig hineingeben. Den Teig gleichmäßig durch Schwenken der Pfanne verteilen und hauchdünne Crespelle backen, dabei einmal wenden.

» Die Crespelle mit der Ricotta-Spinat-Füllung bestreichen, aufrollen und nebeneinander in eine ausreichend große, mit Butter gefettete Auflaufform setzen. Die Sauce darüber verteilen, mit reichlich Parmesan bestreuen und im Ofen etwa 20 Minuten überbacken.

Unser Tipp: Die Crespelle lassen sich gut auch schon einen Tag vorher zubereiten – einfach backen und durch einzelne Lagen Pergamentpapier getrennt auf einem Teller abgedeckt im Kühlschrank aufbewahren.

Ravioli
mit Caciotta-Dattel-Orangen-Füllung in Zitronensauce

80 g getrocknete Datteln
2–3 Lauchzwiebeln
Olivenöl zum Braten
200 g Caciotta
2 Orangen, unbehandelt
5–6 Gewürznelken
Salz
300–400 g Ravioliteig
(siehe Seite 150)

Für die Sauce:

20 g Parmesan
100 g Sahne
½ Zitrone, unbehandelt

» Für die Füllung die Datteln fein hacken. Die Lauchzwiebeln putzen, waschen und fein hacken. Beides zusammen in Olivenöl anbraten. Dann vom Herd nehmen. Die Caciotta reiben. Von den Orangen die Schale abreiben. Beides mit den Nelken zu den Datteln und Lauchzwiebeln geben und alles fein pürieren. Mit Salz abschmecken.

» Den Ravioliteig mit einem Nudelholz oder der Nudelmaschine dünn ausrollen, hin und wieder mit etwas Mehl bestäuben.

» Den ausgerollten Teig auf einer Arbeitsfläche ausbreiten, mit einem Glas oder einem Ravioliausstecher 40 Teigkreisformen von etwa 8 cm Durchmesser ausstechen und auf die Hälfte der Teigkreisformen jeweils 1 TL der Dattel-Caciotta-Füllung geben. Jeweils mit einer zweiten Teigkreisform abdecken und an den Rändern rundherum zu Ravioli zusammendrücken.

» Die Ravioli in kochendem Salzwasser 3–4 Minuten garen, bis sie an die Oberfläche steigen. Herausnehmen, das Kochwasser aufbewahren und die Ravioli beiseitelegen.

» Für die Sauce den Parmesan reiben, mit der Sahne erhitzen und etwas einkochen lassen. Von der Zitrone die Schale abreiben und dazugeben.

» Die Ravioli in der Sauce schwenken und darin erwärmen. Auf 4 Teller jeweils 5 Ravioli geben und mit der Sauce servieren.

Mit selbst gemachten Tagliolini schmeckt dieses sizilianische Gericht noch mal so gut, denn sie haben einfach mehr Aroma und zergehen schon fast auf der Zunge. Aber wenn es schnell gehen soll, tun es natürlich auch gekaufte Pasta.

Tagliolini mit Kürbis, Pinienkernen und Rosinen in Orangensauce

400 g Hokkaidokürbis
Olivenöl zum Braten
Salz
50 g Pinienkerne
40–50 g Rosinen
400 g Tagliolini (siehe Pastateig Seite 150)
200–250 g Sahne
2 Orangen, unbehandelt

» Den Kürbis waschen, aber nicht schälen und in sehr feine Streifen (Julienne) schneiden. In etwas Olivenöl anbraten und salzen. Pinienkerne und Rosinen dazugeben und mitbraten.

» Die frischen Tagliolini 2–3 Minuten oder die gekaufte Pasta nach Packungsanweisung in Salzwasser kochen.

» Die Sahne zugießen. Die Orangen auspressen und von 1 Orange die Schale abreiben. Den Orangensaft zum Kürbis geben und salzen. Etwa 5 Minuten einkochen lassen.

» Die Tagliolini abgießen und in die Sauce geben, gut vermischen. Auf 4 Teller verteilen und die abgeriebene Orangenschale darüber streuen.

Kürbis mit Reis-Kräuterseitling-Parmesan-Füllung auf Pilzbett

Bei diesem Gericht bekommt jeder einen ganzen ausgehöhlten Kürbis – inklusive überraschendem Inhalt –, der mit Deckel serviert wird. Der Kürbis darf natürlich nicht zu groß sein. Von dem Kürbis auf unserem Foto werden eher zwei als eine Person satt.

4 kleine Hokkaidokürbisse (à etwa 400 g)
600 g Risottoreis
knapp 1 l Gemüsebrühe und etwas zum Auffüllen
500 g Kräuterseitlinge
1 Lauchstange
Olivenöl zum Braten
Salz
150 g Parmesan
2 EL Sahne

Für das Pilzbett:
200 g Austernpilze
150 g Kräuterseitlinge
1 Knoblauchzehe
Olivenöl zum Braten
Salz

Für das Minzpesto:
200 g frische Minze
100 g Parmesan
3 EL Pinienkerne
150 ml Olivenöl
2 EL Sahne
50 ml Gemüsebrühe

» Die Kürbisse waschen und jeweils einen Deckel abschneiden. Mit einem Messer aushöhlen, sodass noch etwa 2 cm Rand stehen bleiben. Den Risottoreis in der Gemüsebrühe weich kochen.

» In der Zwischenzeit die Kräuterseitlinge putzen, 300 g davon fein hacken. Die Lauchstange waschen und ebenfalls fein hacken. Lauch und ganze Pilze in etwas Olivenöl braten. Nach kurzer Zeit die fein gehackten Pilze dazugeben, salzen und weich braten.

» Den Ofen auf 200 Grad vorheizen. Den gekochten Risottoreis unter die Pilze rühren, kurz mitbraten. Den Parmesan reiben und mit der Sahne dazugeben. Gut verrühren, vom Herd nehmen und in die ausgehöhlten Kürbisse füllen. Die Kürbisse in eine hohe, feuerfeste Form füllen und so viel Gemüsebrühe auffüllen, dass die Kürbisse bis zur Hälfte darin stehen. Im vorgeheizten Ofen 30–40 Minuten backen.

» In der Zwischenzeit für das Minzpesto die frische Minze fein hacken und den Parmesan fein reiben. Beides zusammen mit Pinienkernen und Olivenöl im Mörser zu einer Paste verarbeiten. In einem kleinen Topf mit Sahne und Gemüsebrühe erwärmen, aber nicht aufkochen. Für das Pilzbett Austernpilze und Kräuterseitlinge putzen und den Knoblauch fein hacken. Zusammen in dem Olivenöl braten, anschließend salzen.

» Die Kürbisse aus dem Ofen nehmen und mit dem Minzpesto servieren.

Rote Spitzpaprika mit Wildreis, Champignons und Gorgonzola auf Butterspinat

200 g Wildreis
Salz
8 rote Spitzpaprika
250 g Champignons
1 Bund Lauchzwiebeln
Olivenöl zum Braten
Kräutersalz
frisch gemahlener schwarzer Pfeffer
125 g Parmesan
150 g Gorgonzola
600 g Spinat
2–3 EL Butter

» Den Reis nach Packungsanweisung in Salzwasser 40–45 Minuten kochen. In der Zwischenzeit die Paprika waschen, oben einen Deckel abschneiden, Samen und Scheidewände entfernen.

» Die Champignons putzen und fein schneiden. Die Lauchzwiebeln putzen, waschen und fein hacken. Beides in Olivenöl anbraten und mit Kräutersalz und Pfeffer würzen. Dann den Reis dazugeben und unter Rühren mitbraten. Vom Herd nehmen. Den Parmesan reiben und den Gorgonzola zerbröckeln und unterrühren. Den Ofen auf 200 Grad vorheizen.

» Die Füllung in die Paprika füllen und die Deckel aufsetzen. In eine mit Olivenöl gefettete Form legen und mit etwas Olivenöl beträufeln. Im vorgeheizten Ofen etwa 40 Minuten backen, bis die Paprika weich sind.

» In der Zwischenzeit den Spinat gründlich waschen, die dicken Blattrippen entfernen und den Spinat gut abtropfen lassen. Die Butter in einem großen Topf schmelzen und den Spinat hineingeben. Bei mittlerer Hitze einige Minuten zusammenfallen lassen. Salzen und auf 4 Teller verteilen. Die Paprika aus dem Ofen nehmen und jeweils 2 auf ein Spinatbett legen.

Geschichtete **Polenta** mit Trüffelkäse auf Pilzragout

500 g Polenta
300 g Trüffelkäse
etwas Trüffelöl
Für das Pilzragout:
300 g gemischte Pilze (Champignons, Shiitake, Pfifferlinge, Austernpilze)
1 Knoblauchzehe
1 Rosmarinzweig
Olivenöl zum Braten
125 ml trockener Weißwein
125 ml Gemüsebrühe
125 g Sahne
100 ml Tomatensauce (siehe Seite 155)
Salz
frisch gemahlener schwarzer Pfeffer

Ein Genuss für alle, die es besonders deftig lieben. Im Trüffelkäse bleibt das typisch erdige Aroma der edlen Pilze lange erhalten, unterstützt durch einige Tropfen Trüffelöl. Das aromatische Pilzragout, auf dem die geschichtete Polenta thront, bringt noch mehr Würze.

» 2 l Salzwasser zum Kochen bringen. Die Polenta einrühren, kurz aufkochen und bei schwacher Hitze 10 Minuten quellen lassen. Dann die Polenta in eine flache Form oder eine Fettpfanne gießen und glatt streichen. Etwa 1½ cm dick ausrollen und abkühlen lassen.

» In der Zwischenzeit für das Ragout die Pilze putzen und grob hacken. Die Knoblauchzehe schälen und mit dem Rosmarinzweig in etwas Olivenöl anbraten. Dann die gemischten Pilze dazugeben, kurz anbraten. Wein und Gemüsebrühe dazugießen und etwas einkochen lassen. Dann Sahne und Tomatensauce dazugeben und 30 Minuten einkochen lassen, salzen und pfeffern. Die Knoblauchzehe und den Rosmarinzweig herausnehmen.

» Den Ofen auf 200 Grad vorheizen. Aus der Polenta mit einem runden Ausstecher oder einem Glas in 12 Kreisformen von etwa 8 cm Durchmesser ausstechen. Den Trüffelkäse in dünne Scheiben schneiden und jeweils 1 Scheibe auf 1 Polentataler legen. Im vorgeheizten Ofen 10–15 Minuten überbacken. Dann herausnehmen und jeweils 3 Stück aufeinanderstapeln.

» Einige Tropfen Trüffelöl darüber träufeln und mit dem Pilzragout servieren.

Wirsingroulade mit Reis-Pilz-Füllung und Nusspesto auf Kartoffelpüree

8 große Wirsingblätter
Salz
200 g Pinienkerne, Walnüsse und Mandeln
4 Lauchzwiebeln
200 g Champignons
Olivenöl zum Braten
Salz
frisch gemahlener schwarzer Pfeffer
1–2 Oreganozweige
1–2 Thymianzweige
600 g Risottoreis
100 ml Gemüsebrühe
2 EL Butter
50 g Parmesan
50 g Sahne

Für das Kartoffelpüree:

400 g Kartoffeln
100 ml Milch
2 EL Butter
geriebene Muskatnuss

Für die Senfsauce:

125 ml Gemüsebrühe
100 g Sahne
2–3 EL Senf

» Die Wirsingblätter waschen und in reichlich Salzwasser etwa 10 Minuten weich kochen. In Eiswasser abschrecken, damit die schöne grüne Farbe erhalten bleibt.

» Pinienkerne, Walnüsse und Mandeln grob hacken. Die Lauchzwiebeln putzen, waschen und in Ringe schneiden. Die Champignons putzen und grob hacken. Alles zusammen in Olivenöl braten, salzen und pfeffern. Die Oregano- und Thymianblätter von den Stängeln zupfen und dazugeben.

» Den Risottoreis mit der 1½-fachen Menge Salzwasser weich kochen. Dann mit dem Nusspesto vermischen. Die Gemüsebrühe dazugeben, sodass eine nicht zu weiche Masse entsteht, salzen und kurz in der Butter anbraten. Den Parmesan reiben und mit der Sahne unterrühren.

» Für das Kartoffelpüree die Kartoffeln schälen und in reichlich Salzwasser weich kochen. Milch und Butter zusammen erhitzen, die Kartoffeln durch die Kartoffelpresse hinein drücken und damit verrühren. Mit Muskat würzen und warm halten.

» Den Ofen auf 100 Grad vorheizen. Die Füllung auf den Wirsingblättern verteilen, einrollen und mit Holzstäbchen fixieren. Vor dem Servieren im vorgeheizten Ofen erwärmen.

» Für die Senfsauce Brühe und Sahne zusammen aufkochen lassen, Hitze reduzieren und den Senf einrühren.

» Das Kartoffelpüree auf 4 Teller verteilen. Die Wirsingrouladen darauflegen und mit der Senfsauce servieren.

Dolci
Desserts

Erdbeer-Tiramisu

Tiramisu ist im deutschsprachigen Raum der Inbegriff des italienischen Desserts, und in wahrscheinlich fast jedem italienischen Restaurant ebenso. Wir mögen die Sommervariante mit frischen Erdbeeren fast noch lieber, weil sie so frisch und leicht ist.

250 g Erdbeeren
75 g Zucker
500 g Mascarpone
100 g Sahne
4–5 EL Erdbeersirup
150 g Löffelbiskuits

» Die Erdbeeren waschen und die Blütenansätze entfernen. Einige Beeren zum Garnieren beiseitelegen, den Rest mit dem Zucker pürieren. 350 g Mascarpone und die Sahne zusammen mit dem elektrischen Handrührgerät schaumig schlagen. Die pürierten Erdbeeren unterheben.

» Den Erdbeersirup mit etwas Wasser erhitzen. Eine eckige Form mit dem restlichen Mascarpone ausstreichen. Die Hälfte der Löffelbiskuits darauf verteilen, mit der Hälfte des verdünnten Erdbeersirups beträufeln und mit der Hälfte der Mascarpone-Sahne-Creme bestreichen. Dann die restlichen Löffelbiskuits darauf verteilen, mit dem restlichen verdünnten Erdbeersirup beträufeln und mit der restlichen Mascarpone-Sahne-Creme bestreichen.

» Mindestens 3 Stunden im Kühlschrank fest werden lassen. Kurz vor dem Servieren mit den beiseitegelegten Erdbeeren verzieren.

Mandel-Pistazien-Semifreddo

250 g Sahne
50 g Mandeln
50 g Pistazien
250 g Mascarpone
2 EL Zucker
2–3 EL Mandelsirup
Die Sahne steif schlagen und kühl stellen.

Die aus Mandeln und Honig bestehende »torrone«, eine zuckersüße sizilianische Leckerei, wird gern mit Pistazien, kandierten Kirschen und Schokoladenstückchen verfeinert. Deshalb nennt man das Originalrezept dieses Semifreddo, zu dem noch kandierte Kirschen und Schokoladenstückchen zugefügt werden, auch Torrone-Parfait. Wir mögen diese einfachere Version lieber, denn hier kommt das Aroma der Nüsse besser zur Geltung.

» Mandeln und Pistazien hacken, in einer Pfanne ohne Fett einige Minuten rösten, bis sie zu duften beginnen. Aus der Pfanne nehmen, kurz abkühlen lassen, 2 Handvoll grob hacken und beiseitelegen. Den Rest fein mixen.

» Mascarpone, Zucker und Mandelsirup zusammen mit dem elektrischen Handrührgerät cremig schlagen. Dann die fein gemixte Mandel-Pistazien-Mischung unterheben. Die Mischung muss eine feste Konsistenz bekommen.

» Die gekühlte Sahne mit der Mascarponemischung verrühren. Eine Kastenform (etwa 800 ml Fassungsvermögen) mit Frischhaltefolie auskleiden und die Masse gleichmäßig darin verteilen. Im Tiefkühlfach mindestens 4 Stunden gefrieren lassen.

» Etwa 30 Minuten vor dem Servieren aus dem Tiefkühlfach nehmen und das Semifreddo im Kühlschrank temperieren. In Scheiben schneiden, auf 4 Tellern anrichten und sofort servieren.

Erdbeer-Semifreddo

250 g reife, aromatische Erdbeeren
120 g Zucker
250 g Sahne
200 g Mascarpone

» Die Erdbeeren vorsichtig waschen und abtropfen lassen, die Blütenansätze entfernen. Die Früchte in grobe Würfel schneiden und zusammen mit 60 g Zucker pürieren.

» Die Sahne schlagen. Den Mascarpone, den restlichen Zucker und das Erdbeerpüree unterrühren.

» Eine Kastenform (etwa 800 ml Fassungsvermögen) mit Frischhaltefolie auskleiden und die Masse gleichmäßig darin verteilen. Im Tiefkühlfach mindestens 4 Stunden gefrieren lassen.

» Die Form kurz in heißes Wasser tauchen, bis das Semifreddo am Rand zu schmelzen beginnt. Das Semifreddo auf eine Platte stürzen, in Scheiben schneiden, anrichten und sofort servieren.

Unser Tipp: Mit leicht geschlagener Sahne servieren.

»Semifreddo« ist das Gleiche wie Parfait, französisch für »vollkommen«. Es bezeichnet bei Süßspeisen Halbgefrorenes, das im Gegensatz zu Speiseeis nicht gerührt wird. Es gefriert stehend und bildet dabei Eiskristalle – so wird es »perfekt«.

Espresso-Semifreddo

250 g Sahne
200 g Mascarpone
120 g Zucker
4 TL Espressopulver

» Die Sahne schlagen. Mascarpone, Zucker und das Espressopulver vorsichtig unterheben.

» Eine Kastenform (etwa 800 ml Fassungsvermögen) mit Frischhaltefolie auskleiden und die Masse gleichmäßig darin verteilen. Im Tiefkühlfach mindestens 4 Stunden gefrieren lassen.

» Die Form kurz in heißes Wasser tauchen, bis das Semifreddo am Rand zu schmelzen beginnt. Das Semifreddo auf eine Platte stürzen, in Scheiben schneiden, anrichten und sofort servieren.

Unser Tipp: Sahne lässt sich leichter schlagen, wenn sie gut gekühlt ist – also erst kurz vor dem Schlagen aus dem Kühlschrank nehmen.

Espresso ist für die meisten Italiener ein Lebenselixier. Im Gegensatz zum Cappuccino, der nur zum Frühstück genossen wird, trinken sie Espresso von morgens bis abends. Und er schmeckt nicht nur als Getränk, sondern verleiht auch Süßspeisen sein kräftiges Aroma.

Cannoli siciliani

Für die Cannoli:
70 g Butter
25 g Zucker
250 g Mehl
1 Ei
2–3 TL Marsala
2–3 TL Weißwein
1 Prise Zimt
Öl zum Frittieren
Für die Füllung:
500 g Ricotta
150 g Zucker
Zimt
Vanillepulver
50 g Pistazien
1 Aluminium- oder Bambusröhrchen (15 cm lang und etwa 2,5 cm Durchmesser)

Dieses Meisterstück der sizilianischen Zuckerbäckerei – und Carmelos Lieblingsgebäck – wurde ursprünglich nur zur Karnevalszeit in Sizilien hergestellt. Heute bekommt man »cannoli« das ganze Jahr über in ganz Italien. Der »cannolo«, auf Deutsch »Röhrchen«, verdankt seinen Namen dem Röhrchen, um das der Teig gewickelt wird, damit das Teigröhrchen seine Form beim Frittieren beibehält. Man kann die Teigröhrchen aber auch im italienischen Feinkostladen fertig kaufen, gefüllt sind sie dann ruck, zuck!

» Die Butter zerlassen und mit Zucker, Mehl, Ei, Marsala, Wein und Zimt vermischen und kneten, bis ein glatter, geschmeidiger Teig entsteht. Zudecken und einige Stunden in den Kühlschrank stellen.

» Den Teig auf einer bemehlten Arbeitsfläche 2–3 mm dünn ausrollen und in Quadrate von etwa 12 cm schneiden. Das Öl auf etwa 160 Grad erhitzen. Die Teigquadrate nacheinander um das Röhrchen rollen und im heißen Öl ausbacken, bis sie goldbraun sind. Auf Küchenpapier abtropfen lassen. Wenn die Teigröhrchen abgekühlt sind, vorsichtig vom Röhrchen lösen und dieses herausziehen.

» Für die Füllung Ricotta, Zucker, Zimt und Vanillepulver mischen. In einen Spritzbeutel geben und die Röhrchen damit füllen. Die Pistazien hacken und an den Enden der Röhrchen auf die Creme streuen.

Mascarponecreme mit Obst und Schokoladensplittern

500 g Mascarpone
2 EL Zucker
einige Tropfen Amaretto-Essenz
3 EL Sahne
500 g gemischtes Obst der Saison,
z. B. Nektarinen, Trauben,
Brombeeren, Melone, Erdbeeren

Zum Garnieren:
Puderzucker
4 EL geraspelte Zartbitterschokolade
4 Physalis

» Mascarpone, Zucker, Amaretto-Essenz und Sahne glatt verrühren. Das Obst putzen, waschen und klein schneiden (Nektarinen in Spalten schneiden, Trauben und Erdbeeren halbieren).

» Die Mascarponecreme auf 4 Dessertteller verteilen. Das Obst darauf garnieren. Mit Puderzucker bestäuben, mit der geraspelten Schokolade bestreuen und mit jeweils 1 Physalis garnieren.

Birne in Rotwein mit warmer Schokoladensauce

750 ml trockener Rotwein
140 g Zucker
1 Scheibe Zitrone, unbehandelt
4 Birnen
1 Gewürznelke
½ Zimtstange
1 Pimentkorn
Salz
Pfeffer

Für die Schokoladensauce:

50 g Zartbitterschokolade
250 g Sahne
2–3 EL Butter

» Rotwein, Zucker und Zitronenscheibe zusammen aufkochen und bei schwacher bis mittlerer Hitze auf die Hälfte einkochen lassen.

» Die Birnen schälen und die Blütenansätze entfernen, den Stil dranlassen. Mit den Gewürzen in den Rotweinsirup geben, einmal aufkochen und dann 15 Minuten bei schwacher Hitze köcheln lassen.

» In der Zwischenzeit für die Schokoladensauce die Schokolade in Stücke brechen. 2 EL Sahne mit 2 EL Wasser erhitzen und die Schokolade darin schmelzen. Die restliche Sahne und die Butter in Flöckchen dazugeben und kurz aufkochen, bis die Butter geschmolzen ist.

» Die Birnen mit einem Schaumlöffel aus dem Rotweinsirup nehmen und auf 4 Tellern anrichten. Die Schokoladensauce darüber geben.

Unser Tipp: Zu diesem Dessert empfehlen wir einen ganz besonderen Rotwein, den herrlich fruchtig-würzigen Negroamaro aus Apulien.

Mousse au Chocolat mit Orangenaroma

200 g Zartbitterschokolade
4 Eier
250 g Sahne
50 g Zucker
1 Orange, unbehandelt

» Die Schokolade in Stücke brechen und im Wasserbad schmelzen. Die Eier trennen und das Eiweiß steif schlagen. Die Sahne steif schlagen. Eischnee und Sahne kühl stellen.

» Zucker und Eigelb mit 2–3 EL Wasser schaumig rühren. Die geschmolzene Schokolade dazugeben und gut unterrühren. Dann vorsichtig erst den Eischnee und anschließend die geschlagene Sahne unterheben. Von der Orange die Schale abreiben und ebenfalls unterheben.

» Die Mousse in 4 Dessertschälchen füllen und mindestens 4 Stunden in den Kühlschrank stellen. Vor dem Servieren rechtzeitig aus dem Kühlschrank nehmen und Zimmertemperatur annehmen lassen.

Unser Tipp: Mit Orangenschnitzen garniert servieren – ein toller farblicher Kontrast.

Auberginen mit Schokolade und gerösteten Pinienkernen

2 Auberginen (à etwa 400 g)
Olivenöl zum Braten
500 g Zartbitterschokolade
200 ml Milch
100 g Pinienkerne

Die Aubergine ist eine der typischsten italienischen Zutaten; besonders in der kampanischen Küche spielt sie eine Hauptrolle. Dort ist sie sogar in Desserts ein Star, wie zum Beispiel hier mit gebratenen Auberginen und Schokolade. Ja, das passt tatsächlich zusammen. Kaum zu glauben, bis man das erste Stück probiert hat.

» Die Auberginen waschen und in 5 mm dünne Scheiben schneiden. Von beiden Seiten in Olivenöl weich braten, aber nicht bräunen. Auf Küchenpapier abtropfen lassen und gründlich abtupfen.

» Für die Schokoladensauce die Schokolade in Stücke brechen und im Wasserbad schmelzen, dabei gut rühren. Die Milch gut einrühren.

» Eine flache Form mit der Hälfte der Auberginenscheiben auslegen. Mit der Hälfte der heißen Schokoladensauce darauf verstreichen. Die zweite Hälfte der Auberginenscheiben daraufschichten und die restliche Schokoladensauce darauf verstreichen. Mit Frischhaltefolie abdecken und im Kühlschrank mindestens 3 Stunden fest werden lassen.

» In etwa 8 cm große Quadrate schneiden. Die Pinienkerne in einer Pfanne ohne Fett rösten, bis sie zu duften beginnen. Die Schokoladenauberginen mit Pinienkernen bestreuen und eiskalt servieren.

Gebratene Feigen in grüner Pfeffersauce mit Safraneis

Für das Eis:
4 Eigelb
100 g Zucker
250 ml Milch
125 g Sahne
1 Msp. Safran
Für die Feigen:
6–8 Feigen
2 EL Butter
einige grüne Pfefferkörner
1–2 EL Zucker
2 EL Strega (italienischer Kräuterlikör)

Das Safraneis machen wir im »La Monella« in der Eismaschine selbst. Wenn Sie keine besitzen oder Ihnen der Aufwand zu groß erscheint, dann tut es selbstverständlich auch gekauftes Eis. Sehr gut passt zum Beispiel auch Ingwereis.

» Für das Eis Eigelb und Zucker mit dem elektrischen Handrührgerät schaumig schlagen. Milch und Sahne zusammen aufkochen. Dann die geschlagene Eigelb-Zucker-Mischung dazugeben und erhitzen, aber nicht kochen. Den Safran einrühren und die Masse kurz abkühlen lassen.

» In die Eismaschine füllen oder im Tiefkühlfach mehrere Stunden gefrieren lassen (siehe Tipp).

» Die Feigen vorsichtig waschen und vierteln. Die Butter in einer Pfanne zerlassen, die grünen Pfefferkörner kurz darin anbraten. Dann den Zucker darin auflösen. Die Feigen dazugeben und karamellisieren. Mit dem Strega ablöschen.

» Das Eis auf 4 Dessertteller verteilen, und die Feigen daneben setzen.

Unser Tipp: Auch ohne Eismaschine kann man Eis herstellen. Wichtig ist dabei, die Eismasse regelmäßig alle 20 bis 30 Minuten mithilfe einer Gabel umzurühren, damit sich keine Eiskristalle bilden.

Ricette di base
Grundrezepte

Brot

500 g Mehl Type 550
1 Würfel frische Hefe
2 TL Salz
3 TL Olivenöl

» Das Mehl in eine Schüssel geben und eine Mulde formen. Die Hefe hineingeben und 2–3 EL Wasser damit vermischen, dabei etwas Mehl vom Rand mit einarbeiten. Diesen Vorteig 15 Minuten gehen lassen. Dann knapp 250 ml lauwarmes Wasser, das Salz und das Olivenöl dazugeben und alles 10 Minuten gut durchkneten.

» Den Brotteig in der Schüssel zugedeckt an einem nicht zu warmen Ort 6 Stunden oder im Kühlschrank über Nacht gehen lassen. Einen Brotlaib formen und auf ein gefettetes und mit Mehl bestäubtes Backblech legen. Mit einem Tuch bedeckt noch einmal 15 Minuten gehen lassen.

» Den Ofen auf 180 Grad vorheizen. Das Brot etwa 40 Minuten backen. Nach dem Backen mit heißem Wasser bepinseln, damit es schön glänzt.

Für das Brotbacken war meine Oma zuständig. Einmal in der Woche knetete sie den Brotteig für die ganze Familie und ging damit zum Bäcker, der ihn für sie backte. Dieses Brot musste eine Woche reichen, und zum Ende der Woche hatten wir schon ziemlich daran zu beißen. Diese dunklen, runden Laibe werden heute als die Spezialität »pane casareccio« verkauft. Im Gegensatz zum »pane casareccio« hielt sich »friselle« in Tonamphoren, die bei meiner Oma unter der Treppe standen, monatelang. »Friselle« war ein echtes Armeleuteessen, das es immer gab, wenn ansonsten nichts mehr im Haus war. Heute ist es in Mode und wird am Strand in den Bars verkauft. Auf den Tisch kommen neben dem Brot eine Schüssel mit Wasser, Tomaten, Olivenöl und Salz. Natürlich kann man es zum Beispiel mit Käse und Auberginen anreichern. Man tunkt die trockene Brotscheibe je nach Geschmack kürzer oder länger in das Wasser. Dann kommen Olivenöl, die Samen der Tomaten und Salz darauf. Ein herrliches Essen im Sommer.
Das Weißbrot, das wir mehrmals in der Woche im »La Monella« selbst backen, schmeckt frisch am allerbesten, ist aber am nächsten Tag noch immer außen knusprig und innen weich.

Pasta und Ravioli

Für Pasta:
500 g Mehl Type 550
1 TL Salz
4–5 Eier

Für Ravioli:
550 g Mehl Type 550
1 TL Salz
1 EL Olivenöl

» Das Mehl auf die Arbeitsfläche häufen, eine Mulde formen, das Salz hineingeben und die Eier hineinschlagen. Die Eier zuerst mit einer Gabel verquirlen, dann unter das Mehl kneten. Mit den Händen gründlich zu einem glatten, kompakten Teig kneten, bei Bedarf noch etwas Wasser dazugeben. Ist der Teig zu weich, noch etwas Mehl einkneten – er darf nicht mehr an den Händen kleben.

» Für Ravioliteig Mehl und Salz mit etwa 250 ml Wasser und dem Olivenöl zu einem festen, formbaren Teig kneten.

» Den Teig zu einer Kugel formen, in Frischhaltefolie wickeln und etwa 1 Stunde ruhen lassen.

» Portionsweise mit der Nudelmaschine mehrmals immer dünner auswalzen und anschließend mit der entsprechenden Walze die Nudelform auswalzen, die man möchte. Oder den Teig sehr dünn ausrollen und in die gewünschte Form schneiden.

» Die Pasta am besten ganz frisch kochen. In reichlich sprudelnd kochendem Salzwasser je nach Größe und Dicke der Pasta 1–3 Minuten al dente kochen. Etwas trockenere Pasta brauchen 1 Minute länger, sehr trockene Pasta 5 Minuten länger.

Unser Tipp: Verwenden Sie die Eier nicht direkt aus dem Kühlschrank, sie sollten vorher Zimmertemperatur angenommen haben.

Wenn meine Mutter am Samstag die Pasta für den Sonntag machte, lagen in der ganzen Wohnung verteilt Pasta: auf der Kommode, auf den Betten, auf dem Sofa und auf den Tischen sowieso. Mit einer rasenden Geschwindigkeit konnte sie so gut wie niemand sonst mit einem bestimmten Dreh mit dem Daumen Orecchiette formen und mithilfe einer Edelstahlstange Makkaroni zubereiten.
Selbst gemachten Ravioli- und Pastateig haben wir im Restaurant immer vorrätig, sodass Pasta und Ravioli recht schnell gemacht sind. Auch zu Hause geht das. Man kann den Teig beispielsweise portionsweise einfrieren und nach Bedarf rechtzeitig auftauen.
Für Tagliolini und andere dünne Nudelsorten wie Tagliatelle machen wir den Teig mit Ei. Ravioliteig braucht hingegen keine Eier.

Gnocchi

500 g mehlig kochende Kartoffeln
1 Ei
125–250 g Mehl und Mehl für die Arbeitsfläche
Salz

» Die Kartoffeln gründlich waschen und mit der Schale gar kochen. Das Wasser abgießen, die Kartoffeln etwas abkühlen lassen und dann pellen. Anschließend durch die Kartoffelpresse oder ein Sieb drücken.

» Den Kartoffelbrei mit dem Ei, dem Mehl und etwas Salz zu einem geschmeidigen Teig verarbeiten. Zuerst nur so viel Mehl dazugeben, dass der Teig nicht klebt. Bei Bedarf nach und nach mehr Mehl einkneten. Die Mehlmenge ist abhängig von der Konsistenz der Kartoffeln. Den Teig zugedeckt mindestens 20 Minuten ruhen lassen.

» Den Teig in 6 gleich große Stücke teilen, auf der bemehlten Arbeitsfläche daraus Rollen mit 1,5 cm Durchmesser formen. In 2 cm dicke kissenförmige Stücke schneiden.

» Portionsweise in Salzwasser sanft köcheln lassen. Wenn die Gnocchi an die Oberfläche steigen, noch 2–3 Minuten ziehen lassen, mit dem Sieblöffel herausnehmen und warm halten.

Unser Tipp: Gnocchi kann man gut vorbereiten. Man blanchiert die geformten Teigstücke nur kurz, dann können sie bis zu drei Monate eingefroren werden und sind bei Bedarf schnell wieder aufgetaut.

Das Einkochen der Tomatensauce für den Winter war für mich als Kind ein lästiges Ereignis. Um vier Uhr morgens wurden alle geweckt, weil man fertig sein wollte, bevor es zu heiß wurde. Draußen standen die Wannen mit den Tomaten. Wir Kinder drückten die Kerne aus den Früchten in Wasser. Dann kamen die Früchte mit Salz und Basilikum in großen, vom Feuer schon geschwärzten Kesseln auf das offene Holzfeuer. Nach ungefähr zwei Stunden Kochzeit wurde die Masse durch eine handgetriebene Maschine, eine Mischung zwischen Fleischwolf und Entsafter, gedreht. Die passierte, jetzt schalenfreie Masse wurde entweder gleich in Gläser oder Flaschen gefüllt oder noch ein zweites Mal für etwa eine Stunde gekocht und dann erst abgefüllt.
Die Holzkisten mit den Gläsern oder Flaschen wurden in Schichten dicker Wolldecken gepackt. Und wehe, man ließ die Türen offen und Zugluft verhinderte das langsame Abkühlen. Dann nämlich platzten die Flaschen und man hatte die Sauerei.

Tomatensauce

2–3 Knoblauchzehen
Olivenöl zum Braten
400 g ganze Tomaten aus der Dose oder
500 g frische Tomaten
Salz
frisch gemahlener schwarzer Pfeffer
Oregano
1 Lorbeerblatt

» Den Knoblauch schälen und in Olivenöl anbraten. Die Tomaten dazugeben (frische Tomaten waschen und klein schneiden) und mit Salz, Pfeffer, Oregano und Lorbeerblatt würzen. Aufkochen lassen, dann mindestens 45 Minuten leise köcheln lassen, besser einige Stunden. Den Knoblauch herausnehmen und die Sauce vor dem Servieren passieren.

Unser Tipp: Da wir im »La Monella« Tomatensauce häufig als Zutat benötigen, manchmal nur als Würze in kleinen Mengen, steht bei uns immer ein Topf mit Tomatensauce auf dem Herd, die vor sich hinblubbert und mit der Zeit immer intensiver im Geschmack wird. Für Sie zu Hause ist das sicher kaum realistisch, aber Sie können sich einen Vorrat an Tomatensauce zubereiten und einige Tage im Kühlschrank lagern. Sie eignet sich auch zum Einfrieren, am besten portionsweise.

Rezeptverzeichnis alphabetisch

Rezeptverzeichnis nach Menüfolge

Antipasti Vorspeisen

Zuppe Suppen

Insalate Salate

Piatti forti Hauptgerichte

Dolci Desserts

Ricette di base Grundrezepte

La Monella
Hallerplatz 12
20146 Hamburg-Rotherbaum
Telefon 040 - 45 61 62
info@lamonella.de
www.lamonella.de

AT Verlag, Aarau und München
LEKTORAT Kristin Bamberg, München
PROJEKTMANAGEMENT Bettina Snowdon, Johannes Steil
TEXTE Katia Veronio, Bettina Snowdon, Hamburg
FOTOS Michael Holz, Hamburg
GESTALTUNG UND SATZ Johannes Steil, Hamburg
DRUCK UND BINDEARBEITEN AZ Druck und Datentechnik, Kempten
Printed in Germany
ISBN 978-3-03800-659-6

www.at-verlag.ch